Rainer M. Schröder
Himmel ohne Sterne

Rainer M. Schröder, 1951 in Rostock geboren, ist einer der profiliertesten deutschsprachigen Jugendbuchautoren. Mit seinen bis ins kleinste Detail exakt recherchierten und spannend erzählten historischen Jugendromanen begeistert er seit mehr als zehn Jahren seine Leserschaft. Nachdem er viele Jahre ein wahres Nomadenleben mit zahlreichen Abenteuerreisen in alle Erdteile führte, lebt er heute mit seiner Frau an der Atlantikküste von Florida.

Mehr über cbj auf Instagram unter
@hey_reader

Den bisherigen und zukünftigen Opfern
des Antisemitismus und des Nahostkonfliktes
gewidmet.

Das Geheimnis des Glücks ist die Freiheit.
Das Geheimnis der Freiheit aber ist der Mut.
Perikles

Beherzt ist nicht, wer keine Angst kennt,
beherzt ist, wer die Angst kennt und sie überwindet.
Khalil Gibran

Solange der Geist sich nicht wandelt,
ist jede äußere Wandlung nichtig.
Walt Whitman

Inhalt

Erster Teil

Hachschara

September – November 1946

1

»Na los, beweg dich, Göre! Merkst du nicht, dass du hier im Weg liegst?«

Die Stimme war so grob wie der Stoß mit dem Koffer gegen die Schulter, der Leah Friedberg abrupt aus ihrem albtraumhaften Schlaf holte. Sie schreckte hoch und riss die Augen auf. Ihr Atem ging stoßhaft und kalter Schweiß perlte auf ihrer Stirn. So war es immer, wenn sie aus der Hölle von Theresienstadt[1] zurückfinden musste in die Wirklichkeit, denn im ersten Moment erschienen ihr die entsetzlichen Träume oft wirklicher als ihr leeres, entwurzeltes Leben in der Nachkriegswelt.

Leah kauerte halb ausgestreckt im Gang eines Eisenbahnwaggons, die Rolle einer alten Armeedecke, die sie aus einem britischen Auffanglager bei Berlin hatte mitgehen lassen, hatte sie sich als Nackenstütze unter den Kopf geschoben. Der Zug war heillos überfüllt. In den Abteilen der dritten Klasse drängten sich die Leute auf den hölzernen Bänken. Selbst auf dem schmutzigen Boden des Gangs hatte sie am Vormittag in Frankfurt nur noch mit Mühe einen Platz vor der Tür gefunden. Es roch nach Kohlenruß, Bier, Schweiß, fetter Wurst, Tabakrauch, Erbrochenem, Schmierseife und regennasser Kleidung. Irgendwo weiter hinten im Waggon weinten Kinder, zwei Frauenstimmen stritten miteinander und in der Nähe mischte sich ein trockener,

---

1 Theresienstadt: eine ehemalige Garnisonsstadt nördlich von Prag, die von den Nazis in ein KZ umgewandelt wurde. Mehr als die Hälfte der dort eingewiesenen 152 000 Personen wurde in die Vernichtungslager in Polen weitergeleitet; etwa 34 000 Menschen starben im Lager selbst. Zeitweise fungierte das Lager als »Vorzeigelager«, um ausländische Beobachter zu täuschen. Die Nazis drehten dort sogar einen Film mit dem makabren Titel: »Der Führer schenkt den Juden eine Stadt«.

anhaltender Husten in das allgemeine Stimmengewirr. Dazu gesellte sich jetzt eine blechern scheppernde Lautsprecheransage, die durch ein halb offenes Schiebefenster zu ihnen in den Waggon drang. Die seelenlos klingende Stimme kündigte die Einfahrt ihres Zuges aus Frankfurt im Münchener Hauptbahnhof an und forderte zum Zurücktreten vom Gleis auf.

»Was ist, haste was an den Ohren? Beweg dich gefälligst!« Wieder versetzte ihr der Kerl einen Stoß mit seinem Koffer. »Du blockierst den Ausgang, falls du Träne das noch nicht kapiert hast!«

»Lassen Sie das bitte!«, fauchte Leah, rappelte sich auf und hätte um ein Haar das Gleichgewicht verloren, als der Zug in dem Moment mit einem Ruck zum Stehen kam. Schnell bückte sie sich nach ihrer Deckenrolle, die mit drei Stück Paketschnur verschnürt und einem ledernen Trageriemen versehen war, und hängte sie sich über die Schulter. Es war ihr ganzes Hab und Gut.

Wütend funkelte sie den Mann hinter ihr im Gang an, der ihr mit seinem Koffer zugesetzt hatte. Er war um die dreißig und sah, im Gegensatz zur überwiegenden Mehrheit der anderen Reisenden, nicht nur gut genährt, sondern auch wie aus dem Ei gepellt aus. Eleganter hellbrauner Filzhut, gleichfarbiger Anzug aus bester Qualität, seidige Krawatte mit einer grauen, goldgefassten Perle als Krawattennadel und darüber ein lässig gegürteter Ami-Trenchcoat, der bestimmt frisch aus dem Regal einer amerikanischen Bekleidungskammer auf den Schwarzmarkt gewandert war. Dazu dann noch ein arroganter, irgendwie verschlagener Ausdruck auf dem kantigen Gesicht.

Diese Sorte von Leuten war Leah inzwischen bestens bekannt. Jedenfalls zweifelte sie nicht daran, dass sie einen Schieber vor sich hatte, einen jener gerissenen Kriegsgewinnler, die illegal Zugang zu den vielen knappen, rationierten Gütern hatten, damit auf dem Schwarzmarkt im großen Stil Geschäfte machten und sich an der Versorgungsnot der Bevölkerung eine goldene Nase verdienten.

»Immer schön mit der Ruhe! Sie kommen noch früh genug zu Ihren miesen Schiebergeschäften!«, raunzte sie grimmig, reckte ihm das

Kinn entgegen und strich sich mit der linken Hand eine widerspenstige Strähne aus der Stirn. Dabei rutschte ihr der Ärmel ihres verschlissenen Kleides, an dem der Knopf fehlte, bis zum Ellbogen hoch. Sie ließ den Arm schnell wieder sinken.

Aber der Mann hatte längst gesehen, was sich unter dem Ärmel auf ihrem linken Unterarm abzeichnete. »Ach nee! Wohl durch den Rost gefallen, was, Judenbalg?«, zischte er, während ein Eisenbahner die Waggontür von draußen öffnete und rußige Dampfschwaden vorbeitrieben. Und schon zwängte der Schiebertyp sich mit seinem Koffer an ihr vorbei und stieg aus.

»Braune Ratte!«, rief sie ihm nach und wünschte, sie hätte ihm ins Gesicht spucken können. Aber wenn sie jedem ins Gesicht spucken wollte, der jetzt, fast anderthalb Jahre nach Kriegsende, im Herzen noch immer ein Nazi war, dann käme sie wohl aus dem Spucken nicht mehr heraus.

Der Mann machte eine obszöne Geste, ohne sich zu ihr umzudrehen, eilte mit seinem Koffer voller Schieberware davon und tauchte Augenblicke später im tristen, grauen Menschengewimmel unter.

Leah stieg aus und schlug den Kragen ihrer gerade mal hüftlangen, mit Flicken ausgebesserten Jacke hoch. Ihr war kalt, die schwarzen Wollstrümpfe kratzten, sie fühlte sich zerschlagen und Hunger hatte sie auch. Aber nichts davon war neu.

München begrüßte sie mit dünnem, kaltem Nieselregen – so wie Frankfurt sie am Vormittag verabschiedet hatte. Damit begann der September so triste und regnerisch, wie der August geendet hatte. Sie war jedoch dankbar, dem überfüllten Zug entkommen und an der frischen Luft zu sein.

Die Fahrt hatte fast den halben Tag gedauert. Nicht nur, weil ihre Lokomotive, die wohl noch aus der Zeit des Kaiserreiches stammte, mit minderwertiger Schlackenkohle und Kohlenstaub befeuert wurde, wie einer der Schaffner geklagt hatte, sondern auch wegen der vielen Unterbrechungen auf freier Strecke. Immer wieder hatte ihr Zug auf ein Abstellgleis ausweichen und warten müssen, um einen Militärtransport der alliierten Besatzungsmächte passieren zu lassen. Noch immer war ein Großteil der Gleise in Deutschland zerbombt und vielerorts konnten Strecken nur eingleisig befahren werden. Da genossen die Transporte der Besatzungsmächte natürlich Vorrang.

Dass auch München von den Bombenangriffen schwer gezeichnet war, ließ schon der Bahnhof erkennen. Die einst prächtige Eisen-Glas-Konstruktion, die sich über einer Vielzahl den Bahnsteigen wölbte, bot ein jämmerliches Bild. Von ihr existierte nur noch ein Wrack aus zertrümmertem Glas und verbogenen Stahlstreben, die die wenigen befahrbaren Gleise überwölbten. An vielen Stellen regnete es in diese düstere, weitläufige Halle mit ihrem Gewirr trübseliger Gerüste herein. Zwar herrschte ein reges Kommen und Gehen, aber ohne die heitere, erwartungsfrohe Stimmung, die früher gemeinhin die Atmosphäre eines großen Bahnhofs gekennzeichnet hatte. Zwischen all den ärmlichen, abgerissenen Gestalten der Zivilisten sah Leah Besatzungstruppen, die auf ihre Verladung warteten oder Militärzügen entstiegen waren und die mit ihrem Gepäck und mürrischem Gesicht durch das schlammige Wasser der Pfützen stiefelten. In einigen Ecken, die halbwegs überdacht oder mit Brettern verschlagen waren, drückten sich merkwürdige und zum Teil unheimliche Gestalten herum. Leah nahm an, dass es sich um einen Bahnhofsschwarzmarkt handelte.

Jede Stadt hatte immer gleich mehrere dieser illegalen Handels- und Tauschbörsen. Und nichts – auch die vielen Razzien nicht – vermochte sie aus der Welt zu schaffen, solange die Menschen mit ihren Lebensmittelkarten und Bezugsscheinen nur das gerade Allernötigste zum Überleben bekamen und es in den Geschäften des legalen Marktes an so vielem fehlte.

Leah blieb kurz stehen, legte sich ihren selbst gestrickten Wollschal zum Schutz vor dem Nieselregen wie ein Kopftuch um, knöpfte die Jacke bis hoch zum Hals zu und sah sich in der Halle um.

So wie es überall Schwarzmärkte gab, so hatte auch jede Stadt und insbesondere jeder Bahnhof seine oft meterlangen Bretterwände mit Vermisstenanzeigen. Leah fand die Wand hier im Hauptbahnhof, ohne lange danach suchen zu müssen. Die Menschentrauben, die sich hinten in der Halle beim Nordausgang zur Arnulfstraße drängten, sagten ihr schon von Weitem, wohin sie sich zu wenden hatte.

Auf dieser Wand herrschte gute deutsche Ordnung, wie sie Augenblicke später gleich auf den ersten Blick sah. Die Zettel, Hunderte an der Zahl, hingen nach den Namen der Vermissten alphabetisch sortiert. Die meisten waren von Hand geschrieben, einige mit der Schreibmaschine getippt und ein kleiner Teil auf einer Walze billig vervielfältigt.

Leah wusste nicht, vor wie vielen derartigen Wänden und ähnlichen Anschlägen sie schon gestanden und in wie vielen Büros von Hilfsorganisationen sie endlos lange Namenslisten durchgegangen war. Und obwohl sie in ihrem Innersten längst wusste, dass es keine Hoffnung gab und sie besser erst gar nicht mehr nach vertrauten Namen auf diesem Meer von Zetteln suchte, überfiel die Hoffnung sie doch jedes Mal wieder aufs Neue, sowie sie auf einen derartigen Vermisstenanschlag stieß. Hatte es denn nicht selbst in den Konzentrationslagern so etwas wie Wunder gegeben?

Aber auch diesmal blieb das Wunder aus, und die flüchtig aufgeflackerte Hoffnung verwandelte sich wieder in tiefe Niedergeschlagenheit. Mit einem Gefühl der Verlassenheit trat sie auf der Nordseite aus dem Hauptbahnhof und hinaus auf die regennasse Arnulfstraße. Jenseits des Vorplatzes, dem Bahnhofsskelett gegenüber, erstreckte sich ein weites Trümmerfeld. Gras und Gestrüpp wuchsen aus den Ritzen der Geröllmassen, in denen die Ratten hausten.

Zerbombte Häuser, ganze Straßenzüge brandgeschwärzter Ruinen, wahre Gebirge aus Gebäudeschutt, tiefe Bombentrichter und aus den Trümmerfeldern geisterhaft aufragende, mehrstöckige Fassaden mit nichts hinter den toten Augen ihrer glaslosen Fensteröffnungen bestimmten, ähnlich wie in vielen anderen Städten, das Zentrum von München. Schwabing und die Innenstadt waren von Zehntausenden Spreng- und Brandbomben zu fast neun Zehntel zerstört worden. Es herrschte überall katastrophale Wohnungsnot. Wo es noch halbwegs unbeschädigten Wohnraum gab, stieß man in jedem Zimmer auf behördlich angeordnete Überbelegung und drangvolle Enge. Alle anderen mussten mit irgendwelchen Notunterkünften, Verschlägen, einstigen Luftschutzbunkern oder Kellerlöchern vorliebnehmen.

Nur zögerlich und gegen einen starken innerlichen Widerstand ankämpfend machte sich Leah auf den Weg. Es musste sein. Sie hatten diesen schweren Gang schon lange genug vor sich hergeschoben, nämlich ein volles Jahr und drei Monate. Sie kam einfach nicht darum herum, egal wie lange sie auch damit wartete. Niemand würde es ihr abnehmen. Es war ihre Pflicht, sie schuldete es den Toten. Außerdem konnte sie nur so letzte Gewissheit erhalten. Und dann würde sie vielleicht neue Kraft finden … ja, doch Kraft wofür?

2

Der sprichwörtliche Londoner Nebel würde nicht mehr lange auf sich warten lassen, das spürte Sophie Buchheim förmlich in den Knochen, als sie mit hochgeschlagenem Mantelkragen in die White Horse Street einbog. Die Luft schmeckte rußig. Eine dichte Wolkendecke saß wie eine schmutzige Glocke über der Stadt und der Wind drückte den Rauch aus dem schier endlosen Meer der Schornsteine hinunter in die noch regennassen Straßen.

Ja, die ersten Nebelschwaden würden schon bald vom Fluss her durch die ufernahen Viertel kriechen und sich mit den Rauchschwaden der unzähligen Kohlenfeuer zu einer dicken, gelblichen Suppe vermengen, in der man nicht mehr die eigene Hand vor Augen sehen konnte. In den fast sechs Jahren, die sie nun schon mit ihrer Familie hier in der Stadt an der Themse lebte, hatte sie gelernt, die Zeichen für das baldige Einsetzen des berüchtigten Londoner *fog* zu deuten.

Es galt sich also zu beeilen, denn ohne die Einkäufe, die ihre Mutter ihr aufgetragen hatte, durfte sie nicht nach Hause kommen, schon gar nicht ohne das Kopfschmerzpulver. Jetzt rächte es sich, dass sie so lange in der Bücherei herumgetrödelt hatte. Aber so erging es ihr jedes Mal, wenn sie zwischen den langen Buchregalen aus dunklem Holz nach ihrer nächsten Lektüre stöberte. Die Bücherei war trotz Missis Wickhams bösen Blicken für sie eine Oase, die sie am liebsten gar nicht mehr verlassen hätte und wo jedes Buch eine lockende Verheißung auf viele wunderbare Lesestunden war. Unendlich kostbare Stunden, die sie aus ihrem bedrückenden Alltag in Welten davontrugen, in denen sie vergessen konnte, dass sie als Jüdin in diesem Land unwillkommen war.

»Also wenn es nach mir ginge, dürften sich diese Deutschen bei uns kein einziges Buch ausleihen!«, hatte Sophie erst vor Tagen Missis Wickham zu einer anderen Frau sagen gehört, und die Leiterin der Bücherei hatte sich dabei keine Mühe gegeben, ihre Stimme zu dämpfen, obwohl sie ganz in ihrer Nähe gestanden und Missis Wickham in ihre Richtung geschaut hatte. Sie hatte wohl jedes Wort hören sollen! »Aber was soll man machen, wenn diese Deutschen einem einen gültigen Ausleihausweis vorlegen? Wo bleibt da die Gerechtigkeit, frage ich Sie?«

Auch an diesem Nachmittag hatte Missis Wickham ihren Ausweis wieder einmal erst hin und her gedreht, als suchte sie nach einem Vorwand, um ihn als ungültig zurückweisen zu können. Sophie war es schwergefallen, dabei still und mit sittsam gesenktem Blick vor ihr zu stehen und zu warten, bis sie endlich so gnädig war, ihr mit einem missbilligenden Schnauben die Ausleihe zu erlauben und den entsprechenden Eintrag in die Karteikarte vorzunehmen. Dabei stand ihr die Benutzung der Bücherei in ihrem Viertel doch von Rechts wegen zu!

Aber richtig wütend sein konnte sie auf die Büchereileiterin dennoch nicht. Missis Wickham hatte in den letzten Monaten des Krieges ihren Mann verloren. Eine deutsche V2-Rakete, die an seiner Arbeitsstelle einschlug und dort den halben Straßenzug in Trümmern legte, hatte sie zur Witwe gemacht. Seitdem unterschied sie nicht mehr zwischen deutschen jüdischen Flüchtlingen und deutschen Nazis. Ihr Hass galt allen Deutschen.

Sophie Buchheim presste den Leinenbeutel mit ihrem neuen Buch zum Schutz vor dem nasskalten Wetter unter ihren linken Arm. Dabei war das Buch zusätzlich noch in altes Zeitungspapier eingeschlagen. Aber sie konnte nicht vorsichtig genug sein. Es durfte nicht der geringste Fleck auf das Buch kommen, sonst würde Missis Wickham das zum Vorwand nehmen, um ihr weitere Ausleihen zu verwehren.

Sie beeilte sich, erst zur Apotheke zu kommen und dann zur Metzgerei der Braxtons oben an der Ecke White Horse und Bale Street. Letzterer Einkauf lag ihr schon jetzt wie ein Stein im Magen, und sie wünschte, ihre Mutter hätte sich gut genug gefühlt, um diesen Einkauf selbst übernehmen zu können. Aber das war mal wieder leider nicht der Fall gewesen. Nicht, dass Sophie nicht bereit gewesen wäre, ihren Beitrag zur häuslichen Arbeit zu leisten. Mit ihren sechzehn Jahren hatte sie in diesen schweren Zeiten nun mal mehr Pflichten zu übernehmen als ihr jüngster Bruder, der gerade erst achtjährige Felix. Aber besonders dieser Gang fiel ihr jedes Mal schwer, zumal wenn Dayna, die feiste Metzgersfrau mit dem Oberlippenbart, hinter der Theke stand. Sophie hatte mal gehört, wie eine Bekannte ihrer Eltern das Mundwerk dieser Frau als »wahre Giftspritze« bezeichnet hatte.

Wenn sie doch bloß die freie Wahl unter den Metzgern gehabt hätten! Aber das ließen die Behörden nicht zu. Die Versorgungslage war noch immer schlecht, und so war jeder mit seiner Lebensmittelkarte bei einem bestimmten Metzger, Bäcker und Lebensmittelhändler seines Viertels registriert. Ihnen, der fünfköpfigen Familie Buchheim, war in ihrem Londoner Stadtviertel Stepney nun unglücklicherweise ausgerechnet der Metzgerladen der Braxtons zugewiesen worden. Nur dort konnten sie kaufen, was ihnen an Fleischwaren zugeteilt worden war.

Aber sosehr es Sophie auch widerstrebte, diesem scharfzüngigen und boshaftem Mannweib unter die Augen zu treten und sich von ihr wie eine dahergelaufene Bittstellerin behandeln zu lassen, sie musste in den Laden. Und je schneller sie das hinter sich brachte, desto besser.

Sophie legte noch einen Schritt zu. Zu ihrer Linken erstreckten sich auf der gegenüberliegenden Straßenseite die ausgebrannten Ruinen von einem halben Dutzend einstiger Mietshäuser. Eine der vielen klaffenden Wunden, die die Brand- und Sprengbomben der deutschen Luftwaffe in dem langen Zermürbungskrieg in das Häusermeer der Stadt gerissen hatten.

Flüchtig gingen ihre Gedanken zurück in jene kurze, glückliche Zeit, als sie sich in diesem Land willkommen und in ihrem heimeligen Cottage in Cambridge wohlgefühlt hatte. Gerade mal ein Jahr war ihr und ihrer Familie vergönnt gewesen. Dabei hatte ihr Vater das heraufziehende Unheil in Deutschland vorausgesehen und alles richtig gemacht.

Als im November 1938 in ganz Deutschland die Synagogen[2] brannten, Wohnungen und Geschäfte jüdischer Bürger systematisch zerstört und geplündert wurden und in wenigen Tagen Hunderte Juden ermordet oder in den Selbstmord getrieben wurden, hatte ihr Vater Herschel, Professor der Literaturwissenschaft an der renommierten Berliner Humboldt-Universität, nicht mehr länger gezögert, das Land zu verlassen – im Gegensatz zu so vielen anderen Juden, die noch immer an der Hoffnung festhielten, irgendwann werde es schon wieder besser werden. Er hatte das Angebot des altehrwürdigen Clare College in Cambridge angenommen, dort zu unterrichten, und sie waren schon in der letzten Novemberwoche mit dem wenigen Hab und Gut, das ihnen die Nazis mitzunehmen erlaubt hatten, an diesen idyllischen Ort übergesiedelt.

Doch mit Ausbruch des Krieges kaum ein Jahr später änderte sich das alles schlagartig. Vergessen war plötzlich, dass Herschel Buchheim ein angesehener Wissenschaftler und erklärter Feind der Nazis war. Es zählte allein, dass er Deutscher war – und keinem Deutschen war über den Weg zu trauen. England fiel in eine geradezu hysterische Hysterie

---

2 Jüdisches Gottesdienstgebäude, zugleich Versammlungsort der jüdischen Gemeinde. Während der Reichspogromnacht vom 9. auf den 10. November 1938 zerstörten Nationalsozialisten in Deutschland und Österreich 2676 Synagogen.

und Deutschen-Phobie. Und so kam es, dass ihr Vater seine Professur am Clare College verlor, man ihr und ihrem älteren, mittlerweile neunzehnjährigen Bruder Marius das Schulstipendium strich – und sie alle unter dem Generalverdacht möglicher Spionage und Sabotage für das Nazi-Regime in ein Internierungslager eingewiesen wurden, wie Zehntausende andere deutsche Flüchtlinge. Selbst wer schon seit vielen Jahren in England lebte, kam in Baracken hinter Stacheldraht. Und als man sie dann endlich wieder daraus entließ, war ihr Leben zerstört.

Die Erinnerung an das, was einmal war, schmerzte so sehr, dass Sophie sich schnell auf die Lippen biss. Dieser Gegenschmerz half meist, die Tränen zurückzuhalten. Und in Gedanken schalt sie sich, dass sie immer wieder den vergangenen Zeiten nachhing. Was war, das war und ließ sich nicht mehr zurückholen. Jetzt galt es, das Beste aus dem zu machen, was ihnen geblieben war. Und das war nicht wenig, wenn man in der Zeitung von den unvorstellbaren Gräueln las, die während Hitlers Schreckensherrschaft verübt worden waren. Dass sie bei deutschen Luftangriffen auf London zweimal ausgebombt worden waren, dass sie nun in zwei kleinen Zimmern zur Untermiete wohnten und der Vater Schreibmaschinen reparierte und Marius Handlanger bei einem Schrotthändler war, all das, so bitter es sein mochte, waren dagegen nicht mehr als Unannehmlichkeiten und Nackenschläge eines unfreundlichen Schicksals, aber kein Grund zu lauter Klage und Selbstmitleid – wie ihr Vater zu betonen nicht müde wurde.

Welch ein Glück, dass es Bücher gibt, fuhr es Sophie tröstlich durch den Kopf, und sie beeilte sich, das *Aspirin*-Pulver in der Apotheke zu besorgen. Es ging schnell, weil kein anderer Kunde im Geschäft war und sie sofort bedient wurde.

Wenig später betrat sie die Metzgerei der Braxtons. Ihr Herz sank, als sie die lange Schlange der Frauen sah, die darauf warteten, an die Reihe zu kommen. Kaum hatte sie sich hinten angestellt, als das Gespräch einiger Frauen vor ihr sie aufhorchen und innerlich verkrampfen ließ. Die Engländerinnen vor ihr unterhielten sich nämlich äußerst unbefangen und freimütig über die Juden. Ob es sich um einen

Zufall handelte oder ihr Erscheinen die Ursache dafür war, wusste sie nicht, es war jedoch auch ohne Bedeutung.

»Früher habe ich immer die Underground zur Arbeit genommen, aber jetzt nehme ich lieber den Bus. Neuerdings fahren mir zu viele von diesem *auserwählten* Volk mit der Underground«, sagte eine der Frauen.

»Das kann ich gut verstehen, Lizzy! Nicht dass ich ein Antisemit wäre, aber ich habe nie einen Hehl daraus gemacht, dass ich die Juden nun mal nicht leiden kann«, pflichtete eine andere ihr bei.

Nun mischte sich eine dritte Frau mit einer schwarzen Armbinde ein. »Der Jude ist gerissen. Während wir Engländer mit ehrlicher Muskelkraft unser Brot verdienen, arbeitet der Jude mit Tücke und macht dicke Geschäfte. Ich denke, die haben ein Gutteil Schuld an dem, was ihnen da unter Hitler widerfahren ist!«

Sophie brannten die Wangen, und sie wäre am liebsten aus dem Laden gerannt. Aber sie presste die Lippen zusammen und gab vor, nichts davon zu hören. Doch jedes Wort stach wie eine glühende Nadel.

Es ging eine Weile so weiter, bis die Frauen sich einem anderen Thema zuwandten, nämlich einem in wilder Ehe lebenden Paar in der Nachbarschaft, über das sie sich ähnlich empören und sich das Maul zerreißen konnten. Aber es warteten noch einige Boshaftigkeiten auf Sophie.

»Ah, da haben wir ja eine aus dem auserwählten Volk!«, begrüßte Dayna Braxton sie, als sie endlich an der Reihe war.

Sophie schluckte und reichte Missis Braxton ihre Lebensmittelkarte. »Meine Mutter lässt fragen, ob Sie diesmal vielleicht ein gutes Stück ...«

»Gibt heute nur Würste!«, unterbrach die Metzgerfrau sie barsch, griff nach einem braunen Einpackpapier und knallte vier Würste hinein, deren graugrüne Farbe vermuten ließ, dass die Därme überwiegend mit Schlachtabfällen gefüllt waren.

»Ich wusste ja gar nicht, dass die Buchheims hier bei dir einkaufen, Dayna!«, wunderte sich eine Frau hinter Sophie scheinheilig. Denn natürlich wusste sie ganz genau, dass es sich niemand aussuchen konnte, wo er einkaufen wollte. »Wo er doch ein Studierter ist und sie erwartet, dass man sie mit ›Frau Professor‹ anspricht!«

»Ja, und jetzt wollen sie auch noch ein Land ganz für sich!«

»Soll mir recht sein«, sagte Dayna Braxton, knallte die vier eingewickelten Würstchen vor Sophie auf die Ladentheke und sagte dabei: »Dann verschwinden sie wenigstens aus unserem Land!«

Sophie musste an sich halten, um nicht dem ersten Drang nachzugeben und fluchtartig aus dem Laden zu rennen. Diesen Triumph wollte sie der Metzgersfrau und ihren Gesinnungsgenossinnen jedoch nicht gönnen. Es gelang ihr sogar noch, einen höflichen Dank zu murmeln. Doch als sie sich umwandte und den Laden verließ, senkte sie nicht den Blick vor den anderen Kundinnen im Geschäft, so wie sie es vorhin noch in der Bücherei getan hatte, um Missis Wickham nicht zu reizen. Es kostete sie große Überwindung, zwar nicht herausfordernd, aber doch erhobenen Hauptes den abschätzigen Blicken der Frauen zu begegnen. Andererseits sträubte sich alles in ihr dagegen, sich kleinzumachen. Nein, sie hatte keinen Grund, sich für ihre Herkunft und ihre Religionszugehörigkeit zu schämen. Was jedoch nichts daran änderte, dass es wirklich schwer geworden war, damit unter den Einheimischen zu leben.

Auf dem Heimweg registrierte Sophie mit geschärftem Bewusstsein die Schilder, die am Vorgartenzaun einer Pension und in den Schaufenstern von zwei Geschäften angebracht waren. In allen drei Fällen suchten die Inhaber Arbeitskräfte für ihre Betriebe, doch bei keinem Schild fehlte die deutlich hervorgehobene Einschränkung *Aliens & Jews need not apply!* Und derartig unverblümt diffamierende Schilder waren leider keine Seltenheit auf den Straßen in London und auch anderswo. Sophie verabscheute diese Stadt und das Leben hier aus tiefster Seele, genau wie ihr Bruder, aber sagen konnte sie das keinem, nicht einmal ihren Eltern. Es hätte sie nur noch trauriger gemacht.

Der Regen setzte wieder ein, und sie war froh, als sie endlich in der Skidmore Street war. Das Mietshaus, in dem man ihnen im dritten

Stock zwei Räume zugewiesen hatte, lag fast am Ende der Straße und damit nur einen Steinwurf vom Regent's Canal entfernt, der ein Stück weiter südlich bei Limehouse in das große gleichnamige Hafenbecken an der Themse mündete. Es gab weitaus gesündere und ansprechendere Gegenden in London, aber sie mussten dankbar sein, überhaupt ein Dach über dem Kopf, ein warmes Bett und ihre Lebensmittelmarken zu haben.

Als Sophie das Treppenhaus hinaufstieg, in dem es irgendwie immer nach verkochtem Kohl, penetrantem Bohnerwachs und Mottenkugeln roch, hörte sie schon zwei leider nur zu gut vertraute Stimmen. Die eine gehörte ihrer Nachbarin Evelyn Clifford, die andere deren jüngerer Schwester Phoebe, die ständig bei ihr aufkreuzte. Die ewig miesepetrige Missis Clifford hatte für die im Haus zwangseinquartierten Juden so viel übrig wie die Metzgersfrau, und ihre Schwester war von der gleichen Sorte.

Sophie blieb kurz auf dem Absatz des zweiten Stocks stehen, stieß einen schweren Stoßseufzer aus und wappnete sich innerlich schon gegen die bissigen Kommentare der Clifford-Schwestern. Heute blieb ihr wohl wirklich nichts erspart!

3

Ja, wofür soll ich denn bloß meine ziellose Rastlosigkeit aufgeben und wofür neue Kraft finden? Nach all dem, was hinter mir liegt, was kann du noch Sinn ergeben?

Leah verdrängte diese lähmenden Gedanken, wie schon so oft zuvor, und schlug die Richtung zum alten Nordfriedhof mit seinen Arkadengrüften ein. Ihr Weg führte sie kurz darauf an einer fast gänzlich zerstörten Kirche vorbei. Nur eine der mächtigen Säulen, die wohl einst das Hauptschiff getragen hatten, ragte wie ein bizarres Mahnmal mehrere Meter hoch aus dem Schutt auf. Direkt zu ihren Füßen lag in den Trümmern der brandgeschwärzte, vom Rumpf gerissene Kopf einer steinernen Christusstatue mit völlig intaktem Dornenkranz. Die Augen des christlichen Heilands starrten nach unten in den nassen Dreck, der ihm bis über den Mund reichte. Er schien darin ertrunken zu sein.

Geschäftig eilten die Menschen an ihr und den zahllosen klaffenden Wunden der Stadt vorbei, zumeist ärmlich bis schäbig gekleidet. Viele waren mit Leiterwagen, Schubkarren, Fahrrädern mit kleinen Anhängern oder einachsigen Handkarren unterwegs, andere hatten Kinderwagen als Transportmittel umfunktioniert, in denen sie Brennholz, Kohle oder sonst was von hier nach dort brachten. Kinder spielten in dem Urwald aus Trümmern.

Not macht erfinderisch und Improvisation war in dieser schweren Zeit Trumpf. Wenn Leah durch die Straßen lief, stieß sie etwa auf ausgediente Omnibusse, die man in eine Lücke zwischen Schuttbergen geschoben hatte und die nun als Verkaufsräume dienten. Ein Kutscher hatte aus Mangel an Benzin, das streng rationiert und nur mit Ausnahmegenehmigung erhältlich war, vor einen alten, verbeulten Mercedes ohne Fensterscheiben kurzerhand ein Pferd gespannt und auf die Türen mit weißer Farbe *Taxi* gemalt.

Dass nur wenige Automobile auf den Straßen zu sehen waren und dann fast ausnahmslos Militärlaster und Jeeps mit Fahrern in Uniform, daran war Leah längst aus den anderen Städten ihrer ziellosen Odyssee durch das zerstörte Deutschland gewöhnt. Private Autos waren noch immer eine Seltenheit, hatten die Besatzungsmächte bei Kriegsende diese doch bis auf wenige Ausnahmen für sich und ihr Verwaltungspersonal beschlagnahmt. Und die wenigen, die doch noch privat unterwegs waren, fuhren nicht mit Benzin, sondern wurden überwiegend über Holzvergaser angetrieben, sie verbrannten sogenanntes »Tankholz«.

Auf Schritt und Tritt prägten zivile Kriegsversehrte jeden Alters und beiderlei Geschlechts das Straßenbild, zusammen mit jenen Soldaten, die zwar das Gemetzel auf den Schlachtfeldern überlebt hatten, aber um den Preis schwerer Verwundungen, die zu Amputationen von Gliedmaßen oder dem Verlust des Augenlichts geführt hatten. Gebrochen und kraftlos klang zumeist auch ihre Stimme, mit der sie Streichhölzer, Garn, Nähnadeln, halbe Bleistifte, Wäscheklammern und andere Pfennigwaren zum Verkauf anboten.

Leah kam an einer Gruppe von gut zwei Dutzend Frauen unterschiedlichen Alters vorbei, alle mit den gleichen groben Arbeitskitteln und Kopftüchern aus ähnlich derbem Stoff bekleidet. Sie lasen auf einem großen Trümmerfeld Ziegelsteine auf, klopften Putz- und Mörtelreste mit einem Werkzeug ab und schichteten die gesäuberten Backsteine zum Wiederaufbau am Straßenrand auf. Aber mit tapferen Trümmerfrauen, die mit gutem Beispiel vorangingen und tatkräftig Hand anlegten, damit der Wiederaufbau endlich sichtbare Fortschritte machte, hatten diese Frauen nichts zu tun. Was auf den ersten Blick wie ein freiwilliges Unternehmen aussah, erwies sich beim Näherkommen nämlich als Strafkommando für einstige hochrangige Mitglieder der Nazi-Partei. Das war den bissigen Zurufen der beiden weiblichen Aufseherinnen in amerikanischen Uniformen sowie den Mienen der Zwangsverpflichteten unschwer zu entnehmen.

Auch die kommen viel zu billig davon, wie all die anderen, die untergetaucht sind oder sich einen »Persilschein«[3] bei irgendeiner Entnazifizierungskommission erschlichen haben!, ging es Leah bitter durch den Kopf. Aber immerhin standen einige der schlimmsten Kriegsverbrecher seit letztem November vor Gericht, und wie es hieß, sollten in diesen ersten Nürnberger Kriegsverbrecherprozessen[4] schon bald die Urteile fallen.

---

3 Als »Persilschein« bezeichnete man in der Nachkriegszeit eine Ehrenerklärung, in der dokumentiert wurde, dass jemand mit einem anerkannten Gegner des Nationalsozialismus bekannt gewesen war. Solche Persilscheine brachten Vorteile zur Zeit der sogenannten Entnazifizierung und wurden oft auch gegen Bezahlung und ohne reale Grundlage ausgestellt.

4 In Nürnberg kam es seit 1945 zu insgesamt 13 Prozessen gegen wichtige Nazi-Persönlichkeiten aus Wirtschaft, SS, Polizei, Ärzteschaft und Wehrmacht vor dem Internationalen Militär-Tribunal.

Vom Bahnhof bis an die Ecke Schelling- und Schraudolphstraße war es kein allzu weiter Weg. Doch je näher Leah der Kreuzung kam, desto schwerer wurde ihr jeder Schritt. Ihr Herz begann zu rasen, und dann sah sie es:

Der repräsentative Häuserblock, wo einst eine herrliche Wohnung im dritten Stock ihr Zuhause gewesen war, wo sie ihrer kleinen Schwester Rachel im lichten Kinderzimmer die Zöpfe geflochten, der Vater ihr Klavierunterricht gegeben und die Mutter sie alle mit unerschöpflicher Liebe und Geduld umsorgt und ihnen Gutenachtgeschichten vorgelesen hatte, von diesem Paradies ihrer Kindheit war nichts mehr übrig. An seiner Stelle befand sich ein weiteres von Unkraut heimgesuchtes Trümmerfeld. Und dieses Trümmerfeld setzte sich im Hintergrund mit der ausgebrannten Ruine der Neuen Pinakothek fort.

Alles zerstört!

Nichts war von ihrer geliebten Nachbarschaft geblieben als eine graue, schmutzige und trostlose Ruinenlandschaft!

Leah fühlte sich so leer und ausgebrannt wie die Ruinen. Mit hängenden Schultern stand sie da und fragte sich, was jetzt geschehen sollte. Das Elternhaus war weg, Eltern und Schwester tot, all ihre Verwandten und einstigen Freundinnen aus Schule und Nachbarschaft tot oder verschollen. Wofür war sie bloß am Leben geblieben?

Sie fürchtete plötzlich, dass all ihre Anstrengungen, das Grauen zu überleben, sinnlos gewesen waren. Wofür hatte sie all das ertragen und überlebt?

Leah fühlte irgendwie nicht, dass sie wirklich lebte. Vor einiger Zeit hatte sie im Schaukasten eines Zeitungsverlages gelesen, dass es rund acht Millionen Menschen gab, die so wie sie vertrieben und entwurzelt waren und nicht wussten, wohin sie jetzt gehörten und wie es mit ihrem Leben weitergehen sollte.

Acht Millionen!

Und sie, Leah Friedberg, war eine Träne in diesem Ozean, sie zählte zu diesem gewaltigen Strom der Entwurzelten, die durch das Land irrten, ohne Heimat, ohne Familie – und ohne Hoffnung.

4

Abrupt wandte Leah sich von den Ruinen ihres einstigen Zuhauses ab und rannte davon, als könnte sie dadurch auch dem brennenden Schmerz der Erinnerungen entfliehen.

Einige Straßenzüge weiter hatte sie sich wieder einigermaßen gefasst, zumindest so weit, dass sie fähig war, sich über das Allernötigste Gedanken zu machen. Dazu gehörte, sich bei einer öffentlichen Suppenküche einen Teller warmes Essen zu beschaffen und dann hoffentlich irgendwo einen trockenen Schlafplatz zu finden.

Leah lenkte ihre Schritte zurück in Richtung Bahnhof. Da fiel ihr Blick auf zwei GIs. Die beiden amerikanischen Soldaten kamen aus einer Kellergaststätte und gingen auf einen am Straßenrand parkenden Jeep zu. Einer der beiden jungen Uniformierten hatte eine Zigarette zwischen den Lippen. Er sprang in den offenen Jeep, startete den Motor – und warf dann die Zigarettenkippe achtlos hinter sich auf den Bürgersteig, bevor er Gas gab und mit seinem Kameraden davonfuhr.

Sofort lief Leah auf die Stelle zu, wo der Zigarettenstummel am Bordsteinrand lag. Es war eine mittlerweile fast schon automatische, instinktive Reaktion. Ami-Zigaretten waren die Leitwährung im Nachkriegsdeutschland, und zwar nicht nur auf dem Schwarzmarkt. Eine Zigarette war je nach Marke und Ort zwischen zehn und zwanzig Reichsmark wert. Und aus dem Resttabak von sieben Kippen, die man fand, konnte man gewöhnlich eine neue ganze drehen. Nur musste man dafür nicht nur wachsam durch die Straßen gehen, sondern auch schnell sein, sobald man jemanden eine Kippe wegwerfen sah. Denn in jeder Stadt gab es unzählige Arbeitslose und berufsmäßige Kippensammler, die sich darauf spezialisiert hatten, sich an die Fersen von Zigarettenrauchern zu heften. Vorzugsweise Besatzungssoldaten, die nicht unter einem Mangel an Glimmstängeln litten und es deshalb auch nicht nötig hatten, sie bis auf die Fingerkuppen aufzurauchen, geschweige denn auch noch die Stummel zu sammeln.

Gerade wollte sich Leah nach der noch glühenden Kippe bücken, als von rechts eine Gestalt in einem alten feldgrauen Soldatenmantel wie ein dunkler Schatten heranflog, sie rüde mit der Schulter aus dem Weg stieß und ihr die Kippe vor der Nase wegschnappte.

Leah taumelte zur Seite, fing sich gerade noch und gab einen wütenden Aufschrei von sich. »He, was fällt dir ein? Das war meine!«, protestierte sie in hilfloser Ohnmacht, wohlwissend, wie sinnlos ihr Protest war.

»Ja, die hättest du wohl gern gehabt! Aber da musst du schon früher aufstehen, wenn du mir zuvorkommen willst!«, sagte die Gestalt mit leicht rauer Männerstimme, drückte die Glut zwischen Daumen und Zeigefinger aus und ließ die Kippe schnell in der Manteltasche verschwinden.

Leah wollte dem Mann schon ein Schimpfwort an den Kopf werfen und weitergehen, als sie plötzlich stutzte.

Kam ihr diese Stimme mit ihrem Reibeisenklang nicht bekannt vor?

Erst jetzt schenkte sie dem Mann, der vor ihr stand, einen aufmerksamen, forschenden Blick. Er war jünger, als seine Stimme vermuten ließ. Der viel zu große Wehrmachtsmantel, vielfach geflickt, umschlotterte eine hagere, aber irgendwie doch kräftig gebaute Figur. Hager war auch das blasse Gesicht, das leicht slawische und trotz aller Entbehrung ansprechende Züge bewahrt hatte und klare hellgraue Augen besaß. Das kurze, lockige Haar, das unter einer feldgrauen, abgewetzten Landsermütze mit kurzem Schirm hervortrat, war kohlrabenschwarz und sah wie Drahtwolle aus. Eine weißliche Narbenlinie zog sich über die linke Stirn.

Und ob sie ihn kannte! Auch wenn sie ihn nicht als einen jungen Mann und mit einer Narbe auf der Stirn in Erinnerung hatte, sondern als gerade mal zwölfjährigen Jungen in kurzer Lederhose und mit ständig aufgeschürften Knien!

»Jannek?«, stieß sie fassungslos hervor und glaubte, ihren Augen nicht trauen zu dürfen. Die Freude schoss wie eine heiße Stichflamme in ihr auf. »Jannek Raskowitz? Bist du es wirklich?«

Ihre Frage war überflüssig, denn natürlich war er es. Die leichte Reibeisenstimme, die prägnanten Gesichtszüge, die Augen und die schwarze, drahtige Putzwolle auf dem Kopf, das war ohne jeden Zweifel ihr Jugendfreund Jannek aus dem Hinterhaus, der Sohn ihres jüdischen Hausmeisters polnischer Herkunft Stanislaw Raskowitz. Der Junge, der ihr im Hinterhof das Federballspiel beigebracht, mit dem sie an der Hauswand neben der Kellertreppe um Glasmurmeln gespielt und an der Isar zum ersten Mal geangelt und der sie vor den bösartigen Nachstellungen der Schilling-Zwillinge aus dem Nachbarhaus beschützt hatte! Achtzehn musste er jetzt sein, war er ihr doch im Alter ein gutes Jahr voraus, wie sie sich sofort erinnerte.

Auch auf seinem Gesicht erschien nun ein ungläubiger Ausdruck. »Mensch, ich werd verrückt! ... Leah, die kleine Fee von oben aus 3B!«, stieß er hervor und strahlte sie an. »Hol mich doch der Teufel! Du hast überlebt!« Er schien sie spontan umarmen zu wollen, beließ es dann jedoch dabei, sie auf etwas unbeholfene Art an den schmalen Schultern zu packen und sie freundschaftlich zu rütteln.

»Ja, es sah oft nicht danach aus, aber ich habe es irgendwie geschafft«, erwiderte sie mit einem etwas gequälten Lächeln und berührte seine Hand. Sie war kalt und die Haut rau und rissig.

Er verzog das Gesicht zu einer ähnlichen Grimasse. »Wem sagst du das! Hab oft genug gedacht, jetzt heißt es den Löffel abgeben ...« Er brach ab und zögerte kurz. »Und was ist mit deiner Familie?«

Leah schüttelte nur stumm den Kopf und blickte zur Seite. Irgendwie fühlte sie sich beschämt, ja fast schuldig, dass von ihrer Familie nur sie dem fürchterlichen systematischen Morden der Nazis entkommen war.

Er verstand und nickte. »Als müsste man es sich zum Vorwurf machen, nicht mit draufgegangen zu sein, nicht wahr? Hab das eine Zeit lang auch gedacht. Denn von meinen Leuten ist außer mir auch keiner durchgekommen. Sind alle auf zu Gott durch die Schornsteine der Krematorien!«, sagte er und lachte dazu noch trocken auf.

Sie zuckte zusammen und sah ihn sichtlich verstört an.

»Entschuldige, mit dem Spruch haben bei uns die Aufseher die

Leute in die Gaskammern getrieben. Und wenn man ihn nur lange genug hört, verliert er irgendwann seinen Schrecken.« Er machte eine kurze Pause. »Ich weiß ja nicht, wie es dir ergangen ist, aber mir ist der Glaube an Gott im KZ abhandengekommen, weiß der Teufel wieso.«

Leah lachte bitter auf und nickte. »Das mit dem auserwählten Volk müssen wir Juden wohl mächtig falsch verstanden haben ...«

Er zuckte die Achseln und wechselte rasch das Thema. »Wie auch immer, es ist, wie es ist! Komm, lass uns da drüben eine rauchen. Da sind wir aus dem Regen«, sagte er und wies auf eine Ruine mit einer erhaltenen Tordurchfahrt auf der anderen Straßenseite.

Sie ging mit ihm hinüber in den Schutz der Wölbung. Sie setzten sich auf einen Steinhaufen, der von hinten aus dem Hof in die einstige Durchfahrt gerutscht war, und Jannek zog eine verbeulte Blechschachtel hervor. Dem zerkratzten bunten Aufkleber auf dem Deckel nach hatte sie einst Pfeifentabak enthalten. Er klappte die Schachtel auf und ein halbes Dutzend Zigaretten kamen zum Vorschein. Jedoch keine aus Kippenresten selbst gedrehten, sondern richtige Ami-Zigaretten. Und damit sie in der Blechschachtel nicht lose hin und her rollten und dabei Schaden nahmen, hatte Jannek sie in Stroh gebettet.

»Was willst du? Ich bin gut sortiert, ich habe *Chesterfield, Camel* und *Lucky Strike*! Such dir was aus! Du hast zur Feier des Tages freie Wahl!«

»Nee, die sind doch viel zu teuer, um sie zu verqualmen!«, sagte sie abwehrend. »Hast du denn keine aus Kippen?«

»Quatsch, dass du unter den Lebenden bist und wir uns hier nach all den Jahren über den Weg laufen, muss doch gefeiert werden!«, erklärte er und nahm ihr die Entscheidung kurzerhand ab. »Hier, nimm 'ne *Lucky Strike*, das sind die besten!«

Sie lachte unsicher, gab jedoch nach. »Na gut, wenn du darauf bestehst.«

»Ja, tue ich!«

Er riss ein Streichholz an und gab ihr Feuer.

»Na?«, fragte er nach den ersten Zügen und grinste sie an.

Leah nickte ihm mit einem dankbaren Lächeln zu. »Erster Klasse!«, versicherte sie und meinte es auch so. Eine *Lucky Strike* war der unbestrittene König unter den Zigaretten, und sie wusste es zu schätzen, dass er darauf bestanden hatte, seine beiden letzten *Luckys* mit ihr zu teilen. Die Zigarette tat richtig gut, auch wenn sie sie ein wenig schwindelig machte, aber das war in Ordnung so. Nie hätte sie als junges Mädchen geglaubt, dass sie einmal rauchen würde. Aber Jahre bitteren Hungers hatten sie gelehrt, dass gegen das quälende Nagen im Magen eine Zigarette fast so gut war wie ein, zwei Scheiben Brot.

Sie ließ einen Augenblick verstreichen und fragte dann, was sie fragen musste, weil es längst zwischen ihnen unausgesprochen im Raum hing. »Wohin hat man euch gebracht?«, erkundigte sie und erinnerte sich daran, dass die Familie Raskowitz lange vor ihnen abgeholt worden war.

»Zuerst ging's kurz nach Sachsenhausen[5], dann nach Auschwitz[6]«, sagte er zwischen zwei Zügen mit einer bestürzend gleichmütigen Stimme, als nannte er die Namen von zwei unbedeutenden Ausflugszielen in den Alpen und nicht industriell betriebene Vernichtungslager. Er zog den linken Mantelärmel zurück und hielt ihr seinen Unterarm hin, damit sie die dort in die Haut eintätowierte rotviolette Häftlingsnummer sah. Es war eine sechsstellige Zahl, die mit einer Eins begann.

Leah wusste, was die verhältnismäßig niedrige Nummer bedeutete. Nämlich dass Jannek schon früh in das wohl entsetzlichste aller KZ gekommen war und dort jahrelang überlebt hatte. Denn Millionen Juden waren durch Auschwitz gegangen, sodass die Nummern der Häftlinge letztlich siebenstellig geworden waren.

»Und ihr?«, fragte er, als wäre mit der Nennung der beiden Konzentrationslager alles gesagt, was es dazu zu sagen gab. Und in gewisser Weise war es das auch, wenn man selbst ein KZ überlebt hatte.

---

5 Großes KZ nordöstlich von Berlin, in das insgesamt 200 000 Menschen deportiert wurden, von denen mehr als 30 000 dort umkamen.

6 Größtes KZ und Vernichtungslager der Nazis, in dem innerhalb von viereinhalb Jahren etwa 1,5 Millionen Menschen mit industriellen Methoden ermordet wurden.

»Zuerst kamen wir nach Theresienstadt ...«

»Ah, *Hitlers Geschenk an die Juden*!« Er lachte kurz und sarkastisch auf.

Leah nickte. Mit dieser zynischen Bezeichnung hatte die Propaganda der Nazis die Gettostadt den Juden im Reich und der Weltgemeinschaft als harmlos verkauft, nämlich als eine angebliche idyllische Musterstadt und ein exklusives Altersgetto für ausgesuchte Juden von Rang und Namen, in dem es ihnen an nichts fehlte und wo sie das Leben wie in einem eleganten Kurbad führen konnten. Und die Welt hatte sich von der Propaganda täuschen lassen, vermutlich weil die Politiker und Abgesandten diese Lügen einfach hatten glauben wollen. Denn andernfalls hätten sie ja etwas zur Rettung der Juden tun müssen und daran war kein Land ernsthaft interessiert gewesen. Es galt ja einen Krieg zu gewinnen und dabei die Macht in der Welt nach den jeweils eigenen Interessen neu zu ordnen, nicht jedoch die Juden vor der industriellen Vernichtung zu bewahren.

»...und später kam ich dann nach Buchenwald[7]«, führte sie ihren Satz zu Ende.

Ein freudloses Lächeln glitt flüchtig über sein Gesicht. Er nickte, als erinnerte er sich an etwas, und während er Asche von seiner Zigarette in den nachlassenden Regen schnippte, sagte er, als würde er ein Zitat aussprechen: »*Jedem das Seine.*«

Überrascht sah sie ihn an. »Du kennst es?« Der Schriftzug *Jedem das Seine* war in das schmiedeeiserne Gitter des Torhauses von Buchenwald eingelassen. Wohl jeder, der in das KZ gebracht worden war, hatte dieses Gittertor passiert und die in Eisen gegossene Infamie gelesen. »Sag bloß, du bist auch noch in Buchenwald gewesen?«

»Ja, der Name steht auf auch meiner KZ-Besuchsliste«, bestätigte er trocken. »Bin ganz schön weit herumgekommen, was?«

---

7 Großes KZ auf dem Ettersberg bei Weimar, in dem insgesamt etwa 240 000 Menschen inhaftiert waren, von denen dort etwa 43 000 umkamen.

Sophie furchte die Stirn. »Und warum hast du es eben nicht erwähnt? Gibt es dafür einen Grund?«

»Ich zähle es eigentlich nicht mit«, sagte er. »Buchenwald war ja nur meine letzte Station. Da endete für uns, die wir durchgekommen sind, der Todesmarsch[8]. Und danach hat die Befreiung durch die Amerikaner ja nicht mehr lange auf sich warten lassen. Die kamen ja schon nach ein paar Wochen.« Er sagte das alles in einem ruhigen, fast teilnahmslosen Tonfall, als steckte nicht hinter jedem Satz eine Welt unsäglichen Leids und Grauens.

Leah sah ihn an und schluckte unwillkürlich. Ein kalter Schauer fuhr ihr den Rücken hinunter. Jannek hatte auch noch den Todesmarsch im Januar '45 überlebt! Als die Rote Armee damals angerückt war, hatten die Nazis Auschwitz räumen lassen und diejenigen Insassen, die noch kräftig genug waren, mitten im eisigen Winter auf einen mörderischen Todesmarsch nach Buchenwald geschickt. Zig Tausende waren unterwegs krepiert oder von den Wachen erschossen und erschlagen worden, weil sie nicht mehr weiter konnten.

Sie erinnerte sich noch sehr gut an das Eintreffen der Überlebenden in Buchenwald, und es fiel ihr schwer, zu verarbeiten, dass er unter den geisterhaften Gestalten gewesen war, die sich Mitte Januar mit letzter Kraft ins Lager geschleppt hatten.

»Dann waren wir ja die letzten Wochen im selben Lager – und haben es nicht gewusst«, murmelte sie aufgewühlt.

Jannek nickte nur, als berührte ihn das nicht, weil er längst aufgehört hatte, sich über irgendetwas zu wundern. Er drückte die Glut seiner weit heruntergerauchten Zigarette aus, steckte die Kippe in eine leere Streichholzschachtel und starrte schweigend hinaus in den grauen Septembernachmittag, als hätte er ganz vergessen, dass sie neben ihm

---

8 Als gegen Kriegsende die alliierten Befreier näher rückten, sollten die Gefangenen der KZ den alliierten Truppen nicht in die Hände fallen, deshalb wurden die total entkräfteten Häftlinge in langen Fußmärschen ins Reichsinnere getrieben. Viele starben unterwegs vor Erschöpfung oder wurden am Wegrand erschossen.

saß. Auch als sie ihm ihre Kippe überließ, sagte er kein Wort. Er schien unendlich weit weg zu sein.

Schließlich erhob sie sich. »Ich glaube, ich mach mich dann mal wieder auf den Weg.« Es wurde Zeit, die nächste Küche des Roten Kreuzes oder einer anderen Hilfsorganisation zu finden und sich für einen Blechteller mit dünner Suppe und ein Stück Brot in die sicherlich endlos lange Schlange einzureihen. Und dann musste sie sich um einen Schlafplatz für die Nacht kümmern. Nun, notfalls würde sie sich irgendwo in der Bahnhofshalle in ihre Decke einrollen, das war sie gewohnt. Die Bahnhöfe waren in diesen Zeiten längst nicht mehr nur Beginn und Ende einer Reise, sondern auch Sammelplatz für all die Gestrandeten, die nirgendwo sonst ein Dach über dem Kopf fanden. Außerdem gab es im Bahnhof immer ein wenig Licht und eine gewisse Sicherheit vor kriminellem Gesindel, das einen ausrauben und vergewaltigen wollte.

Jannek nickte und kam nun auch vom kalten Bauschutt hoch. »Ja, ich muss auch los, noch was organisieren.«

Einen Augenblick standen sie sich gegenüber, unschlüssig und seltsam steif und verlegen, weil sie nicht wussten, wie sie sich voneinander verabschieden und was sie dabei sagen sollten. Schließlich streckten sie einander fast im selben Moment die Hand entgegen. Sie lachten wie über etwas besonders Komisches.

»Man sieht sich, okay?«, sagte Jannek und schüttelte ihre Hand kräftig, als betätigte er den Eisenschwengel einer Brunnenpumpe.

»Ja, bestimmt!«, sagte Leah und dachte sofort, wie dumm und unwahrscheinlich das klang. Sie wünschte, ihr würde noch etwas einfallen, was sie ihm sagen und den Abschied noch etwas hinauszögern konnte, aber es fiel ihr nichts ein. Jedenfalls nichts, was nicht lächerlich und gekünstelt geklungen hätte. Und so bemühte sie sich um ein Lächeln, gab seine Hand frei und ließ ihn mit den Worten »Also dann, mach's gut, Jannek!« gehen.

»Ja, du auch, Leah!« Schnell trat er aus dem Torweg und wandte sich nach rechts und damit in die dem Bahnhof entgegengesetzte Richtung.

Er drehte sich noch einmal kurz nach ihr um und winkte ihr zu. Dann schlug er den Kragen seines Soldatenmantels hoch, vergrub die Hände tief in den Taschen, zog den Kopf zwischen die Schultern und ging schnellen Schrittes die Straße hinunter.

Leah blickte ihm mit einem schmerzhaften Gefühl in der Brust nach und wurde sich plötzlich mehr als in den Monaten zuvor bewusst, wie einsam, ziellos und verloren sie war.

5

Als Sophie die letzten knarrenden Stufen zum dritten Stock heraufkam, warf Phoebe Clifford ihr einen überraschten Blick zu und sagte zu ihrer älteren Schwester, die in der offenen Wohnungstür stand: »Was, sind die immer noch hier, Eve? Der Krieg ist doch längst vorbei! Also sollen sie doch endlich dahin zurückkehren, woher sie gekommen sind!«

»Ja, da fragt man sich allmählich, in was für einem Land wir leben und wem es gehört!«, grollte Evelyn Clifford und verschränkte die fleischigen Arme vor der Brust. Sie trug wie üblich eine ihrer bunt geblümten Kittelschürzen und um den Kopf gewickelt ein ähnlich gemustertes Tuch, unter dem dicke Lockenwickler hervorschauten. »Wird höchste Zeit, dass die Juden endlich aus unserem Land verschwinden! Die haben lange genug auf der faulen Haut gelegen und sich von uns durchfüttern lassen!«

Am liebsten hätte Sophie ihnen vor die Füße gespuckt und ihnen an den Kopf geworfen, dass sie ganz und gar nicht faul waren, obwohl die Regierung ihnen das Arbeiten verbot, aber das ging natürlich nicht. Aber die Frauen sollten nicht glauben, sie mit ihren Verleumdungen getroffen zu haben. Deshalb zwang sie ein zuckersüßes Lächeln auf ihr Gesicht und grüßte mit sarkastischer Artigkeit: »Ja, Ihnen auch noch einen schönen Abend, die Damen!« Und mit einer geschmeidigen Bewegung wandte sie ihnen den Rücken zu und verschwand auf der anderen Flurseite hinter ihrer Wohnungstür, bevor die beiden Clifford-Schwestern sich von ihrer Verblüffung erholen und ihr noch etwas Gemeines hinterherrufen konnten.

Sophie blieb einen Augenblick im kurzen, dunklen Schlauch der Diele stehen und atmete durch. Gleich links von der Tür ging es in die kleine Kammer, die sie sich mit ihren Brüdern teilte. Das Gemeinschaftsklo befand sich draußen im Zwischenstock des Treppenhauses. Dann gab sie sich einen Ruck, öffnete die schmale Zwischentür und trat in den gerade mal fünfeinhalb Meter langen und vier Meter breiten Raum, der Küche, Wohnstube und für die Eltern auch noch Schlafzimmer in einem war.

Die Einrichtung bestand aus einer kurzen Küchenzeile mit einem Herd, einem einfachen Holztisch mit fünf Stühlen, einem in die Ecke gequetschten Sessel mit abgewetztem Polster und hinten an der Rückwand einem ähnlich abgenutzten Sofa, zu dem ein Bettkasten gehörte. Nachts wurde die zweite Hälfte des Sofas unter dem Bettkasten vorgezogen und zum Bett für die Eltern. Auf dem Bettkasten standen die wenigen Bücher, die der Vater von seiner einst umfangreichen Bibliothek hatte retten können, eine Menora[9], und das alte Grammofon, das mit seinen sechs Schellackplatten mit klassischer Musik wundersamerweise selbst die Internierungszeit einigermaßen heil überstanden hatte.

Ihr kleiner siebenjähriger Bruder Felix hockte in seiner kurzen Hose am Boden und schraubte aus den Teilen seines *Trix*-Metallbaukastens etwas zusammen, das wie ein Baukran aussah. Mit seinem honigblonden Lockenhaar, den unverschämt langen Wimpern und den ausnehmend hübschen Zügen war er der Mutter wie aus dem Gesicht geschnitten. Er war der Liebling der Familie, der Sonnenschein und Nachzügler, gezeugt und geboren in der trügerischen »Freiheit« ihres Exils in England. Insgeheim beneidete sie Felix um diese wunderbaren Gaben

---

9 Siebenarmiger Leuchter, eines der wichtigsten religiösen Symbole des Judentums.

der Natur, kam sie mit ihrem schwarzen Haar und den blassblauen Augen doch mehr nach ihrem Vater, nur mit dem großen Unterschied, dass ihr Pa das hatte, was man einen Charakterkopf nannte, während sie ihrer Überzeugung nach ganz ordinäre, durchschnittliche und einfach nichtssagende Gesichtszüge besaß. Wenn sie endlich ihren altmodischen Zopf abschneiden und eine moderne, frechere Frisur haben dürfte, sähe sie bestimmt nicht mehr ganz so altbacken aus. Aber davon wollte ihre Mutter nichts wissen.

»Hast du mein Kopfschmerzpulver?«, war Margot Buchheims erste bange Frage, als ihre Tochter zur Tür hereinkam. Sie lag auf dem Sofa, eine noch immer bildhübsche Frau von einundvierzig Jahren – bis auf den harten, verbitterten Zug, der sich in den letzten Jahren um ihren Mund herum eingenistet hatte.

»Natürlich, Mom«, sagte Sophie, durchwuschelte im Vorbeigehen mit einer Hand das herrlich dichte Lockenhaar ihres kleinen Bruders, was Felix, der zukünftige Architekt und Ingenieur großartiger Bauten, mit einem stillen Augenrollen großmütig über sich ergehen ließ.

»Dem Himmel sei Dank, Kind! Und bring mir bitte auch gleich ein Glas Wasser!«

Sophie brachte ihr beides und dachte im Stillen, dass nicht der Himmel das Pulver und die Würste ins Haus gezaubert hatte, sondern dass sie schon seit einiger Zeit so gut wie alle Hausarbeiten und auch Einkäufe erledigte und dass sie deshalb vielleicht auch mal ein richtiges Dankeschön und eine Umarmung verdient gehabt hätte.

Sie schämte sich für ihre Gedanken, kaum dass sie ihr durch den Kopf geschossen waren. Ihre Mutter hatte in letzter Zeit oft Kopfschmerzen. Gut möglich, dass diese Anfälle und das stundenlange Liegen auf dem Sofa, mit einer schwarzen Augenbinde und einem feuchten Tuch auf der Stirn, für ihre Mutter eine Form der Flucht aus ihrem tristen Alltag darstellten. Aber mit Gewissheit konnte sie das natürlich nicht sagen, und vielleicht hatte ihre Mom ja wirklich so oft Kopfschmerzen und musste dann zu Recht in Ruhe gelassen und nicht mit häuslichen Pflichten belastet werden.

Ihr Vater Herschel und ihr großer Bruder Marius kamen fast zur selben Zeit nach Hause. Marius, mit seinen neunzehn Jahren schon mit der kräftigen und groß gewachsenen Gestalt eines erwachsenen Mannes ausgestattet, brachte einen kleinen Sack Presskohle mit, was bei der strengen Rationierung eine wunderbare Überraschung war und selbst der Mutter ein freudiges, wenn auch nur sehr flüchtiges Lächeln entlockte.

»Wir haben nach der Arbeit noch bei einem reichen Kerl den Keller seiner Villa ausgeräumt, dessen Fundament brüchig geworden und abgesackt ist«, sagte Marius und warf Sophie einen dankbaren Blick zu, weil sie für ihn und den Vater schon heißen Tee bereithielt. Wobei die Teeblätter nun schon den vierten Aufguss hinter sich hatten.

Marius hatte noch in Cambridge davon geträumt, Jura zu studieren und die Laufbahn eines Anwalts einzuschlagen. Das und so viele andere Träume hatte der Krieg zerschlagen. Jetzt musste er dankbar sein, dass er bei dem durchtriebenen Schrotthändler Harvey Thackery einen Hilfsarbeiterjob erhalten hatte und er mit seinem Lohn, so schäbig gering er auch war, weil Thackery ihn schwarz beschäftigte, etwas zum Unterhalt der Familie beisteuern konnte.

»Tüchtiger Junge«, sagte Herschel anerkennend. »Die Zusatzkohle werden wir bitter nötig haben!« Er, der schon in jungen Jahren eine Professur als Literaturwissenschaftler erhalten und dem man einst eine steile Karriere an der Universität vorhergesagt hatte, brachte seine Familie mit seinen Einkünften nur notdürftig durch. Dabei durfte auch er sich glücklich schätzen, diese Anstellung in der Bedford Street in Whitechapel überhaupt gefunden zu haben. Dort verbrachte er im Laden eines alteingesessenen englischen Geschäftsmannes jüdischen Glaubens den Tag damit, im Hinterzimmer Schreibmaschinen zu säubern und zu reparieren. Eine Fähigkeit aus Jugendzeiten, als sein Vater ein ähnliches Geschäft in einer Seitenstraße vom Kurfürstendamm betrieben und ihn nach der Schule und selbst noch während des Studiums in seiner Werkstatt hatte aushelfen lassen. Ganz legal war seine Arbeit dort nicht. Für aus Nazi-Deutschland geflüchtete Juden herrschte auch jetzt nach dem Krieg quasi noch Berufsverbot, es sei denn, man verdingte sich als Hauspersonal. Und Anträge auf Ausnahmen von der Regel zogen sich endlos lange hin. Aber selbst wenn es diese Restriktionen nicht gegeben hätte, wer hatte jetzt in einer Zeit des mühsamen Wiederaufbaus denn Bedarf an einem Literaturprofessor, dessen Fachgebiet auch noch die Literatur der italienischen Renaissance war?

Sophie fand, dass ihr Vater stark gealtert war, und zwar stärker in den anderthalb Jahren nach dem Krieg als während der schweren Zeit davor im Internierungslager und während der ständigen nächtlichen Bombenangriffe auf London. Das viele Grau, das sein zu Kriegsbeginn noch tiefschwarzes Haar mittlerweile an den Schläfen durchzog und sich auch beidseits des Scheitels schon zeigte, hatte ihrer Überzeugung nach mit den Berichten zu tun, die nach Kriegsende über die Todesfabriken der Nazis und die vielen Millionen Opfer in den Zeitungen erschienen waren. Die Mutter weigerte sich strikt, darüber zu lesen, weil ihr davon körperlich übel wurde, und sie untersagte es dem Vater auch, aus diesen Artikeln vorzulesen.

Aber nicht immer hielt sich Herschel Buchheim an die strikten Gebote seiner Frau. An diesem Abend hatte er die neuste Ausgabe des *AJR-Mitteilungsblatt* mitgebracht. Diese deutschsprachige Zeitung, herausgeben von der *Association of Jewish Refugees in Great Britain*, erschien einmal im Monat und wandte sich an jüdische Flüchtlinge deutscher Sprache.

Sophie bereitete das Abendessen vor, während ihr Vater im Sessel Platz nahm, sich seine Pfeife mit verschnittenem, billigen Tabak anzündete und eine Weile still in der Zeitung las.

Plötzlich fragte Marius, der Felix gerade bei einer kniffeligen Bauphase half: »Pa, was ist? Warum weinst du?«

Nun sah auch Sophie besorgt zu ihrem Vater hinüber.

Dieser wischte sich die Tränen von den Wangen und räusperte sich. »Es ist das Gedicht hier, das jemand namens Gerson Stern geschrieben hat. Ich weiß nicht, ob er das KZ überlebt und das Gedicht erst hinterher oder noch im KZ …«

»Nein!«, fiel die Mutter ihm ins Wort und richtete sich jäh auf. »Das liest du jetzt nicht vor! Ich verbiete es dir, Herschel! Ich will davon nichts mehr hören! Wir wissen, was passiert ist. Reicht das denn nicht?«

Diesmal ließ ihr Vater sich jedoch nicht beirren. Und mit leicht bebender Stimme las er das im *AJR-Mitteilungsblatt* abgedruckte Gedicht vor.

> *Die Letzte*
>
> *Ich hatte Mann und Kinder.*
> *Es holte sie der Schinder.*
> *Sie starben irgendwo.*
> *Doch lieget meine Habe*
> *Nicht hier, nicht dort im Grabe.*
> *Die Feuer lodern lichterloh.*
>
> *Sie sind von den Millionen,*
> *Die nun als Asche wohnen,*
> *Im Feld, im Staube irgendwo.*
> *Den Schornstein seh ich tauchen*
> *Ins Blau und rauchen, rauchen.*
> *Die Feuer lodern lichterloh.*
>
> *Vielleicht lebt in dem Winde*
> *Ein Gruß von meinem Kinde.*
> *Denn etwas bleibet irgendwo –*
> *… Nun kommen sie mich rufen.*
> *Ich steige meine Stufen …*
> *Die Feuer lodern lichterloh.*

Die Mutter presste sich die Hände auf die Ohren, Marius bekam einen harten Gesichtsausdruck, Felix blickte verwirrt, um sich dann wieder seinem Metallbau zu widmen, und Sophie schluckte, kämpfte mit den Tränen und schob die Pfanne von der heißen Herdplatte.

Es herrschte lange Zeit bedrückendes Schweigen im Raum. Der Vater legte die Zeitung aus der Hand, ging zum Grammofon und legte eine Schellackplatte auf den Teller. Es war die *Hebriden-Ouvertüre* von Felix Mendelssohn Bartholdy, die unter Begleitung von einigen Kratzern den Raum füllte. Das wütende Bummern der Cliffords aus der Nachbarwohnung gegen die Wand ließ nicht lange auf sich warten. Die klassischen Werke, von denen sie in ihrer Wohnung eigentlich gar nicht viel hören konnten, verabscheuten sie, weil es ihren Worten nach »Hunnenmusik« war.

Die Mutter setzte sich schließlich zu Marius und dem Vater an den Küchentisch. »Warum kehren wir nicht endlich nach Deutschland zurück, Herschel?«, fragte sie und sah ihn mit einem flehentlichen Blick an. »Du kannst dich um einen Lehrstuhl bewerben und dann …«

»Ja, das braucht das zerbombte und besetzte Deutschland jetzt wirklich am dringendsten, einen Professor der Literaturwissenschaft mit dem Fachgebiet italienische Renaissance!«, fiel er ihr sarkastisch ins Wort. »Darauf werden sie ganz sicherlich warten!«

»Aber du könntest es doch zumindest versuchen, wo wir jetzt doch wieder nach Deutschland zurückkönnen! Herschel, ich möchte nach Hause, bitte!«

Marius verdrehte die Augen und schüttelte nur stumm den Kopf.

»Welches Zuhause meinst du? Meinst du diese Trümmerstadt Berlin, wo kaum noch ein Stein auf dem anderen geblieben bist?«, fragte der Vater, und plötzlich wallte in ihm, der sonst die Ruhe und Sanftmut in Person war, eine ohnmächtiger Zorn auf, der ihm deutlich anzusehen war. »Oder meinst du unser altes Haus in Charlottenburg, wo jetzt ein riesiger Bombentrichter klafft, wie mein alter Schuldfreund Hermann uns letztens mitgeteilt hat? Sag mir, in welches Zuhause möchtest du, dass wir zurückkehren? Und wenn du schon dabei bist, sag mir auch, mit welchen Mitteln!«

Stumm sah die Mutter ihn an, dann füllten sich ihre Augen mit

Tränen, und sie schlug die Hände vors Gesicht und weinte, ohne einen Laut von sich zu geben.

Der Vater seufzte schwer und legte ihr wortlos eine Hand auf die Schulter, aber mehr Trost konnte er ihr nicht spenden.

Marius blickte von seinen Eltern zu Sophie und wieder zurück auf Vater und Mutter. Sein Gesicht hatte einen ernsten, entschlossenen Ausdruck angenommen. »Pa, wir können nicht länger so weitermachen und warten, dass die Lage für uns besser wird. Hier kommen wir auf keinen grünen Zweig – und zurück nach Deutschland können wir nicht und will ich auch nicht.«

»Und was schlägst du vor?«, fragte der Vater müde.

»Wir müssen *Alija Bet* machen!«

6

Von einem prächtigen Münchner Altweibersommer konnte zwar keine Rede sein, aber nach den beiden schmuddeligen Regentagen war Leah dankbar für das trockene Wetter und das bisschen blauer Himmel, auch wenn die Sonne immer wieder hinter Wolken verschwand und nicht wirklich wärmte. Doch selbst wenn es wieder geregnet hätte, wäre sie trotz Müdigkeit und schmerzender Füße noch in den Englischen Garten gegangen. Sie wollte sich ja nicht etwa mit einem Spaziergang die Zeit vertreiben, sondern hoffte, dort endlich einen Käufer zu finden. Und wenn möglich noch vor Einbruch der Dunkelheit, die leider nicht mehr lange auf sich warten lassen würde.

Sie hatte es schon am Vormittag in der Möhlstraße, in Bogenhausen und unweit des Friedensengels, versucht und danach an der Brücke des Deutschen Museums, wo die Leute aber fast ausschließlich mit Schuhen aller Art handelten. Nun also der Englische Garten. Ihre letzte Hoffnung, an diesem schon allmählich verlöschenden Tag doch noch ein kleines Geschäft zu machen, das sie davor bewahrte, nachher wieder einmal in einem zugigen Zelt der Heilsarmee oder des Roten Kreuzes dünne Armensuppe aus einem Blechnapf löffeln zu müssen.

Sie hatte sich umgehört und wusste, wohin sie sich in den weitläufigen Parkanlagen unweit der Isar zu begeben hatte. Einer der Münchner Schwarzmärkte hatte sich auf der kurzen Wegstrecke etabliert, die zwischen dem Hügel mit dem Monopteros, einem kleinen Rundtempel im griechischen Stil, und dem Chinesischen Turm lag. Wobei Letzterer, wie sie nun sah, offenbar einer Brandbombe zum Opfer gefallen war. Zurückgeblieben war eine verkohlte Ruine mit Resten verbogenen Gestänges.

Zwischen diesen beiden Fixpunkten des Schwarzmarktes herrschte ein ebenso reges wie merkwürdiges Hin und Her. Auf dem breiten Sandweg spazierten viele Dutzend Männer und Frauen, Alte und Junge hintereinander in langen Reihen und mit scheinbar absichtsloser Gemächlichkeit aneinander vorbei. Dieses Passieren hatte etwas von einer skurrilen Choreografie, einem fast geisterhaft anmutenden Ballett an sich. Die Leute gingen aneinander vorbei, ohne sich anzusehen, so als wären die anderen überhaupt nicht anwesend. Zugleich aber lag auf jedem Gesicht ein kaum verborgener Ausdruck von angespannter Wachsamkeit.

Was jedem, der noch nie einen Schwarzmarkt aufgesucht hatte, zudem noch äußerst merkwürdig vorgekommen wäre, war die Tatsache, dass die meisten der vorgeblichen Spaziergänger irgendetwas mit sich trugen oder führten. Die einen hatten Rucksäcke dabei, die sie sich aber griffbereit vor die Brust gehängt hatten, andere trugen zugedeckte Körbe und wieder andere waren mit Aktentasche, kleinem Koffer oder Umhängebeutel in den Park gekommen. Einige schoben sogar Kinderwagen ohne Kinder, zwei junge Burschen führten Fahrräder mit Gepäcktaschen neben sich her, und ein Mann mit einem steifen Bein mühte sich sogar mit einer Schubkarre ab, deren Rad aus einer runden Holzscheibe bestand und deren Inhalt sich unter mehreren Lagen von aufgetrennten Jutesäcken verbarg.

Aber damit war noch kein Ende der Merkwürdigkeiten. Es lag auch noch ein höchst sonderbares Geraune über der Szene, das dem Ganzen eine zusätzlich befremdliche, ja beinahe irreale Note verlieh. Denn während die Menschen so völlig ohne Eile und in scheinbar einstudierter Gleichförmigkeit aneinander vorbeischlenderten, schien ein jeder von ihnen leise Selbstgespräche zu führen. Es handelte sich dabei jedoch um sehr einfache und einfallslose Selbstgespräche, die sich fast ohne Ausnahme auf die unablässige Wiederholung einiger weniger Worte beschränkten. Es klang wie das sinnlose Geplapper einfältiger Menschen, die in irgendeiner kurzen, geistigen Endlosschleife gefangen waren.

»Zwei paar Nylonstrümpfe ... zwei Paar Nylonstrümpfe ... zwei Paar Nylonstrümpfe«, hörte Leah eine hübsche junge Frau leise, aber vernehmlich vor sich hersagen, als sie sich in den Strom der Schwarzhändler einreihte.

Ein anderer Spaziergänger, der Leah mit seiner Kleidung und sichtlich guten Ernährung ein wenig an den Schieber aus dem Zug erinnerte, flüsterte unablässig: »Brotmarken ... Brotmarken ... Brotmarken ...«

»Zwei Pfund Blutwurst ... zwei Pfund Blutwurst ... zwei Pfund Blutwurst«, kam es von einem Jungen in zerrissener halblanger Hose. Seine nackten Füße steckten in klobigen Holzpantinen, wie sie KZ-Insassen hatten tragen müssen.

»Eipulver ... Eipulver ... Eipulver ...«, steuerte ein spindeldürrer, narbengesichtiger Mann mit schwarzer Augenklappe seinen Beitrag zu dem Chor des Raunens bei.

»Bratöl ... Bratöl ... Bratöl ...«, wiederholte sein Gegenüber unbeirrt sein eigenes zweisilbiges Mantra.

Ein vorbeischlurfender Greis leierte müde: »Stopfnadeln ... Stopfnadeln ... Stopfnadeln ...«

Dann und wann geriet die seltsame Choreografie aus dem Takt, wenn plötzlich jemand aus seiner Reihe heraustrat und sich einem anderen zuneigte, mit ihm tuschelte und Dinge hastig den Besitzer wechselten.

Leah hatte noch nicht die halbe Strecke zwischen der Ruine des Chinesischen Turms und dem Hügel mit dem Rundtempel zurückgelegt, da waren ihr schon mehr als zwei Dutzend verschiedene Waren zu Ohren bekommen, die hier leise dem Vorbeigehenden angeboten wurden. Es war alles darunter, was man sich nur denken und wünschen konnte, von Lebensmitteln, Eierbriketts und Feuerholz, über Schmuck, Tafelsilber und Spitzenwäsche sowie Zahnersatz und Medikamenten wie Insulin und Penicillin bis hin zu gefälschten Reisepässen und anderen amtlichen Bescheinigungen wie die sogenannten und heiß begehrten »Persilscheine«, auf denen bestätigt wurde, dass sich sein Inhaber bezüglich seiner Vergangenheit im Dritten Reich nichts hatte zuschulden kommen lassen und eine weiße Weste besaß. Ein Stück Papier und ein gefälschter Stempel – und schon war man wieder ein aufrechter, unbescholtener Bürger, dessen Zukunft nichts mehr im Wege stand!

»Kostbare Zigarettenspitze … kostbare Zigarettenspitze … kostbare Zigarettenspitze«, fiel Leah mit ihrem eigenen Selbstgespräch in das allgemeine Geraune ein. Dabei hielt sie die aus Elfenbein gearbeitete und mit Silberfäden verzierte Zigarettenspitze, die sie tags zuvor auf einem Trümmergrundstück gefunden hatte, halb offen in der Hand.

Schon auf dem Weg vom Tempelhügel zurück zur Turmruine biss jemand an. Ein hochgewachsener, schlaksiger Mann mit einem nervösen Augenzucken. Die nikotingelben Finger seiner rechten Hand, mit der er seinen an mehreren Stellen ausgebeulten Mantel zuhielt, verrieten den starken Raucher. Und wer in diesen Zeiten in der Lage war, ein starker Raucher zu sein, der musste zwangsläufig über die nötigen Mittel verfügen, um sich diese Sucht leisten zu können.

»Lass mal sehen, Mädel!«, forderte er sie auf.

Sie öffnete ihre Hand, damit er die elegante Zigarettenspitze begutachten konnte. »Ist nix dran, hat nicht mal 'nen Kratzer abbekommen!« Sie drehte das mit Silber verzierte Schmuckstück in ihrer Handfläche vor und zurück.

»Nicht übel«, gab er sich nur mäßig interessiert, aber sein Blick und die Art, wie er mit dem Handrücken über den Mund fuhr, straften ihn Lügen. Er war sehr interessiert! »Was willste dafür haben?«

»Was kannst du anbieten?«, fragte sie zurück. Auf Schwarzmärkten bezahlte man so gut wie nie mit Geld, sondern man »kompensierte«, wie es in der Sprache der kleinen und großen Schieber hieß, indem man mit Zigaretten oder einer anderen Ware zahlte. Und selbst wenn man nicht brauchte, was der andere anzubieten hatte, ließ man sich dennoch oft auf einen Handel ein. Denn wer gerade keine Verwendung für Nylonstrümpfe oder Sahnelöffel aus Silber hatte, wusste aber womöglich, bei wem er für genau diese Dinge das bekommen konnte, was er gerade dringend brauchte. Manchmal kompensierte man sogar mehrmals, ehe man endlich das in Händen hielt, was man benötigte.

»Corned Beef, Ami-Zigaretten und Rasierklingen«, zählte er auf. »Also, sag schon!«

Der Mann hatte Corned Beef und Zigaretten, und er wollte die Elfenbeinspitze, das sah sie ihm an! Leah konnte ihr Glück kaum fassen. Auf den beiden anderen Schwarzmärkten hatte sie sich jeweils stundenlang die Füße platt gelaufen und sich fast Fransen an den Mund gemurmelt, und hier fand sich schon nach wenigen Minuten ein Käufer für ihren glücklichen Fund!

»Vier Dosen Corned Beef und zehn Zigaretten!« Sie wusste, dass sie zu viel verlangte. Aber wer beim Feilschen um die Höhe der Kompensation nicht gleich nach den Sternen griff, holte auch nicht das Optimale aus seinem Teil des Handels heraus.

Er schnaubte. »Du träumst ja wohl! Aber weil du so hübsche grüne Augen hast, biete ich dir für das olle, abgenuckelte Ding eine Dose und drei *Chesterfield*, und damit machst du einen ordentlichen Reibach.«

Leah revanchierte sich mit einem spöttischen Auflachen. »Also wer von uns beiden hier träumt, steht ja wohl außer Frage!«, konterte sie mit einem Anflug von gespielter Empörung und schätzte insgeheim, dass sie nach einigem Hin und Her vermutlich bei zwei Konservendosen und vier bis fünf Zigaretten handelseinig werden würden. Wobei ihr das Corned Beef am wichtigsten war und sie notfalls noch auf ein oder zwei Zigaretten verzichten würde, um sich zumindest zweimal diese Köstlichkeit zu sichern.

Der Schieber mit dem nervösen Lidzucken beugte sich zu ihr vor. »Hör mal, Kleine …«, begann er mit dem herablassenden Tonfall eines Mannes, der einem kleinen, unbedarften Mädchen die Augen für die bitteren Tatsachen des Lebens zu öffnen gedachte.

Was immer der Fremde ihr hatte sagen wollen, es blieb sein Geheimnis. Denn in dem Moment tauchten sechs Mannschaftswagen der Polizei im Park auf. Drei hielten auf den Hügel mit dem Rundtempel zu, die anderen beiden kamen aus der anderen Richtung und stellten sich an der Ruine des Chinesischen Turms quer. Die Türen flogen mit lautem Knall auf, und mehrere Dutzend Polizisten sprangen mit Schlagstöcken in den Händen aus den Wagen. Ihre Trillerpfeifen schrillten über das Gelände, während sich die Uniformierten im Laufschritt auffächerten, um den Schwarzmarkt einzukesseln.

»Razzia! … Razzia!«, gellte es vielstimmig durch den Park.

Die sonderbare Choreografie des Schwarzmarkts mit ihrem verhaltenen Raunen verwandelte sich schlagartig in eine wilde und lärmende Panik. Die Menschen spritzten auseinander und rannten in alle Richtungen davon. Jeden würden die Polizisten nicht zu fassen bekommen, das war so sicher wie das Amen in der Kirche. Aber wer jetzt nicht schnell aus dem Zentrum der Razzia herauskam und rechtzeitig durch eine Lücke in der Kette der Greifer entschlüpfte, auf den wartete eine Menge Ärger und – je nach dem, was man bei ihm fand – womöglich sogar eine empfindliche Gefängnisstrafe.

Verfluchungen, wütende Schreie und flehentliche Bitten, einen in Gottes heiligem Namen doch laufen zu lassen, begleiteten die Verhaftungen derjenigen Unglücklichen, die sich beim Ausschwärmen der Einsatzkräfte zufälligerweise gerade an einem der beiden Endpunkte des Schwarzmarktes befunden hatten.

Unwillkürlich hatte Leah den Kopf gedreht und zu den Polizisten hingeschaut. Ein kurzer Reflex, der sie teuer zu stehen kam. Denn noch bevor sie wusste, wie ihr geschah, hatte der Mann mit dem Lidzucken auch schon nach der Zigarettenspitze gegriffen, sie ihr entrissen und das Weite gesucht.

»Mistkerl! ... Verdammter Dieb!«, schrie sie in hilfloser Wut und wollte ihm nach.

Dummerweise geriet ihr genau in diesem Moment der Mann mit dem steifen Bein und der primitiven Schubkarre in den Weg. Mit dem schweren, klobigen Ding hatte er natürlich nicht den Hauch einer Chance, einer Ergreifung zu entkommen. Deshalb stieß er die Karre von sich, damit man ihm nichts anhaben konnten, falls man ihn zu fassen kriegte, was wohl so gut wie sicher war, und humpelte davon.

Um ein Haar wäre Leah über die Eierbriketts gestürzt, die sich vor ihren Füßen aus der umgekippten Schubkarre auf den Weg ergossen. Sie stieß eine Verwünschung aus, kämpfte um ihr Gleichgewicht, während sie durch die billige Presskohle taumelte, und hatte den Dieb im nächsten Moment schon aus den Augen verloren.

Ihr blieb keine Zeit, in dem wüsten Durcheinander nach ihm zu suchen. Und selbst wenn es ihr gelungen wäre, sich doch noch an seine Fersen zu heften, hätte sie wohl kaum eine Chance gehabt, ihn einholen. Die Zigarettenspitze war verloren. Wie gewonnen, so zerronnen.

Mit ohnmächtiger Wut im Bauch suchte nun auch sie ihr Heil in der Flucht. Sie folgte einer Gruppe, die in Richtung Innenstadt schräg über das Gelände lief.

Plötzlich packte sie eine Hand von hinten an die Schulter, zwang sie zum Stehen und rief: »Völlig falsche Richtung!«

Leah fuhr herum und riss fassungslos die Augen auf. »Jannek? Himmel, wo kommst du denn auf einmal her?«

»Bin eben erst gekommen, aber zum Glück noch rechtzeitig genug, damit du den Greifern nicht geradewegs in die Arme läufst. Oft wartet nämlich da drüben hinter den Bäumen eine ganze Einheit und sammelt die Leute so einfach ein wie Fallobst!«, stieß er hastig hervor. »Komm, wir müssen auf die andere Seite, runter zur Isar!« Er packte ihr Handgelenk und zog sie in die entgegengesetzte Richtung mit sich fort.

Jannek rannte mit ihr auf ein lang gestrecktes, sichelförmiges

Dickicht zu. Wie eine dunkelgrüne und rot gesprenkelte Mauer von bestimmt vierzig, fünfzig Meter Länge kam es auf sie zu. Es war eine scheinbar undurchdringliche Wand aus mehr als mannshohem Weißdorn, auf dessen Zweigen schon eine Fülle von dunkelroten Früchten zu sehen war. Erschrocken fragte sich Leah, was er damit bezweckte, dass er mit vollem Tempo darauf zuhielt, konnte es dort doch beim besten Willen kein Durchkommen geben. Erst im letzten Moment, als sie schon abbremsen wollte, bemerkte sie den schmalen Spalt, der sich vor ihnen in der dichten Weißdornhecke auftat.

»Bleib hinter mir!«, rief Jannek ihr zu und zog sie auf den letzten Schritten in seinen Rücken. »Kopf runter, Arm hoch und durch!«

»Himmel, das wird knapp!«, keuchte Leah und presste ihre Deckenrolle fest an sich.

Im nächsten Augenblick brachen sie auch schon durch die Barriere. Die Zweige peitschten zu beiden Seiten über Kopf und Arme, vermochten jedoch nicht viel auszurichten. Sie kamen mit ein paar Kratzern davon. Und obwohl Jannek auf der anderen Seite mit ihr weiter durch das Gelände rannte, über das sich schon tiefdunkle Schatten legten, wusste sie, dass die Gefahr gebannt war und sie der Polizei nicht ins Netz gehen würden.

Sicher, sie hatte die Zigarettenspitze verloren, die ihr so viel hätte einbringen können. Aber sie hatte trotz allem Glück im Unglück gehabt. Und sie war froh, dass es ausgerechnet Jannek war, der wie ein *Deus ex Machina* als ihr Retter in der Not aufgetaucht war!

7

»Na ja, jeder nimmt sich eben, was er kriegen kann«, kommentierte Jannek ihren Bericht vom dreisten Diebstahl der Zigarettenspitze. Sie hatten einen Bogen geschlagen und waren mittlerweile auf dem Weg zurück in die Innenstadt. In weniger als einer halben Stunde würde die Ruinenstadt in der Schwärze der Nacht versinken.

Seine nicht gerade mitfühlende Reaktion verblüffte sie. »Offenbar tut es dir überhaupt nicht leid, dass dieser Lump mich bestohlen hat?«

Jannek zuckte die Achseln. »Was willst du ihm denn groß vorwerfen? Dass er einen feuchten Kehricht auf Moral gibt und in dieser beschissenen Zeit 'ne günstige Gelegenheit nicht ungenutzt verstreichen lässt? Nee, darin sehe ich nichts Schlimmes, Leah. Moral ist nur eine andere Form von Feigheit, wenn man Hamlet Glauben schenken will.«

»Hamlet? Seit wann kennst du dich denn mit Shakespeares Stücken aus?«, fragte sie verblüfft. Sie erinnerte sich zwar, dass er früher gern gelesen hatte, aber ausschließlich diese billigen Abenteuerromane im Heftformat. Und selbst das war Janneks Vater schon sehr suspekt gewesen. Lesen war nichts, was bei den Raskowitz gern gesehen wurde, solch unsinnigen Zeitvertreib konnten sich ihrer Meinung nach nur die »besseren Leute« erlauben, die mit weißem Kragen und nicht im Blaumann zur Arbeit gingen.

Er grinste. »Stand mal irgendwo an 'ner Hauswand gekritzelt. Hab's mir gemerkt, weil da 'ne Menge Wahres dran ist. Aber im Ernst, Leah, ich versuche die Dinge so zu sehen, wie sie sind. Klar, wenn der Bursche das bei mir versucht und ich ihn erwischt hätte, dann hätte ich ihn ordentlich verkloppt, aber übel genommen?« Er schüttelte den Kopf. »Nee, nicht die Bohne. Moral ist was für Tage, an denen du ein warmes Bett und einen vollen Magen und am besten auch noch eine volle Speisekammer hast!«

»Mhm, da ist vielleicht was dran«, räumte Leah ein und hielt es für klüger, nicht länger auf dem Thema herumzureiten. »Sag mal, was wolltest du denn auf dem Schwarzmarkt verhökern?«

Er warf ihr ein vergnügtes Grinsen zu. »Die Amis sind doch alle ganz versessen auf diesen Nazi-Scheiß als Souvenir, und ich hab da einen Burschen an der Hand, der will unbedingt mehrere SS-Koppelschlösser mit der Aufschrift *Meine Ehre heißt Treue*«, erzählte er. »Von den einfachen Wehrmachtsdingern mit ihrem *Gott mit uns*-Spruch hat er schon ein paar. Na ja, und ich weiß zum Glück, wer auf einer ganzen Kiste von solchem SS-Zeug sitzt. Nur will der Kerl für jeweils drei SS-Koppelschlösser ein Paar Nylonstrümpfe, weil er damit irgendeine Tussi herumkriegen kann, auf die er scharf ist. Tja, und die Nylons wollte ich eben im Englischen Garten auftreiben. Hatte von meinem Ami auch ordentlich was zum Kompensieren dabei. Hier, schau mal!« Er lüftete kurz seinen Mantel, damit sie einen Blick auf das linke Innenfutter werfen konnte.

Leah machte große Augen. Zwei Stangen Zigaretten, je eine *Chesterfield* und eine *Lucky Strike* ragten ein Stück aus passfertig aufgesetzten Längstaschen aus Flickenstoff heraus. »Mann, wenn die Polizei dich damit erwischt hätte!«

»Wäre ich geradewegs im Bau gelandet, ich weiß«, sagte er lachend. »Aber ist ja noch mal gutgegangen.«

»Alle Achtung, Jannek!«, sagte sie und gab sich gebührend beeindruckt. »Du scheinst ja gut im Geschäft zu sein!«

Er winkte ab, und ein ernster, fast mürrischer Ausdruck verdrängte die Belustigung von seinem Gesicht. Was vielleicht auch daran lag, dass sich am Himmel wieder dunkle, tief hängende Regenwolken aus Westen heranschoben und schon die ersten Tropfen fielen. »Ach was, das wird mein erstes halbwegs großes Ding, wenn ich es denn gebacken kriege.« Er machte eine kurze Pause. »Aber wenn ich ehrlich sein soll, kotzt es mich an.«

»Du meinst, dass du, ein Jude aus dem KZ, diese SS-Sachen als Souvenirs für die Amis auftreiben musst?« Sie selbst hätte das ganz sicher nicht gekonnt. Nach allem, was die Nazis und insbesondere die SS und Gestapo[10] ihnen angetan hatten, ekelte sie allein schon die Vorstellung an, sich damit abgeben und diese Sachen berühren zu müssen.

---

10 Abkürzung für die Geheime Staatspolizei, die meist ohne Gerichtsurteile und mit willkürlichen Methoden politische Gegner des Nazi-Regimes verfolgte.

»Ja, das natürlich auch.«

»Und was noch?«

»Na, dass die Amis so versessen auf alles sind, was ein Hakenkreuz oder einen Totenkopf hat, und dass sie einen richtigen Kult damit treiben! Dabei sind doch so viele ihrer Kameraden im Krieg gegen Nazi-Deutschland gestorben!«, brummte Jannek missmutig und wechselte abrupt das Thema, indem er unvermittelt fragte: »Sag mal, weißt du schon, wo du heute Nacht bleibst?«

»Nein, aber ich werd schon was finden«, erwiderte sie, überrascht von seiner Frage. »Habe ich bisher noch immer. Und im Notfall bleibt mir der Bahnhof.«

»Wenn du willst, kannst du die Nacht bei mir bleiben«, bot er ihr spontan an. »Ich hab noch Platz.«

Verblüfft sah sie ihn an. »Sag bloß, du hast ein eigenes Zimmer?«

Er lachte kurz auf und schüttelte den Kopf. »Nicht ganz, aber so was in der Art. Jedenfalls ist meine Bude trocken und mir zehnmal lieber als so'n Matratzenlager in einem dieser Obdachlosenschlafsäle. Schau es dir doch einfach an! Und wenn es dir nicht zusagt, kannst du ja wieder gehen.«

»Einverstanden, ich komme gern mit«, versicherte sie schnell, was auch der Wahrheit entsprach. Es war schön, Gesellschaft zu haben – zumal wenn es ein Jugendfreund wie Jannek war, mit dem sie viele Erinnerungen an glückliche Kindheitstage verband. »Wird bestimmt okay sein. Danke, Jannek.«

Er brummte etwas Unverständliches und beschleunigte seinen Schritt, den Kopf mit der tief in die Stirn gezogenen Landsermütze wie ein Rammsporn gesenkt, als müsste er sich einen Weg durch den einsetzenden Regen bahnen.

Schweigsam gingen sie nebeneinander durch die Dämmerung. In dem schier grenzenlosen Dschungel aus Schuttbergen und ausgebrannten Ruinen verlor Leah schon bald die Orientierung. Was nicht nur an der herabfallenden, regendurchtränkten Dunkelheit lag und auch nicht daran, dass Jannek sie in einem scheinbar ziellosen Zickzackkurs und manchmal sogar auf schmalen Trampelpfaden quer über Geröllhalden und durch die schwarzen Skelette zerbombter und ausgebrannter Häuser führte. Die einst vertrauten Straßenzügen gab es einfach nicht mehr, sie hatten sich in einem steinernen Meer aus Trümmerfeldern und Gebäudetorsi aufgelöst.

»Wir sind gleich da«, brach Jannek schließlich das Schweigen, als sie durch den tiefen Schlagschatten einer bizarren, hoch aufragenden Trümmerwand gingen, die offensichtlich zu einer Kirchenruine gehörte, jedenfalls wenn man nach den beiden Öffnungen im Stil gotischer Spitzbogenfenster urteilte.

»Wo sind wir überhaupt?«

»Sendlinger Straße, und das da drüben ist die Fürstenfelder Straße!« Er wies schräg nach links, wo sich eine Ruine an die andere reihte. Ein geisterhafter Gebäudefriedhof von einst prächtigen Wohn- und Geschäftshäusern.

Augenblicke später verließ er mit ihr die Straße, und dann kletterten sie über mehrere Schuttberge, umgingen ein langes und vier Stockwerke hohes Stück Fassade, dessen gefährliche Neigung dem schiefen Turm von Pisa Konkurrenz machte, und gelangten dann zu einem flachen Trümmerfeld, aus dessen Bauschutt mehrere Eisenstangen und Stahlträger herausragten. Ein Riese schien mit ihnen gespielt und sie zu bizarren Formen verbogen zu haben.

Allmählich wurde Leah unruhig. Gleich würde es stockfinstere Nacht sein. Beklommen fragte sie sich, ob Jannek sich wohl verirrt hatte und sich schämte, es vor ihr einzugestehen. Sie räusperte sich, als er stehen blieb und sich umsah, als suchte er eine Wegmarkierung, die ihm sagte, in welche Richtung sie mussten. »Sag mal, bist du dir auch sicher ...«

»Leise!«, fiel er ihr schnell und mit gedämpfter Stimme ins Wort. »Man weiß nie, wer sich in der Nähe herumtreibt, und ich will nicht, dass jemand sieht, wie wir hier nach unten steigen! Kann sonst sein, dass ich unerwünschten Besuch bekomme und man mir meine Bude plündert, wenn ich tagsüber auf Tour bin.«

Verständnislos sah sie ihn an. Dass jeder nicht einsturzgefährdete Keller als Unterkunft genutzt wurde, war jedem bekannt. Aber hier war nirgendwo eine Kellertreppe oder ein Schacht mit einer Leiter zu sehen, sondern nichts als ein ansteigender Hügel Bauschutt. »Wo willst du denn hier nach unten steigen?«

Er kniete sich in den Dreck. »Für den Sesam-öffne-dich-Effekt muss man sich schon die Hände dreckig machen«, sagte er mit einem leisen Auflachen und begann, Ziegelsteine zur Seite zu räumen.

Leah beugte sich zu ihm hinunter und sah zu ihrer Verblüffung, dass unter den Steinen ein rostiges Wellblech von etwa zwei Meter Länge und anderthalb Meter Breite zum Vorschein kam.

Jannek klappte es hoch und zeigte auf die schwarze Öffnung im Boden. »Geh du voran, ich muss die Kellertreppe mit dem Wellblech gleich wieder richtig abdecken, damit nachher kein Licht nach draußen fällt. Aber pass auf, das Treppengeländer existiert nicht mehr, das habe ich längst verfeuert, und auf den Stufen liegen Mörtel und Sand. Darauf kann man schnell ausrutschen. Es sind übrigens vierzehn Stufen. Am besten zählst du sie mit und bleibst dann unten stehen, sonst schmeißt du mir was um.«

Leah hatte mehr als eine Frage, aber dafür war jetzt weder der richtige Ort noch der richtige Zeitpunkt, wie seine drängende Stimme und Gestik verrieten. Er fürchtete um das Geheimnis seines Kellerverstecks, und diese Furcht war bei den zahllosen Obdachlosen und dem räuberischen Gesindel, das nachts unterwegs war, nicht einmal übertrieben.

»Mache ich«, erwiderte sie nur, hockte sich hin und tastete nach der ersten Stufe. Sie hatte keine Angst vor dem Abstieg in den dunklen Schacht. Seit Theresienstadt und Buchenwald hatte Angst eine völlig neue Bedeutung erhalten. Eine pechschwarze Kellertreppe hinunterzusteigen, das konnte nicht einmal annähernd so etwas wie Angstgefühl in ihr auslösen. Aber natürlich war Vorsicht geboten.

Die Treppe war nicht sehr breit. Leah konnte sich bequem rechts und links an dem kalten Gemäuer abstützen, während sie den Stufen abwärts folgte. Sand knirschte unter ihren Schuhen und muffiger Kellergeruch stieg ihr mit der kalten Luft entgegen. Im Geiste zählte sie bis vierzehn – und blieb dann stehen. Jetzt roch sie auch kalte Asche und glaubte sogar einen Hauch von Petroleum wahrnehmen zu können. Hatte Jannek hier unten womöglich …

Leah fuhr zusammen, als sich eine tastende Hand von hinten auf ihre Schulter legte und sie Janneks Atem im Nacken spürt. Sie hatte gar nicht gehört, dass er die Öffnung mit dem Wellblech wieder verschlossen hatte und auch schon die Treppe heruntergekommen war.

»Mach mal einen Schritt nach links, damit ich dich überholen und uns Licht machen kann.«

Augenblicke später flammte der Docht einer Petroleumlampe mit halb zerbrochenem Glaszylinder auf und entriss Janneks Kellerversteck der tintenschwarzen Finsternis. Auf drei Seiten umschlossen nackte Backsteinwände den etwa drei mal vier Meter großen Raum. Auf der Seite, die der Treppe gegenüberlag, ergoss sich aus der dort eingebrochenen Decke von Wand zu Wand ein Strom aus Steinen, zersplittertem Holz und zermalmtem Hausrat. Wie eine Lawine erkalteter Lava ragte er in den Kellerraum herein, mit einer zertrümmerten Kloschüssel, die auf halber Höhe zwischen dem Schutt zum Liegen gekommen war.

Leah sah sich um. Viel gab es nicht zu sehen. Auf dem Steinboden lag eine schmutzige Matratze für ein Doppelbett, gefüllt mit Rosshaar, wie der klaffende Riss verriet, der sich fast über die gesamte Länge zog. Daneben stand eine Bretterkiste mit einer Blechkanne, deren Öffnung mit einem Stück Brett abgedeckt war. Des Weiteren hatte Jannek sich einen dreibeinigen Schemel, einen kleinen Tisch, dessen zwei fehlende Beine er durch aufgestapelte Ziegelsteine ersetzt hatte, und, zu Leahs größter Überraschung, einen kleinen Kanonenofen organisiert. Das Ofenrohr bestand aus einem Sammelsurium unterschiedlicher und nicht gerade fachmännisch miteinander verbundener Rohrstücke und führte mit mehreren abenteuerlichen Krümmungen zu einem Lüftungsschacht in der Decke. Was darauf schließen ließ, dass dieser Raum einmal zu einem Luftschutzkeller gehört hatte, der nun bis auf diesen kleinen Teil nahe der Treppe verschüttet war.

»Mensch, wo hast du denn den alten Bollerofen her?«, fragte Leah. Einen derartigen Luxus hatte sie hier unten nicht erwartet.

»Aus den Trümmern eines Bauwagens, war ein richtig toller Fund.« Er verzog das Gesicht. »Nur ist mir leider das Brennholz ausgegangen, und ich hab keine Lust, Jagd auf Kohlenzüge zu machen. Eine Zeit lang habe ich aus dem Park und der Ruine des Wittelsbacher Palais und dem angrenzenden Kleingartengelände noch Holz abschleppen können. ›Gestapo-Garten‹ haben die Leute die Schrebergartenanlage genannt, weil da Häftlinge noch kurz vor Kriegsende einen Sportplatz anlegen mussten. Aber da ist jetzt auch nichts mehr zu holen, überall totaler Kahlschlag, und dabei kommt der Winter erst noch.« Er zuckte die Achseln. »Tja, mit einem kleinen Feuerchen wird es also nichts werden.«

»Geht auch so«, sagte Leah und ließ sich ihre Enttäuschung nicht anmerken. Denn nach einer Weile spürte man hier unten schon eine recht klamme Kühle, sodass ein bisschen Wärme aus dem Kanonenofen ganz wunderbar gewesen wäre.

»Mach's dir bequem!«, forderte er sie auf und schob seine Decke auf die linke Seite, damit die andere Hälfte für sie frei wurde. »Auf der Matratze ist Platz für uns beide. So, und jetzt gibt es erstklassige amerikanische Soldatenkost!« Er holte aus der Bretterkiste zwei flache Blechschachteln, die an den Kanten leicht abgerundet waren. »Teil der C-Ration der Amis im Feld, eine Art von Hartzwieback. Kaum genießbar, und wie ich mir habe sagen lassen, sollen diese Hartbisquits bei den GIs noch verhasster als die Generäle in der Etappe sein. Aber die Dinger stillen den Hunger. Hier, die ist für dich!«

»Kannst du die auch wirklich entbehren …«

»Red nicht und nimm schon!«, fiel Jannek ihr knurrig ins Wort und warf ihr die Blechdose in den Schoß. »Ist wirklich nur was für den Notfall, steht sogar auf dem Deckel. Kannst du selber nachlesen, wenn du Englisch verstehst.«

»Ja, ein bisschen.« Sie hatte Englisch in der Schule gehabt, aber nach ihrer Verschleppung hatte es für sie so gut wie keinen Unterricht gegeben. Die Nazis hatten es verboten. Zwar hatte es in Theresienstadt Untergrundschulen gegeben, aber es waren nie genug Plätze für alle vorhanden gewesen.

Was Jannek gesagt hatte, stimmte tatsächlich, dachte sie, als sie die in den Deckel eingestanzte Aufschrift sah: EMERGENCY RATIONS – TO BE CONSUMED ONLY WHEN NO OTHER RATIONS OF ANY KIND ARE PROCURABLE.

Er zeigte ihr, wie man die Dose öffnete, und schweigend verzehrten sie die harten Biskuits, die zur Notfall-Marschverpflegung amerikanischer Kampfeinheiten gehörten. Eine Köstlichkeit waren sie zwar wirklich nicht, aber hinunterwürgen musste man sie wiederum auch nicht, und was das Wichtigste war: Sie stillten den Hunger, besser sogar als die dünne Brühe der öffentlichen Suppenküchen.

»Danke für die Armeekekse.«

Er wollte von Dank nichts wissen und blockte sofort ab. »Ach Quatsch, bin froh, dass das Zeug weg ist. Gepresste Sägespäne schmecken nicht viel anders.«

»So übel waren die aber nun wirklich nicht«, erwiderte Leah und dachte an das schreckliche Brot in Theresienstadt, das diesen Namen nicht verdient hatte, weil es tatsächlich mehr aus Sägespänen und Kalkzusätzen als aus Mehl bestanden hatte.

»Du, ich mach jetzt die Lampe aus. Hab leider nicht mehr viel Petroleum, und es ist verdammt schwer, das Zeug zu organisieren.«

»Klar doch, bin auch müde.« Sie zog ihre Jacke aus, rollte sie zu einem provisorischen Kissen zusammen und wickelte sich in ihre Decke ein.

Jannek drehte den Docht herunter und die Flamme erlosch. »Sag mir Bescheid, falls du in der Nacht zum Pinkeln rausmusst«, sagte er, während er sich neben sie legte und darauf achtete, dass sie einander nicht berührten. »Ich mach dir dann kurz Licht mit einem Streichholz und kümmere mich um das Blech.«

»Wird nicht nötig sein«, versicherte sie mit einem Anflug von Verlegenheit.

»Na ja, wir müssen sowieso morgen ganz früh raus«, antwortete er schnell. »Ich muss das Wellblech wieder mit Schutt tarnen, solange es noch nicht ganz hell ist, damit keiner mitbekommt, was ich hier treibe.«

»Hast du denn einen Wecker?«

»Nee, aber ich weiß schon, wann ich aufwachen und hier rausmuss.« Seine Stimme stockte kurz, bevor er hinzufügte: »Das hab ich seit Auschwitz im Blut.«

Sie wusste, wovon er sprach, nämlich von jener unablässigen angsterfüllten innerlichen Anspannung und Wachsamkeit, die sogar im Schlaf nicht nachließ, sondern ganz im Gegenteil einen noch stärker erfasste als im Wachzustand. Vor allem die Angst, vor Erschöpfung oder Krankheit nicht schnell genug aus den dreistöckigen Holzbetten zu kommen und dadurch ein paar Sekunden zu spät zu einem jener Zählappelle vor den Baracken hinauszutaumeln – und damit ins Visier der Bestien in Uniform zu geraten. Sekunden, die einem das Leben kosten konnten.

Sie starrte in die Dunkelheit, die so vollkommen war, dass sie nicht einmal die eigene Hand vor Augen wahrnahm. Doch es machte ihr nichts aus, ganz im Gegenteil. Sie empfand die tiefe Schwärze wie einen schützenden Kokon.

»Danke ... danke für alles, Janek.«

»Ach was«, brummte er fast ungehalten mit seiner leichten Reibeisenstimme, und sie spürte, wie er sich mit einem Ruck auf die Seite drehte und ihr den Rücken zukehrte, als wollte er ihr zu verstehen geben, dass er kein weiteres Wort von ihr hören wollte.

Leah lauschte seinem gleichmäßigen Atem und kämpfte gegen die bleierne Müdigkeit an, die sich in ihr ausbreitete. Wenn Jannek sich doch noch eine Weile mit ihr unterhalten hätte! Denn sosehr sie die Dunkelheit, die absolute Schwärze liebte, in der sich alles auflöste, so sehr fürchtete sie den Schlaf mit seinen Dämonen, die nur darauf warteten, sie einmal mehr durch die Abgründe ihrer Erinnerungen zu zerren.

Sie wünschte, sie könnte beten, hätte sich einen Funken von Glauben erhalten, an den sie sich klammern konnte! Aber dieser war längst erloschen, zertreten unter Stiefeln, verweht mit dem Rauch der Krematorien.

Und begleitet von solchen Gedanken, zog der Schlaf sie in die Tiefe.

8

»Das finde ich nicht fair von euch!«, beschwerte sich Felix und zog in kindlichem Groll die Stirn kraus, als es auch für Sophie und Marius Zeit wurde, zu Bett zu gehen, und sie zu ihm in die Kammer kamen. »Immer schickt ihr mich ins Bett, wenn ihr was mit Mom und Pa zu bereden habt!«

Durch das schmale Fenster, dessen Risse im Glas von Klebeband überdeckt waren, fiel ein wenig Mondlicht in das Zimmer. Es war gerade groß genug für die beiden Stockbetten der Brüder auf der linken Seite und das Bett für Sophie, das auf der rechten Seite an der Wand stand. Eine Wäscheleine und eine daran angeklammerte Wolldecke einen halben Schritt vor ihrem Bett diente als Raumtrenner. Den Vorhang konnte man von den Betten der Brüder aus berühren, ohne sich dafür groß über die Bettkante hinausbeugen zu müssen. Gleich vorn an der Tür gab es noch einen schmalbrüstigen Kleiderschrank. Zu dritt teilten sie sich auch den einen Stuhl, und unter dem Fenster konnte man noch ein Brett hochklappen. Dann hatte man eine kleine Ablage oder ein Schreibunterlage.

»Nicht wir haben dich ins Bett geschickt, sondern Mom und Pa, Kleiner«, stellte Marius klar. »Und nicht, weil wir da noch irgendwelche

Geheimnisse zu besprechen hatten, sondern weil du noch ein kleiner Furz bist und daher auch früh ins Bett gehörst!«

»Sag nicht immer Kleiner zu mir!«, protestierte Felix, setzte sich im Bett auf und schlug mit der kleinen Faust auf die Bettdecke. »Sonst wirst du es eines Tages bereuen! Ich werde mal stärker sein als du! Ich bin jetzt schon größer, als du es mit acht warst! Das weiß ich von Mom. Du brauchst mir also gar nicht vorzulügen, dass es nicht stimmt!«

Marius lachte gutmütig. »Okay, dann werde ich mal ganz vorsichtig sein und nichts tun, damit du mir nicht böse bist und mich nicht eines Tages dafür bitterlich bezahlen lässt!«

Felix himmelte seinen großen Bruder viel zu sehr an, um ihm länger als einen Atemzug lang böse zu sein. »Aber ihr *habt* vor mir Geheimnisse und das finde ich einfach nicht fair!«, beharrte er schmollend. »Ihr habt wieder über Palästina gesprochen und über diese Alica!«

»*Alija*, nicht Alica«, korrigierte Sophie schmunzelnd und sagte zu Marius: »Ich glaube, wir sollten es ihm erklären. Er ist alt genug, um das zu verstehen.«

»Na klar bin ich alt genug! Und auf den Kopf gefallen bin ich auch nicht! Ich hab schon mitbekommen, dass ihr wollt, dass Pa mit uns nach Palästina auswandert!«, erwiderte Felix forsch. »Ich kann alles verstehen, wenn ihr es nur richtig erklärt und es nicht so kompliziert macht!«

»Okay, dann tun wir das mal«, sagte Marius mit einem kurzen Anflug von Belustigung und setzte sich zu ihm aufs Bett. Sophie zog sich den Stuhl heran.

»Also, wir haben dir ja schon von Palästina erzählt, dem Heiligen Land unserer Vorfahren«, begann Marius.

»Ja, und dass es jetzt von den Engländern besetzt ist und wir da nicht reinkönnen, obwohl wir hier auch unter den Engländern leben«, bemerkte Felix eifrig.

»Na, so ganz stimmt das nicht«, mischte sich Sophie nun ein. »Palästina gehörte früher mal, zusammen mit dem heutigen Syrien und Libanon, zum Osmanischen Reich. Aber das ist mit dem Ersten

Weltkrieg untergegangen. Übrig geblieben ist die Türkei als souveräner Staat. Die anderen einstigen Gebiete des Osmanischen Reiches ...«

»Also die Beute der Kriegsgewinner«, warf Marius ein.

»... hat der Völkerbund, aus dem im Juni letzten Jahres die Vereinten Nationen hervorgegangen sind, unter fremde Verwaltung gestellt. Die Franzosen haben die Verwaltung von Syrien und dem Libanon übertragen bekommen und den Briten hat der Völkerbund das Mandat über Palästina übertragen.«

Felix nickte. »Ja, und jetzt sind die Engländer mit ihren Soldaten da, sind dicke Freunde mit den Arabern dort und lassen keine Juden rein, obwohl es das Land unserer Ahnen ist!«, sagte er, stolz auf sein Wissen.

»Ganz so einfach ist es nicht«, sagte Marius.

»So?«

»Also erst einmal leben in Palästina nicht nur Araber, sondern auch einige Zehntausend Juden, manche Familien sogar schon seit Generationen«, sagte Marius. »Und als der Völkerbund den Briten das Mandat übertrug, hat die britische Regierung öffentlich erklärt, in naher Zukunft dort eine, wie es wortwörtlich hieß, *nationale Heimstätte* des jüdischen Volkes zu errichten. Das war im November 1917, und diese Garantieerklärung nennt man Balfour-Deklaration, weil der damalige britische Außenminister Arthur James Balfour sie im Namen der Regierung und mit dem Segen des Völkerbundes abgegeben hat.«

»Und das gilt jetzt nicht mehr?«, fragte Felix. »Haben die Tommys[11] jetzt einen Rückzieher gemacht?«

Sophie nickte. »Inzwischen ist es ihnen wichtiger, gut Freund mit den Arabern zu sein, weil sie an deren Erdöl wollen. Das ist ja jetzt das schwarze Gold, hinter dem sie alle wie wild hinterher sind. Und deshalb haben sie 1939, gerade als die Juden dringender als je zuvor eine sichere Heimat brauchten, in einer neuen Erklärung, die sich *White*

---

11 In der Nachkriegszeit umgangssprachliche Bezeichnung für britische Soldaten.

Paper nennt, ihre Zusage indirekt rückgängig gemacht. Jetzt dürfen pro Jahr nur noch wenige Tausend Juden nach Palästina einwandern, es sei denn, sie sind stinkreich. Und wer ist das von den Überlebenden der Shoa[12] schon – keiner!«

»Dass Juden in Palästina von den arabischen Großgrundbesitzern Land kaufen dürfen, haben die Engländer ebenfalls stark eingeschränkt«, fügte Marius grimmig hinzu. »Und damit sich keiner illegal nach Palästina schleicht, haben sie nicht nur alle Landgrenzen dichtgemacht, sondern kreuzen mit ihren Kriegsschiffen auch vor der Küste und bringen jedes Schiff auf, das unerlaubt einen Hafen anlaufen oder heimlich irgendwo Menschen am Strand absetzen will.«

Felix schüttelte verständnislos den Kopf. »Aber wenn sie das mit der Balfour-Erklärung doch öffentlich versprochen und so auch mit dem Völkerbund vereinbart haben, dürfen die das doch gar nicht!«

Sophie zuckte die Achseln. »Sie tun es aber trotzdem«, sagte sie verdrossen. »Und die Amerikaner, die wohl als Einzige was dagegen unternehmen könnten, lassen die Briten gewähren. Die Amis wollen die Araber wegen des Erdöls und des Sues-Kanals nämlich auch nicht verärgern.«

»Das nennt man hohe Politik«, meinte Marius sarkastisch. »Erst ließen sie die Juden nicht ins Land, als Hitler ihnen noch gegen viel Geld die Ausreise erlaubte. Und jetzt versperren beide Länder den Überlebenden den Weg nach Palästina! Aber nirgendwo regt sich so etwas wie ein Weltgewissen!«

»Gut, wir können also nicht nach Palästina. Aber was hat das alles mit dieser Alija zu tun?«, wollte Felix nun wissen.

»›Alija‹ ist Hebräisch und bedeutet wörtlich ›Aufstieg‹«, erklärte Marius. »Damit ist schon seit der Babylonischen Gefangenschaft die Rückkehr von Juden ins Gelobte Land gemeint, insbesondere in das hochgelegene Bergland von Judäa und auf den fast achthundert Meter

---

12 Shoa ist das hebräische Wort für die Judenvernichtung durch die deutschen und österreichischen Nationalsozialisten.

hohen Tempelberg, den Zion. Aber mit Zion meint man oft auch ganz Palästina.«

»Hm, gut«, meinte Felix. »Aber ich kapiere immer noch nicht, was das alles mit uns zu tun haben soll?«

»Nun, *Bet* ist der zweite Buchstabe im hebräischen Alphabet«, fuhr Marius geduldig fort, »und bedeutet in Verbindung mit einer Alija so viel wie ›sekundärer, zweiter Aufstieg‹. Gemeint ist damit die verbotene, illegale und nicht ganz ungefährliche Einreise, die von der *Haganah*[13] organisiert wird.«

»Haganah?« Felix gähnte.

»Das ist eine paramilitärische Untergrundorganisation. Die *Jewish Agency* hat sie ins Leben gerufen, in erster Linie zum Schutz jüdischer Siedlungen vor arabischen Überfällen«, sagte Sophie. »Sie ist die Vertretung der in Palästina lebenden Juden und damit der Ansprechpartner der britischen Verwaltung. Die *Jewish Agency* könnte man auch als eine Art Schattenregierung bezeichnen.«

»Ich glaube, das wird langsam ein bisschen viel für unseren großen Kleinen«, murmelte Marius, als Felix erneut herzhaft gähnte und sichtlich Mühe hatte, die Augen offen zu halten.

»Ich verstehe immer noch nicht, was das alles mit dieser Alija Bet zu tun hat«, sagte Felix schläfrig.

»Nun, die Männer und Frauen von der *Haganah* organisieren diese Alija Bet, diese illegale Einwanderung«, sagte Marius und ließ unerwähnt, dass es mit der *Bricha* noch eine zweite Fluchtorganisation gab, die sich jedoch mehr auf Fluchthilfe für Juden aus osteuropäischen Staaten spezialisiert hatte. »Das ist eine ganz schön beschwerliche und manchmal sogar richtig gefährliche Angelegenheit, weil man die Reise mit schrottreifen Schiffen unternimmt, die von der *Haganah* heimlich aufgekauft und für diese Massentransporte notdürftig umgebaut

---

13 Die Haganah (hebräisch für »Flucht«) war eine Untergrundorganisation in Palästina während der britischen Mandatszeit (1920–1948). Anlass zur Gründung war ein von Arabern durchgeführtes Pogrom in Jerusalem im April 1920.

werden. Und wenn man Pech hat, wird man vor der Küste von den Briten abgefangen und landet in einem elenden Barackenlager hinter Stacheldraht!«

»Dann ist so eine Alija Bet also ein richtiges Abenteuer«, murmelte Felix, und seine Augen blitzten kurz begeistert auf, dann sank er zurück in seine Kissen. »Ihr könnt auf mich zählen! Ich bin dabei, sagt das Mom und ...« Der Schlaf überfiel ihn, bevor er noch den Satz beenden konnte.

»Das ist mehr als nur ein spannendes Abenteuer, Kleiner«, sagte Marius leise, aber mit einem schweren Stoßseufzer, erhob sich vom Bett seines kleinen Bruders, fuhr ihm sanft über den Kopf und begann sich auszuziehen. »Aber es wird uns wohl nichts anderes übrig bleiben. Denn hier in England sehe ich für uns keine Zukunft – und für Pa schon gar nicht. Mein Gott, er repariert Schreibmaschinen für einen Hungerlohn und ich fahre Schrott durch die Stadt! Wenn das so weitergeht, kannst du froh sein, nach Beendigung der Schule irgendwo eine Anstellung als Dienstmädchen oder Küchenhilfe zu finden!«

Eine Befürchtung, die Sophie schon länger zu schaffen machte. »Meinst du, wir können die Eltern doch noch dazu bringen, sich auf die Alija Bet einzulassen?«, fragte sie leise, stellte den Stuhl ans Fenster zurück und begab sich hinter die Wolldecke zum Ausziehen. Sie hängte wie Marius ihre Kleidung an Zimmermannsnägeln auf, die sie neben der Tür in die Wand geschlagen hatten und die ihnen eine Wandgarderobe ersetzten.

»Haben wir denn eine andere Wahl?«, fragte ihr Bruder verzweifelt. »Willst du etwa nach Deutschland zurück oder hier warten, bis wir nicht länger widerwillig geduldete *aliens* ...«, er spuckte das verhasste Wort wie bittere Galle aus, »zweiter ... nein, dritter Klasse sind?«

»Nein, weder noch!« Längst hatte sie sich von seiner Begeisterung für das Wagnis eines Neuanfangs in Palästina anstecken lassen.

»Also, was bleibt uns dann? Unsere Zukunft liegt in Palästina, so schwer und gefährlich der Weg dorthin und das Leben in der Fremde auch sein mögen!«, bekräftigte er noch einmal und kletterte in sein

Hochbett. »Wir müssen Alija Bet machen, Sophie! ... Koste es, was es wolle!«

9

Leah kam wie immer von der Ecke Berggasse und Lange Straße, als sie die ersten Violinenklänge hörte. Die milchigen Nebelfelder dieses Novembertags verkrochen sich in die Seitengassen, Tordurchgänge und finsteren Innenhöfe der einstigen Garnisonsstadt, als könnten sie die schmerzhafte Klarheit und Reinheit der Musik nicht ertragen.

Dann sah Leah den Musiker. Aufrecht stand er an der Straßenecke auf dem Gehsteig, gekleidet wie zu einem Konzert im Residenztheater oder der Staatsoper, die einst sein zweites Zuhause gewesen waren. Schwarze Lackschuhe, schwarzer Frack, weiße Hemdbrust, makelloser steifer Kragen und perfekt gebundene weiße Fliege.

Er spielte immer dasselbe Stück.

Libera me.

Und indem er dort auf dem Gehsteig stand und auf der Violine den Schlusssatz aus Verdis Totenmesse *Messa da Requiem* spielte, beging er gleich drei schwere Gesetzesverstöße auf einmal. Juden war die Benutzung der Gehsteige im Lager Theresienstadt streng verboten, auch stand Singen und Musizieren auf offener Straße unter Strafe, und schon gar nicht durfte es sich ein Gettoinsasse erlauben, sich hier am Brunnenpark schräg gegenüber vom Kameradschaftsheim der SS aufzuhalten.

Jedes Vergehen für sich allein reichte schon, um dafür in die Kleine Festung zu kommen. Und aus dem Gestapo-Gefängnis von Theresienstadt war bisher noch niemand lebend zurückgekehrt. Zumindest hatte Leah noch nicht davon gehört.

Ein SS-Mann stürzte aus dem Kameradschaftsheim. Scharführer

Jaindl, stets in Reithose wie ein Junker vom Land, die schwarzen Schaftstiefel auf Hochglanz poliert und die Schildkappe mit dem SS-Abzeichen in Form eines Totenkopfes tief in die Stirn gezogen. Der schwarze Ledergürtel mit dem blanken Koppelschloss schnitt tief in die Leibesfülle des gedrungenen Mannes.

»Aufhören, Drecksjude!«, brüllte er über die Straße, vor Wut rot im Gesicht. Seine Reitgerte, ohne die man ihn nie sah, klatschte auf das Leder seiner Stiefel. Es klang wie ein Peitschenknall. »Sofort aufhören!«

Doch der Geiger legte nur noch mehr Intensität in sein Spiel. Und während er den Bogen ungerührt über die Saiten der Violine führte, starrte er dem SS-Schergen herausfordernd entgegen, ein Ausdruck flammender Verachtung und trotzigen Stolzes in den Augen.

Ein scharfer Schmerz fuhr Leah durch den Leib. Es war der Hunger, der ihr wie ein Messer durch die Eingeweide schnitt und nie aufhörte. Der Hunger war das Erste, was sie beim Aufwachen im Hausflur auf ihrem Strohlager unter der Treppe bewusst wahrnahm, und das Letzte, bevor der Schlaf sie für wenige Stunden davon erlöste.

Scharführer Jaindl blieb mitten auf der Kreuzung stehen, klemmte sich die Reitgerte unter den linken Arm und riss die Pistole aus dem Gürtelhalfter.

Im selben Moment hörte Leah den Leiterwagen. Er kam vom Mädchenheim am Marktplatz die Straße herunter. Das immer wieder stockende Rumpeln der Räder über das Kopfsteinpflaster und das vernehmbare Knirschen von zermalmten Steinen unter den rostigen Eisenbeschlägen hörte sich an, als wäre er wieder schwer beladen.

»Du widersetzt dich, verdammter Jude?«, schrie der SS-Mann, zog den Schlitten der *Luger* zurück und legte an.

Nicht für einen Wimpernschlag kam der Geiger aus dem Takt, doch nun blickte er zu ihr herüber, ein eigenartiges Lächeln auf dem bleichen Gesicht.

Leah fing seinen Blick noch auf, bevor sie den Kopf wandte und ihre Vermutung bestätigt sah. Der große Leiterwagen, mühsam gezogen von zwei ausgemergelten Gestalten, war bis hoch an den Rand der Bretterwände beladen, oben nur nachlässig mit einer zerschlissenen, schmutzigen Plane abgedeckt. Ein lebloser, knochiger Arm war unten durch ein fehlendes Seitenbrett gefallen, und die Hand schleifte über das schadhafte Pflaster, das mit zahlreichen Schlaglöchern übersät war.

Der Leiterwagen krachte mit dem linken Hinterreifen in eines dieser Löcher und die Männer zogen das Gefährt mit einem Ruck wieder heraus. Dabei fiel etwas aus dem Bretterspalt auf die Straße.

Ein faustgroßes, verschimmeltes Stück Brot!

Leah blinzelte. Sie konnte kaum glauben, was sie dort im Dreck der Straße liegen sah. Brot war Leben, mochte es auch noch so verschimmelt und von Maden befallen sein. Wie konnten die Männer das dicke Brotstück übersehen haben, als sie die Erlösten auf den Wagen hievten? Und nun fiel es genau vor ihr aus dem Leiterwagen und rollte über das Kopfsteinpflaster. Ein wahres Wunder!

Für einen Moment starrte sie ungläubig auf diesen kostbaren Fund, alles andere nur aus den Augenwinkeln wahrnehmend.

Die *Luger* in der Hand von Scharführer Jaindl bellte trocken auf. Die Kugel schlug in die Violine ein, riss sie dem Geiger von der Schulter und schleuderte sie mit zertrümmertem Korpus gegen die Hauswand.

Leah sah den Klumpen Brot über die Pflastersteine rollen, da bemerkte sie auf der anderen Straßenseite eine Bewegung. Ein Mädchen. Die Kleine mochte ein, zwei Jahre jünger, vielleicht aber auch gleichaltrig sein. Das Elend und die Angst, die wie der Hunger allgegenwärtig waren, hatten alle hier äußerlich zu alten Menschen gemacht.

Abgerissen und ausgehungert stand sie ihr gegenüber. Ihr Haar war so kurz, dass sie wie kahl geschoren aussah. Für den Bruchteil einer Sekunde trafen sich ihre Blicke, und Leah sah es ihr sofort an, dass auch sie das Stück Brot entdeckt hatte.

Seltsamerweise verwandelte sich in diesem Augenblick das schwerfällige Rumpeln des Leiterwagens in ein durchdringendes und metallisches Kreischen. Auch setzte lautes Stimmengewirr ein und umbrandete sie von allen Seiten.

Leah rannte los – das fremde Mädchen ebenfalls. Sie hatten es beide etwa gleich weit …

Leah rannte auf den verschimmelten Brocken Brot zu, als ginge es um ihr Leben, und um nichts anderes ging es ja tatsächlich. Das fremde Mädchen mit dem beinahe kahl geschorenen Kopf wusste es ebenfalls. Wilde Entschlossenheit, Leah zuvorzukommen, verzerrte sein von Entbehrungen gezeichnetes Gesicht. Aber so sahen sie ja alle aus, die Insassen des Gettos Theresienstadt. Auch das enthemmte Animalische in den Zügen der anderen war nichts Fremdes, sondern ihr so vertraut wie all die anderen menschlichen Abgründe.

»Na, da glotzt du, du Drecksjude!«, rief Scharführer Jaindl. »Dein gutes Stück ist jetzt wohl hin. Aber was ist ein Saujud und Musiker ohne sein Instrument? Kein Musiker mehr. Nur noch ein Saujud!«, höhnte Jaindl. Und er drückte ab.

Leah warf sich auf das Stück Brot. Das andere Mädchen stürzte sich auf sie, griff ihr in die Haare und versuchte sie zurückreißen. Aber es gelang ihm nicht, weil es dafür schon zu spät war. Leah war schneller und kräftiger. Ihre Rechte krallte sich um den Brocken. Mit einem Gefühl des Triumphs stopfte sie sich das Brot in den Mund, während sie die andere Hand zur Faust ballte und mit aller Kraft um sich schlug.

Als das fremde Mädchen sie unter schrillem, verzweifeltem Kreischen herumwarf, fiel Leahs Blick auf den Geiger, wie er drüben an der anderen Straßenecke tödlich getroffen gegen das Mauerwerk taumelte und dann leblos zu Boden sank, den Kopf im Tod ihr zugewandt. Dabei hinterließ er eine dünne Blutspur auf der frisch gestrichenen Hauswand, die das Elend verbarg und verhöhnte, das hinter der Fassade lag.

Das Mädchen ließ endlich von ihr ab. Schluchzend wankte es davon. Nun kaute Leah ganz langsam, damit sie noch möglichst lange von dem Brot und dem wunderbaren Gefühl hatte, mit dem es sie erfüllte …

★

Jannek rüttelte sie sanft, zögerte einen Moment und berührte dann im Dunkeln ihr Gesicht. Er spürte kalten Schweiß unter seinen Fingerkuppen, als ihr über die Stirn strich.

»Leah, wach auf! … Es ist nur ein Traum! … Du bist bei mir in Sicherheit! … Was immer es ist, was dich im Schlaf verfolgt, wir haben es überlebt, hörst du? … Es ist vorbei!« Er redete mit leiser Stimme beruhigend auf sie ein. Es waren billige, hohle Worte. Denn er wusste nur zu gut, dass es nicht stimmte. Was sie beide immer und immer wieder im Schlaf verfolgte, waren keine gewöhnlichen Albträume. Selbst im wachen Zustand lauerten sie stets dicht unter der Oberfläche der Wahrnehmung und fielen plötzlich über einen her, ohne jede Vorwarnung und mit gnadenloser Klarheit, die kein grauenvolles Detail ausließ. Die Bilder, die sich ihnen in die Seele eingebrannt hatten, ließen sich nicht abschütteln. Bis ans Ende ihres Lebens würden sie Gefangene ihrer unaussprechlichen Erinnerungen bleiben.

Nein, für sie würde es nie wirklich vorbei sein!

Am ganzen Leib verkrampft, schreckte Leah aus dem Schlaf. Sie riss die Augen auf und schnappte wie ein Fisch auf dem Trockenen nach Luft. Die Schreckensbilder versanken in der tintenschwarzen Dunkelheit, die sie umgab. Dann nahm sie Jannek neben sich wahr und wusste wieder, wo sie sich befand.

»Bist du okay?«, fragte er und zog schnell seine Hand zurück.

»Was? … Ja … ja, doch … alles in Ordnung«, murmelte sie verstört und setzte sich auf. Dabei war nichts in Ordnung und würde es wohl auch nie sein.

»Buchenwald?«, fragte er leise.

Ihr fliegender Atem war einen Moment lang das einzige Geräusch. »Nein, Theresienstadt. Es ist fast immer Theresienstadt und immer ist es …« Sie brach ab, als ihr bewusst wurde, was sie zu sagen im Begriff war. Doch das durfte nicht geschehen. Niemals durfte und niemals würde sie das von sich preisgeben!

»Möchtest du darüber reden?«

»Nein«, flüsterte sie und schluckte. Sie hatte einen ekelhaften, bitteren Geschmack im Mund, den Geschmack von verschimmeltem Brot.

»Verstehe.« Jannek wusste genau, was in ihr vorging, auch ohne die Details zu kennen. »Bei mir ist es immer Auschwitz, die letzten Monate, bevor sie uns auf den Todesmarsch geschickt haben. Ich könnte auch nicht darüber reden. Wüsste gar nicht, wie das gehen sollte. Damit muss man allein fertigwerden!«, sagte er nüchtern. »Es kann einem ja doch keiner helfen!«

»Habe … habe ich im Schlaf geredet?«, fragte Leah beklommen und hätte jetzt gern Licht gehabt, aber nur um bei seiner Antwort gleich in seinem Gesicht nach der Wahrheit forschen zu können.

»Nein, du hast nur unverständliches Zeug gebrabbelt und dann … na ja, hast du ganz ordentlich gewimmert und dich zusammengerollt. Mehr war nicht, du hast mein Wort«, versicherte er, als hätte er ihre Gedanken gelesen. »Und wenn, wäre das auch in Ordnung gewesen.«

Sie fühlte sich beschämt, atmete zugleich aber erleichtert auf. »Tut mir leid, dass ich dir den Schlaf vermasselt habe, Jannek.«

»Red doch nicht so'n Quatsch! Da ist nichts, was dir leidtun müsste«, wehrte er barsch ab. »Wird sowieso bald Zeit, dass wir aufstehen.«

»Meinst du wirklich?« Ihr war eher so, als hätte sie nicht länger als eine Stunde geschlafen.

»Ja, kannst mir glauben, ich hab das im Urin. Was meinst du, soll ich uns ein bisschen Licht machen?«

»Nein, das brauchst du nicht!«, sagte sie hastig, als sie hörte, wie er nach der Petroleumlampe tastete. Er sollte nicht wegen ihr kostbares Petroleum vergeuden! »Die Dunkelheit macht mir nichts aus, wirklich nicht! Die konnte ich schon immer gut ab. Und wo du doch nur noch so wenig Petroleum hast …«

Doch er hörte nicht auf sie. Ein Streichholz flammte mit scharfem Zischen in der klammen Schwärze auf und im nächsten Augenblick brannte der Docht mit kleiner Flamme im schadhaften Glaszylinder.

Jannek zog seine Decke über die Schulter und lehnte sich gegen das Mauerwerk.

Leah tat es ihm nach. »Sag mal, wie lange bist du eigentlich schon wieder in München?«

»Nicht ganz zwei Monate.«

»Und wo hast du dich davor herumgetrieben?«

Er zögerte kurz mit seiner Antwort. »Ich war so blöd, nach Polen zu gehen und da nach überlebenden Verwandten zu suchen. Meine Eltern kamen aus Kielce, das ist 'ne kleine Stadt südlich von Warschau. Dabei hätte ich Schwachkopf mir ja gleich denken können, dass ich auch da keinen von meinen Leuten mehr finden würde.«

Leah runzelte die Stirn. »Kielce? Den Namen habe ich schon mal gehört oder gelesen.«

Er lachte grimmig auf. »Ja, solltest du auch! Da haben die Einheimischen nämlich vor zwei Monaten Jagd auf Juden gemacht. Zweiundvierzig haben sie brutal ermordet, auch Frauen und kleine Kinder, und wer weiß wie viele schwer verwundet! Das war am 4. Juli. Die Nazis wären stolz auf die muntere Judenhatz der Polen gewesen! Die waren zwar nicht ganz so methodisch und effektiv wie Hitlers Mordbande, aber sie haben Ihr Bestes gegeben, das kannst du mir glauben! Und was Judenpogrome angeht, so waren die Polen darin schon lange vor den Nazis gut geübt. Jedenfalls sind Kielce und viele ander polnische Städte seit dem 4. Juli jetzt wieder judenrein.« *Kielce!*

Jetzt erinnerte Leah sich wieder. Sie hatte von dem Pogrom in Frankfurt in einer Tageszeitung gelesen, die beim Roten Kreuz in einem Schaukasten gehangen hatte. Ein neun Jahre alter Junge hatte den Pogrom ausgelöst. Der Sohn eines Schuhmachers war von seinem Zuhause ausgebüchst, hatte sich von einem Pferdewagen in ein Nachbardorf mitnehmen lassen und war erst am späten Abend zu seinen Eltern zurückgekehrt, die ihn schon überall gesucht hatten und ganz krank vor Sorge um ihn gewesen waren. Aus Angst vor Strafe hatte der Junge behauptet, von Juden entführt und in einem Keller festgehalten worden zu sein, in dem er die Leichen von fünfzehn ermordeten christlichen Kindern gesehen habe. In der Zeitung hatte auch noch gestanden, dass der Pogrom von Kielce nicht der erste der Nachkriegszeit war, sondern dass es bei ähnlichen Exzessen mittlerweile schon an die zweitausend ermordete Juden im Land gegeben habe. Der Blutrausch von Kielce hatte dem Bericht nach unter den überlebenden Juden in Polen zu einer Massenflucht geführt. An die 150 000 sollten sich allein nach Deutschland in die alliierten Besatzungszonen geflüchtet haben.

»Du warst in Kielce, als der Pogrom ausbrach?«, stieß sie bestürzt hervor. »Hast du von daher die Narbe?«

»Ja, und sie wird mich immer daran erinnern, dass wir Juden nicht nur bei den Deutschen buchstäblich auf den Tod verhasst sind«, sagte er mit bitterem Spott und fuhr sich flüchtig über die weißliche Linie, die sich über seine linke Stirn zog.

Leah nickte stumm.

»In unserer Welt hat der Himmel keine Sterne mehr«, sagte Jannek mit abwesendem Blick und tonloser Stimme. »Die sind für uns für immer erloschen.«

»Ein Himmel ohne Sterne?« Verwundert über seine Worte blickte sie ihn an.

Anstelle einer Antwort winkte Jannek ab und griff zu seiner blechernen Zigarettenschachtel. Ohne Leah erst groß zu fragen, steckte er zwei *Chesterfield* in Brand, rauchte beide kurz an und reichte ihr dann eine. »Frühstück«, sagte er trocken und nahm von seiner einen tiefen Zug.

»Danke, Jannek.« Der Vorsatz, endlich mit dem verfluchten Rauchen aufzuhören, war schon nach den ersten Zügen wieder einmal vergessen, wirkte die Zigarette doch fast umgehend besänftigend auf das Hungergefühl.

Für einen Moment rauchten sie schweigend.

Dann erzählte er unvermittelt und mit völlig sachlichem Tonfall: »Das Morden begann so um zehn Uhr morgens und dauerte bis um vier Uhr am Nachmittag. Der Mob bestand aus Hunderten ... ja, vermutlich sogar aus mehreren Tausend Polen. Aber das waren nicht nur Arbeiter, Hausfrauen, Angestellte und solche Leute, sondern auch Polizisten und Soldaten haben voller Mordlust dabei ihr Bestes gegeben. Und wer nicht aktiv mitgemacht hat, hat doch auch nichts unternommen, um dem blindwütigen Morden Einhalt zu gebieten, sondern all die Gaffer haben tatenlos zugeschaut, als wäre es ein tolles Spektakel, das man sich nicht entgehen lassen durfte.« Er machte eine kurze Pause. »Weißt du, vor dem Krieg haben in der Heimatstadt meiner Eltern über fünfundzwanzigtausend Juden gelebt, im Juli waren es gerade noch zweihundert. Die hatten sich jahrelang in den Wäldern versteckt, oder es war ihnen gelungen, im KZ zu überleben. Die meisten haben in Kielce in Gemeinschaftshäusern gewohnt und planten, so bald wie möglich nach Palästina auszuwandern.« Wieder schwieg er für einen langen Moment, um dann mit unverändert teilnahmsloser Stimme fortzufahren: »Sie haben Kinder vom Balkon geworfen, Schädel von Babys an den Wänden zerschmettert, Frauen mit Mistgabeln und Bajonetten abgestochen und diejenigen, die in einen nahe gelegenen Fluss geflohen waren, umstellt und sie dann gesteinigt – und zwar ganz langsam, um auch schön lange was davon zu haben. Der Mann, der neben mir im Fluss gestanden hat, war ein Überlebender des Warschauer Gettos. Er hat sich nicht mal die Hände vors Gesicht gehalten. Er wollte es wohl möglichst schnell hinter sich bringen, denn da gab es kein Entkommen. Aber es hat dann doch gedauert, bis sie ihm den Schädel zertrümmert hatten.«

Sie schauderte. »Aber wenn du auch da im Fluss warst, wie bist du dann entkommen?«

»Mich hat ein dicker Stein am Kopf getroffen, aber glücklicherweise weder zu hart noch zu schwach. Ich bin nur ganz kurz ohnmächtig geworden, rücklings ins Wasser gestürzt und abgetrieben worden. Der grölende Mob hat mich für tot gehalten, wohl weil so viel Blut aus der Wunde geflossen ist, und hat deshalb keinen Spaß mehr mit mir versprochen. Es gab ja noch so viele andere, die sie sich vornehmen mussten und an denen sie ihre Mordlust austoben konnten. Das hat mir vermutlich das Leben gerettet.« Er seufzte. »Aber wer weiß schon, was genau einem manchmal das Leben rettet, während der rechts und links neben einem draufgeht, nicht wahr?«

Für mehrere Züge kehrte schwer lastendes Schweigen ein. Jeder hing seinen dunklen Gedanken nach.

»Was hast du vor, Jannek?«, fragte Leah schließlich.

Er zuckte die Achseln. »Was soll unsereins schon vorhaben?«

»Ich meine, wirst du hierbleiben?«

»Hier in München?«, fragte er zurück, stutzte und warf ihr einen Blick zu, als überraschte es ihn, dass er sich darüber noch keine Gedanken gemacht zu hatte.

Sie nickte. »Ja, und hier im Keller.«

Erneut zuckte er die Achseln. »Ich weiß nicht … vielleicht würde ich noch 'ne Weile bleiben, wenn ich 'ne ständige Quelle hätte, wo ich genügend Kohle oder Brennholz herkriegen könnte«, sagte er sinnierend. »Aber wenn das nicht klappt, muss ich wohl oder übel in eines dieser verdammten Auffanglager. Hab jedenfalls nicht vor, dass mich nach allem, was ich überlebt habe, nun der gewöhnliche weiße Tod holt!«

Der weiße Tod. So hieß im Volksmund der letzte Winter, der wegen der Wohnungsnot und der katastrophalen Versorgungslage so viele Tote gefordert hatte, besonders unter den Alten und ganz Jungen. Und der kommende Winter sollte noch viel bitterer werden, wenn man dem Bauernkalender Glauben schenken durfte.

»Ich bin froh, dass hier die Amerikaner das Sagen haben«, meinte Leah und drückte die Glut aus, damit er die Kippe zu den anderen stecken konnte. »Kurz nach dem Krieg war ich eine Zeit lang oben bei Berlin in einem Lager, das den Briten unterstand. Dachte, dass die Tommys wüssten, wie es uns Juden unter den Nazis ergangen ist.«

»Und?«

Sie schnaubte wütend. »Du wirst es nicht glauben, aber die haben uns wie im KZ hinter Stacheldraht gehalten und von Wachtürmen aus bewacht und uns mehr oder weniger mit den Nazis gleichgestellt, bloß weil wir auch Deutsche oder Österreicher waren! Die haben uns in Arbeitsbrigaden eingesetzt und uns gezwungen, nicht nur Trümmer zu beseitigen und Straßen wiederherzustellen, sondern auch Leichen zu begraben! Kannst du dir das vorstellen? Als hätten die Nazis nicht *uns* verfolgt und millionenfach umgebracht! Die haben uns behandelt, als hätten wir irgendwie eine Mitschuld! Aber den Krieg haben sie ja auch nicht geführt, weil es ihnen darum gegangen wäre, uns Juden zu schützen.«

»Wahrlich nicht!«, sagte Jannek mit finsterer Miene. »Sonst wären die Bomber der Alliierten nicht tatenlos über Auschwitz hinweggeflogen. Nicht eine Bombe haben sie abgeworfen, obwohl sie doch längst von den Gaskammern und Krematorien wussten. Nein, die sind sechs Kilometer weiter geflogen und haben sich all ihre Bomben für die *Buna-Werke*, diese riesige Industrieanlage, aufgespart!« Er ballte vor ohnmächtigem Zorn die Faust.

»Warum keiner die Gaskammern und Krematorien bombiert hat, habe ich auch nie kapiert«, sagte Leah.

★

Er winkte ab. »Da gibt es nichts groß zu kapieren! Wir Juden waren eben nicht mal eine Ladung Bomben wert, so einfach ist es. Ach, vergiss es! Warst du lange oben bei den Briten?«

Sie schüttelte den Kopf. »Nicht mal drei Monate. Sowie ich konnte, bin ich abgehauen!«

Er lachte kurz auf. »Von daher hast du also die Decke.«

Leah nickte und sagte dann nachdenklich: »Es soll im Süden von München ein ganz großes Lager geben.«

»Ja, dieses DP-Camp Föhrenwald bei Wolfratshausen, das von der UNRRA betrieben wird. Früher haben die Nazis da die Zwangsarbeiter einer Sprengstoff- und Munitionsfabrik untergebracht. Jetzt soll es eines der größten DP-Camps sein und neuerdings bloß noch Juden aufnehmen.« Sein lustloser, fast abfälliger Tonfall verriet, wie wenig er von diesem oder irgendeinem anderen Auffanglager hielt.

Leah wusste, wie mittlerweile jeder überlebende Jude und Heimatlose, dass DP die Abkürzung für *Displaced Persons* war. So wurden die Millionen Entwurzelten im nüchternen offiziellen Sprachgebrauch bezeichnet. Und UNRRA war die Abkürzung für die Flüchtlingsorganisation der UN, die *United Nations Relief & Rehabilitation Administration,* die diese Lager betrieb und deren Gesetzlichkeit sie auch unterstanden.

»Und? Hast du was gehört, wie es da in Föhrenwald so ist?«

»Nee, aber mein Bedarf an Lagern ist mehr als gedeckt!«

»Meiner eigentlich auch«, sagte sie, um dann einschränkend fortzufahren: »Aber ich weiß nicht, ob ich mich noch einen Winter in so einer Trümmerwüste durchschlagen will. Ist auch nicht gerade ein Zuckerschlecken.«

»Nee, ist es wirklich nicht«, räumte er ein.

Wieder verfielen sie für eine Weile in Schweigen, ohne es jedoch als unbehaglich zu empfinden.

Diesmal war sie es, die ihr Gespräch schließlich wieder in Gang setzte. »Ich wünschte, wir hätten ein Radio, Jannek.«

»Und dann?«

»Dann hätten wir letzte Nacht die Suchmeldungen des Vermisstendienstes hören können.«

Ein flüchtiges, freudloses Lächeln huschte über sein Gesicht und er nickte kaum merklich. »Ja, die kommen immer nachts von halb zwölf bis Mitternacht.«

»Weißt du auch, auf welcher Frequenz hier in München? In Frankfurt konnte man die Durchsagen auf 1195 Kilohertz empfangen.«

»Hier senden sie auf 740 Kilohertz«, teilte er ihr mit. »Aber was soll das bringen, jede Nacht irgendwo vor einem Radio zu hocken und den langen Namenslisten zu lauschen, die da verlesen werden? Ich denke, du bist schon überall die Namenslisten beim Roten Kreuz und den anderen Suchdiensten durchgegangen?«

»Ja, schon ...«

»Und wenn du bis jetzt noch keine Spur von irgendwelchen Verwandten gefunden hast, dann kannst du auch mit der Suche aufhören. Also mach endlich Schluss damit, dich an die verrückte Hoffnung zu klammern, da hätte noch einer überlebt. Du lügst dir damit in die Tasche. Sie sind weg, Leah! Alle! Finde dich damit ab, dass keiner von deinen Leuten überlebt hat! Ich habe mir auch zu lange eingeredet, dass bestimmt ein paar von meinen Verwandten dem Totentanz der Nazis entkommen sind und ich nur lange genug suchen müsste, um sie zu finden.« Er lachte bitter auf. »Aber das war absoluter Schwachsinn, und diese verzweifelte Suche hätte mich fast das Leben gekostet. Also vergiss endlich, dass es noch Überlebende geben könnte! Sie sind tot, Leah! Tot, tot, tot! Alle ohne Ausnahme! So wie bei mir.«

Seine mitleidlosen Worte taten ihr weh. Tränen schossen ihr in die Augen und sie biss sich auf die Lippen. Sie war versucht, ihn zu fragen, warum er ihr das antat, wo sie doch Freunde waren. Aber ihr gesunder Menschenverstand hielt sie davon ab und sagte ihr, dass er nur die bittere Wahrheit ungeschminkt aussprach und er nichts dafür konnte, dass sie so schmerzte.

Jannek atmete hörbar durch. »Aber tu, was du meinst, tun zu müssen, Leah«, sagte er mit plötzlich müder, weicher Stimme, als bereute er, sie so rigoros angegangen zu sein. Er schlug sich mit beiden Händen auf die Oberschenkel, als wollte er damit einen Schlussstrich unter das Thema setzen, und kam von der Matratze hoch. »So, und ich muss jetzt mal zum Pinkeln raus. Wird sowieso Zeit, dass wir hier den Abflug machen. Tut mir leid, dass ich dich schon so früh am Morgen vor die nicht vorhandene Tür setzen muss.«

»Ach was, das geht schon in Ordnung und du hast mich ja vorgewarnt«, sagte Leah, stand schnell auf und rollte ihre Decke zusammen.

Augenblicke später stiegen sie aus dem einstigen Luftschutzkeller. Schnell deckte Jannek den Eingang mit der Wellblechplatte zu, und Leah half ihm, die Abdeckung unter Steinen und Dreck verschwinden zu lassen. Dann war der Moment gekommen, Abschied zu nehmen.

»Danke, dass du mich bei dir hast schlafen lassen, Jannek«, sagte Leah mit belegter Stimme und wurde plötzlich von einer merkwürdigen Beklommenheit, ja, Traurigkeit befallen, dass sich ihre Wege nun wieder trennen sollten. Ihr Jugendfreund Jannek war das Nächste an Familie, was ihr geblieben war. Er war der Einzige, mit dem sie Erinnerungen an ihre Familie und jene glückliche Zeit teilte, als sie noch alle an der Ecke Schelling- und Schraudolphstraße gewohnt hatten. »Danke auch für die Kekse und die Zigaretten.«

Er winkte mit verlegener Geste ab. »Mensch, mach doch kein Geschiss darum! Sag mir lieber, was du jetzt vorhast.«

»Ich werde mir dieses DP-Camp in Föhrenwald ansehen.«

Er nickte, als hätte er sich das schon gedacht. »Schick mir 'ne Postkarte, wenn sie da ein Zimmer mit fließend Warmwasser und einem Bett mit Daunendecke für mich frei haben!«

Sie schmunzelte kurz. »Klar, mach ich! Ich werd dich gleich auf die Reservierungsliste für eine der herrschaftlichen Suiten setzen lassen!«, versprach sie, wurde aber sofort wieder ernst und fragte zurück: »Und du?«

Er zuckte die Achseln und sagte vage: »Keine Ahnung. Werd mal sehen, was sich so ergibt. Vielleicht bring ich es ja noch zu 'ner richtig großen Nummer als Schieber.« Er zwinkerte ihr zu, aber das Zwinkern hatte etwas arg Bemühtes.

»Na dann, viel Glück … und pass auf dich auf, Jannek.«

»Ja, du auch, Leah!«

Sie hängte sich die verschnürte Deckenrolle über die Schulter, und er zeigte ich ihr noch, in welche Richtung sie gehen musste, um auf die Sendlinger Straße und zum Bahnhof zu kommen.

Leah stieg langsam über den Bauschutt, der sich vor ihr erstreckte. Sie wartete, dass er ihr etwas zurief, ohne dass sie jedoch hätte sagen können, was sie sich zu hören erhoffte. Doch dieser Zuruf kam nicht. Und er hob noch nicht einmal die Hand zu einem letzten Winken, als sie sich noch einmal kurz umdrehte und zu ihm zurückblickte. Reglos stand er auf dem Trümmerfeld, eine schwarze, hagere Silhouette, und blickte ihr wortlos nach.

Leah stockte kurz im Schritt und verspürte einen schmerzlichen Stich. Dann sah sie wieder nach vorn und ging hinaus in den dunklen Morgen.

10

»Heute ist Samstag, da fährt der Jerusalem-Express nach Föhrenwald nur einmal«, teilte ihr der Eisenbahnbeamte am Auskunftsschalter mürrisch mit. »Und zwar um 13 Uhr 25.«

»Jerusalem-Express?«, fragte Leah in ihrer Verblüffung und hörte zum ersten Mal, wie dieser Zug der Isartal-Bahn zum DP-Lager im Volksmund genannt wurde.

Das schnauzbärtige, bullige Gesicht unter der steifen Eisenbahner-mütze mit dem Emblem der Deutschen Reichsbahn über dem Schirm verzog sich zu einer nicht eben freundlichen, spöttischen Miene. »Na, der Jerusalem-Express bringt euch vielleicht nicht wirklich nach Jerusalem, aber was man so hört, soll euer Lager da draußen schon 'ne Menge Ähnlichkeit damit haben!«, bemerkte er bissig. Und dann rief er auch schon mit befehlsgewohnter Amtsstimme: »Der Nächste!«

Leah hatte bis zur Abfahrt also noch elend viel Zeit. Sie suchte die nächste Suppenküche auf, und obwohl sie noch nicht geöffnet hatte und mit der Essensausgabe erst in einer knappen Stunde beginnen würde, wand sich die Schlange der Wartenden schon jetzt um einen halben Häuserblock. Geduldig stellte sie sich hinten an. Als die Bret-terverschläge an der Ausgabe endlich hochgeklappt wurden und das geschäftige Klappern der Blechteller und Schöpfkellen einsetzte, ge-hörte sie längst nicht mehr zum Ende der Warteschlange, sondern zum vorderen Drittel.

Der Vormittag wurde ihr lang, aber wenigstens hielt das Wetter trotz des reichlich bedeckten Himmels. Sie kehrte schon früh zum Bahnhof zurück – und stellte zu ihrer Überraschung fest, dass sie auf dem Gleis nicht zu den Ersten gehörte, die auf den Zug nach Föhren-wald warteten, vielmehr herrschte dort schon jetzt ein lärmendes und dichtes Gedränge. Dabei war es bis zur Abfahrt noch eine gute Stunde hin.

Leah vermutete, dass es sich bei den meisten von ihnen um einen

Teil jener polnischen Juden handelte, die nach dem Pogrom von Kielce überhastet die Flucht aus ihrer Heimat angetreten hatten. Sie hörte jedoch auch Tschechisch und das Sudetendeutsch der aus dem Sudetenland Vertriebenen. Die überwiegende Mehrzahl der Leute sprach jedoch Polnisch. Fast allen war gemein, dass sie mit Gepäckstücken bepackt waren. Dabei überwogen einfache Säcke aus Leinen oder Jute, Weidenkörbe und Pappkoffer, die oft mehrfach mit Kordel oder Paketschnur umwickelt waren, damit sie nicht auseinanderbrachen. Selbst die Kleinsten schleppten noch hastig vollgestopfte Beutel, Rucksäcke oder Ledertaschen. Leah sah aber auch zwei ältere Frauen in strenger schwarzer Witwenkleidung, die wie Bäuerinnen aussahen und ihr weniges gerettetes Hab und Gut in klobigen Holzkiepen auf dem Rücken trugen.

Der Jerusalem-Express traf nur mit einigen wenigen Minuten Verspätung ein, was bei dem Mangel an Lokomotiven und dem deshalb notorisch unpünktlichen Bahnverkehr einem kleinen Wunder gleichkam. Schnaufend und ächzend wie ein alt gewordenes Schlachtross am Rande seiner Kräfte schob eine museumsreife Dampflokomotive ihre nicht weniger hoch betagten und vom Krieg arg ramponierten Waggons in den Bahnhof. Es waren ausnahmslos Dritter-Klasse-Wagen, und sie sahen aus, als hätte man sie Augenblicke vor ihrer Demontage von einem Verschrottungsplatz der Eisenbahn geholt.

Müde und in niedergedrückter Stimmung wartete Leah, dass der hereinkriechende Zug endlich zum Stehen kam und sie einsteigen konnte. Zwar hatte sie sich bis an die Gleiskante vorgearbeitet, aber bei dem dichten Gewühl, das mittlerweile über den Bahnsteig wogte, schätzte sie ihre Chancen gering ein, in einem der Waggons noch einen Sitzplatz zu ergattern. In Gedanken fand sie sich schon damit ab, wieder mal mit einem Stehplatz irgendwo im Gang vorliebnehmen zu müssen. Aber sie hatte Glück, denn der Zug hielt so, dass Leah direkt vor einer Waggontür stand.

Wie ein zu allem entschlossenes Enterkommando, das nicht schnell genug den Zug erobern konnte, fiel die Menge über die Waggons her.

Der Lärm dabei war entsprechend. Es wurde in verschiedenen Sprachen gerufen, geschrien, laut geflucht, hilflos appelliert und protestiert. Gepäckstücke krachten gegeneinander, schlugen gegen die Wagen und schabten an den Wänden entlang.

Leah achtete nicht auf das Geschrei um sie herum. Sie sprang in den Waggon vor ihr und sicherte sich gleich auf der ersten Bank einen Platz am Fenster. Von den Leuten, die hinter ihr nachdrängten, setzte sich ein kleiner, dicker Bursche mit heftig geröteten Wangen und reichlich Pickeln auf der Stirn neben sie. Er roch streng nach altem Schweiß und Knoblauch.

Das kann ja reizend werden!, fuhr es ihr durch den Kopf, und sie sah sich schon gezwungen, für die Dauer der Bahnfahrt nur noch durch den Mund atmen zu müssen.

Aber da packte eine kräftige Hand den kleinen Dicken am Kragen seiner Jacke und zerrte ihn unsanft von der Holzbank hoch. »Du sitzt auf meinem Platz, Bürschchen! Das kommt bei mir gar nicht gut an! Also troll dich, Pummelchen!«, fuhr eine Reibeisenstimme ihn an und beförderte ihn mit einen kräftigen Stoß hinaus auf den Gang.

Leahs glaubte, ihren Ohren nicht trauen zu dürfen, und fuhr herum. »Jannek?«, rief sie fassungslos, und ihre Müdigkeit und Niedergedrücktheit waren von einer Sekunde auf die andere wie weggewischt. Was freute sie sich, ihn so völlig unerwartet vor sich stehen zu sehen! Und zwar mehr noch als bei ihrem ersten Wiedersehen vor vier Tagen!

Jannek hatte einen verschlissenen Armeetornister dabei, auf den er seine Deckenrolle geschnallt hatte. Mit einem breiten Grinsen warf er ihn oben ins Gepäcknetz und ließ sich neben Leah auf die zerkratzte Holzbank fallen.

»Kaum zu glauben, oder?«, fragte er, schob sich die zerknautschte Landsermütze in den Nacken und deutete mit dem Kopf in Richtung des kleinen Dicken. »So ein Gewicht muss man in diesen Hungerzeiten erst mal auf die Waage bringen!« Er klang, als hätten sie ihre Unterhaltung erst vor wenigen Augenblicken nur mal kurz unterbrochen und als wäre es abgesprochen gewesen, dass er mit ihr im Zug saß.

Leah lachte ihn an. »Da ist schon was dran. Aber du bist auch frech wie Dreck, weißt du das?«

»Was soll man machen? Man entwickelt sich eben in diese Richtung, wenn man das Potenzial dazu hat«, gab er schlagfertig zurück und zog seine blecherne Zigarettenschachtel aus der Tasche des Wehrmachtsmantels, in den sie zu zweit hineingepasst hätten. Sie sah, dass die Dose prall gefüllt war. Da war für eine Weile kein Stroh mehr nötig, damit die Glimmstängel nicht hin und her flogen. »Ich hab mir jedenfalls geschworen, nie mehr das Lamm zu sein!«

»Sondern der Wolf?«, spottete sie.

Er warf ihr einen Blick zu, in dem nicht die geringste Spur von Belustigung lag, sondern wilde Entschlossenheit. »Worauf du einen lassen kannst! Was übrigens bei der dicken Luft hier keinen großen Unterschied machen würde«, sagte er naserümpfend, steckte zwei *Lucky Strike* gleichzeitig an, als gehörte das nach der letzten Nacht im Luftschutzbunker nun zu ihrem Ritual, und reichte ihr dann eine.

Selbst wenn ihr nicht nach Rauchen zumute gewesen wäre, hätte sie jetzt nicht daran gedacht, die Zigarette abzulehnen. Sie nahm sie mit einem dankbaren Blick entgegen. Jannek ging mit ihr ins Lager Föhrenwald! Der Tag hätte keine schönere Nachricht für sie bereithalten können.

»Und?«, fragte sie dann, während sich ihr Abteil mit Polen füllte, die viel zu sehr mit sich selbst beschäftigt waren, um Interesse an ihnen und ihrem Gespräch zu haben.

»Und was?«

»Was ist mit deinen Ami-Geschäften und der Absicht, als Schieber eine große Nummer zu werden und eine Menge Geld zu scheffeln? Und hast du nicht gesagt, dass dein Bedarf an Lagerleben für immer gedeckt ist?«

Er zuckte die Achseln. »Na ja, ich hab mir die Sache noch mal in aller Ruhe durch den Kopf gehen lassen und das Für und Wider nüchtern abgewogen.«

»So, du hast nüchtern abgewogen? Was genau hast du denn da auf die Waagschalen gelegt, Jannek Raskowitz?« Spöttisch lächelte sie ihn an.

Er ging jedoch nicht auf ihren neckenden Tonfall ein. »Leute, die heutzutage Geld haben, werden von der Polizei entweder gesucht oder geschützt«, sagte er trocken und traf damit den Nagel auf den Kopf. »Und die Wahrscheinlichkeit, dass ich schnell zu Letzteren gehören werde, ist doch reichlich gering. Außerdem hätte ich meinen Bunker früher oder später sowieso aufgeben müssen.«

Leah ließ sich ihre Enttäuschung darüber, dass sie selbst offensichtlich keine Rolle in seinen Überlegungen gespielt hatte, nicht anmerken. »Weil der Winter womöglich beinhart wird und du den Bunker nicht beheizen kannst?«

Jannek schüttelte den Kopf. »Selbst wenn ich massig Brennholz oder Kohle organisieren könnte, wäre ich da unten am Arsch und mein kleines Reich schon los, lange bevor der Winter vorbei ist. Kann ja nicht nur nachts heizen, wenn keiner den Rauch aus dem getarnten Luftschacht steigen sieht. Wird sonst ja zu einem Eisbunker, den du gar nicht mehr warm kriegst. Und wenn ich den Ofen tagsüber brennen lasse, zieht der Rauch garantiert irgendwelches Gesindel an wie das Licht die Motten! Dann nisten sich da über kurz oder lang ein paar hartgesottene Typen ein, gegen die ich keine Chance hätte, wenn ich so blöd wäre, mich mit ihnen anzulegen.« Er schüttelte erneut den Kopf, und gleichzeitig ging ein Ruck durch die Waggons, als der Zug anfuhr. »Nee, da habe ich mein stilles Kellergemach mit all seiner edlen Ausstattung dann lieber gleich heute Morgen verscheuert und dabei wenigstens noch einiges für mich herausholen können.«

»Hab schon gesehen«, sagte Leah, »deine Blechschachtel ist bestens bestückt.«

Er grinste. »Und das war noch nicht alles! Das gute Stück hier habe ich bei dem Geschäft auch noch für mich herausgeschlagen. Schau mal!«, sagte er stolz, griff unter seinen Mantel und zog ein langes Messer aus einer speckigen Lederscheide an seinem Gürtel. Das Metall der Waffe besaß eine fast schwarze Farbe und das nach hinten spitz zulaufende Griffstück war mit schmalen dunkelbraunen Lederscheiben umwickelt. »Ist ein amerikanisches Kampfmesser und nennt sich V-42! Frag mich bloß nicht, warum das gute Stück so heißt, ist aber so!«

Die Polen in ihrem Abteil, ein Ehepaar mittleren Alters mit drei halbwüchsigen Söhnen und einer runzeligen, verhärmten Großmutter, fuhren erschrocken zusammen. Sie machten ängstliche Gesichter und brachen mitten im Wort jäh ab, als Jannek den Dolch unter seinem Mantel hervorzog. Doch dann entspannten sich ihre müden Gesichter, und sie nahmen ihre Gespräche wieder auf, als sie sahen, dass er Leah das Messer auf seiner Handfläche nur zur Begutachtung darbot.

»Sieht verdammt gefährlich aus!« In die Hand nehmen wollte sie das Kampfmesser lieber nicht.

»Und ob es das ist!«, bekräftigte er. »Diese Dolche mit doppelt geschliffener Klinge wurden speziell für die *Devil's Brigade* angefertigt!«

»Teufelsbrigade?«

Er nickte und steckte das Kampfmesser wieder zurück in sein Lederfutteral. »Die *Devil's Brigade* war oder ist noch immer eine Kommandoeinheit. Sie gehört zu den *Special Forces* der *US Army*, die besonders für den Einsatz hinter den feindlichen Linien ausgebildet ist«, berichtete er begeistert. »Die deutsche Wehrmacht hat ihnen den Spitznamen ›Schwarze Teufel‹ verpasst, weil die Männer dieser Einheit sich zur Tarnung stets die Gesichter geschwärzt haben. Ich hoffe, dass schon jede Menge Naziblut über die Klinge geflossen ist!«

Leah furchte die Stirn. »Ich glaube, nicht jeder deutsche Soldat gehörte zur SS oder war ein glühender Nazi …«

Ihn beeindruckte ihr Einwurf nicht sonderlich. »Ja, vielleicht später, als Hitlers grandioser Feldzug den Bach runterging«, räumte er ein. »Aber am Anfang haben sie dem Kerl mit der Rotzbremse doch alle wie wild zugejubelt, alle brav ›Heil Hitler!‹ gebrüllt und gar nicht schnell genug ein Land nach dem anderen überfallen können, nach dem Motto ›Heute gehört uns Deutschland – und morgen die ganze Welt!‹. Aber egal, das Messer ist jedenfalls 'ne Wucht.«

Sie nickte. »Ja, das ist es wohl.« Sie zögerte kurz und setzte dann hinzu: »Und ich freue mich riesig, dass du mit nach Föhrenwald kommst!«

Er schwieg einen Moment. »Hör zu, ich will dir was vorschlagen, Leah«, sagte er schließlich.

»Ja?« Erwartungsvoll sah sie ihn an.

Er räusperte sich. »Also, die Sache ist die: Ich bin allein. Ich habe niemanden. Ich habe alles verloren. Du bist allein, du hast niemanden. Du hast alles verloren.« Er machte eine kurze Pause, in der er seine Zigarette auf der Metallleiste des Fensterrahmens ausdrückte. Dann schlug er im selben nüchternen Tonfall vor: »Lass uns zusammen allein sein, okay?« Er streckte ihr die Hand hin.

Im ersten Moment hielt sie das für einen Scherz. Doch sie fand in seinen dunklen Augen kein schelmisches Funkeln und auch in seinen Mundwinkeln nicht die Spur eines Grinsens, und da begriff sie, dass es ihm tatsächlich ernst damit war.

»Okay?«, fragte er noch einmal.

Ihr fehlten die Wort, doch sie nickte und ergriff seine Hand. Sie tauschten einen kurzen Händedruck, als hätten sie irgendein Geschäft abgeschlossen.

Völlig perplex blickte Leah aus dem Fenster, ohne jedoch die Landschaft wirklich wahrzunehmen, die hinter dem schmutzigen Glas vorbeizog.

Zusammen allein sein!

Himmel, darauf musste man erst einmal kommen!

11

Von der Bahnstation in Wolfratshausen war es nur ein kurzes Stück Landstraße hinaus zum DP-Camp am Ufer der Isar. Kaum einer aus dem Jerusalem-Express, der für die nicht einmal dreißig Kilometer fast anderthalb Stunden gebraucht hatte, schenkte dem großen Schild vor dem Lagereingang mehr als einen flüchtigen Blick. Es verkündete doch nur, was man schon längst vor Augen hatte. In schwarzen Buchstaben, jedoch in zweierlei Schriftgröße und zweierlei Farbstärken, stand auf der großen Sperrholzplatte, die an ein hohes Vierkantholz genagelt war:

REGIERUNGSLAGER

FÜR HEIMATL. AUSLÄNDER

FÖHRENWALD

Jannek jedoch blieb stehen, starrte zum Schild hinauf, schüttelte den Kopf und verzog das Gesicht zu einem zwiespältigen Ausdruck.

»Jetzt schau dir mal das an! Was für ein ausgemachter Unsinn!«

»Wie meinst du das?«, fragte Leah verwirrt. Sie hatte nicht den Schimmer einer Ahnung, was er an dem gewöhnlichen Schild so ärgerlich fand.

»Also, erstens ist Föhrenwald kein *Regierungs*lager, sondern untersteht der UN! Und zweitens sind wir weder *heimatlos* noch *Ausländer*!«, sagte er erbost.

»Na ja, viele von den Polen und Sudentendeutschen, die mit uns im Zug waren, sind sehr wohl heimatlose Ausländer«, widersprach sie.

»Ein Teil vielleicht, die Mehrheit aber nicht! Außerdem ist Föhrenwald inzwischen vor allem ein Camp für *Juden*, egal woher sie kommen! Zum Rest der Geretteten zu gehören, die nicht vergast, erschlagen, erschossen oder auf andere Art von den Nazis umgebracht worden sind, ist hier das wichtigste Aufnahmekriterium!«

Sie wollte etwas sagen, doch er ließ sie nicht zu Wort kommen.

»Diesen Bürokraten ist es wohl allmählich selbst peinlich, uns mit der schwachsinnigen Bezeichnung *Displaced Persons* abgestempelt zu haben!«, vermutete Jannek. »Verlegte Personen – denn genau das bedeutet es in der Übersetzung ja! So als ob wir Gegenstände wären, die jemand dummerweise verlegt hat!«

»Was es ja wohl ziemlich genau auf den Punkt trifft«, stellte Leah nüchtern fest und wunderte sich.

Aber es war ja auch nicht so, als hätte sich nach Bekanntwerden der unvorstellbaren Nazi-Verbrechen die Haltung der deutschen Bevölkerung den Juden gegenüber grundlegend geändert, ganz zu schweigen davon, dass sie Bestürzung oder gar Schuldgefühl und Scham gezeigt hätten, zumindest nicht die breite Masse. So gesehen waren sie in der Tat Ausländer im eigenen Land.

Kurz starrte Jannek mit verkniffener Miene zum Schild hoch. Dann lachte er unvermittelt auf.

»Stimmt ja, hier hat alles seine Richtigkeit und es herrscht wieder deutsche Ordnung!«

Leah warf ihm einen irritierten Seitenblick zu, sagte jedoch nichts. Er erschien ihr an diesem Tag etwas merkwürdig. Erst dieser seltsame, paradoxe Vorschlag ›Lass uns zu zweit allein sein!‹, und dann jetzt dieser absonderliche Zornesausbruch wegen eines läppischen Schildes. Aber vielleicht hatte sein merkwürdiges Verhalten auch bloß damit zu tun, dass er sich trotz eines inneren Sträubens entschlossen hatte, mit ihr ins Lager zu gehen. Ja, so musste es sein!

Mit Blick auf den fast drei Meter hohen Stacheldrahtzaun, der das Lager umgab, und die langen Reihen Baracken und niedriger Häuser mit schmutzigen Fassaden und schadhaften Dächern bemerkte Jannek sarkastisch: »Bei dem hohen Stacheldraht und den Unterkünften, die für die Zwangsarbeiter der Nazis gut genug waren und offenbar jetzt auch gut genug für uns ›heimatlose Ausländer‹ sind, werden wir uns wie zu Hause fühlen! Was meinst du, ob es auch hier stundenlange Appell zu allen Tages- und Nachtzeiten und bei jedem Wetter gibt? Ich meine, in jedem Lager, selbst wenn es von der UN betrieben wird, müssen doch Disziplin und …«

Leah fiel ihm ins Wort. »Jannek!« Es klang wie ein halb unterdrückter, gequälter Aufschrei.

»Was ist?«

»Hör auf damit! Es reicht jetzt! Himmel, ich kenne dich ja gar nicht mehr wieder! Warte doch erst mal ab!«, bat sie eindringlich und griff nach seinem Arm, als wollte sie ihn rütteln. Aus einem unerfindlichen Grund hatte sie plötzlich Tränen in den Augen. »Bitte mach nicht alles schlecht, noch bevor wir einen Fuß in das Camp gesetzt haben. Gib dem … dem Leben hier eine Chance, Jannek!«

Er sah sie an, und als er ihren bittenden Blick auffing und das feuchte Schimmern in ihren Augen bemerkte, verschwanden augenblicklich Härte und beißender Sarkasmus aus seinem Gesicht. »Du hast recht, Leah, es ist voreilig, das gleich so runterzumachen. Die Behörden tun bestimmt, was sie können. Und wo sollen sie auch mit den vielen Leuten hin? Tut mir leid. Ist heute wohl nicht mein Tag.« Er rang sich ein schwaches Lächeln ab.

»Ist schon gut«, sagte sie und ging schnell weiter, weil sie fürchtete, gleich doch noch in Tränen auszubrechen.

Kurz darauf schritten sie im Strom ihrer Schicksalsgefährten durch das Tor. Die Straße, die ins Lager führte und sich hinter einigen niedrigen, lang gestreckten Gebäuden in ein halbes Dutzend Nebenstraßen auffächerte, trug den reichlich hochtrabenden Namen Pennsylvania-Straße. Ein halbwüchsiger Bursche prahlte mit seinem Wissen und rief: »Das ist der Name eines amerikanischen Bundesstaates an der Ostküste! Im Lager tragen alle Straßen die Namen solcher Bundesstaaten!«

»Da laust mich doch der Affe! Wusste ja gar nicht, das man mit dem Jerusalem-Express in anderthalb Stunden nach Amerika kommt!«, witzelte jemand.

Worauf ein Dritter mit trockenem Spott bemerkte: »Komisch, ich hab mir Amerika aber nicht so trist und heruntergekommen vorgestellt!«

Jannek hörte nicht auf die Stimmen in ihrer Nähe. Ihn beschäftigte, was Leah vor wenigen Augenblicken zu ihm gesagt hatte. »So, du erkennst mich nicht wieder?«, murmelte er, als sie den Schildern mit der Aufschrift *Anmeldung* folgten, die sie zu einem der Verwaltungsgebäude führten. »Kein Wunder, ich erkenne mich ja selbst nicht wie-

der! Vermutlich wissen wir alle schon längst nicht mehr, wer wir sind.«
Er sagte das jedoch so leise, dass sie es nicht hören konnte.

12

Herschel Buchheim schenkte dem Geschrei, das von der verkehrsreichen Commercial Road zu ihnen in die Bedford Street drang, keine Beachtung. Es war schon kurz vor Ladenschluss, und er war damit beschäftigt, das Schaufenster von Salomon Liebermanns Geschäft neu zu dekorieren. Die kleine *Hermes Baby* und die *Remington Streamline*, die sich auch ohne Reklame gut verkaufte, mussten der neuen *Underwood* aus den Staaten und der einheimischen *Royal Quiet DeLuxe* weichen.

Auch als der Krawall auf der Bedford Street lauter wurde, blickte er nicht von seiner Arbeit auf. Salomon Liebermann hatte eine genaue Vorstellung davon, wie die silbergrauen Tücher, mit denen die kleinen Präsentierpodeste im Schaufenster bedeckt waren, drapiert werden mussten, nämlich in einem gleichmäßigen Faltenwurf. Und das war in der gekrümmten Haltung, in der er sich über die Auslage beugen musste, keine leichte Aufgabe.

Der grauhaarige, kleinwüchsige Ladenbesitzer, der hinter der Theke die mageren Tageseinnahmen aus der Kasse nahm, bemerkte den schreienden Mob, der die Straße herunterkam und auf sein Geschäft zuhielt, bevor Herschel sich der Gefahr bewusst wurde. »Allmächtiger!«, stieß er erschrocken hervor. »Herschel, kommen Sie vom Schaufenster weg!«

Die Warnung kam zu spät. Denn im selben Moment flog schon der erste Stein. Der halbe Ziegel traf die Schaufensterscheibe und ließ das Glas in tausend Scherben zerspringen. Es regnete auf die Schreibmaschinen und auf Herschel herab.

Als dieser sich mit einem Laut des Schreckens aufrichtete und den Kopf hob, traf ihn einer der anderen Steine, mit denen der Mob Salomon Liebermanns Schreibmaschinengeschäft eindeckte, an der Stirn. Er taumelte rückwärts, spürte seine Sinne schwinden, hörte noch, wie der erregte Pöbel üble, antisemitische Schmähungen brüllte, und stürzte bewusstlos zu Boden.

Als Herschel wieder zu sich kam, fand er sich im Hinterzimmer wieder, schwindelig, verstört und aus einer Kopfwunde am Haaransatz blutend. Der Mob musste weitergezogen sein, denn er hörte kein Geschrei mehr, dafür jedoch von oben von der Hauptverkehrsstraße die Trillerpfeifen von Polizisten. Salomon wischte ihm mit einem nassen, kalten Lappen das Blut vom Gesicht. Dabei jammerte und lamentierte er fast ohne Unterlass, welch großen Schaden der Mob ihm durch die eingeschlagene Scheibe zugefügt hatte.

Der Ladeninhaber drängte ihn, das *London Hospital* oben an der Whitechapel Road aufzusuchen und sich die Wunde nähen zu lassen. Doch Herschel wollte davon nichts wissen. Man würde ihm Fragen stellen und womöglich die Polizei rufen, damit sie ein Protokoll aufnahm, und das konnte nur noch mehr Ärger bringen. Daraufhin holte Salomon Liebermann seinen Erste-Hilfe-Kasten hervor, goss reichlich Jod auf die Wunde und legte einen ganz ordentlichen Kopfverband an.

»Warum haben sie das getan?«, fragte Herschel völlig verwirrt von dem Vorfall, als er sich kräftig genug auf den Beinen fühlte, um sich auf den Heimweg hinüber nach Stepney zu machen.

Salomon Liebermann sah ihn verängstigt an und schüttelte das graue Haupt. »Das weiß der Himmel! ... Es war, als wäre ein ... ja, ein Pogrom ausgebrochen! Und das hier in London! Dass ich das nach so vielen Jahren in diesem Land noch erleben muss!« Ihm rannen Tränen der Hilflosigkeit über die faltigen Wangen.

Auch Herschel konnte nicht fassen, was da geschehen war.

Die Antwort auf sein Warum erhielt er erst, als er auf dem Heimweg einem Zeitungsjungen auf der Commercial Road ein Extrablatt des *Evening Standard* abkaufte. »Britische Soldaten von *Irgun*-Terroristen[14] in Palästina hingerichtet! … Britische Soldaten von jüdischen Terroristen in Palästina hingerichtet!«, brüllte der Zeitungsjunge in einem fort, während ihm das Extrablatt förmlich aus der Hand gerissen wurde.

Herschel fühlte sich hundeelend, geradezu körperlich übel, und dieses innere Elend hatte nichts mit dem Stein zu tun, der ihn am Kopf getroffen hatte. Fast blind stolperte er durch die vertrauten Straßen der Stadtviertel Whitechapel und Stepney. Doch vor Augen hatte er plötzlich wieder die Charlottenburger Synagoge in der Fasanenstraße, wie sie in der Nacht vom 9. auf den 10. November 1938 lichterloh in Flammen stand, geschändet und in Brand gesetzt von einer Horde junger Männer in Schaftstiefeln, wie sie für die Schlägertrupps der SA üblich gewesen waren. Was für ein prächtiger Monumentalbau die Synagoge mit ihren drei Kuppeln und dem Tonnengewölbe gewesen war! Es hatte damals noch empörte Passanten gegeben, die die Feuerwehr und Polizei alarmiert hatten. Doch dann war das noch größere Unfassbare passiert: Weder hatte die Polizei den braunen Mob verjagt, noch hatte die Feuerwehr ihre Schläuche ausgerollt, um dem Brand Einhalt zu gebieten. Der Mob und die braune Staatsgewalt waren ein und dasselbe geworden!

Auf einmal schämte er sich, dass er in der Ausübung seines Glaubens so nachlässig geworden war und auch seine Familie nicht mehr dazu angehalten hatte, den Glauben ihrer Vorfahren tätig in Ehren zu halten. Wann hatten sie das letzte Mal die Synagoge der jüdischen Gemeinde von Whitechapel in der Princelet Street aufgesucht? Er wusste es zu seiner Schande nicht zu sagen.

Er hatte sich in Deutschland und später auch in England viel darauf eingebildet, in eine Familie hineingeboren worden zu sein, die dem aufgeklärten Reformjudentum angehört hatte, und auch seine Kinder

---

14 Irgun war der Name einer radikalen Splittergruppe jüdischer Untergrundkämpfer in Palästina, die terroristische Anschläge gegen die britische Besatzungsmacht verübte, um sie zum Abzug zu zwingen.

im Sinne der *Haskala*, der jüdischen Aufklärung, erzogen zu haben. Im Gegensatz zu den orthodoxen Juden unterschieden sie zwischen ethischen und rituellen jüdischen Geboten und Verboten. Reformjuden akzeptierten die ethischen Gesetze als zeitlos und bemühten sich, ihr Leben danach auszurichten. Dagegen hielten sie die strengen rituellen Gesetze nicht für unveränderlich und schon gar nicht für zwingend, sondern vertraten die Überzeugung, dass viele dieser Rituale keine Geltung für das Leben des modernen Menschen mehr besaßen oder aber der jeweiligen Zeit angepasst werden mussten.

An dieser Überzeugung hielt er noch immer fest, aber sie hatten das Beten verlernt, wie er sich vorwarf, und den Besuch der Synagoge am Sabbat[15] der eigenen Trägheit geopfert. Und das hatte mit liberaler jüdischer Gesinnung gemäß der Haskala denkbar wenig zu tun!

Wenn der Jude vergisst, wer er ist und welcher Glaube sein Leben bestimmt, die Welt vergisst doch nie, ihn immer wieder schmerzlich daran zu erinnern!, ging es ihm nicht ohne Schuldgefühl durch den Kopf. Und betroffen von seiner religiösen Lauheit schwor er, dem noch heute ein Ende zu bereiten. Er würde noch heute die *Tefillin*, die schwarzledernen Gebetsriemen mit den kleinen Gebetskapseln, aus der Tasche unter dem Sofabett hervorholen und sie, zusammen mit dem *Tallit*, dem Gebetsumhang, von nun an wieder morgens und abends zum Gebet anlegen. Und seine Söhne würde er anhalten, mit ihm auf den rechten Pfad des Glaubens zurückzukehren!

---

15 Der siebte Tag der Woche, ein Tag der Ruhe und der Heiligung zur Erinnerung an die göttliche Weltschöpfung. Der Sabbat beginnt am Freitagabend bei Sonnenuntergang. Den ganzen Sabbat über, bis Samstagabend nach Sonnenuntergang, darf nicht gearbeitet werden.

13

Sophie schoss der Schreck in die Glieder, als der Vater ins Zimmer trat und die Mutter entsetzt aufschrie. Sie fuhr am Küchentisch herum und sah, dass der Vater einen blutigen Kopfverband trug.

Die Mutter schlug die Hände vors Gesicht. »Herschel! Um Himmels willen, was ist passiert?« Sie wurde blass und stürzte auf ihn zu, als fürchtete sie, er könnte gleich umfallen.

Sophie und ihre Brüder sprangen bestürzt vom Tisch auf. Felix warf dabei seinen Stuhl um und riss ungläubig die Augen auf, als er das Blut sah, das durch den Verbandsstoff gesickert war und ihn dunkelbraun verfärbt hatte.

»Es sieht schlimmer aus, als es ist«, wehrte Herschel hastig ab und spielte seine Verletzung herunter. »Es ist bloß ein Kratzer, der ein bisschen stark geblutet hat! Und jetzt lasst mich erst mal zu Atem kommen.«

»Um Gottes willen, ja, setz dich und komm zur Ruhe! Ich mach dir Tee, und zwar von unserm guten, der erst einen Aufguss hinter sich hat!« Die Mutter stürzte an den Herd. In Krisen mussten ihre Hände immer etwas zu tun haben. Und dass eine Krise vorlag, spürte sie so deutlich wie einen Wetterumschwung.

Der Vater blickte auf das Buch, in dem Sophie kurz vor seinem Eintreffen angefangen hatte zu lesen und das sie nun zuklappte. »Oh, du hast dir schon wieder ein neues Buch ausgeliehen? Fleißige Leseratte! Was ist es diesmal, mein Engel?«, fragte er atemlos, irgendwie fahrig und als gäbe es nichts anderes, worüber jetzt zu reden wäre.

»*A Tale of Two Cities*[16] von Charles Dickens, Pa«, antwortete sie. »Aber das ist doch jetzt überhaupt nicht ...«

---

16 Der deutsche Titel lautet *Eine Geschichte aus zwei Städten*. Der Roman gehört mit über 200 Millionen Exemplaren zu den meistverkauften englischsprachigen Büchern aller Zeiten und zählt zu den herausragenden Werken der Weltliteratur.

Der Vater fiel ihr ins Wort, während er ein mühsames Lächeln zustande brachte. » Gut, dass du Dickens liest, er gehört zu den wenigen englischen Autoren, deren Werke vergleichsweise arm von antisemitischen Untertönen sind«, sprudelte er in hektischer Atemlosigkeit hervor, als wollte er den anderen erst gar keine Gelegenheit lassen, ihn mit Fragen zu bedrängen. »Selbst Shakespeare und Aldous Huxley lassen uns Juden oft nicht gut wegkommen, dagegen schlägt der gute Dickens sich in seinen späteren Werken auf unsere Seite. Der hat ein Herz für unser geknechtetes Volk. Das ist übrigens in der englischen Literatur …«

»Vater!«, schnitt ihm Marius scharf das Wort ab. »Hör auf damit! Was soll das, ganz abgesehen davon, dass auch Dickens in seinem Werk nicht ohne den typisch jüdischen Hehler und Halsabschneider auskommen konnte? Wir wollen jetzt endlich wissen, was passiert ist! Also sag schon, bist du in eine … Schlägerei geraten?«

»Hast du dich etwa mit Mister Liebermann geschlagen, weil er dir zu wenig zahlt?«, fragte Felix mit kindlicher Sorge und Naivität.

Herschel lachte bitter auf, atmete tief durch und ließ die Schultern sinken. »Nein, ich bin in eine … eine Art von … ja, Pogrom geraten«, teilte er ihnen mit leiser Stimme mit und erzählte, was genau ihm, Salomon Liebermann und anderen Juden widerfahren war.

Sie wollten es ihm erst nicht glauben.

»Ein Pogrom gegen jüdische Geschäftsleute? Hier in England, hier in London?«, fragte die Mutter nach. »Das kann nicht dein Ernst sein! Du musst dich getäuscht haben!«

»Ich wünschte, ich hätte es«, erwiderte der Vater. »Aber dieser Mob hat nicht nur Salomons Laden angegriffen, sondern auch dem Möbelladen von *Rubinstein & Sons* auf der Jubilee Street die Scheiben eingeschlagen und dort sogar versucht, einen Brand zu legen. Und bei anderen hat man auch randaliert. Das habe ich mit meinen eigenen Augen gesehen. Und wie es heißt, soll es auch in anderen englischen Städten zu Ausschreitungen gegen jüdische Geschäfte gekommen sein.«

Sophie spürte, wie ihr ein Schauer den Rücken hinunterlief. Es war so schwer zu begreifen, dass all das tatsächlich in diesem Land, in das sie vor den Nazis geflohen waren, geschehen sein sollte. »Aber warum, Pa?«, fragte sie verstört.

»Vermutlich, weil die *Irgun* als Vergeltung für zwei ihrer Mitglieder, die von den Briten in Palästina hingerichtet worden sind, zwei britische Soldaten gefangen genommen und an einem Baum aufgehängt hat«, sagte Herschel, zog das Extrablatt hervor und legte es auf den Tisch. »So steht es hier.«

»Was ist die *Irgun*?,« wollte Felix sofort wissen.

»Eine zionistische[17] Militärorganisation, die sich von der *Haganah* abgespaltet und im Gegensatz zu ihr Großbritannien öffentlich den Krieg erklärt hat«, erläuterte Marius schnell, während er schon den Artikel überflog. »Es ist zwar nur eine kleine Gruppe Untergrundkämpfer, die von einem gewissen Menachem Begin[18] angeführt wird. Aber die Aktivisten der *Irgun* sind äußerst radikal und schrecken nicht vor Anschlägen auf Einrichtungen oder Personen zurück, um die Briten zum Abzug ihrer Truppen aus Palästina zu bringen. Im Juli haben sie einen Anschlag auf das *King David Hotel* in Jerusalem verübt, in dem das britische Oberkommando sein Hauptquartier hat. Dabei sind 91 Menschen ums Leben gekommen.«

»Aber was eine Handvoll Terroristen in Palästina an Verbrechen verübt, können die Leute doch nicht uns hier in England anlasten!«, begehrte Sophie erregt auf. »Das kann man doch nicht machen, uns mit den paar Leuten in einen Topf zu werfen! Auch unter Engländern gibt es Mörder und andere Verbrecher!«

»Du siehst doch, dass sie es nicht nur können, sondern tun«, knurrte

---

17 Zionismus: von Theodor Herzl gegründete Bewegung, die die Gründung eines jüdischen Staates in Palästina zum Ziel hatte.

18 Menachem Begin, der bei Kriegsbeginn aus Polen nach Palästina floh, wurde nach der Staatsgründung Minister und übte von 1977 bis 1983 das Amt des Premierministers aus. In seiner Amtszeit kam es zwischen Israel und Ägypten zu einem Friedensabkommen. Dafür wurden er und Muhammad Anwar as-Sadat mit dem Friedensnobelpreis ausgezeichnet.

Marius und wies auf den Vater. »Und wenn du mich fragst, sind die Engländer im Grunde genommen nicht weniger antisemitisch als die Deutschen. Machen wir uns nichts vor: Wir stehen allein auf dieser Welt, das sollten wir uns endlich mal klarmachen!« Er schob das Extrablatt mit einer jähen Bewegung von sich. »Pa, lass uns nicht länger hier in England versauern und uns wie lästige Bittsteller behandeln lassen, sondern lass uns endlich nach Palästina gehen!«

»Ja, wir machen mithilfe der *Haganah* Alija Bet!«, rief Felix mit leuchtenden Augen.

Herschel lachte freudlos auf. »Nach dem, was heute geschehen ist, bin ich inzwischen selbst dazu geneigt, dieses Wagnis einzugehen, Marius. Aber Emigration nach Palästina ist leichter gesagt als getan.«

Die Mutter machte ein entsetztes Gesicht. »Bist du *meschugge*, Herschel Buchheim? Nach Palästina, wo diese Terroristen Hotels in die Luft sprengen und Soldaten aufhängen und wo Krieg und Totschlag herrschen?«, stieß sie hervor und ließ fast die Teetasse fallen. »Da bewahre uns Gott vor! Das kannst du mir nicht antun!«

Der Vater wehrte mit einer müden Handbewegung ab. »Es geht ja sowieso nicht, Frau«, versuchte er sie zu beruhigen und fuhr mit Bitterkeit in der Stimme fort: »Ja, wenn wir tausend Pfund vorweisen könnten und ich mich verpflichten würde, dieses Geld in Palästina zu investieren, bekämen wir von den Briten morgen schon eine Einwanderungserlaubnis. Aber wer hat schon als Flüchtling oder Überlebender der Shoa solch ein Vermögen!« Er brachte gerade mal zwei Pfund und vier Shilling pro Woche nach Hause, und ohne den Zuverdienst, den Marius beim Schrotthändler verdiente, wären sie damit nicht über die Runden gekommen. Da blieb nichts übrig, was sie hätten sparen können, geschweige denn was in absehbarer Zukunft den gigantischen Betrag von tausend Pfund zusammengebracht hätte.

»Es geht auch ohne dieses ›Millionärszertifikat‹«, erwiderte Marius und benutzte dabei die verächtliche Bezeichnung, die in jüdischen Flüchtlingskreisen für diese spezielle Einreiseerlaubnis benutzt wurde. »Die *Haganah* …«

»... agiert nicht von England aus«, fiel Herschel ihm ins Wort. »Zumindest sticht von hier kein *Haganah*-Schiff gen Palästina in See. Dafür müssten wir erst hinüber nach Frankreich oder Italien. Aber du weißt doch, wie die Lage ist. Die Franzmänner lassen keinen von uns rein, der kein Visum für ein anderes Land vorweisen kann, in das er angeblich auswandern will.«

»Man kann diese Visa aber von bestechlichen Konsularbeamten kaufen«, wandte Marius ein. »Die Konsulate von Kolumbien, Honduras und anderen südamerikanischen Kleinstaaten haben kein Problem, gegen Geld solche falschen Einwanderungsvisa auszustellen, wie ich gehört habe.«

Herschel nickte. »Ich weiß, aber auch das ist zu teuer, zumindest für unsere Finanzlage.«

Eine ganze Weile diskutierten sie noch darüber, was sie tun sollten und konnten, um nach Palästina auszuwandern, wobei die Mutter den Vater immer wieder beschwor, von einer Alija Bet abzulassen. Stattdessen drängte sie ihn wieder, nun doch noch mit ihnen nach Deutschland zurückzukehren und sich bei den Universitäten um eine neue Professur zu bewerben.

»Nein, niemals!« Herschel schlug mit der flachen Hand auf den Tisch. »Bei aller Liebe, Margot, aber komm mir nicht noch einmal damit! Ich werde meinen Fuß nie wieder auf deutschen Boden setzen! Und das ist dazu mein letztes Wort, hast du verstanden?«

»Ich werde auch nicht nach Deutschland gehen«, pflichtete ihm Marius bei und warf der Mutter einen ärgerlichen Blick zu.

Der Mutter wich nun alles Blut aus dem Gesicht und ein verletzter Ausdruck trat in ihre Augen. Noch nie hatte Herschel seine Stimme derart schroff und kategorisch gegen sie erhoben. Sie wusste nunmehr, dass alle Hoffnung auf einen Neubeginn in Deutschland endgültig verloren war.

»Wir gehören nicht zurück nach Deutschland, Mom«, sagte Sophie sehr viel sanfter als ihr großer Bruder und legte ihr mit stummem, liebevollem Trost eine Hand auf den Arm, »sondern nach Palästina.

Marius hat recht, wir sind nirgendwo sonst auf der Welt willkommen.«

Die Mutter öffnete den Mund, als wollte sie entgegenhalten, was auf der Hand lag. Nämlich dass sie auch im britischen Mandatsgebiet nicht willkommen waren. Aber was immer es war, das ihr auf der Zunge lag, sie behielt es für sich und presste die Lippen hart zusammen.

Felix blickte unschlüssig von der Mutter zum Vater und zurück und murmelte: »So richtig gefällt es mir hier auch nicht mehr, Mom. Aber wenn wir keine Visa kaufen können, ist das mit Palästina ja sowieso nicht möglich, oder?«

Der Vater, den gesenkten Blick auf seine Hand auf dem Tisch gerichtet, stutzte plötzlich. »Vielleicht kriegen wir ja doch noch genug Geld dafür zusammen!«, sagte er und zog seinen goldenen, fein ziselierten Ehering vom Finger. Da er viel Gewicht verloren hatte, glitt er ihm leicht über den Mittelknochen. Dann hob er den Blick, schaute die Mutter an und sagte leise: »Gib mir deinen Ring, Liebes!«

Sophie sah, wie ihre Mutter noch blasser wurde. Stumm schüttelte sie heftig den Kopf und legte die andere Hand schützend über den Ring, der ihr als einziges Schmuckstück geblieben war. Tränen glitzerten in ihren flehenden Augen.

Der Blick des Vaters wurde hart und er streckte fordernd seine Hand über den Tisch. »Den Ring, Frau!«

Wie ein Strohfeuer, dem die Nahrung ausging, fiel ihr Widerstand in sich zusammen. Sie zog sich den herrlichen goldenen Doppelreif vom Finger und reichte ihn dem Vater. Ihre Hand zitterte über der Tischplatte.

Er nahm nicht nur den Ring, sondern umschloss ihre Hand mit beiden Händen in einer plötzlichen Geste stummer Zärtlichkeit. Sie sahen sich in die Augen, und Sophie war so, als ob ihre Eltern in diesen kurzen und doch sich so lang hinziehenden Sekunden einen Strom von Erinnerungen an glückliche Zeiten teilten, und auf einmal rannen auf beiden Gesichtern Tränen über die blassen Wangen.

14

In den ersten Tagen stand es auf des Messers Schneide, ob sie im Lager bleiben oder Föhrenwald besser so schnell wie möglich wieder verlassen sollten.

Das Haus, in das man sie einquartiert hatte, befand sich in der Florida-Straße, und der Name war das Einzige, was an ihrer Unterbringung nicht zu beanstanden war. Die einstöckigen Häuser der einstigen Zwangsarbeitersiedlung, die mit ihren spitzen Giebeldächern und dem gedrungenem Baustil an bessere Bauernkaten erinnerten, befanden sich in einem heruntergekommenen Zustand. Dass der Putz von den verdreckten Fassaden bröckelte, überall Regen durch die nur notdürftig geflickten Dächer sickerte und es keine Bäder in den Unterkünften gab, sondern nur Gemeinschaftswaschräume in einem Gebäude am Lagereingang, war noch nicht einmal das Schlimmste. Auch konnte man sich damit abfinden, dass es nicht annähernd genügend Möbel für die rund fünftausend Menschen gab, die das Lager weit über seine Kapazität an Wohnraum hinaus bevölkerten und es aus allen Nähten platzen ließen. Wobei *Wohn*raum eine kaum mehr zutreffende Bezeichnung war, angesichts der Tatsache, dass sich fast überall mehrere Familien *einen* Raum von bescheidener Größe teilen mussten.

Nein, es war die Ungezieferplage, die am schwersten zu ertragen war. In den Häusern wimmelte es nur so von Wanzen, vom Dach bis in den Keller. Da half auch der Kammerjäger nicht viel, der im Lager unablässig seine Runde machte, ohne jedoch über das Ungeziefer Herr zu werden. Die Wanzen ließen sich einfach nicht vertreiben, geschweige denn ausrotten. Kaum war der Kammerjäger weg, waren auch die Wanzen wieder da.

In dem Haus in der Florida-Straße musste sich Jannek mit einem Schlafplatz in einer Dachkammer begnügen. Er nannte sie sarkastisch »Besenschrank« und »Versuchslabor für menschliche Käfighaltung«, teilte er sie doch mit drei anderen Junggesellen.

Leah kam im selben Haus unter. Ihr hatte man eine Bettstelle im Erdgeschoss zugewiesen – und zwar in einem Zimmer, das schon von zwei polnischen Familien mit Kindern belegt war. Die Feldpritsche mit einem Stück Vorhang aus verschlissener Lkw-Plane war alles, was sie in dem Zimmer als ihren eigenen, persönlichen Bereich bezeichnen konnte. Für sie gab es noch nicht einmal einen Stuhl oder Hocker, geschweige denn so etwas wie eine Kommode oder einen Schrank. Andererseits: Was besaß sie denn auch, was sie darin hätte unterbringen können?

Nichts.

Doch trotz Ungezieferplage, beklemmender Enge und anderer Unannehmlichkeiten, Leah und Jannek blieben. Der vor der Tür stehende Winter trug zweifellos mit zu dem Entschluss bei. Auch dass sie hier nur unter Juden waren, alle ein gemeinsames Schicksal teilten und zur *Sche'erit Hapleita*, zum »Rest der Geretteten«, gehörten, wie sich die Überlebenden der Judenvernichtung auf Hebräisch mittlerweile nannten, wirkte mit bei ihrer Entscheidung. Ebenso das vielfältige und überaus lebendige Lagerleben. Die Verwaltung hatte ein Krankenhaus, Ausbildungsstätten und Schulen eingerichtet, in denen Hebräisch, Englisch, Rechnen, Bibelkunde sowie Zeichnen, Musik und Sport unterrichtet wurde. Schulpflicht bestand bis zum achtzehnten Lebensjahr. Fast allen Kindern und Jugendlichen im Lager fehlten viele Jahre Schulbildung, hatten die Nazis doch jeglichen Unterricht für Juden verboten und unter strenge Strafe gestellt. Der Wissensdurst war dementsprechend groß, konnte jedoch nicht gestillt werden. Denn aus Mangel an ausreichend Räumlichkeiten kam jeder nur in den Genuss von wenigen Schulstunden am Tag, obwohl in Schichten unterrichtet wurde. Es gab einige Lebensmittel- sowie Tante-Emma-Läden, Friseure, mehrere Werkstätten und einen Markt, der vor den Toren des Lagers stattfand. Und zwar jeden Sonntag, weil am Samstag, dem Sabbat, nicht gearbeitet wurde. Den verschiedenen jüdischen Glaubensrichtungen, von Reformiert bis Ultraorthodox, trugen sieben Synagogen und eine Talmud-Hochschule auf dem Gelände Rechnung, und das kulturelle wie sportliche Angebot ließ wenig Wünsche offen.

»Föhrenwald ist eine Enklave der untergegangenen europäisch-jüdischen Kultur«, hörte Leah einen älteren Juden einmal mit einer Mischung aus Stolz und Trauer zu einem anderen Insassen sagen. Und das traf es sehr gut.

Stark ausgeprägt war auch das politische Leben in Föhrenwald. Aktivisten verschiedener zionistischer Parteien, die nicht nur von einem unabhängigen, israelischen Staat in Palästina träumten, sondern voll Enthusiasmus und Entschlossenheit aktiv auf dieses Ziel hinarbeiteten, warben unermüdlich für ihre Sache.

Zum ersten Mal bekamen Leah und Jannek, die in den ersten Tagen fast unzertrennlich das Lagerleben erkundeten, flüchtigen Kontakt zu Leuten der *Haganah*, die mehrere aus ihren Reihen von Palästina nach Föhrenwald geschickt hatte. Denn viele Lagerinsassen konnten oder wollten sich eine Zukunft im Nachkriegsdeutschland nicht vorstellen. Auch wenn die meisten hofften, Visa für die USA und andere Staaten in Übersee zu erhalten, so lebte doch ein Teil in der Hoffnung auf ein neues Leben in Palästina. Nur hatte die britische Mandatsmacht die Tore dorthin schon seit Jahren so gut wie verschlossen.

Leah und Jannek hatten beide wenig Kontakt zu anderen Lagerinsassen. Ihnen fehlte das Verlangen, Anschluss zu finden, und auch spontan ergab sich keiner. Alle Unterhaltungen mit anderen Leuten verliefen oberflächlich und unverbindlich, und nicht ein Wortwechsel mit einem Fremden weckte in ihnen den Wunsch, diesen oder jenen Menschen näher kennenzulernen, geschweige denn mit ihm Freundschaft zu schließen.

Wichtig war ihnen zuerst einmal, dass man sie in der Kleiderkammer mit warmer Kleidung und festem Schuhwerk für den Winter ausstattete – wobei Jannek aber um keinen Preis von seinem alten, schlotternden Wehrmachtsmantel lassen wollte – und dass sie sich nicht um ihr Essen zu sorgen brauchten und ein einigermaßen warmes und bequemes Bett hatten.

Aber neben alldem gab letztlich doch etwas ganz anderes den Ausschlag zum Bleiben. Wobei Leah und Jannek sich über den wahren Grund gar nicht mal richtig bewusst waren. Denn was sie beide vor allem anderen im Lager hielt, war eine tiefe seelische Ermattung, gespeist aus einem dunklen Strom grauenvoller Erlebnisse, die mit einer physischen Erschöpfung Hand in Hand ging. Das Lager zu verlassen und den Sinn auf irgendetwas Neues zu richten, kostete einfach zu viel Entschlusskraft, Energie und Zutrauen in die Zukunft. Es war, als hätten sie den Willen verloren, nach etwas zu suchen, von dem sie nicht einmal wussten, was es war, geschweige denn, wie sie dorthin gelangen sollten.

Mehr noch als Leah litt Jannek unter dem, was hinter ihnen lag und worüber sie nicht sprachen. Manchmal kam es ihr so vor, als würde bei ihm von einer Sekunde auf die andere der Faden zur Gegenwart reißen und er von der Vergangenheit förmlich verschlungen werden. Dann konnte es vorkommen, dass er viele Sekunden lang auf nichts reagierte und mit starrem Blick einen imaginären Punkt fixierte. Manchmal ballte er dabei die Fäuste und kniff plötzlich mit gequälter Miene die Augen zusammen, als könnte er die Bilder nicht mehr ertragen und hoffte, sie so vor seinem inneren Auge aussperren zu können.

Zu anderen Zeiten brach er mitten im Wort oder irgendeinem Tun ab und ging fast fluchtartig davon. Leah folgte ihm dann mit einigen Schritten Abstand, setzte sich zu ihm, wenn er endlich irgendwo zur Ruhe gekommen war, und legte wortlos ihre Hand auf die seine.

Nie sprachen sie hinterher über diese Vorfälle. Meist griff er nach einigen Minuten, die sie schweigend Seite an Seite verbracht hatten, zu seinen Zigaretten, steckte zwei gleichzeitig an und schlug dann nach einigen Zügen mit völlig normaler Stimme irgendetwas vor, was sie jetzt tun könnten.

Dann kam der Tag, an dem ein amerikanischer Journalist deutscher Herkunft Föhrenwald besuchte, und am Morgen darauf hielt ein wütender junger Mann namens Chaim Ben Toit in der Lagerhalle, wo Theateraufführungen, Konzerte, Filmvorführungen und andere Veranstaltungen stattfanden, bei einer Protestversammlung spontan eine flammende Rede.

Zwei zufällige Ereignisse, die nichts miteinander zu tun hatten, die aber zusammengenommen die Wirkung eines inneren Erdbebens auf Leah und Jannek hatten. Und wenn sie auch nicht alles grundlegend veränderten, so stießen diese beiden Ereignisse ihr Leben doch innerhalb von nicht einmal vierundzwanzig Stunden in eine völlig neue Bahn.

15

Die Vorfälle ereigneten sich in den letzten beiden Septembertagen, als das Wetter unvermittelt umschlug und bis weit in den Oktober hinein einen oft wolkenlosen Himmel und herrlich warme Temperaturen brachte. Es war, als wäre der Sommer zurückgekehrt und wollte nicht mehr weichen.

Am ersten Abend dieser sonnendurchglühten Tage hatten Leah und Jannek sich einen amerikanischen Film ansehen wollen, den die Lagerverwaltung in der Veranstaltungshalle am Roosevelt-Platz zeigte. Dort gab es fast jeden Tag Spielfilme aus den USA zu sehen, meist heitere Romanzen, Western und spannende Abenteuer, die in fremden, exotischen Ländern angesiedelt waren, jedoch nie Geschichten, die mit Krieg und Elend zu tun hatten. Und wenn sie auch ausnahmslos in der Originalsprache gezeigt wurden, so flimmerten doch immer deutsche Untertitel über die Leinwand, sodass man der Handlung, die sowieso nie sonderlich kompliziert gestrickt war, gut folgen konnte. Aber selbst ohne diese Untertitel wäre der Saal immer gut besucht gewesen.

Jannek ließ sich zur verabredeten Zeit nicht vor dem Gebäude blicken, worüber sich Leah nicht sonderlich wunderte. Wider besseres Wissen wartete sie noch eine Weile in der einbrechenden Dunkelheit, und als er immer noch nicht erschien, machte sie sich auf die Suche nach ihm. Sie glaubte zu wissen, wo er wohl wieder steckte, und ihre Vermutung erwies sich als richtig. Sie fand ihn an seinem Lieblingsplatz hinter den Büschen unten an der Isar: eine seichte Uferstelle, von wo aus sich gelegentlich mutige Schwimmer in das eisige und gefährlich schnell dahinfließende Gewässer wagten.

»Jannek, der Film mit Cary Grant und Ingrid Bergman beginnt gleich!«, erinnerte sie ihn. »Er soll richtig spannend sein, und ich wette, er kriegt die Bergman.« Aber noch während sie das sagte, wusste sie schon, dass sie sich das hätte sparen können. Aus ihrem Kinobesuch würde nichts werden, es sei denn, sie ließ ihn hier sitzen und ging allein.

»Den Film zeigen sie auch noch morgen und übermorgen«, sagte er gleichgültig und warf einen Stein ins Wasser, das bei Tag hier wie grünes, flüssiges Glas über die glatt gewaschenen Felsen im Flussbett hinwegrauschte, jetzt jedoch die Farbe schwarzer Tinte angenommen hatte, »und dann ist der Saal auch nicht mehr so gerammelt voll wie bei der ersten Vorstellung eines neuen Schmachtfetzens aus den USA.«

Leah zögerte kurz, seufzte dann und setzte sich zu ihm ins warme Gras der sanft zum Wasser hin abfallenden Böschung.

»Manche von den neuen Hilfslehrern schnallen es einfach nicht, wer da vor ihnen sitzt«, sagte Jannek ohne jeden Zusammenhang. »Du wirst nicht glauben, was Axelrod mir vorhin erzählt hat.« Jakob Axelrod war ein fünfunddreißigjähriger Lehrer, der Treblinka[19] überlebt hatte, und einer der drei anderen Junggesellen, mit denen Jannek sich die Dachkammer teilte.

»Und was?«, fragte sie mäßig interessiert und überlegte, ob sie nicht doch allein in die Filmvorführung gehen sollte.

»Eine von diesen munteren Landpomeranzen, die unsere Lagerleitung aus Mangel an Lehrkräften in der Schule eingestellt hat, hat

---

19 Vernichtungslager nördlich von Warschau. Insgesamt starben in Treblinka etwa 700 000 Juden.

doch wirklich im Unterricht das Gebot *Du sollst Vater und Mutter ehren* durchnehmen wollen. Als ob die Eltern der meisten Kinder hier nicht von den Nazis ermordet worden wären! Und ein anderer Aushilfslehrer hat den Kindern beibringen wollen, wie man vor Feiertagen eine Grußkarte an Verwandte und Freunde schreibt! Da hat dann einer der älteren Schüler gefragt, ob sie diese Karten etwa an die Adresse der Krematorien schicken sollen!« Jannek lachte bitter auf.

»Das sind natürlich peinliche Gedankenlosigkeiten«, räumte Leah ein, »aber mehr auch nicht.«

»Na, ich weiß nicht«, murmelte er verdrossen, während oben an der Böschung ein Auto auf dem breiten Sandweg näher kam, der innerhalb der Siedlung außen um den Ring der Häuser führte. Der dunkel blubbernde Motor erstarb jedoch schon im nächsten Moment. Eine Wagentür schlug und jemand rief einen Gruß.

Weder Leah noch Jannek achtete darauf. Es gehörte zu den vielfältigen Hintergrundgeräuschen des heillos überbelegten Lagers, zusammen mit dem beständigen Rauschen der Isar, dem Gejohle vom Fußballplatz, wo noch immer ein paar Halbwüchsige herumtobten, dem Geplärr eines Radios Marke Volksempfänger, dem Kläffen mehrerer Hunde im Nachbardorf, dem Motorengeräusch von Lastwagen auf der Landstraße und irgendwelchen sich streitenden Stimmen. Stille war ein kostbares Gut, das man in Föhrenwald nur selten und dann auch nur für kurze Zeit fand.

»Hör mal, wenn wir uns jetzt ein bisschen beeilen, schaffen wir es noch leicht bis zum Beginn des Film«, versuchte Leah es noch einmal, legte aber nicht viel Bitten in ihre Stimme. »Erst kommt ja die *Wochenschau* und die dauert ganz schön lange.«

»Na gut, wenn du so wild auf den Film bist«, sagte er zu ihrer freudigen Überraschung und erhob sich.

»Ja, das bin ich, und ich kann gar nicht genug davon kriegen«, gestand Leah freimütig ein. Spielfilme, ganz gleich welche, entführten sie aus der tristen Gegenwart und füllten ihre innere Leere für eine Weile mit einer Traumwelt, in der am Ende immer die Guten über das Böse obsiegten und in der die Heldenfiguren für ihre Tapferkeit und ihre opferbereite Selbstlosigkeit gegenüber der Person, zu der ihr Herz entflammt war, mit hingebungsvoller Liebe und einer glücklichen Zukunft belohnt wurden. Moderne Märchen auf Zelluloid *made in the United States*.

Er lachte leise. »Dann lass uns gehen, Leah.«

Sie stiegen die Böschung hinauf, und fast hätten sie in der abendlichen Dunkelheit den Wagen nicht bemerkt, der oben auf der Sandstraße parkte. Wegen der Büsche, die dort am Straßenrand wuchsen, war er unten vom Isarufer aus nicht zu sehen gewesen. Jetzt jedoch kam er hinter den niedrigen Sträuchern in ihr Blickfeld.

Zwei Männer standen auf der anderen, dem Lager zugewandten Seite an der lang gestreckten Motorhaube eines taubengrauen *Buick*. Ein Feuerzeug flammte auf und einer der beiden steckte eine Pfeife in Brand. Der Lichtschein des Feuerzeugs hob ein ovales Gesicht mit einem schwarzen, kurz gestutzten Vollbart und einer schwarzen Hornbrille über einer kräftigen Nase aus der Dunkelheit.

Leah erkannte den Mann sofort. Es war der amerikanische Journalist deutscher Herkunft, der am Vormittag mit zwei Begleitern, die zur Lagerverwaltung gehörten, zu einem kurzen Besuch bei ihr in der Baracke erschienen war, in der Lehrgänge für zukünftige Krankenschwestern abgehalten wurden. Seinen Namen hatte sie nicht mitbekommen, weil sie sich bei seinem Eintreten im hinteren Teil aufgehalten und gerade das Anlegen eines Druckverbandes geübt hatte.

Sie hatte diesen Krankenschwesternkurs schon wenige Tage nach Eintreffen in Föhrenwald belegt, während Jannek sich in einer Lagerwerkstatt Mühe gab, Interesse an einer Ausbildung für Maschinenschlosser zu finden. Aber für irgendetwas *hatten* sie sich entschließen müssen. Die Tage im Lager waren einfach zu lang, um sie ohne eine vernünftige Aufgabe und Arbeit halbwegs überstehen zu können. Und die wenigen Schulstunden, die für sie infrage kamen, reichten bei Weitem nicht aus, um sie ihre Gedanken vom Teufelskreis ihrer Erinnerungen fernzuhalten.

»Das ist der amerikanische Zeitungsfritze, von dem ich dir heute Mittag erzählt habe«, raunte Leah, und sie blieben unwillkürlich stehen, als sie nun auch die Stimmen der beiden Männer deutlich vernahmen.

»…natürlich hast du recht, der Wunsch nach Leben überwältigt erst einmal alles, Walter«, sagte der Pfeife rauchende Journalist zu seinem Gegenüber. »Aber wo ist die große Abrechnung mit dem Holocaust… oder mit der Shoa, wie es eigentlich richtigerweise heißen muss, zumindest ist das die Bezeichnung, die wir Juden für die systematische Vernichtung unseres Volkes durch der Nazis verwenden. Also, wer kümmert sich darum? Niemand!«

»Na, die Zeitungen sind doch voll mit Artikeln über die Nürnberger Kriegsverbrecherprozesse, die gerade dem Ende zugehen«, wandte der andere Mann ein, eine große schlanke Gestalt.

»Ja, die Zeitungen schreiben seitenweise über diese Verbrecher und die Urteile, die in den nächsten Tagen ausgesprochen werden! Aber ihre Opfer und die Überlebenden sind dabei nur eine gesichtslose Kulisse, Zahlen in einer grauenvollen Statistik. Selbst die Überlebenden sprechen ja nicht darüber, und das hat mich bei meiner Rückkehr nach Deutschland, zwölf Jahre nach meiner Auswanderung in die Staaten, am meisten erschüttert.«

»Nun ja, in gewissen Situationen ist Vergesslichkeit eine gute Sache, quasi eine Notbremse, die die Seele zieht, um den Verstand nicht zu verlieren und weiterleben zu können, Viktor«, erwiderte der andere nachdenklich. »Denn wer den Horror, der alle Begrifflichkeit übersteigt, nicht vergessen kann, dürfte wohl auch kaum in der Lage sein, ein neues Leben aufzubauen, aber das müssen die Leute. Und nach solch einschneidenden Erlebnissen ein neues Leben beginnen zu müssen, zu heiraten, Kinder in die Welt zu setzen und all das … also, das geht nur, wenn man vergessen kann und wenn der Wunsch zu leben stärker als alles andere ist.«

Leah spürte, wie sich ein Kloß in ihrer Kehle bildete, und sie schluckte. Still und wie gebannt stand sie auf halber Höhe der sanften Böschung. Auch Jannek neben ihr rührte sich nicht von der Stelle.

Indessen schüttelte der Journalist mit dem Vornamen Viktor bedächtig den Kopf. »Ich war an dem Tag dabei, als die Armee das KZ Dachau befreite, und ich habe dort in die Gesichter von Jugendlichen geschaut, die keine achtzehn Jahre alt waren, aber für Achtzigjährige hätten durchgehen können. Das, was dieser ›Rest der Geretteten‹ durchgemacht hat, das können diese Menschen einfach nicht vergessen, Walter.«

»Mag sein, aber …«

»Das ist es jedoch nicht allein«, fuhr der Journalist unbeirrt fort. »Diese Menschen, die jahrelang bestialisch gequält wurden und jeden Tag den Tod vor Augen gehabt hatten, waren auf einmal frei. Und sie kamen aus den Lagern mit einer Hoffnung jenseits aller Hoffnungen …«

»Du meinst, überlebende Familienangehörige und Verwandte zu finden?«, warf der andere ein.

»Genau, und für die überwiegende Mehrheit war diese Hoffnung das, was sie in den dunkelsten Stunden am Leben gehalten hat. Und dann nach der Befreiung die Erkenntnis, dass nur man selbst überlebt hatte, nicht aber die anderen. Deshalb wiegt die Freiheit nun umso schwerer, ist wie ein Ballast, hängt manchen wie ein Mühlstein um den Hals. Der Gedanke an die Zukunft muss entsetzlich schwer sein. Und ich weiß nicht, wie ich diesen wohl nie verheilenden Seelenschmerz in meinen Artikeln in Worte fassen soll.«

Leah lief ein Schauer über den Rücken, fast gleichzeitig überfiel sie eine Hitzewelle. Ihr war, als würde dieser fremde Mann dort oben sie selbst beschreiben.

Sie begann zu zittern.

Jannek neben ihr atmete schnell und flach, als litte er plötzlich unter Atemnot.

»Ich habe in den letzten Wochen viele Lager besucht, mit Dutzenden Überlebenden gesprochen und bin ihnen in den zerbombten Städten begegnet«, berichtete Viktor. Er stand an den Wagen gelehnt und ließ die Pfeife sinken. »All diese meist jungen Menschen, auf die man überall trifft, die auf der Straße umherwandern und auf der Suche sind, nach einem Sinn für ihr weiteres Leben. Aber sie finden ihn nicht, Walter. Sie stehen in der Frühe auf und wissen nicht, wozu, und sie geistern irgendwie durch den Tag, bis die Nacht hereinbricht. So vergeht ein Tag nach dem anderen. Und wenn man einem von ihnen in die Augen sieht, dann glaubt man förmlich in ihnen lesen zu können, dass dieser Mensch noch immer in seiner grauenvollen Vergangenheit gefangen ist. Er sehnt sich nach dem Morgen, aber die Vergangenheit gibt ihn nicht frei. Und die Gegenwart spielt irgendwie keine Rolle, sie dient nur dazu, die entsetzliche Kluft zwischen dem alten Leben und der Zukunft, die aber doch irgendwie keine ist, zu überbrücken. Jeder Schritt in dieser Gegenwart ist von großer Unbeständigkeit geprägt, ist wie ein Wanken durch eine Wüste aus Treibsand. Nichts gibt Halt, nichts gibt Hoffnung.« Tabakwolken begleiteten seine düstere Beschreibung. »Walter, sie verbrachten das Gestern buchstäblich in der Hölle auf Erden. Das Leben hier in Föhrenwald und all den anderen Lagern ist dagegen voller Kultur und Geist und tausenderlei Aktivitäten. Aber wenn man genauer hinblickt, dann spürt man hinter all der Musik und den Tänzen und den anderen Aktivitäten einen Abgrund, der einen bis ins Mark erschaudern lässt – jedenfalls ergeht es mir so. Dann erscheint einem alles wie dünne Tünche, und man merkt plötzlich, dass hier Menschen leben, deren Lageraugen noch immer durchdrungen sind von den Leidensbildern, ihr Lagerlächeln ist zynisch, weil nichts anderes als Zynismus Sinn ergibt, und wenn auch aus ihren Mündern der unhörbare Schrei ›Wir haben überlebt, wir sind noch nicht untergegangen!‹ dringt, so wissen sie doch nicht, was die Zukunft überhaupt bringen soll. Und deshalb …« Er zögerte kurz. »… deshalb wirken diese Lager auf mich wie die Wartesäle lebender Toter.«

»Mein Gott, Viktor!«, rief der Mann namens Walter bestürzt. »Siehst du es wirklich so düster? Bestimmt werde ich heute Albträume haben! Ich glaube, ich mache mich besser wieder auf den Rückweg, bevor du mir meinen Rest Hoffnung an den Nutzen unserer Arbeit hier raubst!«

Der Journalist ließ die Frage unbeantwortet, als hätte er sie, gefangen in seinen Gedanken, gar nicht wahrgenommen. »Weißt du, was mich am allermeisten berührt? Man hat sie gequält, erniedrigt und schlimmer als Tiere gehalten. Sie waren gebrochene Persönlichkeiten, zerschlagen an Leib und Seele. Und es hätte mich deshalb nicht im Geringsten überrascht, wenn aus ihnen eine Bande von Räubern, Dieben und Mördern geworden wäre. Aber das sind sie nicht geworden.«

Leah ertrug es nicht länger. Ihr war, als hätte man ihrer Seele einen Spiegel vorgehalten. Sie schluchzte auf und wankte zurück. Fast wäre sie gestürzt, wenn Jannek ihr nicht beigesprungen wäre und sie gehalten hätte. Er legte seinen Arm um sie und führte sie die wenigen Schritte zurück zu seinem Lieblingsplatz am Wasser. Dort sackte sie in sich zusammen, als wäre ihr jegliche Kraft aus den Beinen gewichen.

»O mein Gott, das … das sind wir, Jannek … von denen … er da gesprochen hat«, stieß sie erschüttert hervor, und die Tränen liefen ihr über das Gesicht. »Jedes Wort ist wahr!«

»Ach was, dummes Zeug!«, widersprach Jannek mit gepresster Stimme und drückte sie an sich. »Dieser Zeilenschinder hat sich mit seinem Wortgeklingel bloß wichtiggemacht. Was weiß der denn schon von uns? «

»Doch, es stimmt … und … du weißt es! … Ich hab es immer gespürt, aber nie … in Worte fassen können … Er aber hat es … gleich gesehen … was wir sind …« Ein Weinkrampf hatte sie mit Macht erfasst und schüttelte ihren Körper. »Wir sind … zerbrochen an Leib und Seele!«

»Nein, sind wir nicht! Uns zerbricht keiner, hörst du? Nicht mal die verfluchten Nazis haben das geschafft! Das haben wir ja wohl bewiesen, oder? Mensch, nimm dir das blöde Gelaber bloß nicht zu Herzen, Leah! Wir sind aus einem ganz anderen Holz geschnitzt, als dieser dahergelaufene Tintenkleckser es sich vorstellen kann!«

Sie hörte ihn nicht, und selbst wenn seine erregten, selbstbeschwörenden Worte sie erreicht hätten, sie wäre zu keiner Antwort fähig gewesen. All ihr Schmerz und ihr Gefühl der Verlorenheit und Hoffnungslosigkeit brachen sich in einer nicht enden wollenden Flut von Tränen in ihr Bahn.

»Ach, Leah …«, flüsterte Jannek hilflos. Er hielt ihren vom Weinkrampf geschüttelten Körper in seinem Arm und redete mit leiser Stimme beruhigend auf sie ein. Und als das nichts half, begann er ihr Haar zu streichen. »Vergiss das alles schnell wieder, okay? Es wird eine Zukunft für uns geben. Frag mich nicht, wo und wie, aber es wird schon. Bisher haben wir uns doch noch immer durchgeschlagen, oder etwa nicht?«

Jannek wiederholte diese vagen Versicherungen und Besänftigungen in einer Vielzahl noch Variationen. Was hätte er ihr sonst auch sagen können, wusste er doch selbst nicht, was aus ihnen werden und wie dieses neue Leben aussehen sollte.

Doch er schien Leah nicht zu erreichen. Ihr Weinen hörte einfach nicht auf, so sehr er sie auch bat, sich zu beruhigen. Und je länger sie weinte, desto schwerer fiel es ihm, ihren Schmerz und ihre Verzweiflung mitanzusehen. In seiner Hilflosigkeit hob er schließlich ihren Kopf.

»Bitte, hör auf, Leah!«, flehte er sie an. »Sonst … sonst muss ich dir die Tränen vom Gesicht küssen, und das wirst du vielleicht gar nicht mögen.« Er wusste nicht, warum er das gesagt hatte, aber plötzlich erschien es ihm als das Einzige, was ihm zu tun blieb … ja, was er tun *musste*!

Schluchzend und am ganzen Leib zitternd sah sie zu ihm auf.

»Ach, Leah! Aber sag nicht, ich hätte dich nicht gewarnt!« Jannek nahm ihr Gesicht in beide Hände und küsste ihr die salzigen Tränen von den Wangen, erst sehr zögerlich und behutsam, als fürchtete er, ihr wehzutun, dann jedoch mit plötzlich brennender Intensität und wildem Herzschlag.

Leahs Augen wurden groß, und ein verstörter Ausdruck schimmerte durch den Tränenschleier, doch sie ließ es geschehen. Ihr Zittern und krampfhaftes Schluchzen legten sich und auch die Tränen begannen zu versiegen.

Und dann trafen auf einmal ihre Lippen aufeinander. Die Berührung durchfuhr sie wie ein Stromschlag, Leah fühlte sie bis hinunter in die Zehenspitzen.

Sie erstarrten für einen scheinbar endlos langen Moment Mund auf Mund, als löste der Kuss in ihnen beiden eine Art von Schock aus. Ein Schock, der mit ungeheurer Macht eine innere Mauer niederriss und die dahinter angestaute Flut brodelnder Gefühle ungehindert hervorschießen ließ.

Mit einem erstickten Laut, der wie ein gedämpfter Schrei der Erlösung aus tiefster Tiefe klang, schlang Leah ihre Arme um ihn, schmiegte sich an ihn und öffnete sich seinen Lippen. Sie versank in seinen Küssen, trank sie wie kostbares Lebenselixier.

Das gegenseitige Verlangen riss sie mit einer Wildheit mit sich fort, in der jeder klare Gedanke zum Untergang verdammt war. Es war, als hätten sich ihre Körper selbstständig gemacht. Ihre Kleidung fiel unter der fieberhaften Eile ihrer Hände, die nicht schnell genug die nackte Haut des anderen spüren konnten.

Nicht ein Wort fiel, als sie nackt im Gras lagen, umhüllt von einer samtweichen warmen Dunkelheit und den schwarzen Fluten der Isar, deren Rauschen ihr Verlangen anzufeuern schien. Alles, was es zu sagen gab, kam in den Erkundungen und Liebkosungen ihrer Hände und Lippen zum Ausdruck. Nur einmal ging ein kurzes Zögern durch Jannek, als er über sie kam. Doch sie zog ihn auf sich und umschlang ihn, als wollte sie ihn nie wieder freigeben. Und während sie ihn in sich spürte, geschah etwas, was jenseits allen körperlichen Verlangens lag. Ihr war, als blühte unter seiner Berührung etwas in ihr auf, das sie für tot, für ewig verloren geglaubt hatte. Als die Lust schließlich zu groß wurde, schloss sie die Augen.

Hinterher lagen sie eine Weile still, aber noch Hand in Hand nebeneinander. Stockend setzte der Verstand ein und machte ihnen bewusst, was soeben geschehen war.

Ihre Hände lösten sich voneinander, und als hätten sie sich abgesprochen, griffen sie hastig nach ihrer Kleidung und zogen sich schnell an, ohne sich dabei anzusehen.

Danach blieben sie, noch immer in einem Schweigen gefangen, im Gras sitzen.

Jannek zog seine blecherne Tabakdose aus der Hosentasche, nahm mit fast übertriebener Behutsamkeit zwei Zigaretten heraus und steckte sie wie üblich gleichzeitig an. Das vertraute Ritual hatte etwas ungemein Beruhigendes an sich, war wie eine rettende Verbindung zu dem, was bis vor einer Viertelstunde ihre Freundschaft ausgemacht hatte.

Er reichte ihr eine Zigarette, machte einen schnellen Zug und räusperte sich umständlich. »Hör mal, was da gerade passiert ist, also ... ich weiß auch nicht ... Es tut mir leid, wenn ich ...«, begann er mit belegter Stimme, ohne einen der angefangenen Sätze zu beenden, und vermied ihren direkten Blick. Er atmete tief durch und unternahm einen neuen Anlauf. »Weißt du, ich will nicht, dass du was Falsches von mir denkst und ...«

»Himmel nein!«, fiel sie ihm hastig ins Wort und spürte, wie ihr das Blut vor Verlegenheit ins Gesicht schoss. »Da ist nichts, was dir leidtun müsste! Und ich würde auch nie etwas Falsches von dir denken! Ich ... ich wollte es ja auch, Jannek ... Und natürlich war es verrückt, aber ...« Kaum waren ihr die Worte über die Zunge gerutscht, als sie sich über sich selbst wunderte und sich verwirrt fragte, warum sie so etwas sagte. Weil sie sich schämte? Oder weil sie ausgerechnet jetzt daran denken musste, dass er vermutlich gespürt hatte, dass sie keine Jungfrau mehr gewesen war – so wie sie unschwer gemerkt hatte, dass auch er schon Erfahrungen gesammelt hatte.

»Ja, verrückt, du sagst es!«, antwortete er mit einem schiefen Lächeln. »Weiß der Teufel, wie das geschehen konnte, aber irgendwie sind uns offenbar die Pferde durchgegangen. Du warst so aufgewühlt wegen diesem blöden Laberkopf, und ich wusste nicht, wie ich dich beruhigen sollte. Na ja, und dann ist das eine zum anderen gekommen ... Ich meine, das hatte mit Liebe und so was nichts zu tun, nicht wahr?«

»Nein, natürlich nicht!«, pflichtete sie ihm hastig bei.

»Ich meine, die Sache hat nichts zu bedeuten, nicht wahr? Wir mochten uns ja immer schon – und jetzt ist das halt irgendwie passiert.

Aber es war nur was Animalisches. Ich meine, man muss ja nicht gleich romantische Gefühle füreinander haben, nur weil man sich körperlich gut versteht, oder?« Mit einem eindringlichen, fast beschwörenden Ausdruck sah er sie an, als hätte er Angst, sie könnte völlig anderer Meinung sein.

Sie schüttelte jedoch den Kopf und brachte tatsächlich ein beruhigendes Lächeln zustande. »Mach dir keine Gedanken, es hat nichts zu bedeuten, wie du schon gesagt hast«, versicherte sie ihm und sagte sich im Stillen, dass er mit dem Animalischen vermutlich richtiglag. Dass sie mit ihm geschlafen hatte, war nur ein Aufbäumen gegen die niederdrückende Verzweiflung und die innere Leere gewesen.

»Am besten machen wir keine großen Worte mehr darüber. Was meinst du: Schwamm drüber?« Er streckte ihr seine Hand hin. »Abgemacht, Leah?«

»Klar doch, abgemacht, Jannek!«, sagte Leah und schlug ein. Die Sache hatte wirklich nichts zu bedeuten, und es war gut, dass sie sich darin einig waren. Aber beinahe hätte sie leise aufgelacht, als sie sich die Hände schüttelten, und dachte: *Déjà-vu! Diese Situation hast du doch schon einmal erlebt, Leah Friedberg!*

16

Leah lag in dieser Nacht hinter ihrem verschlissenen Stück Plane lange wach. Es gab so viel, was ihr durch den Kopf ging und ihr keine Ruhe ließ. Vor allem die Frage, was Liebe von großer Zuneigung und Freundschaft unterschied und ob sie nach allem, was sie erlebt hatte, überhaupt noch in der Lage war, diese Art von umwerfender und alles überstrahlender Liebe zu empfinden, von der in Büchern und Filmen immer die Rede war.

Am Morgen des folgenden Tages, an dem das zweite aufrüttelnde

Ereignis innerhalb von nicht einmal vierundzwanzig Stunden auf sie wartete, begrüßte Jannek sie mit einem betont kameradschaftlichen Schlag auf die Schulter und einem beiläufigen »Na, alles klar?«, das doch recht erzwungen klang.

Sie nickte. »Ja, alles klar«, erwiderte sie leichthin, konnte sich jedoch einer gewissen Befangenheit nicht erwehren.

Dass an diesem Vormittag eine Konfrontation der freien Mitarbeiter mit Vertretern der Lagerverwaltung auf dem Programm stand und sie sogleich darüber zu reden begannen, trug nicht unwesentlich dazu bei, so schnell wieder zu ihrer alten Normalität zurückzufinden. Denn die Sache brannte auch ihnen auf den Nägeln. Es lag die Drohung von Streik in der Luft.

Mit den wenigen hauptamtlichen Angestellten konnten die Verantwortlichen der UNRRA all die notwendigen Dienste und Aktivitäten in Föhrenwald wie auch in den anderen Lager nicht aufrechterhalten. Deshalb bestand der Großteil des Personals in der Zentralküche, der Essensausgabe, der Kleiderkammer, den Schulen, Werkstätten und anderen Einrichtungen aus freiwilligen Mitarbeitern. Für die Arbeit, die sie leisteten, erhielten sie wöchentlich Extrarationen Lebensmittel.

Diese heißbegehrten Sonderzuteilungen hatten auch Leah und Jannek dazu bewogen, sich für den Mülldienst im Lager zu melden. Etwas Besseres war für sie, die keine besonderen Fähigkeiten vorweisen konnten, nicht mehr zu haben gewesen. Und so verbrachten sie seit ihrer Anmeldung dreimal die Woche mehrere Stunden damit, mit Sack und Nagelstock bewehrt Abfall im Lager aufzusammeln und bei der Müllabfuhr zu helfen.

»Denen werden wir gleich ordentlich einheizen!«, sagte Jannek. »Wenn die glauben, sie könnten uns die versprochenen Extrarationen vorenthalten, dann werden die aber ihr blaues Wunder erleben!«

Fast geschlossen versammelten sich die freiwilligen Mitarbeiter zur anberaumten Stunde in der Veranstaltungshalle. Es brodelte förmlich in der Menge vor der Bühne, und die drei Abgesandten der Lagerleitung, ein korpulenter Mittfünfziger namens Thielmann mit einem grauen Haarkranz um den blanken, schweißglänzenden Schädel und zwei noch nervöser wirkende und fast pausenlos händeringende Frauen von nicht weniger kräftiger Statur, hatten einen schweren Stand.

Es dauerte erst einmal eine ganze Weile, bevor Thielmann sich Gehör verschaffen konnte, wurde er doch von Dutzenden Zurufen mit allerlei Schmähungen bedacht. Dann appellierte er an ihr Verständnis für die schwierige Versorgungslage, die eine vorübergehende Einstellung der Sonderrationen leider notwendig mache. Aber davon wollten die Leute nichts hören. Die Diskussion wurde mit jeder Minute hitziger, die Streikandrohung immer lauter und die Atmosphäre näherte sich einem gefährlichen, explosiven Punkt.

»Verehrte Damen und Herren!«, rief Thielmann beschwörend in das wütende, erregte Stimmengewirr und tupfte sich mit einem karierten Taschentuch den Schweiß von Stirn und Glatze. »Die Direktion der UNRRA hat mich ermächtigt, Ihnen für die Dauer des Engpasses anstatt der Ihnen zugesagten Lebensmittel Geld anzubieten!«

»Und was sollen wir damit anfangen? Sollen wir es vielleicht essen?«, schrie sofort jemand aus der Menge erbost. »Es gibt ja nichts zu kaufen, nur Waren auf dem Schwarzmarkt, und dafür reicht das bisschen doch nicht!«

»Aber ich bitte Sie! Sie können das Geld doch sparen, damit Sie später, wenn Sie …«

In einem lärmendem Tumult aus Hohngelächter, gellenden Pfiffen und Streikaufrufen gingen seine weiteren Worte unter.

Thielmann rang jetzt hilflos die Hände wie seine weibliche Begleitung, deren bisherige Versuche, die Menge zu besänftigen, ähnlich erfolglos gewesen waren.

Nun meldete sich die ältere der beiden Frauen, die ihr dickes dunkles Haar zu einem strengen Dutt hochgesteckt hatte, noch einmal zu Wort: »Meine verehrten Damen und Herren, haben Sie doch bitte Verständnis dafür, dass wir die Sonderrationen für eine Zeit lang einstellen müssen. Die Menschen außerhalb der Lager hungern und müssen auch versorgt werden! Ich appelliere an …«

Auch sie kam nicht weiter, denn in diesem Moment brach ein wahrer Sturm der Empörung über die drei Vertreter der Lagerleitung herein. Ein wahrer Hagel wütender Zurufe ging auf die Frau nieder.

»Wir sollen für die Deutschen da draußen zurückstecken und den Gürtel enger schnallen? Wollen Sie uns verhöhnen?«

»Soll sie doch hungern, die deutsche Herrenrasse!«

»Lange genug haben wir gehungert! Jetzt sind die an der Reihe!«

Auch Leah und Jannek waren empört darüber, dass sie nun zugunsten derjenigen zurückstecken sollten, die Hitler und seine Braunhemden an die Macht gebracht hatten und damit auch für die Verbrechen der Nazis mitverantwortlich waren, selbst wenn sie nicht persönlich gefoltert und gemordet hatten.

Der Saal kochte und stand kurz vor einer gewaltsamen Explosion. Ein Streik der Freien war das wenigste, was die Lagerleitung jetzt zu fürchten hatte. Und Thielmann erkannte die Gefahr, die sich wie eine Springflut im Saal aufbaute. Hastig beredete er sich mit den beiden Frauen, warf in einer Geste der Kapitulation die Arme in die Luft und rief der tobenden Menge zu: »Also gut, die Sonderrationen werden weiter und im bisherigen Umfang ausgegeben! Ich weiß zwar nicht, wie wir das bewerkstelligen sollen und wie das bei den Leuten draußen ankommt, aber ich gebe Ihnen mein Wort, dass Sie Ihre Zulagen bekommen! Und jetzt kehren Sie bitte wieder an Ihre Arbeit zurück!« Er musste es mehrfach wiederholen, bevor es im Saal ruhig genug geworden war, damit ihn alle hören konnten.

Als allgemeiner Jubel über ihren Triumph aufbrandete, nutzten die drei Vertreter der Lagerleitung die Gelegenheit, um sich schnellstens aus dem Staub zu machen. Auch Leah und Jannek wandten sich mit einigen anderen in Richtung der Ausgänge.

»Wartet!«, brüllte da eine kräftige Stimme durch den Saal. »*Chawerim!* ... Kameraden! ... Wartet noch einen Moment! ... Gebt mir fünf Minuten von eurer Zeit!«

Überrascht von der Aufforderung drehten sich die Leute, die eben noch hinausgeströmt waren, wieder zur Bühne um.

Leah fragte mit Blick auf den jungen Mann von großer, kräftiger Statur und rostrotem Kraushaar, der in den Endzwanzigern war und sich soeben mit einem kraftvollen Sprung auf die Bühne geschwungen hatte: »Wer ist das? Kennst du ihn?«

Jannek zuckte die Achseln. »Keine Ahnung.«

»Das ist Chaim Ben Toit«, klärte sie jemand hinter ihnen mit starkem polnischen Akzent auf. »Er ist einer von den Aktivisten der *Haganah*, er gehört zur *Palmach*[20].«

Jannek zog die Brauen hoch. »*Palmach?* Was ist das?«

»Das ist die militärische Eliteeinheit der *Haganah*, alles harte Burschen.«

»Wo hat er denn den Namen her?«, wunderte sich Leah. Ihre Hebräischkenntnisse waren zwar nicht überwältigend, aber sie wusste natürlich, dass *Chaim* »Leben«, *Ben* »Sohn« und *Toit* »Tod« bedeutete, was den düsteren Namen »Leben, Sohn des Todes« ergab. Dabei machte der Mann auf der Bühne mit seinem breiten Lächeln und dem braun gebrannten Gesicht, das von einem Leben im Freien kündete, einen ausgesprochen freundlichen und lebensfrohen Eindruck.

Der Pole hinter ihnen wusste es nicht oder blieb ihnen die Antwort schuldig, weil da der rostrote Krauskopf mit einer Stimme, die so kräftig entwickelt war wie sein Körperbau, zu reden begann.

»*Chawerim*, wie wir in Palästina sagen, wenn wir von und zu Kameraden sprechen! Lasst mich euch beglückwünschen! Was für ein großartiger Sieg, den ihr da gerade über den armen Herrn Thielmann errungen habt, einen guten und aufrechten Deutschen, der nur seine Arbeit tut und sie so gewissenhaft und gut wie möglich machen möchte! Ja, auf deutsche Gründlichkeit ist Verlass! Und auf deutsche Juden ebenso!«, rief er der Menge zu. »Aber ich frage euch: Warum seid ihr noch hier und nicht in Palästina? Und warum kämpft ihr um diese lächerlichen Sonderzuteilungen, wo es doch ganz andere Aufgaben

---

20 Palmach: als Teil der Haganah eine jüdische Untergrundbewegung, die sich vor allem auf das Training von Jugendlichen konzentrierte.

gibt? Habt ihr vergessen, dass ihr euch noch immer in dem Land befindet, wo der Boden mit Unmengen jüdischen Blutes getränkt ist und die Luft nach verbranntem Menschenfleisch riecht?«

Fast schlagartig kehrte Stille im Saal ein.

»Wie stellt ihr euch eure Zukunft vor, *Chawerim*?«, fuhr er mit eindringlicher Stimme fort. »Glaubt ihr, ihr könnt hier im Landes des Todes, der Gräber und der Geister bleiben, euch ein neues Zuhause schaffen und einen Beruf ausüben, ohne euch bei jedem Gang auf der Straße, bei jedem Kontakt mit einem Deutschen, der älter als zwanzig Jahre ist, zu fragen: Gehört auch er zu der braunen Verbrecherbrut, die mich gequält hat, die meine Eltern, meine Kinder, meine Geschwister, meine Verwandten, meine Nachbarn ins Gas geschickt, an die Wand gestellt, aufgehängt, ertränkt, totgespritzt oder erschlagen hat? Wollt ihr diesen Leuten eure Arbeitskraft verkaufen, für sie Theater spielen, musizieren, sie als Ärzte behandeln oder sie im Laden bedienen? Stellt ihr, die ihr zum Rest der Geretteten gehört, euch so eure Zukunft vor?«

Unruhiges Gemurmel ging durch die Reihen. Er berührte bei vielen einen wunden Punkt, nicht zuletzt bei Leah und Jannek, die von ihm sogleich im Bann geschlagen waren.

»Nein, niemals!«, flüsterte Jannek. Er warf Leah einen fragenden, verunsicherten Blick zu.

Sie schüttelte den Kopf.

»Habt ihr schon mal von dem Dichter Rainer Maria Rilke gehört?«, rief Chaim Ben Toit in die Menge. »Ja? Gut, dann lasst euch von ihm sagen: *Wenn jemand stirbt, ist das allein nicht Tod. Tod ist auch, wenn jemand lebt und es nicht weiß!* Und ich habe den Eindruck, dass das auf nicht wenige von euch zutrifft.«

Leah sah bestürzt zu ihm auf, kehrte doch sofort die Erinnerung an das zurück, was sie den amerikanischen Journalisten hatte sagen hören. »Wartesaal der lebenden Toten«, murmelte sie unwillkürlich vor sich hin.

Janneks Kopf ruckte zu ihr herum. Auch in seinen Augen stand ein verstörter Ausdruck.

»Nach all dem Leid und Martyrium treiben viele von euch ziellos auf einem Meer des Kummers, *Chawerim!*«, fuhr Chaim Ben Toit indessen fort. »Wir können den Strom unseres Lebens nicht umkehren, aber wir können aufhören, uns gegen ihn zu stemmen.«

»*Nebbich!* ... Unsinn!«, knurrte jemand in Leahs Nähe, wandte sich abrupt ab und entfernte sich.

»Was denn nun, Chaim?«, rief derweil weiter vorn eine bissige Stimme. »Treiben wir auf einem Meer oder stemmen wir uns gegen einen Strom, du Maultrommler für die *Haganah* und euren lächerlichen Traum von Erez Israel[21]?«

»Komm, lass ihn reden, Ludwig!«, wies einer der Älteren den bissigen Zwischenrufer zurecht. »Du weißt sehr wohl, was er meint und dass er so falsch nicht damit liegt!«

»Erez Israel ist alles andere als ein lächerlicher Traum!«, ging Chaim Ben Toit sofort auf den Zuruf ein. »Palästina ist das Land unserer Rettung! Dort im Gelobten Land, dem Stammland unserer Vorfahren, werden wir unsere nationale Heimstätte bilden, und Generationen von Juden haben dort schon mit ihren Siedlungen den Grundstein gelegt. Jetzt ist es an euch, unsere Reihen dort zu stärken. Ein jeder von euch wird in Palästina gebraucht und wir können euch dort hinbringen. Gewiss, der Weg zu unserem eigenen Land bleibt dornig, und es wird ein langer und harter Kampf werden, damit Erez Israel eines Tages Wirklichkeit werden kann, aber gemeinsam können wir erreichen, was seit zweitausend Jahren ...«

»Ist ja schön und gut, dass du dich so ins Zeug legst und uns den Aufbau von Erez Israel im Heiligen Land schmackhaft machen willst«, fiel ihm nun ein hagerer Mittdreißiger aus der Müllkolonne ins Wort. »Aber du scheinst vergessen zu haben, dass die Briten in Palästina das Sagen haben. Die haben kein Interesse an einem Erez Israel auf ihrem Mandatsgebiet, ganz im Gegenteil! Die halten zu den Arabern, damit

---

21 Für die in der ganzen Welt verstreuten Juden ist Erez Israel seit Jahrhunderten die Bezeichnung für das Land der Väter im religiösen Sinn.

sie billig an deren Öl kommen, und lassen von uns Juden doch so gut wie keinen mehr rein!«

»Schon mal was von Alija Bet und *Bricha* gehört?«, fragte Chaim Ben Toit.

»Klar, haben wir doch alle. Aber die Tommys haben die Tore nach Palästina für uns doch schon seit Jahren so dicht verrammelt, dass ihr auch mit euren illegalen Aktionen kaum noch Chancen habt! Ich hab jedenfalls keine Lust, auf einem eurer Schrottpötte übers Mittelmeer zu schippern, nur um dann vor der Küste von Palästina von den Tommys aufgebracht und in ein britisches Internierungslager gesteckt zu werden!«, hielt ihm ein anderer grimmig vor. »Und auf ein Einreisevisum kannst du als Jude, der sich nicht mit fetter Brieftasche einkaufen kann, Jahre warten!«

Er ernte zustimmendes Gemurmel.

Der Aktivist der *Haganah* ließ sich davon nicht beirren. »Dann müssen wir die Tore eben einreißen, Kameraden! Für uns Juden gibt es keinen Platz in der Welt, wie die Geschichte bewiesen hat, außer in unserem eigenen Land! Und was die Briten betrifft, so gibt es Mittel und Wege, ihre illegale Blockade zu durchbrechen und all ihren Maßnahmen zum Trotz doch nach Palästina zu kommen! Ihr müsst nur den Willen und den Mut dazu haben!«

»Verrücktheit wäre wohl das treffendere Wort!«, spottete einer der Hilfsköche und erntete reihum gutmütiges Gelächter. »So, und jetzt muss ich zurück an die Suppenkessel, sonst gibt's zum Mittag kalte Küche.«

Als wäre die Bemerkung des Hilfskochs das Signal zum allgemeinen Aufbruch, begann sich die Menge nun endgültig aufzulösen, auch wenn ein kleiner Teil der Leute keine Anstalten machte, den Saal zu verlassen.

»*Schalom, Chawerim, Schalom*!«, rief Chaim Ben Toit der sich zerstreuenden Menge mit ungebrochener Fröhlichkeit nach. »Wer mehr über unsere Pläne wissen und bei uns mitmachen will, soll noch kurz hierbleiben. Allen anderen sei in Erinnerung gerufen, was sich Juden in der Diaspora[22] schon seit ungezählten Generationen zum Abschied gegenseitig wünschen: *L'shana habaah b'yerushalayim!* – In diesem Jahr in der Fremde, im nächsten Jahr in Jerusalem!«

Der Saal leerte sich schnell – bis auf drei, vier Dutzend Lagerinsassen, keiner von ihnen war älter als dreißig.

Auch Leah und Jannek gehörten zu der Gruppe. Sie wollten von Chaim Ben Toit mehr über das Leben in Palästina erfahren.

Nach seinem Appell hatten sie nur einen Blick tauschen müssen, um zu wissen, dass bei ihnen beiden mehr als nur ein Funke übergesprungen war. Der rote Krauskopf von der *Haganah* hatte ihnen die Augen geöffnet – und zwar nicht nur für die Unmöglichkeit, in Deutschland wieder Fuß fassen und ein irgendwie halbwegs normales Leben führen zu können. Nein, er hatte mit seiner flammenden Rede ihrer Ziellosigkeit ein Ende bereitet. Plötzlich gab es etwas, das Sinn ergab und wofür es zu leben und sich einzusetzen lohnte!

Noch am selben Tag meldeten sich Leah und Jannek in Föhrenwald ab und bestiegen mit mehreren anderen ihres Alters sowie begleitet von Chaim zwei klapprige Laster mit Holzvergaser. Es war nur eine kurze Fahrt in das Ausbildungslager der *Haganah* in Königsdorf, das von Föhrenwald aus verwaltet und versorgt wurde. Gerade mal zwölf Kilometer betrug die Distanz zwischen den beiden Camps, doch in Wirklichkeit lag eine ganze Welt dazwischen. Denn das geheime Ausbildungsprogramm im ehemals nationalsozialistischen *Hochlandlager* stand ganz im Zeichen der *Haganah*-Devise: *Ein Jude – ein Soldat und Pionier!*

---

22 Bezeichnung für die »Verstreuung« der Juden in alle Welt.

17

Mit dem dritten Stern am Abendhimmel begann am Freitag der Sabbat. Sophie fand, dass an diesem Freitagabend ihr alter Küchentisch geradezu festlich gedeckt war, auch wenn er fern von jenem Glanz war, der in ihrem Haus in Berlin das Esszimmer erfüllt hatte. Aber seit dem Krieg galten völlig andere, wesentlich bescheidenere Maßstäbe.

Statt der üblichen Tischdecke, die die Mutter nach ihrer zweiten Ausbombung aus einem gebleichten Mehlsack angefertigt und umsäumt hatte, verdeckte ein hübsch besticktes Tuch die verkratzte Tischplatte. Auf dem Tisch standen vor dem Stuhl des Vaters eine Flasche Wein, eine wahre Seltenheiten in den letzten Jahren, ein Schälchen mit Salz und ein mit Wasser gefülltes Glas. Die beiden *Challot*, geflochtene und mit Sesam bestreute Brote, lagen in ein sauberes Abtrockentuch gehüllt in der Mitte des Tisches. In Ermangelung silberner Kerzenleuchter, die früher ihren Sabbattisch geschmückt hatten, hatte der Vater die Menora auf den Tisch gestellt und mit zwei halben Kerzen bestückt, die nun mit fast bewegungsloser Flamme ihr warmes Licht in der Küchen-, Wohn- und Schlafstube verbreiteten.

Alles war einfach und improvisiert, und auch das Essen in den bereit stehenden Schüsseln hatte nichts von den früheren Festmahlen, die in den glücklichen Berliner Zeiten und auch noch in Cambridge stets mit vielen köstlichen Süßigkeiten ihren Ausklang gefunden hatten. Dennoch, es sah feierlich aus und es berührte Sophie, auch wenn es gleichzeitig wehmütige Erinnerung in ihr weckte. Und es war seit Langem der erste Sabbatabend, den sie nach altem jüdischem Ritual begingen.

Die Familie hatte sich um den Sabbattisch versammelt und der Vater sprach nun den *Kiddusch*, den Segensspruch, über einen Becher Wein. »*Schulom Alejchem* … Der Ewige ist mein Hirte, mir wird nichts fehlen …«

Sophie tauschte einen Blick mit ihrem älteren Bruder. Marius hatte eine verschlossene, fast trotzige Miene aufgesetzt. Sie glaubte zu wissen, was ihm durch den Kopf ging. Er hatte kein Verständnis gezeigt, als der Vater vor einigen Wochen überraschend zu einem praktizierenden jüdischen Glauben zurückgekehrt war. Zum gelegentlichen Besuch der Synagoge in Whitechapel hatte er sich zwar noch bereiterklärt, sozusagen als solidarisches Zeichen mit den anderen Juden, die selbst in England unter Antisemitismus litten. Er hatte jedoch keinen Zweifel daran gelassen, dass er nicht daran dachte, jemals wieder Gebetsriemen anzulegen und die täglichen Gebete zu verrichten.

»Ich kann nicht tun, woran ich nicht mehr glaube«, hatte er dem Vater erklärt. »Wenn es Gott gibt, wo war er denn die letzten Jahre? Hat er nicht all die Schreie gehört, die Gaskammern und den Rauch der Krematorien gesehen?«

»Gott hat dem Menschen die uneingeschränkte Freiheit in all seinen Entscheidungen geschenkt, im Guten wie im Bösen«, hatte der Vater erwidert. »Würde er eingreifen, wären wir Menschen nicht mehr als Marionetten an den Fäden eines göttlichen Puppenspielers. Und wann sollte er denn auch eingreifen? Erst wenn tausend oder zehntausend Menschen Unheil droht? Oder doch besser schon bei hundert? Aber warum dann nicht schon bei zehn – oder letztlich bei einem einzigen? Ist denn nicht jedes Leben heilig und schützenswert? Nein, damit wirst du weder Gott, der ja per definitionem unbegreiflich ist, noch deinem Intellekt gerecht, mein Sohn. Ich weiß, es ist alles schwer zu verstehen, aber …«

»Ich bleibe bei meiner Entscheidung, Vater!« war Marius ihm kühl und hart ins Wort gefallen. »Das ist *die* Freiheit, die ich mir nehme – und zwar mit oder ohne Gottes Segen!«

Felix hatte sich dagegen bereitwillig vom Vater im Anlegen der Gebetsriemen und im Sprechen der Gebete unterrichten lassen, schon weil er ihm gefallen wollte. Aber nach jüdischem Gesetz wurde ein Junge mit dreizehn Jahren ein Mann und war erst dann angehalten, Tefillin und Tallit anzulegen.

Nach altem Brauch sang der Vater auch das *Lob der tüchtigen Haus-*

frau, wobei er die vielen Vorzüge und Mühen der Mutter aufzählte, was dieser immerhin ein Lächeln entlockte.

Nach den Segenssprüchen machte das Weinglas die Runde, dann folgte die traditionelle Benediktion über das Brot. Der Vater brach es, stippte es in das Salz und verteilte das Brot. Nun konnte das gemeinsame Essen beginnen.

Es war ein stilles Sabbatessen – bis zu dem Moment, als der Vater in sein Jackett griff und einen dunkelbraunen Umschlag auf den Tisch legte.

Schlagartig lag eine fast körperlich spürbare Anspannung in der Luft.

»Ist es das, was ich hoffe, dass es ist?«, stieß Marius aufgeregt hervor.

Der Vater lächelte stolz. »Ich bin mit dem Konsularbeamten von Honduras doch noch handelseinig geworden. Es sah ja nicht danach aus, wie ich euch erzählt habe. Aber plötzlich hat er sich doch anders besonnen und mein Angebot angenommen. Wir haben die fünf Visa!« Er tippte auf den Umschlag und machte eine kurze Pause, bevor er verkündete: »Übermorgen geht es über den Kanal und zu einem Sammellager der *Haganah* auf dem Kontinent!«

Sophie, Marius und Felix jubelten, nur ihre Mutter saß still am Tisch und schloss die Augen, als könnte sie auf diese Weise vor der Wirklichkeit flüchten, die nun im Zeichen von Alija Bet stand.

18

Im abgeschiedenen und weitläufigen *Hochlandlager* war nichts, wie es auf den ersten Blick zu sein schien. Das Offenbare war raffinierte Tarnung für das, was den Vertretern der UNRRA und vor allem den amerikanischen Militärbehörden um jeden Preis verborgen bleiben musste.

Offiziell handelte es sich bei dem Camp, das einst von der Hitler-jugend betrieben wurde, um einen Trainings-Kibbuz[23]. Damit gehörte es zu den vielen landwirtschaftlichen Kollektivsiedlungen im Nach-kriegsdeutschland, in denen junge Juden auf ihr zukünftiges Kibbuz-leben im Gelobten Land vorbereitet wurden. *Hachschara* hieß diese Vorbereitung, die von der zionistischen Jugendbewegung getragen und propagiert wurde.

Aber die Ausbildung in landwirtschaftlichen Grundkenntnissen war nur der sichtbare und legale Teil des täglichen Unterrichts. Der wahre Zweck des Camps und der Schwerpunkt im täglichen Unterrichtsplans war die geheime militärische Ausbildung der jüdischen Jugend. Auf diesem Lehrplan standen Waffenkunde, Nahkampftraining, Karten-lesen, Orientierung im Gelände, Umgang mit Sprengstoff, die Herstel-lung von Molotow-Cocktails, das schnelle Lesen und Versenden von Morsezeichen mittels Licht oder Signaltönen und vieles andere mehr. Zudem paukten sie täglich stundenlang Hebräisch, und ihre Ausbilder gebrauchten diese Sprache bald auch außerhalb des Unterrichts immer öfter, und sie saugten alles begierig und mit schier unstillbarem Wis-senshunger in sich auf. Es war, als hätte ihr Geist nach einer langen Zeit der Dürre nur darauf gewartet, endlich wieder gefordert zu werden.

Leah fühlte sich von der ersten Stunde an wohl im *Hochlandlager*, obwohl die Unterkunft in den alten Holzbaracken alles andere als komfortabel war. Aber alles war sauber und auf einfache Art einladend, was auch auf die Verpflegung zutraf, und vor allem gab es keine Wanzenplage.

Doch viel mehr noch als diese äußeren positiven Umstände wogen die kameradschaftliche Grundstimmung und das Wissen, sich zu einer verschworenen Schicksalsgemeinschaft zusammengefunden zu haben.

---

23 Landwirtschaftliche Gemeinschaftssiedlung in Israel. Den Kibbuzmitgliedern (Kibbuz-nikim) gehört alles gemeinsam. In jedem Kibbuz gibt es einen Speisesaal, wo die Mahl-zeiten gemeinsam eingenommen werden. Die meisten Kibbuzim verstanden sich bei ihrer Gründung als sozialistisch und hatten wenig mit Religion zu tun. Doch gibt es auch religiöse Kibbuzim, in denen die Religionsgesetze sorgfältig beachtet werden.

Und von dieser Atmosphäre der Zusammengehörigkeit war das tägliche Leben im Lager durchdrungen.

Zum ersten Mal seit vielen Jahren fühlte sie sich, wenn auch nicht zu Hause, so aber doch aufgehoben, zugehörig und geschätzt. Sie gehörte zu einer Gemeinschaft von jungen Leuten, die alle von ein und derselben Idee begeistert waren und sich begierig zeigten, alles zu lernen und alles zu geben, um dieses Ziel zu erreichen. Das blau-weiße Banner mit dem Davidstern, das als Fahne der zionistischen Bewegung über dem Lager wehte und das sie immer vor Augen hatten, war das Symbol dafür.

Sie hatten wunderbare Ausbilder wie den groß gewachsenen, dreiundzwanzigjährigen und gut aussehenden Maurice Bertok mit seinem bleistiftdünnen schwarzen Schnurrbart. Für seine langen, seidigen Wimpern hätte manche Frau ihren rechten Arm hergegeben, und sein ebenmäßiges Gesicht hätte Bildhauer antiker Heldengestalten ebenso entzückt wie Filmregisseure auf der Suche nach der idealen Besetzung für die Rolle des entwaffnenden jugendlichen Liebhabers.

Maurice Bertok stammte aus dem Elsass und war so durchtrainiert, dass er selbst bei größten Anstrengungen kaum mehr als einen leicht beschleunigten Atem und einen Anflug von Schweiß auf seiner Stirn erkennen ließ. Er hatte der französischen Résistance angehört und war kurz vor seiner Hinrichtung von einmarschierenden amerikanischen Truppen aus einem Gestapo-Folterkeller in Lyon befreit worden.

Auch Igor Wlassow, ein raubeiniger Deutschrusse, Ende zwanzig und ein muskulöser Kleiderschrank von einem Mann, der den Krieg in den Wäldern überlebt und bei den Partisanen gekämpft hatte, errang schnell ihren Respekt und ihre Zuneigung. Dabei zeigten sich ihre Ausbilder in der Schulungsbaracke wie im Feldtraining oftmals hart und bis über die Grenze des Möglichen hinaus fordernd. Gleichzeitig vermittelten sie ihnen aber stets das Gefühl, dass mehr in ihnen steckte, als sie in einem Moment der Erschöpfung vermuteten, und dass sie die in sie gesetzten Erwartungen erfüllen konnten, wenn sie nur den Willen dazu in sich weckten. Und fast immer behielten sie recht damit.

Jehuda Tamir, ein durchtrainierter, sehniger Mann Anfang dreißig mit stoppelkurzem aschweißem Militärhaarschnitt und der aufrechten Haltung sowie Statur eines Gardeoffiziers, war ihr Kommandeur und der Vorgesetzte der *Haganah*-Ausbilder. Sein scharf geschnittenes, von unzähligen Furchen und Linien durchpflügtes Gesicht ähnelte einem verwittertem Stück Treibholz. Er hatte in der *Jewish Brigade*, einer nur aus Palästina-Juden bestehenden Freiwilligeneinheit innerhalb der britischen Armee, im Italienfeldzug gegen Fallschirmjägertruppen der Nazis gekämpft. Viele fragten sich, wieso er schon in so jungen Jahren total ergraut war, doch niemand wagte ihn danach zu fragen.

Er nahm sie bei ihrer Ankunft in Empfang. »Ich weiß, was ihr durchgemacht und welches Leid ihr ertragen habt. Ihr werdet euch körperlich und seelisch ausgelaugt und entkräftet fühlen! Aber ich weiß: Im bevorstehenden Kampf um Erez Israel und die Rettung unseres Volkes werdet ihr eine entscheidende Rolle spielen! Wir kämpfen in Palästina gegen die britische Kolonialmacht für die Befreiung des Landes, das uns Juden versprochen worden ist! Und selbst wenn der Völkerbund und die britische Regierung uns durch die Balfour-Erklärung nicht dieses Versprechen gegeben hätten, hätten wir dennoch Anspruch, dort in unserem Heiligen Land unseren eigenen Staat zu gründen! Dieser Kampf wird auch euer Kampf sein!« Mit diesen Worten begrüßte er sie im *Hochlandlager*. »Es ist nicht leicht, was wir von euch verlangen. Der Weg nach Palästina, den ihr zu Schiff wagen werdet, wird nicht einfach sein. Und ist diese schwere und gefährliche Hürde überwunden, wird es nicht leichter werden, sondern ganz im Gegenteil. Wir werden in Palästina vor großen Herausforderungen stehen! Ihr werdet ein Leben als Pioniere führen, und es wird schwer und gefährlich sein. Aber wir *werden* die Herausforderungen bewältigen! Gemeinsam! Auch wenn ich jetzt noch in manchem Gesicht Zweifel sehe. Ihr wisst es vielleicht noch nicht, aber in euch steckt die Kraft, unser leidgeprüftes Volk in einem befreiten Land zu retten und zu einem neuen aufblühenden Leben zu erwecken! Dafür gilt es auszuhalten, zu kämpfen und Opfer zu bringen.«

Er machte eine kurze Pause und prophezeite ihnen mit eindringlicher, jedoch gar nicht so lauter und deshalb umso bewegenderer Stimme: »*Chawerim*, der Tag ist nicht fern, an dem die Welt auf euch schauen und sehen wird, dass wir Juden wie kein anderes Volk zu kämpfen wissen – und zu siegen! ... *L'Chaim!* ... Auf das Leben!«

»*L'Chaim!*«, riefen die Neuen begeistert, und auch Leah und Jannek stimmten mit ein. Jehuda Tamir vermittelte ihnen das Gefühl, schon jetzt Bürger eines Staates zu sein, den es noch gar nicht gab, doch an dessen baldiger Existenz der *Haganah*-Kommandeur nicht den geringsten Zweifel hegte.

Nach dieser kurzen, aber aufwühlenden Begrüßung stellte ein zierliches junges Mädchen mit kurzem braunem Pagenhaar und dem weichen, pausbäckigen Gesicht eines Puttenengels neben Leah leise und geradezu feierlich fest: »Die *Haganah* gibt uns unsere Würde zurück! Ich glaube, erst jetzt beginnt für mich wieder das Leben!«

»Vielleicht. Aber es wird trotzdem nie wieder sein wie zuvor«, murmelte Jannek.

Der Name des achtzehnjährigen Mädchens war Gitta Weiss, und wie Leah später erfuhr, als sie sich näher kennenlernten und dann rasch Freundschaft schlossen, hatte auch sie Auschwitz überlebt. Hinter ihrem sanften, weichen Äußeren verbarg sich eine eiserne Härte, was Leidensfähigkeit und den Willen zu überleben betraf. Eine unbeugsame Härte, die der von Jannek in nichts nachstand.

Zu ihren und Janneks neuen Freunden im Camp gehörte bald auch der kleinwüchsige und wieselflinke Markus Kaminski. Er war gerade erst sechzehn, hatte das schlagfertige, schnoddrige Mundwerk eines alten Feldsoldaten und wurde von allen wegen seiner kleinen Gestalt und zappeligen Art nur »Motte« genannt. Was er erst viel später von sich preisgab: Er gehörte zu den wenigen Überlebenden des Warschauer Gettos, hatte dort unter Lebensgefahr Lebensmittel durch die Kanalisation ins hermetisch abgeriegelte und ausgehungerte Viertel gebracht und dann später als Späher und Melder an den erbitterten Kämpfen des Aufstands im Warschauer Getto teilgenommen.

Drei Wochen hatten die Nazi-Truppen trotz erdrückender Übermacht an Material und Soldaten gebraucht, um die todesmutig kämpfenden Juden im Häuserkampf niederzuringen und das Getto zu erobern.

»Fällt dir was auf?«, fragte Jannek Leah an einem der ersten Tage, als alles noch neu und aufregend war.

Leah blickte sich um, konnte jedoch nichts Auffälliges bemerken und fragte deshalb zurück. »Was soll mir denn auffallen? Dass wir hier alle nur junge Leute sind?« Zusammen mit ihnen, den Neuen, waren sie fast achtzig junge Männer und Frauen, die sich hier von der *Haganah* ausbilden ließen und darauf warteten, zu einem der nächsten illegalen Schiffstransporte zu gehören.

»Nein, das muss ja nun wirklich keinen wundern, haben die Nazis die Älteren und ganz Jungen doch schon gleich nach ihrer Ankunft im KZ ins Gas geschickt. Von denen sind also dank der gründlichen Selektion der SS-Leute nicht mehr viele übrig geblieben«, sagte er, und wieder einmal erschrak Leah über seinen Zynismus, der ihr manchmal das Gefühl gab, ihm doch ferner zu sein, als sie glaubte.

Sie warf ihm einen missbilligenden Blick zu, den er wie üblich ignorierte.

»Nein, es ist das Fehlen von … wie soll ich sagen … von Orthodoxen, von religiösen Eiferern«, fuhr er fort, als wäre ihm gerade keine Entgleisung über die Lippen gekommen. »Nirgendwo jemand, der anderen vorschreiben will, wie er zu sein oder sich zu kleiden hat und nach welchen strengen Regeln die Kinder unterrichtet werden müssen! Oder siehst du hier einen von diesen ultrakonservativen Frömmlern, diesen Chassiden[24], die sich die Bärte bis auf die Brust wachsen lassen, Korkenzieherlocken an den Schläfen tragen, sich ganz in Schwarz

---

24 Das hebräische Wort Chassid bedeutet ›der Fromme‹. Der Chassidismus ist eine in Osteuropa entstandene streng religiös-mystische Bewegung. Prinzipiell kann jedoch jeder Fromme als Chassid bezeichnet werden, auch wenn er dieser besonderen Bewegung nicht angehört.

kleiden und streng an die Gesetze der *Kaschrut*[25] halten und alle Arbeit ihren untertänigen Frauen überlassen? Und siehst du hier irgendwo sieben Synagogen und Leute, die sich darum streiten, wer von ihnen die besseren Juden sind?«

»Du hast recht, hier lässt jeder jeden nach seiner eigenen Fasson selig werden, was den Glauben betrifft«, pflichtete Leah ihm bei. Allerdings wusste sie selbst nicht so eindeutig wie Jannek, ob nicht doch noch etwas von ihrem Glauben übrig war – und wenn ja, wie viel und ob es sich in ihr regen würde.

In der Tat unterschied sich der stille religiöse Friede hier gewaltig von den vielen Auseinandersetzungen, die in Föhrenwald so oft Missklang und Entzweiung in das Lager gebracht hatten. Wie vehement und ausdauernd war dort der Streit darüber geführt worden, ob das Tragen eines Hutes oder einer *kippa*, einer schwarzen Kappe, bei jeder religiösen Unterrichtung für alle Jungen Pflicht sein sollte oder nicht. Bitteren Streit hatte es auch über die Forderungen der Strenggläubigen gegeben, Mädchen nur von Frauen und Jungen ausschließlich von Männern unterrichten zu lassen. Zudem hatten die Jungen in der Schule nur den Talmud und sonst nichts lernen sollen, aber damit waren die Orthodoxen und Ultraorthodoxen zum Glück nicht durchgekommen. Die Mehrheit der Gemäßigten, die sich überwiegend als reformierte Juden bezeichneten, hatte all den extremen Forderungen einen Riegel vorgeschoben.

Leah war froh, dass sie im *Hochlandlager* von alldem verschont blieben. Bei den von der *Haganah* Rekrutierten spielten die jeweiligen religiösen Auffassungen, die sicher auch unterschiedlich waren, in ihrem Zusammenleben keine Rolle. Und es waren der anstrengende Tagesablauf, die Heimlichkeit ihrer verbotenen Ausbildung und das gemeinsame Ziel der illegalen Ausreise nach Palästina, was sie innerhalb kürzester Zeit zusammenschweißte. Die Tage waren von früh bis

---

25 Kaschrut bedeutet ›rein‹ und ist das jüdische Speisegesetz, es beinhaltet eine Fülle von Verboten und Geboten und regelt für den Frommen das reine=koschere Leben und Essen.

spät ausgefüllt mit theoretischem Lehrstoff und körperlichen Übungen, sodass sie am Abend todmüde, aber zufrieden auf ihre Betten fielen und fast unverzüglich einschliefen.

In diesen Wochen litt Leah immer seltener unter dem schlimmsten ihrer Albträume, der sie bis dahin fast jede Nacht heimgesucht und gequält hatte. Jannek erging es ähnlich. Leah stellte jedenfalls mit stiller Erleichterung fest, dass er kaum noch in jene schwermütige, dunkle Stimmung verfiel, in der er sich von allen absonderte und schweigsam vor sich hin brütete, wie sie es in den Wochen in Föhrenwald so häufig erlebt hatte. Auch sein Zynismus nahm allmählich eine mildere Ausprägung an. Aber es wunderte sie auch nicht, denn ihre Ausbilder ließen ihnen weder Zeit noch Energie für alles, was nicht auf ihrem Unterrichtsplan stand.

Um 5 Uhr 30 und damit lange vor dem Morgengrauen war Wecken und Appell auf dem Platz vor den Baracken. Unter der Fahne mit dem Davidstern sagen sie die *Hatikwa*[26], das Lied der Hoffnung und seit vielen Jahren die Hymne der zionistischen Bewegung:

> *Solange noch im Herzen*
> *Eine jüdische Seele wohnt*
> *Und nach Osten hin, vorwärts,*
> *Ein Auge nach Zion blickt,*
>
> *So lange ist unsere Hoffnung nicht verloren,*
> *Die Hoffnung, zweitausend Jahre alt,*
> *Zu sein ein freies Volk, in unserem Land,*
> *Im Land Zion und in Jerusalem!*

Nach der *Hatikwa* folgten einige Minuten Gymnastik zum Auflockern und Aufwärmen von Muskeln und Sehnen. Anschließend ging es zur

---

26 Die Hatikwa wurde Israels Nationalhymne.

Stärkung der Kondition zu einem Waldlauf aus dem Lager, der im Laufe der Wochen beträchtlich an Länge zunahm. Dann erst gab es Frühstück in der Kantinenbaracke. Daran schloss sich der landwirtschaftliche Unterricht in den Räumen und draußen im Schulungskibbuz an. Nach dem Mittagessen und einer halbstündigen Pause zur freien Verfügung begann dann der militärische Teil der Ausbildung, der oft in abgeschiedenen Teilen des Lagers und in den umliegenden Wäldern abgehalten wurde. Er zog sich bis in den frühen Abend hin und erstreckte sich manchmal sogar noch bis weit in die Nacht, wenn sie aufgeteilt in kleinen Gruppen zu heimlichen Nacht- und Orientierungsmärschen ausrückten oder das nächtliche Anpirschen an feindliche Stellungen übten.

Die *Haganah* hatte nur wenige Waffen in das Lager schmuggeln können. Das bescheidene Arsenal bestand aus fünf Pistolen, zwei Revolvern und vier Gewehren, darunter befand sich aber immerhin eine *Sten*, ein leichtes tschechisches Maschinengewehr. Scharfe Munition war sogar noch knapper. Im Laufe ihrer Ausbildung erhielt jeder nur zwei, drei Mal Gelegenheit, im abgedichteten Kellerraum mit einer Waffe scharf zu schießen.

Gern hätten die Ausbilder mehr Waffen im Lager zur Verfügung gehabt. Aber es war zu gefährlich, ein größeres Waffenlager anzulegen, mussten sie doch jederzeit mit überraschenden Inspektionen durch die UNRRA und die Militärbehörden rechnen. Die Amerikaner hegten schon jetzt Argwohn, dass die *Haganah* im *Hochlandlager* viel mehr als nur eine Ausbildung zum Kibbuznik betrieb, aber bisher konnten sie ihnen nichts beweisen. Es galt daher, den Löwen nicht unnötig zu reizen. Außerdem fehlte es an den nötigen finanziellen Mitteln, um weitere Waffen auf dem Schwarzmarkt zu erstehen. Ganz abgesehen davon hätte es auch eine zu große Gefahr für ihre Tarnung bedeutet, sich auf solch riskante Geschäfte einzulassen. So mussten Trockenübungen reichen.

Aber das vorhandene Material erfüllte seinen Zweck im Fach Waffenkunde. Sie alle lernten den Umgang mit Handfeuerwaffen und

Gewehren und übten stundenlang das Zerlegen, bis sie selbst die *Sten* mit verbundenen Augen auseinandernehmen und die Teile wieder zusammensetzen konnten. Auch erhielten sie Unterricht in Judo und anderen Nahkampftechniken, trainierten mit Stöcken und Messern und übten das Werfen mit Handgranaten, allerdings nicht mit echten oder Attrappen, sondern mit Steinen, die in etwa dasselbe Gewicht besaßen.

Dagegen lernten sie in der Praxis, wie Molotow-Cocktails hergestellt wurden und wie man sie zu verwenden hatte – was nicht vieler Erklärungen bedurfte, denn ein solcher Molotow-Cocktail war nicht mehr als eine mit einer brennbaren Flüssigkeit gefüllte und einem brennenden Stofffetzen versehene Flasche, die man als Wurfwaffe einsetzte und die beim Aufprall zersprang, worauf sich die Flüssigkeit entzündete.

Das größte Vergnügen bereiteten Leah und auch den meisten anderen die Übungen und Manöver »im Feld«, das Robben durch den Dreck einmal ausgenommen. Sie marschierten mit einem gut beladenen Rucksack auf dem Rücken durch das Gelände, mussten selbstständig anhand von Karten und landschaftlichen Merkmalen ein festgelegtes Ziel im Umland des Camps erreichen und lernten, sich zu tarnen und Schützenlöcher zu graben. Ihre Ausbilder brachten ihnen auch bei, sich an Seilen über kleine Flussläufe und Schluchten zu hangeln. Wobei diese Schluchten im Grunde genommen kaum mehr als harmlose Ravinen waren, nur wenige Meter breite Einschnitte im Waldboden. Aber spannend und ein richtiger Nervenkitzel waren diese Übungen dennoch.

Die Wochen verstrichen förmlich im Flug. Das Wetter trübte sich Ende Oktober ein und der November brachte morgens viel Nebel und fast täglich Regen. Doch in dem zunehmend schlechten Wetter und den empfindlich absinkenden Temperaturen sahen ihre Ausbilder keinen Grund, das Training im Freien einzuschränken oder gar einzustellen.

»Wann meint ihr, dass wir endlich nach Palästina aufbrechen?«, fragte Leah mit gedämpfter Stimme und blickte über den Rand ihres Bechers mit heißem Kakao hinweg in die Runde ihrer Freunde und Kameraden. Das war seit Tagen die drängende Frage, auf deren Beantwortung sie alle mit immer größerer Ungeduld warteten.

»Ja, wenn wir das nur wüssten!«, seufzte Gitta und machte eine verdrossene Miene, was bei ihrem Puttenengelgesicht recht komisch wirkte.

Sie saßen im bullig warmen Speisesaal und es ging schon auf Mitternacht zu. Jeder wärmte sich die durchfrorenen Hände an seinem Becher. Der heiße Kakao hatte sie nach einem zweistündigen kräftezehrenden Nachtmarsch bei strömendem Regen als Belohnung und zum Aufwärmen hier in der Baracke erwartet.

»Das kann ich euch sagen«, kam es von Jannek.

Alle Blicke richteten sich überrascht und erwartungsvoll auf ihn.

»Was? Haben Maurice oder Igor dir gegenüber etwas durchsickern lassen?«, rief Leah aufgeregt.

Jannek nickte.

»Und das sagst du erst jetzt? Na los, rück schon raus damit!« drängte Motte und wippte wie üblich nervös mit einem Bein unterm Tisch. »Wann geht's los?«

»Ist doch sonnenklar«, antwortete Jannek trocken, »wenn unser Oberschleifer Jehuda das Kommando dazu gibt.«

»Blödmann!« Gitta tippte sich an die Stirn und Motte warf ein Papierkügelchen nach ihm.

Jannek grinste.

»Vielleicht sollten wir doch mal jemanden zu Jehuda schicken und ihn danach fragen«, sagte Leah zögerlich. »So ganz offiziell mit einer Abordnung.«

Gitta winkte ab. »Besser nicht. Oder hast du vergessen, dass wir alle Fragen danach, wann und von wo aus wir an Bord eines *Haganah*-Schiffes gehen werden, nicht stellen sollen? Weil sie nämlich zwecklos sind und sie uns das vorher nicht sagen werden. Angeblich zu unserem eigenen Schutz.«

»Also ich würd dem Stoppelgrauen mit solchen Fragen nicht auf den Geist gehen. Ich wette, das wird nicht gut bei ihm ankommen. Ich sag euch: Haltet euch besser da raus, dann kriegt ihr auch keinen rein!«, riet Motte auf seine schnoddrige Art, und diesen Rat beherzigten sie dann auch.

Zwei Tage später richtete Jehuda Tamir nach dem Abendessen, das aus Wurstbroten und Hagebuttentee bestand, kurz das Wort an die versammelte Mannschaft. Er hielt eine Überraschung für sie bereit. »*Chawerim*, wir haben Besuch von drei hochrangigen *Palmach*-Offizieren! Wer von euch mit uns nicht nur nach Palästina einwandern, sondern auch der *Haganah* beitreten will, hat nachher die Gelegenheit, vor ihnen seinen Treueschwur abzulegen! Also überlegt es euch, ob ihr zu uns gehören und euch unseren großartigen Zielen verschreiben wollt!«

Aufgeregtes Stimmengewirr erhob sich in der Kantinenbaracke. Sofort wurde nicht nur über den Beitritt zu der Organisation diskutiert, sondern es machten auch Spekulationen die Runde, ob die Einschwörung von neuen Mitgliedern der *Haganah* an diesem Abend auch gleichzeitig das Ende ihrer Ausbildung hier im *Hochlandlager* bedeutete – und ob damit dann auch der Aufbruch zur Alija Bet unmittelbar bevorstand.

Leahs und Janneks Blicke trafen sich. Sie mussten nicht erst lange überlegen, um zu wissen, dass sie der *Haganah* beitreten und den Schwur ablegen würden.

Motte schnippte mit den Fingern. »*Chawerim*, das war's! Die Stunde der Erlösung ist gekommen!«, rief er mit vergnügt funkelnden Augen und ahmte die Stimme ihres Kommandeurs erstaunlich treffend nach. »Lasst uns alle schnell die Patschhand heben, denn je eher wir mit dem jüdischen Nibelungenschwur fertig sind, desto schneller geht's aus dem Lager!«

19

Die Vereidigung fand im sogenannten Schäferhaus statt, bei dem es sich in Wirklichkeit jedoch nicht um ein Haus, sondern um eine primitive und aus Feldsteinen errichtete Hütte mit nur einem Raum handelte. Sie duckte sich, ein gutes Stück von den Holzbaracken entfernt hinter den letzten Feldern des Schulkibbuz, unter den mächtigen Bäumen des dort beginnenden Waldes. Offiziell diente die Hütte der Lagerung von allerlei landwirtschaftlichen Gerätschaften, die selten gebraucht wurden, und als Abstellraum für allerlei Krempel. Ihr Hauptzweck bestand jedoch darin, dass es unter den dicken Bohlenbrettern ein Versteck gab, wo Waffen und scharfe Munition sicher vor Entdeckung waren.

Alle hatten sich zum Schwur auf die *Haganah* gemeldet, und es gab keinen, der nach den sechs Wochen intensiven Trainings etwas anderes erwartet hätte.

In freudig angespannter, fast feierlicher Stimmung warteten sie im nahegelegenen Rohbau des zukünftigen Gewächshauses darauf, in alphabetischer Reihenfolge aufgerufen und über den kurzen Weg hinüber ins Schäferhaus geführt zu werden.

Leah war die Erste aus ihrem engsten Freundeskreis, zu dem Gitta, Motte und natürlich Jannek gehörten, die Igor oder Chaim zu sich winkte und zur Hütte begleitete. Obwohl es keine Prüfung zu bestehen und daher auch keinen Grund gab, aufgeregt zu sein, schlug ihr das Herz heftig in der Brust. Igor sah ihr die Nervosität an. Er nickte ihr mit einem warmherzigen Lächeln zu, gab ihr einen aufmunternd kameradschaftlichen Schlag auf die Schulter und ließ sie eintreten, folgte ihr jedoch nicht. Jeder Kandidat musste allein vor die drei fremden *Palmach*-Offiziere treten und seinen Schwur ablegen.

Leah erkannte den Raum mit seinen nackten Steinwänden, der etwa fünf Schritte im Quadrat maß und nur von einem einzigen Kerzenlicht spärlich beleuchtet wurde, nicht wieder. Er war gänzlich ausgeräumt und durch einen weißen Stoffvorhang, der von der Decke bis auf die Bodenbretter reichte, in zwei Hälften unterteilt. Vor diesem Raumteiler stand auf ihrer Seite ein kleiner Tisch. Er war mit dem blau-weißen Davidstern-Banner bedeckt, auf dem eine Bibel mit einer Pistole obendrauf lagen. Und hinter dem Vorhang zeichneten sich im flackernden Licht der Kerze die vagen Umrisse von drei Gestalten ab. Die Szenerie in dem von nackten, rauen Steinwänden umschlossenen Raum hatte etwas Geheimnisvolles, geradezu Kultisches.

»Ist es dein Wunsch, der *Haganah* beizutreten, Leah Friedberg?«, fragte ein Mann mit ernstem, beinahe scharfem Tonfall, während sich der Vorhang aus Bettlaken leicht in der Zugluft bewegte. Die kräftige, dunkle Stimme kam von der Gestalt, die von Leah aus rechts außen saß.

»Ja, um unseren jüdischen Staat in Palästina aufzubauen!«, antwortete Leah, wie es von ihr erwartet wurde, und sie hatte in ihrer Aufregung Mühe, ihrer Stimme einen festen Klang zu geben. Sie wusste nicht, wo sie ihre Hände lassen sollte, und legte sie schließlich auf den Rücken.

»Bist du bereit, für unsere Sache Schmerzen zu ertragen, Befehlen zu folgen und in deinem privaten Leben Opfer zu bringen?«, stellte der Mann links außen die nächste Frage.

»Ja, das bin ich!«, versicherte sie mit nun gefestigter Stimme.

»Dann leg deine linke Hand auf Bibel und Waffe und sprich mir nach!«, forderte der Unbekannte in der Mitte sie auf. »Ich schwöre feierlich der *Haganah* uneingeschränkte Gefolgschaft, ihren Kommandeuren, ihren Vorhaben und ihren Zielen!«

Leah schluckte, legte ihre Hand auf Bibel und Pistole und wiederholte klar und entschlossen: »Ich schwöre feierlich der *Haganah* uneingeschränkte Gefolgschaft, ihren Kommandeuren, ihren Vorhaben und ihren Zielen!«

»Ich bin bereit, jedes Opfer zu bringen, sogar mein Leben!«

Leah sprach es dem Unbekannten nach, innerlich stark bewegt und mit einer Gänsehaut auf den Armen.

»Und ich will der *Haganah* stets Vorrang vor allem anderen geben, bis wir einen unabhängigen jüdischen Staat aufgebaut haben – oder ich sterbe!«

Sie wiederholte das Versprechen, doch nun schlich sich doch ein leichtes Zittern in ihre Stimme, als sie der *Haganah* ein zweites Mal Treue bis in den Tod schwor.

»Glückwunsch, jetzt gehörst du zur *Haganah* und bist einer von uns, *Chawer* Leah Friedberg!« Mit diesen Worten entließ sie der fremde *Palmach*-Offizier in der Mitte.

Als Leah im Bewusstsein, der militärischen Untergrundorganisation anzugehören und sich mit Haut und Haaren deren Zielen verschrieben zu haben, aus der Hütte in die kühle Nacht trat, fühlte sie sich seltsam erhitzt, aufgewühlt und von einem Stolz erfüllt, den sie nicht in Worte fassen konnte und noch vor wenigen Wochen nicht für möglich gehalten hätte. Ihr Leben hatte auf einmal ein konkretes Ziel, eine edle Aufgabe erhalten: den Aufbau eines jüdischen Staates!

Es war schon kurz nach Mitternacht, als die Vereidigung abgeschlossen war und sie in militärischer Marschordnung aus dem Außenbereich zu den Holzbaracken zurückkehrten. Alle waren aufgekratzt, und als einer die *Hatikwa* anstimmte, fielen alle anderen augenblicklich ein und sangen die Hymne mit Inbrunst aus voller Kehle.

Der Gesang brach jäh ab, als die Kolonne aus fast achtzig jungen Männern und Frauen mit ihren Ausbildern um einen lang gestreckten Lagerschuppen bog – und sie sich im grellen Lichtschein von sechs plötzlich vor ihnen aufflammenden Scheinwerfern wiederfanden.

Motte, der in vorderster Reihe marschierte, sah Igors breites Grinsen und begriff sofort, was das zu bedeuten hatte. »Alija Bet! Hab ich's nicht gesagt?«, brüllte er begeistert und reckte die Faust in die Luft, als hätte er, die halbe Portion, gerade jemanden im Ring k.o. geschlagen. »Satt ins Schwarze, würde ich mal sagen! Es geht noch diese Nacht los, *Chawerim!*«

Jubel brach aus, als die drei Lkw auf das Zeichen von Jehuda Tamir hin ihre Scheinwerfer wieder ausschalteten und der Kommandeur bestätigte, dass die Stunde des Aufbruchs gekommen war. Sie hatten genau eine Viertelstunde und nicht eine Minute mehr, um vor der Nachtfahrt noch einmal auf die Toilette zu gehen und das wenige aus ihren Spinden zu holen, das ihnen gehörte. Doch wohin die Lastwagen, die mit ihrem schmutzgrünen Tarnanstrich eindeutig aus dem Fuhrpark der *U.S. Army* stammten und auch die entsprechenden Kennungen führten, sie bringen würden, darüber ließ man sie im Unklaren. Nur die dürftige Information, dass man sie in ein geheimes Sammellager der *Haganah* an einer Küste brachte, wo schon andere Emigranten auf die Einschiffung warteten, war ihren Ausbildern zu entlocken.

»Ihr erfahrt, was ihr wissen müsst, und Näheres müsst ihr nicht wissen – und damit ist jetzt Schluss mit der Fragerei!«, teilte ihnen Maurice kategorisch mit, als er ihre DP-Identifikationskarten von der UNRRA einsammelte, bevor sie auf die Laster stiegen. Igor und er waren die Einzigen aus den Reihen der Ausbilder, die sie auf der Fahrt, ja auf der gesamten Alija Bet begleiten würden. »Je weniger ihr wisst, desto weniger könnt ihr auch ausplaudern.«

»Und warum müssen wir unsere UNRAA-Ausweise abgeben?«, fragte Jannek. »Nicht dass ich an dem Fetzen hängen würde, aber interessieren tut es mich schon.«

»Ihr seid jetzt Männer und Frauen der *Haganah* und euer Land ist Palästina. Alles, was davor war, ist von jetzt an ohne Bedeutung, *mes amis!*«, teilte er ihnen mit. »Die Zeit, da ihr Opfer wart, ist vorbei. Jetzt ist die Zeit für Helden gekommen – also verhaltet euch gefälligst so!« Und damit scheuchte er sie hinauf auf den Lkw, wo zwei harte Holzbänke und eine Rückenlehne aus nicht weniger harten Brettern sie unter der braunen Plane erwarteten. Im Schnitt fanden fünfundzwanzig Personen auf jedem Mannschaftstransporter Platz.

»Na, bequem wird die Fahrt ja wohl nicht gerade«, stellte jemand säuerlich fest.

Igor, der in ihrem Lkw vorn im Fahrerhaus mitfahren würde, bekam es mit, als er die Heckklappe einrasten ließ und mit den Verschlussbolzen an den Außenseiten sicherte. Er lachte spöttisch, und sein Lachen klang wie das Grollen eines Bären, den man in seiner dunklen Höhle aus dem Winterschlaf gerissen hatte. »Ihr solltet die Fahrt genießen, denn alles, was danach kommt, wird sich nicht mehr mit dieser prächtigen Unterbringung hier vergleichen lassen!«, versicherte er, zog die Plane herunter und verschnürte sie an der Heckklappe.

»Vielleicht sollten wir uns das mit dem Heldentum doch noch mal gründlich überlegen und uns mit einem weniger ruhmreichen Leben begnügen«, sagte Gitta, lachte jedoch dabei. Für sie gab es kein Zurück, selbst wenn man es ihr angeboten hätte.

Dasselbe galt für Leah, Jannek und die anderen.

»Möchte bloß wissen, wohin genau es geht«, rätselte einer, als sich die drei Militärtransporter in Bewegung setzten und aus dem *Hochlandlager* rollten.

»Bestimmt nicht auf dem Landweg nach Palästina«, spottete Jannek. »Sie bringen uns natürlich zu einem Hafen, wo wir ein *Haganah*-Schiff besteigen werden, das hast du doch gehört.«

»Klar, und deshalb kommen auch nur Frankreich oder Spanien infrage, vielleicht noch Portugal«, sinnierte Motte. »Aber falls es gleich in die Berge geht, schleichen wir uns über die Alpen irgendwohin nach Italien.«

»Mann, Motte, hast du endlich alle Länder durch?«, stichelte jemand von der anderen Seite.

Motte zuckte die Achseln. »Halt die Klappe, wenn Leute mit Grips und Erfahrung sich Gedanken machen, du Grünspecht!«, frotzelte er zurück und war gleich wieder bei seinen Spekulationen, die nie ohne das Angebot einer Wette daherkamen. »Also, ich tippe auf Spaniens Küste und wette um zwei Kippen, dass unser Kahn irgendwo da unten schon auf uns wartet!«

»Womit willst du denn wetten, wo du doch schon mit vier Kippen bei mir in den Miesen stehst?«, erinnerte ihn Jannek.

Motte winkte lässig ab. »Das krieg schon hin, Alter.«

»Na, wenn es stimmt, was Igor gesagt hat, wird es bestimmt ein abgetakelter Seelenverkäufer sein!«, sagte Gitta ahnungsvoll.

»Lassen wir uns überraschen«, sagte Leah. Ihr war es nicht sonderlich wichtig, jetzt schon zu erfahren, von wo aus sie die Reise über das Mittelmeer antreten würden. Viel bedeutsamer für sie war, *dass* sie sich nun tatsächlich auf dem Weg nach Erez Israel befanden!

Die Fahrt durch die Nacht war lang, kalt und führte sie mit Sicherheit nicht über die Alpen, wie bald feststand. Allen steckte die Müdigkeit in den Knochen, aber längeren Schlaf fand keiner auf den harten Bänken und den schlechten Straßen, über die die Lkw ratterten. Kaum war man endlich eingedöst, knallte ein Reifen in ein Schlagloch oder jaulte das Getriebe bei einem missratenen Schaltvorgang laut auf, sodass man wieder aus dem Schlaf gerissen wurde. Später gesellte sich auch noch heftiger Regen dazu, der so laut auf die Plane trommelte, dass man hätte schreien müssen, um sich zu unterhalten. Aber nach Gesprächen war sowieso keinem zumute.

Einmal hielten die Lastwagen für einige Minuten, als sie in eine Kontrolle gerieten. Jehuda Tamir hatte sie vor ihrem Aufbruch darauf vorbereitet und ihnen eingeschärft, dann vollkommen still sein. Die französischen Behörden hegten starke Sympathien für die jüdischen Ziele und drückten so weit wie möglich ein Auge zu, wobei Bestechungsgelder die gute Zusammenarbeit naturgemäß noch förderten. Aber dennoch hatten sie die scharfe Mahnung mit auf den Weg bekommen, größte Umsicht walten zu lassen und sich so unauffällig wie nur möglich zu verhalten.

Daran hielten sich auch alle. Nicht ein Geräusch drang von den Ladeflächen der Transporter. In völligem Schweigen und angespannter Haltung horchten sie in die Dunkelheit. Von weiter vorn drangen gedämpfte Stimmen zu ihnen, eine davon gehörte Maurice. Er redete auf Französisch mit denjenigen, die ihren kleinen Konvoi angehalten hatten. Es klang, als würde er mit zwei Männern, vermutlich Grenzpolizisten oder Militär, verhandeln. Es klang jedenfalls nicht erregt oder gar bedrohlich. Schließlich hörte man ein gemeinschaftliches Lachen, einen freundlichen Gruß, das blecherne Schlagen einer Fahrerhaustür – und ihr Konvoi setzte sich wieder in Bewegung.

»Wir sind irgendwo in Frankreich!«, flüsterte jemand, der hinten an der Ladeklappe saß und durch einen Schlitz in der Plane nach draußen spähte.

»Teufel, wer hätte das gedacht! Da bin ich doch von den Socken!«, kam es von Motte. »Und ich dachte schon, wir wären vor den Toren von Timbuktu!«

Leises Lachen erfüllte kurz die klamme Dunkelheit.

Im Morgengrauen verließ der Konvoi die Landstraßen. Er folgte einem breiten, ausgefahrenen Sandweg, der durch abgeflämmte Stoppelfelder und ein dunkles Waldstück schnitt, und hielt kurz dahinter vor der großen Scheune eines ansehnlichen Bauernhofes, der fast schon die Bezeichnung »herrschaftlicher Gutshof« verdient hatte.

»Alle raus, *Chawerim!*«, rief Igor und ging von Lkw zu Lkw. »Wir verbringen den Tag hier in der Scheune. Wenn es wieder dunkel wird, geht die Fahrt weiter! Und dass sich keiner unnötigerweise hier draußen herumtreibt! Wäre nicht gut für unsere geheimen Zwischenstationen, wenn ihr da herumlauft und zufällig die Aufmerksamkeit der Einheimischen erregt!«

Niemand hatte dagegen etwas einzuwenden, waren sie doch alle todmüde und wünschten sich nichts sehnlicher, als irgendwo auf dem Scheunenboden ihre Decke auszubreiten und ihre müden Knochen darauf auszustrecken.

Sie verschliefen einen Gutteil des Tages, und in einer dieser Schlafzeiten schmiegte sich Leah unbewusst an Jannek an, was er auch geschehen ließ. Doch als sie erwachte, rückte er schnell von ihr ab, erhob sich und verschwand nach draußen auf die Latrine.

Mit einem seltsamen Bedauern in der Brust sah sie ihm nach, und sie fragte sich, was da in jener Nacht vor anderthalb Monaten am Ufer der Isar wirklich zwischen ihnen vorgefallen war – und ob es nicht doch mehr zu bedeuten hatte, als sie sich eingestehen wollten. War das Band ihrer Verbundenheit womöglich doch enger als gedacht? Gingen ihre Gefühle füreinander über eine herzliche Freundschaft hinaus? Hatten sie wirklich nur deshalb spontan miteinander geschlafen, um ihrer Erschütterung und inneren Leere zu entkommen und um sich gegenseitig zu trösten und zu vergewissern, dass sie am Leben waren?

Leah fand darauf keine befriedigende Antwort und gab es auch schnell auf, nach einer solchen zu forschen. In ihrem Leben gab es jetzt wesentlich Wichtigeres, als sich über derartige Gefühlsverwirrungen Gedanken zu machen. Zudem kam in diesem Moment die Frau des Bauern mit ihrem halbwüchsigen Sohn und zwei fast erwachsenen Töchtern in die Scheune, sodass sie nicht erst nach einer Ablenkung suchen musste. Die Bäuerin und ihre Kinder brachten Körbe mit herrlichem, knusprigem Stangenbrot, Käse, fein geschnittenem Schinken und Kannen mit dampfendem Kaffeeersatz, der mit reichlich sahniger Milch vermischt und daher nicht halb so bitter wie gewöhnlicher Kaffeeersatz aus Dinkel, Bucheckern, Eicheln oder Zichorie war.

Mit Heißhunger machten sie sich über das Essen her. Den Rest des Tages vertrieben sie sich die Zeit mit Kartenspielen, Steckschach, Lesen, Dösen, Diskussionen über ihr zukünftiges Leben in Erez Israel und natürlich mit den einfach unvermeidlichen Spekulationen darüber, von wo aus sie ihr Schiff besteigen und ob sie es wohl durch die Blockade der britischen Kriegsmarine bis nach Palästina schaffen würden. Von ihren Ausbildern und den Palmach-Begleitern ließ sich keiner länger als einen kurzen Moment bei ihnen in der Scheune blicken, wussten sie doch, dass man sie andernfalls ständig mit Fragen belagert hätte.

Als das letzte Licht des grauen Tages erlosch und dankenswerterweise mit Einbruch der Dunkelheit auch der Regen aufhörte, der am frühen Nachmittag wieder eingesetzt hatte, ging es zurück auf die harten Pritschen der Militärlaster, und ihr Konvoi setzte seine Fahrt nach Süden fort, dem unbekannten Ort des Sammellagers entgegen.

Sie fuhren die ganze Nacht hindurch, und dem häufig ungewöhnlich schlechten Zustand der Straßen nach zu urteilen, hielten sie sich über weite Strecken fern der Hauptstraßen, vermutlich um das Risiko zufälliger Polizeikontrollen, die mit der Zahlung weiterer Bestechungsgelder verbunden wären, zu vermindern.

Endlich dämmerte der neue Tag herauf. Dass ihr Konvoi nicht wie Tags zuvor schon vor dem ersten Licht irgendwo Schutz vor den Blicken der Einheimischen suchte, sondern in den Tag hineinfuhr, elektrisierte sie und ließ nur eine Vermutung zu.

»Zwei *Luckys*, dass wir gleich am Ziel sind!«, bot Motte mal wieder eine Wette an. »Wer ist dabei? Dreißig Minuten maximal – und wir sind da!«

»Vielleicht hat die *Haganah* hier auch nur die Behörden vorab geschmiert, sodass wir uns bei Tag nicht verstecken müssen«, bemerkte Jannek trocken.

»Leute, wir fahren von der Landstraße ab und auf einen unbefestigten Weg!«, rief Leah, die auf der zweiten Nachtfahrt den undankbaren, weil zugigen Platz direkt an der Heckklappe erwischt hatte. Sie spähte durch den Spalt in der Plane, und um noch besser hinausschauen zu können, löste sie unten eines der Lederbänder aus der Öse an der Klappe.

»Kannst du ausmachen, wo wir sind?«, fragte Jannek gespannt.

»Sieht wie eine alte Allee aus und das Gelände steigt an.«

»Dafür muss man nicht rausgucken, das spürt man auch so«, bemerkte jemand, der oben an der Rückwand der Fahrerkabine saß, und erntete gedämpftes Gelächter.

»Jetzt kommen wir in ein Waldstück«, meldete Leah.

Wenige Minuten später hielten die Mannschaftstransporter vor einem doppelflügeligen, hohen Tor aus Eisengittern, an das sich zu beiden Seiten eine hohe mit Glasscherben gespickte Backsteinmauer anschloss. Zwei Wachmänner in ziviler Kleidung, beide kaum älter als zwanzig und beide mit Schrotflinten bewaffnet, tauchten am Tor auf und begrüßten die Fahrer auf Hebräisch.

Die Eisengitter der nun aufschwingenden Torflügel waren stark verrostet, und die Mauer war brüchig, von Moos und Unkraut befallen und wies nahe am Tor mehrere Stellen auf, wo ganze Reihen Backsteine herausgebrochen und die klaffenden Lücken notdürftig mit Brettern geschlossen worden waren.

Da Leah mit ihrer Gruppe im letzten der drei Lkw hockte, sah sie, wie die beiden Wachmänner hinter ihnen die quietschenden Eisengitter wieder zuzogen und eine Kette mit Vorhängeschloss einhängten. Dabei erhaschte sie auch einen kurzen Blick auf ein jahrzehntelang von Wind und Wetter geprügeltes und von Rost zerfressenes Metallschild, das neben dem Tor am Boden gegen den Sockel von einer der Backsteineinfassungen lehnte.

»Weiß jemand, was das französische Wort *asile* bedeutet?«, fragte Leah in das Halbdunkel hinter ihr, während die drei Lkw weiter einer leicht ansteigenden, schlaglochreichen Schotterstraße folgten. Rechts und links zog eine weitläufige, stark verwilderte Parkanlage vorbei.

»Ja, Irrenhaus«, kam es wie aus der Pistole geschossen von Gitta.

»Dann sind wir in einem französischen Irrenhaus namens Saint Jerome gelandet!«, teilte Leah den anderen verblüfft mit.

Wenige Augenblicke später, gleich nachdem sie durch das Tor gerollt waren, ging Igor von Lastwagen zu Lastwagen und teilte ihnen nun endlich mit, wo sie waren und bis zur Einschiffung untergebracht sein würden: in einem geheimen Sammellager der Haganah hoch über der Küste südwestlich von Marseille.

Zweiter Teil

Alija Bet

November 1946 – Januar 1947

1

Die drei Militärtransporter bogen in eine halbkreisförmige Auffahrt mit verwahrlosten Rasenflächen und Blumenbeeten ein, umrundeten das mehrfach gerissene und mit Unkraut überwucherte Steinbecken eines Springbrunnens mit dem Torso einer Nymphengruppe in seiner Mitte und hielten dann auf dem sandigen Vorplatz der einstigen Heilanstalt.

Mit seiner ornamentreich verzierten Fassade im neoklassizistischen Baustil des späten neunzehnten Jahrhunderts, den Schmuckerkern und dem stattlichen Säulenportal mit Freitreppe hatte die Anstalt in besseren Zeiten einen ausgesprochen herrschaftlichen Eindruck gemacht, und eine Unterbringung an diesem Ort inmitten einer ehemals feudalen Parklandschaft war zweifellos nur für gut betuchte Patienten erschwinglich gewesen.

Diese besseren Zeiten lagen jedoch viele Jahrzehnte zurück. Und jetzt wirkte das lang gestreckte dreistöckige Gebäude selbst im milden Morgenlicht nur noch reif für die Abrissbirne – oder für die Brieftasche eines steinreichen Investors, der durch die Renovierung dieser Anlage aus seinem großen Vermögen ein wesentlich kleineres machen wollte.

Igor öffnete die Heckklappe, schlug die Plane zurück und klatschte in die Hände. »Los, raus mit euch, ihr faule Bande! Ende der Vergnügungsfahrt!«, rief er ihnen zu.

Er erntete gutmütigen, aber doch recht müden Protest.

Leah konnte gar nicht schnell genug aus dem Laster kommen und den anderen erging es nicht anders. Endlich hatten das ewige Gerüttel, die Enge und das Ausharren auf den harten Holzbänken ein Ende! Mit einem Seufzer der Erleichterung drückte sie Rücken und Schulter durch, streckte die steifen Glieder und atmete dankbar die frische Morgenluft ein. Der Himmel über ihnen war zwar grau, aber nach Regen sah es zum Glück nicht aus.

Ihr war, als schmeckte die Luft salzig, und einen Moment war ihr sogar, als könnte sie Meeresrauschen hören. Sie vermutete, dass Saint Jerome unmittelbar an der Küste lag und die Fluten des Mittelmeers nicht weit von dieser bewaldeten Anhöhe gegen die Küste spülten. Eine Vermutung, die sich wenig später auf einem ersten Erkundungsgang als richtig herausstellen sollte.

»Mensch, bist du dir auch sicher, dass ihr uns statt ins Sammellager der *Haganah* nicht zum Übungsgelände eines Sprengkommandos gekarrt habt, Igor?«, rief Motte dem Deutschrussen spöttisch zu und richtete den Blick dann wieder kopfschüttelnd auf das heruntergekommene Gebäude, dessen schadhaftes Dach wellig wie eine starke Meeresbrandung und an mehreren Stellen notdürftig mit dreckigen Segeltuchplanen geflickt war.

Igor grinste breit. »Na ja, das *Adlon* oder *Waldorf Astoria* ist es nun nicht gerade, aber dafür braucht ihr hier auch nicht ständig Trinkgelder zu geben«, gab er zurück. »Und du kennst doch den Spruch, Motte: ›Man muss nicht unbedingt verrückt sein, um heutzutage Alija Bet zu wagen, aber wenn man es ist, macht es die Sache um einiges leichter.‹ Also willkommen in Saint Jerome, dem nobelsten Haus der *Haganah* diesseits des Mittelmeers, Kameraden!« Seine Augen blitzten vor diebischer Freude.

»Sieht nicht so aus, als hätten wir die Ehre des Erstbezugs«, sagte Jannek trocken, schob sich die Landsermütze in den Nacken, kratzte sich über der Stirn und schaute zu den Fenstern hoch, deren zumeist fehlendes Glas durch Bretter, Segeltuch oder rostige Wellblechstücke ersetzt worden war.

Bei der Ankunft der drei Militärlaster, deren lauter Motorenlärm nicht zu überhören gewesen war, hatten sich ganze Fensterreihen wie auf ein Kommando hin unter lautem Klappern, Quietschen und Scheppern geöffnet, und in jeder Fensteröffnung drängten sich nun mehrere

Insassen des Sammellagers, um die Neueingetroffenen unten auf dem Vorplatz mit großer Neugier zu mustern. Wohl in der immer wieder neu aufflammenden Hoffnung, ein vertrautes Gesicht unter den Neuen zu entdecken.

»Ja, diese Ehre hatten andere«, sagte Igor. »Ihr dürftet vielmehr die zweitausendzweihundert Seelen vollmachen, die hier schon bis zur Einschiffung untergebracht sind.«

»Was? In dem Kasten sind schon zweitausendzweihundert Leute untergebracht? Allmächtiger!«, entfuhr es Leah, und sie versuchte erst gar nicht, sich vorzustellen, wie es im Gebäude aussehen musste. Die von Wanzen verseuchten Zimmer von Föhrenwald drängten sich ihr jedoch unausweichlich in Erinnerung und erfüllten sie mit großer Sorge.

»Und wie viele werden wir sein, wenn es losgeht?«, erkundigte sich Jannek.

»Na, so rund zweieinhalbtausend, wenn die drei anderen Transporte in den nächsten Tagen noch rechtzeitig eintreffen«, teilte Igor ihnen mit.

Maurice war indessen zu ihnen herübergeschlendert und hatte gehört, was Igor ihnen gerade mitgeteilt hatte. »Ja, es wird ein bisschen eng hier in Saint Jerome«, sagte er mit einem schalkhaften Lächeln und strich sich dabei mit dem Daumen über seinen Oberlippenbart, der nur ein schwarzer Strich war. »Aber so habt ihr schon mal einen Vorgeschmack, wie es auf dem Schiff zugehen wird. Und jetzt reiht ihr euch da drüben am Eingang ein und lasst euch von Eli Avidan, der hier das Kommando führt, und seinen *sabres* euren Schlafplatz zuteilen. Es wird auch gleich Frühstück geben. Gegessen wird übrigens in drei, vielleicht sogar vier Schichten, sonst gibt es im Speisesaal kein Durchkommen. Also dann, wir sehen uns später.«

»Maurice! … Igor! … Wartet mal!«, rief Gitta. »Was sind Sabres?«

Maurice tauschte einen kurzen Blick mit seinem weißrussischen Kameraden. »Willst du es ihnen erklären oder soll ich das übernehmen?«

Igor lachte kurz auf und winkte ab. »Sabre ist das hebräische Wort für ›Kaktusfeige‹ und die Bezeichnung für einen in Palästina geborenen und aufgewachsenen Juden. Die Kaktusfeige, die sich in sonnenverbrannte und scheinbar unfruchtbare Erde krallt und allen Widrigkeiten der Natur trotzt, ist außen verdammt rau und stachelig, innen jedoch weich und süß. Und dasselbe trifft auf die jüdischen Palästinenser zu.«

Leah zog die Brauen hoch. »Diese Kaktusblüten sind also mit Vorsicht zu genießen?«

Igor zuckte die Achseln. »Wie man's nimmt. Die Sabres sind jedenfalls verdammt stolz darauf, dass ihre Familien zum Teil seit Generationen in Palästina leben, dass sie unwirtliche Einöden und Sümpfe mit zäher Entschlossenheit in blühende Landschaften verwandeln und sich auch von den arabischen Überfällen und Anschlägen nicht unterkriegen, geschweige denn sich aus ihrer Heimat vertreiben lassen. Aber es stimmt schon, ihr Auftreten ist manchmal so rau, wie ihr Name vermuten lässt. Das trifft insbesondere auf die Männer und Frauen zu, die zur *Palmach* gehören.«

Maurice nickte bestätigend. »Diese Eliteeinheiten der *Haganah* sind es, die die wirklich gefährlichen Teile der Alija Bet organisieren und das Kommando auf den Schiffen führen. Unser Kommandeur ist ein besonders harter und rauer Bursche, wie ich mir hab sagen lassen. Er hat mit der *Jewish Brigade,* einer aus palästinensischen Juden bestehenden Freiwilligeneinheit unter britischem Oberkommando, an den Schlachten von El Alamein in Ägypten und später an Feldzügen in Italien teilgenommen, und das ist jetzt schon das zweite *Haganah*-Schiff mit Alija-Bet-Flüchtlingen, das er kommandiert!«

»Ein Sabre, so rau und stachelig, wie die Burschen nur sein können«, warf Igor ein.

»Und der Bursche da drüben, dieser Eli Avidan, ist solch ein raubeiniger Sabre?«, vergewisserte sich Motte mit unüberhörbarem Respekt in der Stimme, und alle folgten seinem Blick hinüber zu dem kräftig gebauten Mann Anfang dreißig, der trotz des kalten Novemberwetters in kniekurzer Kakihose und mit einem Metallklemmbrett in der Hand auf den Stufen zum Eingang stand.

»Ja, aber Eli Avidan hat nur hier auf der Anhöhe von Saint Jerome das Sagen, auf unsere Alija Bet kommt er nicht mit. Das Kommando hat ein anderer Sabre«, stellte Igor klar.

»Und wer ist dieser Mann, der uns nach Palästina bringen soll?« wollte Leah wissen.

»Sein Name ist Ari Halevi«, teilte Maurice ihnen mit, während Igor und er mit ihnen auf die Schlange zugingen, die sich vor Eli Avidan mittlerweile gebildet hatte. »Aber er hält sich nicht hier auf, sondern überwacht noch die letzten Umbauten des Schiffes und tausend andere Sachen, die zu erledigen sind, bevor wir uns auf die Reise wagen können. Ihr werdet ihn spätestens bei unserer Einschiffung kennenlernen.«

»Na, ich bin schon gespannt auf den palästinensischen Löwen«, sagte Jannek in Anspielung auf den Vornamen des Sabre, der auf Hebräisch »Löwe« bedeutete.

2

Sophie Buchheim ließ sich ihre Enttäuschung nicht anmerken und schickte sich in das Unausweichliche, nämlich dass ihre Mutter und sie sich auch an diesem Tag mit einer Katzenwäsche zufriedengeben mussten. Die Hoffnung auf eine heiße Dusche, bei der es sich dann erst um die zweite innerhalb von acht Tagen gehandelt hätte, hatte das große Pappschild an der Tür zu den provisorisch erweiterten Waschräumen von Saint Jerome schon von vornherein zunichtegemacht. Wasserdruck und Heizkraft der altersschwachen Boiler, die ständig den Geist aufgaben, ließen den Luxus einer Dusche mal wieder nicht zu.

Es fiel ihr nicht leicht, eine gute Miene dazu zu machen. Aber die Dinge waren nun mal, wie sie waren. Und hätte sie jetzt ihre Enttäuschung gezeigt, hätte sie der gedrückten, pessimistischen Stimmung ihrer Mutter nur zusätzliche Nahrung gegeben. Das durfte auf keinen Fall geschehen. Es war unter den schwierigen Umständen ihrer Unterbringung hier im Durchgangslager der *Haganah* auch so schon mühsam genug, sie immer wieder aufzumuntern und Zuversicht auf ein besseres Leben in ihr zu wecken. Fast eine Sisyphos-Aufgabe, wie Marius vor Tagen einmal verdrossen bemerkt hatte. Denn anders als der Vater, ihre Brüder und sie selbst sah die Mutter ihre Zukunft in Palästina noch immer nicht als Chance für einen Neuanfang, sondern als einen weiteren gesellschaftlichen Abstieg, den sie sich auch noch in besonders düsteren Farben ausmalte.

»Na wunderbar, wir brauchen heute nicht einmal zu warten!«, rief Sophie deshalb betont heiter und wies auf die beiden Waschbecken, die bei ihrem Eintreten gerade frei wurden. Die Waschräume waren morgens und abends heillos überfüllt, was bei den vielen Leuten natürlich kein Wunder war. Deshalb hatte sie es sich auch angewöhnt, sich mittags zwischen der zweiten und dritten Essensausgabe zu waschen. Aber selbst dann musste man oft noch warten, bis man an der Reihe war.

Margot Buchheim gab einen langen gequälten Seufzer von sich, stellte sich mit Leidensmiene neben ihre Tochter an eines der frei gewordenen Waschbecken und knöpfte sich verschämt die Bluse auf. Noch immer genierte sie sich, sich vor Fremden zu entblößen und sich zu waschen oder sich oben im Schlafsaal für die Nacht fertig zu machen.

»Im Internierungslager ging es kaum schlimmer zu als hier«, beklagte sie sich leise. »Nirgends hat man auch nur ein bisschen Privatsphäre! Es ist alles so … primitiv und gewöhnlich und … und so ordinär!« Dabei ging ihr missbilligender Blick kurz zu einer Frau mittleren Alters hinüber, die sich bis auf den Schlüpfer ausgezogen hatte und sich mit einem Waschlappen von oben bis unten abwusch, während sie sich dabei mit ihrer ebenfalls fast nackten Nachbarin fröhlich unterhielt.

»Es ist doch nur noch für ein paar Tage, Mom«, erwiderte Sophie, und sie unterdrückte ihre aufsteigende Gereiztheit über die endlosen Klagen ihrer Mutter. Sie wagte nicht darüber nachzudenken, wie es mit ihrer Mutter auf dem Schiff sein würde, sollte es dort wirklich noch enger und primitiver zugehen. Und der November war nicht gerade die ideale Jahreszeit für eine Reise auf einem alten Frachter über das Mittelmeer.

Aber vielleicht haben wir ja Glück und erwischen ruhige und sonnige Tage so wie heute!, sagte sich Sophie und drehte den Wasserhahn auf. Natürlich kam selbst bei voll aufgedrehtem Hahn nur ein klägliches Rinnsal aus der Leitung. Zudem fehlten dem dünnen Strahl noch etliche Grade auf dem Thermometer, um auch nur als lauwarm durchgehen zu können.

Ihre Mutter schüttelte mit düster umwölkter Miene den Kopf. »Also ich weiß nicht, ob das mit dieser Alija Bet eine so kluge Entscheidung gewesen ist«, murmelte sie und legte sich das Handtuch über die nackten Schultern, zum Schutz vor den Blicken der anderen Frauen und Mädchen, obwohl ihr doch niemand die geringste Beachtung schenkte. Dann erst griff sie zu Seife und Waschlappen. »Wir hätten zurück nach Deutschland gehen sollen. Da hätte …«

Sophie hielt jäh im Zähneputzen inne. »Bitte fang nicht wieder damit an, Mutter!«, fuhr sie ihr schärfer als beabsichtigt ins Wort. Sie konnte das mit der Rückkehr nach Deutschland nicht länger hören, Pa und Marius ebenso wenig. Aber die Mutter konnte einfach nicht von dieser Illusion lassen, dass jetzt in Deutschland alles wieder gut war und der Vater bloß an irgendeiner Universität vorstellig werden musste, um wieder eine gut dotierte Professur zu erhalten.

Ihre Mutter zuckte zusammen, als hätte Sophie sie geohrfeigt, und senkte den Kopf über das Becken. »Ich hab mich eurem Willen gebeugt und es gibt ja nun mal kein Zurück. Aber ihr könnt reden, wie ihr wollt – unsere Heimat ist Deutschland und nicht Palästina!«, begehrte sie auf, jedoch mit leiser, kraftloser Stimme. »Dort werden wir immer Fremde sein und bleiben!«

Sofort bereute Sophie ihre Schärfe. Sie legte die Zahnbürste aus der Hand, spülte schnell ihren Mund aus und berührte die Mutter am Arm. »Tut mir leid, Mom, dass ich so aus der Haut gefahren bin. Das war nicht richtig und das wollte ich auch nicht«, entschuldigte sie sich. Es stand ihr nicht zu, die Mutter zu maßregeln, selbst wenn sie glaubte, in der Sache recht zu haben. »Das ist jetzt für uns alle eine schwere Zeit, und auch in Palästina wird es vermutlich nicht leicht sein, ein neues Leben aufzubauen und dort richtig Wurzeln zu schlagen. Aber wir haben doch gar keine andere Wahl, Mom. Es wird schon, bestimmt! Andere haben es doch auch geschafft. Wir müssen nur zusammenhalten und dürfen den Mut nicht sinken lassen, dann wird am Ende alles gut werden!«

Margot hob langsam den Kopf und sah ihre Tochter traurig und mit Tränen in den Augen an. »Ach, Kind, aus dir spricht die Jugend, die selbst das Unmögliche noch für möglich hält.« Sie stützte sich mit beiden Händen auf dem Becken ab, als spürte sie ihre Kraft schwinden und suchte Halt. »Ich wünschte, ich könnte auch nur halb so fest daran glauben, wie ihr es tut.« Dann lächelte sie gequält. »Aber du hast recht, *jetzt* haben wir keine Wahl mehr, so mittellos wie uns das Abenteuer mit der Alija gemacht hat. Vielleicht ist es gut so, dass wir wieder mit dem Beten angefangen haben! Sonst ist uns ja nichts geblieben.«

Diese Worte klangen in Sophies Ohren wie eine Kapitulation vor einem unabänderlichen, kummervollen Schicksal, und die Bitterkeit und Mutlosigkeit der Mutter legten sich ihr wie ein Mühlstein auf die Brust.

3

Jannek hatte die dicksten und spitzesten Steine mit dem Stiefel zur Seite gescharrt, mit großspuriger Geste seinen alten Wehrmachtsmantel auf dem steinigen Strand ausgebreitet und Leah mit ähnlich übertriebener Geste aufgefordert, es sich darauf bequem zu machen.

Nun lag Leah Schulter an Schulter mit ihm auf dem Mantel,

blinzelte in den fast wolkenlosen, blauen Himmel, spürte die Sonne auf dem Gesicht und war viel zu glücklich, um sich an der Lappalie zu stören, dass immer noch viele Steine durch den Wehrmachtsstoff drückten. Dass der Himmel unverhofft aufgerissen war und sich die Sonne die Ehre gab, empfand sie nach den regnerischen, kalten Tagen als ein ganz besonderes Geschenk. Und dass sie dieses Geschenk dann auch noch mit Jannek teilen durfte und er so nah bei ihr lag, erfüllte sie zusätzlich mit einem angenehmen, warmen Gefühl in ihrem Innern.

Körperliche Nähe war nämlich sonst nicht seine Sache, und er vermied sie, wann immer es ihm möglich war. Das letzte Mal, dass sie ähnlich nahe beieinandergelegen hatten, war damals in München gewesen, als sie in seinem Bunker übernachtet hatte. Jene Nacht lag gerade mal zwei Monate zurück, aber ihr war, als wäre seitdem unglaublich viel passiert und endlos viel Zeit vergangen. Und dann gab es ja noch jenes andere Beieinanderliegen damals am Ufer der Isar …

Sie zuckte vor dieser Erinnerung schnell zurück, als hätte sie sich daran verbrannt, und lenkte ihre Gedanken hastig zurück in die Gegenwart.

Dass sie jetzt hier am Strand dieser kleinen, felsigen Bucht unterhalb von Saint Jerome in der Sonne lagen, war ein Geheimtipp, den sie Igor verdankten und indirekt auch Gitta, weil Igor sich offenbar in ihre Freundin verschossen hatte. Um bei Gitta einen Stein im Brett zu haben, hatte er ihnen gestern am Tag ihrer Ankunft verraten, dass es zweihundert Meter unterhalb der bewaldeten Anhöhe diese kleine sichelförmige Bucht gab und wie man unbemerkt dorthin gelangte. Ein schmaler und steiler Pfad führte jenseits der Umfassungsmauer und hinter einem kurzen Waldstück den Hang zu dieser versteckt gelegenen Ausbuchtung hinunter.

Natürlich hatte Igor ihnen eingeschärft, ihr Wissen für sich zu behalten und sich bloß nicht dabei erwischen zu lassen, wie sie sich aus dem umschlossenen Gelände der Anstalt davon- und in die Bucht hinunterschlichen. Eigentlich sollte sich ja niemand außerhalb des weitläufigen Areals mit seinen Parkanlagen herumtreiben, um keine unliebsame Aufmerksamkeit zu wecken. Die örtlichen Beamten waren zwar bestochen und schauten weg, und aus naheliegenden Gründen hatte man die Nervenheilanstalt mit ihren weiträumigen Außenanlagen weitab von den nächsten Wohnbezirken errichtet.

Aber überall an der französischen, spanischen und italienischen Küste trieben sich britische Spione und Informanten herum. Ihre Aufgabe bestand darin, die versteckt liegenden *Haganah*-Sammellager zu entdecken und so früh wie möglich in Erfahrung zu bringen, mit welchen Schiffen und von wo aus jüdische Auswanderer nach Palästina aufbrachen. Je früher die Briten das wussten, desto geringer waren die Chancen für die Teilnehmer einer Alija Bet, der Bewachung britischer Kriegsschiffe im Mittelmeer zu entkommen und die Blockade vor der Küste Palästinas zu durchbrechen.

Es war ein Katz-und-Maus-Spiel, in dem auf Seiten der *Haganah* Geheimhaltung und Täuschung höchstes Gebot waren. Da der kleine, nicht ganz hundert Meter breite Einschnitt jedoch so verschwiegen lag, man die gut getarnte Seitenpforte in der Mauer hinter einem abseits gelegenen Geräteschuppen kennen musste und die Bucht zudem auch nur über diesen einen Trampelpfad erreichbar war, ließ sich diese Übertretung der Sicherheitsvorschrift verantworten. Außerdem hatte Igor freimütig eingestanden, dass sich seine Kameraden von der *Palmach* und das Hilfspersonal von Saint Jerome auch gelegentlich die Freiheit eines Besuches herausnahmen, aber nicht im November, sondern in den heißen Sommermonaten, wenn man sich im Wasser abkühlen und schwimmen konnte.

»Ist das nicht verrückt, Jannek?«

»Was?«, fragte er träge zurück.

»Wir haben Mitte November und liegen hier in Frankreich am Strand, als wären wir wie feine Pinkel zur Sommerfrische oder zur Kur an die Côte d'Azur gereist!«

»Das mit der Sommerfrische kann man schon so stehen lassen, wenn die Betonung auf Frische liegt«, erwiderte Jannek trocken. »Abgesehen davon liegen feine Pinkel auch nicht auf einem verschlissenen

Soldatenmantel in einer Bucht, die zudem mehr einer Geröllhalde als einem mondänen Badestrand gleicht.«

Leah musste lachen und stupste ihn an. »Ach, komm! Hör auf zu nörgeln, du alter Haarspalter, und gib zu, dass wir es alles in allem ganz gut angetroffen haben!«

»Na ja, wenn man bedenkt, dass in dem gekachelten Raum, in den man uns in dieser Nervenheilanstalt einquartiert hat, die Ärzte den Patienten vermutlich Eisbäder oder Elektroschocks verabreicht haben, gibt es wohl keinen Grund, sich übermäßig zu beklagen«, erwiderte Jannek. »Obwohl: Dieser undefinierbare Fraß, den sie uns aus den sogenannten Gulaschkanonen auftischen und der bisher nichts mit Gulasch zu tun hatte, diese Matschpampe könnte man schon als eine Art von Tortur bezeichnen.«

»Jetzt übertreibst du aber maßlos!«

»Jaja, die Wahrheit ist stets ein unwillkommener Gast«, seufzte er, scheinbar resignierend vor ihrer Uneinsichtigkeit.

Sie antwortete mit einem leisen, vergnügten Lachen. Die Art, wie er sich über ihre Unterbringung, das Essen und den versteckten kleinen Strand lustig machte, verriet ihr, dass er sich in Wahrheit durchaus wohlfühlte.

»Sag mal, hast du eine Ahnung, warum Motte nicht mitgekommen ist?«, fragte Jannek.

»Nein, nicht den blassesten Schimmer. Er wollte irgendetwas organisieren, aber frag mich nicht, was. Er hat ganz schön geheimnisvoll getan.«

»Weiß der Teufel, was es in der Klapsmühle zu organisieren gibt, einigermaßen anständiges Essen jedenfalls nicht. Na, er wird schon damit herausrücken, wenn er etwas Lohnendes aufgetrieben hat … was immer das auch sein mag.«

Leah fand, dass es an so einem sonnigen Tag gar nichts Lohnenderes als diese kleine, stille Bucht geben konnte, in der sie einige Stunden Ruhe vor dem engen und lärmenden menschlichen Bienenstock ihrer Unterkunft hatten. Und sosehr sie Gitta und Motte mochte, so dankbar war sie doch auch, dass ihr Puttenengel lieber mit Igor am Motor eines defekten Jeep herumschraubte und Motte irgendetwas zu organisieren hatte. Sie genoss es nämlich, so neben Jannek zu liegen und ganz allein mit ihm zu sein. In den letzten Wochen hatte sich dazu nie eine Gelegenheit ergeben, stets waren sie Teil ihrer kleinen Vierer-Freundesclique oder ihrer zwölfköpfigen Ausbildungsgruppe gewesen.

Wie gut es ihr nun tat, einmal keinen von den anderen um sich und Jannek allein für sich zu haben, überraschte sie selbst. Es verwirrte sie auch ein wenig ... ja, es war sogar fast beunruhigend, dass sie so empfand.

Lass uns zusammen allein sein!, hatte er damals im Zug nach Föhrenwald gesagt. Aber diese einst nüchterne Abmachung fühlte sich mittlerweile völlig anders an, als sie erwartet und vereinbart hatten. Und schon drängte sich auch wieder die Erinnerung an jene Nacht in ihre Gedanken, als Jannek und sie sich am Ufer der Isar geliebt hatten. Wie wunderschön es sich angefühlt hatte, ihn so intensiv zu spüren und sich in diesen lustvollen Rausch fallen zu lassen, in dem nichts anderes mehr von Bedeutung war und Zeit und Raum vorübergehend aufhörten zu existieren. Niemals zuvor hatte sie sich so geborgen und so ...

Leah erschrak über sich selbst und rief sich selbst scharf zur Ordnung. Himmelherrgott, wie konnte sie sich bloß so gehen lassen und sich in sentimentalen Traumgespinsten ergehen! Sie hatten sich nicht *geliebt*, sondern sich zusammen *der Wollust hingegeben*! Das hatten sie damals beide festgestellt, ganz zu Recht, und daran gab es auch nichts zu rütteln, geschweige denn irgendwelche romantischen Ideen hineinzuinterpretieren!

Jannek war ihr bester Freund seit Kindheitstagen, und sie hatte allen Grund, dafür dankbar zu sein. Und weil sie diese wunderbare Freundschaft nicht gefährden wollte, war sie gut beraten, sich über ihre gegenseitigen Gefühle nicht in gefährliche Verirrungen zu verrennen!

Leah konzentrierte sich auf die Sonne auf ihrem Gesicht und das gleichmäßige Rauschen der grauen, eisigen Fluten, die einige Schritte weiter unten im ewigen unabänderlichen Rhythmus der Natur gegen das Ufer anliefen und Gischt gegen einige dort aus dem Wasser aufragende Felsblöcke warfen. Und da auch Jannek wieder in Schweigen versunken war und seinen eigenen Gedanken nachhing, trug das monotone Rauschen sie schließlich hinüber in den Schlaf.

4

Als Leah erwachte, spürte sie eine kaum merkliche Berührung. Ihr war, als spielte der Wind mit ihrem Haar und strich ihr über die Stirn. Sie registrierte, dass die Sonne von ihrem Gesicht verschwunden war und es sich merklich abgekühlt hatte.

Doch im nächsten Moment nahm sie den Schatten wahr, der sich über ihrem Gesicht bewegte, und plötzlich wurde sie sich bewusst, dass nicht die Meeresbrise durch ihr Haar fuhr, sondern dass sie Janneks Fingerspitzen auf Haar und Haut spürte.

Ein wohliger Schauer durchfuhr sie. Doch gleichzeitig riss sie die Augen auf, was sie sofort bereute, kaum dass sie ihm ins Gesicht sah und ihre Blicke sich trafen.

Jannek lag auf der Seite, stützte seinen Kopf mit dem linken Arm ab und sah mit einem merkwürdigen Ausdruck auf sie herab, zugleich schutzlos traurig und sehnsuchtsvoll zärtlich.

Erschrocken, als hätte sie ihn bei etwas Verbotenem ertappt, zog er seine Hand zurück und rückte von ihr ab. Ebenso jäh wich auch der verträumte Ausdruck von seinem Gesicht.

»Du hattest da Blätter in den Haaren! Die hat der Wind vom Hang geweht!«, stieß er hastig hervor, als müsste er sich rechtfertigen. Verlegene Röte schoss ihm dabei ins Gesicht. Dann wandte er sich ab, sprang auf und blieb mit dem Rücken zu ihr stehen. »Die Sonne ist weg. Es wird Zeit, dass wir gehen!«

Dass sich Wolken vor die Sonne geschoben hatten, sah sie selber.

Aber bis auf den dunklen Strich am fernen Horizont war der Himmel über der Küste immer noch freundlich und ohne jede Anzeichen, dass in Kürze mit Regen zu rechnen war.

Sie wünschte, sie hätte sich eben nicht gerührt und schon gar nicht so schnell die Augen aufgemacht. Aber vielleicht stimmte es ja auch, und er hatte wirklich nur Laubreste aus ihren Haaren und von ihrer Stirn gewischt.

Machte es denn einen Unterschied?

Leah wich der Frage aus, stieß sie zurück ins Unterbewusste und stand nun auch schnell auf.

Jannek mied ihren Blick, während er flüchtig seinen Mantel ausschlug und ihn sich dann über die Schultern warf. Und seine Landsermütze zog er sich tiefer als sonst in die Stirn, als müsste er sich vor einem ungemütlichen, kalten Wind schützen. Dabei waren die Temperaturen noch recht angenehm.

Als sie den steinigen Strand zu der Stelle hochgingen, wo der Trampelpfad sich den Hang hochschlängelte, kam ihnen ein Mann in einer braunen abgescheuerten Cordhose und einer ähnlich braunen, speckigen Lederjacke entgegen, die er offen trug. Die Lederjacke hatte einen Pelzkragen, war gefüttert und von der Art, wie sie Piloten gegen die Kälte in großer Höhe bevorzugten. Darunter trug er einen grauen weiten Pullover mit hochgeschlagener Kapuze.

Der Fremde war von untersetzter, stämmiger Gestalt mit breiten Schultern, und unter der Kapuze lugte ein Gesicht mit einem wild wuchernden schwarzen Vollbart, einer ebenfalls dichten und verfilzten Mähne und einer Brille mit runden Gläsern und billigem Drahtgestell hervor. Er führte einen Holzeimer mit sich, wie sie zu Dutzenden im Waschhaus bei den großen Kesseln für Kochwäsche herumstanden. Nur dass genügend kochendes Wasser für einen dieser großen Zuber nur selten zu haben war.

»So viel zum Thema Geheimtipp!«, scherzte Leah leise in dem Versuch, die Befangenheit, die noch irgendwie zwischen ihnen hing, aus der Welt zu schaffen.

Sie ließen den fremden Mann passieren, der ihnen flüchtig und wortlos zunickte. Dabei registrierten sie, dass im Eimer ein graues Handtuch und obenauf ein Stück Seife lagen. Zielstrebig hielt er auf das nordöstliche Ende der Bucht zu, wo die schmale Sichel unter einem leicht bogenförmig aufsteigenden Felsenüberhang auslief. Dann machten sie sich auf den Weg nach oben.

Man konnte nur hintereinandergehen, und der Pfad vollführte auf dem mit niedrigem Gestrüpp und Kletterpflanzen überwachsenen Hang drei scharfe Schleifen, bis er gute zwanzig Meter über der Bucht in den Wald mündete.

»Ganz schön umständlich, hier zum Waschen herzukommen«, brummte Jannek. »Andererseits, viel kälter als oben im Haus ist das Wasser hier auch nicht.«

»Und man muss nicht erst lange warten, bis ein Waschbecken frei wird!«

Kurz vor der letzten Kehre blieb Jannek stehen, weil am linken Schuh seiner Halbstiefel die Schnürsenkel aufgegangen waren. Als er sie wieder festgebunden hatte und sich aufrichtete, blickte er unwillkürlich nach unten. Zufällig trat der Vollbärtige im selben Moment aus dem Sichtschutz des Felsenüberhangs und griff nach seinem Holzeimer.

Leah bemerkte Janneks Stutzen, sah, wie sich seine Stirn irritiert zusammenzog, und folgte seinem Blick nach unten in die Bucht. Sie sah gerade noch, wie der Fremde, der sich splitternackt ausgezogen und seine Kleidung ordentlich auf einem Felssockel abgelegt hatte, sich mit dem Holzeimer in der Hand umdrehte und wieder aus dem Blickfeld trat.

»Ist irgendwas, Jannek?«, erkundigte sie sich verwundert. »Kennst du den Mann vielleicht?«

Er antwortete ihr erst nicht. Zwei, drei Sekunden lang starrte er noch wie gebannt hinunter auf die Stelle, wo die splitternackte Gestalt flüchtig erschienen war und sich nach dem Eimer gebückt hatte. Dann schüttelte er heftig den Kopf, als wollte er einen unsinnigen Gedanken abschütteln.

»Nein, dummes Zeug! Da ist nichts!«, murmelte er. Doch er blickte auf dem Rest der Strecke immer wieder kurz nach unten, als hoffte er, einen zweiten Blick auf den Mann werfen zu können.

5

»Komm, lass uns einen Spaziergang durch den Park machen. Das schöne Wetter müssen wir nutzen«, schlug Sophie ihrer Mutter vor, nachdem sie Handtuch und Toilettentasche zurück auf ihr Zimmer gebracht und in den Koffer unter der Feldpritsche zurückgelegt hatten.

In den Räumen und Gängen war ein ständiges Kommen und Gehen, und selbst auf den langen Korridoren waren Pritschen und Stockbetten dicht hintereinander aufgestellt, damit alle einen Schlafplatz hatten. Man hatte ihnen mit zwei anderen Familien aus Österreich ein Zimmer im dritten Stock zugeteilt, doch zum Glück nicht in einem jener Traktteile, wo das Dach undicht war. Dort musste man bei starkem Regen immer damit rechnen, dass Wasser durch die Decke sickerte und man plötzlich einen kalten Guss abbekam, was insbesondere nachts eine äußerst unangenehme Angelegenheit war.

»Erst mal muss ich sehen, wo Felix steckt«, sagte Margot mit besorgter Miene, denn nichts trieb sie mehr um als das Wohlergehen ihres Jüngsten, ihres kleinen Prinzen. »Er hat sich schon seit Stunden nicht mehr blicken lassen. Gott allein weiß, wo er sich herumtreibt!«

»Wo soll er sich hier schon groß herumtreiben, Mom? Felix weiß, dass niemand das Gelände verlassen darf, und er ist ja nun wirklich ein braver Junge, der wahrlich nicht dazu neigt, über die Stränge zu schlagen und sich in irgendwelche Abenteuer zu stürzen. Vermutlich wird er mit seinen neuen österreichischen Freunden irgendwo auf dem Hof um Murmeln oder im Park Verstecken spielen«, vermutete Sophie, die sich manchmal daran störte, wie still und artig ihr kleiner Bruder war. Sie konnte sich nicht erinnern, dass er je etwas ausgeheckt hatte, das ihm Ärger mit den Eltern eingebracht hätte. »Um ihn brauchst du dir nun wirklich keine Sorgen zu machen, er ist bei Alex, Simon und den anderen Jungen gut aufgehoben.«

»Mag sein, aber sicher ist sicher«, beharrte ihre Mutter.

Als sie das Gebäude durch einen der vorderen Seiteneingänge verließen, stießen sie sogleich auf Marius – und auf den Vater, der in der Sonne auf einer der Steinbänke saß, sich gerade die Pfeife stopfte und ein interessiert lauschendes Publikum von gut zwei, drei Dutzend Personen um sich versammelt hatte.

»Der Vater ist mal wieder ganz in seinem Element. Endlich mal wieder ein Publikum, dem er die Welt erklären kann«, raunte Marius, der neben der Tür an der Wand lehnte, seiner Schwester zu. »Und dozieren kann er, das muss man dem alten Herrn lassen.«

Der Anblick der kleinen Menge, die den Worten ihres Mannes interessiert lauschte, zauberte sofort ein stolzes Lächeln auf Margot Buchheims Gesicht. Und für kurze Zeit war vergessen, dass sie doch nach Felix hatte sehen wollen.

»…und so hat die Welt uns verraten, nicht nur uns Juden«, sagte Herschel gerade mit kräftiger und wohltönender Stimme, die in einem vollen Saal mühelos auch die Zuhörer in den hintersten Reihen erreichte. »Ja, wir müssen uns der Erkenntnis stellen, dass in der Welt unserer Generation alles versagt hat, wozu wir gläubig aufgeblickt und was wir als großartige Errungenschaft unseres Jahrhundert gefeiert haben: die Wissenschaft, die Philosophie, die Wirtschaft und die Politik. Der Mensch ist dabei, sich die Naturkräfte untertan zu machen und immer entsetzlichere, hochtechnisierte Waffen des Massenmordes zu entwickeln, während gleichzeitig Humanität zu einer Floskel verkommt, die besonders in der Politik nur noch zur Täuschung der Öffentlichkeit taugt. Und für diese perfide Augenwischerei ist die Konferenz von Évian ein treffliches Beispiel, meine verehrten Herrschaften. Ich nehme an, dem einen oder anderen ist Évian ein Begriff?«

Er blickte erwartungsvoll in die Runde, während er ein Streichholz anriss und den Tabak in Brand setzte.

»Ist es natürlich nicht, und das weißt du ganz genau, Pa«, murmelte Marius und verzog das Gesicht zu einem halb spöttischen, halb anerkennenden Grinsen wie jemand, der den Taschenspielertrick zur Genüge kannte, sich aber dennoch seiner Wirkung auch diesmal nicht ganz entziehen konnte. »Doch der Spaß sei dir gegönnt.«

Die Mutter schoss ihm einen tadelnden Blick zu und bedeutete ihm mit einem Zischlaut, sich gefälligst weiterer Kommentare zu enthalten.

Sophie hatte Mühe, ein Kichern zu unterdrücken. Andererseits war sie aber auch stolz, dass ihr Vater stets seine Zuhörer in seinen Bann zu ziehen vermochte – und das selbst hier unter offenem Himmel im Sammellager!

»Ich glaube, das mit der Konferenz von Évian werden Sie uns schon erklären müssen, Herr Professor«, rief ihm einer der Männer zu, begleitet von Kopfnicken und zustimmendem Gemurmel der anderen Zuhörer.

Herschel Buchheim nickte verständnisvoll und erlaubte sich ein leicht ironisches Lächeln. »Nun ja, man hat sich damals aus nachvollziehenden Gründen keine große Mühe gegeben, den hochnotpeinlichen Verlauf dieser Konferenz … besser gesagt: die menschenverachtenden Tricks und politischen Bankrotterklärungen der daran beteiligten Staaten *en détail* in der Öffentlichkeit bekannt zu machen«, sagte er mit einem Sarkasmus, der so beißend war wie der Rauch seines minderwertigen Pfeifentabaks. »Und dass diese Konferenz im Juli 1938 im französischen Évian-les-Bains am Genfer See, an der Vertreter von zweiunddreißig Nationen teilgenommen haben, keine weltweiten Schlagzeilen gemacht hat, ist zudem auch noch ein journalistischer Skandal. Denn bei dieser Zusammenkunft, die der amerikanische Präsident Franklin D. Roosevelt angeregt hatte, sollte es darum gehen, den Juden aus Deutschland und Österreich bessere Möglichkeiten der Auswanderung zu bieten.«

Aus der Menge kam bitteres, höhnisches Gelächter.

Herschel sog kräftig an seiner Pfeife und nickte bekräftigend. »Ja, die Herren im feudalen Genfer Hotel waren vordergründig auch alle mehr als willens, uns verfolgte und entrechtete Juden mit offenen Armen in ihren Ländern willkommen zu heißen. Anfangs sprach man von einer Quote von mindestens fünfundzwanzigtausend Juden, die jedes Land aufnehmen sollte. Und an vollmundigen Reden, Betroffenheitsbekundungen und der wohlgemerkt *prinzipiellen* Bereitschaft, jüdische Flüchtlinge aufzunehmen, gab es in den ersten Tagen der Konferenz wahrlich keinen Mangel. Man überbot sich förmlich gegenseitig. Aber als nach all den ausgefeilten Grundsatzreden und den hohlen Phrasen dann die praktische Umsetzung der Flüchtlingshilfe auf der Tagesordnung stand, fielen all die scheinbar weit offenen Türen überall auf der Welt für uns Juden eine nach der anderen schnell wieder zu. Nur hier und da blieb ein kleiner Spalt offen.«

»Wen wundert's!«, rief jemand. »Antisemitismus ist ja wahrlich keine Erfindung der Nazis. Die hatten nur die Kaltschnäuzigkeit und Skrupellosigkeit, ihren Judenhass und unsere Vernichtung ganz unverblümt zu ihrer offiziellen Politik zu machen!«

»In der Tat, in der Tat!«, pflichtete Herschel ihm eifrig bei und deutete mit dem Pfeifenstiel anerkennend auf ihn wie auf einen Studenten, der aufgepasst und die richtigen Schlussfolgerungen aus seinem bisherigen Vortrag gezogen hatte. »Verehrte Herrschaften, ich will Sie ja nicht über Gebühr mit Einzelheiten von dieser Évian-Konferenz traktieren. Aber erlauben Sie mir doch, Ihnen einige wenige Beispiele zu nennen, mit welch durchsichtigen Tricks und haarsträubenden Begründungen sich manche Staaten davor gedrückt haben, Juden in ihrem Land aufzunehmen.«

»Nur zu, Professor!«, schallte es trocken aus dem Publikum. »Unseren Luxusliner nach Palästina werden wir deshalb schon nicht verpassen.«

Es gab leises Gelächter, das jedoch einen dunklen Beiklang hatte. In ihm schwangen Schmerz und die Verbitterung darüber mit, was gewesen wäre, wenn die Welt damals nur ihre Tore für das verfolgte jüdische Volk geöffnet hätte.

Herschel lächelte, wurde jedoch sogleich wieder ernst und nahm seinen Faden auf. »Mit England brauchen wir uns erst gar nicht aufzuhalten. Dessen doppeltes Spiel, das darin bestand, sich erst das Mandat über Palästina unter dem Vorwand zu sichern, das Land zu einer Heimstatt für uns Juden zu machen, und dann davon nichts mehr wissen zu wollen, ist uns ja allen bestens bekannt. Und die Schweiz, die sich so gern als Hort der Freiheit und der Demokratie geriert – nun, die Eidgenossen verschanzten sich dahinter, dass – man höre und staune! – siebentausend … ich wiederhole: *siebentausend* ihrer eigenen Bürger irgendwo in Spanien gestrandet seien und man genug damit zu tun habe, sie heim in die Alpenrepublik zu bringen. Und bei der monumentalen Aufgabe, diesen gewaltigen Strom gestrandeter Schweizer zurück in die Heimat zu bringen … blieb selbstredend weder Zeit noch Platz in ihrem Land für Juden.«

»Aber das Geld der Reichen und sogar der Nazis haben sie immer mit Kusshand genommen!«, kam ein galliger Zwischenruf. »Und das werden sie auch weiterhin tun!«

»Und die Einlagen und Versicherungen der ungezählten Juden, die in Rauch aufgegangen sind, dieses Vermögen werden sie natürlich nicht mehr herausrücken!«, rief ein anderer erbost. »Diese unzähligen Millionen werden sie sich nach einer Schamfrist von einigen Jahren klammheimlich und händereibend in die eigenen Taschen stecken!«

Herschel nickte den beiden zu. »So wird es wohl zweifellos kommen. Aber nun weiter zu Amerika, dem strahlenden Leuchtturm der Freiheit und Schmelztiegel der Welt. Auch seine Vertreter winkten gleich ab. Man habe eine Judenquote, die sei schon ausgereizt, weshalb man leider nichts darüber hinaus tun könne. Peru nun verwies mit ähnlichem Bedauern darauf, dass man betrüblicherweise voll davon in Anspruch genommen sei, die Indianer im eigenen Land in die Gesellschaft zu integrieren, sie aus ihrer primitiven Welt zu führen und sie zu nützlichen, christlich-katholischen Mitbürgern zu machen und so weiter. Und Bolivien? Tja, dummerweise gebe es da seit Kurzem ein

Gesetz, das die Einwanderung von Juden nun mal ausdrücklich verbiete, und so leicht ließe sich das bei den derzeitigen politischen Gegebenheiten nicht ändern. Brasilien, dieses riesige dünn besiedelte Land, verwies seinerseits darauf, dass zufälligerweise auch bei ihnen vor Kurzem ein neues Gesetz in Kraft getreten sei, demnach jeder Einwanderer eine christliche Taufbescheinigung vorweisen müsse, um eingelassen zu werden. »Ecuador hätte natürlich ähnlich gern geholfen, das Judenproblem zu lösen, konnte aber aufgrund seiner Einreisebestimmungen nur in der Landwirtschaft erfahrene Juden mit den entsprechenden Befähigungszeugnissen akzeptieren. Und da Juden landwirtschaftliche Tätigkeiten im Großdeutschen Reich verboten waren, hatte sich die Sache damit auch bei ihnen schnell erledigt.«

»Verdammte Heuchler!«, zischte jemand.

»Panama, Honduras, Costa Rica, Nicaragua fanden einen ähnlich grandiosen juristischen Dreh, um uns nicht aufnehmen zu müssen«, berichtete Herschel, von Tabakschwaden umwölkt, sog er doch zwischendurch hektisch an seiner Pfeife. »Sie erklärten, selbstverständlich zur Aufnahme bereit zu sein, jedoch keinen Bedarf an Intellektuellen und Kaufleuten zu haben … Natürlich gaben sich die Vertreter dieser Länder überrascht, als man sie dezent darauf aufmerksam machte, dass ja gerade der Handel und intellektuelle Berufe schon seit fast ewigen Zeiten die besondere Domäne der Juden sind.«

»Ja, weil man uns die Ausübung anderer Berufe jahrhundertelang verwehrt und uns deshalb gar keine andere Wahl gelassen hat«, warf jemand zornig ein, während immer mehr Leute näher traten, weil sie wissen wollten, was der Grund für die kleine Versammlung am Ende des nordöstlichen Traktes war.

»Sie sagen es, Sie sagen es«, pflichtete Herschel ihm paffend bei, und Sophie lächelte unbewusst und freute sich für ihren Vater, der die Rolle des Vortragenden sichtlich genoss. »Um Sie nun aber nicht über Gebühr zu langweilen und somit zum Schluss meines kurzen Vortrags über die skandalöse Schmierenkomödie namens Évian Konferenz zu kommen: Viele Länder machten es sich noch um einiges einfacher, indem sie ihre Bereitschaft zur Aufnahme von Juden an nur eine einzige, scheinbar leicht zu erfüllende Bedingung knüpften: Sie forderten den Nachweis, dass die Einwanderer über ausreichend finanzielle Mittel verfügten, um für eine gewisse Zeit für sich selbst sorgen zu können, sodass sie dem Staat nicht zur Last fielen. Natürlich wohlwissend …« Er machte eine kurze dramatische Pause und hob die Hand wie ein Ankläger, bevor er weitersprach. »…wohlwissend, dass die Nazis ausreisenden Juden nur die Mitnahme von maximal zehn Reichsmark erlaubten, was gerade mal einem britischen Pfund und weniger als sechs Dollar entsprach! Und damit waren auch diese Länder sozusagen mit einem Federstrich vom Haken.«

»Wie viele von diesen zweiunddreißig Ländern haben denn die anfangs angestrebte Quote von fünfundzwanzigtausend Juden erfüllt?«, fragte ein junger Mann.

»Nicht eines!« Herschel stach mit seinem Pfeifenstiel in die Luft, als wollte er damit jemanden erstechen. »Die Welt hat uns verraten, hat uns im Angesicht unserer drohenden Ausrottung ohne die geringsten Skrupel den braunen Massenmördern überantwortet – und damit, meine verehrten Herrschaften, haben wir nicht nur das Recht, sondern auch die Pflicht und Verantwortung für die nachkommenden Generationen, Palästina zur nationalen Heimstatt der Juden zu machen! Das ist die einzige Heimat, die wir je hatten, auch wenn wir fast zweitausend Jahren in der Diaspora gelebt haben, und die wir jemals haben werden!« Er deutete eine Verbeugung an.

Die Menge bedankte sich mit kräftigem Applaus und sogar mehreren Bravo-Rufen.

»Na, da wird doch jetzt nicht auch noch ein *da capo* aus der Menge kommen, oder?«, juxte Marius, aber so leise, dass nur Sophie es hören konnte, die zwischen ihm und der Mutter stand.

Sie verpasste ihm einen verstohlenen Stoß in die Rippen.

»Das ist es, wozu euer Vater bestimmt ist, nicht zu einem Leben in einem palästinensischen Kibbuz!«, sagte derweil die Mutter mit einer Mischung aus Stolz und Anklage.

Der Halbkreis um Herschel Buchheim löste sich auf. Einige ließen es sich jedoch nicht nehmen, dem Professor die Hand zu schütteln, ihm zu danken und ihn aufzufordern, noch weitere derartige kleine Vorträge zu halten.

»Pa hält Hof«, kommentierte Marius die Szene. »Ist doch was anderes, als im Hinterzimmer Schreibmaschinen abzustauben und zu reparieren!«

»Nun lass es mal endlich gut sein!«, zischte Sophie, konnte sich jedoch ein Grinsen nicht ganz verkneifen, denn so ganz unrecht hatte ihr Bruder nicht.

Ihr Vater kostete die Anerkennung weidlich aus, bedankte sich seinerseits, schüttelte die ausgestreckten Hände mit beiden Händen, als sei *ihm* von seinem Publikum ein großes Geschenk zuteilgeworden, für das er zu danken habe, was ja auch der Wahrheit entsprach, lächelte sichtlich geschmeichelt und mit vor Freude leicht geröteten Wangen und antwortete mit professoraler Würde, dass er weiteren Vorträgen nicht abgeneigt sei und sich darüber Gedanken machen werde.

Als Sophie indessen Ausschau nach Felix hielt, fiel ihr Blick auf einen Mann, der gerade in ihrer Nähe über den Vorplatz ging, in ihre Richtung schaute – und jäh stehen blieb. Der Fremde war Anfang dreißig, wie sie schätzte, trug einen zerschlissenen, schlecht sitzenden Anzug aus grauer Gabardine, ein kragenloses Hemd und einen grauen Filzhut. Sein Gesicht war schmal, wirkte recht knochig und wurde von einer kräftigen Hakennase dominiert. Mit verblüffter Miene starrte er zu ihrem Vater herüber. Dabei zog er die Stirn in Falten, als wäre er sich seiner Sache nicht sicher.

Dann kam er mit schnellen Schritten auf sie zu.

6

Der Fremde kam schnell näher. »Professor Buchheim?«, rief er, und aus seiner Stimme klang freudige Überraschung. »Professor *Herschel* Buchheim?«

Der Vater ließ die Hand seines letzten Bewunderers los und richtete seinen Blick auf die hagere Gestalt, die auf ihn zugeeilt kam und seinen Namen so freudig gerufen hatte. Und nun war es an ihm, verblüfft zu sein.

»Sie werden sich wohl nicht mehr erinnern, Professor Buchheim«, begann der Fremde und zog den Hut vom Kopf, »aber ich habe bei Ihnen …«

»Warten Sie!«, fiel Herschel ihm hastig und mit erhobener Hand ins Wort. »Und ob ich mich erinnere. Warten Sie, geben Sie mir einen Moment!« Die Finger seiner erhobenen Hand bewegten sich schnell vor und zurück, als wollte er den Namen aus der Luft fischen. Was auch zu gelingen schien, denn schon im nächsten Moment hörte das Fingergezappel auf, die Hand richtet sich mit gestrecktem Zeigefinger auf sein Gegenüber, und triumphierend rief er: »Lebrecht! … Natürlich, Simon Lebrecht!«

Der Mann lachte und nickte.

»Die Sonette des Lorenzo de' Medici!«, fuhr der Vater mit glänzenden Augen fort, und während Sophie, ihr Bruder und die Mutter nur Vermutungen über diesen Simon Lebrecht anstellen konnten, begann der Vater vergnügt und laut zu rezitieren: »*D'uno amor santo incenda il mio disio, / e d'un tal lume lo ntelletto allumine, / qua si convien chi vuol parlar di Dio.*«

Worauf Simon Lebrecht augenblicklich mit der Übersetzung antwortete: »*Von heil'ger Liebe sei mein Wunsch durchdrungen, / sie sorge, dass der Geist so hell entbrennt, / wie's dem geziert, der sich zu Gott geschwungen.*«

»*De summo buno, Capitolo IV!* Das Motto Ihrer Arbeit, mein lieber Lebrecht!«

Simon Lebrecht strahlte über das ganze Gesicht. »Ihr Gedächtnis ist phänomenal, Professor! Und wie schön, Sie unter den Lebenden zu wissen. Sie wissen gar nicht, wie viel mir das bedeutet! Ich kann es noch immer nicht ganz glauben, dass Sie hier vor mir stehen – und wir auch noch dasselbe Ziel haben!« Er hatte vor Rührung fast Tränen in den Augen.

Dasselbe galt für den Vater. »Ja, es gibt noch Zeichen und Wunder, mein Bester!« Dann wandte er sich an die Mutter: »Meine Liebe, das ist Simon Lebrecht, einer der klügsten Köpfe, die ich je auszubilden das Vergnügen hatte! Er war mein letzter Doktorand und hat bei mir über die Sonette des *Il Magnifico*, des Lorenzo de' Medici promoviert – und zwar *summa cum laude*. Eine exzellente Arbeit!«

»Es ist mir eine Ehre und ein Vergnügen, Frau Professor«, sagte Simon Lebrecht, und seine Verbeugung war so formvollendet wie sein angedeuteter Handkuss.

Sophie sah mit verstohlener Belustigung, wie ihre Mutter bei der Anrede »Frau Professor« entzückt lächelte und wie sie förmlich aufblühte, als der einstige Doktorand des Vaters ihr sogar nach alter Schule einen Handkuss gab. Das war offenbar Balsam für ihre geschundene Seele. Für einen Moment waren die Erniedrigungen der vergangenen Jahre und die unselige Bedeutung dieses Ortes hier vergessen. Ihre Figur straffte sich, Augen und Züge belebten sich, ihr Kopf neigte sich leicht kokett nach links, zusammen mit einer ähnlichen Drehung der Schultern. Von einem Augenblick auf den anderen hatte sie sich in Haltung und Ausstrahlung wieder in jene *Grande Dame* verwandelt, die in Berlin und in Cambridge auf standesgemäßen Festen der Aufmerksamkeit und Bewunderung der anderen Gäste hatte gewiss sein können.

Sie schürzte den Mund. »Mein lieber Herr Lebrecht«, flötete sie. »Wie reizend, Ihre Bekanntschaft zu machen!«

»Mein Gott, es gibt ja so manches zu erzählen, wo wir uns doch so viele Jahre aus den Augen verloren haben!«, sprudelte es aus dem Vater hervor. »Sie müssen berichten, wie es Ihnen ergangen ist. Seit wann sind Sie schon hier, mein werter Lebrecht? Und wo sind Sie untergekommen?«

»Wir sind gestern Nacht eingetroffen, und einquartiert hat man uns in der ›Geschlossenen Abteilung‹ oben im Nordflügel des dritten Stocks! Ich hoffe, das hat nichts zu bedeuten.«

Sie lachten beide wie ausgelassene Kinder, und Herschel teilte ihm freudig mit, dass auch sie im dritten Stockwerk einquartiert worden waren, jedoch im Südflügel.

»Außerdem kann man bei dem wilden Kommen und Gehen wohl längst nicht mehr von einer geschlossenen Abteilung sprechen, obwohl der Lärm und manches Gebaren ganz gut zu einer solchen passen dürften.« Simon Lebrecht lachte erneut überschwänglich und redete in seiner großen Wiedersehensfreude ähnlich atemlos wie sein einstiger Doktorvater. »Aber Sie müssen natürlich meine Frau Pauline kennenlernen! Sie ist ein wahrer Schatz, bei Gott, das ist sie! Wir erwarten unser erster Kind. Nicht gerade ideal angesichts dessen, was vor uns liegt, aber mein Gott, so spielt nun mal die Natur, nicht wahr? Wir freuen uns natürlich und es wird schon gut gehen. Nach dem, was hinter uns liegt, kann uns so schnell nichts mehr schrecken, will ich meinen. Wir hoffen auf ein Mädchen. Die Welt braucht Frauen, sage ich immer! … Ah, da ist Pauline ja, meine Frau und mein Augenstern!«

Er winkte einer kräftig gebauten Frau mit rötlichen Haaren zu, die soeben auf der Freitreppe vor dem Haupteingang erschienen war, um sich blickte, ihren Mann entdeckte und mit einem Lächeln auf dem Gesicht zu ihnen herüberkam. Man sah ihr die Schwangerschaft schon an.

»Pauline, du wirst nicht glauben, wen ich hier getroffen haben! Niemand anderen als Professor Buchheim! … Ja, meinen Doktorvater Professor Herschel Buchheim! Ist das nicht eine wundersame Fügung?«

Hätte Simon Lebrecht die freudige Nachricht seiner Frau nicht schon aus mehreren Schritten Entfernung laut zugerufen, Leah hätte es nicht gehört.

7

»Geh du nur vor«, sagte Jannek und folgte Leah schweigend auf dem Trampelpfad durch das kurze Waldstück. Dass er sie vorangehen und sich selbst zurückfallen ließ, war schon merkwürdig genug. Aber dass er sich mehrfach umschaute, als erwartete oder hoffte er gar, dass der vollbärtige Fremde gleich hinter ihnen auftauchen würde, gab ihr wirklich zu denken. Die kurze Begegnung schien ihn sehr zu beschäftigen, und wenn sie seinen finsteren und zugleich irritierten Gesichtsausdruck richtig deutete, schien er selber nicht zu wissen, was er davon halten sollte.

Leah kannte ihn jedoch gut genug, um ihm jetzt keine Fragen zu stellen. Wenn er über etwas nicht sprechen wollte, und das war ja offensichtlich, dann war auch nichts aus ihm herauszulocken. Im Gegenteil, wenn man ihn in solchen Situationen bedrängte, zog er sich nur noch tiefer in sein Schneckenhaus zurück.

Vor ihnen tauchte zwischen den alten Bäumen die hohe, vermooste Backsteinmauer mit der schmalen Seitenpforte auf, durch die es zurück auf das Gelände von Saint Jerome ging. Die Scharniere der rostigen schmiedeeisernen Gittertür waren wohl erst kürzlich geölt worden, denn die Tür ließ sich leicht und ohne zu quietschen bewegen.

Auf der anderen Seite der Pforte lehnten zwei verbeulte und nicht weniger rostige Wellbleche an der Mauer, an der entlang wildes Gestrüpp und Efeu wucherten. Keine vier Schritte davon entfernt erstreckte sich ein langer, niedriger und windschiefer Schuppen, der früher vermutlich die Gerätschaften für die Pflege der Parkanlagen beherbergt und als Werkstatt für hauseigene Reparaturen gedient hatte. Entlang der Schuppenwand, die der Umfassungsmauer gegenüberlag, fand sich allerlei Gerümpel, das die ungezähmt wuchernde Natur längst fest umschlungen hielt. Kein Ort, an dem man sich herumtrieb und auf Entdeckungsreise ging. Wer von der Existenz der Pforte an dieser Stelle nicht wusste, hätte sie deshalb nicht einmal zufällig entdeckt.

Leah hob das rechte Blech an, schlüpfte durch den Spalt und hielt ihn für Jannek offen.

Er war so in seinen Gedanken versunken, dass er ihr nicht einmal dankend zunickte, geschweige denn es übernahm, das Blech wieder vor die Lücke zu ziehen. Er ging einfach weiter, als hätte er ihre Gegenwart völlig vergessen.

»Klar doch, gern geschehen!«, maulte sie, schob das Blech an seinen Platz und schloss schnell zu ihm auf.

Kurz darauf gelangten sie wieder auf den weiten Vorhof, als sie durch eine Lücke in den verwilderten Hecken traten, die früher einmal in kunstvoller Form einen Zierteich und einen kleinen Pavillon umschlossen hatten. Der Zierteich war längst zu einer Unkrautmulde versandet, und der Pavillon hatte sich in eine wurmzerfressene, morsche Ruine verwandelt.

Sie umgingen ein wahres Labyrinth aus Wäscheleinen, die zwischen fast zwei Dutzend in die Erde gerammten Stangen in Zickzacklinien gespannt waren. Die dort zum Trocknen aufgehängte Wäsche gab Zeugnis von den bescheidenen bis ärmlichen Verhältnissen ihrer Besitzer ab. Andererseits: Wer hätte auch das Risiko gewagt, edle Spitze oder andere teure Kleidungsstücke in diesem unübersichtlichen Wäschewald völlig unbeaufsichtigt in der milden Meeresbrise wehen zu lassen?

Der Vorplatz und die angrenzenden Anlagen waren wegen des prächtigen Wetters dicht bevölkert, überall herrschte ein lebhaftes Treiben, und dabei ging es entsprechend laut zu. Auf der anderen Seite des Platzes spielte eine Gruppe Halbwüchsiger Fußball. Kinder tobten herum. Man spielte im Freien Karten, Schach und Domino. Andere lasen. Ein Rabbi hatte etwas abseits von dem allgemeinen Trubel eine Gruppe Chassiden um sich versammelt und studierte mit ihnen die Tora. Ein Teil der Leute genoss den milden Novembertag, indem sie einfach so hin und her spazierten, in kleinen Gruppen, selten zu zweit und viel zu oft allein und wie verloren in der Menge der Auswanderer, die voller Ungeduld auf den Tag und die Stunde des endgültigen, wirklichen Aufbruchs warteten. Einige Dutzend zionistische Aktivisten beiderlei Geschlechts sangen jüdische patriotische Lieder und tanzten dabei die Hora, die Arme der Tanzenden über den Schultern ineinander verschlungen, sodass ihre Körper ein weites hin und her schwingendes Kettenrund bildeten.

»Na, es sieht aus, als würden wir doch noch Regen kriegen«, sagte Leah mit Blick zum Himmel, der unter den plötzlich heranziehenden Wolken immer mehr von seinem sonnigen Glanz verloren hatte.

Jannek reagierte nicht, schien sie überhaupt nicht gehört zu haben. Mit grüblerischer Miene ging er neben ihr her, ohne sie jedoch wirklich wahrzunehmen.

Es war Motte, der Jannek aus seiner finsteren Versunkenheit holte. Er kam ihnen flotten Schritts kurz vor dem Gebäude entgegen, dabei hielt er eine ramponierte lederne Aktentasche unter den linken Arm geklemmt. »Ich hab euch schon überall gesucht«, rief er. »Das Ding ist in trockenen Tüchern, Leute!« Er zwinkerte ihnen mit einem Grinsen zu und klopfte mit der rechten Hand auf die Aktentasche. »Ihr werdet staunen, wenn ihr seht, was ich für euch herausgeholt habe!«

Jannek blieb stehen, sah ihn mit einem Blinzeln an, als könnte er sich nicht erinnern, wer das war, der da plötzlich vor ihm im Weg stand, und bellte dann fast gereizt: »Was hast du gesagt?« Dabei drehte er sich um und schaute flüchtig den Weg zurück, den sie gekommen waren. Dann schüttelte er kaum merklich den Kopf, als ärgerte er sich plötzlich über sich selbst, und wandte sich wieder Motte zu. »Was hast du wobei für uns herausgeholt?«

Motte lachte vergnügt. Er genoss den Augenblick sichtlich. »Mann, ich hab euer Vierzig-Pfund-Limit meistbietend vertickt!«

»Keine Ahnung, wovon du sprichst«, brummte Jannek und klang nun wieder normal. Auch dieser düstere Ausdruck war von seinem Gesicht verschwunden.

»Ich auch nicht«, sagte Leah. »Also wie wär's, wenn du uns mal erklären würdest, was du ohne unser Wissen für uns ›vertickt‹ und ›in trockenen Tüchern‹ hast?«

»Klar doch! Aber habt ihr denn schon wieder vergessen, was drüben in der alten Klapsmühle überall angeschlagen ist und woran der Sabre Eli bei den Essenszeiten noch einmal erinnert hat, nämlich dass jedem bei der Einschiffung nur maximal vierzig Pfund und nicht ein verdammtes Gramm mehr Gepäck erlaubt sind?«

»Und?«, fragte Jannek verständnislos. »Was juckt uns das Limit? Ich krieg nicht mal fünf Pfund Gepäck zusammen und Leah auch nicht.«

»Genau! Und deshalb habe ich es mir ja auch erlaubt, euer nicht vorhandenes Freigepäck meistbietend unter unseren Gepäckweltmeistern zu versteigern«, teilte er ihnen aufgekratzt mit. »Oder ist euch auch entgangen, dass hier eine ganze Menge Leute regelrecht mit Sack und Pack eingetroffen sind und dass die bei dem Vierzig-Pfund-Limit jetzt bald 'ne Menge von ihrem Zeug zurücklassen müssen?« Wie ein Schauspieler machte er eine kurze Pause, um dann seine Pointe zu bringen. »Es sei denn, sie finden jemanden, der einen Teil von ihrem Kram als sein eigenes Gepäck ausgibt. Aber das hat natürlich seinen Preis, wie ihr mir zustimmen werdet.«

»Heilige Makrele!«, entfuhr es Jannek. »Du hast uns für irgendwelche Typen zum Gepäckmuli gemacht?«

»Mann, ist doch nur einmal aufs Schiff schleppen und einmal wieder runter! Und dafür werden wir alle fürstlich bezahlt«, erwiderte Motte mit unverändert selbstsicherem Grinsen, während er die Aktentasche unter dem Arm hervorholte, die abgescheuerte Lederschnalle öffnete und hineingriff. »Hier, das habe ich im Schweiße meines Angesichts für euch herausgehandelt, während ihr …«, er dämpfte seine Stimme, »… zum süßen Nichtstun an den verbotenen Strand gegangen seid und euch die Sonne auf den Pelz habt brennen lassen.« Dabei drückte er jedem von ihnen zwei Packungen filterlose *Eckstein No. 5* und eine grüngraue Blechschachtel mit gelbem Etikett in die Hände. »Na, ist das nicht fette Beute, Freunde? Wette, dass mir das so schnell keiner nachmacht!«

»Ja, diese Wette würdest du wohl gewinnen«, sagte Leah anerkennend.

Dagegen fragte Jannek mehr verdrossen als verblüfft: »Was sollen denn das für Glimmstengel sein?« Er zog mit Blick auf die Blechschachtel die Stirn kraus und sprach den Namen des Zigarettenherstellers, der auf dem gelben Etikett prangte, laut aus. »*A. Batschari?*«

»Bestes Kraut!«, versicherte Motte. »Steht doch drauf: *Hoflieferant – Baden-Baden – Royal Standard!* In der Schachtel sind fünfzig Lullen vom Feinsten, Mann!«

»Wüsste nicht, welcher Lieferant, dessen Name mich irgendwie an einen ägyptischen Kameltreiber denken lässt, in Baden-Baden noch welchen Hof beliefern könnte«, spottete Jannek.

Motte machte nun eine gekränkte Miene. »Das ist jetzt aber nicht fair, *Chaverim!*«, protestierte er und appellierte mit Nachdruck an ihre *Haganah*-Kameradschaft. »Ganz abgesehen davon, dass ich mich mit einer nun wahrlich kläglichen Provision von nur zehn Prozent begnügt habe, dachte ich wirklich, ihr wüsstet zu schätzen, was ich da für euch …«

»Jetzt halt mal bloß die Krokodilstränen zurück, Motte!«, fiel Jannek ihm ins Wort und hieb ihm seine Linke freundschaftlich auf die Schulter. »Und wenn wir nicht gleich vor unendlicher Dankbarkeit vor dir auf die Knie fallen, so hast du das schon gut gemacht«, frotzelte er. »Wäre selbst nie auf den Gedanken gekommen.«

»Ich auch nicht«, sagte Leah und schenkte Motte ein dankbares Lächeln. »Clevere Idee von dir. Und diese *Batscharis* sind bestimmt in Ordnung.«

Jannek nickte. »Und wenn nicht, ist es auch egal. Hauptsache, wir haben auf der Schiffsreise genug zu qualmen dabei. Kann ja unter Umständen etwas dauern, bis wir wieder an Nachschub kommen.«

»Apropos Schiff, hast du vielleicht gehört, wann es endlich losgeht?«, fragte Leah.

Motte schüttelte den Kopf. »Nee, nur alle möglichen Latrinenparolen. Jemand will sogar gehört haben, dass unser Schiff von britischen Agenten mit Sprengstoff versenkt worden sein soll. Ist natürlich Blödsinn. Aber wenn es stimmt, was Maurice gestern gesagt hat, dann kann es jederzeit losgehen. Und deshalb muss ich auch weiter, Leute. Hab da noch ein paar Kumpel aus unser Gruppe an der Hand, deren nicht vorhandenes Freigepäck ich auch noch so teuer wie möglich an die besitzende Klasse verhökern soll.« Und mit einem verschmitzten Lächeln eilte er davon.

Leah sah ihm lachend nach und wollte etwas zu Jannek sagen. Doch in dem Moment hörte sie einen Mann, der gerade hinter ihr vorbeiging, freudig rufen: »... Professor Buchheim! ... Ja, meinen Doktorvater Professor Herschel Buchheim! ... Ist das nicht eine wundersame Fügung?«

8

Leah zuckte wie unter einem unvermittelten Schlag zusammen, riss die Augen auf und fuhr herum. Von einer Sekunde auf die andere begann ihr Herz zu rasen. Eine Gänsehaut überlief sie, während sich gleichzeitig ein flaues, an Übelkeit grenzendes Gefühl in ihrem Magen ausbreitete.

Konnte es wirklich sein, dass sie hier auf Verwandte stieß, die die Shoa überlebt hatten, oder erlaubte sich das Schicksal einen bösen Scherz mit ihr?

Sie hatte beim Roten Kreuz und anderen Organisationen, die sowohl die von den Nazis getöteten als auch die überlebenden Juden lückenlos zu erfassen suchten, immer wieder zu hören bekommen, dass in den letzten Monaten der Kriegswirren viele Unterlagen der Nazis verloren gegangen und die Listen deshalb fehlerhaft und unvollständig waren und sie die Hoffnung auf Überlebende bloß nicht aufgeben sollte. Aber mit der Zeit hatten diese immer gleichen Ermutigungen jegliche Hoffnungskraft verloren, und es hatte sich bei ihr die Überzeugung durchgesetzt, dass dies vielleicht für andere gelten mochte, nicht jedoch für sie. Und nun sollte doch alles ganz anders sein?

Ihre Augen suchten den Mann, der soeben »Professor Herschel Buchheim« gerufen hatte, um so schnell wie möglich den zu finden, dem der Ruf gegolten hatte. Für einen Moment verstellte ihr eine hagere Gestalt in einem schlecht sitzenden Anzug das Sichtfeld und ihr Blick sprang rechts und links an ihm vorbei. Dann begriff sie, dass ebendieser Mann es gewesen war, den sie rufen gehört hatte, und dass dieser hagere Fremde winkend und zielstrebig auf einen Pfeife rauchenden Mann zuhielt, der mit seiner Familie an der Steinbank neben dem Seiteneingang des Sanatoriums stand.

Sie erfasste die schlanke, leicht ergraute Gestalt, die attraktive Frau an seiner Seite sowie das Mädchen mit dem braunen Zopf und den jungen Mann mit den markanten Gesichtszügen mit einem einzigen schnellen Blick.

Das Wiedererkennen war ein Schock.

Der Atem blieb ihr weg.

Fast acht Jahre hatte sie ihren Onkel und seine Familie nicht gesehen, und doch wusste sie sofort, dass sie es waren. Vielleicht hätte sie Sophie und Marius nicht gleich auf Anhieb wiedererkannt. Aber selbst bei ihnen wäre nur ein zweiter Blick nötig gewesen, um die Erinnerungen an gemeinsame Urlaube und gegenseitige Besuche in ihr wachzurufen.

Ihr Herz hämmerte in der Brust und im selben Rhythmus rauschte es in ihren Ohren.

Dann sog sie scharf die Luft ein.

Das Bild ihrer Berliner Verwandten, der Familie Buchheim, brannte sich ihr mit einer Mischung aus wildem Schmerz und überschäumender Freude ein. Sie hatte ihre Eltern und ihre kleine Schwester verloren, hatte sie alle drei vor ihren Augen sterben sehen, und nichts konnte diese tiefe Wunde jemals wirklich heilen. Aber sie hatte sich darin geirrt, dass außer ihr keiner aus der Verwandtschaft den Judenmord überlebt hatte. Denn nun sah sie, dass sie doch nicht allein auf der Welt war! Es erschien ihr wie ein Wunder, und entsprechend überwältigend stürzte die Erkenntnis auf sie ein.

Ihre Beine fühlten sich plötzlich weich wie Pudding an und sie wankte.

»Was hast du?«, fragte Jannek besorgt, als er sah, wie blass sie plötzlich im Gesicht war. »Mein Gott, ist dir nicht gut? Ist dir schwindelig?«

Leah war sich nicht bewusst, dass sie im Moment des Schocks unwillkürlich nach seinem Arm gegriffen hatte. »Ja, ein bisschen!«, stieß sie leicht benommen hervor und schüttelte dann den Kopf. »Du wirst es nicht glauben, und ich kann es ja selbst kaum glauben, aber der Mann da drüben bei der Bank, das … das ist mein Onkel Herschel. Er ist der ältere Bruder meiner Mutter! Und die anderen sind Tante Margot, meine Cousine Sophie und mein Cousin Marius. Die haben in Berlin gewohnt. Ich hab ihre Namen auf keiner Liste von Überlebenden gefunden und gedacht, sie wären auch irgendwo in einem KZ …« Sie führte den Satz nicht zu Ende. »Und jetzt sind sie hier und gehen mit uns nach Palästina! Ist das nicht ein unglaublicher Zufall? Das ist doch absolut verrückt, oder?«

»Wenn das wirklich stimmt – das wäre ein Ding!«

»Mein Gott, ich habe meinen Onkel, Tante Margot und meine Cousins schon seit mindestens … na, acht Jahren nicht mehr gesehen und sie doch sofort wiedererkannt! Unsere Familien hatten sich nämlich damals böse verkracht, das heißt … genau genommen nicht *wir alle*, sondern nur unsere Eltern«, sprudelte sie aufgeregt hervor, und ein beunruhigender Gedanke begann ihre Freude zu trüben. »Das war bei einem gemeinsamen Urlaub an der Ostsee. Keine Ahnung, was da genau vorgefallen ist, aber ein gewöhnlicher Streit kann es nicht gewesen sein, dafür hat es zu viel böses Blut gegeben. Denn wir sind damals Knall auf Fall abgereist. Meine Eltern haben auf der ganzen Rückreise kaum ein Dutzend Worte miteinander gesprochen. Die Stimmung war so eisig, dass ich nicht einmal nach dem Grund zu fragen gewagt habe. Es gab aber nicht nur keine Versöhnung, sondern es wurde bei uns auch nie wieder von ihnen gesprochen. Die Buchheims in Berlin wurden konsequent totgeschwiegen, als hätte es sie nie gegeben. Ich hab schnell begriffen, dass ich gut beraten war, mich auch daran zu halten und nicht nach Sophie und Marius, geschweige denn nach Onkel Herschel und Tante Margot zu fragen.«

»Verstehe. Und jetzt hast du Angst, dass sie nichts von dir wissen wollen, so wie deine Eltern nichts mehr mit ihnen zu schaffen haben wollten«, vermutete Jannek.

Sie nickte. »Kann doch sein, oder?«

»Glaub ich zwar nicht, aber du wirst es ja gleich wissen. Oder willst du dich etwa vor ihnen verstecken?«, fragte er mit spöttisch hochgezogenen Brauen.

»Nein, natürlich nicht. Aber bitte bleib bei mir … falls ich Beistand brauche.«

Er grinste. »Keine Sorge, ich geb dir Geleitschutz.«

Mit halb vor Freude, halb vor Sorge pochendem Herzen ging sie nun mit Jannek an ihrer Seite auf die Buchheims zu. Ihr Onkel unterhielt sich mit dem hageren Mann in dem schlecht sitzenden grauen Anzug, den er mit »mein lieber Lebrecht« anredete, und Tante Margot begrüßte mit einem koketten Lächeln und huldvollem Kopfnicken eine schwangere, rothaarige Frau von etwas bäuerlich derber Erscheinung, die sich Augenblicke vorher zu den Buchheims gesellt hatte und die der liebe Lebrecht ihren Verwandten gerade als seine Frau Pauline vorstellte.

Leah fing den Blick ihres Cousins auf. Gut sah er aus, ein richtiger Mann mit kräftigen Schultern, und sie erinnerte sich, dass er gute zwei Jahre älter und somit jetzt schon neunzehn war. Er bemerkte sie von seiner Familie zuerst. Sie sah, wie er stutzte und die Augen zusammenkniff. Sie wusste, dass er sie wiedererkannt hatte, noch bevor sie ihn ihren Namen aussprechen hörte.

»Mensch, mich laust der Affe! … Das ist doch Leah! … Na klar ist sie das – oder ich will nicht länger Marius heißen!«, rief er verblüfft, stieß Sophie in die Seite und wies mit ausgestrecktem Arm auf sie. Ein breites Lachen überzog seine markanten Züge. »Pa! … Mom! … Seht doch mal, wer da kommt! Der kleine Teufel Leah Katzenauge, der mir damals auf Rügen Sand in meine Zahnpaste gemischt, mir die Hosenbeine meines Schlafanzuges zugenäht und was weiß ich noch alles angestellt hat!«

Der fröhliche Zuruf ihres Cousins machte augenblicklich die Vergangenheit wieder lebendig, zertrümmerte das alte Tabu, das in ihrer Familie mit den Namen der Buchheims verbunden gewesen war, fegte die Jahre eisigen Schweigens hinweg und befreite sie von der Angst, nicht willkommen zu sein und womöglich zurückgestoßen zu werden.

»Aber nur, weil du mit den fiesen toten Krebsen angefangen hast!«, rief sie zurück und lachte. Wie hatte es sie früher geärgert, wenn er sie wegen der Farbe ihrer Augen »Katzenauge« genannt und sich über ihre Dirndlkleider lustig gemacht hatte! Und nun empfand sie ihren alten Spitznamen aus seinem Mund wie ein unerwartetes wunderbares Geschenk.

Aufgeschreckt von ihrem Bruder blickte nun auch Sophie zu ihr herüber und im nächsten Moment klappte ihr vor Fassungslosigkeit der Unterkiefer herunter. »Das ist sie wirklich! Ich werd verrückt! … Mensch, Leah!« Spontan stürzte sie mit ausgebreiteten Armen auf sie zu.

Onkel Herschel schlug die Hände über dem Kopf zusammen, pries Gottes Güte und Barmherzigkeit, rief seinem hakennasigen Gesprächspartner Lebrecht und der schwangeren Pauline eine hastige Entschuldigung zu und schloss Leah Augenblicke später, als Sophie sie endlich freigab, erst etwas tapsig, dann aber mit umso größerer Innigkeit in seine Arme. Er schämte sich seiner Tränen nicht und wollte sie nicht aus seiner Umarmung lassen.

Tante Margot musste ihn erst nachdrücklich an der Schulter rütteln und ihn auffordern, ihrer Nichte doch gefälligst noch Luft zum Atmen zu lassen und ihr nicht die Rippen zu brechen, damit er sie endlich aus seiner kraftvollen Umarmung entließ.

Es war eine stürmische Begrüßung voller Tränen und Lachen auf beiden Seiten, wie Leah sie sich schöner und überwältigender nicht hätte wünschen können. Ausnahmslos alle Buchheims freuten sich, sie am Leben zu wissen und dann auch noch an diesem besonderen Ort mit ihr zusammenzutreffen. Nicht ein Hauch von innerem Vorbehalt war zu spüren. Es war, als hätte es die dunklen sieben, acht Jahre und das böse Blut zwischen ihren Familien nie gegeben. Dass dem so gewesen war, kam ihr nun höchst merkwürdig vor, und sie hätte gern den Grund dafür gewusst. Aber jetzt danach zu fragen kam natürlich nicht infrage. Dafür war später bestimmt noch Zeit genug.

Jannek hielt sich abseits der Buchheims, die sich aufgeregt um Leah drängten, und beobachtete mit leicht zusammengekniffenen Augen und vor der Brust verschränkten Armen die bewegende Wiedersehensszene. Dasselbe galt für den hakennasigen Lebrecht mit seinem Hut in der Hand und seine schwangere Frau, denen ebenso plötzlich die Rolle des unbeteiligten Zuschauers und Außenseiters zugefallen war.

Und dann fand das Herzen und Drücken und Lachen ganz plötzlich ein Ende, als Herschel im Überschwang seiner Freude in das allgemeine fröhliche Durcheinander hinein fragte: »Wann seid ihr denn angekommen, mein Kind? Ich kann es nicht erwarten, meine kleine Schwester Clara, deine Mutter, an mich zu drücken und meinen Schwager wiederzusehen!«

»Ich bin allein, Onkel Herschel«, antwortete Leah ruhig. »Die Mutter und der Vater und auch meine kleine Schwester Rachel sind in Theresienstadt geblieben. Die Nazis haben sie 1943 dort umgebracht. Und von unseren anderen Verwandten in München und Frankfurt ist auch keiner mehr zurückgekommen.« Sie senkte den Blick, als schämte sie sich, weil sie, aber nicht die anderen die Todesfabriken überlebt hatten.

Es war, als hätte jemand einen Eimer eisiges Wasser über eine ausgelassene Gesellschaft ausgekippt.

Herschel kämpfte wieder mit den Tränen. »Wie dumm von mir, mein Kind«, murmelte er betroffen und strich ihr mit zittriger Hand über die Wangen. »Entschuldige, es tut mir ja so leid. Wie sehr ich es mir gewünscht hätte, Julius und Clara, deine Eltern, noch ein Mal…

nur noch ein Mal …« Er brach ab, schüttelte kummervoll den Kopf und wischte sich Tränen aus dem Gesicht.

»Was für ein Elend! … Was für ein himmelschreiendes Elend!«, murmelte Tante Margot mehr unbehaglich als bestürzt und wiederholte die Worte wie ein Mantra, während Sophie sich auf die Lippen biss, um nicht wie ihr Vater in Tränen auszubrechen, und Marius seine Hände knetete und wegschaute, weil er nicht wusste, was er Tröstendes sagen oder tun sollte.

Leah befreite sich und ihre Verwandten aus dieser misslichen Situation, indem sie betont forsch sagte: »Ja, das ist es, Tante Margot, aber alle Tränen dieser Welt machen sie nicht lebendig.« Und dann stellte sie ihnen abrupt und ohne jeden Übergang Jannek vor. »So, und das ist Jannek Raskowitz, ein alter Jugendfreund. Er hat bei uns um die Ecke gewohnt. Wir sind zusammen aufgewachsen. Ich habe ihn in München wiedergetroffen. Wir sind der *Haganah* beigetreten und waren in einem ihrer Ausbildungslager.« Ihre Sätze kamen schnell und abgehackt, und ohne groß Atem zu holen, machte sie dann Jannek mit ihren Verwandten bekannt.

Nur zu bereitwillig nahmen die Buchheims die Gelegenheit wahr, nicht länger bei dem bitteren Thema verharren zu müssen.

Lebrecht machte sich nun mit einem Räuspern bemerkbar. »Ich glaube, wir lassen Sie jetzt besser allein, Herr Professor«, sagte er höflich. »Sie werden sich bestimmt eine Menge zu erzählen haben, wo Sie doch jetzt …«

»Gewiss, gewiss«, fiel Onkel Herschel ihm rasch ins Wort und fand augenblicklich zu seiner jovialen Aufgekratztheit zurück, die das Wiedersehen mit seinem letzten Doktoranden in ihm ausgelöst hatte. »Aber auch wir haben eine Menge auszutauschen, mein lieber Lebrecht, und ich brenne darauf, zu erfahren, ob Sie es noch geschafft haben, Ihr ehrgeiziges Buchprojekt über die Florentiner Akademie in Angriff zu nehmen.« Damit legte er ihm einen Arm um die Schulter. Und mit einem etwas mühsamen Lächeln sagte er zu Leah gewandt: »Und ich glaube nicht, dass meine liebe Nichte jetzt darauf versessen ist, von einem alten Mann wie mir mit sentimentalen Erinnerungen gepeinigt zu werden. Deshalb sollen die jungen Leute erst mal wieder miteinander warm werden, nicht wahr?« Er warf Sophie und Marius einen auffordernden Blick zu, sich um ihre Cousine zu kümmern. »Also dann, wir sehen uns nachher zum Essen, meine Lieben! So, und jetzt erzählen Sie, mein lieber Lebrecht, erzählen Sie!« Den Arm um dessen Schulter gelegt, zog er seinen einstigen Studenten mit sich fort. Und während die beiden sich sofort in ein angeregtes Fachgespräch stürzten, murmelte Lebrechts Frau einen verlegenen Gruß in die Runde und zog sich ebenfalls zurück.

Tante Margot hatte eine Erwiderung auf den Lippen und hob schon die Hand, als wollte sie Einspruch erheben, unterließ es jedoch und sah den beiden Männern und der Schwangeren irritiert und ungehalten nach. Und aus diesem Unmut, gepaart mit Margots Neigung zum Selbstmitleid, erwuchs Augenblicke später der fatale Wortwechsel.

9

Nachdem ihr Mann sie alle einfach so stehen gelassen hatte, wandte Tante Margot sich wieder zu Leah und Jannek und ihren Kindern um. Sie sah sich plötzlich in der Pflicht, das ins Stocken geratene Gespräch wieder in Gang zu bringen, und fragte an Jannek gewandt das Nächstbeste, das ihr in den Sinn kam.

»Wie sagten Sie, heißen Sie? Janneck Raskowitz? Das ist ein polnischer Name, nicht wahr? Waren Sie bei den Partisanen, junger Mann? Oder haben Sie sich irgendwo verstecken können?« Es sollte wohlwollend und freundlich interessiert klingen, hatte aber nicht nur etwas Gekünsteltes und Oberflächliches an sich, sondern in ihrer Frage und Stimme schwang auch etwas Herablassendes mit, nämlich der Dünkel ihrer Klasse. Und dazu kam noch, dass sie offenbar vergessen zu haben schien, was Leah gesagt hatte, nämlich dass sie zusammen in München aufgewachsen waren. Dort war nicht gerade das Zentrum deutscher Partisanen.

»Ja, meine Eltern kamen aus Polen. Aber zu einem Partisan habe ich es nicht gebracht und mit dem Verstecken hat es auch nicht so recht geklappt, Frau Buchheim«, antwortete Jannek trocken. »Gab nicht viele Möglichkeiten, sich in Sachsenhausen oder Auschwitz zu verstecken.«

»Oh!«, machte Tante Margot. »Auschwitz! Ja, ich habe davon gehört. Bestimmt eine schwere Zeit, die Sie da durchgemacht haben.«

Leah glaubte, ihren Ohren nicht trauen zu dürfen.

Sophie und Marius sahen sich ungläubig an, als könnten auch sie nicht glauben, was ihre Mutter soeben gesagt hatte.

»Tja, kann man so sagen«, antwortete Jannek und wirkte äußerlich gleichmütig, doch Leah bemerkte das Aufblitzen in seinen Augen und war gewarnt. »Eine fröhliche Landverschickung war es jedenfalls nicht.«

»Nun ja, wir alle hatten es nicht leicht«, sagte Tante Margot mit einem schweren Seufzer.

Sophie und Marius tauschten einen peinlich berührten Blick, und Sophie sagte mit einer Mischung aus Beschämung und Ärger zu ihrer Mutter: »Also ›schwere Zeiten‹ trifft es nun wirklich nicht, Mom! Du weißt doch, wie entsetzlich es in den Konzentrationslagern zugegangen ist!«

»Ja, meinst du, Sophie?«, murmelte Marius. »Sie wollte doch nie darüber lesen. Und nicht mal Artikel aus der Zeitung durften wir vorlesen.«

Tante Margot schoss ihnen einen erbosten Blick zu und reckte angriffslustig das Kinn. »Ich verbitte mir diese respektlosen Kommentare! Mir braucht keiner Lehren in Nazi-Unrecht zu erteilen, Sophie Magdalena!«, wies sie ihre Tochter scharf zurecht, aber natürlich galt ihre Zurechtweisung auch ihrem Sohn. »Als ob ich nicht sehr wohl wüsste, welche Verbrechen die Nazis begangen haben! Aber wir wollen

doch bitte nicht vergessen, dass auch andere schwere Zeiten durchgemacht haben – und das sogar in England! Ja, das wird man doch
wohl noch sagen dürfen, nicht wahr? Oder hat man uns etwa nicht
auch verfolgt und misshandelt und uns im Grunde genommen alles
genommen?«

»Aber, Mom, das kann man doch nicht vergleichen!«, hielt Marius
ihr vor.

»Wieso denn nicht?«, rief Tante Margot und stemmte die Fäuste in
die Hüften. »Es ist ja nicht so, als ob wir da drüben ein Leben wie im
Schlaraffenland gehabt hätten! Und damit meine ich nicht, dass wir in
London zweimal ausgebombt wurden und dabei all unser Hab und
Gut verloren haben. Nein, davon will ich gar nicht reden. Aber habt ihr
denn schon vergessen, dass man auch uns in England in ein Lager
gesteckt und unser Leben ruiniert hat? Wie schmerzhaft das alles …«

Sophie schnitt ihr das Wort ab. »Bitte hör auf damit! Es kann doch
nicht dein Ernst sein, ein englisches Internierungslager mit einem KZ
der Nazis …«

Zur Verblüffung aller fiel Jannek nun ihr ins Wort. »Danke, dass du
dich so ins Zeug legst, Sophie. Aber warum lässt du deine Mutter nicht
ausreden?«, fragte er mit einer kühlen Ruhe, die Leah augenblicklich
alarmierte und sie ahnen ließ, dass die Sache kein gutes Ende nehmen
würde. »Wenn ihr nichts dagegen habt, würde ich schon gerne hören,
wie schwer die Zeiten in England für euch gewesen sind.«

Sophie machte ein verblüfftes Gesicht und Marius schüttelte nur
den Kopf.

»Da hört ihr es!«, sagte dagegen Tante Margot zu ihren Kindern und
funkelte sie an, als hätten sie ihr bitteres Unrecht getan. »Der junge
Mann hier weiß nicht nur, was sich gehört, sondern er will auch wissen,
was *wir* durchgemacht haben!« Herausfordernd reckte sie ihren Kindern das Kinn entgegen.

Jannek nickte. »Nur zu, erzählen Sie von Ihren schweren Zeiten,
Frau Buchheim!«, forderte er sie auf, zog eine zerknitterte Packung
Chesterfields aus seiner Manteltasche und hielt sie stumm Sophie und

Marius hin. Beide lehnten mit einem Kopfschütteln ab, begleiteten es jedoch mit einem leicht gequälten Lächeln.

»Ja, wo soll ich anfangen?«, überlegte Tante Margot laut, schien plötzlich verunsichert und platzte dann im nächsten Moment heraus: »Es fing damit an, dass sie uns vor ein Tribunal gezerrt haben! Stundenlang haben sie uns verhört, als wären wir Verbrecher! Empörend, wie sie vor allem meinen Mann behandelt haben, einen Professor und Literaturwissenschaftler von Weltruf, den man nach Cambridge geholt und der dort an einem der ältesten und namhaftesten Colleges gelehrt hatte!«

»Ja, man stelle sich das vor!«, raunte Marius. »Obwohl mir das mit dem Weltruf ganz neu ist. Es sei denn, man definiert die Welt als Ellipse, die Berlin und Cambridge umschließt!«

»Halt gefälligst den Mund!«, fuhr Tante Margot ihn an, während sich der Himmel über ihnen immer mehr zuzog. »Man hatte uns bei dem Tribunal als Deutsche der Kategorie C zugeteilt, also als harmlos und unverdächtig eingestuft. Natürlich völlig zu Recht, und deshalb hätten wir später auch in Freiheit bleiben müssen, als der Krieg begann und sie anfingen, alle Deutschen zu internieren. War ja schon schlimm genug, dass wir plötzlich als potenzielle Spione oder gar Saboteure in Verdacht gerieten und daher nicht nur unser Radio abgeben mussten, sondern auch Kamera, Fernglas und alle Landkarten von England. Es war demütigend, wie Verbrecher behandelt zu werden!«

»Das kann ich gut nachempfinden, Frau Buchheim«, sagte Jannek mit ausdrucksloser Miene.

Leah fragte sich, wie ihre Tante nur so blind und unsensibel sein konnte, nicht zu merken, welcher Sarkasmus in Janneks Worten steckte.

Margot fühlte sich dagegen bestätigt. »Sie sagen es, junger Mann! Man hat uns dann im Morgengrauen abgeholt, jedem nur einen Koffer Gepäck zugestanden und uns auf die Isle of Man gebracht!«

»Übertreib doch nicht so!«, kam es von Marius. »Wir waren doch schon auf und wussten, dass sie kommen würden. Und im Winter dauert es morgens nun mal etwas länger, bis es hell wird!«

Tante Margot wischte seinen Einwand mit einer wütenden Handbewegung beiseite. »Auf der Insel haben sie uns getrennt, ich kam mit Sophie in das Frauenlager bei Port St. Mary, während mein Mann und Marius in Onchan interniert wurden. Und was für ein Teufel der Gouverneur dort war! Der hat sich nicht gescheut, in aller Öffentlichkeit zu verkünden: ›Nur ein toter Hunne ist ein guter Hunne!‹ Als wären wir *Hunnen*! Fast anderthalb Jahre hat man uns dort auf der schrecklichen Insel festgehalten und danach waren wir ruiniert. Ja, die Engländer haben die Karriere meines Mannes zerstört und meinen Kindern die großartige Zukunft geraubt, die sie ganz sicher vor sich gehabt hätten, wenn wir unser Leben in Cambridge unbehelligt von alldem hätten fortsetzen können!«

»Das ist natürlich bitter. Aber Sie haben noch gar nicht erzählt, wie es Ihnen im Lager ergangen ist«, erkundigte sich Jannek.

Leah spürte den ersten Regentropfen. Er fiel ihr in den Nacken und löste bei ihr eine Gänsehaut aus. Sie spürte förmlich die Wut, die sich in Jannek zusammenballte.

»Unerträglich, die reinsten Schikanen, das kann ich Ihnen versichern!«, sagte Tante Margot und war sofort wieder in Rage. »Wenn ich nur an diese Unverschämtheit mit den Briefen denke! Wir durften nur zwei Briefe pro Woche schreiben! Und obwohl das Frauenlager von dem der Männer nur ein paar Meilen entfernt war, dauerte die Zustellung drei Wochen! Denn jeder Brief ging erst zur Zensur nach Liverpool. Außerdem durften wir auf dem Papier, das nur zwölf linierte Zeilen hatte, weder eng noch über die Zeilen schreiben. Wer sich nicht sklavisch an diese Vorschrift hielt und auch nur ein bisschen über die Linien kam, dessen Brief wurde zerrissen, natürlich ohne dass es Ersatz dafür gab!« Wieder stemmte sie voller Empörung die Fäuste in die Hüften. »Stellen Sie sich das einmal vor!«

Jannek nickte bedächtig und zog an seiner Zigarette, aber Leah sah ihm an, dass die Explosion nicht mehr lange auf sich warten lassen würde. »Ja, das versuche ich gerade, Frau Buchheim. Sie haben wirklich einiges durchmachen müssen. Kein Wunder, dass Sie von schweren

Zeiten sprechen. Und bei all dem Elend, das Sie haben durchmachen müssen, muss ich mich ernstlich fragen, ob ich dasselbe auch von mir behaupten kann.«

»Jannek, bitte!«, sagte Leah leise und warf ihm einen beschwörenden Blick zu. »Lass uns gehen!«

Er dachte gar nicht daran und plötzlich stand in seinen Augen ein kaltes Feuer. »Wissen Sie, bei uns in Auschwitz, da arbeiteten die Gaskammern und Krematorien rund um die Uhr. Und irgendwer musste die Leichen aus den Gaskammern holen und in die Öfen werfen. Keine leichte Arbeit, das können Sie mir glauben, und die wurde nun wirklich nicht von den Nazis ausgeführt. Dafür gab es ja immer genug Juden, die lieber diese Arbeit erledigen als sterben wollten. Irgendwie hängt man am Leben, selbst in einem KZ, komisch, nicht wahr? Aber so was in der Art kennen Sie ja auch.« Er sagte es in einem beiläufig klingenden Plauderton. »Wer bei seiner Ankunft im KZ nicht gleich ins Gas geschickt wurde, der musste halb verhungert Schwerstarbeit leisten. Und wer dann krank wurde, kam in die Krankenbaracke. Da wollte aber keiner hin, denn wer nach zwei Tagen im Krankenrevier nicht fähig war, wieder harte Arbeit zu leisten, wurde einfach totgespritzt, Benzin mitten ins Herz oder etwas Ähnliches. Da gab es viele Methoden.«

Tante Margot wurde blass und Sophie und Marius starrten ihn wie betäubt an. Keiner von ihnen schien zu bemerken, dass es zu regnen begann. Wer Wäsche auf der Leine hatte, beeilte sich, sie zu holen und ins Trockene zu bringen. Das bunte Treiben auf dem Vorplatz und in den Anlagen löste sich auf und wurde zu einem Strom von Menschen, die möglichst schnell in den Schutz des baufälligen Kastens wollten.

»Wir hatten aber auch ganz lustige Kerle unter den Wachleuten«, fuhr Jannek fort. »Etwa den SS-Mann Karlheinz Klausner. Der war immer gut aufgelegt und pfiff bei seinen Rundgängen Operettenmelodien vor sich hin. Sein Gepfeife brach nicht mal kurz ab, wenn er einem von uns im Vorbeigehen mit seinem mit Blei gefüllten Schlagstock den Kopf einschlug – einfach so, ohne jeden Grund. Der brauchte das, um bei all dem Elend um ihn herum nicht trübsinnig zu werden, wie er uns wissen ließ. Wir haben ihn den ›Nussknacker‹ genannt. Passt doch gut für jemanden, der seinen Spaß daran hat, Schädel wie Nüsse zu knacken, nicht wahr?«

Tante Margot gab einen erstickten, würgenden Laut von sich, als kämpfte sie gegen die Übelkeit an.

Leah packte Jannek am Arm. »Hör auf damit!«, zischte sie erneut beschwörend, nun aber auch von Abscheu gepackt.

»Aber er war nicht der einzige Bursche, der immer für eine Überraschung gut war. Da gab es auch noch Oskar Kaduk, der war Rapportführer, und sein Vergnügen bestand darin, Häftlingen die Mütze vom Kopf zu reißen, sie in Richtung Stacheldraht zu werfen und den Häftlingen dann zu befehlen, ihre Mützen zu holen, und sie dabei erschießen zu lassen. Unvergesslich auch Wilfried Boger von der Lager-Gestapo, der einmal bei der Ankunft eines Kindertransportes einen kleinen Jungen mit einem Apfel entdeckte, den Jungen an den Füßen packte, seinen Kopf gegen eine Lagerbaracke schmetterte, einen Untergebenen anwies, den Schmutz von der Baracke zu wischen, dann den Apfel ruhig aufhob und mit Genuss in ihn hineinbiss.«

»Jannek, um Gottes willen, es reicht! Lass es gut sein!«, flehte Leah ihn an, lösten seine Worte doch eine Lawine von ähnlich grauenvollen Erinnerungen in ihr aus.

Jannek sah sie kurz an, auf dem Gesicht ein Lächeln. »Du hast recht, ich will Frau Buchheim mit unseren kleinen Lagergeschichten nicht länger langweilen, wo sie doch so viel schwerere Zeiten hinter sich hat«, sagte er. Und dann warf er ihr seine letzten Sätze wie wuchtige Ohrfeigen Schlag für Schlag ins Gesicht. »In Auschwitz wurden bei der Vernichtung der Juden im letzten Kriegsjahr Überstunden gefahren, gnädige Frau. Bis zu elftausend Menschen wurden ermordet – *pro Tag!* Die Güterzüge mit Juden trafen schneller ein als das Gas. Dann hat man sie eben lebend in die Öfen geworfen, und als auch das nicht ausreichte, wurden riesige Feuergruben ausgehoben und die Menschen dort in die Flammen geworfen. Brennend und schreiend kamen sie aus den Gruben gekrochen, nur um mit Stangen wieder ins Feuer zurückgestoßen zu werden.« Sein Atem ging fast so schnell, wie er die Sätze hervorstieß. »Aber lassen wir das. Gibt ja viel Schlimmeres, nicht wahr? Etwa drei Wochen auf einen Brief warten müssen und solche entsetzliche Sachen. Ja, was sind so ein paar Monate im KZ schon gegen die schwere Zeit, die Sie zu erleiden hatten, Frau Professor!« Und mit diesen Worten schnippte er ihr die Zigarettenkippe vor die Füße, sodass Funken hochsprühten.

»Jannek!«, schrie Leah vor Entsetzen über sein abscheuliches Verhalten.

Tante Margot, die bleich wie Wachs geworden war, wankte, als könnte sie sich nicht mehr aufrecht halten.

Sophie zögerte kurz, dann sprang sie ihrer Mutter zur Seite und stützte sie.

Jannek stürmte indessen davon. Doch im Gegensatz zu allen anderen, die so schnell wie möglich aus dem Regen kommen wollten, lief er nicht zurück ins Haus, sondern in die Richtung, in der es zur versteckten Seitenpforte und hinunter zur Bucht ging.

Leah lief ihm nach. Aus der Ferne kam heftiges Donnergrollen. »Was soll das jetzt, Jannek? Wo willst du denn hin? Da zieht doch ein Gewitter auf!«

»Und wenn schon! Hol mich doch der Teufel, ich will es jetzt wissen!«, stieß er grimmig hervor.

»*Was* willst du wissen?«

»Das geht dich gar nichts an!«, gab er barsch zurück und riss sich von ihr los. »Also lass mich in Ruhe! Geh lieber zu deiner Tante zurück. Ihr sensibles Gemüt braucht jetzt bestimmt euren ganzen Trost!«

»Bitte, wie du willst!«, erwiderte sie und blieb stehen. Im nächsten Augenblick verschwand Jannek hinter den verwilderten Hecken.

10

Leah war ins Haus zurückgekehrt und befand sich schon auf der Treppe zum ersten Obergeschoss, als sich ihr Ärger über Janneks unmögliches Verhalten ihrer Tante gegenüber plötzlich in Unruhe verwandelte.

Sie wusste ja, wie jäh Janneks Stimmung umschlagen konnte und dass er dann mit seinen grauenvollen Erinnerungen und seinen finsteren Grübeleien allein sein wollte. Aber diesmal war es anders. Diesmal wollte er zurück zur Bucht, trotz des Unwetters. Und sie ahnte, dass das mit diesem seltsamen vollbärtigen Mann zu tun hatte, dem sie dort begegnet waren.

Was es mit diesem Fremden auf sich hatte und warum Jannek jetzt unbedingt nach ihm suchen musste, darüber wollte sie nicht einmal Vermutungen anstellen. Aber sie hatte das beklemmende Gefühl, dass irgendetwas Schreckliches passieren würde, wenn sie ihm nicht schnellstens nachlief und ihn dazu brachte, sich zu beruhigen und nicht nach diesem vollbärtigen Mann zu suchen.

Abrupt wandte sich Leah auf der Treppe um, bahnte sich nicht gerade rücksichtsvoll einen Weg zurück in die Halle, zwängte sich an den Menschen vorbei, die ins Haus strömten, und rannte hinaus in den strömenden Regen. Der Himmel hatte sich in Windeseile derart verdunkelt, dass man denken konnte, die Nacht sei nicht mehr fern, dabei hatten sie erst frühen Nachmittag. Über dem Meer, aber noch ein gutes Stück von der Küste entfernt, tobte ein schweres Gewitter. Der Donner rollte wie die Detonationen von Geschützsalven über das Meer heran, Sekunden später vom grellen Schein eines Blitzes gefolgt, der unter berstendem Krachen den Himmel zu spalten schien.

Leah rannte so schnell sie konnte über den Platz und hinter die Hecken. Der Regen prasselte auf sie nieder und unter ihren Füßen spritzte das Wasser der Pfützen zu allen Seiten weg. Sie nahm es kaum wahr, wie sie auch nur unbewusst registrierte, dass ihr Regenwasser am

Hals entlang unter die Kleidung rann. Sie hoffte, dass Jannek es sich anders überlegt hatte und ihr gleich entgegenkam.

Sie wartete darauf vergeblich. Und als endlich die verwilderten Parkanlagen auf der Südwestseite des Gebäudes hinter ihr lagen und sie um den schief geneigten Werkstattschuppen rannte, sah sie mit einem Blick, dass sie zu spät kam, um ihn noch vor dem Abstieg zur Bucht einzuholen. Die beiden Wellbleche lagen rechts und links von der Pforte am Boden. Er musste sie mit ungestümer Heftigkeit von der Mauer gerissen haben. Was ein Hinweis auf die Wut war, die noch immer in ihm kochte.

Leah stieß das rostige Gitter auf, rannte durch das kleine Waldstück hinter der Mauer und rief in den rauschenden Regen hinein Janneks Namen, jedoch ohne eine Antwort zu erhalten. Obwohl es nur gerade mal zweihundert Meter bis zur Bucht waren, kam ihr die Strecke plötzlich unendlich lang vor. Es war, als wollte der Wald sie nicht mehr freigeben. Doch dann wichen die Bäume vor ihr zurück und gaben den Blick frei auf den steilen Hang mit dem gewundenen Trampelpfad und die schmale, sichelförmige Bucht, die auf beiden Seiten von zerklüfteten Felswänden begrenzt wurde.

Mit schnellem Atem blieb Leah oben am Rand stehen, wischte sich über das regentriefende Gesicht, holte kurz Luft und starrte dabei zu Jannek und dem fremden Mann hinunter, der inzwischen wieder seine Kleidung trug. Sein Holzeimer lag umgestoßen einige Schritte hinter ihm zwischen den Steinen und Felsplatten, während sein graues Handtuch in ebendiesem Moment von den anbrandenden Wogen erfasst und mitgerissen wurde.

Die beiden Männer standen sich auf dem felsigen Uferstreifen gegenüber. Es war offensichtlich, dass sie sich heftig stritten, das verrieten ihre aggressive Körperhaltung, ihre verzerrten Gesichter und ihr wildes Gestikulieren. Aber was sie sich gegenseitig an den Kopf warfen, konnte Leah nicht hören. Selbst wenn der heftige Regen und das Unwetter draußen auf dem Meer nicht gewesen wären, hätte sie auf die Entfernung wohl kaum ein Wort verstanden.

Wer ist dieser Mann? Und was hat Jannek bloß mit ihm zu schaffen?, fragte sich Leah mit wachsender Beunruhigung und zögerte kurz, ob sie den Abstieg wagen sollte. Denn der Weg war schmal und würde jetzt gefährlich rutschig sein.

Und worüber streiten sie sich?

Der Fremde zog plötzlich etwas aus seiner Lederjacke, das wie ein Bündel weißer Zettel oder gefalteter Papiere aussah. Er hielt sie Jannek hin, forderte ihn nachdrücklich auf, sie zu nehmen.

Aber Jannek machte eine heftige, zurückweisende Bewegung. Was immer es war, das der Mann da in der Hand hielt, er wollte es nicht annehmen.

Doch der Fremde ließ sich von Janneks Ablehnung nicht beirren, er drängte ihm das Bündel förmlich auf, drückte es ihm nun gegen die Brust, damit er es endlich nahm.

Doch Jannek wich vor ihm zurück und schlug ihm das Bündel weißer Zettel mit einem wütenden und kraftvollen Schlag aus der Hand. Sofort erfasste der Wind die weißen Papiere und wehte sie mit sich fort, hinaus auf die dunkelgraue aufgewühlte See, wo sie von den dichten Regenschleiern oder den Wellen verschlungen wurden.

Leah zögerte nicht länger und begann hastig den Abstieg. Zum Glück erwies sich der sandige Weg als nicht ganz so rutschig, wie sie befürchtet hatte. Sie musste aber trotzdem gut aufpassen, wohin sie ihren Fuß setzte. Was bedeutete, dass sie Jannek und den Fremden nicht ununterbrochen in ihrem Blick behalten konnte.

Als sie um die erste scharfe Wegschleife kam und schnell wieder zu den beiden Männern unter ihr blickte, sah sie zu ihrer Verblüffung, dass der Fremde seine Lederjacke ausgezogen hatte – und sie nun Jannek entgegenschleuderte.

Dieser streckte instinktiv die Hand danach aus, doch ein Windstoß verhinderte, dass er die Jacke zu fassen bekam. Sie segelte seitlich an ihm vorbei und landete zwei Schritte links von ihm am Fuß des Abhangs. Er drehte sich danach um.

In dem Moment bückte sich der Fremde blitzschnell nach einem gut armlangen Stück Treibholz, das vor ihm zwischen den Steinen lag. Er packte es mit beiden Händen und stürzte damit von hinten auf Jannek los.

Leah schrie entsetzt auf, doch ihr Warnschrei ging in dem ohrenbetäubenden Krachen unter, mit dem zwei dicht aufeinanderfolgende Blitze in wild gezackter Bahn über den Himmel zuckten.

Sie sah, dass Jannek die Bewegung in seinem Rücken wohl aus den Augenwinkeln wahrnahm, die Gefahr erkannte und zum Angreifer herumfuhr. Dabei riss er instinktiv die Arme schützend hoch, als er etwas Dunkles auf sich zufliegen sah.

Aber den Schlag vermochte er nicht abzuwehren, geschweige denn ihm auszuweichen. Das Holz erwischte ihn seitlich am Kopf und krachte dann auf seine linke Schulter. Wäre es vorher nicht auf seinen linken Unterarm gekracht, hätte ihn das Holz jedoch mit unverminderter Kraft mitten über der Stirn getroffen und ihm zweifellos den Schädel zertrümmert.

Jannek taumelte und ging zu Boden. Sichtlich benommen, versuchte er wieder auf die Beine zu kommen. Dass es ihm nicht gänzlich gelang, sondern er sich nur auf die Knie aufrichten konnte und dabei unwillkürlich den Rücken gewölbt und den Kopf gesenkt hielt, rettete ihm vermutlich zum zweiten Mal innerhalb weniger Augenblicke das Leben.

Denn in dem Moment setzte der Fremde mit dem Schlagholz nach und schlug erneut zu. Das Stück Treibholz zerbrach auf Janneks Rücken in zwei Teile.

Leah hörte den fremden Mann etwas schreien, doch was genau er Jannek zubrüllte, der von dem wuchtigen Hieb mit dem Gesicht voran auf die Steine geschleudert wurde, blieb im Trommelfeuer des Regens und dem unablässigen Bersten und Krachen des Unwetters unverständlich.

Leah war, als krallte sich ihr eine eiskalte Hand ins Herz und wollte es zerdrücken. Der fremde Mann mit dem Vollbart wollte Jannek offenbar umbringen! Und wenn nicht noch ein Wunder geschah, würde es ihm auch gelingen!

Leah rannte nun in wilder, angsterfüllter Hast den Hang hinunter, ohne Rücksicht darauf zu nehmen, dass sie stürzen und sich dabei selbst in Lebensgefahr bringen konnte. Als sie die zweite scharfe Biegung zu schnell nahm, glitt sie aus, stürzte in den Dreck, rutschte ein Stück den Hang hinunter, griff mit der Kraft der Verzweiflung nach Halt suchend in kriechendes Gestrüpp, das überall auf dem Hang wuchs, krallte sich hinein, stemmte sich mit den Absätzen ihrer Schuhe in die weiche Erde – und konnte ihre Rutschpartie gerade noch rechtzeitig abstoppen, bevor nichts mehr ihren Sturz hätte aufhalten können.

Mit keuchendem Atem und rasendem Herzen rappelte sie sich auf und rannte weiter.

Der Fremde trat indessen zu Jannek, bückte sich und hob einen schweren, kindskopfgroßen Stein auf.

Leah hatte keine zehn Meter Höhe mehr zu überwinden, doch es hätte ebenso gut eine Unendlichkeit sein können. Sie wusste, dass sie viel zu weit weg war, um Jannek noch rechtzeitig zur Seite springen und dem Fremden in den Arm fallen zu können. Er hatte sie noch nicht bemerkt, so sehr war er darauf konzentriert, seinen mörderischen Anschlag auf Jannek zu einem blutigen Abschluss zu bringen. Und mit erschreckender Deutlichkeit sah sie sein von Mordlust gezeichnetes Gesicht.

Jannek lag immer noch mit dem Kopf nach unten im Dreck und rührte sich nicht.

»Jannek! … Jannek!«, schrie Leah mit aller Lungenkraft, zu der sie fähig war. All ihre Angst und Verzweiflung entluden sich in ihrem gellenden Schrei. »Er hat einen Stein! … Er will dir den Kopf einschlagen! … *Jannek*!«

Diesmal reichte ihre Stimme weit, zumindest weit genug.

Der vollbärtige Mann zuckte zusammen, riss den Kopf herum und starrte mit einer Miene aus Wut und Fassungslosigkeit zu ihr hoch, als wäre sie dort plötzlich wie aus dem Nichts aufgetaucht. Dabei ließ er seine Hand mit dem schweren Stein sinken.

Im selben Augenblick warf sich Jannek herum, in der Hand das amerikanische Armeemesser.

Der Fremde fuhr wieder zu ihm herum, stieß einen Fluch aus und schleuderte den Stein auf Jannek.

Doch Jannek wich ihm aus und rammte ihm im nächsten Moment das Messer in den rechten Oberschenkel. Und während der Vollbärtige mit einem schrillen Schrei, in dem mehr Wut als Schmerz lag, im Bein einknickte, weil er wusste, dass er seine Chance vertan hatte, schnellte Jannek hoch und stieß ihm das Messer bis ans Heft in die Brust.

Ein kurzes Aufbäumen ging durch den Körper des Fremden, dann sackte er leblos über Jannek zusammen. Noch einmal stieß dieser dem Fremden die Klinge in den Leib, als fürchtete er, es könnte noch Leben in ihm sein. Doch der Mann rührte sich nicht, der zweite Stich hatte schon einem Toten gegolten.

Jannek drückte ihn von sich, zog die Beine unter ihm hervor und richtete sich wankend auf, das Messer in der zitternden Hand. Blutiges Wasser rann von der langen Klinge.

11

Leah rannte zu Jannek, unendlich dankbar, dass er dem mörderischen Anschlag entkommen war. Sie wollte ihn umarmen, ihn fest an sich drücken. Doch etwas hielt sie zurück. Ob es sein wilder, flackernder Blick war, mit dem er auf den Toten hinunterstarrte, oder das bluttriefende Messer in seiner halb erhobenen, zitternden Hand, sie wusste es nicht. Und so blieb sie einen Schritt vor ihm stehen.

»Wer ist das?«, stieß sie verstört hervor.

»Erich Traugott«, sagte Jannek mit gepresster, atemloser Stimme. »Er war es wirklich!«

»Du kanntest ihn?«

Er nickte. »Erst habe ich ihn nicht wiedererkannt. Selbst als ich ihn da nackt am Wasser stehen und nach dem Eimer greifen sah, war ich mir nicht sicher.« Er leckte sich den Regen von den Lippen, als wäre sein Mund ausgetrocknet.

»Warum hat er versucht, dich umzubringen?«

»Erich Traugott war Kapo in Sachsenhausen, und er hat dafür gesorgt, dass ich nach Auschwitz kam.«

Ungläubig sah sie erst auf den Toten hinunter, dann blickte sie Jannek an. »Ein Kapo? Hier bei uns?« Niemand war in den Lagern mehr verachtet und verhasst gewesen als die Kapos, jüdische Mitgefangene, die sich als Handlanger und Aufseher an die SS verkauft hatten, um ihr Leben zu retten und sich Privilegien zu sichern. Und um diese nicht wieder zu verlieren, hatten die meisten den Schergen der SS an Brutalität und Grausamkeit oft in nichts nachgestanden.

Jannek stieß ein heiseres Lachen aus. »Frag mich nicht, was er sich dabei gedacht hat. Vielleicht, dass er in der Höhle des Löwen am sichersten wäre, ich weiß es nicht.« Er zuckte die Achseln. »Na ja, fast wäre es ihm gelungen. Und wirklich erkannt habe ich ihn ja auch nicht, jedenfalls nicht an seinem Äußeren.«

Sie zog die Stirn kraus. »Wie, du hast ihn nicht erkannt? Du bist doch hier in die Bucht zurück, gerade *weil* du ihn erkannt hast, oder?«

Er schüttelte den Kopf. »Nicht wirklich. Ich kannte Traugott nur mit blankem Schädel und glatt rasiertem Gesicht. Und eine Brille hat er auch nicht getragen. Ich wette, in dem Gestell ist bloß Fensterglas«, sagte er und schien sich zu dem Toten hinunterbeugen zu wollen, um ihm die Brille vom Gesicht zu nehmen, ließ es dann bleiben. »Das volle schwarze Haar, der wilde Vollbart und die Brille haben sein Aussehen jedenfalls stark verändert, deshalb konnte er sich ja auch sicher fühlen, selbst von ehemaligen Mithäftlingen nicht wiedererkannt zu werden.«

»Aber du *hast* ihn wiedererkannt! Also was war es, wenn es nicht seine äußere Erscheinung war?«, wollte Leah wissen.

Jannek verzog das Gesicht zu einem freudlosen Grinsen. »Die Sache mit dem Eimer und dass er sich hier mitten im November mit eiskaltem Wasser übergossen hat, das hat ihn verraten! Denn das hat er genau so in Sachsenhausen gemacht«, berichtete er. »Hat sich bei jedem Wind und Wetter nackt auf den Platz vor den Baracken gestellt und sich vor aller Augen kübelweise kaltes Wasser, im Winter sogar Eiswasser über den Kopf gegossen. Damit wollte er uns vor Augen führen, was für ein knallharter Bursche er war. Und wenn dieser verfluchte Sadist diese Marotte nicht beibehalten und nicht irgendwie von dieser Bucht erfahren hätte, wo er seinem Spleen unbeobachtet frönen konnte, wäre ich bei seinem Anblick wohl nie auf die Idee gekommen, dass es sich bei diesem Flüchtling um den Kapo Erich Traugott handelt!«

»Was waren das für weiße Zettel, die du nehmen solltest?«

»Fünfzig-Pfund-Banknoten. Traugott dachte, er könnte damit mein Schweigen erkaufen, dieser Lump!«

Leah machte ein verblüfftes Gesicht. »Das waren Geldscheine?«

»Ja, die Briten haben doch so riesige Lappen, und die sind zum Teil noch immer einfarbig schwarz auf weißem Papier gedruckt«, sagte er, während er die Klinge seines Messers am Kapuzenpullover des Toten abwischte. »So, und jetzt musst du mir helfen.«

»Wobei?«

»Na, seine Leiche verschwinden zu lassen. Die kann hier nicht am Strand liegen bleiben. Wer weiß, wie das Wetter morgen ist. Und wenn Traugott dann gefunden wird, könnte das eine Menge Ärger bedeuten, nicht nur für mich, sondern auch für die *Haganah*. Und das darf nicht passieren.«

»Und wie willst du die Leiche verschwinden lassen?«

Er zeigte mit dem Kinn auf das offene Meer hinaus. »Wir schicken ihn zu den Fischen. Wir müssen seine Leiche nur ein bisschen ins Wasser ziehen, dann nimmt ihn die Flut nachher mit nach draußen«, erklärte er nüchtern. »So, und jetzt pack mit an!«

Leah schluckte. Der erstochene Kapo war nicht die erste Leiche, die sie anfassen und wegschleppen musste. Aber gerade weil dies Erinnerungen in ihr wachrief, die sie lieber tief in sich begraben wünschte, war ihr die Aufgabe so zuwider.

Aber sie tat, was getan werden musste, und so zerrten sie den Toten gemeinsam vom Strand in knietiefes Wasser, wo ihnen die Gischt bis ins Gesicht hochspritzte. Doch bei dem Regen waren sie ohnehin längst nass bis auf die Haut.

»Das reicht! Den Rest schaff ich allein. Sieh du zu, dass du aus dem Wasser kommst!«, rief Jannek ihr zu, zog den Toten noch zwei Schritte weiter mit sich, drehte ihn dann mit dem Kopf in die anlaufenden Wellen und stieß ihn mit aller Kraft hinaus in noch tieferes Wasser. Dann watete er mit schweren, mühsamen Schritten zurück ans Ufer. Sein alter Wehrmachtsmantel, vollgesogen mit Regen und Salzwasser, triefte wie ein aus einem Putzeimer gezogener Waschlappen und hing wie Blei an ihm.

»Wird Zeit, dass wir ins Trockene kommen!«, krächzte er erschöpft und wankte an den Strand. Doch bevor er sich mit Leah den Hang hochkämpfte, bückte er sich noch nach der abgewetzten Lederjacke des Toten und klemmte sie sich unter den Arm.

12

Sophie stand mit ihrem älteren Bruder auf dem Flur vor ihrem Schlafsaal in einem der Fenstererker, wo sie einigermaßen ungestört miteinander reden konnten. Denn selbst auf den breiten Korridoren war man kaum einen Moment lang ungestört. Und nachdem es zu regnen begonnen hatte, ging es in dem Gebäude noch viel gedrängter und lärmender zu, als es schon bei trockenem Wetter der Fall war. Andererseits boten das Stimmengewirr und das unaufhörliche Getrappel im Treppenhaus eine schützende Geräuschkulisse, hinter der man persönliche Gespräche führen konnte, ohne unerwünschte Mithörer befürchten zu müssen.

Sophie war den Tränen nahe. »Wie konnte Mom nur so etwas tun und sich derart unmöglich aufführen, Marius?«, zürnte sie und ballte die Fäuste, als wollte sie gleich auf ihre Mutter losgehen. Aber da diese sich mit Felix irgendwo anders im Haus aufhielt, vermutlich bei den »lieben Lebrechts«, bestand diese Versuchung glücklicherweise nicht. »Als ob wir in England ein schlimmeres Schicksal erlitten hätten als die Juden unter den Nazis! Mein Gott, wie kann man nur so dumm und ignorant sein und so etwas von sich geben?« Es tat weh, so über die eigene Mutter zu reden, aber an der Wahrheit führte nun mal kein Weg vorbei.

Marius zuckte hilflos die Achseln. »Überrascht es dich? Ich meine, du weißt doch, wie sie ist. Dass wir durch den Krieg und die Internierung einen gesellschaftlichen Absturz erfahren haben, das hat ihr hart zugesetzt.«

»Und ob ich weiß, wie sie ist!«, erwiderte Sophie grimmig, denn sie hatte das Gefühl, als wollte Marius ihre Mutter indirekt in Schutz nehmen.

»Außerdem hat Mom nie von den Gräueln in den KZ etwas wissen wollen, weil ihre schwachen Nerven das angeblich nicht vertragen. Natürlich benimmt man sich dann reichlich dumm und ignorant, wenn die Sprache auf so ein Thema kommt und man sich nicht zurückhält.«

»Genau! Dann hält man nämlich einfach den Mund! Schwache Nerven sind nicht für alles eine Entschuldigung!«, stieß Sophie hervor. »Ich wäre am liebsten im Erdboden versunken, als sie mit ihren lächerlichen Geschichten aus unserer Zeit im Internierungslager angefangen hat, und das gegenüber Menschen, die Auschwitz und Buchenwald überlebt haben. Ich habe mich noch nie in meinem Leben so sehr geschämt!«

Marius nickte. »Ja, das war verdammt peinlich. Aber ich wette, dass Mom das ganz anders sieht und überzeugt ist, dass sie sich nichts vorzuwerfen hat, dieser Jannek dagegen die Unverschämtheit in Person ist. Du hast ja gesehen, wie empört sie davongerauscht ist.«

Nun vermochte Sophie die Tränen nicht länger zurückzuhalten. Sie rannen ihr über das Gesicht, als sie aufschluchzend fortfuhr: »Die ganze Zeit haben wir geglaubt, all unsere Verwandten wären umgekommen und wir hätten niemanden mehr. Aber dann stehen plötzlich unsere Cousine und ihr Nachbarssohn vor uns – und was tut Mom? Sie macht mit ein paar einfältigen, ignoranten und beleidigenden Worten dieses wundersame Wiedersehen zunichte und sorgt dafür, dass Leah uns für Idioten hält und womöglich nichts mehr mit uns zu tun haben will! Und das kann man ihr noch nicht mal verdenken.«

»Ach, du siehst das jetzt aber reichlich dramatisch, Sophie. So schlimm ist es ja wohl nicht«, wiegelte Marius ab.

Sophie sah ihren Bruder zornig an. »Doch, ist es! Wie kannst du jetzt bloß so tun, als hätte Mom vorhin nicht wie ein Elefant im Laden alles Porzellan zerschlagen?«

Er lachte kurz auf. »Na ja, einiges Porzellan ist dabei bestimmt zu Bruch gegangen. Aber ich bin sicher, dass sich das wieder einrenken wird. Ich habe unsere Cousine jedenfalls nicht als eine nachtragende Zicke in Erinnerung.«

»Oft haben wir uns damals ja nicht gesehen ... Ich erinnere mich aber, dass wir das letzte Mal zusammen mit ihr und Onkel Julius und Tante Clara ein paar Tage an der Ostsee verbracht haben.«

»Das war doch da, wo sich unsere Eltern mit Leahs Eltern so böse verkracht haben und die Friedbergs von heute auf morgen abgereist sind!«, erinnerte er sich. »Weiß der Teufel, was damals vorgefallen ist. Darüber haben die Alten ja nie geredet.«

Sophie nickte, konnte sich an den Streit jedoch nur vage erinnern. »Ja, das war schon seltsam. Das muss jetzt bestimmt sieben, acht Jahre zurückliegen. Aber ich bin sicher, dass wir uns immer gut mit Leah verstanden haben. Und so muss es auch wieder zwischen uns sein! Wir können nur hoffen, dass Mom uns das nicht kaputt macht!«

Nichts wünschte Sophie sich mehr, als eine Freundin zu haben, mit der sie all ihre Sorgen und Ängste teilen konnte, insbesondere wo sie doch diese gefährliche Schiffsreise vor sich hatten und keiner wusste, was sie in Palästina erwartete, sofern sie es denn bis dorthin schafften.

»Klar, das wird schon, Schwesterherz. Leah ist ja nicht auf den Kopf gefallen. Sie wird uns schon nicht für den Blödsinn, den Mom verzapft hat, in Sippenhaft nehmen«, sagte er unbesorgt. »Auch wenn der noch so peinlich war.«

Plötzlich wusste Sophie, was sie tun mussten. »Wir müssen das wieder in Ordnung bringen, Marius! Und zwar sofort! Wir müssen das, was Mom angerichtet hat, schnell ausbügeln!«

Ihr Bruder zog die Augenbrauen hoch. »Und was schwebt dir da vor?«

»Wir müssen uns bei ihnen für Mom entschuldigen!«

Er verzog das Gesicht. »Das habe ich befürchtet. Aber kannst du das nicht allein machen, Schwesterherz? Solche Sachen liegen dir nun mal besser als mir. Du weißt doch, wie schwer ich mich damit tue.« Bittend sah er sie an.

»Und ob ich weiß, dass du dich mit Entschuldigungen schwertust! Aber das kommt gar nicht infrage! Du drückst dich jetzt nicht!«, sagte sie energisch. »Los, gehen wir sie suchen und bringen wir es hinter uns! … Nun komm schon! … Mein Gott, sie ist auch deine Mutter!«

Marius verdrehte die Augen und gab einen unwilligen Laut von sich, machte sich jedoch mit ihr auf die Suche nach Leah und Jannek.

Sie gingen systematisch vor, begaben sich ans hintere Ende des Längskorridors und nahmen sich jedes Zimmer vor. In den Räumen, die früher zur Geschlossenen Abteilung gehört hatten und auf deren schweren Eingangstüren mit ihrem dicken, milchigen Netzglas sich noch der entsprechende französische Hinweis fand, stießen sie auf ihre Eltern und ihren kleinen Bruder. Die Eltern unterhielten sich angeregt mit den Lebrechts, während Felix vor den Stockbetten auf dem Boden hockte und sichtlich zu Tode gelangweilt mit dem Fingernagel durch die Fugen der stumpfen weißen Fliesen fuhr.

Hastig zogen sie sich von der Tür zurück, bevor die Eltern oder Felix sie bemerken konnten. Weder wollten sie von ihren Eltern zu den Lebrechts gerufen und in die Pflicht höflicher Konversation genommen werden, noch mit ihrem kleinen Bruder im Schlepptau weiter nach ihrer Cousine und ihrem Freund suchen. Sophie hatte zwar Gewissensbisse, dass sie ihren kleinen Bruder nicht aus seiner Langweile erlöste. Aber sie konnten ihn unmöglich dabeihaben, wenn sie sich für Moms Entgleisungen entschuldigten! Er würde es nicht verstehen und bestimmt verletzt sein, dass sie die Mutter scheinbar grundlos vor anderen schlechtmachten.

Aber so gewissenhaft sie in dem ganzen Gebäude mit seinen vielen Sälen, Zimmern, Kammern und sonstigen Räumen auch nach Leah und Jannek suchten, sie fanden sie nicht.

»Das gibt es doch gar nicht!«, sagte Marius beinahe eine Stunde später ebenso verdrossen wie verwundert, als sie sich noch einmal aufmerksam in den Waschräumen sowie im Speisesaal und den beiden Aufenthaltsräumen umgeschaut hatten, die im Erdgeschoss rechts und links von der großen Eingangshalle abgingen. In all den öffentlichen Räumen herrschte ein derartiges Kommen und Gehen, dass man bei dem Gedränge leicht zwei Gesichter übersehen konnte. Aber auch da waren Leah und Jannek nicht. »Die können doch nicht plötzlich verschwunden sein. Und bei dem Mistwetter werden sie sich doch bestimmt nicht draußen herumtreiben. Also wo zum Teufel stecken die beiden?«

»Das wüsste ich auch gern«, murmelte Sophie verwirrt und stutzte dann. Im nächsten Moment schlug sie sich mit der flachen Hand vor die Stirn und rief: »Mein Gott, was sind wir doch für Schwachköpfe!«

Marius sah sie verständnislos an. »Wieso?«

Sie lachte. »Wir Einfaltspinsel laufen uns in den endlosen Fluren die Hacken ab und glotzen uns die Augen aus dem Kopf, statt diesen Eli Avidan oder einen anderen von der *Haganah*-Verwaltung danach zu fragen, in welchem Zimmer die beiden untergebracht sind! Uns haben sie ja auch eine ganz bestimmte Unterkunft zugewiesen, also werden sie uns auch sagen können, auf welchem Stockwerk und in welchem Zimmer wir unsere Cousine Leah Friedberg finden!«

Marius machte erst ein verblüfftes Gesicht, dann lachte auch er über ihre Dummheit. »Natürlich! Mensch, das hätten wir wirklich leichter haben können!«

Ganz so leicht war es dann aber doch nicht. Denn im Büro der *Haganah*, das allem Anschein nach nicht von erfahrenem Verwaltungspersonal besetzt war, herrschte ein ähnliches Chaos wie im Rest des heillos überbelegten Sammellagers, und die Unterlagen über die im Haus Einquartierten waren längst nicht so organisiert, wie es wünschenswert gewesen wäre. Aber schließlich förderte der übermüdet und erschöpft wirkende Mann, der sich ihrer angenommen hatte, doch noch die Liste zutage, auf der sich die Namen Leah Friedberg und Jannek Raskowitz sowie die ihnen zugewiesenen Schlafstellen fanden.

»Dritter Stock, Zimmer 9, Feldbett 16 und 17!«

13

Leah wusste von Janneks Marotte, aus der Fußpflege selbst jetzt noch, lange nach seiner Befreiung aus dem KZ, eine geradezu hingebungsvolle Angelegenheit zu machen. Schon im Ausbildungslager der *Haganah* hatten sich Motte und die anderen Stubenkameraden über seinen Spleen lustig gemacht. Nun sah sie es mit eigenen Augen und wusste nicht, ob sie belustigt sein oder verständnislos den Kopf schütteln sollte.

»Sag mal, muss das wirklich sein?«, fragte sie Jannek, der neben ihr auf der Kante ihres Bettes saß und offenbar völlig in seinem Tun aufging. »Ich meine, mit *Butter*?« In Wirklichkeit war ihr alles recht, um nicht an den toten Kapo denken zu müssen, den sie mit Jannek ins Wasser gezerrt hatte und dessen Leiche jetzt vermutlich schon ein gutes Stück vor der Küste trieb.

»Ja, es muss, und wenn's nichts anderes gibt, geht es auch mit Butter«, sagte er mit ernster Ruhe, fuhr mit einem Fetzen Wachspapier über das Stück Butter, das er sich dank Igors Fürsprache in der Küche organisiert hatte, und verteilte das Fett mit dem Wachspapier auf seinem nackten rechten Fuß. Dann massierte er den dünnen Film Butter in die Haut ein. Er knetete und rieb jeden einzelnen Zeh mit einer Hingabe, als hinge sein Leben davon ab, dass jeder Millimeter seines Fußes dieselbe liebevolle und intensive Beachtung fand.

»Du bist mir vielleicht eine Type!«

»Da ist wohl was dran«, räumte Jannek trocken ein und knetete weiter seinen Fuß, ohne sich um die verwunderten und teilweise angewiderten Blicke der Leute zu kümmern, mit denen sie den gekachelten Raum im zweiten Stock von Saint Jerome teilten. Auch sonst deutete nichts an ihm darauf hin, dass er vor nicht einmal einer halben Stunde unten in der Bucht um sein Leben gekämpft und einen Mann erstochen hatte.

Dreistöckige eiserne Stockbetten zogen sich an jeder Längswand des Raumes von der Tür zum Fenster entlang, sodass auf jeder Seite zwölf Personen Platz zum Schlafen hatten. Eine dritte dreistöckige Bettenreihe mit weiteren zwölf Schlafplätzen schnitt mitten durch das Zimmer. Leah hatte das untere Bett am Ende der mittleren Reihe direkt am Fenster erhalten, Jannek das Bett über ihr. Motte und Gitta schliefen ein Stück weiter vorn und über ihnen. Eine Trennung nach Geschlechtern gab es weder hier noch würde es sie auf dem Schiff geben.

»Was für ein Glück, dass wir Igor unten in der Halle geradewegs in die Arme gelaufen sind und er sich sofort um uns gekümmert hat«, sagte Leah und ließ die Wolldecke, die sie sich bei ihrer Rückkehr aufs Zimmer um die Schultern gelegt hatte, aufs Bett fallen. Sie fühlte sich mittlerweile wieder warm genug. »So triefnass, wie wir waren, würden wir vermutlich jetzt noch vor Kälte wie Espenlaub zittern.«

Jannek gab nur ein unbestimmtes »Mhm« von sich und widmete sich weiter seinem Fuß.

Igor hatte nicht lange gefragt, wieso sie nass bis auf die Haut waren, sondern sie umgehend in den Heizungsraum im Keller geführt und alles organisiert, damit sie so schnell wie möglich trockene Sachen auf den Leib bekamen. Zwar war die Wärme, die im Haus aus den alten

Radiatoren drang, äußerst bescheiden. Aber da unten im Heizungsraum herrschte eine vergleichsweise herrliche Wärme. Dort hatten sie sich umgezogen, ihre klatschnasse Kleidung über dem Abfluss ausgewrungen und dann über die warmen Rohre gelegt. Ihre Schuhe hatten sie dick mit Zeitungspapier ausgestopft und dazugestellt. Igor hatte sogar alte Hausschlappen für sie aufgetrieben und sich dann auch noch darum gekümmert, dass Jannek sein Stück Butter und etwas Wachspapier bekam.

»Willst du darüber reden, Jannek?«, fragte sie leise.

»Worüber sollte ich reden wollen?«, fragte er zurück, ohne von seiner hingebungsvollen Fusspflege aufzublicken.

»Nun, über diesen Traugott.«

»Wüsste nicht, was es darüber noch zu reden gäbe. Das Schwein ist tot und damit hat es sich.«

»Ja, aber ...«

»Aber was?«

»Mein Gott, du hast jemanden *erstochen*, Jannek!«, raunte sie.

Nun hob er den Kopf. »Und? Ich hab ihn nicht ermordet. Er wollte mich umbringen. Ich bin ihm zuvorgekommen, und das nennt man Notwehr«, erwiderte er kühl. »Aber vermutlich hätte ich ihn auch dann umgebracht, wenn er mich nicht zuerst angegriffen hätte. Der Mann war eine Bestie, und er hätte einen viel schlimmeren Tod verdient gehabt. Das ist alles, was es dazu zu sagen gibt, Leah.«

Verstört, dass er so teilnahmslos darüber reden konnte, sah sie ihn an. »Das mag ja alles sein, und ich glaube dir das auch. Aber wenn ich gerade jemanden ... getötet hätte, also ich könnte dann bestimmt nicht so ruhig dasitzen wie du und mich um meine Füße kümmern«, sagte sie verwirrt und eigentlich schon mehr zu sich selbst als an ihn gerichtet.

»Vielleicht habe ich einfach mehr Erfahrung mit dem Töten als du«, erwiderte er in einem seltsamen Tonfall. »Und du solltest den Umgang mit so kaputten Typen wie mir vielleicht besser meiden.«

Diese Bemerkung verstörte Leah noch mehr, verletzte sie jedoch zugleich auch. Sie fühlte sich zurückgestoßen, dabei hatte sie ihm doch nur helfen wollen.

Aber es war wohl einfältig von ihr gewesen, zu glauben, er wolle darüber reden, um besser verarbeiten zu können, was dort unten am Strand geschehen war. Jannek gehörte nicht zu denjenigen, die das brauchten und anderen ihr Seelenleben offenbarten, selbst dann nicht, wenn ein Teil von ihm es gern getan hätte. Solche Sachen machte er mit sich selbst aus. Nur blieb die Frage, ob es auch funktionierte und was an seelischen Verletzungen zurückblieb. Denn irgendwie fiel es ihr schwer, seine äußere Kaltschnäuzigkeit und Ungerührtheit für ein Spiegelbild seines inneren Zustandes zu halten.

Leahs stand vom Bett auf, trat ans Fenster und blickte hinaus in den Regen. Nach einer Weile kehrten ihre Gedanken zu dem wundersamen Wiedersehen mit den Buchheims zurück – und zu Janneks unmöglichem Betragen, das die überschäumende Freude so schnell mit Hohn und Zorn vergiftet hatte. Darüber musste sie mit Jannek reden, auch wenn das jetzt vielleicht nicht ganz der perfekte Zeitpunkt dafür war. Bei allem Verständnis für seine Verärgerung über Tante Margots dümmliches Selbstmitleid, so war das doch noch lange kein Grund, dermaßen ungehörig aus der Haut zu fahren und sie mit ätzenden Hohn zu überschütten.

»Hör mal, ich will dir ja nicht ...«, begann Leah, drehte sich wieder zu Jannek um und brach mitten im Satz ab, als sie sah, wer da hinten mit verlegenen Mienen in der Tür zu ihrer Unterkunft stand, nämlich Sophie und Marius! Sie konnte es kaum glauben, dass ihre Cousine und ihr Bruder tatsächlich in diesem Moment bei ihnen aufgetaucht waren. Als hätte es zwischen ihnen eine Gedankenübertragung gegeben und sie die beiden zu sich gerufen! Das war ein Zeichen, das sie dankbar annahm.

»Was willst du nicht?«, fragte Jannek, ohne aufzublicken.

»Vergiss es, wir kriegen Besuch«, sagte Leah. »Von meiner Cousine Sophie und ihrem Bruder Marius.«

»Ach nee«, sagte Jannek gedehnt, hielt im Massieren inne und hob den Kopf, auf dem Gesicht ein spöttischer Ausdruck, als wüsste er, warum die beiden gekommen waren. Überrascht war er jedenfalls nicht.

Sophie und Marius schoben sich an den Leuten vorbei, die im engen Gang zwischen den Reihen der Stockbetten standen. Ihnen war anzusehen, wie unangenehm ihnen die Situation war und dass es sie einiges an Überwindung kostete. Und noch bevor sie bei ihnen am Ende der Bettenreihe angekommen war, begann Sophie, deren Wangen vor Aufregung stark gerötet waren, sich zu entschuldigen. Marius hielt sich verschämt hinter ihr, überließ das Reden seiner Schwester und beschränkte sich darauf, beipflichtend zu nicken und ein peinlich berührtes Gesicht zu machen.

Jannek fiel ihr schon nach den ersten Sätzen ins Wort. »Vergesst es, Leute«, sagte er salopp und mit einer wegwischenden Handbewegung. »Ist ja nett, dass ihr euch für eure Mutter entschuldigen wollt. Aber wenn das was bringen soll, müsste sie das schon selber tun. Denke mal, dass ich darauf lange warten kann. Na ja, gegen Dummheit kämpfen selbst Götter vergeblich, habe ich mal gehört.« Und während er das sagte, griff er schon wieder zum Wachspapier, als wäre damit die Sache für ihn erledigt.

Sophie und Marius sahen ihn verstört an und wussten sichtlich nicht, was sie von seinen Worten und seinem sarkastischen Tonfall, der in einem krassen Gegensatz zu seiner lockeren Art stand, halten und wie sie darauf reagieren sollten.

Leah nahm es ihnen ab. »Das ist ja wohl das Letzte! Tante Margot ist immerhin ihre Mutter!«, entrüstete sie sich. »Wie kannst du die beiden so ... so demütigen? Sophie und Marius haben wahrlich keinen Grund, sich zu entschuldigen ...«

»Sag ich doch«, warf Jannek ungerührt ein.

»...du dagegen schon, und zwar bei meiner Tante!«, fuhr Leah ärgerlich fort. »So gemein und verletzend benimmt man sich einfach nicht!«

Jannek blickte auf und sah sie mit leichtem Stirnrunzeln an. »Findest du? Schade, ich sehe das nämlich ganz anders, auch wenn es vielleicht nicht meine *finest hour* gewesen ist, wie Churchill sagen würde.« Und damit wandte er sich wieder seinem Fuß zu.

Leah wollte schon zu einer heftigen Erwiderung ansetzen, doch Marius kam ihr zuvor. »Ich sehe das genauso«, meldete er sich überraschend zu Wort. »Ich an seiner Stelle wäre auch an die Decke gegangen. Für was sollte er sich denn auch entschuldigen, Leah? Dass er die Wahrheit über die Zustände im KZ ausgesprochen und unserer Mutter ein Stück weit die Augen geöffnet hat? Das war doch mehr als überfällig. Unsere Mutter hat jahrelang den Kopf in den Sand gesteckt und so getan, als hätte es das alles nicht gegeben. Ich will Mom wirklich nicht schlechtmachen, unsere Mutter hat weiß Gott auch ihre guten Seiten, aber mit diesem elenden Vogel-Strauß-Gehabe musste endlich Schluss sein.«

»Genau!«, bekräftigte nun auch Sophie. »Deshalb bin ich froh, dass du das getan hast, Jannek. Irgendjemand musste es ihr doch endlich mal sagen. Unser Vater hat das ja nie gewagt … und wir schon gar nicht.«

Verblüfft, dass sie mit ihrer Meinung über Janneks Verhalten allein auf weiter Flur stand, blickte Leah in die Runde.

»Na gut, dann ist das ja vom Tisch«, sagte Jannek trocken, aber mit dem Anflug eines Lächeln, das seine Genugtuung verriet. »Also Schwamm drüber. Und was eure Mutter angeht, so kann ich damit leben, wenn ich ab jetzt für sie gestorben bin.«

Dankbar wechselte Marius das Thema, indem er das Nächstbeste fragte, was ihm gerade in den Sinn kam. »Ist das Butter, was du dir da auf die Füße schmierst?«

»Gut beobachtet«, bestätigte Jannek.

»Himmel, warum machst du das?«

Jannek hielt inne und zögerte kurz, dann blickte er zu Leah, die mit dem Rücken zum Fenster stand und mit leicht verstimmter Miene die Arme vor der Brust verschränkt hatte. »Willst du es ihnen verraten?«

»Weil man dann länger lebt«, brummte sie widerwillig, »zumindest in einem KZ.«

Sophie sah sie verständnislos an. »Wieso das?«

»Bei den meisten, die nicht gleich ins Gas geschickt, sondern Arbeitskommandos zugeteilt wurden, kam der Tod durch die Füße«, sagte Jannek, und ein dunkler Schatten legte sich über sein Gesicht, als die Erinnerung ihn zurück in die Hölle der Todesfabriken zwang. »Langsam, aber unaufhaltsam. Wir trugen klobige Holzpantinen, und bei der schweren Arbeit bei jedem Wetter kriegte man schnell dicke Füße und Risse und Blasen, die im Handumdrehen zu offenen Wunden und Geschwüren wurden. Sich nicht genug um die eigenen Füße gekümmert zu haben, war die größte Dummheit der Neuen.«

Leah nickte stumm dazu.

»Denen ging es fast immer nur ums Essen«, fuhr Jannek leise fort, obwohl niemand in ihrer unmittelbaren Nähe war, der ihrer Unterhaltung auch nur die geringste Aufmerksamkeit geschenkt hätte. Zudem trommelte der Regen laut gegen das Fenster. »Die dachten, dass sie mit einem Stück Brot mehr im Bauch kräftig genug zum Arbeiten bleiben und damit länger leben würden. Aber das war ein tödlicher Irrtum. Ich habe lieber noch ein wenig mehr gehungert und, wann immer es notwendig war, meine Brotration oder die Blechschale mit wässriger Runkelsuppe gegen ein bisschen Fett oder Sonnenblumenöl und trockene Lappen eingetauscht. Meine Füße zu pflegen, sie zu trocknen, einzufetten und zu massieren, das war für mich immer das Erste gewesen, was ich getan habe, wenn die Teufel uns nach der Arbeit endlich in die Baracken ließen. Und egal wie erschöpft ich war, ich habe eisern daran festgehalten, mich vor allem anderen immer erst mal um meine Füße zu kümmern.« Er schwieg einen Moment. »Wer entzündete Füße hat oder gar schon auf offenen Wunden läuft, was höllisch schmerzhaft ist, dem sieht man das schon beim Gehen an, und die SS-Schergen hatten einen Blick dafür. Genau genommen war das Todesurteil schon gefällt, sowie jemand anfing, unter geschwollenen Füßen zu leiden. Denn kaputte Füße behandelte die SS mit einer Reise durch den Kamin.«

Sophie und Marius schluckten. Man sah ihnen an, wie sehr Janneks

Bericht ihnen unter die Haut ging. Sophie wollte etwas sagen, kam jedoch nicht mehr dazu.

Denn in dem Moment schlug jemand unten in der Halle die alte bronzene Schiffsglocke an, die an der Wand neben dem Eingang zum Büro hing. Jeder wusste, was es bedeutete, wenn die Glocke, deren Klang bis in den letzten Winkel von Saint Jerome drang, durch das Haus schallte: Die Lagerleitung hatte etwas Wichtiges zu verkünden!

Alles stürzte aufgeregt und voller Erwartung hinaus auf die Korridore, drängte zum Treppenhaus und wollte hinunter in die Halle. Doch noch bevor die ersten dichten Menschenwogen auf allen drei Stockwerken die Treppen verstopften, drang von unten schon die Nachricht wie ein Lauffeuer durch Saint Jerome: »Es ist so weit! Heute geht es aufs Schiff!«

14

Unbeschreiblicher Jubel brandete durch das marode Gebäude, hatten doch manche von ihnen schon Wochen auf den heiß ersehnten Aufbruch nach Erez Israel gewartet. Es dauerte eine Weile, bis sich die lärmende Freude gelegt hatte und Eli Avidan mit seiner kräftigen, sonoren Stimme die Nachricht bestätigen konnte.

Er hielt seine Durchsage kurz und im Telegrammstil und beschränkte sich auf die wenigen wichtigen Informationen, die jedermann wissen musste, damit der Aufbruch von Saint Jerome und die Einschiffung so reibungslos wie nur möglich vonstattengingen. Denn wegen der vielen verschiedenen Sprachen, die im Haus gesprochen wurden, musste die Durchsage noch auf Polnisch, Tschechisch und Russisch wiederholt werden.

Gleich zu Beginn seiner Ankündigung hörten sie zum ersten Mal den Namen ihres Schiffes. »Die Verladung von Proviant und Treibstoff auf die *Francisco Ferrera* ist abgeschlossen, das Schiff ist bereit zum Auslaufen. Euer Transport zum Hafen findet heute Nacht statt, Beginn Punkt zweiundzwanzig Uhr! Jeder hat dann bereit zu sein! Einschiffung muss bis spätestens gegen vier Uhr morgen früh abgeschlossen sein. Der Termin lässt sich nicht ändern, das Schiff muss noch diese Nacht auslaufen, andernfalls gerät das ganze Unternehmen in Gefahr!«

Aus einem der Korridore im ersten Stock, wo die streng orthodoxen Juden einquartiert waren, drang ein erregtes, empört klingendes Raunen. Zwei, drei Stimmen lösten sich aus diesem Gemurmel und protestierten auf Hebräisch. Worum es bei dem Protest ging, war weiter vorn im Treppenhaus nicht zu verstehen. Zudem verstummten die entrüsteten Rufe im nächsten Moment schon unter dem missfälligen Zischen der anderen, die nichts von dem verpassen wollten, was Eli Avidan sagte.

Der fuhr indessen unbeirrt und mit energischer Stimme fort: »Wer beim Eintreffen der Busse und Laster nicht fertig ist, bleibt zurück. Dasselbe gilt für Gepäck, das pro Person schwerer als vierzig Pfund ist. Ausnahmen werden nicht gemacht. Falls es wider Erwarten Passkontrollen am Hafen gibt: Euer Ziel ist Kolumbien! Jeder von euch hat ein Visum für dieses Land, auch wenn die *Francisco Ferrera* als ersten Zielhafen Istanbul in ihren Schiffspapieren stehen hat.«

»Istanbul liegt ja auch auf direktem Weg nach Kolumbien«, scherzte jemand in der Nähe von Leah, und leises Gelächter ging kurz durch die Menschentrauben, die das Treppenhaus in der dritten Etage belagerten.

»Noch einmal: Zweiundzwanzig Uhr ist Aufbruch, maximal vierzig Pfund Gepäck und Visum bereithalten, damit es notfalls schnell zur Hand ist!«, wiederholte Eli Avidan noch einmal, dann fügte er, der in Saint Jerome zurückbleiben würde, um die nächste Alija Bet von französischem Boden aus zu organisieren, mit einem Anflug von feierlichem Pathos und persönlicher Regung hinzu: »Gottes Segen auf eurer Reise in die fremde Heimat, *Chaluzim! … L'Chaim!*«

»*L'chaim!*«, donnerte es begeistert aus fast achtzehnhundert Kehlen durch Saint Jerome.

»Mensch, Leah, in ein paar Stunden geht es endlich aufs Schiff!«, rief Jannek aufgeregt, während sich das wüste Gedränge im Treppenhaus aufzulösen begann. Nur wer kein Deutsch verstand, blieb jetzt zurück, um auf die Übersetzung in seiner Sprache zu warten.

Leah lachte und fühlte sich fast trunken vor Freude. »Ich kann es noch gar nicht glauben!«, rief sie, strahlte Jannek an und fand sich im nächsten Moment in seinen Armen wieder.

Seine Umarmung kam völlig überraschend. Es fühlte sich wunderbar an, von ihm so fest gehalten zu werden, und im Überschwang ihrer Gefühle schlang sie ihre Arme um ihn und küsste ihn auf den Mund.

Seine Lippen öffneten sich sofort und erwiderten den leidenschaftlichen Kuss. Ihre Zungenspitzen berührten sich, und ihr war, als versengte jäh auflodernde Hitze ihr Inneres.

Jemand rempelte sie im allgemeinen Gedränge an und der grobe Stoß brachte sie auseinander.

Jannek blinzelte verwirrt, fuhr sich mit der Hand übers Gesicht, als müsste er sich von einer Art Benommenheit befreien, und sagte dann sichtlich verlegen: »Meine Güte, wir verlieren ja fast unseren Verstand, nur weil wir uns mit einem Rostpott von Dampfer auf eine gefährliche Reise begeben dürfen!«

Hilflos in ihrer Aufgewühltheit sah Leah ihn an. Ihr brannten noch die Lippen von seinem Kuss. Sie wünschte, er hätte etwas anderes gesagt, etwas, das ihrem Kuss eine tiefere Bedeutung gegeben hätte.

»Ja, ist schon verrückt, was man so …«, begann sie errötend und mit belegter Stimme – wusste dann aber nicht weiter.

Zu ihrer großen Erleichterung tauchte Motte in dem Moment bei ihnen auf und rettete sie aus der Situation, die ihr plötzlich höchst peinlich war. Aufgekratzt, dass es in dieser Nacht aufs Schiff ging, schlug er Jannek auf die Schulter, lobte sich mit schamloser Selbstgefälligkeit dafür, rechtzeitig ihr Freigepäck verkauft zu haben, und spottete dann über die streng Orthodoxen. »Die haben jetzt natürlich verdammt schlechte Karten und werden wohl erst einmal stundenlang mit ihren Rabbinern die *Halacha*[27] studieren, ob sich da nicht irgendwo ein Schlupfloch finden lässt!«

»Wieso haben die Chassiden schlechte Karten?«, wollte Jannek verwundert wissen.

Motte grinste. »Mann, in ein paar Stunden wird es dunkel! Oder hast du verpennt, dass wir Freitag haben und die Einschiffung somit ausgerechnet am Sabbat stattfindet?«

»Hab ich tatsächlich!«, gestand Jannek ein. »Der Sabbat und solcher Kram haben für mich schon lange ihre Bedeutung verloren.«

Motte nickte. »Ich weiß, was du meinst, aber offenbar gibt es da noch einen Rest vom Rest, der unbeirrt an den Sabbatregeln festhält. Und die sitzen jetzt ordentlich in der Patsche.«

Auch Leah verstand jetzt das aufgeregte Geraune vorhin auf dem Korridor der Strenggläubigen. Am Sabbat, der am Freitagabend mit Sonnenuntergang begann und am Samstag mit Beginn der Dunkelheit endete, war jegliche Arbeit verboten, da durfte man auch kein Gepäck tragen, ja nicht einmal ein Taschentuch aus der Hosentasche ziehen, ganz zu schweigen davon, dass am Sabbat nur tausend Schritte erlaubt und eine Fahrt mit einem Automobil verboten waren, womit die *Francisco Ferrera* für die Strenggläubigen in unerreichbarer Ferne lag.

»Tja, Pech gehabt, würde ich sagen. Dann müssen sie eben hierbleiben, wenn sie an ihren Regeln festhalten«, meinte Jannek mit einem Achselzucken, und damit war das Thema für ihn gegessen. Sofort richtete sich sein Sinn auf das, was für sie wirklich wichtig war. »Ich hoffe bloß, dass unsere Kleidung und unsere Schuhe im Heizungskeller früh genug trocken sein werden.«

Leah hatte da ihre Zweifel. So schnell wurde altes Leder, das schon lange nicht mehr ordentlich eingefettet worden war, nicht trocken. Und sie waren mit ihren Schuhen zudem auch noch durch Salzwasser gewatet, was die Sache um einiges problematischer machte. Zum

---

27 Das jüdische Gesetz, die rechtliche Auslegung der Tora.

Glück schien der Regen aufzuhören. Wenn sie trocken an Bord des Schiffes kamen, war das schon mal viel wert.

»Wird schon«, sagte Motte leichthin. »Ich schätze mal, ihr kommt jetzt besser mit mir und holt euch ›euer Gepäck‹ ab, bevor es nachher kein Durchkommen mehr gibt. Immerhin stehe ich bei meinen Klienten im Wort.«

Motte führte sie zu einem Buchhändler namens Maihofer aus dem Rheinland, der kostbare Erstausgaben klassischer Autoren in einem Versteck auf dem Land über den Krieg gerettet hatte. Den Großteil davon, untergebracht in zwei kleinen, fest verschnürten Handkoffern, nahmen Leah und Jannek in Empfang, zusammen mit der wiederholten wortreichen Beschwörung, auf diese bibliophilen Schätze um Gottes willen wie auf ihren eigenen Augapfel aufzupassen.

»Wir werden darüber wachen wie die Glucke über ihre frisch geschlüpften Küken, verehrter Herr Maihofer!«, versprach Jannek mit feierlichem Ernst, sodass Leah Mühe hatte, ihr Lachen zu unterdrücken.

Die Stunden bis zum nächtlichen Aufbruch zogen sich hin wie zäher Teer, und sie vertrieben sich die Wartezeit, indem sie mit Motte und Gitta Karten spielten. Unten in der Halle wuchs indessen der Stapel all dessen, wovon sich diejenigen schweren Herzens trennen mussten, die mehr als das erlaubte Gepäck mitgebracht hatten. Da türmten sich Kleider, Bücher, Hausrat, Musikinstrumente, kleine Möbelstücke, Geschirr, Besteck und unter vielem anderen auch Fotoalben mit ihren schweren Ziereinbänden auf, aus denen man die eingeklebten Fotos vorsichtig von den dicken schwarzen Blättern entfernt hatte.

Irgendwann machte die Nachricht die Runde, dass nach einem hitzigen Streit zwischen mehreren Rabbinern über die wahrheitsgetreue Auslegung der *Halacha* ein kleiner Teil der Chassiden zu dem Entschluss gekommen war, trotz der Sabbatverbote ihr Gepäck in die Hand zu nehmen, Bus oder Laster zu besteigen und an Bord des Schiffes zu gehen. Der Rabbiner, den diese Orthodoxen als ihren geistlichen Führer anerkannten, hatte die Reise nach Palästina mit all ihren Unvorhersehbarkeiten in den Rang einer *Mitzwa* erhoben, einer guten Tat und moralischen Pflicht, die alle Sabbatverbote außer Kraft setzte.

Gegen zehn gesellte sich Igor kurz zu ihnen. Er tat geheimnisvoll und bedeutete ihnen, näher zusammenzurücken, damit keiner von den anderen im Raum hörte, was er ihnen mitzuteilen hatte.

»Was gibt es denn so Wichtiges, Igor *Iwanowitsch*?«, fragte Gitta keck und zog ihn mit seinem zweiten Vornamen auf, der ihm, wie sie nur zu gut wusste, aus tiefster Seele zuwider war. »Oder willst du nur mal wieder Süßholz raspeln?«

Igor brachte es fertig, sie mit einem halb leidenden, halb zärtlich verliebten Blick anzusehen. »Mensch, Gitta, sag nicht so was! Du weißt doch, dass ich nur das Beste im Sinn habe.«

»Also *im Sinn* und sonst wo hast du nur Gitta, das wollen wir doch mal klarstellen! Und nur dank ihrem teuflischen Engelsblick, der dein raues *Palmach*-Herz in einen butterweichen Klops verwandelt hat, kommen jetzt auch wir in den Genuss deiner ganz eigenen Mitzwa«, frotzelte Motte.

Gitta schnippte ihm dafür blitzschnell mit dem Finger hinters Ohr. »Pass bloß auf, Motte!«

Jannek machte eine ungeduldige Handbewegung. »Also, was steht an, Igor? Rück schon raus damit!«

Igor nickte und beugte sich noch mehr zu ihnen vor. »Wenn nachher die Busse und Laster vorfahren, gibt es garantiert ein wüstes Gedränge, auch wenn Eli die Leute noch so oft zur Ordnung ruft. Jeder will so schnell wie möglich in den nächsten Wagen und von hier wegkommen.«

»Was kein Wunder ist«, warf Leah ein. »Saint Jerome ist nicht gerade ein Erholungsheim, das man nur schweren Herzens verlässt!«

»Klar, ich werde dem Schuppen auch keine Träne nachweinen. Aber wenn ihr klug seid, haltet ihr euch so lange wie nur möglich zurück und lasst den anderen den Vortritt«, legte Igor ihnen nahe. »Am besten trödelt ihr unten im Keller bei euren Sachen herum, bis ich euch ein Zeichen gebe, nach oben zu kommen.«

»Und weshalb das Ganze?«, wollte Leah wissen.

»Die *Francisco Ferrera* ist ein vierzig Jahre alter kolumbianischer Bananendampfer unter panamesischer Flagge, benannt nach dem ersten demokratisch gewählten Präsidenten von Kolumbien. Die *Jewish Agency* hat den Kahn der *United Fruit Company* kurz vor seiner Verschrottung über verdeckte Mittelsmänner in New Orleans abgekauft und nach Frankreich gebracht. Das Schiff ist natürlich dafür gebaut, um Fracht in seinen Laderäumen von A nach B zu schippern, nicht aber um zweieinhalbtausend Passagiere für eine zehn-, zwölftägige Reise übers Mittelmeer aufzunehmen«, sagte Igor mit gedämpfter Stimme.

»Sag mal, wo liegt unser Bananendampfer überhaupt?«, fragte Motte dazwischen. »In Marseille?« Der Ankerplatz des *Haganah*-Schiffes war ihnen aus Sicherheitsgründen bisher noch nicht verraten worden.

Igor zögerte auch kurz, zuckte dann jedoch die Achseln. »Nein, in Sète, das ist eine kleine Hafenstadt ein Stück weiter die Küste runter. Also, wo war ich gerade?«

»Bei dem gewissen Mangel an Komfort für zweieinhalbtausend Passagiere an Bord eines uralten, schrottreifen Bananendampfers«, sagte Jannek.

»Richtig! Und deshalb hat man den Frachter in den letzten Wochen und Monaten im Innern vollkommen entkernt«, fuhr Igor fort, »und ihn nicht nur so schnell, sondern auch so billig wie nur möglich zu einem provisorischen Passagierschiff umgerüstet, und ihr könnt euch wohl sicherlich vorstellen, dass bei den Umbauten nicht gerade luxuriöse Sonnendecks und lichtdurchflutete Kabinen und Speisesäle herausgekommen sind.«

»Wie bitte?«, gab sich Motte entrüstet. »Also, ich will doch nicht hoffen, dass der Service an Bord zu wünschen übrig lässt und ich meine Abendgarderobe für nichts und wieder nichts mitgebracht habe!«

Es gab flüchtiges Gelächter. Natürlich wussten sie alle, dass das Schicksal eines jeden *Haganah*-Schiffes, das zu einer Alija Bet aufbrach, von vornherein feststand: Entweder es durchbrach die Blockade und erreichte sein Ziel, dann wurde es in Palästina von den Briten nach der Landung konfisziert, oder es wurde schon vor Erreichen der Küste von den Briten aufgebracht und beschlagnahmt. So oder so, eine zweite Fahrt mit illegalen Einwanderern würde es jedenfalls auf keinen Fall machen.

»Ich will euch sagen, was dabei herausgekommen ist: nämlich vier verdammt enge Decks im Bauch der *Francisco Ferrera* für jeweils sechshundertfünfzig Menschen«, eröffnete Igor ihnen. »Und je tiefer die Decks liegen, desto weniger Stufen liegen zwischen den einzelnen Decks und dementsprechend niedriger sind dann dort auch die Decken, wie ich gehört habe.«

»Halleluja!«, murmelte Motte betreten. »Lasst fahren dahin alle Hoffnung!«

Igor nickte. »Ich möchte nicht zu den armen Schweinen gehören, die nachher zuerst auf der Pier an der Gangway stehen – und natürlich ganz nach unten geschickt werden, bis Deck vier belegt ist und die Schlafplätze im nächst oberen vergeben werden. Und wenn es dann schweren Seegang gibt, einem kotzelend ist und man nach oben zu den Latrinen will, dann hat man einen sehr langen Weg vor sich. Angenehm wird es auf keinem Deck sein, das ist mal sicher. Aber in den beiden unteren Bettenkatakomben wird man verdammt viel Leidensfähigkeit brauchen, das könnt ihr mir glauben. Und die Sabres, die auf dem Schiff das Kommando haben und nicht gerade dafür bekannt sich, besonders zartbesaitet zu sein, werden keinem eine Extrawurst braten. Geht ja auch nicht. Wenn sich jeder seinen Platz aussuchen dürfte, gäbe es auf dem obersten Deck ein unvorstellbares Chaos und mit Sicherheit endlosen Streit und sogar Schlägereien. Da wäre die Einschiffung von zweieinhalbtausend Leuten nicht mal bis zum Morgengrauen abgeschlossen, was den britischen Spionen und den nicht bestochenen Hafenbeamten, die dann zum Dienst erscheinen, ganz wunderbar in die Hände spielen würde.«

»Also werden die Letzten die Ersten sein«, folgerte Jannek trocken, nachdem sie sich bei Igor für diese ungemein wichtige Information bedankt hatten. »Sehen wir also zu, dass wir nachher lange genug hier herumtrödeln, um es auf Deck eins zu schaffen!«

15

Es ging schon scharf auf halb eins zu, als Leah, Jannek, Gitta und Motte auf Igors verstohlenes Zeichen hin aus dem Keller auftauchten. Unauffällig mischten sie sich unter die Leute, die aus dem dritten Stockwerk als Letzte die Treppe herunter in die Halle und auf den Vorplatz gelassen wurden. Der Berg zurückgelassener Habseligkeiten türmte sich an der Hinterwand der Eingangshalle bis zum ersten Treppenabsatz hinauf.

Jannek blieb stehen, als sein Blick auf mehrere Stöße Bücher fiel. »Wartet mal kurz, ich hab schon lange kein Buch mehr in der Hand gehabt«, sagte er und wühlte scheinbar ziellos in dem Bücherhaufen. Dann zog er ein Buch heraus, riss den vorderen und hinteren Buchdeckel ab und schob das Buch in die Tasche seines Wehrmachtsmantels.

»Was war denn das, Mann? Warum hast du den Einband abgerissen?«, fragte Motte verwundert.

»Wiegt weniger so, lässt sich leichter biegen und passt besser in die Manteltasche«, sagte Jannek schlicht. Auf den Gedanken, dass man mit derart teuren gebundenen Büchern so nicht umging, kam er offenbar gar nicht.

»Was für ein Buch hast du dir denn genommen?«, fragte Leah, die es mehr interessierte, was er aus der Menge der Bücher ausgewählt hatte.

Jannek zuckte die Achseln. »Keine Ahnung, ich hab einfach den dicksten Roman genommen, den ich finden konnte. Der Lesestoff muss ja für 'ne Weile halten. Wer weißt wie lange wir übers Mittelmeer schippern.«

»Lass doch mal sehen!«

Jannek zog das Buch halb aus der Tasche, sodass Leah einen Blick auf das Titelblatt werfen konnte.

»Der Roman heißt *Schau heimwärts, Engel!*, hat den Untertitel *Eine Geschichte vom begrabnen Leben* und ist von einem gewissen …«, Leah musste den Kopf schief halten, um den Namen besser lesen zu können, »… einem Thomas Wolfe[28].«

»Eine Geschichte vom begrabnen Leben?« Motte machte ein Gesicht, als hätte er in eine Zitrone gebissen. »Mensch, ich weiß nicht, ob ich auf so 'ne Story scharf wäre. Schätze mal, habe auch so schon genug begrabnes Leben mitbekommen.«

»Mag sein, kann aber dennoch ganz interessant sein, was dieser Thomas Wolfe unter begrabenem Leben versteht«, sagte Jannek gleichmütig und ließ den dicken Schinken wieder in der Manteltasche verschwinden. »Muss jedenfalls eine Menge dazu zu sagen haben, wenn er damit sechs- oder siebenhundert Seiten füllen kann. Und an Zeit wird es mir ja nicht fehlen, um dahinterzukommen, was dieser Wolfe damit meint.«

»Ist ja vielleicht eine Horrorgeschichte über einen Leichenbestatter oder einen Typen, der auf dem Friedhof Gräber aushebt«, witzelte Gitta, und alle lachten.

Draußen im Freien traten sie auf der Außentreppe zur Seite, machten sich an scheinbar locker gewordenen Gepäckschnüren zu schaffen und warteten ab, dass der größte Schwung aus der obersten Etage an ihnen vorbei und zu den Bussen und Lastern strömte. Die oberste Etage von Saint Jerome war besonders dicht belegt gewesen. Da hieß es, besser auf Nummer sicher gehen, um bei ihrem Eintreffen im Hafen nicht doch noch das Pech zu haben, auf dem zweiten Unterdeck untergebracht zu werden.

---

28 Thomas Clayton Wolfe (1900–1938) gehört zu den bedeutendsten amerikanischen Schriftstellern des 20. Jahrhunderts und starb schon mit achtunddreißig Jahren an Tuberkulose. Der 1929 erschienene Roman *Schau heimwärts, Engel!* machte ihn berühmt.

Jannek trug die gefütterte Bomberjacke des toten Kapo unter dem dicken Wehrmachtsmantel, den er sich locker über die Jacke gehängt hatte. Denn der Mantel war noch immer reichlich klamm gewesen, wie auch die Schuhe nicht Zeit genug gehabt hatten, um richtig auszutrocknen. Aber dafür hielt das Wetter, wenn auch bei dicht bewölktem Himmel und mit der Drohung, die Nacht jederzeit wieder im Regen zu ertränken.

Nicht ein einziger Stern ließ sich ausmachen, was Leah an Janneks düstere Bemerkung in seinem Münchner Bunker erinnerte, dass sie als KZ-Überlebende unter einem Himmel ohne Sterne lebten. Selbst der Mond ließ sich hinter den schmutzigen, tief hängenden Wolkenfeldern nur erahnen.

Kurz nach zehn hatte die Bronzeglocke in der Halle zusammen mit dem entsprechenden Motorenlärm das Eintreffen der ersten Kolonne von Militärlastwagen und Bussen verkündet. Inzwischen hatten die Fahrer schon drei Touren zum gut dreißig Kilometer entfernten Hafen von Sète hinter sich. Leah hatten die Leute leidgetan, die mit ihrem Handgepäck gar nicht schnell genug aus dem Gebäude und zu den Wagen hatten kommen können. Sie schämte sich ein bisschen dafür, dass sie zu den wenigen gehörten, die wussten, was die Leute aus den ersten Wagenkolonnen auf der *Francisco Ferrera* erwartete.

Gerade wollte sich Leah wieder aufrichten, als sie plötzlich hinter sich im Eingang, dessen beide Flügel weit offen standen, die Stimme von Tante Margot und Onkel Herschel hörte. Verstohlen blickte sie sich zu den Buchheims um, geschützt von Gitta, die vor ihr auf der Freitreppe kniete und leise vor sich hin fluchte, als hätte sie ernstlich Probleme mit der Verschnürung ihres Gepäcks.

»Natürlich sind wir aus dem dritten Stock zuletzt dran!«, beklagte sich Tante Margot. »Keine zwanzig Minuten, dann haben wir schon ein Uhr!«

»Na und? Was ist denn daran so schlimm?«, fragte Sophie gereizt. »Ohne uns legt das Schiff schon nicht ab. Also ist es doch egal, wann wir im Hafen eintreffen.«

Tante Margot tat so, als hätte sie das nicht gehört. »Wo steckt denn Felix nur schon wieder?«

»Er ist bei den Rittbergers und direkt hinter mir, Mom. Ich pass schon auf, dass er nicht verloren geht«, beruhigte Marius sie und zwinkerte seinem kleinen Bruder zu, der lieber bei seinen neuen Freunden war, den gleichaltrigen Zwillingen Rudi und Ferdinand, als am Rockzipfel der Mutter zu hängen. Was er ihm nicht verdenken konnte. Die Art, wie die Mutter den Kleinen oftmals betüttelte und beaufsichtigte, konnte schon peinlich und erdrückend sein. Insbesondere in Gegenwart von anderen Gleichaltrigen, die viel mehr Freiheit gewohnt waren.

Ein grobschlächtig aussehender Mann von bulliger Statur und in abgetragener Arme-Leute-Kleidung kam Margot Buchheim am Fuß der Treppe mit seiner ähnlich vierschrötigen Frau in den Weg. Mit rüder Hast drängte er sich an ihr vorbei. Erbost versetzte sie ihm einen Stoß mit ihrem Ellbogen und sagte betont laut zum Vater: »Mein Gott, was haben wir nur unter all diesen gewöhnlichen Leuten verloren, Herschel? Dass wir uns das auch antun müssen! Wir hätten in London bleiben sollen! Da wussten wir, was wir hatten, und vielleicht hättest du schon bald …«

»Lass es, Margot! Nicht wieder die alte Leier!«, beschwor Onkel Herschel seine Frau und redete schnell weiter, während vor ihnen die Schlange ins Stocken geriet. »Und hast du nicht gehört, was ich dir beim Abendessen erzählt habe? Der liebe Lebrecht hat beste Beziehungen zur Hebräischen Universität in Jerusalem. Das Patenkind seines Onkels bekleidet dort eine hohe Position in der Verwaltung. Der Mann hat ihm eine Assistentenanstellung verschafft, und der liebe Lebrecht hat mir versprochen, sich bei ihm für mich einzusetzen. Es wird natürlich erst mal nichts Großes sein, aber er ist zuversichtlich, dass er mich mithilfe seines Gönners bestimmt irgendwo unterbringen kann.«

»Damit du da vielleicht auch wieder als kleiner Assistent anfangen darfst?«, fragte Tante Margot geringschätzig. »Das mag ja für deinen *lieben Lebrecht*, …«, sie verdrehte genervt die Augen, »annehmbar sein, aber doch wohl nicht für uns, oder?«

»Nun ja, auch wir werden uns für eine Weile nach der Decke strecken müssen«, räumte Onkel Herschel ein. »Oder kannst du mir vielleicht ein besseres Angebot nennen?«

Tante Margot bedachte ihn mit einem zornigen Blick, als empfände sie diese Perspektive doch als Zumutung und persönliche Beleidigung. »Es ist eine Schande! Ja, das ist es wirklich! Das ist alles, was es dazu zu sagen gibt, Herschel Buchheim!«, sagte sie grollend, warf den Kopf in den Nacken und schritt geziert die Stufen hinunter, als würde sie in edler Abendrobe die Treppe zu einem Ballsaal hinabschweben.

Ihre Familie folgte schweigend.

Auch Jannek, der neben Leah rauchend an der Hauswand gelehnt hatte, hatte den Wortwechsel mitbekommen. Er sah ihr kopfschüttelnd nach und drückte sich mit dem Fuß von der Wand ab. »Deine Tante hätte nicht mal die erste Selektion überlebt!«, sagte er brüsk und schnippte seine Zigarettenkippe in Richtung ihrer Tante, ähnlich geringschätzig wie am Nachmittag. »Die wäre gleich ins Gas gewandert und hätte bis zuletzt nicht wahrhaben wollen, was dort passiert!«

Betroffen sah Leah ihn an. »Wie kannst du so etwas Gemeines sagen? Musst du so grausam sein?«, flüsterte sie halb flehend, halb wutentbrannt.

Er zuckte gleichgültig die Achseln. »Das Eisen wird im Feuer geschmiedet. Schätze mal, mein Feuer war ein bisschen heißer als das der meisten.«

Es tat ihr weh, dass er so sprach. »Warum tust du das? Als ob du es darauf anlegst, zurückgestoßen und verabscheut zu werden!«

»Wer weiß, vielleicht ist das ja genau das, was ich verdiene«, sagte er und machte eine Grimasse, als hätte er einen besonders gelungenen Witz von sich gegeben.

»Jannek!«, stieß sie hervor. »Du kannst doch unmöglich …«

»Erzähl mir nicht, was ich sagen darf und was nicht! Ich sage, was ich will, kapiert? Und jetzt sollten auch wir mal langsam einsteigen.« Er nahm seinen Koffer und stiefelte auf den nächsten Bus zu.

Leah setzte sich im Bus nicht neben ihn, sondern suchte sich mehrere Reihen weiter hinten einen Platz, wo sie neben einer fremden älteren Frau saß und es neben ihr keinen freien Sitz mehr gab. Sie wollte jetzt nicht einmal mit Gitta oder Motte reden, zu tief hatten sie Janneks Worte getroffen. Und dabei hatten sie sich wenige Stunden vorher in den Armen gelegen und sich auf eine leidenschaftliche Art geküsst, wie es doch wohl nur Liebende taten.

Aber alles Grübeln brachte sie nicht weiter, das wusste sie schon jetzt. Sie verstand Jannek einfach nicht.

Aber wieso sollte ich das auch können?, fragte sie sich ratlos und bedrückt, als der Bus anruckte und sich in die Kolonne der Transporter einreihte, die sich erneut auf den Weg nach Sète machten. *Ich werde ja nicht einmal aus mir selber schlau!*

16

Die Fahrt durch die finstere Nacht dauerte eine gute halbe Stunde. Was immer jenseits der schmutzigen Scheiben an Landschaft oder Gebäuden vorbeizog, es blieb konturlos und nichts weiter als dunkle Schatten in einer noch tieferen Dunkelheit.

Die Busse und Laster fuhren nicht nur mit abgeblendetem Licht, sondern hatten ihre Scheinwerfer wie zu Kriegszeiten auch bis auf einen schmalen Spalt mit schwarzem Klebeband abgedeckt. Die Wagenkolonne sollte so wenig auffallen wie möglich. Völlige Dunkelheit herrschte auch im Inneren, dazu angespannte Stille. Jeder hing seinen Gedanken nach, und niemand brach das Schweigen, das wie ein Bann über ihnen lag. Der Nebel, der hier und da über die Straße trieb und von den Wagen zu wild tanzenden Schleiern verwirbelt wurde, trug das Seine dazu bei, der Fahrt durch die Finsternis etwas Geheimnisvolles, ja, fast Unwirkliches zu geben.

Leah hatte gleich zu Beginn der Fahrt mit der fremden Frau die

Plätze getauscht, weil es ihr am Fenster zu kalt war. Gedankenversunken starrte sie hinaus in die Nacht, ohne sie jedoch mit ihren Augen durchdringen zu wollen. Die Finsternis dort draußen deckte sich mit der Düsternis ihrer Gedanken. Deshalb fuhr sie auch überrascht zusammen, als der Bus plötzlich im trüben Schein einer Hafenlaterne anhielt und der Fahrer munter verkündete: »Hiermit kommen wir zum Ende unseres Landausflugs. Viel Glück auf eurer Kreuzfahrt nach Palästina!«

Leah ließ sich mit dem Aussteigen Zeit. Sie wollte nicht in Janneks unmittelbarer Nähe sein und sich womöglich gezwungen sehen, mit ihm zu sprechen. Er sollte ruhig spüren, dass sie sein Verhalten ihr und auch ihrer Tante gegenüber nicht in Ordnung fand und dass sie von ihm als Freund erwartete, dass er sich besser überlegte, was er sagte, und nicht auf ihren Gefühlen herumtrampelte.

Kaum war sie ausgestiegen und hatte sich flüchtig umgesehen, als ihre Probleme mit Jannek sich schlagartig in den Hintergrund ihres Bewusstseins zurückzogen. Sie befand sich am Ende einer Kaianlage aus wuchtigen schwarzgrauen Quadersteinen. Der Kai lag etwas abgelegen vom Zentrum des Hafens. Die Umrisse der Lagerhäuser und Ladekräne zeichneten sich im aufsteigenden Nebel nur sehr vage und jenseits einer tintenschwarzen Wasserfläche ab, die der Wind kräuselte.

Sie schenkte dem zentralen Hafenbecken auf der anderen Seite nur einen flüchtigen Moment Beachtung. Ihre Aufmerksamkeit galt vielmehr den Hunderten von Emigranten, die sich quälend langsam auf die Stelle zubewegten, wo die *Francisco Ferrera* vertäut lag und wo eine Gangway an Deck hinaufführte. Immer wieder kam die lange Schlange auf dem stählernen Laufsteg zum Stehen, weil es oben auf dem Schiff nicht weiterging.

Als Leah den ehemaligen Bananendampfer, der sie nach Palästina bringen sollte, dort vor sich liegen sah, befiel sie ein mulmiges Gefühl. Selbst im trüben Schein der Hafenlaternen und der wenigen Schiffslichter war nicht zu übersehen, dass der *Francisco Ferrera* aus gutem Grund die baldige Verschrottung gedroht hatte. Nicht nur, dass den Linien des Schiffes jegliche Anmut fehlte und die Decksaufbauten mit ihrem langen und schief geneigten Schornstein gleich hinter der Brücke von unansehnlicher Zweckmäßigkeit bestimmt waren, der Frachter erweckte auch den Eindruck, als könnte er jeden Augenblick auseinanderbrechen. Wohin man auch schaute, der Blick fiel auf stumpfes rostbraunes Metall, übersät von hässlichen Flecken blasiger, wegplatzender Restfarbe, die sich wie Pestbeulen eines Todkranken ausnahmen.

Die Bestürzung war allseitig.

»Heiliger Rostpott!«, entfuhr es Motte, und selbst ihm, dessen Unbekümmertheit schon fast sprichwörtlich war, konnte man unschwer die Betroffenheit über den schlechten Zustand ihres Schiffes anmerken. »Wenn der Kahn da nicht der Definition eines Seelenverkäufers entspricht, dann weiß ich es nicht!«

»Ja, die Flotte der *Haganah* lässt doch ein wenig zu wünschen übrig«, spottete Jannek trocken. »Da schwimmt ja mehr Rost als sonst was auf dem Wasser!«

»Sei froh, dass all der Rost an dem Kahn klebt!«, kam es von Gitta. »Sonst würde der Dampfer vermutlich vor unseren Augen auseinanderbrechen.«

»So schlimm, wie ihr tut, ist es nun auch wieder nicht!«, mischte sich Igor ein, der in ihrem Bus mitgefahren war. »Natürlich ist der Frachter äußerlich heruntergekommen, und an Rost gibt es wahrlich keinen Mangel. Aber die Motoren sind überholt und sollen gut in Schuss sein.«

»Was nicht viel bringt, wenn sie plötzlich durch den rostigen Rumpf brechen und auf dem Meeresgrund landen«, warf Motte ein.

Maurice, der wie die Buchheims im Bus vor ihnen gesessen hatte, tauchte auf der Gangway auf. Er fuchtelte wild mit den Armen und rief Igors Namen, während er sich an der Schlange der Emigranten vorbeidrängte.

»Vielleicht gibt es ja Rum an Bord …«, sagte Jannek.

Verständnislos sah Igor ihn an. »Wie kommst du denn auf so was? Natürlich nicht!«

»Schade«, meinte Jannek, »dann hätten wir uns diesen Seelenverkäufer vielleicht ja noch schönsaufen können.«

Igor lachte mit den anderen und winkte dann ab. »Ach was, wenn das Schiff nicht seetüchtig wäre, hätte die *Haganah* es bestimmt nicht gekauft und so viel Geld in den Umbau und all den anderen Aufwand investiert, der bei so einem Unternehmen anfällt. Also hört auf zu unken. Die *Francisco Ferrera* hält schon tapfer durch, ihr werdet sehen!«, versicherte er, während Maurice ihn erneut mit Handzeichen zu sich rief. »So, und jetzt muss ich los, muss mich oben bei dem Kommandanten Ari Halevi und Captain Ike Wakefield melden. Die Crew soll sehr unterbesetzt sein, sodass da oben jede Hand gebraucht wird. Also dann, bis später!« Er eilte davon.

»Danke noch mal!«, rief Gitta ihm nach.

Der Regen setzte wieder ein, gleichzeitig frischte der Wind vom Meer auf.

Jannek wandte sich an Leah, sprach sie zum ersten Mal seit ihrem Streit auf der Freitreppe von Saint Jerome direkt an. »Das haben wir nun davon, dass wir unbedingt unter den letzten dreihundert Leuten sein wollten! Jetzt stehen wir hier im Regen!«, sagte er und zog sich die Mütze tiefer in die Stirn. »Und bis wir auf dem Rostpott sind, wird es bei dem Schneckentempo, mit dem die Schlange die Gangway hochkriecht, noch ganz schön dauern. Schätze mal, das Trocknen der Klamotten hätten wir uns sparen können.«

Leah ignorierte ihn mit verschlossener Miene. Er zuckte die Achseln, murmelte etwas von »Musst nicht immer alles, was ich sage, auf die Goldwaage legen!« und bewegte sich mit Motte und Gitta in der vorrückenden Schlange drei, vier Schritte näher auf die *Francisco Ferrera* zu, während sie stehen blieb und es zuließ, dass eine Gruppe von Tschechen die Lücke füllte.

Leah blickte indessen nach vorn zu den Buchheims, die sich gute dreißig, vierzig Plätze vor ihr befanden. Sophie schien sich mit ihren Eltern zu streiten, ihr Gesicht zeigte Trotz und Entschlossenheit. Tante Margot schüttelte wiederholt energisch den Kopf, dann legte

Onkel Herschel seiner Frau die Hand besänftigend auf die Schulter und nickte seiner Tochter zu.

Hastig griff Sophie zu ihrem Koffer, tätschelte ihren kleinen Bruder liebevoll mit der anderen Hand und ging schnellen Schrittes an der Schlange entlang nach hinten, bis dahin, wo Leah stand.

»Hast du was dagegen, wenn ich bei dir bleibe und mir nachher auf dem Schiff meinen Schlafplatz neben dir geben lasse, Leah?«, fragte sie schüchtern und sah sie mit einer Mischung aus freudiger Erwartung und banger Sorge an. Und aus Angst vor Leahs Antwort redete sie sogleich aufgeregt weiter. »Entschuldige, dass ich dich einfach so damit überfalle. Aber das mit unserem Wiedersehen am Nachmittag ist ja so unglücklich gelaufen, und ich möchte, dass wir uns richtig kennenlernen. Es wäre so schön, wenn wir Freundinnen werden könnten.« Verlegene Röte schoss ihr dabei ins Gesicht, und sie senkte den Blick, als fürchtete sie, vor ihrer Cousine und den anderen zu viel von sich offenbart zu haben. »Außerdem kann ich es im Augenblick nicht bei meiner Mutter aushalten. Du hast ja gesehen, wie sie ist, und bei der Vorstellung, auf der ganzen Reise bei ihr ausharren und mir ihr Gejammer anhören zu müssen, wird mir schon jetzt ganz elend. Aber wenn das für dich alles zu schnell kommt und du lieber mit deinen Freunden ungestört sein willst, dann ist das natürlich völlig in Ordnung. Ich wollte einfach nur mal fragen.« Sie lächelte tapfer, doch in ihren Augen stand die eindringliche Bitte, sie nicht zu ihrer Familie zurückzuschicken.

»Natürlich geht das in Ordnung«, antwortete Leah und machte sich einen Spaß daraus, dabei eine ausdruckslose Miene zur Schau zu stellen.

»*Was* geht in Ordnung?«, fragte Sophie unsicher.

Leah lachte. »Na, dass zu uns kommst und wir dadurch die wunderbare Gelegenheit haben, uns auf der Reise besser kennenzulernen«, sagte sie und erlöste ihre Cousine aus ihrem Bangen. »Ich möchte auch, dass wir gute Freundinnen werden!« Und kaum waren ihr die Worte über die Lippen gekommen, als ihr bewusst wurde, dass es mehr als nur freundlich dahergesagt war. Sie wünschte es sich wirklich, sogar von Herzen. Denn eine richtige Freundin hatte sie schon seit vielen Jahren nicht mehr gehabt.

Im KZ hatte es keine Freundschaften im eigentlichen Sinne gegeben, sondern im Angesicht des jederzeit drohenden Todes nur Bündnisse und Zweckgemeinschaften zum gemeinsamen Überleben, und selbst die waren meist nicht von langer Dauer gewesen. Letztlich war sich jeder selbst der Nächste gewesen – bis auf die wenigen heroischen Ausnahmen derjenigen, die für einen anderen, oftmals völlig Fremden ihr Leben gegeben hatten. Selbst Gitta war, so sehr sie sie auch mochte, mehr eine gute und gewiss auch verlässliche Kameradin als eine seelenverbundene Freundin, deren Gegenwart einen mit innerer Wärme und Freude erfüllte und der man vorbehaltlos sein Herz ausschütten konnte.

Sophie strahlte sie an, umarmte sie schnell und drückte ihr ebenso schnell und verlegen einen Kuss auf die Wange. »Danke! Du weißt gar nicht, wie viel mir das bedeutet! Weißt du, ich bin mir bis vor Kurzem gar nicht so richtig bewusst gewesen, wie einsam ich die letzten Jahre eigentlich war«, gestand sie und hakte sich bei ihr ein.

»Wir werden uns schon gut verstehen, Sophie«, sagte Leah, plötzlich innerlich so stark bewegt, dass ihr die Tränen in die Augen schossen. Und für einen Augenblick war sie dankbar für den Regen und die klägliche Beleuchtung auf dem Kai, die ihr halfen, ihre starke Gefühlsregung und das wässrige Schimmern in ihren Augen vor Sophie zu verbergen.

17

Fast eine geschlagene Stunde waren sie schutzlos dem Wind und dem Nieselregen ausgesetzt, und sie konnten von Glück reden, dass es bei dem feinen Nieseln blieb und nicht wieder so heftige Schauer vom Himmel stürzten wie am Nachmittag. Endlich aber hatten sie die

Gangway im Zeitlupentempo erklommen und wurden an Deck gelassen. Aus der Nähe und im Regen, der wie ein schmutzig nasses Tuch auf allem lag, sahen der rostfleckige Schiffsrumpf und die nicht weniger unansehnlichen Decksaufbauten noch um einiges trostloser als aus der Entfernung aus.

Als Leah mit Sophie an Bord trat, verstand sie, warum die Einschiffung so quälend langsam vonstattenging, selbst ohne Kontrolle ihrer Visapapiere.

Ein halbes Dutzend Einweiser aus den Reihen der Crew, alles kräftige Männer der *Palmach* zwischen Anfang zwanzig und Mitte dreißig in regennassem, gelbem Ölzeug, nahmen die zweieinhalbtausend Passagiere hinter der Fallreepspforte einzeln in Empfang, und das aus gutem Grund. Auf dem kurzen Gang von der Pforte über das Hauptdeck hin zur verrosteten Stahltür, durch das es über einen der zentralen Niedergänge[29] hinunter zu den unteren Decks ging, musste jeder an vier Posten vorbei, in deren Händen die reibungslose Abwicklung der Einschiffung von so vielen Personen lag.

Der erste Palmachnik trug ihren Namen in eine Art Logbuch ein. Dann erhielt sie von ihm ein Stück harten Karton, der an einer großen Sicherheitsnadel hing. Auf der quadratischer Hartpappe, die in etwa so groß wie ihre Handfläche war, stand in dicker schwarzer Tinte die Markierung: **I-B-57**.

»Du hast den Schlafplatz Nummer 57 auf Deck römisch eins. Du findest ihn dort im Abschnitt B, der den Mittschiffsbereich kennzeichnet. Markierungen unter Deck mit A stehen für den Schlafbereich im Vorschiff und C für die Betten im Heck, ist alles markiert«, rasselte er herunter. »Du kannst deine Pritsche nicht verfehlen, alle Plätze sind durchnummeriert und deutlich gekennzeichnet. Bitte hefte dir deine Marke gut an die Kleidung, bis du genau weißt, wo du hingehörst und wo deine Sachen sind«, riet er ihr, während er auf der Liste hinter ihren

---

29 Niedergang ist der seemännische Ausdruck für eine Treppe im Innern eines Schiffes.

Namen ihren Schlafplatz I-B-57 eintrug. »Und am besten trägst du sie auch danach noch immer bei dir.« Dann ging sein Blick schon zu Sophie.

»Ja, hab ich alles mitbekommen«, sagte diese schnell und nannte ihm ihren Namen.

Der Palmachnik seufzte dankbar und drückte ihr den Anhänger mit der Markierung **I-B-58** in die Hand.

Der zweite Palmachnik händigte ihnen einige Schritte weiter wortlos ein zweiseitig bedrucktes Merkblatt aus, das ein primitives Diagramm des Schiffes und in einem halben Dutzend Sprachen die wichtigsten Verhaltensregeln, Informationen und Hinweise enthielt. Es zeigte die Aufteilung der Decks, die Verbindungsgänge, die vorgeschriebene Laufrichtung und die aufwärts- und abwärtsführenden Treppen sowie die Lage der Latrinen, der Erste-Hilfe-Stationen, des Krankenreviers und der Ausgabestellen von Essen und Trinkwasser. Überschrieben war das Merkblatt mit ins Auge fallender Großschrift und gleichfalls in mehreren Sprachen mit: *DIES & ALLES WEITERE SPÄTER AUCH NOCH PER LAUTSPRECHERDURCHSAGE!* Eine vorausschauende Beruhigung für all jene Personen, die nervös waren und sich von der Situation überfordert fühlten.

Der dritte Mann erfüllte seine Aufgabe wie der zweite ohne einen Kommentar, weil das, was er austeilte, keiner Erläuterung bedurfte. Von ihm erhielten sie einen einfachen Suppenteller aus Blech, einen primitiven Löffel und eine Ein-Liter-Flasche Wasser mit einem Bügelverschluss in die Hände gedrückt. *Tagesration!* stand auf dem weißen Flaschenetikett, aufgedruckt mit einem offensichtlich selbst gefertigten Stempel.

»Und da es weder Messer noch Gabel gibt, braucht man kein Hellseher zu sein, um zu wissen, welche Art Essen es auf der Fahrt geben wird«, sagte Sophie.

»Ja, jeden Tag Eintopf und Brot!«, erwiderte Leah. »Man will wohl nicht hinter der fabelhaft vielseitigen Küche von Saint Jerome zurückstehen!«

Sie lachten, aber doch eher verhalten.

An der vierten und letzten Station wartete ein Palmachnik mit einer Waage auf jeden Passagier. Die Tatsache, dass sich hinter dem Mann nicht ein einziges Gepäckstück fand, das den Test nicht bestanden hatte, verriet, wie ernst die Leute die wiederholten Durchsagen von Eli Avidan im Sammellager genommen hatten.

Hinter dieser letzten Station geriet die Menschenschlange wieder einmal ins Stocken und kam dann ganz zum Stehen, weil es weiter unten im Niedergang hinter der Tür einen Rückstau gab. Für ein, zwei Minuten ging es nicht voran. Jannek schaffte es gerade noch, sich mit Motte durch die Tür zu quetschen und sich ins Trockene zu bringen.

Ungeduldig wartete Leah mit Sophie darauf, dass es vor ihnen weiterging. Dabei ließ sie ihren Blick flüchtig über das Hauptdeck gleiten – und blieb an einer schlanken, mittelgroßen Gestalt hängen, die in diesem Moment oben aus der Kommandobrücke mit einem dampfendem Becher in der Hand auf den umlaufenden Laufsteg aus rostigen Metallgittern trat.

Im Gegensatz zu den anderen Männern der Schiffsbesatzung trug er kein Ölzeug, sondern Kakishorts und ein kurzärmeliges Kakihemd unter einer speckigen Lammfellweste, dazu derbe sandfarbene Halbstiefel und grobe graubraune Socken, die er unterhalb der Waden halb umgeschlagen hatte. Seine nackten Arme und Beine wie auch sein Gesicht hatten die leicht getönte Haut eines Südländers. Umso seltsamer, dass ihm der kalte Wind und der Regen nichts auszumachen schienen. Eine verschwenderische Haarpracht von blonden Locken fiel ihm bis über die Ohren. Im Licht der Lampe über der Tür zur Brücke schimmerten hier und da Strähnen, als bestünden sie aus Goldfäden. Er stellte seinen Becher vor sich auf das Geländer, griff zu einer gestrickten schwarzen Wollmütze, die hinter dem breiten braunen Ledergürtel seiner Shorts klemmte, und zog sie sich über seine honigfarbene Lockenmähne.

Sophie stieß sie an und riss sie aus der Betrachtung des Fremden, der nicht älter als Mitte zwanzig sein konnte, jetzt an seinem dampfendem Getränk nippte, dabei zu ihnen herunterblickte – und sie aus einem unerfindlichen Grund faszinierte.

»Komm, es geht weiter, Leah!«

Leah vergaß den fremden, Wind und Wetter trotzenden Mann, kaum dass sie durch die Luke getreten war. Aus den Tiefen des Frachters stieg ein kollektives Seufzen, Stöhnen und Erschrecken zu ihr herauf, als sie dem Niedergang abwärtsfolgte. Sie wappnete sich dagegen, dass selbst das oberste Unterdeck alles andere als ein angenehmer Ort für eine Reise quer übers Mittelmeer sein würde. Dennoch war sie nicht wirklich auf das vorbereitet, was sich ihren Augen darbot, als sie Deck I betrat und sie im Licht der vergitterten Deckenleuchten die langen Reihen der Unterkünfte sah, die viel Ähnlichkeit mit Bienenwaben besaßen.

Die dreistöckigen Stockbetten bestanden aus rauen, unbearbeiteten Palettenbrettern, und die einzelnen Kojen waren so eng bemessen, dass man in sie hineingleiten musste, so wie ein Bäcker seine Brote in den Ofen und später in Bretterregale mit niedrigen Zwischenräumen schiebt. Jeder Schlafplatz war nur fünfzig Zentimeter breit und wies in etwa dieselbe Deckenhöhe auf. Was bedeutete, dass sich nur Kinder und kleinwüchsige Personen auf ihrer Pritsche aufsetzen konnten, ohne mit dem Kopf schon auf halbem Weg gegen die Bodenbretter der Pritsche darüber oder gegen die Metalldecke des Decks zu stoßen.

Die Kojen waren auf den zum Gang hin zeigenden Stirnbrettern durchnummeriert, sodass man nicht erst lange nach seinem Schlafplatz suchen musste. Und auf dem Boden fanden sich alle zwei, drei Schritte breite Pfeile in weißer Farbe, die die einzig erlaubte Laufrichtung anzeigten.

Leah sah, wie Sophie an ihrer Seite blass wurde und schluckte. Es verschlug ihr buchstäblich die Sprache.

»Heiliger Klabautermann!«, hörten sie Motte vor sich gequält ausrufen. »Hier liegen wir ja wie Sardinen in einer Dose, nur dass die Dose ein bisschen größer als gewöhnlich und völlig verrostet ist!«

»Was hast du denn? Das sieht doch alles irgendwie sehr vertraut aus«, sagte Jannek, ließ seinen Koffer auf eine untere Pritsche krachen und stieß ihn ans Fußende der Bretterkoje. »Da fällt es doch gar nicht schwer, sich hier einzugewöhnen.«

»Ja, verdammt vertraut sieht es hier aus!«, pflichtete ihm jemand düster bei.

»Stimmt, aber diesmal haben wir die Koje selbst gebucht, Leute!«, rief ihnen ein anderer in Erinnerung. »Und wenn wir das KZ überlebt haben, werden wir das hier doch wohl locker auf einer Arschbacke überstehen.«

Es gab Gelächter, und wenn es auch nicht gerade fröhlich und befreit klang, sondern etwas zaghaft und bemüht, so entspannten sich doch viele Gesichter.

Tante Margot stimmte in das Gelächter jedoch nicht ein. »Was für eine Zumutung! Hier bleibe ich nicht eine Nacht!«, mischte sich ihre schrille Stimme, die zittrig zwischen Entsetzen und Empörung taumelte, in das allgemeine Durcheinander. »Unmöglich! Wofür halten sie uns denn? Da … da gehe ich nicht rein!«

»So, und was willst du stattdessen tun?«, knurrte Onkel Herschel. »Vielleicht über Bord springen?«

Felix war schon in seine Koje gerutscht. »Mom, es ist gar nicht so schlimm. Es ist richtig gemütlich, wie in einer Höhle!«, rief er begeistert.

Tante Margot beachtete ihn nicht. »Herschel, du musst etwas unternehmen!«, verlangte sie in einem Tonfall, der keinen Widerspruch duldete und gerade deshalb in dieser Situation überaus unpassend klang.

»Was denn? Soll ich dir vielleicht eine Außenkabine buchen?« Er rang die Hände und befand sich sichtlich am Ende seiner Geduld. Auch war es ihm anzusehen, wie peinlich ihm die Szene war, die seine Frau ihm in aller Öffentlichkeit machte. »Bitte reiß dich zusammen, Margot! Wir sind hier nicht allein!«

»*Ein breira!*«, kam im nächsten Augenblick von weiter hinten aus der

Menge ein energischer Zuruf auf Hebräisch, der zweifellos als Bekräftigung von Onkel Herschels Aufforderung verstanden werden wollte. »*Ein breira!* ... Es gibt keine andere Wahl!«

Tante Margot ballte stumm die Fäuste, funkelte ihren Mann an, senkte dann geschlagen den Kopf und begann stumm zu weinen. Aber sie schickte sich in das Unabwendbare, so wie alle anderen, denn wie der Zurufer es so kurz und treffend auf den Punkt gebracht hatte: *Ein breira!*

Leah und Sophie hatten ihre Bettstellen ein gutes Dutzend Schritte hinter den Kojen von Jannek, Motte und Gitta, und bis zu den anderen Buchheims war es sogar noch ein Stück weiter. Aber sie konnten nicht einfach die paar Schritte zu ihnen hinübergehen, sondern mussten den Gang auf Deck I einmal ganz im Uhrzeigersinn herumgehen, befand sich der Bereich mit Jannek, Motte und Gitta sowie der der Buchheims doch in entgegengesetzter Laufrichtung. Im Augenblick lag Leah auch nichts ferner, als sich zu Jannek zu begeben, war sie doch noch immer sauer auf ihn. Und Sophie war aus anderen Gründen froh, dass sie sich nicht in Rufweite ihrer Eltern befand, es sei denn, man schrie durch das Deck.

Die beiden Cousinen hatten Glück mit ihren Kojen, lagen sie doch nicht nur nebeneinander, sondern auch noch oben auf dem dritten Level.

»Wir liegen oben! Mensch, das nenne ich Schwein!«, sagte Leah und zwinkerte Sophie zu.

»Was soll daran toll sein, dass wir da hochklettern müssen?«

»Na, wenn du unten liegst, steigen dir diejenigen, die über dir schlafen, doch jedes Mal über den Kopf und womöglich auf die Hände, wenn du nicht aufpasst«, flüsterte sie ihr zu. »Da oben sind wir ungestört, da klettert keiner ständig vor dir auf und ab und weckt dich, weil er vielleicht zu allen unmöglichen Zeiten aufs Klo oder sonst wohin will. Außerdem ist man den Lüftungsgittern in der Decke näher, womit dann wohl auch die Luft da oben ein bisschen besser ist – hoffe ich zumindest.«

Sophies Miene hellte sich ein wenig auf. »Stimmt! Daran habe ich gar nicht gedacht!«

Wie gut sie es getroffen hatten, ganz oben zu schlafen, sollte ihnen jedoch erst später klar werden, als die *Francisco Ferrera* in schwere See und einen tagelangen Sturm geriet.

Das Gedränge im Gang löste sich schnell auf, und noch bevor das Schiff aus dem Hafen ausgelaufen war, begannen die ersten Passagiere damit, ihr winziges, fünfzig Zentimeter breites Terrain abzustecken und zu markieren. »Landbesitznahme« nannte es ein Spötter und traf es damit sehr genau. Die einen verhängten ihre Koje mit Handtüchern, Tischdecken, Stoff oder Papier, auch wenn es ein mehr symbolischer Versuch war, so etwas wie Privatsphäre zu schaffen.

Andere folgten später ihrem Beispiel und scheuten sich nicht, auch Hemden, Blusen und sogar Unterwäsche aufzuhängen. Ob zum Trocknen oder um Sichtschutz herzustellen, war nicht immer offensichtlich und interessierte bald auch keinen mehr. Kordel, Bindfaden, festes Garn und Reißzwecken wurden jedenfalls unvermittelt zu heißen Tauschwaren.

Sosehr die *Haganah* am Material für die Kojen und an anderen Dingen gespart hatte, so sehr hatte die Crew beim Umbau darauf geachtet, eine erstklassige Lautsprecheranlage auf allen Decks zu installieren.

Die erste Durchsage erfolgte um kurz vor vier, als die Crew die Leinen loswarf, das bislang unterschwellige Summen und Vibrieren aus dem Maschinenraum zu einem kräftigen und rhythmischen Dröhnen anschwoll und der alte Frachter sich schwerfällig vom Kai löste. Die Durchsage begann mit den ersten Takten einer Orchesteraufnahme der *Hatikwa*, und sofort verstummten alle Gespräche in den hölzernen Bienenwaben und es wurde geradezu andächtig still unter Deck.

Ihre Reise hatte begonnen.

18

Die Musik brach ab.

»Achtung! ... Achtung! ... Hier spricht Ihr Kommandant Ari Halevi!«, drang eine kräftige, sehr energisch klingende Stimme aus den Lautsprechern, die jeden Winkel des Schiffes erreichten. »Willkommen auf dem *Haganah*-Schiff, das zurzeit noch unter dem Tarnnamen *Francisco Ferrera* und der panamesischen Flagge fährt«, er machte eine kurze Pause, um dann mit feierlichem Ernst fortzufahren, »und willkommen auf Ihrer Alija Bet nach Palästina ... Ihrer Heimat!«

Leah bekam eine Gänsehaut bei den letzten feierlichen Worten, in denen zweitausend Jahre Diaspora, zweitausend Jahre Vertreibung in alle Winde und die Sehnsucht nach Rückkehr mitschwangen, und sie war sicher, dass es vielen anderen in diesem Moment ähnlich erging.

Sophie und sie lagen Seite an Seite bäuchlings auf ihren Kojen und lauschten der Durchsage ihres Kommandanten. Ari Halevi stellte ihnen die wichtigsten Personen seiner Crew vor, zu denen Captain Ike Wakefield, sein Erster Offizier Edward »Teddy« Goodman, beides amerikanische Kriegsveteranen, und der tschechische Arzt Dr. Salomon Freytag gehörten. Dann kündigte er an, dass er und seine Männer gleich nach der Durchsage von Deck zu Deck gehen und die Visa einsammeln würden. Sollte ihr Schiff die britische Blockade vor der Küste nicht durchbrechen können und aufgebracht werden, sollten den Briten keine Papiere mit persönlichen Daten in die Hände fallen. »Die Papiere werden wir verbrennen, sobald wir aus der Drei-Meilen-Zone sind. Von da an sind wir – mögen wir für die Briten und andere auch staatenlos sein – Bürger Palästinas! ... Erez Israel ist unsere Heimat und niemand wird von uns etwas anderes hören!«

Stürmischer Jubel und Applaus brandete kurz durch alle vier Unterdecks.

Anschließend gab Ari Halevi noch eine ganze Reihe von Anordnungen durch, auf deren strikte Einhaltung er und seine Crew achten würden, wie er betonte. Dabei ging es um die Organisation der Essensausgabe, die notwendige Rationierung des Trinkwassers auf einen Liter pro Person, damit ihre Vorräte für mindestens zwölf Tage auf See reichten, des Weiteren um die Laufrichtung auf den Decks und Niedergängen, die unter allen Umständen einzuhalten war, wenn nicht Chaos ausbrechen sollte, und um die nicht minder wichtige Organisation eines regelmäßigen Putzdienstes sowie die Benennung von Helfern und Trägern auf jedem Deck.

Zum Schluss bereitete Ari Halevi die Flüchtlinge darauf vor, dass sie vermutlich gezwungen sein würden, tagsüber unter Deck auszuharren. Nur nachts sei es zu verantworten, dass sich eine große Anzahl von Menschen an Deck aufhielt. Am helllichten Tag sei nämlich die Gefahr zu groß, von einem der ständig patrouillierenden britischen Aufklärungsflugzeuge entdeckt und als Flüchtlingsschiff der *Haganah* entlarvt zu werden. Und dann habe man für den Rest der Reise nach Palästina mehrere britische Kriegsschiffe als Begleitung an der Seite, die dann nur noch darauf warten mussten, dass sie die Hoheitsgewässer von Palästina erreichten, um ihr Schiff aufzubringen. In dem Fall drohte ihnen allen ein möglicherweise jahrelanger Aufenthalt in einem Internierungslager in der britischen Kronkolonie Zypern.

»Dass wir tagsüber fast immer unter Deck bleiben müssen, ist natürlich eine bittere Pille«, sagte Sophie bedrückt, während dieselben Durchsagen nun nacheinander in anderen Sprachen gemacht wurden.

»Dann schlage ich vor, dass wir den Rest der Nacht dazu nutzen, uns noch ein wenig frische Luft um die Nase wehen zu lassen«, schlug Leah vor und kroch auch schon aus ihrer Koje. »Kommst du mit?«

»Sei mir nicht böse, aber so wild bin ich nicht darauf, jetzt da draußen im Regen zu stehen.«

Leah lachte. »Da ist was dran. Na, vielleicht überleg ich es mir auch noch mal. Aber jetzt muss ich erst mal die Latrinen suchen. Die Natur ruft!« Sie zwinkerte ihrer Cousine zu, kletterte hinunter und konsultierte ihr Merkblatt, wo sich die für sie nächste Latrine befand. Es gab insgesamt neun auf dem Frachter. Nicht gerade üppig für zweieinhalbtausend Passagiere, wie sie fand. Sie wollte jetzt besser nicht darüber nachdenken, wie es auf den wenigen Toiletten wohl in ein paar Tagen aussehen mochte.

Als sie am Niedergang vorbeikam, der als ausschließlich aufwärtsführende Treppe gekennzeichnet war, traf sie zufällig auf Igor. Er befand sich in Begleitung des Mannes in Kakishorts und kurzem Hemd, den sie vorhin oben auf der Brücke gesehen hatte. Beide hielten einen billigen Jutesack in den Händen. Hinter ihnen kamen fünf, sechs weitere Crewmitglieder die Eisenstufen herunter, verschwanden jedoch mit ihren Säcken nach unten zu den tiefer liegenden Passagierdecks.

»Na, hast du schon dein Zelt aufgeschlagen und dich häuslich eingerichtet, Leah?«, flachste Igor und hielt ihr dabei einen Jutesack hin. »Wir sammeln jetzt die Papiere ein. Also her mit deinem falschen Visum!« Und dann, mit einer Kopfbewegung zu dem Mann an seiner Seite, fügte er, der Partisan aus den Wäldern, mit einem Anflug von Stolz und Bewunderung hinzu: »Übrigens, das hier ist unser Kommandant Ari Halevi.«

Sprachlos vor Verblüffung sah Leah den Fremden an – und blickte dabei in durchdringende, fast stechend intensive Augen, die in dunklen Höhlen lagen und dunkel und unergründlich wirkten wie blauschwarze Jade. In dem blassen, mageren und von Müdigkeit gezeichneten Gesicht hatten seine Augen den Glanz von geschliffenem Stahl. Sie konnte nicht glauben, dass dieser junge Mann, der wirklich nicht älter als fünfundzwanzig, sechsundzwanzig sein konnte, genau jener raue Sabre und erfahrene *Palmach*-Kämpfer sein sollte, der im Krieg mit der *Jewish Brigade* in Afrika und Italien gekämpft hatte und nun zum zweiten Mal das Kommando über ein Alija-Bet-Schiff innehatte.

Indessen sagte Igor, der Leahs Verwunderung nicht bemerkt hatte, an den Kommandanten gewandt: »Ari, das ist Leah Friedberg, eine von den neuen *Haganah*-Pionieren, die wir im *Hochlandlager* ausgebildet haben. Eine der Besten, die wir je hatten.« Er zwinkerte Leah bei dem reichlich übertriebenen Kompliment zu.

Ari Halevi zeigte sich nicht im Geringsten beeindruckt. Er schenkte ihr einen flüchtigen Blick und ein ebenso unverbindliches Lächeln, das seine angespannten, müden Züge jedoch nicht aufzuheitern vermochte. »Wie gut eure Zöglinge sind, wird sich noch zeigen«, sagte er kühl. »So, und jetzt weiter. Wir haben noch eine Menge Arbeit vor uns!« Mit seinen Gedanken schon längst woanders, nickte er ihr knapp zu und ließ sie dort am Niedergang stehen.

Igor zuckte entschuldigend die Achseln. Dann eilte er Ari Halevi hinterher.

Leah ärgerte sich einen Moment über den Kommandanten. Er hatte sie quasi im Vorbeigehen abgefertigt und dabei keinen Hehl daraus gemacht, dass er sie keiner Beachtung für wert hielt.

Doch schon im nächsten Moment schüttelte sie den Kopf. Es lohnte gar nicht, sich darüber zu ärgern! Der Mann mochte arrogant sein oder tausend wichtigere Dinge im Kopf haben, als mit ihr ein paar freundliche Worte zu wechseln, es war letztlich ohne Bedeutung. Sollte dieser Sabre doch tun und lassen, was er wollte, solange er sie nur sicher nach Palästina brachte! Und damit war die Sache gegessen!

Sie suchte die Latrine auf, die sie erstaunlich sauber vorfand. Als sie dann zu ihrem Stockbett zurückkehrte, um ihren Mantel für den Gang an Deck zu holen, blickte ihr Sophie mit einem breiten verschmitzten Lächeln entgegen. Sie lag bäuchlings und bis an die Vorderkante vorgerutscht auf ihrer Koje, den Kopf auf ihren gekreuzten Armen gestützt. Ihre Augen blitzten vergnügt.

»Ich hab da was für dich!« Dabei hob sie ein wenig den Kopf und deutete mit ihrer rechten Hand auf die kleine Höhle in ihrer linken Armbeuge.

»So, was denn?«

Sophie lachte. »Wirst du niemals erraten!«

»Komm, mach es nicht so spannend«, sagte Leah.

Da drückte Sophie ihr einen zusammengefalteten Zettel in die Hand. »Pass auf, da ist was drin! Lass es nicht fallen!«

Vorsichtig faltete Leah den Zettel auseinander und wusste im ersten Augenblick nicht, worüber sie sich mehr wundern sollte – über die vier

Worte *Es tut mir leid!*, die da mit Bleistift in ungelenker Handschrift auf dem Zettel standen, oder das kleine Schmuckstück aus hellem Holz, das unter dem Papier zum Vorschein kam.

Es handelte sich um eine ungemein feine und kunstvolle Schnitzarbeit von ungefähr fünf, sechs Zentimetern Durchmesser. Sie stellte den Davidstern dar, über dessen Spitzen sich Stacheldraht zog, als befände sich der Stern in Gefangenschaft. Doch an einer Stelle war der Stacheldraht aufgebrochen, und aus der Öffnung wuchsen drei Rosen. Zwei davon in Form von Knospen, die kurz vor dem Aufgehen standen, während die dritte schon ihre herrliche, volle Blüte zeigte. An der oberen Sternspitze war eine kleine Metallöse für eine Schnur oder Halskette eingearbeitet.

»Du weißt schon, von wem das ist, nicht wahr?«, vergewisserte sich Sophie. »Er war ganz schön verlegen, als er mir das in die Hand gedrückt und mich gebeten hat, es dir zu geben.«

Aufgewühlt blickte Leah zu ihrer Cousine auf. »Wann hat Jannek dir das gegeben?«, fragte sie und hatte plötzlich einen Kloß im Hals. Ihr war, als brannten ihr die wunderschöne Schnitzarbeit und der Zettel in ihrer Hand.

Sophie grinste. »Als du verschwunden bist, um dem Ruf der Natur zu folgen. Sah mir so aus, als hätte er nur darauf gewartet, dass du mal kurz verschwindest.«

Leah blickte hinüber zu den Stockbetten, wo Jannek mit Gitta und Motte untergekommen war. Janneks Koje war leer und er stand auch nicht im Flur. »Und dann?«

Sophie zuckte die Achseln. »Dann ist er der Laufrichtung nach verschwunden. Hab ihn auch nicht drüben bei seiner Koje zurückkommen gesehen. Er kann also nur deinem Beispiel gefolgt oder an Deck gegangen sein.«

»Danke«, sagte Leah leise, nahm ihren Mantel und zog ihn über. Den Zettel steckte sie in die Tasche, während sie das geschnitzte Schmuckstück fest in der Hand umfasst hielt. Erst als sie oben durch die Luke stieg, verbarg sie es in der tiefen Innentasche.

Zu Leahs Überraschung hatten nur einige wenige Hundert Leute die Gelegenheit wahrgenommen, sich nach der Inbesitznahme ihrer Koje noch für eine Weile an die frische Luft zu begeben. Dabei hatte der Regen aufgehört, auch wenn noch immer eine dichte, dunkle Wolkendecke den Himmel verfinsterte.

Sie fand Jannek am Heck. Er lehnte mit offener Bomberjacke an der Backbordreling und blickte zur Küste hinüber, wo die Lichter von Sète und Marseille mittlerweile nur noch als schwach glimmende Lichtpunkte in der zunehmenden Schwärze der Nacht auszumachen waren. Und sie schrumpften immer mehr zusammen, während die *Francisco Ferrera* entschlossen durch die kabbelige See pflügte, ihrem fernen Ziel und ungewissen Schicksal entgegen.

Leah stellte sich neben ihn.

Er wandte nur kurz den Kopf, blickte wieder in die Nacht hinaus und wartete.

Sie schwieg eine ganze Weile, und er war klug genug, sich in Geduld zu üben. Schließlich fragte sie mit neutraler Stimme: »Wo hast du bloß so schnell so kunstvoll zu schnitzen gelernt?«

Seine Mundwinkel hoben sich kurz. »Ich würde nicht mal die groben Umrisse hinkriegen, sodass man zumindest erahnen könnte, dass es ein Stern sein soll, von all der anderen Feinarbeit ganz zu schweigen«, sagte er.

»Also?«

»Ich habe es von einem Polen, der vor mir in der Schlange gestanden und dem Ding den letzten Schliff mit einem Stück Schmirgelpapier gegeben hat. Der Mann hat das KZ Belsen-Bergen[30] relativ gut überstanden, weil die SS-Leute ganz verrückt nach seinem handgeschnitzten Weihnachtsschmuck und anderen Sachen waren.«

»Und? Du wirst es ihm nicht gerade mit ein paar von deinen lockeren Sprüchen abgeschwatzt haben.«

---

30 KZ in der Lüneburger Heide, in dem etwa 50 000 jüdische Häftlinge und mindestens 30 000 sowjetische Kriegsgefangene starben, darunter auch Anne Frank und ihre Schwester Margot.

Nun lachte er leise auf. »Nein, es hat mich den Großteil meiner *Eckstein*-Zigaretten gekostet. Er wollte erst vierzig, aber ich hab ihn auf fünfundzwanzig runtergehandelt.«

Leah nickte. »Schön zu wissen, was ich dir wert bin«, sagte sie und erlaubte sich nun einen spöttischen und zugleich doch versöhnlichen Tonfall. »Fünfundzwanzig Glimmstengel sind doch schon was.«

»Na ja, es ging ja nicht um dein Leben, sondern nur um eine Entschuldigung und ein … ein kleines Zeichen, wie sehr es mir leidtut«, sagte er verlegen.

»Was genau tut dir denn leid?«, hakte sie mit hochgezogenen Brauen nach. »*Was* du gesagt hast oder *wie* du es gesagt hast – oder vielleicht sogar beides?«

»Es war nicht richtig, *wie* und *wann* ich es gesagt habe. Aber von dem, *was* ich gesagt habe, nehme ich kein Wort zurück.«

Leah dachte kurz nach und nickte. »Das musst du auch nicht. Es stimmt wohl, was du gesagt hast«, räumte sie ein und wurde sich plötzlich bewusst, dass weder Onkel Herschel noch Tante Margot bisher Interesse an ihr und dem Schicksal ihrer Eltern und ihrer Schwester gezeigt hatten. Onkel Herschel hatte bei ihrem Wiedersehen nichts Wichtigeres zu tun gehabt, als sich mit diesem lieben Lebrecht von ihnen abzusetzen. Aber auch später hatte er sich nicht bei ihr sehen lassen. Dabei hatten sie doch in den vielen Stunden, die sie in Saint Jerome auf ihren Aufbruch gewartet hatten, massig Zeit für ein Gespräch gehabt. Nur Sophie war zu ihr gekommen und konnte nicht genug über ihr Leben und ihr Leiden unter den Nazis erfahren. Es war eine schmerzliche, bittere Erkenntnis. Aber irgendwie erschien es ihr auch seltsam, dass Onkel Herschel und Tante Margot sich so verhielten. Fast hätte man den Verdacht haben können, als mieden die beiden sie ganz bewusst …

»Dann sind wir uns wieder gut, Leah?«, fragte Jannek.

Sie sog die kühle, feuchte Nachtluft tief ein und nickte dann mit einem warmherzigen Lächeln. »Schätze mal, das sind wir.« Wie hätte sie ihm auch lange böse sein können!

»Gut«, sagte er, holte seine Zigaretten hervor und zündete wie üblich zwei *Batscharis* an, um ihr dann eine davon zu geben.

Sie rauchten eine Weile in einträchtigem Schweigen.

»Gefällt dir der Anhänger?«, fragte er auf einmal.

»O ja, er ist wunderschön.«

Er nickte bedächtig, während er rauchte. »Wenn wir an Land sind, besorge ich dir noch eine Kette«, versprach er in beiläufigem Tonfall, »am besten eine Lederschnur. Die passt am besten zu dir und dem geschnitzten Holz.«

»Von wegen Himmel ohne Sterne«, kam es ihr unwillkürlich in den Sinn. »Ich werde jetzt immer einen Stern bei mir haben!«

Er lächelte und blickte dann wieder hinaus in die sternenlose Nacht, in deren Finsternis nun auch die letzten Lichter versanken.

Sie kehrten zu ihrem einvernehmlichen Schweigen zurück, während der einstige Bananendampfer mit seiner menschlichen Fracht durch die tintenschwarzen Gewässer zog. Obwohl sich so viele Menschen auf dem Deck aufhielten, herrschte eine fast gespenstisch anmutende Stille. Keiner wagte in der hellhörigen Nacht seine Stimme über ein Flüstern hinaus zu erheben.

Leah war froh, dass der Zwist zwischen Jannek und ihr ausgeräumt war und sie sich wieder vertrugen. Deshalb verstand sie es umso weniger, warum ihr dieser Sabre Ari Halevi nicht aus dem Kopf gehen wollte ...

19

Mit ein wenig Glück hätte die Tragödie auf Deck I vermutlich noch abgewendet werden können, wenn die See wenigstens den Rest der Nacht und den folgenden Tag ruhig gewesen wäre.

Das Meer jedoch tat ihnen nicht diesen Gefallen, sondern warf ihnen aufgewühlte Wogen mit weißen Schaumkronen entgegen. Und so schlug die Seekrankheit an Bord der *Francisco Ferrera* dann auch schon mit unbarmherziger Wucht zu, noch bevor der neue Tag grau und nasskalt heraufdämmerte.

Innerhalb von ein, zwei Stunden verwandelten sich die vier Passagierdecks in Orte unsäglichen Elends. Überall triumphierte der saure Gestank von Erbrochenem über Schweiß und alle anderen körperlichen Ausdünstungen, die so viele dicht zusammengepferchte Menschen naturgemäß von sich geben. Zu dem beißenden Gestank gesellte sich eine schaurige Kakofonie. Tausende Stimmen verbanden sich zu einem verworrenen Chor aus Stöhnen, Ächzen, Wimmern, Keuchen, Würgen, Spucken und nicht wenigen verzweifelten Bitten, der Tod möge einen doch von der Qual erlösen. Es klang, als klagte und krümmte sich im Bauch des Frachters ein vielköpfiger, waidwundes Riesenwesen, das sich in Krämpfen wand, sein Ende nahen fühlte und sein Leiden in die unerbittliche Natur hinausschrie.

Jannek, Motte, Gitta, die Buchheims – sie alle litten unter der Seekrankheit, wobei es Jannek und die Buchheims besonders schwer getroffen hatte. Auch einige aus den Reihen der Crew lagen niedergestreckt in ihren Kojen. Erschwerend für die Zustände unter Deck kam noch hinzu, dass selbst die, die wenig oder gar nicht von der Seekrankheit betroffen waren, nicht ins Freie durften, sondern dort unten den Gestank und das Elend mit den anderen ertragen mussten. Denn die Sicht war gut und das Wetter weit davon entfernt, die Aufklärungsflugzeuge der Briten am Boden zu halten.

Leah dagegen spürte zu ihrer Verwunderung nicht das geringste Unwohlsein. Bei ihr stellte sich noch nicht mal ein Anflug von Übelkeit ein, auch blieb ihr Appetit völlig unberührt von dem Rollen und Schlingern des Schiffes, auch wenn die äußerst einfallslose Kost aus Eintopf, Brot und Zwieback den Gaumen nicht sonderlich reizte, ganz zu schweigen von dem, was sich ihren Sinnen unter Deck darbot.

»Und ich Tölpel dachte, ich ... hätte das Schlimmste in meinem Leben ... hinter mir«, brachte Jannek mit kläglicher Stimme hervor, das Gesicht von kaltem Schweiß bedeckt und mit einem schrecklich leidenden Ausdruck in den geröteten Augen, der Leah ins Herz schnitt.

Und Sophie klagte würgend: »Das ist … einfach … nicht … fair … dass du … nicht …« Sie kam nicht dazu, ihren Satz zu beenden, weil sie sich wieder übergeben musste.

Bei all dem Elend und den bleichen Gesichtern um sie herum, von denen einige sogar einen Stich ins gallig Gelbliche und Grünliche aufwiesen, fühlte Leah sich anfangs tatsächlich fast schuldig, weil ihr der schwere Seegang nicht das Geringste ausmachte. Doch das legte sich schnell, als sie begriff, welche Konsequenzen sich daraus für sie ergaben, und die waren alles andere als erbaulich.

Denn sollten die Decks nicht in ihrem eigenen Dreck und Gestank versinken, zu riesigen hin und her schwappenden Kloaken werden und nicht noch ganz andere Krankheiten verursachen, dann musste irgendwer natürlich dafür sorgen, dass das Erbrochene auf den Pritschen und auf dem Boden immer wieder aufs Neue aufgewischt, alles gründlich mit Salzwasser abgespült und dem Gestank durch Einsatz von Schmierseife zumindest ein wenig Widerstand geleistet wurde. Und so unangenehm die Arbeit auch war, Leah schloss sich sofort den wenigen anderen Männern und Frauen an, die so wie sie trotz des Rollens und Schlingerns der *Francisco Ferrera* mit bestem Wohlbefinden gesegnet und entschlossen waren, das zu tun, was in dieser Situation nun mal getan werden musste. Immerhin wurde ihnen das Privileg zuteil, sich zwischendurch kurz an Deck aufzuhalten, jedoch nie mehr als zwei, drei von ihnen zur selben Zeit.

Es war ausgerechnet Ari Halevi, der sie dank eines Zufalls von dieser Arbeit befreite und ihr eine andere, weniger abstoßende Aufgabe übertrug.

Es passierte am späten Vormittag ihres ersten Reisetages, als Leah wieder einmal an Deck kam, um an der Pumpe ihren Eimer mit Salzwasser zu füllen. Dabei traf sie auf den Kommandanten und seinen Ersten Offizier Teddy Goodman. Dieser war eine hochgewachsene, kräftig gebaute Gestalt mit dem breiten Kreuz einer Seekiste, einem kurz gestutzten rotbraunen Vollbart, streichholzkurzem Haar von derselben Farbe sowie einem ansprechenden, offenen Gesicht mit lebhaften, freundlichen Augen. Der Erste Offizier, ein deutschstämmiger amerikanischer Jude, der wie Captain Ike Wakefield im Krieg in der *US Navy* gedient und sich danach der *Palmach* angeschlossen hatte, überragte den Anführer der Crew um einen Kopf und schien auch ein, zwei Jahre älter als der Sabre zu sein. Die beiden zogen gerade eine Kiste aus einem kleinen Stauraum, der zu einem der gedrungenen Decksaufbauten unterhalb der Brücke gehörte.

Leah fiel wieder ins Auge, dass Ari Halevi über seiner Kakikleidung, die alle Palmachniks an Bord trugen und die ihnen eine militärische Note verlieh, nur wieder seine offene, abgewetzte Lammfellweste und auf dem Kopf die schwarze Strickmütze trug. Der Erste Offizier hatte es dagegen vorgezogen, so wie die anderen aus der Mannschaft Ölzeug über seiner Palästinakluft anzuziehen und sich mit einem Südwester vor Regen, Gischt und Wind zu schützen.

»Hey, du da!«, rief Ari Halevi, als er sie breitbeinig bei der Pumpe stehen und den Eimer ausspülen sah, während sich das Deck unter ihr in einem unsteten Rhythmus hob und senkte, ohne sie jedoch aus dem Gleichgewicht zu bringen.

Leah war sich erst nicht sicher, ob der Zuruf ihr galt oder jemandem hinter ihr. Aber da war niemand, wie sie mit einem schnellen Blick in Richtung Heck feststellte. »Meinen Sie mich?«, rief sie nun zurück.

»Ja, du! … Komm her!«

Verwundert, was der junge Kommandant bloß von ihr wollte, ging sie zu ihm. Gischt flog über das Hauptdeck, als der Bug der *Francisco Ferrera* wie ein Rammbock in eine mehrere Meter hohe Welle stieß, und mehrere Spritzer trafen sie ins Gesicht. Sie schmeckte Salz auf ihren Lippen.

»Sag mal, bist du nicht dieses Mädchen aus dem *Hagunah*-Lager bei Königsdorf?«, fragte Ari Halevi und musterte sie mit gefurchter Stirn und leicht zusammengekniffenen Augen.

Sie nickte. »Ja, die bin ich, Leah Friedberg«, bestätigte sie. »Ich bin die, die Sie gestern Nacht einfach so …«

»Wir in der *Haganah* siezen einander nicht, *Chaver*«, fiel er ihr recht grob ins Wort. Sein Deutsch war perfekt, doch in ihm schwang ein feiner fremdländischer Akzent mit, wie Leah ihn noch nie gehört hatte. »Und jetzt stell mal den Eimer hin und streck die Hände aus! Lass sehen, ob du sie ruhig halten kannst!«

»Geht es auch eine Spur netter, *Kamerad* Ari Halevi?« Leah knallte den Eimer auf das Deck und sah ihn verärgert an. »Oder gehörst du vielleicht zu einer ganz eigenen Sorte von Kaktusfeigen, die einfach nur stachelig, grob und ungeschliffen ist – und zwar innen wie außen?«

In den ungewöhnlich dunklen, blutunterlaufenen Augen des Sabre blitzte es auf. »Hör zu, wir sind hier nicht auf einer beschaulichen Kaffeefahrt über den Bodensee, Mädchen!«, herrschte er sie an. »Und wenn ich dir sage …«

Der Erste Offizier legte ihm seine Pranke von Hand auf die Schulter. »Lass gut sein, Ari! Ich mach das schon. Und du wirst dich jetzt bitte für ein paar Stunden aufs Ohr hauen. Du kannst nicht noch einen Tag ohne Schlaf durchhalten!« Er sprach ebenso gut Deutsch wie der Sabre, jedoch mit einem starken amerikanischen Südstaatenakzent. »Nein, spar dir deinen Atem! Ich will nichts davon hören! Das hält kein Ochse durch, was du an Raubbau treibst! Also nimm Vernunft an und verzieh dich in deine Koje.«

Ari Halevi presste die Lippen zusammen und starrte seinen Ersten Offizier mit verkniffenen, blutunterlaufenen Augen an. Für einen Moment hatte es den Eindruck, als wollte er ihn scharf daran erinnern, wer hier an Bord der *Francisco Ferrera* das Sagen hatte. Doch dann wich die grimmige Anspannung aus seinem Gesicht, das plötzlich nur noch grau und todmüde aussah. Seine Schultern sackten herab, als hätte ihn alle Kraft verlassen. Wortlos wandte er sich um und verschwand unter Deck.

Teddy Goodman sah ihm kurz nach und seufzte dabei erleichtert.

»Na endlich! Wurde auch allerhöchste Zeit!« Dann wandte er sich ihr zu und sagte entschuldigend: »Nimm ihm den übellaunigen Ton nicht so krumm, Leah. Eigentlich ist das nicht seine Art. Aber er hat seit Tagen kaum richtig Schlaf bekommen. Ist mir ein Rätsel, dass er überhaupt noch auf den Beinen stehen kann. Das hier ist sein erstes Schiffskommando, und der Druck, unter dem er seit Monaten steht, ist unglaublich.«

Leahs Zorn verrauchte so schnell, wie er in ihr hochgekocht war. »Und ich dachte, er wüsste, was er tut! Mir hat nämlich jemand gesagt, dass er das schon zum zweiten Mal macht.«

Der Erste Offizier nickte. »Was nicht ganz falsch ist. Er war schon auf der Fahrt der *Nitzabon* dabei, die im Frühjahr von Genua nach Palästina aufgebrochen ist. Aber Ari hat das Kommando über das Schiff und die Organisation nicht von Anfang an gehabt, sondern ist während der Fahrt für den erkrankten Kommandanten eingesprungen.«

»Und wie hat er seine Sache gemacht?«

Teddy Goodman grinste. »Blendend. Er hat die Blockade der Briten bei Nacht und Nebel durchbrochen und den Frachter nördlich von Haifa auf den Strand gesetzt. Alle achthundert Flüchtlinge haben es an Land geschafft. Deshalb hat er jetzt ja auch sein eigenes Kommando erhalten.«

»Hoffentlich gelingt ihm das Bravourstück auch mit der *Francisco Ferrera!*«

»Na ja, die *Nitzabon* war viel kleiner und hatte einen sehr geringen Tiefgang, außerdem war sie ungewöhnlich schnell«, schränkte der Erste Offizier ein, um dann das Thema zu wechseln. »Aber wie auch immer, wir kommen schon nach Palästina! So, und jetzt mache ich dich zur Baldrianschwester!«

»Wie bitte?«, fragte Leah irritiert.

Er lachte über ihr verblüfftes Gesicht und stieß mit dem Fuß gegen die Kiste, die in der Öffnung des Stauraumes stand. »Hier in der Kiste und in der zweiten da hinten sind Ein-Liter-Flaschen mit Baldrian

255

und einige Dutzend Schachteln mit Ingwerpastillen. Das ist das einzige Zeug, das gegen die verfluchte Seekrankheit hilft, wenn leider auch nicht bei jedem«, teilte er ihr mit. »Aber bring den Baldrian nicht mit einem Becher oder durch einen Schluck aus der Flasche unter die Seekranken, sondern verteil es mit dem Löffel und auf Würfelzucker. Und dafür braucht man jemanden mit einer ruhigen Hand. Deshalb wollte Ari sehen, ob du deine ausgestreckte Hände ruhig halten kannst. Aber ich denke, darauf können wir verzichten. Also, wie ist es? Übernimmst du die Arbeit?«

Leah zögerte nicht eine Sekunde. Jeder Job war besser, als unter Deck das Erbrochene aufzuwischen und die Bretter zu schrubben. »Natürlich mache ich das!«

»Wunderbar. Ich sorg dafür, dass der Koch die nötigen Kartons Würfelzucker herausrückt. Und wenn du gleich unten deine erste Runde machst, organisiere am besten noch vier, fünf andere Frauen oder Männer, die dir helfen können«, trug Teddy Goodman ihr auf und drückte ihr den an einer Lederschnur hängenden Schlüssel für den Stauraum in die Hand. »Wir brauchen auf jedem Deck mindestens eine Baldrianschwester, besser zwei, sonst dauert das Ganze zu lange.«

Leah versprach, sich darum zu kümmern.

Die Ersten, die Leah mit Baldriantropfen auf einem Stück Würfelzucker und mit Ingwerpastillen versorgte, waren Jannek, Motte und Gitta, doch keiner von ihnen reagierte positiv darauf. Sie gehörten zu denjenigen Unglücklichen, bei denen sich die Seekrankheit erst nach mehreren Tagen legen sollte. Was immer noch besser war, als bis ans Ende der Reise damit geschlagen zu sein. Auch bei den Buchheims wollte sich die den Magen beruhigende Wirkung von Baldrian und Ingwer nicht einstellen, ausgenommen bei Sophie.

Schon nach den ersten zwei Stück Würfelzucker mit Baldrian kehrten bei ihr die Lebensgeister zurück. Vielleicht, weil Leah reichlich kühn behauptet hatte, dass es ein bewährtes Heilmittel gegen Seekrankheit sei, und weil ihre Cousine einfach fest daran glaubte, dass es diese Wirkung auch tatsächlich *haben musste*.

Jedenfalls ging es ihr schnell besser. Und als sie hörte, dass noch mehr Baldrianschwestern benötigt wurden, hielt es sie nicht mehr auf ihrer Pritsche. Eine Aufgabe zu haben und in Bewegung sein zu können, das half ihr denn auch, über den Rest ihres Unwohlseins hinwegzukommen. Leah hielt es jedoch für ratsamer, ihr zuerst einmal keine der großen Baldrianflaschen anzuvertrauen, sondern sie ließ sie die Ingwerpastillen austeilen.

Gemeinsam machten sie ihre Runden, und in kurzer Zeit hatte Leah noch sechs weitere Frauen gewonnen, die auf den unteren Decks dieselbe Aufgabe erfüllten. Dass sie, Leah, jedoch den Schlüssel über den kleinen Stauraum um den Hals hängen hatte und den Nachschub an Baldrian und Pastillen verwaltete, erfüllte sie mit stillem Stolz. Stundenlang gingen sie durch die Schlafräume, die langen Reihen von Bretterpritschen entlang, und versuchten mit ihren bescheidenen Mitteln, das Leid der Kranken zu lindern, was auch immer öfter der Fall war. Indessen kam aus den Lautsprechern sanfte klassische Musik, die von nun an tagsüber immer zu hören war, nur dann und wann von kurz gefassten Weltnachrichten und schiffsinternen Durchsagen unterbrochen.

Als Leah und Sophie sich später am Tag wieder einmal an Deck begaben, um sich mit frischem Nachschub aus dem Stauraum zu versorgen, trafen sie auf Ari Haveli und seinen Ersten Offizier. Die beiden kamen gerade aus der Funkerbude. Teddy Goodman steuerte bei ihrem Anblick sofort auf sie zu. Der junge Kommandant, der nach ein paar Stunden Schlaf wesentlich frischer und umgänglicher aussah, folgte ihm nach kurzem Zögern.

Leah ignorierte Ari Halevi, während sie dem Ersten Offizier mitteilte, dass nun auf jedem Deck jeweils zwei Baldrianschwestern die Runde machten. Und auf sein Nachfragen, ob denn ihre Vorräte wohl auch reichten, versicherte sie ihm, dass sie ein scharfes Auge darauf hielt und sehr darauf achte, dass keine der Frauen zu großzügig damit umging.

»Prächtig!«, lobte Teddy Goodman.

Ari Haveli nickte beipflichtend und sagte trocken: »Gut, dann ernenne ich dich hiermit zur Oberschwester der Baldriantruppe!« Damit schnippte er seine Kippe über Bord, bedachte Leah mit einem verhaltenen, anerkennenden Lächeln und stiefelte hoch zur Brücke.

Sophie und Teddy Goodman lachten lauthals und Leah stimmte in das gutmütige Gelächter ein. Und wenn diese Beförderung auch nur ideell und ohne praktische Bedeutung war, so tat ihr die Anerkennung, die darin zum Ausdruck kam, doch gut. Ari Halevi hatte sich für seinen groben Ton vom Morgen zwar nicht entschuldigt, aber diese symbolische Beförderung kam einer Entschuldigung doch sehr nahe.

Ihr Lachen sollte das letzte Lachen für lange Zeit sein. Denn der Tod warf schon seine dunklen, kalten Schatten über das Schiff.

20

Es war Sophie, die am Abend zuerst merkte, dass ihr kleiner Bruder nicht nur wie Marius und die Eltern heftig unter der Seekrankheit litt, sondern dass er ernstlich erkrankt war. Sein Erbrechen, Husten und kurzatmiges Atmen hatte ganz andere, viel gefährlichere Ursachen.

Ihre Eltern und auch ihre Brüder lagen wieder einmal völlig apathisch in ihren Kojen, und sie hatte frisches Wasser von oben geholt, damit sie sich alle mit kaltem Salzwasser die verschwitzten Gesichter und die Arme abwaschen konnten. Bei Felix wollte sie das selbst übernehmen, sah er doch so geschwächt aus und atmete er doch so schwer. Auch hob er nicht einmal den Kopf, als sie zu ihm redete. Sie wollte ihm den Schweiß von der Stirn wischen, zuckte jedoch im nächsten Moment zu Tode erschrocken zusammen, als sie seine Stirn berührte. Ihr war, als hätte sie eine heiße Herdplatte berührt.

»Um Gottes willen, Felix!«, stieß sie entsetzt hervor. »Er glüht ja förmlich! … Mom! … Pa! … Felix hat hohes Fieber! Er muss sich gestern Nacht auf dem Kai erkältet haben!«

Alarmiert, im ersten Moment jedoch noch benommen, richteten sich ihre Eltern auf. Doch sowie die Mutter, die direkt neben dem kleinen Felix lag und bislang ganz von ihrer Übelkeit in Anspruch genommen war, sich über Felix gebeugt, ihm die Hand auf die Stirn gelegt und begriffen hatte, wie schlecht es um ihren Liebling stand, schien sie von einer Sekunde auf die andere von der Seekrankheit kuriert zu sein. Ihr Mutterinstinkt, fast vierundzwanzig Stunden außer Gefecht gesetzt, brach mit Gewalt in ihr durch und ließ sie ihre eigene Misere vergessen.

Sie erwachte zu hektischer, angsterfüllter Geschäftigkeit. Sie schrie nach einem Arzt, nach dem Captain, nach Aspirin und nach Penicillin, riss Felix in verzweifelter Hast fast die Kleider vom Leib, um das gefährlich hohe Fieber mit kalten Umschlägen zu bekämpfen, und wechselte zwischen bitteren Selbstvorwürfen, weil sie die Erkrankung nicht schon viel früher bemerkt hatte, und hilflosen Beschwörungen.

Der Vater rang nicht minder verzweifelt die Hände und wankte nach oben, um ärztlichen Beistand zu holen, während Marius zur Erste-Hilfe-Station von Deck I stolperte, um dort nach Medizin zu fragen.

An Bord der *Francisco Ferrera* befanden sich etwa zweieinhalb Dutzend Ärzte verschiedener Nationalität. Als Ari Halevi und Captain Wakefield bei ihnen auf Deck I erschienen, um sich ein Bild von der Schwere der Erkrankung zu machen, brachten sie zwei deutsche und einen tschechischen Arzt mit, wobei Letzterer hervorragend Deutsch sprach. Nur hätte es für die Diagnose, dass der achtjährige Junge nicht nur gefährlich hohes Fieber, sondern auch schon eine angegriffene Lunge hatte, nicht dreier medizinischer Kapazitäten bedurft.

»Lungenentzündung! Der Junge muss sofort ins Hospital!«, beschied Dr. Salomon Freytag, der das kleine Hospital auf dem Frachter leitete, nachdem er ihn abgehorcht und Fieber gemessen hatte. Die Quecksilbersäule war auf der Skala des Thermometers nur einen zehntel Strich unter der 40-Grad-Markierung zum Stehen gekommen.

»Wird unser Junge wieder gesund?«, stieß Herschel mit angstvoller Miene hervor.

»Es sieht nicht gut aus, da will ich Ihnen erst gar nichts vormachen«, antwortete der Mediziner gerade heraus und mit sorgenvoller Miene. »Das Fieber ist sehr hoch und viel können wir nicht für ihn tun. Hoffen wir, dass Ihr Sohn genug Widerstandskraft und Lebenswillen hat, um das Fieber in Schach zu halten.«

»Sie müssen ihm Penicillin geben!«, verlangte Margot schrill. »Damit wird er ganz sicher wieder gesund!«

»Ich würde nichts lieber als das tun, Frau Buchheim. Nur haben wir leider nicht eine einzige Ampulle an Bord«, machte der Arzt ihre Hoffnung zunichte. »Ich weiß nicht, ob Sie darüber unterrichtet sind, aber dieses Wundermittel, das die Engländer erfunden und im Krieg entwickelt haben, wird leider noch nicht in den großen Mengen hergestellt, wie sie benötigt werden.«

»Doktor Freytag hat leider recht. Selbst auf dem Schwarzmarkt ist Penicillin schwer erhältlich und, wenn doch einmal, unerschwinglich teuer«, warf Ari Halevi ein.

Margot Buchheim wandte sich nun an Captain Ike Wakefield, der bisher schweigend im Hintergrund gestanden hatte. »Dann verlange ich, dass Sie den nächsten Hafen ansteuern, damit mein Kind in ein Krankenhaus kommt, wo es Penicillin gibt!«

»Ich bedaure, Ma'am«, antwortete der etwa vierzigjährige Captain, ein Mann von gedrungener, jedoch stämmiger Gestalt, dessen ledrig zerfurchtem Gesicht man die Jahrzehnte auf See bei jedem Wetter schon von Weitem ansah. »Selbst wenn ein Hafen relativ schnell erreichbar wäre, was nicht der Fall ist, könnte ich Ihrem Wunsch nicht nachkommen. Für solch eine Entscheidung fehlt mir die nötige Vollmacht.«

»Was heißt, Ihnen fehlt die nötige Vollmacht?«, herrschte Margot ihn unwirsch an. »Sie sind der Captain der *Francisco Ferrera*, oder nicht?« Sie wartete sein Nicken nicht einmal ab. »Und ein Captain hat auf seinem Schiff alle Vollmachten, die er braucht! Er kann über Leben und Tod entscheiden! Er hat die Bordgewalt! So was weiß sogar ich! Also verkaufen Sie mich hier nicht für dumm!«

»Im Prinzip haben Sie recht, nur gilt diese Regel nicht auf einem Schiff der *Haganah*. Die eigentliche Bordgewalt liegt in den Händen von Kommandant Ari Halevi«, stellte der Captain mit einem bedauernden Achselzucken klar. »Meine Entscheidungsgewalt endet da, wo sie nichts mit der Seetüchtigkeit und anderen direkten Belangen des Schiffes zu tun hat.«

Augenblicklich schenkte sie dem Captain keine Beachtung mehr, sondern fuhr zu Ari Halevi herum und sah ihn herausfordernd an. »Dann verlange ich eben von Ihnen, dass Sie unverzüglich den Befehl dazu geben, den Kurs zu ändern und uns zum nächsten Hafen zu bringen!«

Er erwiderte ihren Blick mit kühlem Ausdruck. »Ich verstehe, dass Sie sich die bestmögliche medizinische Behandlung für Ihren Sohn wünschen, und wir werden alles tun, was hier an Bord in unserer Macht steht«, erwiderte er mit ruhiger, aber fester Stimme.

»Das reicht mir nicht! Ich lasse nicht zu, dass Sie mit dem Leben meines Kindes spielen! Also geben Sie endlich den Befehl, den nächsten Hafen anzufahren!«, rief Margot schrill.

»Ich werde nichts dergleichen tun. Selbst wenn ich wüsste, dass es in dem Krankenhaus, dessen Hafen wir anlaufen würden, auch wirklich Penicillin gibt, müsste ich Ihnen das verweigern!«, erklärte Ari Halevi. »Ich hoffe, dass Ihr Sohn wieder gesund wird. Aber alles, was wir für ihn tun können, wird hier auf diesem Schiff geschehen – und zwar bei unverändertem Kurs. Mehr gibt es dazu nicht zu sagen.« Er wandte sich kurz an Doktor Freytag. »Sehen Sie zu, dass Sie ihn unverzüglich ins Hospital bringen, und tun Sie für den Kleinen, was Sie können! Und wenn Sie es für nötig erachten, können Sie auch Gebrauch von unseren knappen Vorräten an Morphin machen.« Der Arzt nickte und Ari Halevi wandte sich zum Gehen.

Margot Buchheim sah ihn erst fassungslos, dann wutentbrannt an und packte ihn an der Schulter, riss ihn halb herum. »Sie bleiben gefälligst hier!«, gellte sie und ignorierte die Aufforderung ihres Mannes, der sie anflehte, sich in ihrem Ton zu mäßigen. »Das ist ja wohl unerhört! Was nehmen Sie sich nur heraus, Sie junger Schnösel? Aber wenn Sie glauben ...«

Blitzschnell fuhr der Kommandant auf den Absätzen zu ihr herum. In seinen dunklen Augen funkelte ein kaltes Feuer, und seine Stimme war schneidend wie eine rasiermesserscharfe Klinge, als er ihr in die Rede fuhr. »Fast ausschließlich ›junge Schnösel‹ wie ich, meist sogar noch einige Jahre jünger, haben den Weltkrieg gegen Hitlers Nazireich aufgenommen und dabei zu Hunderttausenden, ja zu Millionen ihr Leben gelassen! Ich weiß nicht, auf welchen Schlachtfeldern Sie aus unmittelbarer Nähe erfahren haben, warum man diese Orte *Schlacht*felder nennt, aber ich kann Ihnen meine aufzählen!«

Margot erstarrte, riss Augen und Mund weit auf, es kam ihr jedoch kein Laut über die Lippen.

»Aber natürlich steht es Ihnen dennoch frei, mich einen jungen Schnösel zu nennen, nur ändert das nichts daran, dass ich Kommandant der *Francisco Ferrera* bin! Und ich sage Ihnen zum letzten Mal, dass ich den Kurs nicht ändern werde. Ob Ihr Sohn überlebt oder stirbt, wird sich hier auf diesem Schiff entscheiden, nirgendwo sonst! Ich trage nämlich nicht nur die Verantwortung für Ihren Sohn, sondern für weitere zweitausendfünfhundertunddreizehn Flüchtlinge und meine Crew! Deren Schicksal kann und werde ich nicht für ein sinnloses Manöver aufs Spiel setzen! Sie mögen es noch nicht begriffen haben, aber wir befinden uns im Krieg!«

Satz für Satz fiel mit unerbittlicher Härte, die Margot Buchheim und allen Umstehenden sichtlich den Atem nahm.

»Jeder, der an Bord gegangen ist, hat gewusst, welches Risiko er damit einhergeht, das gilt auch für die siebzehn schwangeren Frauen, die wir an Bord haben und von denen zwei oder drei wohl schon in den nächsten Tagen niederkommen!«, fuhr er fort. »Es gibt keinen Hafen, den wir ansteuern können, ohne dass das gesamte Unternehmen scheitert. Ohne bestochene Hafenmeister und Zollbeamte wird jeder Hafen unweigerlich zur Falle. Und im Krieg riskiert man nicht das Schicksal von mehr als zweieinhalbtausend Soldaten, um möglicherweise ein Leben zu retten. Das mag in billigen Romanen und schlechten Filmen vorkommen, doch im wahren Leben wird kein Anführer, der bei Verstand ist, eine solch verantwortungslose Entscheidung fällen. Und das ist alles, was es dazu zu sagen gibt!«

Auf Deck I war während seiner Rede eine unwirkliche Stille eingetreten. Selbst das schwere Atmen, Stöhnen und Würgen der Seekranken setzte kurz aus. Es war, als wäre den Flüchtlingen erst jetzt so richtig zu Bewusstsein gekommen, welche Gefahren mit der Alija Bet verbunden waren, dass es für sie kein Zurück gab – und welche Härte und Entschlossenheit in ihrem jungen Kommandanten steckte.

Leah fing kurz Ari Halevis Blick auf, als sich die Menschenmenge, die sich mittlerweile im Gang gebildet hatte, vor dem Kommandanten teilte wie das Rote Meer vor Moses. Dabei fiel nicht ein Wort. Auf den Gesichtern der Leute las man Ernüchterung, Erschütterung, sprachloses Staunen und unverhohlenen Respekt, als die Umstehenden stumm vor ihm zurückwichen und eine breite Gasse bildeten, durch die er sich energischen Schrittes, aber ohne Hast entfernte.

Leah blickte ihm seltsam fasziniert nach, mit einer Gänsehaut auf den Armen. Sie vermochte sich des Eindrucks nicht zu erwehren, dass ihn eine geheimnisvolle Aura umgab.

Als Ari Halevi um die Ecke zum Niedergang bog, brach Margot Buchheim in ein lautes, verzweifeltes Schluchzen aus. Damit war der Bann gebrochen, und augenblicklich setzte ein lautes und erregtes Stimmengewirr ein, das wie eine Sturmflut des Lärms von der Schlafstelle der Buchheims aus durch das ganze Deck brandete und sich dann in die unteren Quartiere ergoss.

Das Leben von Sophies kleinem Bruder hing zwei Tage und zwei Nächte an einem seidenen Faden. Der schmächtige Körper kämpfte erbittert um sein Leben, war jedoch der verzehrenden Glut des Fiebers am Ende nicht gewachsen. Er starb in den Armen der Mutter kurz vor Anbruch der dritten Nacht.

Die Bestattung auf hoher See fand kurz vor Mitternacht statt und war herzzerreißend. Eine dunkle Wolkendecke, grau und rissig wie ein verwitterter Grabstein, hing über dem tintenschwarzen Meer. Zu Hunderten strömten die Menschen aus dem Bauch des alten Frachters, um dem toten Kind die letzte Ehre zu erweisen.

Die Schiffscrew bildete die Ehrengarde. Ari Halevi und der Captain erschienen in voller Uniform, wobei die des *Palmach*-Anführers aus langer Kakihose, einem langärmeligen Kakihemd und einem Armeekäppi aus seiner Zeit bei der *Jewish Brigade* bestand.

Als Sarg für die Leiche des siebenjährigen Felix diente eine leer geräumte Konservenkiste, gewickelt in die blau-weiße Flagge mit dem Davidstern.

Ein Rabbiner sagte das *Kaddisch*, den Lobpreis Gottes und eines der wichtigsten Gebete gläubiger Juden, das jedoch nur gesprochen werden darf, wenn mindestens zehn erwachsene Juden, ein *Minjan* genannt, anwesend sind. »*Erhoben und geheiligt werde sein großer Name auf der Welt, die nach seinem Willen erschaffen wurde. Sein Reich erstehe in eurem Leben in euren Tagen und im Leben des ganzen Hauses Israel ...*«

Danach sprach Herschel Buchheim mit zitternder und manchmal erstickender Stimme das *El male rachamin*-Gebet. Im Gegensatz zum *Kaddisch*, das als reines Ruhmgebet Gottes keine persönliche Trauer zum Ausdruck bringt, erbittet das *El male rachamin* Gottes Erbarmen und ewige Ruhe im Himmelreich für den Verstorbenen und nennt auch dessen Namen. Er trug es mit einer ebenso von Schmerz wie Glaubensstärke erfüllten Inbrunst vor, die selbst jene bewegte, denen die Familie Buchheim völlig fremd war.

Sophie, gestützt auf Leah, weinte hemmungslos, Marius rannen wie Leah die Tränen stumm über das Gesicht, doch Margot Buchheims Augen blieben trocken. Reglos und mit steinernem Gesicht stand sie vor dem Sarg ihres jüngsten Kindes.

Die schlichte, aber zutiefst ergreifende Zeremonie war schnell vorbei. Captain Wakefield wartete, bis eine größere Welle heranrollte. Dann salutierten er und Ari Halevi, und auf das Handzeichen des

Captains hin überantworteten zwei Crewmitglieder den mit einem Stück Ankerkette beschwerten Sarg über eine Planke, die in die See hinausragte, den nachtschwarzen Wellen.

Alle Augen waren auf den Sarg gerichtet. Niemand achtete in diesem Moment auf Margot Buchheim, die auf einmal ganz langsam und ohne einen Laut von sich zu geben an die Reling trat, als wollte sie nur dem Sarg mit ihrem toten Kind hinterherblicken, und über Bord zu klettern versuchte.

Wenn Teddy Goodman nicht so geistesgegenwärtig reagiert und sie nicht noch im letzten Moment zu fassen bekommen hätte, wäre Margot Buchheim eine Sekunde später ihrem toten Sohn in die eisigen Fluten gefolgt.

Wider Erwarten setzte sich Leahs Tante weder zur Wehr, noch gab sie einen Ton von sich. In ihrem maskenhaft erstarrten Gesicht regte sich nicht ein Muskel, und auch ihre Augen wirkten, als wäre in ihnen alles Leben erloschen. Auch schien sie ihre Familie nicht wahrzunehmen, die im nächsten Moment an ihrer Seite war und sie in ihre Mitte nahm, jedenfalls zeigte sie nicht die geringste Reaktion. Willenlos ließ sie sich unter Deck führen.

Leah wusste später nicht zu sagen, ob sie es sich eingebildet hatte oder ob Jannek in dem Moment tatsächlich hinter ihr leise und ahnungsvoll gemurmelt hatte: »Noch einer, der fortan unter einem Himmel ohne Sterne lebt!«

21

Sophie machte sich noch Tage später bittere Vorwürfe, dass sie die Erkrankung und das Fieber ihres kleinen Bruders nicht früher bemerkt hatte, und Leah tat ihr Bestes, um ihr diese Schuldgefühle auszureden und ihr Trost zu spenden. Es war jedoch nicht allein sein Tod, der ihr

Herz mit Kummer erfüllte, sondern sie litt auch unter dem, was der versuchte Selbstmord ihrer Mutter über sie und Marius und ihren Vater aussagte.

»Als ob wir alle nicht mehr zählen und es für Mom keinen Grund mehr gibt, am Leben zu bleiben, wo nun Felix, ihr Ein und Alles, gestorben ist«, vertraute Sophie ihr unter Tränen an. »Aber so war es ja immer. Felix war ihre strahlende Sonne und wir nur blasse Monde in ihrer fernen Umlaufbahn.«

Mit ihrer Mutter darüber reden konnte sie nicht. Keiner konnte mit Margot Buchheim reden, zumindest nicht in der Hoffnung, eine Antwort oder sonst eine Reaktion zu erhalten. Alles, was man sagte, perlte von ihr ab, schien nicht zu ihr durchzudringen. Sie hatte sich in eine Welt zurückgezogen, in der niemand sie zu erreichen vermochte.

So seltsam und beinahe herzlos es auch klang, aber das Leid, das Sophie durchlitt, brachte sie und Leah einander sehr nahe, machte aus Cousinen, die bislang nur ein paar schwache Erinnerungen und die Auswanderung nach Palästina verband, innerhalb weniger Tage innig zugetane Wahlschwestern.

Oft saßen sie aber auch zu viert zusammen und redeten stundenlang über das, was sie wohl in Palästina erwartete. Sie ergingen sich in Tagträumen und bangen Mutmaßungen, wie es wohl sein würde, Pionier in diesem unbekannten, kargen und heißen Land zu sein, und ob sie diesem neuen Leben mit all dem Neuen, Fremden und Gefährlichen auch gewachsen sein würden.

»Also eines ist sicher, in einer Stadt will ich nicht leben«, gestand Leah ihren Freunden bei einer dieser Unterhaltungen.

»Auch nicht, wenn diese Stadt Jerusalem heißt?«, fragte Marius erstaunt.

Leah schüttelte den Kopf. »Irgendwann anschauen werde ich mir Jerusalem schon und auch Tel Aviv und Haifa. Aber dort zu leben kommt für mich nicht infrage. Ich möchte draußen auf dem Land sein, wo möglichst nichts den Blick verstellt, wo ich frei atmen kann und wo der Horizont in möglichst weiter Ferne ist.«

»Und wo der Himmel voller Sterne ist, nicht wahr?«, fragte Jannek mit einem Unterton, der nur Leah auffiel.

»Ja, ich bin mir sicher, dass in Palästina der Himmel voller Sterne ist!«, erwiderte sie und schenkte ihm einen trotzigen Blick, der von den anderen unbemerkt blieb.

Auch Gitta und Motte zog es eher aufs Land als in eine Stadt, aber sie waren sich ihrer Sache noch nicht ganz sicher. Es war ja alles nur Spekulation, reine Theorie und Information aus dritter Hand, und Motte warf irgendwann halb ernst und halb spaßig ein, dass einem bei allem, was man so plane, blöderweise viel zu oft das Leben dazwischenkomme.

»Mir ist es egal, wohin es uns letztlich in Palästina verschlägt«, sagte Jannek gleichgültig. »Ich nehm, was kommt. Alles ist besser als das, was hinter uns liegt.«

Sophie war dagegen mit Leah einer Meinung. »Ich bin auch nicht wild aufs Stadtleben. Ich will in einem Kibbuz leben, in einer kleinen überschaubaren Gemeinschaft von Leuten, die dasselbe wollen, nämlich mit und von der Natur leben.«

Jannek stutzte. »Da ist was dran, Sophie«, räumte er ein und schien an dem Gedanken Gefallen zu finden. »Wäre nach all dem Sterben eigentlich eine schöne Abwechslung, mal zu sehen, wie die Natur Leben hervorbringt und blüht. Ich bin also jetzt auch für 'nen Kibbuz!« Und damit klinkte er sich aus der Unterhaltung aus, zog sich mit seinem dicken Buch zurück und vertiefte sich wieder in die Romanhandlung. Er kam nur sehr langsam voran, wie man unschwer sehen konnte, aber ebenso offensichtlich war auch, dass er keine Eile hatte und entschlossen war, sich von dem Umfang und der literarischen Qualität nicht entmutigen zu lassen.

Der tragische Tod des kleinen Felix brachte Leah überraschenderweise aber nicht nur Sophie und Marius, sondern auch Ari Halevi näher. Schon in der Nacht nach der Seebestattung, als Leah nicht schlafen konnte und sich noch einmal an Deck begab, kam er von der Brücke und stellte sich neben sie an die Reling.

Sie blickte unverwandt in die Nacht hinaus, die schon bald in die Morgendämmerung übergehen musste.

»Du wirst mich für herzlos halten und vermutlich werden das auch viele andere tun«, sagte er unvermittelt, nachdem sie eine Weile Seite an Seite schweigend auf die dunkle See hinausgeblickt hatten, »aber ich konnte nicht anders handeln. Selbst wenn wir einen Hafen auf Korsika angesteuert hätten, wäre der Kleine bis dahin gestorben.«

Leah ließ ein paar Sekunden verstreichen, ehe sie darauf reagierte. »Und wenn Sie …«, sie stockte und verbesserte sich schnell, »wenn du gewusst hättest, dass ein Krankenhaus ganz in unserer Nähe Penicillin gehabt hätte, hättest du dann anders entschieden und den Hafen anlaufen lassen?«

»Nein«, antwortete er augenblicklich und entschieden.

Sie nickte stumm in die Dunkelheit.

Er zog eine Packung Zigaretten hervor, schnippte mit dem Finger eine aus der Öffnung und hielt sie ihr hin. Sie dankte mit einem Nicken und nahm sie schweigend. Er klappte ein Sturmfeuerzeug auf und gab ihr Feuer.

Sie rauchten die ersten Züge schweigend.

»Ich war noch keine achtzehn, als ich bei Kriegsbeginn mit gefälschten Papieren in die britische Armee eingetreten bin«, brach er das Schweigen schließlich. »Ich war nur einer von vielen palästinensischen Juden, die ihren Kampf gegen die britische Mandatsmacht für die Dauer des Krieges gegen Hitler eingestellt haben. Und als dann 1944 in Palästina die *Jewish Brigade* aufgestellt wurde, war ich vom ersten Tag an dabei. Übrigens meldeten sich damals dreimal mehr jüdische als arabische Freiwillige. Die Araber haben ja vielerorts lauthals Applaus geklatscht, als Hitler an die Macht kam und die Juden zu verfolgen begann, und selbst jetzt halten sie ihn ja noch für einen großartigen Kerl, der gar nicht genug Juden umgebracht hat.« Er schüttelte den Kopf und schnippte die Asche von seiner Zigarette über Bord. Dann nahm er seinen Faden wieder auf. »Ich habe an den Kämpfen gegen Rommels Afrika-Korps und am Feldzug gegen die Achsenmächte in Italien teilgenommen. Dabei habe ich entsetzlich viel Tod und Grauen gesehen. In dieser Zeit musste ich nicht nur an zahlreichen Stoßtrupp-Kommandos und Aufklärungspatrouillen teilnehmen, sondern sie später als Offizier auch anordnen.« Er machte eine Pause und fuhr sich mit der linken Hand über das Gesicht, als holte ihn die Erinnerung mit grauenhaften Bildern an das im Krieg Erlebte ein und als wollte er sie wegwischen.

Leah rätselte, worauf er bloß hinauswollte, doch sie fragte nicht, sondern wartete geduldig, dass er sagte, was er ihr unbedingt mitteilen wollte.

»Diese Befehle zu erteilen und bei Angriffen auf feindliche Stellungen festzulegen, welche Einheiten beim Sturmangriff die erste Welle übernehmen, war schlimmer für mich und liegt mir auch heute noch schwerer auf der Seele als alles andere, was ich im Krieg durchgemacht habe«, fuhr er fort. »Denn nur zu oft wusste ich, dass ich die Männer in den sicheren Tod schickte, zumindest viele von ihnen. Aber dennoch mussten diese Entscheidungen getroffen und die Befehle erteilt werden. Die Gesetze des Krieges sind grauenvoll, und der einzelne Mensch ist zumeist nicht mehr als irgendeine andere notwendige Verfügungsmasse wie schweres Gerät, Munition, Verpflegung und so weiter. Viele hier an Bord werden es noch nicht begriffen haben, aber wir Juden befinden uns tatsächlich im Krieg, auch wenn die offizielle Kriegserklärung noch aussteht. Und das werden sie spätestens begreifen, wenn sie in Palästina sind!«

Leah hatte ihm nie einen Vorwurf wegen seiner Entscheidung gemacht, den Kurs nicht zu ändern, auch nicht insgeheim. »Ist das nicht reichlich viel Verantwortung für einen Fünfundzwanzigjährigen?«, fragte sie merkwürdig berührt von seiner Offenheit und sah ihn zum ersten Mal an, seit er zu ihr getreten war.

Ein müdes Lächeln huschte über sein Gesicht. »Die jüdische Nation ist einst auf Säulen von Feuer untergegangen, Leah, und auf Säulen von Feuer wird sie auch wieder auferstehen, und es werden wie in allen Kriegen hauptsächlich die jungen Menschen zwischen achtzehn und

Mitte zwanzig sein, auf deren Schultern die Verantwortung liegt, ob wir Juden eine dauerhafte Heimat in Palästina finden oder ob wir an dieser fast unmöglichen Aufgabe scheitern. Und da fragt keiner, wie jung und schmal die Schultern sind, auf denen das Schicksal unseres Volkes liegt.«

Gern hätte Leah sich noch länger mit ihm unterhalten, aber da rief ihn Teddy Goodman zurück auf die Brücke. Und für sie und die anderen, die sich zu dieser Stunde auf dem Hauptdeck aufhielten, wurde es Zeit, in ihre dunklen, engen und übel riechenden Quartiere hinunterzusteigen. Denn Streifen kalter Farben stachen am östlichen Horizont durch die Schwärze der Nacht und dehnten sich aus. Die Morgendämmerung brach an, und mit ihr kam die Gefahr, dass britische Aufklärer die wahre Identität der *Francisco Ferrera* entlarvten.

Wie sich zeigte, kreuzten sich Leahs und Ari Halevis Wege an Deck in den folgenden Tagen nicht nur auffällig oft, sondern er fand auch fast immer die Zeit, bei ihr stehen zu bleiben und sich mit ihr zu unterhalten. Dabei erfuhr sie, warum er als Sabre so gut Deutsch sprach.

»Meine Großeltern kamen aus dem Rheinland und gehörten zu den Gründern von einer der ersten größeren jüdischen Siedlungen in der Scharonebene, die sich von Tel Aviv aus gute fünfzig Kilometer nach Norden am Mittelmeer entlang erstreckt und im Osten bis an die Ausläufer des Karmelgebirges reicht«, teilte er ihr stolz mit. »Das war im Jahr 1878. Meine Großeltern haben immer darauf geachtet, dass in der Familie deutsche Sprache und deutsche Kultur gepflegt wurden, was dann auch meine Eltern fortgeführt haben.«

Dass ihr Kommandant mit acht Jahren Waise und damit schon lange vor dem Ausbruch des Zweiten Weltkriegs Opfer von Terror und Verfolgung geworden war, hörte Leah jedoch nicht von ihm, sondern von Teddy Goodman, der immer dann scheinbar zufällig herbeigeschlendert kam, wenn sie mit Sophie an Deck erschien.

»Seine Eltern verbrannten in einem Bus, den Araber bei Jaffa aus einem Hinterhalt beschossen und mit Molotow-Cocktails in Brand gesetzt haben. Das war bei dem großen Araberaufstand von 1929 gegen britische und jüdische Einrichtungen. Allein das Massaker bei Hebron kostete damals 133 jüdischen Siedlern das Leben. Die Araber wollten mit ihren Anschlägen erzwingen, dass die Briten das Mandatsgebiet, entgegen des Völkerbundbeschlusses, als alleinigen arabischen Staat in die Unabhängigkeit entließen«, berichtete er ihnen, wobei sein Blick allein Sophie galt. »Ari wuchs danach im Kibbuz seines Onkels auf, verlor seine Verwandten jedoch 1936. Damals brach wieder eine gewalttätige arabische Revolte aus, die bis 1939 anhielt. Bei den Terror- und Gewaltakten gab es viele Tote sowie zahlreiche zerstörte Felder und Plantagen und niedergebrannte jüdische Siedlungen. Eine davon war die, in der Ari mit der Familie seines Bruders lebte. Und was die Folge dieser blutigen Aufstände für Palästina war, erlebt ihr ja am eigenen Leib. Nämlich dass die britische Regierung auf Druck der ölreichen arabischen Länder dem arabischen Teil der Bevölkerung weitgehende Zugeständnisse gemacht, die Balfour-Deklaration außer Kraft gesetzt und die legale Einwanderung jüdischer Siedler drastisch beschränkt, ja fast zum Erliegen gebracht hat.«

Jannek ließ sich in den Nächten selten einmal oben an Deck blicken. Er gehörte zu der kleinen Zahl Unglücklicher, die nicht ganz über die Seekrankheit hinwegkamen und sich lieber unter Deck aufhielten. Jannek spielte oft stundenlang mit Motte, Marius und anderen aus ihrer Gruppe Karten oder griff zu *Schau heimwärts, Engel!*, um sich von seinem immer wiederkehrenden Unwohlsein abzulenken. Er begann jetzt auch, mit einem Bleistift, den Motte ihm organisiert hatte, Textstellen im Buch zu markieren und Bemerkungen an den Rand zu schreiben. Aber was er da unterstrich und hinkritzelte, behielt er für sich. Er gab das Buch nicht aus der Hand, nicht mal für einen kurzen Blick. Auch machte er es sich zur Gewohnheit, es immer mit sich herumzutragen.

Aber obwohl er nicht viel Zeit oben an der frischen Luft verbrachte, entging ihm doch nicht, dass Ari Halevi Leah häufig seine Aufmerksamkeit schenkte. Für seinen Geschmack zu häufig.

»Schau an, schau an! Da hast du dir doch tatsächlich eine stachelige

Kaktusfeige angelacht«, bemerkte er einmal. »Der Kerl schwänzelt ja wie ein läufiger Kater um dich herum!«

Leah schoss das Blut ins Gesicht. »Sag mal, spinnst du? Was redest du denn da für einen Unsinn? Ich habe nur oft mit ihm und Teddy zu tun, weil wir doch jetzt auch Wache bei den Latrinen schieben. Die Crew ist stark unterbesetzt und deshalb müssen viele von uns wichtige Aufgaben übernehmen.«

Was der Tatsache entsprach. Es hatte sich herausgestellt, dass vor den wenigen Latrinen Aufpasser benötigt wurden, die für die Einhaltung der Ordnung in den endlosen Warteschlange sorgen, Klopapier ausgeben und immer wieder nachschauen mussten, dass keiner die Kabinen verschmutzt verließ. Und nachdem es längst keinen Baldrian und damit auch keine Baldrianschwestern mehr gab, hatte sie sich von Ari dazu überreden lassen, Dienst bei den Latrinen zu leisten. Eine Aufgabe, die sich zu ihrer eigenen Überraschung und Erleichterung als erheblich sauberer und angenehmer herausgestellt hatte als gedacht. Da jeder wusste, dass die Latrinenwachen ihre Aufgabe ernst nahmen, wagte auch keiner, die Toilette in einem unsauberen Zustand zu verlassen und dafür vor allen anderen zur Rede gestellt zu werden.

»Na, nicht gerade ein Aufstieg, der Wechsel von der barmherzigen Baldrianschwester zur argwöhnischen Latrinenwache«, ätzte Jannek. »Aber ich bin sicher, dafür hast du jetzt einen richtig dicken Stein bei dem Sabre im Brett … Was wird wohl die nächste wichtige Aufgabe sein, die er dir gibt …?«

Fast hätte Leah ihm für diese Unterstellung eine Ohrfeige verpasst. Dass es nicht dazu kam, verdankte er nur der Tatsache, dass er sie erwartete, schnell vor ihr zurückwich, die Arme in die Luft streckte und mit einem recht erzwungenem Lachen hastig beteuerte, wirklich nur einen Scherz gemacht zu haben. »Tut mir leid, war nicht so gemeint!«, versicherte er und machte, dass er ihr aus den Augen kam.

Aber als Jannek sich wieder unter Deck verzogen hatte, fragte sie sich doch verunsichert, ob er mit seiner Einschätzung vielleicht doch gar nicht so falschlag. Dann jedoch wies sie das rasch als Unsinn zurück. Sie fand Ari Halevi einfach nur interessant – und ja, ihn umgab wirklich eine besondere Aura, mal abgesehen davon, dass er auch verdammt gut aussah. Also was war schon groß dabei, sich dann und wann mit ihm zu unterhalten?

Sophie fand den Ersten Offizier, der so oft ihre Gesellschaft suchte, dagegen weit mehr als nur interessant. »Teddy ist ein richtig netter Kerl. Ich mag ihn, sogar sehr«, gestand sie Leah und errötete dabei, was mehr noch als ihre Worte über ihre Gefühle zu ihm aussagte. »Und ich habe nichts dagegen, wenn er mich noch mehr umschwänzelt, wie Jannek es genannt hat.«

Leah fand, dass die beiden gut zusammenpassten. Aber selbst wenn es nur eine kurzzeitige Schwärmerei war und sich für ihre Cousine nichts Ernsthaftes daraus ergab, war es gut, dass der Erste Offizier sich so um Sophie bemühte. Es lenkte sie ab und half ihr, die Tragödie leichter zu verarbeiten.

Herschel Buchheim ertrug den Tod seines jüngsten Sohnes und die völlige innere Zurückgezogenheit seiner Frau mit stiller Würde. Den tiefen Schmerz fand man nur in seinen Augen. Und wenn sie auch oft verquollen und rot unterlaufen waren, so sah Leah ihn doch nie in der Öffentlichkeit weinen – mit einer Ausnahme.

Es war in der dritten Nacht nach der Seebestattung. Leah hatte sich wieder einmal in den frühen Morgenstunden nach oben begeben, weil das Hauptdeck so kurz vor Tagesanbruch meist ausgestorben war.

Es war eine klare, mondhelle Nacht, und sie stieß ganz unvermittelt auf ihren Onkel, als sie an den Rettungsbooten entlang in Richtung Heck ging. Plötzlich sah sie ihn zwischen zwei Booten am Boden knien, die gefalteten Hände in einer Geste ohnmächtigen Flehens gen Himmel gestreckt. Sie hörte ihn weinen und unter Schluchzen immer wieder »Warum, mein Gott? Warum?« rufen.

Weil sie es ungehörig fand, ihren Onkel beim Beten zu beobachten, zog sie sich schnell wieder zurück – und lief dabei Ari in die Arme.

Der hatte eine merkwürdige Antwort, als sie ihm aufgewühlt von der Begegnung mit ihrem weinenden und verzweifelten Onkel berichtete. Sie konnte nicht anders, als ihm davon zu erzählen, sie musste es sich einfach von der Seele reden, und sie wusste sonst keinen, dem sie das hätte anvertrauen können, schon gar nicht Sophie. Das hätte ihrer Cousine noch mehr das Herz gebrochen.

»Ich habe mir schon oft den Kopf darüber zermartert, warum es all das Leid in der Welt gibt, und ich bin nicht sehr weit damit gekommen«, gestand er freimütig und mit großem Ernst. »Das Einzige, was mich halbwegs überzeugt hat, habe ich bei Léon Bloy gefunden, einem französischen Schriftsteller und Philosophen. Ich weiß heute nicht mehr, wo ich auf seinen Ausspruch gestoßen bin, aber ich erinnere mich noch genau an den Wortlaut: *Im Herzen der Menschen gibt es leere Orte, und in sie dringt das Leid ein, damit sie fühlbar zu existieren beginnen.*« Er zuckte mit den Achseln. »Ich denke, dass da was Wahres dran ist – und zwar ganz egal, ob man nun an Gott glaubt oder nicht.«

»Und? Glaubst du an Gott?«

Er verzog das Gesicht zu einem schiefen, etwas gequälten Ausdruck. »Ich habe ihn noch nicht gefunden. Aber vielleicht kann man Gott ja auch nur finden, wenn man ernsthaft nach ihm sucht«, sagte er und beließ es dabei.

Leah sah ihren Onkel danach nie wieder allein auf dem Hauptdeck. Er ließ sich in den Nächten überhaupt selten oben blicken, und wenn, dann kam er nur herauf, um seine Frau am Arm für eine halbe Stunde an die frische Luft zu führen. Er flanierte mit ihr wie auf einem erbaulichen Spaziergang durch einen Park oder über eine vornehme Geschäftsstraße wie den Berliner Kurfürstendamm gemächlichen Schrittes über das Deck. Dabei sprach er leise zu ihr, berichtete ihr in munterem Plauderton, wo sich das Schiff befand, was sich auf dem Deck tat, wie die See und der Himmel gerade beschaffen waren, welche Wetteraussichten bestanden, ob man tagsüber britische Aufklärungsflugzeuge oder Kriegsschiffe gesichtet hatte und was es sonst noch an belanglosem Klatsch und Nachrichten gab, die auf den Decks von Mund zu Mund die Runde machten. Selbst das, was über die Lautsprecher mitgeteilt wurde, erzählte er ihr noch einmal. Dabei störte er sich nicht daran, dass Margot ihm niemals eine Antwort gab oder mit einem Blick oder einem noch so schwachen Mienenspiel auf seinen gemächlichen, aber unablässigen Redestrom reagierte.

»Wir sollen ganz normal mit ihr reden und so tun, als würde sie alles hören und verstehen, was wir sagen. Pa ist überzeugt, dass Mom dann irgendwann aus ihrem weggetretenen Zustand wieder auftaucht«, sagte Sophie bedrückt und kämpfte gegen die Tränen an. »Ich wünschte mir ja so sehr, Mom würde wieder zu uns zurückkommen, und es würde mir dann auch gar nichts ausmachen, dass wir nie das für sie sein werden, was Felix ihr bedeutet hat. Aber sosehr ich es auch versuche, ich kann einfach nicht daran glauben. Ich fürchte, dass Mom für uns einfach ... verloren ist.« Und die Tränen brachen sich nun doch noch ihre Bahn.

Leah nahm sie in den Arm, und das war alles, was sie für Sophie tun konnte. Sie hatte keinen wirklichen Trost für sie, keiner hatte das.

22

Sie machten gute Fahrt bei wechselhaftem Wetter, bis sie am achten Tag ihrer Reise auf halber Strecke zwischen Malta und Kreta in einen schweren Sturm gerieten. Die heranjagenden Wolken und die vom Himmel stürzenden Wassermassen verwandelten den helllichten Tag in ein diffuses Halbdunkel, durch das der Sturm heulte und kreischte wie eine tausendköpfige Horde Marodeure, die den letzten Widerstand niedergerungen hat und sich nun mit erbarmungsloser Gewalt auf ihre Beute stürzt.

Über dem Wasser lag anfangs ein unheimliches, fahles fluoreszierendes Licht. Immer höher wuchsen die Brecher, der Wind peitschte die Schaumkronen von den Wogen und schleuderte die Gischt wie silbrige Schleier durch die Luft. Die Wellen spülten über das Deck hinweg und rissen jeden mit sich, der sich nicht rechtzeitig festhielt oder mit einem Seil gesichert hatte, und über den Horizont flackerten Blitze.

Von Stunde zu Stunde nahm die Gewalt des Sturms zu, und der Frachter erzitterte und dröhnte auf seinem taumelnden Ritt durch die Wellentäler, als würden Riesenhämmer auf die rostigen Schiffswände einschlagen. Wie ein angeschlagener Boxer taumelte die *Francisco Ferrera* durch den restlichen Tag und die stürmische Nacht. Immer wieder schien die Kraft sie verlassen und sie sich in den Abgrund eines Wellentals bohren zu wollen. Doch dann bäumte sie sich jedes Mal wieder auf, hob den Bug, kletterte ächzend den Wellenberg zum Kamm hinauf und durchstieß die schäumende Krone, auf dass erneut tonnenschwere Wassermassen auf das Deck krachten und wie eine tosende Brandung über das Schiff hinwegspülten. Dazu strömte der Regen ohne Unterlass.

Nach und nach kapitulierten die Dichtungen der Luken, und immer mehr Wasser drang in das Schiff ein, rauschte in reißenden Bächen über so manchen Niedergang und brachte die Lenzpumpen an den Rand ihrer Leistungskraft.

Indessen jagte eine Sturmbö nach der anderen mit gewaltiger Vernichtungskraft heran und wollte dem Frachter den Gnadenstoß geben, ihn auf den Wellenbergen auseinanderbrechen lassen oder ihm tief unten im Wellental den K.o.-Schlag versetzen. Doch störrisch wie ein alter, zäher Esel stampfte die *Francisco Ferrera* unbeirrt von den wütenden Schlägen weiter durch die tobende See. Sie wollte sich einfach nicht geschlagen geben.

Leah war nie ein Vorbild an Frömmigkeit gewesen, ihr Glaube glich mehr einem verwilderten Acker, auf dem nur noch Unkraut wuchs. Doch jetzt brachen Gebete, die sie längst vergessen geglaubt hatte, und kalter Schweiß gleichzeitig aus ihr heraus. Und sie war nur eine von mehreren Tausend Stimmen, die ihre Not und Todesangst in die kalte, nasse Dunkelheit schrien, denn immer wieder fiel die Notbeleuchtung aus. Sophie neben ihr erging es nicht anders, auch sie sah ihre letzte

Stunde gekommen. Sie klammerten sich aneinander und waren überzeugt, dass ihr Schicksal besiegelt war und der alte Bananendampfer zu ihrem Sarg und das Meer zu ihrem Grab werden würde.

Dagegen bewahrte Jannek eine unerschütterliche Gelassenheit. Selbst die Seekrankheit schien ihm nichts mehr anhaben zu können, als hätte nur das gleichmäßige Schlingern und Rollen ihm Übelkeit bereitet, nicht jedoch dieser Höllenritt, der geradewegs in ihr nasses Grab zu führen schien.

Er wagte sich sogar den Niedergang zur Ausstiegsluke hinauf, als der neue Tag anbrach, ohne dass der Sturm jedoch viel von seiner Kraft verloren hatte. Als er an Deck den Kopf hinausstreckte, hätte ihm der Sturm beinahe die Tür aus der Hand und ihn hinaus auf das Hauptdeck gerissen. In den wenigen Sekunden, die er sich dort aufzuhalten wagte, bot sich ihm ein atemberaubendes Bild.

Obwohl längst der Vormittag angebrochen war, herrschte über dem Meer fast vollkommene Finsternis. Über der aufgepeitschten See hing ein fast pechschwarzer Himmel aus dahinjagenden, sich bedrohlich auftürmenden Wolkenbergen. Beinahe pausenlos zuckten Blitze über den Himmel, warfen ihr grelles Licht auf eine wild tobende Fläche weißschäumenden Wassers, das immer aufs Neue zu turmhohen Wogen in die Höhe wuchs, und der Wind heulte wie ein Rudel tollwütiger Hunde. Wie betrunken schoss der Frachter den Rücken einer jeden Woge hinab, um dann scheinbar mit allerletzter Kraft den Kamm des nächsten Wellenberges zu erklimmen.

Das Ende der Welt schien gekommen.

Doch das Ende kam nicht, auch nicht für die *Francisco Ferrera*. Irgendwann in der zweiten Sturmnacht begann das Toben nachzulassen. Der Wind verlor sein wildes Heulen, und den Wogen ging die Kraft aus, sich Stunde um Stunde zu haushohen Wasserbergen aufzutürmen, donnernd über die Bordwand zu springen und mit weiß schäumender Gewalt über das Deck zu spülen. Zwar weit von seiner Route abgetrieben, aber ohne ernsthafte Beeinträchtigung seiner Seetüchtigkeit ging der betagte Bananendampfer auf seinen ursprünglichen Kurs zurück.

Es war noch eine gute Stunde hin bis zum Tagesanbruch. Deshalb gab der Captain per Lautsprecherdurchsage die Erlaubnis, sich für ein kurzes schnelles Durchatmen an Deck begeben zu dürfen, und die Leute taumelten benommen die Niedergänge hoch. Ari war dagegen gewesen, doch Ike Wakefield hatte sich durchgesetzt. Nach den schreckensvollen Sturmtagen, in denen auf allen Decks die Todesangst geherrscht hatte, sollten die so lange unter Deck eingesperrten Flüchtlinge wenigstens kurz die Gelegenheit haben, sich unter freiem Himmel zu bewegen.

Sophie war noch immer bleich von ausgestandener Todesangst und fassungslos, dass der Sturm Jannek so völlig unberührt gelassen hatte, und fragte ihn, woher er bloß diesen stoischen Gleichmut angesichts ihres fast sicheren Untergangs genommen hatte.

»Beim ersten Mal ist Sterben schwer«, teilte er Sophie trocken mit, »danach wird es jedes Mal ein wenig leichter.«

Leah glaubte zu wissen, was er damit meinte. Doch Sophie sah ihn verständnislos an, furchte die Stirn und schüttelte den Kopf. »Soll das ein Witz sein? Wenn ja, dann kapier ich ihn nicht. Man kann nur ein Mal sterben.«

»Ja? Also, ich hab da eine andere Erfahrung gemacht«, erwiderte er. »Als ich das erste Mal wusste, dass ich sterben würde, war ich erst ein paar Wochen im KZ. Ich hatte das Pech, gerade zur Stelle gewesen zu sein, als der SS-Mann Oskar Kaduk mal wieder jemanden suchte, den er für sein tödliches Mützenspiel benutzen konnte. Er riss mir die Mütze vom Kopf, warf sie in den Todesstreifen und befahl mir, sie auf der Stelle zu holen und wieder aufzusetzen. Da war mir klar, dass ich jetzt sterben würde. Denn wenn ich den Todesstreifen am Zaun betrat, würde man mich vom nächsten Wachturm aus erschießen. Und die Kerle auf dem Turm warteten nur auf so eine Gelegenheit. Die legten schon auf mich an. Und wenn ich dem Befehl nicht gehorchte, dann würde mich Kaduk erschießen. Mir blieb bloß die Wahl, von wem ich mich erschießen lassen wollte. Und weil der Kaduk so ein beschissener Schütze war, dachte ich, dass ich es schneller hinter mir hätte, wenn ich den Todesstreifen betrat. Da würde ich gleich von mehreren Kugeln getroffen werden. Also bin ich losgegangen.«

Sophie schluckte. »Aber du *hast* überlebt!«

Jannek lächelte dünn. »Ein Zufall hat mir das Leben gerettet. Es war ein sehr windiger Tag, und plötzlich hat eine starke Windböe meine Mütze gepackt und aus dem Todesstreifen geweht, mir fast direkt vor die Füße. Der Kaduk hat erst ein blödes Gesicht gemacht, wie man mir erzählt hat, dann aber schallend wie über einen besonders guten Witz gelacht und mir sogar noch auf die Schulter geklopft.«

»Was für ein dreckiger Lump!«, stieß Sophie hervor. »Aber ich glaube, ich verstehe jetzt ...«

»Wie gesagt, das war das *erste* Mal«, fiel Jannek ihr ins Wort, als wüsste er, dass Sophie gar nicht noch mehr hören wollte, er aber nicht daran dachte, sie jetzt vom Haken zu lassen. »Beim zweiten Mal wollte mich ein SS-Mann erschießen, weil ich bei einem Arbeitskommando einem Kameraden verbotenerweise geholfen hatte, der einfach nicht mehr konnte. Der Kerl hat erst ihn erschossen und dann mir die Pistole an den Kopf gesetzt und abgedrückt. Aber das Ding hatte Ladehemmung. Er hat es noch zweimal versucht, aber irgendwas klemmte oder so. Jedenfalls hat er mir einen Tritt versetzt und ist davongestiefelt, um seine Pistole auszutauschen. Bis dahin hatte ich übrigens gar nicht gemerkt, dass ich mir in die Hose gepisst hatte.«

Sophie schlug die Hand vor den Mund.

»Beim dritten Mal sollten zehn Leute von unserer Baracke aufgehängt werden, weil einer bei einem Außenkommando geflohen war. Zehn für einen Geflohenen hängen oder erschießen zu lassen, war die übliche Gemeinschaftsstrafe«, fuhr Jannek indessen ungerührt fort. »Wir mussten antreten, stundenlang im kalten, strömenden Regen warten, und dann hieß es laut abzählen. Wobei vorher niemand wusste, bei wem der SS-Mann mit dem Abzählen beginnen würde. Jeder Zehnte musste vortreten und war damit zum Tode durch Hängen verurteilt. Natürlich zählt in so einer Situation jeder schnell mit weiter, und so wusste ich schon, als die Nummer acht zum Hängen vortrat, dass es mich als den neunten Todeskandidaten treffen würde. Damit war ich schon so gut wie tot. Doch da kippte plötzlich einer drei Plätze vor mir vor Entkräftigung ohnmächtig um – und der SS-Mann befahl, den als neunten Mann zum Galgen zu schleppen, weil der ja sowieso reif für den Schornstein wäre, wie er sich ausdrückte, und dann ließ er von ihm aus den letzten Todeskandidaten bestimmen. Damit war ich aus dem Schneider. Tja, und dann später beim Sonderkommando[31] ...«

In diesem Moment knackte es plötzlich über ihnen in den Lautsprechern, und Captain Wakefields aufgeregte Stimme hallte über alle Decks: »Sofort alles unter Deck! Fliegeralarm! Alles unter Deck! Aufklärungsflieger aus Nordosten! *Sofort alles unter Deck!*« Seine gellende Stimme brachte die Lautsprecher zum Scheppern. »Wenn der Pilot Menschenmengen an Deck sichtet, sind wir als *Haganah*-Schiff entlarvt!«

Gleichzeitig mit dem Fliegeralarm erloschen alle Lichter, nicht nur die Positionsleuchten, auch auf der Brücke wurde es schlagartig dunkel. Noch gab es die Hoffnung, unentdeckt zu bleiben. Auch bestand die Möglichkeit, dass von dem Flieger keine Gefahr ausging, weil es vielleicht keine britische Militärmaschine war. Und selbst wenn, dann war noch nicht gesagt, dass der Pilot sie auch entdeckt hatte.

Die Flüchtlinge rannten zu den Niedergängen, doch noch bevor auch nur die Hälfte von ihnen unter Deck gestürmt war, stürzte das Flugzeug aus der Nacht wie ein Raubvogel, der aus großer Höhe seine Beute ausgemacht hat, auf sie herab.

Leah und ihre Clique bekamen noch mit, wie die Maschine im Tiefflug über die *Francisco Ferrera* hinwegdonnerte, der Pilot den Flieger in eine scharfe, aufsteigende Kurve zog und dann zu einem zweiten tiefen Überflug ansetzte.

---

31 Sonderkommando: besondere Arbeitskommandos aus Häftlingen im KZ Auschwitz. Sie wurden gezwungen, an der Ermordung, Ausplünderung und Verbrennung der Deportierten mitzuwirken. Insgesamt wurden in Auschwitz etwa 2200 Häftlinge dazu gezwungen, von diesen überlebten nur etwa 110 das Kriegsende.

»Das war es dann wohl mit der heimlichen Dampferfahrt«, orakelte Motte, während sie die Treppe hinunterstolperten.

Und so war es.

Als der neue Tag heraufdämmerte, dauerte es nicht lange, bis das erste Kriegsschiff am Horizont auftauchte und Kurs auf sie nahm. Und noch bevor die Sonne im Westen über dem Meer verglühte, saß ihnen ein Konvoi aus drei britischen Kreuzern und zwei Zerstörern der *Royal Navy* im Nacken.

Die wahre Identität der *Francisco Ferrera* war aufgeflogen.

23

Sosehr die *Palmach*-Aktivisten auch entgegen jeder Wahrscheinlichkeit gehofft hatten, die Küste Palästinas unentdeckt zu erreichen, so sehr empfanden die Flüchtlinge es als Erlösung, nun nicht mehr tagsüber unter Deck eingesperrt zu sein. Auch erfüllte es sie mit Stolz, dass über ihrem Schiff nun die Flagge mit dem Davidstern wehte und vor der Brücke ein breites, aufgespanntes Banner den wahren, hebräischen Namen des *Haganah*-Schiffes verkündete: *Hatikwa*.

»Irgendwie bin ich froh, dass das Versteckspiel ein Ende hat«, sagte Sophie, während sie mit Leah und deren Freunden aus dem *Hochlandlager* an der Reling stand und zu den britischen Kriegsschiffen hinüberblickte. Die grauen Silhouetten hielten vier, fünf Meilen Abstand zum Frachter und folgten jeder seiner Kursänderungen.

Jannek nickte. »Früher oder später wären wir ja sowieso auf die britische *Navy* gestoßen.«

Motte sah es ähnlich. »Ich wünschte, die *Haganah* hätte von Anfang an, natürlich erst nach dem Auslaufen, keinen Hehl daraus gemacht, dass es auf dem Kahn hier von Juden wimmelt, die nach Palästina wollen und die sich einen feuchten Dreck darum scheren, ob das den Engländern passt oder nicht«, sagte er schnoddrig. »Hätte doch letztlich gar keinen Unterschied gemacht, was die Tommys angeht, aber wir hätten uns die verfluchte Käfighaltung unter Deck erspart.«

Gitta lachte. »Käfighaltung? Leidest du schon unter rosaroter Verklärung, Motte? Sardinen haben mehr Platz in ihrer Konservendose als wir da unten!«

»Ich bin ja auch froh, dass wir an der frischen Luft sein können. Aber vielleicht wären wir ja mit ein bisschen mehr Glück doch durchgekommen«, wandte Leah ein. »Die Führung der *Haganah* wird sich schon was dabei gedacht haben, warum sie das Unternehmen so und nicht anders durchgeführt hat.«

Jannek warf ihr einen spöttischen Blick zu. »Klar, dass du nichts auf deine blond gelockte Kaktusfeige kommen lässt! Aber vielleicht ist das ganze Unternehmen ja wirklich nicht ganz so clever durchdacht, wie du glaubst.«

»Blödmann!«, erwiderte Leah. »Auch wenn die Chance gering war, dass der Frachter unentdeckt durchkommt, war es doch den Versuch wert!«

»Das seh ich auch so!«, pflichtete Sophie ihr bei, und weder Motte noch Gitta widersprach ihr.

Jannek zuckte die Achseln, schlenderte davon und setzte sich mit seinem Buch auf eine Taurolle am Heck.

»Kannst du mir mal erzählen, was an dem dicken Schinken so faszinierend ist, dass du in all den Tagen noch nicht mal zehn Prozent geschafft hast, aber doch nicht von dem Ding loskommst?«, erkundigte sich Motte verwundert, der es nun gar nicht mit dem Lesen hatte, wie er offen eingestand.

»Weiß ich auch noch nicht«, antwortete Jannek. »Aber irgendwann werde ich schon dahinterkommen. Es eilt ja nicht.«

Kopfschüttelnd überließ Motte ihn seinem Buch und suchte nach anderer Ablenkung.

Die *Hatikwa* befand sich noch gute zwei Tagesreisen von der Küste Palästinas entfernt, doch Ari Halevi bereitete die illegalen Einwanderer schon jetzt in mehreren Lautsprecherdurchsagen darauf vor, was sie erwartete, wenn sie die internationalen Gewässer verließen und in die Drei-Meilen-Zone eindrangen – und wie sie sich zu verhalten hatten, wenn es hart auf hart kam.

»Die Engländer werden mit allen Mitteln versuchen, uns in der Drei-Meilen-Zone von der Küste abzudrängen und die *Hatikwa* zu entern! Die einzigen Vorteile, die wir haben, sind die Schnelligkeit und der geringere Tiefgang unseres Schiffes«, teilte er ihnen mit. »Wenn es uns gelingt, in die Nähe von Haifa zu gelangen und uns kurz aus ihrer Umklammerung zu befreien, haben wir eine Chance, die *Hatikwa* zweihundert, dreihundert Meter vom Strand entfernt auf einer der Sandbänke auf Grund zu setzen. Die Kriegsschiffe werden uns nicht in die seichten Gewässer folgen. Das Risiko, einen Kreuzer oder gar Zerstörer auf Grund zu setzen, werden sie nicht eingehen. Gelingt uns das Manöver, schaffen wir es auch an Land. In dem Fall werden dann dort schon per Funk herbeigeorderte Hilfskommandos mit Bussen und Lastwagen auf uns warten, die uns zu sicheren Verstecken bringen, bevor britische Truppen aus der nächsten Kaserne den Strandabschnitt erreichen und umstellen können.«

Ari Halevi ließ eine Pause von zwei, drei Sekunden verstreichen und auf den Decks war kaum ein Mucks zu hören.

»Scheitert das Manöver, wird die britische *Navy* die *Hatikwa* aufbringen, und Marinesoldaten werden unser Schiff zu entern versuchen«, fuhr Ari schließlich fort, und nun wurde seine Stimme hart und unnachgiebig. »Und in dem Fall *werden wir uns zur Wehr setzen, Chaverim!* Die *Hatikwa* wird den Engländern nicht widerstandslos in die Hände fallen! Wir werden kämpfen und ihnen zeigen, dass Juden für ihr Land zu kämpfen verstehen!«

Lautes, grimmig entschlossenes Gebrüll wogte über das Oberdeck und kam auch aus den Quartieren unter Deck. Leah meinte, dass man es selbst auf den Schiffen der *Royal Navy* in vier, fünf Meilen Entfernung noch hören musste, so kraftvoll erschien es ihr.

»Es gilt dabei, wenn möglich Blutvergießen zu vermeiden, und es wird absolut keinen Gebrauch von Schusswaffen geben!«, präzisierte Ari Halevi und wiederholte diese strikte Einschränkung sogleich noch einmal, damit niemand auf falsche Gedanken kam. »Aber bis auf diese eine Ausnahme werden wir mit allem kämpfen, was wir zu unserer Verteidigung zur Verfügung haben.«

Wieder brandete wild entschlossener Beifall auf.

»Der eine oder andere wird nun einwenden, dass ein solcher Kampf gegen bewaffnete und bestens trainierte Marinesoldaten von vornherein sinnlos ist«, erklärte Ari. »Dazu sei gesagt: Ja, den Kampf werden wir am Ende ganz sicher nicht gewinnen, aber sinnlos ist er deshalb noch längst nicht. Ganz im Gegenteil! Unser erbitterter Widerstand ist nicht nur eine Frage der persönlichen Ehre, sondern setzt ein politisches Zeichen! Widerstand unter allen Umständen ist unsere moralische Pflicht, allein schon gegenüber der Geschichte und allen, die unter den Nazis ihr Leben gelassen haben! Er wird der Welt hoffentlich nachdrücklich vor Augen führen, unter welch abscheulicher Verfolgung wir noch immer zu leiden haben, der Balfour-Deklaration und dem Mandat des Völkerbundes zum Trotz, und es wird hoffentlich das Weltgewissen aufrütteln. Die Bilder, wie Überlebende der Shoa, Männer und Frauen jeden Alters, auf einem trostlosen, rostigen Frachter mit Fäusten und Knüppeln, mit Stangen und Werkzeugen und was sie sonst noch zu fassen kriegen, wie diese Menschen mit leidenschaftlicher Verzweiflung für ihre Freiheit und ihr Recht auf eine Heimstätte in Palästina kämpfen, diese Fotos werden um die Welt gehen und mit Sicherheit von fast allen Zeitungen abgedruckt werden. Deshalb ist erbitterter Widerstand unerlässlich! Wir sind ihn auch allen anderen schuldig, die noch in Europa in den UN-Camps oder anderswo festsitzen und darauf warten, nach Palästina auswandern zu können. Und deshalb, *Chaverim* ...«, seine Stimme schwoll nun zu einem beschwörenden, mitreißenden Appell an, »... deshalb werden wir wie die Löwen gegen jeden kämpfen, der versucht, das Schiff zu entern und uns von unserer Heimat Palästina fernzuhalten! ... *Schana towa, Erez Israel!* ... *Leben sollst du, Land Israel!*«

Gewaltiger Applaus, der fast schon wie Kriegsgeschrei klang, brandete über das Schiff und stieg aus seinem Inneren herauf, und Leah konnte nicht umhin, stolz auf Ari zu sein, der dort oben hinter den rostzerfressenen Wänden und halb blinden Fenstern der Brücke stand und zweieinhalbtausend Menschen mit seiner feurigen Rede auf die fast unabwendbare blutige Konfrontation mit Soldaten der britischen *Navy* eingeschworen hatte.

Die folgenden beiden Tage waren ausgefüllt mit Vorbereitungen für den Kampf mit den britischen Marinetruppen. Die Brücke, die Funkerstube und der Maschinenraum sowie die Zugänge zu ihnen wurden mit Stacheldraht geschützt, um bei einem Angriff möglichst lange die Kontrolle über das Schiff zu behalten. Denn keiner wollte die Hoffnung aufgeben, wie gering sie auch sein mochte, die *Hatikwa* noch in letzter Minute in seichte Gewässer steuern und nahe am Strand auf Grund setzen zu können.

Auch die Reling, die Decksaufbauten und die Luken zu den Niedergängen wurden mit Eisengittern sowie mit Draht- und alten Fischernetzen versehen, um es den Enterkommandos so schwer wie möglich zu machen, an Bord zu gelangen. Zusätzlich wurden Blecheimer mit Schmierseife und altem Maschinenöl bereitgehalten. Auch sammelte man alles, was irgendwie als Waffe oder Wurfgeschoss taugte. Auf jedem Deck wurden solche Waffenlager aus Eisenstangen, Knüppeln, Holzlatten, Hämmern, Messern, Feueräxten, schweren Schraubenschlüsseln und anderen Schlagwaffen anlegt. Selbst Küchenutensilien wie schwere schmiedeeiserne Pfannen, große Kesseldeckel, Spieße, mächtige Schöpfkellen und Ähnliches trugen die Leute zusammen. Dazu kamen kistenweise Wurfgeschosse, die mit schweren Nieten und Schrauben, aber auch mit Konservendosen, Steinen und Flaschen gefüllt wurden. Selbst Säcke mit Kartoffeln stellte man an Deck bereit.

Unter Anleitung der Palmachniks wurden auf jedem Deck schlagkräftige Kampfgruppen zusammengestellt. Die Kerntruppe des Widerstands auf dem Oberdeck umfasste achtzig Männer, die bei einem Angriff von den erhöhten Positionen der Decksaufbauten aus die

Marinesoldaten mit schweren Wurfgeschossen unter Beschuss nehmen sollten, während vierhundert mit Stangen, Schlagstöcken und anderen Prügeln Bewaffnete an der Reling den Nahkampf übernehmen würden. Es wurden die Bereiche auf und unter Deck markiert, die die jeweiligen Gruppen zu verteidigen hatten.

Leah hatte als Mitglied der *Haganah* darauf bestanden, einer jener Gruppen zugeteilt zu werden, die bei Kampfbeginn auf der *Hatikwa* an vorderster Front, also auf dem Hauptdeck und an der Reling stehen würden. Die Versuche, sie dazu zu überreden, sich doch besser einer jener Gruppen anzuschließen, die jeweils einen der Niedergänge zum Maschinenraum gegen Eindringlinge verteidigen sollten, hatten bei ihr nicht verfangen.

Sowohl Ari als auch Jannek hatten sie dazu gedrängt, und wenn sie dieses Zureden nicht fast als beleidigend empfunden hätte, hätte sie fast noch darüber gelacht, dass die beiden auf einmal auf einer Seite standen und an einem Strang zogen. Aber den Zahn hatte sie den beiden schnell gezogen.

»Himmel, da hast du die zwei aber ganz schön auf Westentaschenformat gefaltet!«, sagte Sophie belustigt und mit unverhohlener Bewunderung, nachdem Ari und Jannek unverrichteter Dinge davongezogen waren. Sie und Marius hatten erst gar keinen Widerspruch erhoben, als man sie einer Gruppe zuteilte, die den Zugang zum Maschinenraum verteidigen sollte. »Ich wünschte, ich könnte mich auch so gegen Männer durchsetzen.«

Leah hatte die Antwort schon auf der Zunge, nämlich die Worte: »Wenn du gezwungen warst, jahrelang um jeden Bissen zu kämpfen, um am Leben zu bleiben, lässt du dir so was nicht mehr gefallen.« Aber sie verkniff sie sich und sagte nur leichthin: »Ach, das lernst du schon noch.«

Die Anspannung an Bord wuchs mit jeder Stunde, die sie der Küste von Palästina näher brachte, insbesondere jedoch bei Ari Halevi und seiner *Palmach*-Crew. Nach außen hin hielt er sich bewundernswert unter Kontrolle und zeigte nicht die geringsten Anzeichen von Nervosität. Obwohl er viel Zeit auf der Brücke verbrachte und in ständigem Funkkontakt mit der *Haganah*-Zentrale in Haifa stand, machte er doch wie immer seine Runden über die Decks und nahm sich dabei auch Zeit für ein kurzes Gespräch, wenn man ihn anhielt, weil man etwas auf dem Herzen hatte oder weil man ihm nur versichern wollte, dass er, Ari Halevi, seine Aufgabe bravurös bewältige und man fest darauf vertraue, dass alles ein gutes Ende nehmen und man schon nach Palästina kommen werde, so oder so. Aber Leah wusste von Sophie, die ihr Wissen wiederum von Teddy Goodman hatte, dass Ari unter extremer innerer Anspannung stand und dass er keinen Schlaf fand. Er hielt sich mit Kaffee, Zigaretten und Tabletten wach.

Leah gegenüber räumte er im Morgengrauen des nächsten Tages auch freimütig ein, dass er unter einem enormen inneren Druck und Erfolgszwang stand. »Das ist mein erstes eigenverantwortliches Schiffskommando, und in Palästina gibt es in der Führung der *Jewish Agency* einige ältere Leute, die es gar nicht gern gesehen haben, dass ein Palmachnik von gerade mal fünfundzwanzig Jahren bei diesem Unternehmen von Anbeginn das Sagen hat. Und den Leuten, die nur die Theorie am grünen Tisch kennen, möchte ich nicht ihre Vorurteile bestätigen, indem ich das Unternehmen in den Sand setze.«

Leah sah ihn ungläubig an. »Glaubst du wirklich, dass sich manche deinen Misserfolg sogar wünschen?«

Er verzog das Gesicht. »Wünschen ist vielleicht zu viel gesagt, aber in den Kram passen würde es ihnen schon, wenn ich meine Sache schlecht mache. Weißt du, zwischen den Anführern der *Haganah*, dem *Palmach* und den Führern der *Jewish Agency* gibt es eine ganze Menge Meinungsunterschiede, und persönliche Antipathien sind selbst Juden in ärgster Bedrängnis nicht fremd. Sie mögen zwar alle dasselbe wollen, sind sich aber nicht immer einig über den Weg und die dafür geeigneten Personen. So, und jetzt muss ich hoch zum Funker, gleich muss ein Funkspruch aus Haifa hereinkommen!« Damit hastete er davon.

Wenige Stunden später tauchte ein zweiter Zerstörer der *Royal*

Navy auf. Er dampfte aus Nordwesten heran und folgte der *Hatikwa* an Backbord. Zusammen mit dem anderen Zerstörer, der sich an Steuerbord näher heranschob, nahm er den Dampfer in die Zange, gefolgt von den drei Kreuzern. Aber noch hielten die Kriegsschiffe mehrere Meilen Distanz, waren nicht mehr als unscharfe Silhouetten am diesigen Horizont. Wie graue Wölfe der See, die Witterung aufgenommen hatten, Blut rochen und ihre Beute nicht entkommen lassen würden, lauerten sie in bequemer Angriffsnähe.

Die dramatische Konfrontation mit den kanonenstarrenden Zerstörern erfolgte am nächsten Tag, eine gute Stunde vor Einbruch der Dunkelheit.

24

Der Frachter stampfte auf die Küste von Palästina zu, die Captain Wakefields letzter Durchsage nach mittlerweile nur noch acht, neun Meilen entfernt lag. Und wenn es nicht wieder ein bewölkter, diesiger Tag gewesen wäre, hätte man schon das hinter Haifa aufsteigende Karmelgebirge sehen können. Auf einmal schälten sich ein dritter Zerstörer und ein Transportschiff aus genau dieser Richtung aus dem Dunst, sie rückten jedoch nicht näher.

Die beiden anderen Zerstörer, die mit den drei Kreuzern schon seit zwei Tagen im Nacken der *Hatikwa* saßen, legten dagegen nun plötzlich erheblich an Geschwindigkeit zu. Mit schäumender Bugwelle hielten sie von beiden Seiten schräg auf das *Haganah*-Schiff zu und verringerten den Abstand zum Frachter bis auf dreißig, vierzig Meter. Auf beiden Kriegsschiffen, die den Namen *Venus* und *Talybont* trugen, standen Marinesoldaten in voller Kampfmontur an Deck zum Entern bereit, ihre Offiziere schon von Weitem an ihren weißen Stahlhelmen erkennbar.

»Ändern Sie Ihren Kurs!«, dröhnte die Stimme des Kommandanten des britischen Flottenverbandes aus den Lautsprechern des Zerstörers *Venus* an Steuerbord. »Sie nähern sich den Hoheitsgewässern des britischen Mandatsgebietes Palästina! Jeder Versuch, die Territorialgewässer Palästinas zu erreichen, bedeutet einen Verstoß gegen geltendes Recht, für den Sie verhaftet werden! Ich wiederhole: Ändern Sie augenblicklich Ihren Kurs!«

Auf diese Aufforderung hatte Ari Halevi nur gewartet. Als Antwort ließ er nun ein langes, beidseitig beschriftetes Banner entrollen und in Längsrichtung des Schiffes am Gestänge der Deckaufbauten befestigen. So war die in Englisch gehaltene Botschaft von den Besatzungen beider Zerstörer gut zu lesen. Sie lautete:

Wir haben Hitler überlebt! Der Tod ist uns kein Fremder! Nichts kann uns von unserem jüdischen Heimatland fernhalten. Das Blut wird über euch kommen, wenn ihr auf ein unbewaffnetes Schiff mit unbewaffneten Passagieren feuert!

Captain Wakefield hielt derweil unbeirrt Kurs auf die Küste und gab den Maschinisten den Befehl, die Schiffsmotoren mit maximaler Kraft laufen zu lassen und das Letzte aus ihnen herauszuholen. Die Maschine steigerte ihren Lärm umgehend zu einem permanenten metallischen Kreischen, und begleitet von nicht weniger unheilvollen Stößen und Vibrationen pflügte der alte Frachter durch die See. Ein gewaltiges Aufbäumen, das auch die letzten Kraftreserven mobilisierte und nicht von langer Dauer sein konnte.

Die Antwort der *Royal Navy* ließ nicht lange auf sich warten. Die *Venus* setzte der *Hatikwa* zwei Schüsse vor den Bug, und als auch das keine Kursänderung brachte, ließ die *Talybont* eine Wasserbombe in geringer Tiefe vor dem Frachter explodieren. Das Meer wölbte sich unter dem ungeheuren Druck der Bombe. Die Wucht der Explosion jagte eine gewaltige Wasserfontäne in den Himmel, erschütterte den Frachter, hob das Vorschiff ein, zwei angstvolle Sekunden lang aus dem Wasser und ließ den Frachter dann mit gefährlicher Schlagseite nach Backbord zurück in die Fluten krachen.

Kurz brach Panik an Bord des Schiffes aus, doch die Angst, die *Hatikwa* werde auseinanderbrechen und sinken, legte sich gleich wieder, als der alte Bananendampfer sich wieder aufrichtete und weiter stur durch die schnell dunkler werdende See pflügte.

Nun meldete sich Ari Halevi über die Bordlautsprecher und schrie auf Englisch zu den Kriegsschiffen hinüber: »Ihr wollt die stolze *Royal Navy* sein? Ihr seid eine feige Bande und begeht einen Akt der Piraterie! Wir befinden uns noch immer in internationalen Gewässern! Ihr verletzt internationales Seerecht! Wollt ihr hier auf See das zu Ende bringen, was Hitler nicht geschafft hat? Diese Menschen hier kommen aus deutschen Konzentrationslagern in ganz Europa und haben nicht die Absicht, diese gegen britische Konzentrationslager einzutauschen! Ist es euch denn nicht Schande genug, dass ihr damals in Südafrika die Konzentrationslager erfunden habt, weil ihr sonst die Buren nicht in die Knie gezwungen hättet? Wir werden um unser Recht auf Leben kämpfen. Wir werden uns mit allen Mitteln verteidigen: mit unseren bloßen Händen, mit Knüppeln und Rohren und Flaschen. Und nichts wird uns letztlich von unserer Heimat Palästina fernhalten, auch nicht die ganze verdammte *Royal Navy*! Am Ende werden wir euch besiegen!« Und dann stimmte er das *Hatikwa*-Lied an, in das augenblicklich alle einfielen, sodass sich ein gewaltiger Chor über der See erhob.

Mit kalter Gleichgültigkeit wiederholte der Kommandant des Flottenverbandes seine Aufforderung, unverzüglich den Kurs zu ändern, und als das noch immer nichts fruchtete, gab er den Befehl zum Entern.

Die *Venus* machte den ersten Versuch, Truppen auf die *Hatikwa* abzusetzen. Der Zerstörer kam bis auf wenige Meter näher, drehte jedoch schnell wieder ab, als auf die Marinesoldaten ein unglaublicher Geschosshagel aus pfundschweren Schrauben und Nieten niederging. Aber er kam schnell wieder längsseits und diesmal so nahe, dass sich die Außenwände der beiden Schiffe fast berührten. An Deck der *Hatikwa* ertönte das Jaulen der Sirene, Alarm für alle Stationen.

Die Briten begannen, den Frachter über Leitern und Landungsbrücken zu entern, doch keinem aus den ersten Wellen gelang es, seinen Fuß an Deck zu setzen. Auch der Einsatz von Seilen mit Enterhaken brachte keinen Erfolg. Unter lautem Geschrei und Verwünschungen in mehreren Sprachen wurden die Seile durchgeschnitten, die Leitern und Brücken zurückgestoßen und dabei nicht wenige Soldaten ins Meer befördert. Motorisierte Beiboote, die hinter den Zerstörern und der *Hatikwa* kreuzten, fischten die Männer aus dem Meer und brachten sie zu ihren Schiffen zurück.

Drei Kompanien von Marinesoldaten unternahmen hintereinander mehrere Versuche, die Hindernisse aus Stacheldraht, Gittern und Netzen zu überwinden und Fuß auf dem rostigen Dampfer zu fassen, und alle Versuche scheiterten kläglich. Ein dichter Geschoßhagel war auf den anderen gefolgt, und nach den schweren Eisenschrauben und Nieten hatten die Verteidiger die Briten mit Konservendosen und Flaschen eingedeckt, gefolgt von Hieben und Schlägen mit Eisenstangen, Knüppeln und Rohren.

Es begann dunkel zu werden und Leuchtgranaten stiegen nun in den Himmel und explodierten zu gleißenden Lichtwolken. Das Blatt wendete sich, als auch die *Talybont* an Backbord ganz nahe herankam und die Marinesoldaten nun im Licht von grellen Schiffsscheinwerfern und Leuchtgranaten mit massiver Truppenstärke angriffen. Die bislang scheinbar unüberwindliche Wand des Widerstands wankte und bröckelte an einigen Stellen und dort rückten dann immer mehr Soldaten nach. Damit begann der Nahkampf und er wurde auf beiden Seiten mit unerbittlicher Härte geführt.

Die britischen Soldaten befanden sich in jeder Hinsicht im Vorteil, nicht nur aufgrund ihres Trainings und ihrer Kampferfahrung, sondern vor allem wegen ihrer Kampfmontur samt Stahlhelm, die sie vor den schlimmsten Schlägen schützte. Sie trugen zudem einen festen Lederschutz um den linken Arm, um gegnerische Hiebe leichter abwehren zu können.

Leah spürte eine unbändige Wut, die sich immer mehr zu Hass und fast zur Mordlust steigerte, als sie sah, wie brutal die Marinesoldaten auf jeden losgingen, der sich ihnen in den Weg zu stellen wagte. Dabei machten sie keinen Unterschied, ob sie einen Halbwüchsigen oder einen Mann als ebenbürtigen Gegner vor sich hatten. Sie prügelten auch hemmungslos auf Frauen ein, und wenn Leah sich für ihren Anflug von Mordlust hinterher auch schämte, so bereute sie doch nicht, dass sie sich für die vorderste Front gemeldet hatte und sich mit aller Kraft zur Wehr setzte. Es war ein ungemein befreiendes, ja fast erhebendes Gefühl, nicht mehr aller Willkür und allem Terror hilflos ausgeliefert zu sein, sondern sich richtig *wehren* zu können! Und die Faustschläge und Schlagstockhiebe, die sie in dem wüsten Handgemenge abbekam, spürte sie im Rausch des Kampfes kaum.

Auch Jannek, der im dicksten Kampfgetümmel steckte und den Leah zweimal zu Boden gehen und gleich wieder auf die Beine kommen sah, spürte diese wilde, aufputschende Kraft in sich. Sie war es, die ihn gar nicht merken ließ, dass ihm das Blut aus einer Platzwunde am Kopf rann.

Die Soldaten strömten durch die immer breiter werdenden Lücken auf das Schiff. Aber wenn sie geglaubt hatten, das Gefecht an Deck der *Hatikwa* schnell zu ihren Gunsten entscheiden zu können, wurden sie nun eines anderen belehrt. Und diese Lektion, die ihnen die Auswanderer erteilten, war schmerzhaft und blutig. Jeder Zentimeter wurde erbittert verteidigt. Selbst als nun Dutzende von Blend-, Rauch- und Gasgranaten auf den Frachter niedergingen und die Menschen nach Luft schnappten, husteten und keuchten, brach der Widerstand noch immer nicht zusammen.

Während die Marinesoldaten, mit Gasmaske und Stahlhelm geschützt, den dichten Kordon rund um die Brücke und bei den Niedergängen zum Maschinenraum zu durchbrechen versuchten, um den Frachter endlich in ihre Gewalt zu bringen, kämpften die Männer und Frauen mit versengter Haut, angebrannten Haaren und verätzten Lungen verbissen weiter. Doch der wütende Beschuss mit Gas- und Rauchgranaten nahm kein Ende.

An Deck der *Hatikwa* kämpften mittlerweile gute tausendfünfhundert Passagiere fast jeden Alters gegen die Enterkommandos. Pausenlos ratterten die Granatwerfer, die im gleißenden Licht der bläulichen Scheinwerfer der Zerstörer Rauch- und Tränengasbomben auf das Deck der *Hatikwa* niederregnen ließen. Immer wieder kam aus den Lautsprechern der *Venus* die harsche Aufforderung zur bedingungslosen Kapitulation, doch sie wurde verweigert, wie unerträglich auch der Rauch, die Tränengaswolken und die Atemnot wurden. Die Menschen kämpften mit der Kraft der Verzweiflung gegen die britische Unerbittlichkeit, und diese Kraft ließ sie über sich hinauswachsen und machte sie zu einem Gegner, der sich einfach nicht ergeben wollte, wie sehr die Marinesoldaten auch mit ihren Knüppeln auf sie einschlugen.

Dann fielen auf einmal Schüsse. Der Kommandant an Bord der *Venus* verlor entweder die Nerven oder war noch gewissenloser als vermutet. Erst jagten mehrere Maschinengewehrsalven mit Leuchtspurmunition gefährlich tief über die Decks und Schiffsaufbauten hinweg. Als auch das den Widerstand nicht brechen konnte, fielen gezielte Schüsse. Sie schlugen in die Brücke ein, zertrümmerten die Scheiben des Kommandostandes, bohrten sich in die Bordwand, durchlöcherten Rettungsboote und gingen schließlich auch in die Menge, die den Zugang zur Brücke unbeirrt verteidigte. Die Schreie der Getroffenen gingen in dem infernalischen Lärm unter.

Es gab fünfzehn Verletzte, neun Männer, fünf junge Frauen und einen fünfzehnjährigen Jungen, der sich ohne Erlaubnis an Deck geschlichen und unter die Kämpfenden gemischt hatte, zum Glück erwiesen sich nur drei der Schussverletzungen als lebensgefährlich, die des halbwüchsigen Jungen gehörte tragischerweise dazu.

An diesem kritischen Wendepunkt, der ein Blutbad befürchten ließ, gab Ari Halevi auf und befahl über die Lautsprecheranlage, jegliche Kampfhandlungen sofort einzustellen. Und er beendete die Durchsage mit den grimmigen Worten: »Ihr Briten habt das Blut Unschuldiger vergossen, deren einziges Verbrechen es ist, in ihre Heimat zurückkehren zu wollen! Ihr habt nun also diese Schlacht gewonnen, mit zwei Zerstörern und mehreren Kompanien kampferprobter Marinesoldaten gegen einen rostigen, unbewaffneten Frachter mit KZ-Überlebenden.

Gönnen wir der *Royal Navy* ihren glorreichen Sieg! Aber den Kampf um Palästina werdet ihr verlieren! Diese Einwanderer, sie werden euch besiegen! Diese jämmerlichen, abgerissenen armseligen Gestalten, die auf diesem Wrack eingepfercht sind, sie sind stärker als all eure Kanonen! ... *L'chaim!* ... *Shana towa, Erez Israel!*«

25

Das Deck der *Hatikwa* glich im Licht der grellen Scheinwerfer einem Schlachtfeld. Es war übersät von den fallen gelassenen Schlagwaffen der Verteidiger, von Wurfgeschossen aller Art, Glasscherben, niedergerissenen Gittern und zerfetzten Netzen, von Dutzenden leeren Blechkanistern, die Rauch und Tränengas in dicken Wolken ausgespuckt hatten, Kleiderfetzen – und dem Blut der Verletzten.

Die meisten Menschen waren dort, wo sie eben noch in einem wüsten Getümmel wie die Löwen gegen die Soldaten gekämpft hatten, zu Boden gesunken – völlig erschöpft, von Schmerzen überwältigt, blutverschmiert und in doppelter Hinsicht geschlagen. Einige wenige standen mit hängenden Schultern, von Schlägen im Gesicht gezeichnet und wie verloren inmitten des Durcheinanders, einige andere irrten blutüberströmt, benommen und mit verstörtem Blick über das Deck, als wüssten sie nicht, was ihnen geschehen war oder was nun werden sollte. Von überall kam heftiges Husten, lautes Nach-Atem-Ringen, aber auch Schluchzen und Weinen.

Sanitäter, auf den Zerstörern längst in Wartestellung und sofort nach der Kapitulation übergesetzt, und die Ärzte aus den Reihen der Passagiere kümmerten sich um die Verletzten. Andere schleppten Eimer mit Trinkwasser an, damit sich die Leute die Reizstoffe der Rauch- und Gasbomben aus den Augen waschen konnten.

Gleichzeitig gellten scharfe Militärkommandos über das Deck,

Marinesoldaten verteilten sich im Laufschritt über das ganze Schiff und besetzten alle wichtigen Positionen. Kaum war der Frachter unter ihrer Kontrolle, begannen die Offiziere auch schon mit ihrer verbissenen Suche nach dem Captain und der Crew der *Hatikwa*. Sie wollten ihrer um jeden Preis habhaft werden, um sie verhaften, für lange Zeit ins Gefängnis stecken und der jüdischen Flüchtlingsorganisation damit einen harten Schlag versetzen zu können. Auch suchten sie nach den Filmrollen, auf denen sich die Bilder von dem ungleichen, aber nichtsdestotrotz erbitterten und langen Kampf befanden.

Doch Captain Wakefield, Ari Halevi und die anderen Mitglieder der Schiffsbesatzung hatten von Anfang an gewusst, was ihnen im Fall einer Ergreifung drohte, und waren darauf vorbereitet gewesen. Als die britischen Kriegsschiffe vor zwei Tagen aufgetaucht waren, hatten sie umgehend die Kakiuniform des Palmachniks gegen vorsorglich mitgebrachte, verschlissene Zivilkleidung ausgetauscht, sodass sie äußerlich nichts von den anderen auf der *Hatikwa* unterschied.

Niemand an Bord verriet sie, als die Offiziere sich an die Flüchtlinge wandten, mit ihrem Stöckchen drohend gegen ihre blank polierten Stiefel klatschten und in harschem Ton zu wissen verlangten, wer das Kommando über den Frachter gehabt und wer zur Mannschaft gehört hatte.

»Hier ist unser Captain, Tommy!«, rief plötzlich jemand verächtlich, und im nächsten Moment trat aus der Menge ein schmächtiger Junge von vielleicht zehn Jahren, der auf dem Kopf eine goldbetresste Kapitänsmütze trug und mit trotzig herausfordernder Miene die Arme vor der Brust verschränkt hielt.

Höhnisches Gelächter schlug den bloßgestellten Offizieren aus der Menge entgegen, die schließlich mit hochrotem Kopf und in ohnmächtiger Wut die Suche nach der Crew und den Filmrollen einstellten.

Leah kauerte währenddessen an Backbord zwischen zwei Rettungsbooten auf dem Deck, mit dem Rücken gegen die Bordwand gelehnt, unsäglich ausgelaugt und in mehrfacher Hinsicht zerschlagen. Wie ein Schlauch, aus dem man plötzlich die Luft entlässt, war sie in sich zusammengefallen. Hätte der Kampf noch länger gedauert, sie hätte sich nicht mehr auf den Beinen halten können. Ihr dröhnte der Schädel und ihre Arme sowie ihr linker Oberschenkel brannten wie Feuer. Dort hatten sie mehrere Gummiknüppel besonders hart getroffen. Sie wusste, dass sie noch tagelang am ganzen Körper blaue und grüne Flecken und Schmerzen haben würde. Aber das war nicht ihr größter Schmerz …

Jannek suchte nach ihr, wankte nicht weniger angeschlagen mit Gitta und Motte im Gefolge mittschiffs über das Deck, entdeckte sie achtern bei den Rettungsbooten und sackte Augenblicke später neben ihr an der Bordwand zusammen. Er blutete aus einer Platzwunde am Kopf. Das Blut hatte sein rabenschwarzes Haar verklebt und getrocknetes Blut bedeckte sein Gesicht mit schmutzig braunen Flecken.

Motte sah jedoch noch übler mitgenommen aus. Eine Rauchbombe hatte sein Haar versengt, an mehreren Stellen sogar bis auf die Kopfhaut, sodass er wie in die Mauser gekommen aussah. Aber am schlimmsten war sein Gesicht gezeichnet. Von seinem rechten Auge war nur noch ein schmaler Schlitz zu erkennen, so stark war das Gewebe drumherum aufgequollen. Seine Nase war gebrochen, und seine Unterlippe aufgeplatzt und auf gut doppelte Dicke angeschwollen. Der Kleinste von ihnen hatte die schlimmsten Prügel bezogen, sich aber dennoch nicht unterkriegen lassen.

»Um Himmels willen, du siehst ja schlimm aus!«, rief Leah bei seinem Anblick bestürzt. »Du musst dich unbedingt verarzten lassen!«

»Du meinst, wegen seiner dicken Lippe? Das ist doch nichts Neues. Die riskiert Motte doch immer!«, versuchte Gitta zu scherzen und blieb als Einzige stehen. Sie stützte sich mit der Linken auf die Reling, während sie sich mit der rechten Hand ihre schmerzende Seite hielt. Äußerlich hatte sie jedoch nicht einen Kratzer abbekommen. Ihr Engelsgesicht sah bis auf die vom Tränengas gereizten und geröteten Augen makellos aus. Nur ihr Haar klebte ihr verschwitzt und zerzaust am Kopf.

Leah und Jannek brachten nur ein schwaches Grinsen zustande, zu einem Auflachen fehlte ihnen die Kraft und der Antrieb.

»Die haben dich wirklich übel zugerichtet, Motte. Das muss sich ein Arzt ansehen, und zwar so schnell wie möglich!« beharrte Leah. »Deine Nase muss schnellstens gerichtet werden, und ich wette, für deine Lippe wird der Arzt ein paar Stiche brauchen. «

Motte winkte ab, aber es war eine kraftlose Handbewegung, die verriet, wie erledigt auch er war. »Was? Ich und übel zugerichtet? Na, dann solltest du mal die sehen, die mich in die Mangel genommen haben! Die erkennt nicht mal mehr ihre eigene Mutter wieder, das sage ich dir!«, prahlte er mit kaum verständlicher Stimme, versuchte er doch beim Sprechen seine aufgeplatzte, dick angeschwollene Lippe so wenig wie möglich zu bewegen. Und dass er durch die gebrochene Nase keine Luft bekam, machte seine Aussprache auch nicht gerade verständlicher.

»Ich glaub, mir haben sie ein paar Rippen gebrochen«, sagte Gitta völlig unaufgeregt. »Schätze mal, dass ich eine Zeit lang einen Verband tragen werde. Also, komm hoch, Motte! Wir suchen uns einen Arzt. Bringt nichts, das aufzuschieben. Wer weiß, was jetzt auf uns wartet.«

»Natürlich das nächste Lager.« Jannek sprach die bittere Wahrheit nüchtern und gelassen aus.

»Aber gezeigt haben wir es ihnen, diesen verdammten Tommys!«, sagte Motte halb nuschelnd, halb lallend und zog sich mühsam auf die Beine.

Jannek nickte stumm, doch seine Miene drückte weder Stolz noch Genugtuung aus.

»Man sieht sich«, sagte Gitta und wankte mit Motte zur nächsten provisorischen Verbandsstation.

Schweigend hockte Leah mit Jannek gegen die kalte Bordwand gelehnt. Ihr Blick fiel kurz auf Ari Halevi, der an Steuerbord mit einem Zweitagebart und einem blutigen Kopfverband kurz aus der Menge auftauchte. Er trug mit einem anderen Mann jemanden auf einer Trage zu einer Gruppe von Sanitätern und Ärzten. Seine Kakikleidung hatte er wie die anderen Crewmitglieder gegen alte, abgetragene Zivilkleider ausgetauscht, nur von seiner schwarzen Strickmütze hatte er sich nicht getrennt. Dann nahmen ihr die Decksaufbauten die Sicht.

Maßlose Enttäuschung und Ernüchterung überfielen sie. Irgendwie hatte sie auf ein Wunder gehofft, hatte gegen jede Vernunft darauf gewartet, dass irgendetwas passierte und die *Hatikwa* der Umklammerung der *Royal Navy* entkam und die Blockade noch in letzter Minute durchbrach.

Doch dieses Wunder war nicht geschehen, und statt ihr neues Leben in Palästina beginnen zu können, das doch schon in greifbarer Nähe lag, ging es nun in ein britisches Internierungslager auf Zypern!

Eine unendliche Traurigkeit überkam sie und stumm liefen ihr die Tränen über das Gesicht.

Jannek saß still neben ihr. Dann zündete er mit zittrigen, blutig zerkratzten Händen zwei Zigaretten an und steckte ihr eine davon zwischen die Lippen. Er zögerte kurz, dann wischte er ihr eine Träne von der Wange.

»Wird schon wieder«, sagte er lakonisch.

Sie sah ihn an, zerrissen zwischen Dankbarkeit und Zweifel, und sie wünschte sich in diesem Moment nichts mehr, als dass er noch etwas sagte, das ihr Hoffnung und neue Zuversicht gab. Und dieser Wunsch stand unverhohlen in ihren Augen.

Er erfüllte ihren Wunsch nach Zuspruch und Ermutigung, allerdings auf eine sehr eigenwillige, geradezu verstörende Weise. »Das verdammte Camp kann uns nichts anhaben, Leah«, versicherte er trocken. »Was schon zerbrochen ist, kann nicht mehr zerbrochen werden.«

26

Die britische Kronkolonie lag nur knappe hundert Meilen von der Küste Palästinas entfernt, und so trafen die Passagiere und die Crew der *Hatikwa* schon kurz nach Sonnenaufgang im Hafen von Famagusta ein. Das Dock war für ihre Ankunft vorbereitet. Weitläufige Absperrungen aus mit Stacheldraht umwickelten Barrieren, lange Holztische zur Durchsuchung des Gepäcks, Registrierstellen, Desinfektionszelte, Kolonnen von Militärlastwagen und ein Spalier aus mürrisch bis feindselig dreinblickenden Soldaten erwarteten die illegalen Palästina-Einwanderer im Hafen.

Das Erste, was die Soldaten ihnen wegnahmen, waren die grünen Wasserflaschen. Sie rissen sie ihnen förmlich aus den Händen und zerschmetterten sie auf dem Dock, das im Handumdrehen mit Glasscherben übersät war.

»Komisch, dass die Tommys so scharf darauf sind, uns die billigen Wasserflaschen wegzunehmen«, wunderte sich Leah. »Als ob sie glauben, uns damit einen besonderen Schlag zu versetzen und uns zu demütigen.«

»Vermutlich glauben sie das tatsächlich. Für die ist die grüne *Haganah*-Flasche nämlich ein verhasstes Symbol für aufgegriffene illegale Einwanderer«, raunte Igor, der sich unter ihre Gruppe gemischt hatte, um bei Gitta sein zu können. Gitta hatte zwei gebrochene Rippen und trug einen Verband um den Oberkörper. Sie hatte bei jedem Schritt Schmerzen, zeigte es jedoch nicht. Und das galt für die meisten Verletzten, die mit blutigen Kopfbandagen, humpelnd auf provisorischen Krücken oder mit gerichtetem Arm in der Schlinge von Bord gingen. Sie mochten bitterlich enttäuscht, ja innerlich völlig deprimiert und voller Trauer sowie körperlich zerschlagen sein, waren jedoch zu stolz, sich ihr physisches wie seelisches Elend im Angesicht der verhassten Briten anmerken zu lassen.

»Und natürlich sind die Tommys stinksauer, dass sie wegen uns Juden so früh aus ihren Betten gescheucht wurden und hier dieses nette Willkommen-Szenario für uns aufbauen mussten«, spottete Jannek.

Wie groß die Verachtung der Soldaten war, zeigte sich, als das Gepäck entladen wurde. Die Koffer, Bündel, Rucksäcke, Aktentaschen und verschnürten Kartons flogen vom Schiff achtlos auf das Pier hinunter und landeten auf großen Haufen. Nicht alle Würfe trafen, manches Gepäckstück landete im Hafenbecken. Doch kein Soldat machte sich die Mühe, diese wieder aus dem Wasser zu fischen. Es achtete auch niemand auf den Aufschrei und die Proteste der Flüchtlinge. Die Soldaten schoben die Flüchtlinge ungerührt weiter. Kein Offizier griff ein. Auch nicht, als das Gepäck auf den langen Tischen auf Dinge durchsucht wurde, die wie Kameras, Messer, Scheren, Rasierklingen und Füllfederhalter im Internierungslager als potenzielle Waffen verboten waren, und dabei so mancher Soldat schamlos fremdes Eigentum in die eigene Tasche steckte.

Was die Flüchtlinge jedoch am meisten empörte, war die rücksichtslose Bücherverbrennung. Zu Hunderten gingen alte und neuere Ausgaben der Tora und andere religiöse Werke in Flammen auf. Was genau die Briten damit bezweckten, wusste niemand. Ob es blanke Schikane war oder die irrwitzige Angst, die Flüchtlinge könnten irgendwelche gefährlichen Schriften ins Internierungslager bringen, blieb ihr Geheimnis. Aber da sie nur hebräische Bücher den Flammen überantworteten, lag die Vermutung nahe, dass die Verantwortlichen tatsächlich »antibritische zersetzende Schriften« fürchteten. Auf den Gedanken, Übersetzer bei der Auswahl der Bücher zurate zu ziehen, kamen sie nicht – oder es war ihnen den Aufwand nicht wert.

»Bücherverbrennung – wie bei den Nazis!«

Erschüttert und mit ohnmächtigem Zorn mussten sie zusehen, wie die Soldaten Bücher auf die Scheiterhaufen warfen, die ihnen heilig und in manchen Familien zum Teil über Generationen hinweg weitervererbt worden waren. Janneks Roman *Schau heimwärts, Engel!* ging jedoch unbeanstandet durch die Kontrolle. Möglich, dass jemand den Namen des Autors wiedererkannt und den Roman deshalb als unbedenklich eingestuft hatte.

Langsam kroch die Schlange der Flüchtlinge über das Dock und an den weiter unterhalb aufgestellten Tischen vorbei, hinter denen Offiziere aus der Militärverwaltung saßen. Sie unternahmen den Versuch, die neu eingetroffenen Illegalen mit Namen, Alter, Geburtsort und Staatsangehörigkeit zu registrieren. Es war ein fruchtloses Unterfangen, das die Offiziere schnell in ohnmächtige Wut versetzte und an den Rand ihrer Selbstbeherrschung brachte. Denn keiner der Einwanderer dachte daran, ihnen diese Auskunft zu geben.

Fragte der Offizier nach dem Namen, erhielt er alle möglichen genannt, aber nie den richtigen. Die meisten nannten sich Lord Balfour, gaben sich für den verhassten britischen Außenminister Ernest Bevin aus oder antworteten mit dem Namen eines ähnlich bekannten britischen Politikers. Nach dem Geburtsort gefragt, erhielten die Offiziere fast ausschließlich »Tel Aviv!« oder »Jerusalem!« zur Antwort. Und natürlich gaben sich alle ohne mit der Wimper zu zucken als Bürger Palästinas aus.

Einer der Offiziere, ein Major, wollte unbedingt herausfinden, von wo ihr Schiff aufgebrochen war, und erhielt von einem halbwüchsigen Burschen, dem er die Information herauslocken zu können glaubte, die spontane und bereitwillige Antwort: »Von Berlin, Sir.«

»Red doch kein dummes Zeug!«, herrschte der Major den Jungen an. »Berlin hat keinen Hafen! Von dort kann euer Schiff nicht losgefahren sein!«

»Isses aber, Sir!«, beharrte der Junge mit treuherziger Miene und scheinbar respektvoll. »Haben Sie denn nicht die Bibel gelesen, Sir? Moses hat die Kinder Israels aus Ägypten gerettet und sie durch das Rote Meer geführt. Das konnten nur die Juden. Na ja, und jetzt sind wir Juden eben von Berlin losgefahren.«

Niemand lachte, und das machte die Sache für den Major offenbar noch schlimmer, als wenn jetzt lautes Gelächter ausgebrochen wäre. Er hob schon mit zornrotem Kopf den Stock, um den Burschen zu schlagen, beherrschte sich dann jedoch. Er stieß ihm sein Offiziersstöckchen bloß vor die Brust und zischte: »Verschwinde, Judenbalg!«

»Nichts lieber als das, Sir!«, erwiderte der Junge, salutierte spöttisch und handelte sich für diese zusätzliche Frechheit einen Stiefeltritt von einem in der Nähe stehenden einfachen Soldaten ein.

Nicht wenige weigerten sich sogar, überhaupt irgendeinen Namen zu nennen. Es waren überwiegend die Überlebenden aus Auschwitz.

Sie hielten den Briten ihren Arm mit der Tätowierung hin und wiederholten stur ihre Nummer.

»Wir haben keine Namen!«, bekam einer der Offiziere, der nun doch die Beherrschung verlor, losbrüllte und mit Konsequenzen drohte, von einem dieser ehemaligen KZ-Insassen zu hören. »Alle diese Jahre waren wir nur Nummern. Und auch für Sie sind wir nur Nummern. Doch nun gehen wir nach Erez Israel, und dort, in unserer Heimat, werden wir wieder einen Namen haben. Und Sie wollen uns, die wir das Warschauer Getto, Auschwitz oder andere Todeslager überlebt haben, drohen? Machen Sie sich doch nicht lächerlich!«

Eine andere Überlebende, die von der SS zur Lagerprostituierten gemacht worden war, ging sogar noch drastischer vor. Sie riss sich vor dem Registriertisch die Bluse auf und entblößte die Tätowierung *FELDHURE A. 13652*, die man ihr auf die Brust tätowiert hatte. »Hier ist mein Name!«, rief sie dem jungen Lieutenant vor ihr zu, der plötzlich nicht wusste, wohin er blicken sollte. »Schreiben Sie: *Feldhure A. 13652!*«

Nach der verweigerten Registrierung ging es durch zwei Militärzelte. Im ersten fand, nach Geschlecht getrennt, eine Körperdurchsuchung statt. Sie wurde reichlich grob, nicht selten demütigend und fast immer ohne große Rücksicht auf die Verletzungen durchgeführt. Im zweiten Zelt wartete auf sie eine Behandlung mit dem Insektenvernichtungsmittel DDT, das Läusen, Wanzen und allen anderen Krabbeltieren den Tod brachte. Das mehlartige Pulver wurde ihnen von den Soldaten auf die Köpfe, in die Hemden, unter Hosen und Röcke sowie über die Beine gesprüht.

Diese rüde Prozedur in den Zelten, die fast genauso wie bei der Einlieferung in die KZ ablief, empfanden Jannek und all die anderen Überlebenden aus den Todeslagern als besonders demütigend.

Jannek kochte vor Zorn.

Als sie zu den Lastwagen geführt wurden, die sie ins Lager Karaolos nördlich von Famagusta bringen sollten, traf eine schwarze Limousine bei ihnen auf dem Dock ein. Der schwere Wagen trug einen hoheitlichen Stander an der Motorhaube und wurden von zwei offenen Jeeps mit Militärpolizei begleitet. Ein etwa sechzigjähriger Mann mit hoher Stirn und bekleidet mit einem dreiteiligen Nadelstreifenanzug, steifem weißem Kragen und Seidenkrawatte entstieg der schweren Limousine.

Es gab erstauntes Geraune unter den Soldaten und hochgezogene Brauen, und Sophie schnappte auf, wie einer der Männer in ihrer Nähe spöttisch sagte: »Schau an, unser Gouverneur, der ehrenwerte Lord Winster, gibt uns die Ehre! Scheint wohl nichts Besseres mit seiner Zeit anzufangen zu wissen, als hier nach dem Rechten zu sehen!«

Sophie gab die Nachricht schnell weiter.

Der Gouverneur passierte eine der Absperrungen und kam ihnen mit seinem Gefolge entgegen. Wegen der wartenden Lastwagen, die auf dem Dock wenig Platz zum Passieren ließen, geriet er Leah und ihrer Gruppe dabei sehr nahe.

Jannek schlüpfte durch eine Lücke im Spalier der Soldaten, trat dem Gouverneur in den Weg und spuckte ihm voller Abscheu ins Gesicht. Es ging so schnell, dass weder die Militärpolizisten hinter Lord Winster noch die Soldaten es verhindern konnten.

Nun aber packten sie ihn, rissen ihn zurück und schlugen mit ihren Gummiknüppeln auf ihn ein.

»Nein!«, befahl der Gouverneur scharf und wischte sich die Spucke mit einem Taschentuch aus dem Gesicht, das sein eingesticktes Monogramm trug. Sein Gesicht zeigte nicht die geringste Rührung. »Lasst ihn!« Und damit schritt er weiter, als wäre der Vorfall keine weitere Sekunde seiner Aufmerksamkeit wert.

Einer der Soldaten, der bei der Verladung auf die Lastwagen Wache hielt, verpasste Jannek dennoch einen weiteren Schlag zwischen die Schultern. »Ihr Juden kriegt Palästina nicht! Wir und die Araber werden euch im Meer ersäufen!«, gab er ihm mit auf den Weg ins Lager, als Jannek auf den Lastwagen gestoßen wurde.

Jannek drehte sich zu ihm um und sah fast mitleidig auf ihn hinunter. Er hatte wie die meisten von ihnen genug Englisch von den amerikanischen GIs und auf dem Schwarzmarkt gelernt, um dem Kerl entsprechend zu antworten. »Uns werdet ihr nicht ersäufen! Weißt du Idiot denn nicht, dass wir in Auschwitz schwimmen gelernt haben?«

Leah stieg nach ihm auf den Lastwagen und lächelte ihn an. Sie war stolz auf ihn!

27

Es gab mehrere britische Internierungslager für illegale Palästina-Einwanderer auf Zypern. Die Passagiere der *Hatikwa* und Ari Halevis Crew aus Palmachniks, die unentdeckt geblieben waren und sich erfolgreich unter die Auswanderer gemischt hatten, wurden in das Camp Karaolos gebracht. Es lag einige Kilometer nördlich von Famagusta in einer öden und fast baumlosen Ebene, die sich in unmittelbarer Nähe des Meeres erstreckte. Nichts als Sand und Steine, über die der Wind von der nahen See hinwegwehte und wo es von Skorpionen und Mücken aller Art nur so wimmelte.

Leah erschrak beim Anblick des Lagers, das sich mit seinem Meer aus Wellblechhütten und ausgemusterten Armeezelten bis an den Horizont erstreckte und in dem es nichts gab, was das Auge auch nur ein wenig hätte erfreuen können. Tausende gescheiterter Einwanderer von früher aufgebrachten Schiffen bevölkerten schon das Lager.

Die Planer und Erbauer des Camps hatten die grausige Architektur der nationalsozialistischen Todeslager erschreckend genau kopiert: hoher, doppelter Stacheldrahtzaun, Wachtürme mit Suchscheinwerfern und schwer bewaffneten Soldaten, ein schachbrettartiger Grundriss, lange staubige Straßen, gleichförmige Baracken in endlosen Reihen sowie Latrinen der primitivsten Bauweise entlang der inneren Außengrenze, deren Gestank zusammen mit dem des sich auftürmenden Abfalls beständig und wie eine unsichtbare pestilenzartige Wolke über dem Lager hing.

Und obwohl Karaolos erst seit wenigen Monaten existierte, platzte das Lager schon jetzt aus allen Nähten. Dabei würden in Zukunft gewiss noch Zehntausende jüdische Auswanderer hier auf Zypern stranden, falls weiterhin so viele Flüchtlingsschiffe abgefangen würden ...

Mitten im Lager gab es eine hölzerne Hochbrücke, die nahe eines Wachturms in luftiger Höhe über eine verbotene, nur den Briten zugängliche Zone hinwegführte und verschiedene Teile des Gefangenenlagers miteinander verband. Die Insassen hatten sie in einem Anflug von schwarzem Humor die »Warschauer-Getto-Brücke« genannt, in Erinnerung an jene Brücke, die die Deutschen in Warschau gebaut hatten, damit Juden nicht über arische Straßen gingen.

Wind fegte durch das Lager und wirbelte den Sand durch die Gassen und Straßen, zwischen denen es weder ein Stück Rasen noch Bäume gab, nur hier und da ein wenig armseliges Gesträuch. Vor vielen Baracken hockten Männer und Frauen vor offenen Feuerstellen. Offensichtlich gab es keine zentralen Lagerküchen mit entsprechend großen Speiseräumen, in denen die Insassen mit warmen Mahlzeiten versorgt wurden. Und wenn es sie doch gab, war das, was man da vorgesetzt bekam, vermutlich nicht ausreichend.

»Namenlose Straßen für namenlose Menschen«, bemerkte Jannek bitter, als man sie zu ihrer Unterkunft brachte und sie dabei an endlos langen Reihen von Nissenhütten vorbeikamen, ohne dass er irgendwo ein auch noch so primitives Straßenschild entdecken konnte. Es gab sie einfach nicht, wie so vieles andere, was die Briten für entbehrlich hielten und ihren Inhaftierten verweigerten.

»Kann mir mal einer sagen, warum diese Wellblechbaracken Nissenhütten heißen?«, fragte Marius, als das Wort auf der Fahrt durch das Lager mehrmals fiel.

»Wenn du im KZ gesessen hättest, wüsstest du das!«, kam aus dem vorderen Dunkel des Lasters ein bissiger Zuruf.

»Halt das Maul, Mann!«, wies ihn sofort ein anderer zurecht. »Im KZ gewesen zu sein, ist weder ein Ruhmesblatt noch macht es einen besonders clever, oder?«

»Und es macht keinen zwangsläufig zu einem besseren Menschen, wie man sieht!«, hieb ein anderer in dieselbe Kerbe.

»Die Leute nennen sie Nissenhütten, weil die Läusebrut, die man Nissen nennt, solch eine gewölbte Form haben«, erklärte Leah und hatte Mühe, sich von ihrer aufkommenden Depression nicht niederringen zu lassen.

Eine dieser halbrunden Wellblechbaracken im südöstlichen Teil des Lagers wurde für Leah und neununddreißig andere von der *Hatikwa* nun auf unbestimmte Zeit zu ihrer neuen Unterkunft. Auch Sophies Eltern und Bruder, die in einem anderen Laster gleichzeitig mit ihnen in diesem Lagerabschnitt eintrafen, kamen in dieser Baracke unter. Einfache Feldpritschen für vierzig Personen füllten diese Blechhöhle fast völlig aus. Auf den Bettstellen lagen lächerlich dünne Matratzen der billigsten Qualität und kratzige Militärdecken.

Hier und da stieß man im Dunkel der Blechhöhle auf einen Stuhl, einen Hocker, einen kleinen wackeligen Holztisch oder eine ausrangierte Bretterkiste des britischen Militärs. Wer solch ein Möbelstück zuerst entdeckte und für sich reklamierte, hatte reiche Beute gemacht, wie sich schnell erweisen sollte.

Der Boden in den Unterkünften bestand aus flüchtig fest gestampftem Boden, der sich bei heftigen Regenfällen in ein Schlammfeld verwandelte. Es gab in den Baracken weder elektrisches Licht noch fließendes Wasser. Im Lager existierten noch nicht einmal Wasserleitungen, die zu zentralen Zapfstellen in den fünf separaten Bereichen führten, in die das Camp Karaolos unterteilt war, geschweige denn Waschräume. Zweimal am Tag fuhren britische Tanklaster mit Wasser durch das Lager. Wer dann nicht schnell genug zur Stelle war und sich noch keinen ausreichend großen Wasserbehälter organisiert hatte, der musste dursten oder konnte sich sein Essen nicht kochen und sich nicht waschen und musste auf den nächsten Tankwagen warten.

»Jetzt sind wir also zur Abwechslung mal britische Gefangene, Juden ohne Identität hinter Stacheldraht und Wachtürmen«, stellte Jannek schon am ersten Tag grimmig fest. »Selbst in den Lagern für *Displaced*

Persons der UNRRA hatten wir noch einen Rest Freiheit und Privatsphäre. Hier in Karaolos ist davon keine Spur zu finden!«

Ein weiterer seelischer Tiefschlag war die Nachricht, dass die britische Regierung monatlich nur siebenhundertfünfzig Insassen aus den Lagern auf Zypern die Einreise nach Palästina erlaubte. Bei den mehr als zehntausend Internierten, die jetzt schon hinter Stacheldraht lebten und deren Zahl ständig weiter anwuchs, konnte sich jeder ausrechnen, wie lange er wohl unter diesen erbärmlichen Umständen leben und auf seine Ausreise warten musste. Zumal bei der Auswahl stets die Waisenkinder bevorzugt wurden, von denen allein in Karaolos mehrere Tausend in einem eigenen Teil des Lagers untergebracht waren.

Es war eine Sache, sich auf der *Hatikwa* mit den entsetzlich beengten und primitiven Verhältnissen abfinden zu müssen, wenn man wusste, dass die Reise nicht länger als zehn, zwölf Tage dauern würde. Eine völlig andere Sache war es, wenn man in einem Internierungslager wie Karaolos nicht absehen konnte, wie viele Monate oder gar Jahre man hier ausharren musste.

Wie dunkle Wolken legten sich Bitterkeit und Ratlosigkeit über die Neuankömmlinge und so manch einer weinte sich in der ersten Nacht in den Schlaf.

28

Trotz der bitteren Lebensumstände und extrem kargen Mittel sorgte die von der *Haganah* organisierte Selbstverwaltung der Lagerinsassen für eine erstaunliche Zahl von Aktivitäten. Man hatte für die Kinder bis sechzehn, von denen die meisten noch nie in ihrem Leben eine Schule besucht hatten, in jedem Viertel Unterrichtszimmer eingerichtet. Sie lagen aus Mangel an besseren Möglichkeiten jeweils im Durchgang zwischen den langen Reihen der Nissenhütten. Die Dächer dieser »Schulen«« bestanden aus zusammengenähten Kartoffelsäcken, die Bänke und Tische, sofern überhaupt vorhanden, aus zusammengenagelten Brettern.

Für die Erwachsenen gab es, wie in Saint Jerome und auf dem Schiff, täglich mehrere Stunden Hebräischunterricht. Wissenschaftler und Professoren wie Herschel Buchheim boten eine Vielzahl von Vorträgen und Diskussionsrunden an. Musiker gaben Einblick in Kompositionslehre und die Entstehung berühmter Werke. Die Rabbiner der unterschiedlichen jüdischen Glaubensrichtungen versammelten ihre Anhänger im Freien um sich und jede Gruppe betete dort für sich. (Was Jannek eines Morgens zu der bissigen Frage verleitete, ob denn jede Gruppe ihren eigenen Gott habe, worauf man ihn mit bösen Blicken strafte.) Und wer über handwerkliches Geschick verfügten fertigte aus primitivsten Mitteln Gebrauchsgegenstände, Spielzeug, Schnitzarbeiten und sogar kleine Kunstwerke an und gab Unterricht in seinen Fertigkeiten. Andere trieben Sport, spielten Schach, traten einem Chor bei oder engagierten sich in einer Laienspielgruppe. Wieder andere gingen sehr speziellen Leidenschaften nach, indem sie Skorpione und Insekten jagten, von denen es in Karaolos mehr gab, als jedem lieb war, oder sie suchten unter den Insassen nach einstigen Kapos, die sie vor ein heimliches Gericht stellen und nach der Verurteilung windelweich prügeln konnten.

All diese Angebote erweckten bei Leah und ihren Freunden in den ersten Tagen den Eindruck, als gäbe es genug Ablenkung und als hätten sie gar nicht genug Zeit, um auch nur die Hälfte von diesen Aktivitäten in Anspruch nehmen zu können. Was sie nie versäumten, war der Hebräischunterricht. Sie fanden sich in der neuen Sprache schon wunderbar zurecht, zumindest was das Sprechen und Verstehen anging. Mit dem Schriftlichen hatten sie aufgrund der doch sehr gewöhnungsbedürftigen fremdartigen Schriftzeichen noch einige Schwierigkeiten. Aber das war nichts im Vergleich zu den Problemen, die die Älteren mit der neuen Sprache hatten, die sie aber unbedingt beherrschen mussten, um sich in Palästina schnell einleben und integrieren zu können. Viele trösteten sich damit, dass man sich notfalls auch mit Jiddisch durchschlagen konnte, das sehr viele Einwanderer sprachen, ganz gleich aus welchem Land sie kamen.

Die vielen möglichen Aktivitäten hielten aber nicht das, was sie den Neuankömmlingen vorgaukelten, und so ließ die ernüchternde Erkenntnis auch nicht lange auf sich warten. Nämlich dass die Tage auf dieser sandigen, kahlen und windigen Ebene in Sichtweite der tiefblauen See endlos lang waren, viele der möglichen Ablenkungen schnell ihren anfänglichen Reiz verloren und die Hauptbeschäftigung im Lager letztlich aus Warten bestand.

Warten auf die nächste Essensausgabe, auf das notorisch unregelmäßige Eintreffen der britischen Militärtankwagen mit dem Trinkwasser, auf das Verlesen der neuesten Nachrichten aus einer ins Lager geschmuggelten Ausgabe der *Cyprus Mail* über einen Sprechtrichter aus Ofenrohrblech, auf das Eintreffen neuer Flüchtlinge von einem weiteren geenterten *Haganah*-Schiff, auf das Nachlassen des Windes, der Sandwolken durch das Lager fegte, und dann wiederum auf das Einsetzen des Windes, wenn der Gestank von den Latrinen wieder einmal unerträglich streng über dem Lager hing, auf einen Regenschauer, damit man endlich die Wäsche waschen konnte und der ewige Staub wenigstens für eine kurze Zeit am Boden blieb.

Es gab immer etwas, worauf man gerade wartete, meist mit wachsender quälender Ungeduld. Nicht zuletzt darauf, auf die Liste jener siebenhundertfünfzig Glücklichen zu kommen, die jeden Monat das Meer der auf Zypern Gestrandeten verlassen und nach Palästina einreisen konnten.

Zu diesen wenigen Glücklichen zählten die Lebrechts, für sie wendete sich das Blatt innerhalb einer einzigen Woche. Zwei Tage nach ihrer Ankunft brachte Pauline Lebrecht in Famagusta einen gesunden, kräftigen Jungen zur Welt. Drei Tage später stand die Familie auf der Liste derjenigen, die mit dem nächsten Schiff legal nach Palästina einreisen durften. Ganze acht Tage dauerte ihre Internierung auf Zypern. Ob Simon Lebrecht die Vorzugsbehandlung seiner Familie seinen indirekten Beziehungen zu Judah Leon Magnes, dem Präsidenten der Hebräischen Universität in Jerusalem, verdankte, dem beste Beziehungen zur britischen Mandatsverwaltung nachgesagt wurden, blieb dabei im Dunkel. Keiner neidete den Lebrechts das glückliche Los, doch für Herschel Buchheim war es ein bitterer Schlag.

Die Inhaftierung und die Ungewissheit, wie lange sie unter diesen erbärmlichen Zuständen in Karaolos ausharren mussten, machten allen schwer zu schaffen, manchen jedoch drückten sie heftiger aufs Gemüt als anderen. Jannek zog sich in seine Welt zurück, mied wie früher mehr und mehr die Gesellschaft anderer und streifte oft stundenlang und rastlos durch das Lager.

Ari Halevi, Teddy Goodman, Igor und die anderen Palmachniks bekamen sie in den ersten Tagen fast nicht zu Gesicht, worunter Gitta und Sophie besonders litten. Sie hatten wie von Geisterhand gefügt alle in einer eigenen Nissenhütte ein gutes Stück weiter unterhalb bei schon anderen dort untergebrachten Aktivisten der Eliteeinheit Quartier bezogen. Aber auch Leah verspürte Bedauern, dass der Kontakt zu Ari Halevi und den Männern seiner Crew abzubrechen schien und dass die Männer Wichtigeres zu tun hatten, als sich bei ihnen blicken zu lassen und Zeit mit ihnen zu verbringen.

Doch dann kam mit dem 17. Dezember Chanukka, das achttägige jüdische Lichterfest, das zum Gedenken an die Wiedereinweihung des zweiten Tempels in Jerusalem im jüdischen Jahr 3597[32] traditionell in häuslicher Runde ausgelassen gefeiert wird. An jedem dieser Abende wird eine Kerze der Menora, des siebenarmigen Leuchters, entzündet. Damit soll an das Wunder erinnert werden, dass die Menora im Tempel mit nur einem Krug voll geweihtem Öl nicht nur wie gewöhnlich einen, sondern volle acht Tage brannte. Bei dem Fest kommen nach alter Sitte in Öl Gebackenes wie Krapfen sowie *Latkes*, Kartoffelpuffer, und andere Spezialitäten auf den Tisch und es wird mit dem *Dreidel* gespielt, einem vierseitigen Kreisel mit hebräischen Schriftzeichen.

---

32 Nach christlicher Zeitrechnung 164 v. Chr.

Am späten Nachmittag des ersten Chanukka-Tages tauchte unverhofft Ari Halevi bei ihnen auf. Leah und Sophie waren gerade damit beschäftigt, ihre eingestaubte und teilweise recht dreckige Kleidung im Freien auszubürsten. Wasser zum Waschen gab es ja kaum.

Der Sabre, dessen gewöhnliche Kleidung sogar noch um eine Spur dreckiger und staubiger aussah als ihre Sachen, hatte einen schäbigen Kartoffelsack über der Schulter hängen. An den Kommandanten der *Hatikwa* erinnerte nur noch die schwarze Strickmütze über der dunkelblonden Mähne.

Leah und Sophie glaubten, ihren Augen nicht trauen zu dürfen, als sie sahen, was Ari Augenblicke später aus diesem groben Jutesack an wunderbaren Geschenken für sie zutage brachte: eine schlichte, aber ansprechende und mit Goldfarbe angestrichene hölzerne Menora, acht ganze Kerzen, eine Schachtel Streichhölzer sowie einen Pappkarton, der bis oben hin mit gebackenen und zuckerbestreuten Krapfen gefüllt war.

»*Chag Chanukka sameach!*«, wünschte Ari mit einem verschmitzten Lächeln auf dem sonnengebräunten Gesicht. »Frohes Chanukka-Fest!«

»Bist du verrückt? Das können wir unmöglich annehmen!«, entfuhr es Leah beim Anblick der Köstlichkeiten unwillkürlich. Wie konnte sie mit ihren Freunden diese Leckerbissen vertilgen, wenn alle anderen in ihrer Baracke mit der kargen Kost der Briten vorliebnehmen mussten? »Das geht nicht! Außerdem ist mir ganz neu, dass du fromm bist.«

Sophie konnte ihren Blick nicht von den Krapfen nehmen und leckte sich über die Lippen. »Ich bin dafür, wir nehmen das großzügige Geschenk an, bevor er es sich noch einmal anders überlegt! Einem geschenkten Gaul schaut man nicht ... na, du weißt schon.«

Leah reagierte nicht darauf, hielt doch Ari ihren Blick mit seinen unergründlichen dunklen Augen fest.

Der Sabre lachte sie an. »Ich mag einfach Feste, auch wenn mir der religiöse Hintergrund nicht viel bedeutet, und Kerzenschein mag ich besonders gern. Und ich wette, du magst es auch, Leah. Ich möchte einfach, dass du mit deinen Freunden ein schönes Chanukka hast. Oder darf ich dir keine Freude machen?«

Bei dem intensiven Blick schoss ihr das Blut heiß ins Gesicht. »Ja, schon … doch … aber all diese Krapfen!«, stammelte sie verlegen und schüttelte den Kopf, während ihr gleichzeitig wie ihrer Cousine das Wasser im Mund zusammenlief. »Das ist einfach zu viel des Guten, Ari! Mein Gott, es muss dich ein Vermögen gekostet haben, um hier im Lager an solche Köstlichkeiten zu kommen!«

»Ganz und gar nicht«, wiegelte er ab und dämpfte nun seine Stimme. »Ich hab nur Kopf und Kragen riskiert, um dir diese Freude zu machen, und die Krapfen vom Bäcker in Famagusta geholt! Und allein schon deshalb musst du annehmen!«

Ungläubig sahen sie ihn an, und Leah raunte: »Was? Du warst in Famagusta? Wie hast du das denn gemacht?«

Ari schlug sich mit der flachen Hand vor die Stirn, als bereute er, was ihm in dem Wunsch, Leah zu beeindrucken, da soeben herausgerutscht war. Dann zuckte er die Achseln und trat näher zu ihnen heran, sodass sich ihre Köpfe fast berührten. »Gebt mir euer *Haganah*-Ehrenwort, dass ihr absolutes Stillschweigen über das bewahrt, was ich euch jetzt erzähle!«, forderte er sie mit beschwörender Stimme auf.

Sie gaben es ihm.

»Euch wird aufgefallen sein, dass meine Männer und ich alle in einer Baracke am südöstlichen Ende des Lagers Quartier bezogen haben.«

Leah und Sophie nickten.

»Das ist unser geheimes *Haganah*-Hauptquartier, auch wenn die offizielle interne Lagerleitung sich hinten bei der Warschauer Getto-Brücke befindet«, vertraute Ari ihnen an. »In Wirklichkeit fallen aber alle wirklich wichtigen Entscheidungen in unserer abgelegenen Baracke. Wir verfügen dort auch über ein Radio – und kürzlich haben wir einen Tunnel fertiggestellt, dessen Ausgang etwa sechzig Meter hinter dem doppelten Zaun bei einer Gruppe von Dornensträuchern liegt.«

»Himmel, dann gibt es jetzt also eine Fluchtmöglichkeit?«, stieß Sophie aufgeregt hervor.

Ari verzog das Gesicht und schüttelte den Kopf. »Nein, das mit der Flucht könnt ihr euch gleich aus dem Kopf schlagen, von einer Massenflucht ganz zu schweigen. Die Briten haben ihre Kronkolonie fest im Griff. Es wimmelt hier nur so von Soldaten. Der Hafen und die Küsten werden streng bewacht. Eine groß angelegte Flucht hat da nicht die geringste Chance. Und wohin sollte man hier auch flüchten?«

Enttäuschung zeichnete sich auf ihren Gesichtern ab, und Leah fragte verständnislos: »Aber warum habt ihr den Tunnel dann überhaupt gegraben, wenn es von der Insel kein Entkommen gibt?«

»In erster Linie, um Kontakt zu unseren zypriotischen Verbindungsleuten in Famagusta und anderswo auf der Insel zu halten und von einem *Haganah*-Versteck in der Stadt über Funk mit unserer Zentrale in Tel Aviv in ständiger Verbindung bleiben zu können«, erklärte Ari. »Und natürlich auch, um das eine und andere ins Lager zu schmuggeln sowie dann und wann auch mal ein, zwei Leute von der Insel schleusen zu können. Es sitzen ja mittlerweile schon recht viele Aktivisten der *Haganah* hier auf Zypern fest. Und Leute wie Captain Wakefield, Teddy Goodman und viele andere erfahrene Männer der *Palmach*, die über Spezialkenntnisse verfügen, werden draußen dringend für andere Alija-Bet-Unternehmen sowie für Kommandoaktionen in Palästina gebraucht.«

»Also gibt es *doch* Möglichkeiten zur Flucht von der Insel!«, stellte Leah mit hochgezogenen Brauen fest.

»Ja, aber nur *sehr, sehr* eingeschränkt!«, betonte er. »Wir haben nur ganz selten einmal die Möglichkeit, unter die Mannschaft eines kommerziellen Frachters oder Fischtrawlers ein oder gar zwei von unseren Leuten zu schmuggeln, ohne dass die Briten ihnen bei den Kontrollen auf die Schliche kommen.«

»Und diese seltenen Plätze sind natürlich nur wichtigen Sabres wie dir vorbehalten, während unsereins für so ein Ticket in die Freiheit gar nicht erst infrage kommt, richtig?«, sagte Sophie mit einer Mischung aus Spott und Neid.

Er zuckte die Achseln. »Im Prinzip stimmt das, aber ich stehe noch längst nicht auf der Liste derjenigen, die die Zentrale bei nächster Gelegenheit aus Zypern herausholen wird.«

»Wie tröstlich«, entfuhr es Leah. Es sollte irgendwie spöttisch klingen, aber kaum war ihr die Bemerkung über die Lippen gekommen, war sie sich nicht mehr sicher, was sie damit eigentlich meinte.

Ari lächelte sie an. »Ja, finde ich auch.«

Leahs Verlegenheit wuchs. »Warum tust du das, Ari?«, fragte sie mit belegter Stimme. »Warum hast du für ein paar Krapfen Verhaftung und Gefängnis riskiert?«

»Tja, was tut man nicht alles für ein bezauberndes Mädchen ... pardon, für eine bezaubernde junge Frau, nicht wahr?«, fragte er zurück. »Ich denke mal, man tut es, weil man einfach gar nicht anders kann.«

Leahs Gesicht brannte jetzt wie mit Feuer übergossen.

Sophie lachte leise, legte den Kopf schief und ließ ihren Blick zwischen Ari und Leah wandern, um auch ja keine Reaktion zu verpassen, und sei sie auch noch so subtil.

Doch noch bevor einer von ihnen etwas sagen konnte, drückte Ari Leah den Karton mit den Krapfen in die Hand. »So, und jetzt mach mir die Freude, dass du dich über die Sachen freust und sie endlich nimmst! Ich muss zurück in unsere Baracke. Unser Kommandant hat eine wichtige Besprechung anberaumt«, sagte er hastig. »Noch mal: *Chag Chanukka sameach!*« Er schenkte Leah noch ein tiefsinniges Lächeln und machte dann, dass er wegkam.

»Hoppla, du scheinst ja in diesem rauen Sabre einen glühenden Verehrer gefunden zu haben, gelinde ausgedrückt!«, stellte Sophie fest.

Leah wich ihrem fragenden Blick aus und zuckte mit den Achseln. »Und, was kann ich denn dafür?«

Sophie grinste und hob die Hände. »Ich sag ja nur, ich sag ja nur, Cousinchen.«

»Und ich sag dir: Häng das bitte nicht an die große Glocke! Ich möchte nicht, dass bei dem einen oder anderen ein falscher Eindruck entsteht!«

»Na ja, man muss schon mit Blindheit geschlagen sein, um Aris Aufmerksamkeiten falsch zu deuten«, spottete Sophie.

Leah puffte sie in die Seite. »Quatsch mit Soße! Und jetzt lass uns die Sachen in die Baracke tragen, die Ari *uns allen* zugedacht hat, verstanden?«

Sophies Grinsen wurde noch um eine Spure breiter. »Und ob ich verstanden habe. Für mich ist alles klar wie Klärchen!«, frotzelte sie doppeldeutig.

Es wurde ein wunderschöner erster Chanukka-Abend. Damit die Menora erhöht stand und das Licht der ersten Kerze weit in die Tiefe der Wellblechhütte schicken konnte, setzten sie zwei Kisten aufeinander, legten ein schlichtes weißes Tuch als Decke über die rauen Bretter und stellten den siebenarmigen Leuchter darauf. Jeder in der Nissenhütte bekam einen halben Krapfen, und er wurde selbst von den Nichtfrommen in geradezu andächtiger Stille verzehrt. Jannek machte zwar eine mürrische Miene, als er hörte, von wem die Krapfen und all das andere kamen, riss sich dann aber doch von seinem Buch los, in das er sich in jeder freien Minute vertiefte, und von denen gab es Unmengen in Karaolos. Denn seinen Anteil an den Köstlichkeiten wolle er sich nicht entgehen lassen, auch wenn der großzügige Spender Ari Halevi hieß. Später dann wurden in ihrer Baracke Wettkämpfe mit dem Kreisel ausgetragen, und für wenige Stunde vergaßen sie alle ihre bittere, trostlose Lage.

Als Leah sich in dieser Nacht auf ihrer Pritsche ausstreckte und sich in die schäbigen Militärdecken wickelte, glaubte sie noch, den herrlichen, süßen Geschmack des Krapfens auf ihren Lippen schmecken zu können. Es war ein sinnliches, fast erotisches Empfinden, als sie sich unwillkürlich noch einmal über die Lippen leckte. Denn dabei schwebte Ari Halevis lächelndes Gesicht vor ihrem inneren Auge, und sie hörte ihn wieder und wieder sagen: »Tja, was tut man nicht alles für ein bezauberndes Mädchen … pardon, für eine bezaubernde junge Frau, nicht wahr?« Und mit einem Lächeln, dessen sie sich gar nicht bewusst war, und einem leisen, wohligen Seufzer glitt sie hinüber in den Schlaf.

29

Die britischen Internierungslager auf Zypern sollten als »Fegefeuer des zwanzigsten Jahrhunderts« in die Geschichtsbücher eingehen, als »heiße Hölle des Wüstensandes und des Windes, die von zwei Wällen aus Stacheldraht umgeben war, deren Architektur aus Dachau und Treblinka stammte«, wie eine amerikanische Journalistin namens Ruth Gruber schon bald in der *New York Herald Tribune* schreiben sollte, als »eine Hölle, in der man keine Privatsphäre kannte«.

Und doch gab es einen in Leahs Clique, der sich in diesem höllischen Camp im siebten Himmel befand, und das war Motte.

Er war ähnlich wie Jannek ständig im Lager unterwegs, aber nicht auf ziellosen Wanderungen mit seinem Buch unter dem Arm und mit verschlossener Miene und abwesendem Blick, sondern hellwach und stets auf der Suche nach einem vorteilhaften Handel. Er schaffte es, innerhalb weniger Tage ein Netz von Beziehungen im Lager zu knüpfen und sich insbesondere mit den zypriotischen Arbeitern gut zu stellen. Bis auf die Runde mit den Trinkwassertankwagen zweimal täglich rührten die Briten in Karaolos selbst keine Hand, sodass alle notwendigen Arbeiten wie die Errichtung oder Reparaturen der Unterkünfte einheimischen Hilfskräften oblag. Und über seine Kontakte konnte er bald alles organisieren, was bezahlbar war und im engen Rahmen dessen lag, was man in solch ein Lager schmuggeln konnte. Er war es auch, der über eine Kette von Tauschgeschäften das nötige Kleingeld zusammenbrachte, damit sie von den Zyprioten mit frischem Obst, Zigaretten sowie ausrangierten Kanistern für Trinkwasser und anderen ähnlich wichtigen Utensilien des täglichen Lebens versorgt wurden.

»Endlich werden meine Talente gebührend herausgefordert *und* gewürdigt!«, frohlockte Motte nach einem besonders einträglichen Geschäft. »Ich sage euch, früher oder später verticke ich den Briten ihr eigenes verdammtes Lager!«

Leah und Sophie hielten das nicht einmal für unwahrscheinlich.

Und natürlich war es auch Motte, der Jannek die schwarze Lederschnur besorgte, damit Leah sich endlich den geschnitzten Davidstern mit dem aufgebrochenen Stacheldraht und den drei Rosen um den Hals hängen konnte.

Wer sich neben dem kleinen, wieselflinken Burschen aus dem Warschauer Getto offensichtlich auch noch recht gut mit ihrer Situation in Karaolos abfand, war überraschenderweise Onkel Herschel. Sophies Vater organisierte eine ganze Reihe von Vorträgen und Diskussionsrunden über ein weites Feld von literarischen Themen. Man sah ihm an, wie sehr er es genoss, wieder regelmäßig vor einem Publikum, auch wenn es meist nicht mehr als ein bis zwei Dutzend Personen umfasste, über seine große Leidenschaft, die Literatur, zu dozieren und zu diskutieren. Nur dass er den »lieben Lebrecht« nicht mehr an seiner Seite hatte, betrübte ihn.

Dabei ließ er seine Frau jedoch nie allein. Er nahm sie zu all seinen Vorträgen und Gesprächsrunden mit. Sie saß dann am Rand, immer still und so geistesabwesend wie seit der Seebestattung ihres Jüngsten. Ihr geistiger Zustand hatte sich nicht wie erhofft gebessert, bis auf den beruhigenden Umstand, dass sie nie wieder versucht hatte, sich das Leben zu nehmen. Sie reagierte auf nichts, was man zu ihr sagte, zeigte keine Regung. Nur ganz selten sagte sie selbst etwas, und dann meist sehr leise, fast emotionslos und wie ein kurz aufblitzender Gedanke in einer geistigen Umnachtung. Aber nichts davon hatte Bezug zu irgendeinem aktuellen Geschehen, jeder Kommentar war losgelöst von der Wirklichkeit. Ihre Äußerungen hatten stets mit Felix zu tun, und sie klangen, als wäre er noch am Leben. Sie murmelte dann kurze Bemerkungen wie »Felix muss gleich von der Schule kommen!« oder »Ich muss Felix bald wieder die Haare schneiden«. Und dann versank sie wieder für Stunden in apathisches Schweigen.

Sophie litt sehr darunter, dass ihre Mutter in einer Welt lebte, die unerreichbar für sie war. Fast wäre es leichter zu ertragen gewesen, wie sie Leah gestand, wenn ihre Mutter gestorben wäre. »Dann hätte ich richtig um sie trauern können. Aber so sehe ich sie jeden Tag, ohne dass ich sie erreichen kann und ohne dass sie mich wahrnimmt.« Auch Marius setzte die Situation hart zu, aber er ließ es sich nicht so deutlich anmerken. Er paukte wie wild Hebräisch, um in Palästina einen möglichst guten Start zu haben.

Wie sehr das elende, deprimierende Lagerleben auch an Leahs Seelenzustand zehrte, merkte sie daran, dass schon nach wenigen Tagen ihre Albträume zurückkehrten. In Saint Jerome und selbst auf dem Schiff war sie trotz des Eingepferchtseins unter Deck und der oft ekelhaften Zustände von ihnen verschont geblieben. Doch nun kehrten sie mit geballter, qualvoller Macht zurück, insbesondere der schlimmste, der von jenem blutigen Morgen am Brunnenpark in Theresienstadt handelte.

Eines Nachts, als der Albtraum sie wieder einmal in seinen Klauen hatte und Scharführer Jaindl gerade seine Pistole zog, beugte sich Sophie über sie, rüttelte sie mit sanftem Nachdruck an der Schulter und holte sie aus dem Schlaf, noch bevor in ihrem Traum der erste Schuss fiel.

Mit einem kurzen, erschrockenen Laut fuhr Leah auf ihrer Pritsche hoch.

»Ich bin's nur, Sophie«, raunte die Cousine ihr beruhigend zu und ließ ihre Hand auf Leahs Schulter. »Entschuldige, dass ich dich geweckt habe, aber du hast im Schlaf ganz schrecklich gewimmert und gezittert und wild mit den Händen gefuchtelt, und da dachte ich, es ist besser, ich hole dich aus diesem bösen Traum, der dich gefangen hielt.«

Mit jagendem Herzen und kaltem Schweiß auf der Stirn starrte Leah benommen in die muffige Dunkelheit, die unter dem Wellblech wie dicker schwarzer Nebel hing und von den vielfältigen Geräuschen der anderen Schlafenden erfüllt war. Ihr Atem ging schnell und flach und nur langsam ließ das Zittern nach. Doch die schmerzhafte Verkrampfung ihres Körpers wollte nicht so schnell von ihr weichen.

»Danke«, murmelte Leah, wischte sich über das verschwitzte Gesicht und hatte plötzlich das Gefühl, von der Finsternis erdrückt zu werden und nicht genug Luft zu bekommen. Sie warf die Decke zurück und schwang die Beine über den Pritschenrand. »Ich muss hier raus und an die frische Luft!«

»Ich komm mit.«

Sie nahmen ihre Decken mit und legten sie sich um die Schultern. Die Nachtluft war kühl und trug den salzigen Geruch des nahen Meeres mit sich. Ein wolkenloser Himmel spannte sich über dem Camp und präsentierte ihnen die Unendlichkeit des Universums mit seinen Milliarden Sternen, die aus der unfassbaren Tiefe des schwarzen Alls zu ihnen herabglitzerten.

Sie setzten sich mit dem Rücken an die Wellblechbaracke, und als Leah innerlich einigermaßen zur Ruhe gekommen war, vertraute sie ihrer Cousine mit stockender Stimme an, welcher Albtraum sie heimgesucht hatte und warum er ihr jedes Mal aufs Neue so sehr zusetzte. Nie zuvor hatte sie darüber gesprochen, nicht einmal mit Jannek.

»Der Mann mit der Violine, den dieser SS-Mann Jaindl kaltblütig erschossen hat, ist dein Vater?«, stieß Sophie bestürzt hervor.

Leah schluckte schwer und nickte.

»Und es hat sich alles so zugetragen …?«

Erneut nickte Leah und zwang sich, Sophie nichts vorzuenthalten. »Die Nazis hatten tags zuvor eine der letzten Szenen für einen Propagandafilm über Theresienstadt gedreht, der zeigen sollte, wie wunderbar das Leben dort angeblich ist«, berichtete sie mit leiser, bebender Stimme und musste immer wieder Pausen machen. »Dafür haben sie Fassaden anstreichen lassen, richtige Café-Szenen nachgestellt, einen Kinderspielplatz angelegt, Geschäfte mit einem großen Warenangebot bestückt und andere Dinge vorgetäuscht. Und da zu solch einer angeblichen Kurstadt für Juden natürlich auch Kaffeehausmusiker und Kurorchester gehören, haben sie eben auch diese Szenen mit richtigen Musikern wie meinem Vater nachgestellt.«

»O mein Gott!«, hauchte Sophie.

»Mein Vater sollte an diesem Morgen die Violine und den Frack zurückgeben. Aber dann ist er dort in die verbotene Zone gegangen und hat zu spielen begonnen, obwohl er genau wusste …« Leah brach ab. Es würgte ihr in der Kehle, und sie hatte Mühe, weiterzusprechen. In ihr sträubte sich alles dagegen. Aber es musste endlich raus, ihre schändliche Schuld! Sie musste ihre Schande aussprechen, es sich von der Seele reden, wenn sie jemals Frieden finden sollte.

»Dein Vater wusste also, was er damit heraufbeschwor, als er sich dort an die verbotene Straßenecke stellte?«, fragte Sophie beklommen.

»O ja! Das wusste er sehr genau«, sagte Leah mit brüchiger Stimme. »Mein Vater hatte keine Kraft ... und keinen Lebensmut mehr, nachdem erst Rachel und dann auch noch meine Mutter elendig gestorben waren. Und dann dieser Hunger Tag und Nacht, der uns alle verrückt gemacht hat. Er hat ja auch mir den Verstand geraubt.« Tränen erstickten ihre Stimme.

Sophie griff wortlos nach ihrer Hand und drückte sie.

»Ich habe all die Jahre in meinen Träumen vehement verdrängt, dass dieser Mann dort an der Ecke zum Brunnenpark mein Vater war«, rang sich Leah das schamvolle Eingeständnis ihres Versagens und Selbstbetrugs ab. »In meinen Träumen ist er immer eine namenlose Person, die nichts mit mir zu tun hat. Frag mich nicht, wie ich es geschafft habe, mich selbst so anzulügen. Es war wohl die unendliche Scham, dass mir in diesem Moment, als meinem Vater der Tod sicher vor Augen stand und auch ich dies wusste, dass mir selbst da dieses verschimmelte Stück Brot tausendmal wichtiger war als das, was nur wenige Schritte weiter mit meinem Vater geschah. Heute schäme ich mich so unendlich dafür, dass ich nichts getan habe.«

»Mein Gott, was hättest du denn tun können? Nichts! Und bestimmt hätte dein Vater auch nicht gewollt, dass du dein Leben in dieser doch aussichtslosen Situation riskiert hättest. Wenn er wohl auch den schnellen Tod gesucht hat, so hat er doch bestimmt gewollt, dass du überlebst.«

Leah schüttelte mit gequälter Miene den Kopf. »Aber ich hätte es versuchen müssen, Sophie! Zumindest hätte ich Jaindl anflehen müssen, meinen Vater zu verschonen! *Irgendwas hätte ich tun müssen!* Aber mir ist noch nicht einmal der Gedanke gekommen, *ob* ich etwas tun sollte, und das ist das Entsetzliche, das ich mir wohl niemals verzeihen kann. Ich war einfach halb wahnsinnig vor Hunger … Damals …«, sie stockte, »… ich weiß nicht, wie ich es dir erklären soll, aber damals …«, ihre Stimme wurde zu einem kaum wahrnehmbaren Flüstern, »… damals waren wir einfach keine Menschen mehr.« Sie schlug die Hände vors Gesicht, krümmte sich nach vorn und weinte hemmungslos.

Sophie zog sie an sich und legte tröstend die Arme um sie. Sie versuchte erst gar nicht, ihr Trost zusprechen zu wollen. Und Leah war ihr dankbar, dass sie es unterließ und sie einfach nur so hielt, bis ihre Tränen versiegten und sie sich wieder gefangen hatte.

»Aber da ist noch etwas«, gestand sie Sophie nach kurzem Zögern, »was schrecklich ist und mir Angst macht.«

Sophie sah sie fragend an und wartete.

»Weißt du, ich habe alles verloren, buchstäblich alles. Mir ist nichts geblieben«, fuhr Leah schließlich voller Kummer fort. »Nicht ein einziges Foto. Und jetzt … jetzt verliere ich auch noch nach und nach meine Erinnerungen. Jedenfalls die Erinnerung an das Aussehen meiner kleinen Schwester und meiner Eltern. Kannst du dir vorstellen, wie schrecklich das ist?«

»Ich glaube, ich kann mir eine Vorstellung davon machen«, sagte Sophie vorsichtig. »Aber vermutlich kommt es dem, was du durchmachst, nicht mal nahe.«

Leah kämpfte wieder mit den Tränen. »Weißt du, ihre Gesichter verschwinden unaufhaltsam aus meiner Erinnerung, verblassen bis zur Unkenntlichkeit und lösen sich in Nichts auf, als … als hätte es sie nie gegeben. Und das ist schlimmer als alles andere, weil mir nun auch noch das Letzte genommen wird, was mir geblieben ist, nämlich das Abbild meiner Lieben. Es ist, als würden die Nazis nicht nur ihr Leben auf dem Gewissen haben, sondern im Nachhinein jetzt auch noch die Gesichter meiner Eltern und meiner Schwester in mir auslöschen!«

Sie blieben noch eine gute Stunde draußen gegen die Blechwand gelehnt und redeten über alles, was sie beschäftigte und was sie sich für die Zukunft erhofften, was aber keiner von ihnen so richtig in Worte zu fassen vermochte. Palästina war Verheißung und Ungewissheit zugleich.

Schließlich trieben die Nachtkälte und die Müdigkeit sie zurück in den pechschwarzen Mief der Nissenhütte. Und als Leah auf ihre harte Feldpritsche sank und sie noch kurz über das nachsann, worüber sie gerade mit Sophie gesprochen hatte, fiel ihr ein, was Jannek in Saint Jerome einmal mit trockenem Sarkasmus bemerkt hatte. Nämlich dass das Einzige, was sie mit Sicherheit über ihre Zukunft sagen konnten, die Gewissheit war, dass nichts sicher war.

30

Am folgenden Morgen hatte Leah Wasserdienst. Sie machte sich mit ihrem Kanister früh auf den Weg zur zentralen Ausgabestelle ihres Lagerabschnitts, war aber weit davon entfernt, zu den Ersten zu gehören, die sich im ersten grauen Licht des Tages dort versammelten. Aber schon zu den ersten fünfzig, sechzig zu gehören, war beruhigend. Immerhin garantierte es einem einen der vorderen Plätze beim Warten auf den Tankwagen, sodass man die Mühe des Schlangestehens und das hemmungslose Gerangel an den Zapfhähnen später nicht vergeblich auf sich nahm.

Auf dem freien staubigen Platz und den acht umliegenden Lagerstraßen, die im Südostviertel des Lagers aus allen vier Himmelsrichtungen aus dem Meer der Hütten zu ihm führten, drängten sich bald die Menschen. Ungeduldig warteten sie auf das Eintreffen des britischen Tankwagens mit dem Trinkwasser. Er war längst überfällig, wurde es doch in wenigen Minuten schon acht Uhr. Dabei hätte er um sieben die erste Ration des Tages bringen sollen.

Aber die britischen Soldaten trieben mal wieder ihr boshaftes Spiel mit ihnen und ließen sie bewusst warten. Im Sommer hatten sie die

Insassen bei der zweiten täglichen Ausgabe am Nachmittag oft besonders lange in der brennenden Sonne ausharren lassen und waren als zusätzliche Schikane manchmal sogar nur mit halb vollen Tanks gekommen, wie Leah von Leidensgenossen erfahren hatte, die schon seit Monaten in Karaolos festsaßen.

Die Glücklichen unter den Lagerinsassen waren wie Leah mit einem Zwanzig-Liter-Kanister oder einem Eimer gekommen, die weniger gut Organisierten, zu denen stets die gerade neu im Lager Angekommenen gehörten, hatten sich irgendetwas gegriffen, was man mit Wasser füllen konnte: eine leere Flasche, eine Konservendose, eine Schüssel, eine Schale, einen Becher, eine Tasse. Aber auch sie würden schnell lernen, sich um jeden Preis einen möglichst großen Wasserbehälter zu besorgen oder ihn notfalls zu stehlen. Wie auch der Durst sie lehren würde, sich beim Eintreffen des Tankwagens skrupellos nach vorn zu drängen. Denn wer nicht entschlossen darum kämpfte, möglichst schnell zu den Zapfhähnen zu gelangen und seinen Platz dort zu behaupten, der würde ohne einen Tropfen Wasser zurückbleiben. Denn nie brachten die Soldaten genug für alle, egal wie oft sich die Lagerverwaltung bei der britischen Militärbehörde über diese Schikane beschwerte.

Endlich tauchte der gedrungene Tankwagen auf. Der Militärlaster näherte sich dem Platz wie üblich mit recht hoher Geschwindigkeit. Nicht, weil der Fahrer es auf einmal eilig gehabt hätte, ihnen das Wasser zu bringen, sondern um sie mit dem ebenfalls üblichen harten Abbremsmanöver in eine möglichst große Staubwolke zu hüllen.

Kaum war der Tankwagen zum Stehen gekommen, schloss sich augenblicklich und noch im Dunst der herumwehenden Staubwolken um ihn der Ring aus Menschentrauben, und der ebenso erbitterte wie unwürdige Kampf um die Zapfhähne begann unter lautem Geschrei. Es war ein Schieben, Stoßen, Kratzen, Zerren und Brüllen, dass man es mit der Angst zu tun bekommen konnte.

Leah sah, wie ein blassgesichtiges Mädchen von vielleicht zehn, elf Jahren einen alten, graubärtigen Mann mit ihren spitzen Ellenbogen einfach aus dem Weg stieß. Dabei entglitt dem Mann seine Wasserflasche aus den zittrigen Händen, und noch bevor er begriff, wie ihm geschah, und er sich bücken konnte, war die Flasche im Getümmel verschwunden und schon im Besitz irgendeines anderen. Aber da war auch die ältere verhärmte Frau, die nicht weniger rücksichtslos vorging, indem sie einen schmächtigen Jungen von einem der Zapfhähne grob wegdrängte. Dass dem Jungen dabei die Hälfte seines Wasser aus der Waschschüssel schwappte, kümmerte sie offensichtlich nicht. Und solch rücksichtsloses Verhalten gehörte nicht zu den Ausnahmen, sondern stellte in dem wüsten Gedränge eher die traurige Regel dar.

Die Soldaten im Tanklaster ließen sich Zeit. Statt sogleich aus dem Wagen zu springen und mit ihren bajonettbewehrten Gewehren für eine halbwegs geordnete Verteilung zu sorgen, warteten sie erst ab, bis sich die Staubwolke gelegt hatte. Erst dann bequemten sie sich aus dem Laster und zwangen die Menge, ordentliche Schlangen zu bilden und sich nicht gegenseitig von den Zapfhähnen zu stoßen.

Leah hatte an diesem Morgen Glück, konnte sie doch ihren Kanister bis zum Rand füllen. Was ihr nicht immer vergönnt war, selbst wenn sie einen der vorderen Plätze ergattert hatte. Denn nicht selten jagten einen die Soldaten davon, kaum dass der Kanister halb voll war. Man wusste bei der schändlichen Willkür, mit der sie die Wasserversorgung im Lager betrieben, einfach nie, wie viel Wasser man zurückbringen konnte.

Zufrieden mit sich und ihrer Ausbeute schleppte sie den schweren Kanister zurück zu ihrer Unterkunft. An diesem Vormittag hatten sie genug Wasser, um sich endlich mal wieder richtig waschen zu können, und zwar auch die Haare. Und wenn sie bei der zweiten Wasserausgabe am Nachmittag ähnlich viel Glück hatte, konnten sie vielleicht sogar einige Kleidungsstücke waschen.

Leah bog um die Ecke einer Lagergasse, kam Augenblicke später zu ihrer Nissenhütte und wurde dort schon von Sophie erwartet. Sie lehnte mit irgendwie kummervoller Miene neben der Tür zur Wellblechbaracke. Aber wenn Leah geglaubt hatte, dass ihre Cousine sich brennend dafür interessieren würde, wie viel Wasser sie mitbrachte und ob sie sich würden waschen können, so wurde sie sofort eines anderen belehrt.

Bei ihrem Anblick verschwand der bekümmerte Ausdruck von Sophies Gesicht und machte einem warmherzigen Lächeln Platz. »Ich hab hier was für dich!«, rief sie und wedelte mit einem Umschlag in ihrer Rechten.

»Und was soll das sein?«, fragte Leah verwundert und setzte den Kanister ab.

Sophie zwinkerte ihr zu. »Setz dich und mach die Augen zu, dann zeig ich es dir!«

»Du kannst mir schlecht was *zeigen*, wenn ich die Augen schließen soll!«, erwiderte Leah.

»Red nicht, sondern mach schon!«

Leah schüttelte den Kopf, setzte sich jedoch auf den Kanister und machte die Augen zu.

»Okay, jetzt kannst du die Augen wieder aufmachen!«

Leah öffnete die Augen – und blickte auf einen Fächer aus sieben … nein, acht Fotografien, die ihr Sophie vor das Gesicht hielt. Es waren Fotos von ihren Eltern, Ferienaufnahmen, die in den Alpen, an der Ostsee sowie in Berlin und München gemacht worden waren, bei einigen waren auch die Buchheims und sie selbst mit auf dem Bild.

Die Abbilder ihrer Eltern so plötzlich und mit der Klarheit und Schärfe einer perfekt belichteten fotografischen Aufnahme vor Augen zu haben, traf Leah wie ein Schock. Gestern noch hatte sie die Sorge gequält, sich schon bald nicht mehr an die Gesichtszüge ihrer Mutter und ihres Vaters erinnern zu können, und nun ruhte ihr Blick auf den lachenden Gesichtern ihrer Eltern, und es war, als hätte ihre Erinnerung nie den grausamen Pfad des langsamen Verblassens und Vergessens beschritten.

Tränen stiegen ihr in die Augen, ihr Herz zog sich zusammen, und ihre Hände zitterten, als sie die Fotografien nahm und sie eine nach der anderen betrachtete. Es waren Aufnahmen aus glücklichen Zeiten, als Hitler und seine braune Brut noch nicht die halbe Welt mit einem verheerenden Krieg überzogen hatten. Eine schmerzhafte und zwiespältige Freude schnitt ihr beim Anblick ihrer längst toten Eltern, die so lebendig und lebensfroh in die Kamera lachten, in die Brust.

»Ich habe sie vorhin schnell aus den Schachteln herausgesucht, in die Mom vor unserer Reise nach Marseille alle Fotos aus unseren Alben gelegt hat. Du weißt, wegen des Gewichtes und so. Jetzt brauchst du keine Angst mehr zu haben, dass du dich eines Tages nicht mehr an die Gesichter deiner Eltern erinnern kannst«, sagte Sophie lächelnd und nicht ohne Stolz. »Meine Eltern werden die paar Fotos bestimmt nicht vermissen. Mom hat als Tochter eines Fotografen ja immer gern fotografiert und mehr Bilder geschossen, als man eigentlich braucht. Bestimmt kann ich dir noch ein paar andere heraussuchen.«

Leah wusste nicht, was sie sagen sollte. Sie war überwältigt. »Du weißt gar nicht, was für ein wunderschönes Geschenk du mir damit machst! Das ... das werde ich dir nie vergessen, Sophie«, sagte sie mit tränenerstickter Stimme und umarmte sie.

»Ach was, das ist doch eine Selbstverständlichkeit und kein großes Ding, wo wir doch so viele Fotos von euch haben«, wehrte Sophie verlegen ab.

»Doch, ist es schon!«

Sophie holte plötzlich tief Luft, das Lächeln verschwand und ein ernster, fast bedrückter Ausdruck erschien auf ihrem Gesicht. »Da ist noch etwas, was ich dir zeigen möchte ... na ja, nicht wirklich *möchte*, aber wohl doch sollte«, sagte sie zögernd.

Leah runzelte die Stirn und sah sie verständnislos an. »Wenn du mir das eigentlich nicht zeigen willst, solltest du es vielleicht auch besser nicht ...«

»Nein, nein, das ist schon richtig so«, fiel Sophie ihr ins Wort. »Du hast ein Recht darauf. Und vielleicht ziehe ich ja auch die völlig falschen Schlüsse.«

»Also jetzt verstehe ich gar nichts mehr!«

»Du wirst schon gleich verstehen, was ich meine«, sagte Sophie und zog nun aus dem Briefumschlag noch drei weitere Fotos hervor. »Die habe ich in einer Schachtel gefunden, die scheinbar nur mit Nahaufnahmen von Blumen, Käfern, Steinen und solchen Sachen gefüllt war. Und wenn ich die Schachtel in der Eile nicht fallen gelassen hätte und dabei nicht alle Fotos herausgefallen wären, hätte ich die hier auch nicht gefunden. Die lagen nämlich gut versteckt unter einem Pappdeckel, einem falschen Boden.«

Leah nahm die drei weiteren Fotos entgegen und begriff auf den ersten Blick, was an diesen Aufnahmen so besonders war und warum Sophie gezögert hatte, sie ihr zu zeigen. Ungläubig riss sie die Augen auf und schnappte förmlich nach Luft.

»Das kann doch nicht wahr sein!«, stieß sie dann fassungslos hervor.

»Dachte ich erst auch«, sagte Sophie grimmig. »Aber die Fotos lassen wohl kaum eine andere Deutung zu oder siehst du das vielleicht anders?«

Leah schüttelte nur den Kopf und starrte wie benommen auf die Fotos.

Alle drei zeigten ihren Vater und Tante Margot.

Alle drei Aufnahmen waren offensichtlich mit einem mechanischen Selbstauslöser gemacht worden, bei zweien sah man ihn deutlich in Tante Margots Hand.

Auf allen drei Fotos lagen sich die beiden wie Verliebte in den Armen. Das erste zeigte sie in einem Strandkorb, das zweite in hohem Dünengras, beide Male nur mit Badehose und Badeanzug bekleidet – und auf dem dritten Foto lagen sie in einem Bett, ihre nackten Körper nur nachlässig vom Bettlaken halb bedeckt.

»Die beiden hatten ein Verhältnis, Leah!«, sagte Sophie nach einer Weile sprachlosen Schweigens.

Leah schluckte. »Und das ist damals auf Rügen aufgeflogen! Deshalb der Streit, unsere überstürzte Abreise und der totale Bruch mit euch!« Plötzlich ergab alles Sinn, was ihr jahrelang Rätsel aufgegeben hatte.

Sophie nickte mit einem schmerzerfüllten Ausdruck. »Jetzt wissen wir auch, warum Pa nicht darüber sprechen will, was damals der Grund für das Zerwürfnis zwischen unseren Familien war.«

Leah lachte freudlos auf. »Und jetzt verstehe ich auch, warum er mir wenn möglich aus dem Weg geht und über die angeblich ›ollen Kamellen‹ nicht reden will!« Und wenn Onkel Herschel sich doch zu einem Gespräch mit ihr gezwungen sah, dann redete er viel, ohne jedoch wirklich etwas zu sagen!

»Ja, und im Wonnemonat Mai, genau neun Monate nach dem Sündenfall von Rügen, kam Felix in England zur Welt!«

Leah wurde blass, hatte sie diese Möglichkeit doch noch gar nicht in Betracht gezogen. »O mein Gott!«, stieß sie bestürzt hervor. »Glaubst du wirklich, Felix ist mein … mein Halbbruder gewesen?« Die Vorstellung, einen Bruder gehabt und ihn schon so schnell wieder verloren zu haben, schnürte ihr das Herz zusammen. Es schmerzte mehr als das, was ihr Vater und Tante Margot getan hatten.

Sophie sah sie traurig an. »Ich wette, dass er es war. Meine Eltern haben in den ersten Wochen nach Rügen kaum ein Wort gewechselt, sondern nur das absolut Notwendige miteinander gesprochen. Auch hat Pa bis zu unserer Übersiedlung nach England im Gästezimmer geschlafen. Felix kann also kaum das Ergebnis einer leidenschaftlichen Versöhnung gewesen sein. Außerdem …«, sie brach kurz ab, weil ihr das Folgende auszusprechen schwerfiel, »… außerdem hat Mom den Kleinen abgöttisch geliebt. Er war ihr Liebling, ihre Sonne. Ich habe es ihm nie geneidet, aber immer irgendwie gespürt, dass er für Mom etwas ganz Besonderes war. Warum, habe ich nie begriffen. Jetzt weiß ich es.« Sie machte eine kurze Pause. »Aber wenn es so war, und alles spricht dafür, dann muss ich es Pa hoch anrechnen, dass er Felix nie seine Liebe vorenthalten, geschweige denn ihn spüren gelassen hat, nicht sein Sohn zu sein.«

Einen ähnlichen Trost hatte Leah nicht. Sie wollte nicht über ihren Vater im Nachhinein richten, wusste sie doch nichts über die Gründe, die zu seiner Affäre mit Tante Margot geführt hatten, und von welcher Dauer sie gewesen war. Dennoch konnte sie sich des bedrückenden

Gefühls nicht erwehren, verraten, hintergangen und um das makellose Bild betrogen worden zu sein, das sie bisher von ihrem Vater gehabt hatte.

Leah und Sophie vergossen einige Tränen und versuchten sich gegenseitig zu trösten. Dann kamen sie überein, die drei kompromittierenden Fotos zu verbrennen und Marius nichts davon zu erzählen. Es reichte, was die Affäre zwischen ihren Eltern bisher schon angerichtet hatte, und dieser unschöne Fleck in ihrer Familiengeschichte sollte für alle anderen so verborgen bleiben wie die Asche der Bilder, die sie in einem kleinen Loch hinter der Baracke unter ein paar Handvoll Sand begruben.

31

Der Wind, der am vorletzten Tag des Chanukka-Festes schon beim Morgengrauen heulend über die Ebene und das Internierungslager hinwegfuhr, wollte sich einfach nicht legen. Stunde um Stunde wirbelte er den Dreck zu dichten Staubwolken auf, peitschte den feinen Sand gegen das Wellblech der Nissenhütten und die dreckigen Planen der Zelte und rüttelte beharrlich an den Unterkünften, als wollte er sie um jeden Preis losreißen und ins Meer fegen.

Erst am Nachmittag ließ der Wind spürbar nach, ohne sich jedoch gänzlich zu legen. Der Himmel blieb grau und die Luft von Staub erfüllt. Immer wieder sorgten jäh herabfallende Böen für mächtige Sandwirbel, in denen man die eigene Hand vor Augen nicht mehr sah. Deshalb band sich Leah ein nasses Halstuch vor Mund und Nase, als sie am Nachmittag den Abfall zu den Latrinen bringen musste. Er stank zu sehr, als dass er noch länger in der Hütte hätte bleiben können. Die Luft in der Massenunterkunft war auch so schon schlecht genug.

Auf dem Rückweg erhob sich wieder einmal eine blind machende

Sandwolke und wirbelte als schmutzige Windhose durch das Camp. Sie hüllte Leah jedoch nicht ein, sondern fegte wie eine Vorhut vor ihr her über die breite Lagerstraße zwischen den dicht gedrängten Hüttenvierteln.

Eine Gestalt tauchte plötzlich aus diesem Sandwirbel auf, hustend und mit tief gesenktem Kopf. Sie schleppte einen Wasserkanister in der Rechten und hielt eine Lederjacke unter den linken Arm gepresst.

Es war Jannek.

»Um Gottes willen, was ist passiert? Bist du in eine Schlägerei geraten?«, stieß Leah erschrocken hervor, als sie sein übel zugerichtetes Gesicht sah. Die linke Seite war stark gerötet und sichtlich angeschwollen, und aus einer Platzwunde an der linken Stirn rann Blut, vermischt mit Sand, und hinterließ hässliche Spuren auf seiner dreckverschmierten Wange.

»Kann man so sagen«, bestätigte Jannek mit einem breiten Grinsen, das so gar nicht zu seinem stark lädierten Zustand zu passen schien. »Hab mich mit den verfluchten Tommys vom Tankwagen angelegt. Dabei ging es ganz ordentlich zur Sache.«

»Weshalb denn?«

»Diese Mistkerle wollten einfach wegfahren, obwohl noch jede Menge Wasser in ihrem Tank war. Hatten wohl keinen Bock, bei dem miesen Wetter noch länger ihre Pflicht zu tun und für Ordnung in der Schlange zu sorgen. Na ja, und da hab ich mit ein paar anderen versucht, sie an ihre gottverdammte Pflicht zu erinnern und vom Wegfahren abzuhalten. Dabei habe ich was mit dem Gewehrkolben abbekommen und einer der Kerle hat mir doch wahrhaftig mit seinem Bajonett die Lederjacke aufgeschlitzt! Stell dir mal vor, sticht einfach zu! Hatte es wohl mit der Angst zu tun bekommen. Hätte nicht viel gefehlt, und der Schweinehund hätte mir die Klinge doch glatt in die Schulter gerammt! Aber da ist dann der andere, der Sergeant mit der Rotzbremse auf der fetten Oberlippe, sofort dazwischengegangen«, berichtete er und strahlte sie dabei vergnügt an, als hätte er keine gefährliche Konfrontation mit den Soldaten, sondern eine nette Plauderei hinter sich.

Verständnislos sah Leah ihn an. Sie hatte ihn schon lange nicht mehr so aufgekratzt erlebt wie in diesem Moment, und das verstörte sie. »Kannst du mir mal verraten, was daran so lustig ist, beinahe niedergestochen worden zu sein, dass du gar nicht zu grinsen aufhören kannst?«

Jetzt wurde sein Grinsen sogar noch um einiges breiter. »Und ob, kann gar nicht erwarten, es dir zu sagen, aber nicht hier mitten auf der Straße! Komm, gehen wir da rüber! Ich sag dir, du fällst vom Hocker, wenn du das hörst!«

Er nahm seinen nur halb vollen Kanister und begab sich mit ihr in den Windschutz zwischen zwei Hüttenreihen, wo sich eine der provisorischen Gassenschulen befand. Der Unterricht war bei dem Wetter natürlich ausgefallen, und die Bänke aus Kisten, halbierten Öltonnen und zusammengezimmerten Brettern waren verlassen, doch bedeckt von einer feinen Sandschicht.

Jannek setzte sich nicht nahe der Gassenöffnung, sondern wählte einen der hinteren Plätze, wo sie ein gutes Stück von der Lagerstraße entfernt waren. Das Dach aus zusammengenähten Kartoffelsäcken flatterte wild über ihnen. Ein Wunder, dass die Jutebahnen nicht schon längst zerrissen und in alle Himmelsrichtungen davongeflogen waren.

»Du machst es ja sehr geheimnisvoll«, sagte Leah und setzte sich zu ihm. »Also, warum bist du so aufgekratzt, während dir das Gesicht anschwillt und dir Blut aus einer Platzwunde an der Stirn rinnt? Da oben wirst du übrigens auch ein dickes Horn bekommen!«

»Ja, stimmt, das gibt ein ordentliches Ei.« Er tastete über die Anschwellung, verzog kurz das Gesicht, als ihn ein scharfer Schmerz durchzuckte, winkte dann aber gelassen ab. »Ach, scheiß drauf! Hab schon Übleres überstanden. Und den Preis zahl ich gern für das, was dabei herausgekommen ist. Im Grunde genommen muss ich dem Mistkerl von Tommy nämlich dankbar sein.«

Ungläubig sah Leah ihn an. »Wie bitte? Sag mal, hast du sie nicht mehr alle?«

Er lachte und zog die eingestaubte Bomberjacke unter dem Arm hervor. Ein gut handlanger Schlitz klaffte im speckigen Leder unterhalb des rechten Ärmels. »Doch, das hätte der picklige Bursche verdient. Denn wenn er nicht die Nerven verloren und mir die Jacke nicht mit dem Bajonett aufgeschlitzt hätte, wäre ich vermutlich nie darauf gekommen.«

»Worauf?«

»Was Erich Traugott, der verfluchte Drecksskerl von einem Kapo, damals gemeint hat, als er mir unten am Strand von Saint Jerome die Jacke an den Kopf geschmissen und mir dabei zugerufen hat: ›Dann nimm doch alles!‹«, antwortete Jannek, griff in den Schlitz und holte ein flaches Päckchen Papier hervor, etwa so groß wie eine Zehnerpackung Zigaretten und eng mit schwarzem Garn umwickelt. »Ich habe das nur für eine Ablenkung gehalten, damit er mich doch noch erledigen konnte, und mir auch hinterher nichts dabei gedacht. Aber wie hätte ich auch auf den Gedanken kommen sollen, dass Traugott das mit dem ›Dann nimm doch alles!‹ in dem Moment vielleicht tatsächlich so gemeint hat? Denn was ich ihm da vorher aus der Hand geschlagen hatte, war bei Weitem nicht alles, was er bei sich getragen hat.«

Leah brauchte einen Moment, um das Wappen und den restlichen Aufdruck unter der engen Zwirnumwicklung zu erkennen. Dann traf sie die Erkenntnis und überrascht riss sie die Augen auf. »Das sind englische Pfundnoten, nicht wahr?«, stieß sie mit gedämpfter Stimme hervor.

Er nickte. »Ja, dieses flache Päckchen enthält fünfzehn gefaltete englische Fünfzig-Pfund-Noten, und ich bin sicher, dass sie aus der Fälscherwerkstatt im KZ Sachsenhausen stammen, wo die Nazis Falschgeld haben herstellen lassen. Und diese Päckchen, von denen noch mindestens zwanzig weitere in der Jacke stecken, stellen die wahre Fütterung zwischen den beiden inneren Stofflagen dar! Jetzt weiß ich auch, warum sich das Ding so schwer und steif angefühlt hat«, sagte er aufgeregt.

»In der Jacke vermutest du zwanzig dieser Geldpäckchen?«

»Mindestens! Und weißt du, was das bedeutet?«

Leah zuckte die Achseln, wusste sie doch nicht, worauf er hinauswollte. »Dass du jetzt ein kleines Vermögen an Falschgeld besitzt und Motte damit nun den Rang als König aller Lagerschieber ablaufen kannst?«, fragte sie scherzhaft.

Er lachte leise auf. »Es mag Falschgeld sein, aber was ich darüber gelesen habe, ist, dass die Häftlinge damals in den Baracken 18 und 19, die alle Gravur- und Druckspezialisten waren, nach jahrelangen Versuchen schließlich so perfektes Falschgeld hergestellt haben, dass selbst die Bank von England die Geldscheine für echt gehalten hat.[33]«

»Schön und gut, aber ich verstehe immer noch nicht ...«

»Mensch, Leah!«, fiel Jannek ihr freudestrahlend und aufgeregt ins Wort und griff nach ihrer Hand. »Begreifst du denn nicht? Dieses verfluchte Drecksloch hier auf Zypern ist für uns bald Geschichte! Das viele Falschgeld ist unser Ticket in die Freiheit und nach Palästina!«

32

Die abgelegene Baracke der geheimen Lagerzentrale der *Haganah* unterschied sich äußerlich in nichts von den anderen schäbigen Wellblechhütten. Selbst im Innern wies auf den ersten Blick nichts darauf hin, dass hier und nicht in der Baracke der offiziellen Lagerselbstverwaltung weiter vorn beim Tor alle wirklich wichtigen Entscheidungen getroffen wurden. Es gab auch in anderen Nissenhütten Raumtrenner aus Jutesäcken und manchmal sogar aus Palettenbrettern. Aber solche, mit soliden Tischen, Stühlen und vor allem Petroleumlampen verhältnismäßig gut ausgestatteten Abteile wie in der *Haganah*-Baracke fand man anderswo im Camp nicht.

---

33 Zur größten Geldfälscheraktion der Geschichte, die auf das Konto der Nazis geht, mehr im Nachwort.

Leah saß mit Jannek in einem dieser Bretterverschläge und wartete, dass Ari den Anführer der *Palmach*-Gruppe von Karaolos zu ihnen brachte.

»Wer immer hier bei euch das Sagen hat, schaff ihn herbei, Ari. Wir haben was mit ihm zu bereden!«, hatte Jannek ihn aufgefordert.

Natürlich hatte Ari wissen wollen, worum es denn ging. Doch Jannek erwiderte »Wenn du hier das letzte Wort hast, sage ich es dir, Sabre. Wenn nicht, hol lieber deinen Boss!« Aber dann hatte er sich doch noch dazu herabgelassen, Ari einen Hinweis mit auf dem Weg zu seinem Vorgesetzten zu geben: »Sag ihm, dass es um eine Menge Geld geht. Ich denke mal, die *Haganah* kann eine satte Geldspritze bestimmt gut gebrauchen. Und jetzt mach schon!«

»Musst du so grob zu ihm sein?«, raunte Leah, kaum dass Ari verwundert abgezogen war.

Jannek zuckte die Achseln. »Wieso? Diese Sabres sind doch durch die Bank harte Kerle und selbst alles andere als zimperlich. Die können das schon wegstecken, und wenn nicht, kann es mit dem legendären Ruf dieser stacheligen Kaktusfeigen nicht weit her sein.«

Leah beließ es dabei, obwohl es ihr nicht gefiel, wie er sich Ari gegenüber verhielt. Sie nahm jedoch zu seinen Gunsten an, dass seine grobe Art zu einem Gutteil von den Schmerzen herrührte, die er hatte, auch wenn er es sich nicht anmerken ließ. Bevor sie mit ihm zur *Haganah*-Baracke gegangen war, hatte sie in ihrer Unterkunft seine Platzwunde an der Stirn ausgewaschen und mit Jod abgetupft. Aber gegen die starke Schwellung seiner linken Gesichtshälfte hatte sie nichts machen können. Zwar hatte sie kalte Umschläge vorgeschlagen, aber er hatte nichts davon wissen wollen. Er hatte es eilig gehabt, genau festzustellen, wie viel Falschgeld der Kapo in der Bomberjacke versteckt hatte, und es war mehr, als sie vermutet hatten.

Der Mann, mit dem Ari wenig später zu ihnen in den Bretterverschlag zurückkehrte, war nur wenige Jahre älter als er, höchstens jedoch dreißig. Er war kräftig gebaut, von untersetzter Gestalt, hatte einen kahl rasierten Schädel, einen stoppeligen Dreitagebart und unter dem rechten Auge eine wulstige Narbe, die sich bis hinunter ans Kinn erstreckte. Seine hellgrauen Augen waren aufmerksam und taxierten Jannek und Leah mit einem schnellen Blick.

»Shimon Jachil«, stellte er sich selbst vor, setzte sich mit Ari zu ihnen an den Holztisch und kam sofort zur Sache. »Worum geht es, Kameraden?«

Jannek war es recht so, und auch er verlor keine unnützen Worte. »Wir wollen, dass du uns hier raus und nach Palästina bringst! Wir werden gut dafür bezahlen.«

Die buschigen Brauen seines Gegenübers hoben sich. »Was du nicht sagst! Nun, euer Vertrauen in meine außerordentlichen Fähigkeiten schmeichelt mir natürlich«, begann Shimon Jachil. »Nur scheinst du vergessen zu haben, dass wir hier …«

»Spar dir deine netten Sprüche, Kamerad«, fiel Jannek ihm ins Wort. »Ich weiß, dass ihr Palmachniks Mittel und Wege habt, Leute aus dem Lager zu bringen und nach Palästina zu schmuggeln.«

Leah registrierte, wie Ari neben seinem Vorgesetzten kaum merklich zusammenfuhr. Sein Gesicht unter der schwarzen Strickmütze verlor einige Farbe. Sie hoffte, Jannek vergaß jetzt nicht, was sie ihm vorher eingebläut hatte, nämlich auf keinen Fall verlauten zu lassen, dass sie von der Existenz des Tunnels wussten. Das waren sie Ari schuldig.

»Also erzähl mir nicht, dass ihr das nicht könnt. *Woher* wir das wissen, tut jetzt nichts zur Sache«, fuhr Jannek indessen mit großer Selbstsicherheit fort. »Also lass uns lieber darüber reden, *wie und wann* ihr das mit unserem speziellen Ticket nach Palästina von hier aus gebacken kriegt, Shimon. Das wird für die *Haganah*, die doch jeden Zehner bitter nötig hat, ein lukratives Geschäft. Hier ist unsere Anzahlung.« Er griff in die Tasche und warf ein Bündel Pfundnoten auf den Tisch.

Die beiden Palmachniks machten verblüffte Gesichter, als sie den Stapel Fünfzig-Pfund-Noten sahen. Shimon Jachil griff danach und begann die Scheine zu zählen.

»Brauchst nicht zu zählen, das sind siebeneinhalbtausend Pfund Sterling«, erklärte Jannek. »Und das ist, wie gesagt, nur die erste Hälfte als Anzahlung. Wenn ihr uns nach Palästina bringt, zahlen wir euch dafür fünfzehntausend Pfund. Das sind rund fünfzigtausend amerikanische Dollar. Und wenn ich richtig informiert bin, kann man für so eine Summe verdammt viele Waffen oder auch einen alten Frachter kaufen.«

»Gütiger Himmel!« Ari fuhr sich mit der Hand durch seine dichte, gelockte Mähne. »Woher um alles in der Welt habt ihr so viel Geld?«

»Eine gute Frage«, pflichtete Shimon Jachil ihm bei und bedachte Jannek und Leah mit einem misstrauischen Blick.

»Jedenfalls nicht aus einem Bankraub!«, sagte Leah mit entrüsteter Miene.

»Woher dann?«, hakte Shimon Jachil nach.

Jannek grinste. »Das sind Nazi-Blüten aus dem KZ Sachsenhausen, aber von so guter Qualität, dass sie schon keine Blüten mehr sind, sondern so echt wie die von der *Bank of England* gedruckten«, sagte er und erzählte ihnen von der Fälscherwerkstatt und vom Kapo Traugott, der wohl Zugang zu den abseits gelegenen Baracken der Fälscherwerkstatt gehabt und sich dort heimlich bedient hatte, als die Rote Armee anrückte und das Lager überstürzt aufgelöst werden musste.

»Das ist ja eine verrückte Geschichte! Aber fünfzehntausend Pfund sind selbst als Blüten eine stattliche Summe, über die es zu reden lohnt«, sagte Shimon Jachil erheblich umgänglicher, als Jannek ihm noch einige Fragen beantwortet hatte, und griff nach einer Holzschatulle, die hinter ihm in einem schmalen Bretterregal stand. Sie enthielt sowohl flache wie runde Zigaretten. Er bediente sich und machte eine einladende Geste zu den anderen am Tisch hin.

»Das sind arabische Zigaretten der Marke *Latif*, aber nehmt bloß nicht die flachen!«, warnte Ari und nahm eine der runden. »Das ist übles Kraut. Nur die runden haben richtigen Virginia-Tabak.«

Jannek nahm gleich drei, zwei steckte er sich hinter die Ohren. Ihre eigenen Vorräte waren längst aufgebraucht. Shimon Jachil runzelte zwar die Stirn, ließ es jedoch geschehen. Er räusperte sich. »Also gut, ich werde sehen, was sich machen lässt. Für fünfzehntausend Pfund kriege ich euch beide schon irgendwie hier raus und nach Palästina. Aber vorher ...«

»Nicht nur uns beide, sondern auch noch sechs weitere«, fiel Jannek ihm ins Wort.

»Acht? Das ist unmöglich!«, erklärte Shimon Jachil.

»Nein, ist es nicht!«, widersprach Jannek. »Wenn ihr zwei rausschmuggeln könnt, könnt ihr auch acht nach Palästina bringen! Entweder gehen wir alle oder wir bleiben alle hier – und das Geld natürlich auch.«

Dafür hätte Leah ihn am liebsten umarmt. Zumal es für ihn von vornherein festgestanden hatte, mit dem Geld die Freiheit nicht nur für sie beide, sondern auch für Motte, Gitta und die Buchheims zu erkaufen.

Shimon Jachil verzog das Gesicht und wiegte den Kopf kurz bedenklich hin und her. »Also vielleicht können wir ja vier rausbringen, aber auf keinen ...«

Jannek ließ ihn erst gar nicht ausreden. »Acht kommen hier für das Geld raus oder keiner!« Er schnitt ihm das Wort ab und legte die Hand auf den Stapel Geldnoten.

Nun wurde der Ton des Gruppenführers schärfer. »Jetzt hör mir mal gut zu!« Er beugte sich weit über den Tisch und legte seine schwielige Hand auf die von Jannek, übte in wortloser Drohung Druck auf sie aus. »Ihr beide seid der *Haganah* beigetreten, wie ich gehört habe. Und damit habt ihr einen Eid abgelegt und geschworen, der *Haganah* uneingeschränkte Gefolgschaft zu leisten und den Befehlen eurer Kommandeure zu folgen! Und jetzt gebe ich dir den Befehl, dass du dich verdammt noch mal mit vier Leuten zufriedengibst, die wir hier herausholen! Und damit ist Schluss, hast du verstanden?«

Jannek wich dem stechenden Blick des Gruppenführers nicht aus. »Deinen Befehl kannst du dir sonst wohin stecken, Kamerad! Hier geht es nicht um Wohl und Wehe von Erez Israel, sondern um einen privaten Handel zwischen mir und dir! Und wenn dir das nicht passt, kannst du mich ja aus dem Verein rausschmeißen!« Er machte eine kurze Pause, in der er sein Armeemesser zog und neben den Stapel Geldscheine legte. »Aber eines ist sicher, Kumpel: Du und die *Haganah* kriegen nicht einen lausigen Lappen von all dem Tommy-Schotter hier, wenn ihr nicht uns alle acht nach Palästina bringt. Haben wir uns verstanden, Kamerad?«

Leah hielt den Atem an. Dass Jannek es immer auf die Spitze treiben musste! Als wollte er geradezu, dass es zu einer gewalttätigen Auseinandersetzung kam!

Auch Ari saß plötzlich stockstreif da, sichtlich verblüfft von Janneks Kaltschnäuzigkeit und Mut, dem Anführer der *Palmach* hier im Lager so dreist die Stirn zu bieten, ja ihn geradezu herauszufordern.

Einen langen Augenblick herrschte angespanntes Schweigen im Bretterverschlag. Die Luft war mit Aggressivität aufgeladen und die Explosion schien unvermeidlich.

Leah rechnete mit allem, nur nicht damit, dass Shimon Jachil plötzlich auflachte, seine Hand zurückzog und Jannek mit einer Mischung aus Belustigung und unverhohlenem Respekt antwortete: »Nein, das mit dem Abschwören lassen wir lieber bleiben, Kamerad. Auf so unerschrockene Draufgänger wie dich kann die *Haganah* nicht verzichten, von der Sorte gibt es einfach zu wenige.«

Leah atmete erleichtert auf und auch Ari lehnte sich nun entspannt auf seinem Stuhl zurück.

»Dann sind wir uns also handelseinig?«, vergewisserte sich Jannek und ließ das Messer wieder in der Scheide verschwinden.

Shimon Jachil nickte. »Okay, ich sehe, was ich machen kann, um euch alle acht nach Palästina zu bringen. Aber vorher muss ich mit dem Falschgeld einen Test machen, ob es auch wirklich so gut gemacht ist, wie du behauptest.«

»Das ist es!«

Der Gruppenführer nickte. »Dann wird unser griechischer Verbindungsmann in Famagusta, der einen florierenden Im- und Export betreibt, ja keine Schwierigkeit damit haben, bei verschiedenen Banken einige der Scheine in Umlauf zu bringen.«

»Und wenn die Banken das Geld problemlos nehmen, wie lange wird es danach dauern, bis wir hier rauskommen?«, wollte Leah wissen.

Shimon Jachil überlegte und kratzte sich am Kinn. »Schwer zu sagen. Kommt drauf an, wie gut uns der griechische Untergrund helfen kann. Wir unterhalten zwar beste Beziehungen zu ihnen, aber hier geht es ja nicht darum, nur eine Person aus dem Lager und durch die britischen Kontrollen zu bringen. Außerdem wird Tel Aviv ein Wörtchen mitzureden haben. Es kann also schon ein bisschen dauern.«

»Okay, das verstehe ich«, sagte Jannek. »Und apropos gute Beziehungen zum örtlichen Untergrund: Ich hab da noch was vergessen, was ich zu dem Ticket nach Palästina für uns acht noch haben will, nämlich dreihundert Zigaretten und zweimal Pfeifentabak. Wir sind nämlich buchstäblich abgebrannt, was Glimmstengel angeht. Ich nehm die hier schon mal als Anzahlung. Ihr kommt ja leicht an Nachschub.« Sprach's und begann die noch offen stehende Holzschatulle leer zu räumen.

Shimon Jachil gebot ihm keinen Einhalt, sondern schüttelte nur den Kopf und tauschte einen sprachlosen Blick mit Ari, der sich nur mit Mühe ein Grinsen verkneifen konnte.

★

»Unglaublich, wie du das gemacht hast! Ich hätte mich nicht getraut, ihm das Messer sozusagen an die Kehle zu setzen und ihn so herauszufordern. Aber du hast es gewagt! Mensch, Jannek, das war ein richtiges Meisterstück, was du da eben abgeliefert hast!«, lobte Leah Jannek, als sie aus der Wellblechbaracke der *Haganah* hinaus auf die windige, staubige Lagerstraße traten. »Aber du hast verdammt hoch gepokert. Das hätte auch böse in die Hose gehen können. Manchmal habe ich richtig Angst, dass du so eine Situation irgendwann einmal überreizt und zu viel auf eine Karte setzt!«

Er grinste noch nicht einmal, sondern zuckte die Achseln, als hätte er daran nicht einen einzigen Gedanken verschwendet. »Irgendwann, irgendwann! Was kümmert mich heute so ein Irgendwann?«, erwiderte er gleichgültig. »Irgendwann steige ich auch hinter die Bedeutung von meinem Wälzer. Oder eben nicht. Und irgendwann sind wir auch alle tot.«

33

Leah und Jannek rechneten mit wochenlangem Warten. Deshalb behielten sie ihre Abmachung mit Shimon Jachil erst einmal für sich. Jannek hatte kein Problem damit, aber Leah fiel es schwer, Gitta und Motte, insbesondere aber Sophie und Marius nichts davon zu erzählen. Dabei hätten sie in den grauen, nasskalten Dezembertagen nichts dringender gebraucht als die Nachricht, dass Hoffnung bestand, schon recht bald dem Lager entfliehen zu können und nach Palästina geschmuggelt zu werden.

Zwei Tage nach ihrem Treffen mit dem Lagerführer der *Palmach* gab Ari ihnen Bescheid, dass sich die Nazi-Blüten auf der Insel in Umlauf befanden. Die Banken in Famagusta, Limassol und Nikosia hatten das Falschgeld als echte Pfundnoten akzeptiert. Jannek hatte auch nichts anderes erwartet und nahm die Nachricht dementsprechend unaufgeregt auf. Er brachte auch den Pfeifentabak für Herschel und die dreihundert Zigaretten mit, die sie unter sich aufteilten.

Was Leah und Jannek dagegen völlig unerwartet traf, war die elektrisierende Nachricht, die ihnen Shimon Jachil am Nachmittag des letzten Dezembertages überbrachte. Nicht einmal der stürmische Wind und strömender Regen hatten ihn davon abgehalten, ihnen persönlich Bescheid zu geben.

»Macht euch bereit, heute Nacht geht es los!«, raunte er ihnen ohne Umschweife zu.

»Bei dem schlechten Wetter?«, entfuhr es Leah. Immerhin lagen gute hundert Meilen offene See zwischen Zypern und der Küste von

Palästina, und es hatte nicht den Anschein, als würde sich der stürmische Regen bald legen, eher traf das Gegenteil zu.

»Gerade bei dem Wetter, denn es ist unser wichtigster Verbündeter – zusammen mit den Silvesterfeiern der Tommys«, bekräftigte Shimon Jachil. »Bei guter Sicht hätten wir gar keine Chance, mit einem Fischtrawler durch die Maschen des Netzes zu schlüpfen, das die Briten mit ihren vielen Patrouillen um die Küste gelegt haben – und zwar hier in Zypern wie drüben in Palästina.«

Jannek verzog das Gesicht. »Ich werde mir wieder mal die Seele aus dem Leib kotzen, aber was soll's? Irgendwie werde ich's auch diesmal überleben«, sagte er. »Hauptsache, wir kommen hier raus und endlich nach Palästina!«

Shimon Jachil nickte. »Ich erwarte euch und die sechs anderen kurz vor Einbruch der Dunkelheit bei uns in der Baracke. Wenn jemand fragt, sagt ihr, dass ihr Freunde oder Verwandte getroffen habt und zu ihnen in die Baracke zieht. Und bringt kein sperriges Gepäck mit!«

»Wie bringt ihr uns aus dem Lager?«, erkundigte sich Leah schnell noch, als Shimon Jachil sich schon wieder zum Gehen wandte. Darüber Ahnungslosigkeit vorzutäuschen, glaubte sie Ari einfach schuldig zu sein, um jeden Verdacht seines Kommandeurs, ihr Wissen könnte von ihm gekommen sein, zu zerstreuen. »Habt ihr Wachen bestochen?«

Shimon Jachil zögerte kurz und trat dann ganz nah heran. »Nein, durch einen Tunnel unter unserer Baracke«, vertraute er ihnen mit kaum vernehmlicher Stimme an. »Aber das behaltet ihr für euch! Es reicht, wenn die anderen es in ein paar Stunden erfahren.«

Leah und Jannek nahmen nun zuerst einmal Gitta und Motte zur Seite und weihten sie in alles ein. Die beiden konnten es erst kaum glauben, waren dann völlig aus dem Häuschen und mussten sehr an sich halten, um ihre Freude, Begeisterung und Dankbarkeit nicht allzu offensichtlich werden zu lassen und damit unliebsame Aufmerksamkeit und lästige Fragen zu erregen.

»Heilige Blechbude, da hast du ja ein irres Ding gedreht, einen echten Knaller, Jannek! Und dabei habe ich gedacht, mir könnte im Verticken und Organisieren keiner das Wasser reichen!«, sagte Motte und boxte Jannek vor die Brust.

Natürlich brannten sie darauf zu erfahren, wie Jannek es bloß angestellt hatte, dass die *Palmach* ihre Flucht aus dem Lager und eine geheime Passage nach Palästina organisierte – und das gleich für acht Leute. Jannek wehrte die Fragen mit dem Hinweis ab, dass man einem geschenkten Gaul doch wohl nicht ins Maul schauen wolle. Und als sie begriffen, dass er wirklich nicht darüber zu sprechen gedachte, bohrten sie auch nicht weiter nach.

Als auch Sophie, Marius und Herschel wenig später von ihrem unverhofften Glück erfuhren, reagierten sie sogar noch bewegter als Gitta und Motte.

Onkel Herschel liefen vor Rührung sogar die Tränen über das Gesicht. »Dass du auch an mich und meine Frau gedacht hast, werde ich dir nie vergessen«, sagte er mit erstickter Stimme, und er küsste Jannek die Hände, bevor dieser es verhindern konnte. »Gottes reicher Segen für deine Güte, mein Sohn!«

Hastig entzog Jannek sie ihm. »Ich bin nicht Ihr Sohn! Und ich hab auch nichts damit zu tun, dass Sie mitkommen! Bedanken Sie sich bei Ihrer Nichte Leah! Es war ihre Idee, nicht meine, auch Sie und Ihre Frau mitzunehmen.«

Warum sagst du das? Das stimmt doch gar nicht!, wollte Leah schon protestieren, doch sie fing Janneks warnenden Blick auf und ließ seine Lüge unwidersprochen.

»Sehen Sie bloß zu, dass Ihre Frau nachher keine Schwierigkeiten macht, sonst bleiben Sie beide hier zurück! Ist nicht gerade ein Parkspaziergang, was wir da vor uns haben!«, blaffte Jannek ihren Onkel noch an, bevor er davonstiefelte.

Leah hörte nur mit halbem Ohr hin, als Onkel Herschel nun ihr überschwänglich dankte und hastig versicherte, dass Tante Margot später ganz bestimmt allen Anweisungen still und bereitwillig folgen werde. Sie versuchte stattdessen, aus Janneks rätselhaftem Verhalten schlau zu werden.

Später, als sie einen Moment allein mit ihm war, fragte sie ihn, warum er das getan hatte.

»Warum? Mein Gott, ich wollte mir eben nicht die Hände küssen lassen!«, knurrte er unwirsch. »Ich steh nicht auf Dankgeschwafel. Mir braucht überhaupt keiner zu danken!«

»Und warum nicht?«

Grimmig sah er sie an. »Weil ich es nicht verdient habe, deshalb!«

»Sag doch nicht wieder so was Unsinniges, Jannek! Du hast doch wirklich …«

»Hör auf damit, aus mir jemanden zu machen, der ich nicht bin!«, fuhr er sie an. »Mir hat ein verdammter Zufall das Falschgeld der Nazis in die Hände gespielt, sonst nichts! Kann sein, dass es eine gute Tat war, dass ich Traugott abgestochen habe. Verdient hatte er es. Aber das ist auch alles. Also lass es gut sein, Leah. Ich komme damit zurecht, dass ich so bin, wie ich bin!«

Leah wollte ihn nicht noch mehr reizen und eine womöglich ernste Verstimmung zwischen ihnen heraufbeschwören. Das war es nicht wert, schon gar nicht an diesem Tag, an dem sie ihre Freiheit wiedergewinnen würden.

Niemand in ihrer Nissenhütte stellte ihre Geschichte infrage, als sie kurz vor Einbruch der Dunkelheit ihre wenigen Sachen nahmen und angeblich in eine Baracke auf der anderen Seite des Lagers umzogen, wo Onkel Herschel auf Wiener Verwandte gestoßen sei.

Sie liefen durch den Regen zur Wellblechbaracke der *Palmach*-Gruppe. Ari und Teddy erwarteten sie schon an der Tür. Andere Wachposten nahmen ihre Position ein, während die beiden sie nach hinten führten. Sieben, acht Schritte vor der Rückwand der Baracke, die zum doppelten Stacheldrahtzaun hin zeigte, passierten sie hinter einem Vorhang aus herabhängenden Kartoffelsäcken ein Spalier aus senkrecht aufgestellten Feldpritschen. Augenblicke später standen sie vor einer gut zwei Meter tiefen Grube und einer ebenso langen Leiter aus Latten, die hinunter zum Eingang des Tunnels führte.

34

Verblüfft blickten Leah und Jannek in die Runde der neun Männer, die zusammen mit Shimon Jachil schon an der Grube auf sie warteten. Alle neun hatten zur Crew der *Hatikwa* alias *Francisco Ferrera* gehört und jeder von ihnen trug über seiner Kleidung einen Regenumhang der britischen Armee in senfbrauner Tarnfarbe. Bei den Männern handelte es sich um Captain Ike Wakefield, den Schiffsarzt Dr. Salomon Freytag, Maurice, Igor und fünf weitere Männer der Schiffsbesatzung.

»Kommt ihr alle mit?«, fragte Leah, als sie sah, dass sich nun auch Ari und Teddy einen solchen Regenumhang von dem Stapel mit Schutzkleidung nahmen, der in der hinteren Ecke an der Wellblechwand aufgeschichtet war.

Shimon Jachil nickte. »Captain Ike und seine Männer werden für ein neues Kommando dringend gebraucht!«, teilte er ihnen schmallippig mit, während der Regen wütend auf das runde Wellblechdach über ihnen trommelte.

»Schau an, schau an! Es geschehen noch Wunder, Leah!«, sagte Jannek. »Erst wollte uns der gute Kamerad hier nicht mal acht Plätze zugestehen, weil das zu viele Personen seien, und auf einmal kann er zusätzlich noch eine ganze Schiffsbesatzung mitschicken!«

»Es war nicht vorherzusehen, dass dies möglich sein würde! Aber natürlich haben wir die Gelegenheit genutzt, als sie sich uns überraschenderweise bot!«, beschied ihm Shimon Jachil kühl und wechselte sofort das Thema, indem er sie aufforderte, sich auch einen der Regenumhänge zu nehmen und überzuziehen, und dabei zur Eile drängte.

»Heilige Sumpfkröte, es geht durch einen verdammten Tunnel aus dem Lager?«, stieß Motte bestürzt hervor, als er sich durch die Reihe der Männer zu ihnen nach vorn gedrängt hatte und nun begriff, was die Grube vor seinen Füßen zu bedeuten hatte.

Sophie blickte verdrossen auf ihn hinunter. »Was sollen wir denn erst sagen? Du Zwerg hast da unten doch bestimmt das geringste Problem!«, sagte sie und gab einen schweren Stoßseufzer von sich.

Ihr Vater sog hörbar die Luft ein, machte dann jedoch unerwartet sich und den anderen Mut. »Wenn das der einzige Weg ist, aus dem Camp und nach Palästina zu kommen, dann muss es eben so sein!«, verkündete er mit tapferer Entschlossenheit. »Vertrauen wir auf Gott, meine lieben Freunde. Mit seiner Hilfe werden wir es schaffen.«

»Es schadet auch nicht, der guten Arbeit zu vertrauen, die wir hier beim Bau des Tunnels geleistet haben«, sagte Shimon Jachil trocken. »Und jetzt wird es Zeit, dass ihr aufbrecht. Ihr müsst durch den Tunnel, bevor das Erdreich zu stark vom Regen durchgeweicht ist und … gewisse Nacharbeiten an Decken- und Wandverkleidungen nötig werden. Das Unwetter ist uns heute nun mal Freund und Feind zugleich und im Tunnel wird es zunehmend zum Feind. Dafür haben wir aber ausreichend Taschenlampen organisieren können.«

»Was ist mit unserem Gepäck?«, fragte Sophie besorgt. »Viel ist es ja nicht, aber …«

»Das Zeug stopfen wir in zwei, drei Säcke, die einer meiner Leute am Seil hinter sich herzieht, wenn ihr drüben seid«, fiel Shimon Jachil ihr ungeduldig ins Wort. »Und jetzt genug geredet! Die Zeit drängt. Ihr müsst pünktlich bei der Kapelle sein, und bis dahin ist es vom Camp aus noch ein gutes Stück. Weiß der Teufel, wie lange ihr auf den schlechten Straßen braucht, bis ihr oben in der Bucht ankommt, wo euch der Fischkutter aufnehmen soll! Also los jetzt. Captain Ike hat das Kommando – an Land und auf See!« Er schlug dem Amerikaner die Hand kräftig auf die Schulter. »*Masel tov!* … Viel Glück!«

Ike Wakefield grinste breit. »Wir werden das Kind schon schaukeln. Also, bis dann in Jerusalem, Shimon!« Er nahm sich eine der Taschenlampen, die in einem Korb bereitlagen und wie die Regenumhänge aus britischen Armeebeständen stammten, und stieg zuerst in die Grube hinunter. Augenblicke später verschwand er in der Tunnelöffnung, sofort gefolgt von Ari, Igor, Maurice, Teddy, Doktor Freytag und den anderen Crewmitgliedern.

»Ihr wollt wohl sichergehen, dass eure Leute auf jeden Fall durchkommen, nicht wahr?«, sagte Jannek zu Shimon Jachil, als dieser zuerst all seine Leute durch den Tunnel schickte.

»Ihr kriegt eure Chance!«, erwiderte der *Palmach*-Anführer kühl. »Ob ihr sie nutzt, liegt bei euch! Der Captain hat den Befehl, nicht auf Nachzügler zu warten, und er wird sich daran halten!«

»Und du kannst deinen Arsch darauf verwetten, dass wir unsere Chance nutzen werden!«, versicherte Jannek und war dann auch der Erste aus ihrer Gruppe, der nach unten stieg. Ohne weiteren Kommentar verschwand er im Tunnel.

Motte war als Nächster an der Reihe. »Verdammt, verdammt, verdammt!«, murmelte er ununterbrochen, als er die Leiter hinunterkletterte. Unten angekommen, hielt er kurz inne und blickte zu Leah hoch, die auf ihn folgen würde. »Versprich mir, dass du mich da unten nicht krepieren lässt, wenn ich irgendwo stecken bleibe oder sonst ein Scheiß passiert, okay?«

Leah nickte stumm, brachte sie in ihrer Aufregung doch kein Wort über die Lippen. Ihr Herz raste und schien ihr in den Hals gerutscht zu sein. Sie hörte, wie Onkel Herschel hinter ihr mit erstaunlich ruhiger Stimme auf Tante Margot einredete. Er wiederholte immer wieder, dass Felix durch den Tunnel gekrochen sei und sie hinter ihm her müssten, um ihn vor großer Gefahr zu bewahren.

Sie bekam nicht mehr mit, ob und wie Tante Margot reagierte, denn nun war es an ihr, die Leiter hinunterzuklettern und sich in den Tunnel zu wagen. Von oben hatte der Eingang schon besorgniserregend niedrig ausgesehen. Doch als sie unten in der Grube stand, fuhr ihr der Schreck in die Glieder.

Das, was vor ihr lag, war kein Tunnel, den man in gebückter, geschweige denn in aufrechter Haltung passieren konnte. Es handelte sich bestenfalls um eine viereckige, höchstens achtzig Zentimeter hohe Röhre, durch die man nur auf allen vieren *kriechen* konnte!

Ihr wurde flau, als sie sich hinkniete und in diese dunkle, feuchte Erdröhre hineinkroch. Das Licht ihrer Taschenlampe zuckte im unsteten Rhythmus ihrer ruckartigen Bewegungen über die Latten, Balken und vereinzelten Wellblechstücke, mit denen Seitenwände und Tunneldecke abgestützt waren, und je tiefer sie hineinkroch, desto unheimlicher und beängstigender wurde es. Das Licht von Mottes Taschenlampe, das sie wie ein unterirdisches Leuchtfeuer vor sich zu sehen gehofft hatte, erwies sich leider nur als ein schwacher, ferner Schein, den sie zudem nur dann und wann einmal für einen kurzen Moment wahrzunehmen vermochte. Was nicht verwunderlich war, ließ doch die Enge der Röhre selbst bei Mottes schmächtiger Gestalt und geringer Körpergröße dem Licht wenig Raum, um von hinten gesehen zu werden.

Schon nach den ersten Metern hatte Leah das Gefühl, als könnte sie gleich keine Luft mehr bekommen. Es war, als legte sich eine stählerne Klammer um ihre Brust, die sich immer mehr zusammenzog und ihre Lungen zusammenpresste, je tiefer sie in die kalte Erdröhre vordrang. Kalter Schweiß brach ihr aus, perlte ihr über das Gesicht und brannte ihr in den Augen. Und auf den Lippen schmeckte sie den bitteren Geschmack ihrer Angst.

Der Boden war aufgeweicht und ein einziger schlammiger Kanal, durch den sie sich vorarbeiten musste. Vor sich hörte sie gedämpfte, unverständliche Stimmen. Die Laute klangen verstörend dumpf und erstickt, als kämen sie von Verschütteten, die verzweifelt das über ihnen liegende feuchte Erdreich mit ihren Stimmen zu durchdringen versuchten.

Leah zwang sich, weiterzukriechen.

Die Abstände zwischen den Stützen erschienen ihr plötzlich erschreckend groß. An manchen Stellen lag fast eine halbe Unterarmlänge nackter Erdwand zwischen ihnen. Überall brachen Steine und Erde heraus und fielen in den Schlamm, manchmal lösten sich sogar faustgroße Klumpen. Auch wurde die Decke an vielen Stellen nur von Jutesäcken vor dem Einsturz bewahrt, die man zwischen Querbalken gespannt hatte. Überall sickerte Wasser durch das Erdreich, und alle paar Meter stieß sie auf dicke Ausbeulungen an der Decke, wo die Erde nachgegeben hatte und die Jute sich nun gefährlich spannte.

Jeden Augenblick konnte der Stoff an diesen Stellen reißen und das Erdreich sich aus den Beulen in den Tunnel ergießen ... ja, ihn vielleicht sogar völlig einbrechen lassen.

Kaltes Wasser tropfte ihr auf den Kopf und in den Nacken, war ihr doch die Kapuze nach hinten gerutscht, ohne dass sie es in ihrer Beklemmung bemerkt hatte. Auch von den Beinen her, die durch den Schlamm pflügten, zog sich Nässe herauf und legte sich wie ein Paar eiskalter Hände um Waden und Knie. Nach dem Schweißausbruch begann sie nun auf einmal heftig zu schwitzen und ihr Atem ging immer schneller und flacher.

Panik drohte sie zu überwältigen.

Wie erstarrt verharrte sie vor einer dieser bedrohlichen Deckenbeulen, und einige wilde Herzschläge lang war sie versucht, vor ihrer Angst zu kapitulieren.

Doch dann kämpfte sie mit aller Willenskraft dagegen an. Sie musste weiter, denn wenn sie zurückkroch, bedeutete das für sie und alle anderen hinter ihr das Scheitern ihrer Flucht. Und Jannek, Motte und Ari würden ohne sie mit dem Trawler nach Palästina übersetzen, wo sie sich vielleicht für immer aus den Augen verlieren würden!

Leah spürte gallige Übelkeit in ihrer Kehle aufsteigen.

Nein! Das darf nicht passieren! Ich muss weiter! Und ich kann es!, hämmerte es in ihrem Kopf. *Ich darf jetzt nicht die Nerven verlieren! Ich kann es! Ich weiß, ich kann es! Motte und Jannek haben es doch auch geschafft! Es kann gar nicht mehr weit sein! Ich muss weiter! Ich werde es schaffen! Es gibt keinen Weg zurück! Nur vorwärts, vorwärts! Weiter! Weiter! Gleich habe ich es geschafft! Gleich! Gleich! Weiter! Weiter!*

Es kostete sie fast übermenschliche Überwindung, aber sie schaffte es, die drohende Panik unter Kontrolle zu bekommen, sie zu unterdrücken und schließlich weiterzukriechen. Ihr war, als wollte der Tunnel kein Ende nehmen. Tränen der Verzweiflung schossen ihr in die Augen. Doch sie kroch weiter, immer weiter, und all die Zeit wiederholte sie in Gedanken die Selbstbeschwörungen, dass sie weitermusste und sie es schaffen würde, weil es keinen Weg zurück gab.

Plötzlich packten sie kräftige Hände und zogen sie hoch und in den Schutz einer Buschgruppe. Strömender Regen schlug Leah ins Gesicht, als sie den Kopf hob und der Dreck von ihrem Gesicht gewaschen wurde. Nur mit Mühe konnte sie das Schluchzen zurückhalten, das in ihr herausdrängte. Nie zuvor hatte sie sich bei einem Unwetter unter freiem Himmel so erlöst und glücklich gefühlt wie in diesem Moment.

35

Alle nutzten ihre Chance, dem Lager zu entkommen. Nicht einer blieb zurück oder ließ die Kette der Flüchtlinge abreißen, weil er im Tunnel die Nerven verlor oder gar zurückkroch. Tante Margot schaffte es als Vorletzte sogar besonders schnell. Sie trieb die Eile voran, ihren geliebten Felix zu finden.

Nach der gelungenen Flucht aus dem Camp führte Captain Ike sie eine knappe Stunde querfeldein durch raues Gelände nach Norden, blieb dabei jedoch stets in Küstennähe. Es wurde kaum gesprochen. Jeder hing seinen eigenen Gedanken nach und achtete darauf, wohin er seinen Fuß setzte. Schließlich stießen sie auf eine unbefestigte Straße, der sie ein, zwei Kilometer landeinwärts folgten. Jedoch nicht auf der Straße selbst, sondern parallel zu ihr im buschreichen und steinigen Gelände.

»Jetzt kann Salamis nicht mehr weit sein«, hörte Leah einen der Männer zu Captain Ike sagen.

»Ja, die Stadt liegt gleich hinter der Hügelgruppe.« Ike Wakefield, der gelegentlich einen Kompass zurate gezogen hatte, hob kurz die Hand und deutete in die Nacht hinaus.

Leah blickte in die Richtung, in die er zeigte, und machte schräg zu ihrer Rechten die vagen schwarzen Umrisse einer solchen Hügelgruppe aus. Doch hätte der Amerikaner nicht in die Richtung gezeigt, sie wäre ihr sicher verborgen geblieben.

»Hoffentlich sind die Burschen auch pünktlich.«

»Das werden wir gleich wissen, wenn wir zur Kapelle kommen«, erwiderte der Captain. »Andernfalls haben wir einen brutal langen Marsch vor uns.«

Kurz darauf gelangten sie zu einer Gabelung der Straße. Zwischen den beiden Wegstrecken erhob sich ein sanft ansteigender, baumbestandener Hügel. Und als Captain Ike nun auf diese Anhöhe zusteuerte, schälte sich dort oben auf der Kuppe das weiße kastenförmige Gebäude einer kleinen orthodoxen Wegkapelle zwischen den Bäumen heraus – und im nächsten Moment dahinter die Umrisse von zwei plumpen Fahrzeugen mit Kastenaufbau hinter der Fahrerkabine.

Es waren zypriotische Ambulanzwagen, die mit ausgeschalteten Scheinwerfern und abgestellten Motoren hinter der Kapelle im tiefen Schlagschatten der Bäume auf sie warteten. Die Fahrer, bärtige und wortkarge Burschen mit zerfurchten und harten Gesichtern, gehörten dem griechischen Untergrund an. Sie hatten die Krankenwagen für diese Nacht aus dem Fuhrpark des größten Krankenhauses in Nikosia beschafft.

Ein Umschlag mit Geld wechselte den Besitzer. Dann teilten sich die neunzehn Flüchtlinge auf die beiden Ambulanzen auf, und arg zusammengequetscht auf dem engem Raum, aber dafür doch nicht länger dem nasskalten Wetter ausgesetzt, ging es über unasphaltierte, holprige Straßen und bei unverändert stürmischem Wind und heftigem Regen an der Nordostküste entlang und hinauf zur abgeschiedenen und nur spärlich bewohnten Halbinsel Karpasia, dem nordöstlichen Zipfel Zyperns.

Die Wagen krachten mit röhrenden Motoren immer wieder durch tiefe Schlaglöcher, donnerten über Bodenwellen und Rinnen und schlingerten durch die Kurven, sodass sie hinten im Dunkel hin und her geworfen wurden, egal wie sehr sie auch versuchten, sich irgendwo festzuhalten und sich gegenseitig abzustützen. Die Fahrer droschen die

Ambulanzen gnadenlos über die miserable Straße, als kümmerte es sie nicht, wenn sie gleich mit Achsenbruch auf der Strecke liegen blieben.

»Wenn das so bleibt, können wir von Glück reden, wenn wir am Ende dieser höllischen Spritztour nur grüne und blaue Flecken und keine gebrochenen Knochen vorzuweisen haben!«, fürchtete Jannek schon nach den ersten Minuten.

»Ob die Kerle uns wohl das Beten beibringen wollen?«, fragte Gitta sarkastisch aus der pechschwarzen Finsternis, die sie umgab.

»Wenn das ihr Ziel ist, haben sie es bei mir schon erreicht!«, sagte Marius grimmig.

Die Achsen hielten wundersamerweise Stunde um Stunde. Gegen kurz nach elf wurden sie endlich von dem unablässigen Geschüttel und Gerüttel erlöst. Die strapaziöse Fahrt, bei der sie sich alle einige blaue Flecken eingehandelt hatten, fand ihr Ende auf der Südseite der Halbinsel. Die Fahrer setzten sie nahe einer weiten Bucht ab. Ein knapper Gruß, und die Ambulanzen wendeten mit aufheulenden Motoren, schlingerten über das nasse Gras und schleuderten ihnen mit ihren durchdrehenden Reifen zum Abschied noch einen Schauer aus Steinen, Grasnarben und Schlamm nach, um dann mit demselben brachialen Tempo, mit dem sie gekommen waren, wieder in der Dunkelheit zu verschwinden.

Captain Ike führte sie hinunter zur Bucht. Die Wellen trugen Schaumkronen und brachen sich krachend am felsigen Strand. Sie kauerten sich hin, versuchten sich so gut wie möglich vor Wind und Regen zu schützen und warteten zitternd auf den Fischkutter, der sie an dieser Stelle an Bord nehmen sollte. Unruhe kam auf, als es auf Mitternacht zuging, ohne dass der Trawler aufgetaucht wäre.

Es war Ari, dessen scharfe Augen in der finsteren, regengepeitschten Nacht plötzlich die Silhouette eines Schiffes ausmachten. »Da ist sie!«, rief er aufgeregt. Er sprang auf und zeigte schräg nach Südwesten. »Das muss die SS Zephyros sein!«

Sofort waren alle auf den Beinen, und Captain Ike sandte mit seiner Taschenlampe die vereinbarten Lichtsignale über die Bucht, die

Augenblicke später vom Fischkutter erwidert wurden. Dort wurde nun ein hochbordiges Ruderboot mit drei Ruderbänken zu Wasser gelassen. Drei Mal mussten sich die Seeleute vom Kutter bis zur Bucht und wieder zurück durch die aufgewühlte See kämpfen, um alle Flüchtlinge an Bord zu bringen. Zu dem Zeitpunkt hatte keiner von ihnen auch nur noch einen trockenen Faden am Leib.

Bis auf Captain Ike und zwei, drei Eingeweihten war allen das Erschrecken über das Alter und den miserablen Zustand der *SS Zephyros* gemeinsam.

»Gegen den Rosteimer hier sah die *Francisco Ferrera* ja wie gerade vom Stapel gelaufen aus!«, sagte Marius entsetzt.

»Scheint so, als hätten wir uns ein echtes Himmelfahrtskommando eingehandelt«, stellte Jannek mit stoischer Miene fest.

»Wenn wir mit der *Zephyros* von Frankreich nach Palästina wollten, wäre das zutreffend«, mischte sich Captain Ike mit einem nachsichtigen Lächeln ein, das zugleich eine beruhigende Wirkung auf die Ängstlichsten unter ihnen hatte. »Aber hier geht es nur um knapp hundert Meilen, die der Kutter heil überstehen muss. In den fünf, sechs Stunden, die wir dafür brauchen, wird die *Zephyros* kaum auseinanderbrechen. Wir haben schlechtes Wetter und rauen Seegang, aber noch längst keinen ausgemachten Sturm. Entscheidend ist, dass die Motoren in Ordnung sind, und davon haben sich unsere Mittelsmänner überzeugt. Alles andere zählt nicht. Und jetzt seht zu, dass ihr unter Deck ins Trockene kommt!«

Der Fischkutter lief aus der Bucht aus und ging auf südwestlichen Kurs, hielt sich dabei jedoch erst einmal nahe an der Küste. Kurz hinter Cap Elia ging die dreiköpfige griechische Mannschaft von Bord und ruderte mit dem Beiboot an Land, wo ein Paar Autoscheinwerfer kurz aufleuchteten. Captain Ike übernahm nun das Kommando über die rostzerfressene *Zephyros* und steuerte sie hinaus auf die offene See.

Bei ausgeschalteten Positionslichtern und mit weniger als halber Kraft tastete sich Captain Ike durch die ersten fünf Meilen, wo die Gefahr, entdeckt zu werden, besonders groß war. Ebenso groß waren die Anspannung und die bange Sorge, von einem britischen Kriegsschiff aufgebracht und zurück ins Camp befördert zu werden. Mehrmals änderte Captain Ike abrupt den Kurs, als Ari und Teddy, die unablässig mit Feldstechern Ausschau nach Feindberührung hielten, ein Schiff entdeckt zu haben glaubten.

Unbemerkt von den britischen Kriegsschiffen, die vor der Küste Patrouille fuhren, schlüpften sie durch deren Linien. Als Zypern gute sechs, sieben Meilen hinter ihnen lag, ging es mit voller Kraft und wachsender Zuversicht auf die Küste von Palästina zu.

Die nächtlichen Stunden auf See zogen sich quälend langsam hin, und kaum jemand blieb von der Seekrankheit verschont. Selbst Leah hatte mit einem leichten Anfall von Übelkeit zu kämpfen, was bestimmt an der schrecklichen Anspannung und Ungewissheit lag, ob sie wohl auch durch die britische Blockade vor der palästinensischen Küste kämen. Jannek, Motte und Marius traf die Seekrankheit besonders hart. Sie glaubten, sich die Seele aus dem Leib zu kotzen.

Je näher sie Palästina kamen, desto mehr beruhigte sich die See. Der heftige Wind schlief ein. Auch der Regen ließ mitten in der Nacht spürbar nach und hörte dann ganz auf. Die Wetterbesserung sorgte dafür, dass sie schneller Meilen über Grund machten, weckte aber auch die Sorge, dass sich damit im Morgengrauen die Sicht für die britischen Patrouillenboote gefährlich verbesserte und man die *Zephyros* viel zu früh entdeckte.

Es wurde ein Wettlauf gegen die Zeit. Sie wussten, dass sie die Küste erreichen mussten, bevor es hell wurde und die Sonne den Morgendunst wegbrannte. Captain Ike holte alles aus den Motoren des Kutters heraus.

Schließlich lag der Küstenstreifen nördlich von Haifa nur noch wenige Meilen entfernt. Niemand hielt es jetzt noch unter Deck. Nebelschleier trieben über der See.

Und dann, keine drei Meilen vor ihrem Ziel, überschlugen sich die Ereignisse.

»Patrouillenboot achteraus!«, brüllte Teddy plötzlich.

Ein britisches Schnellboot schoss hinter ihnen aus einer langen Nebelbank hervor, als hätten die milchigen Schleier das graue, waffenstarrende *Navy*-Boot ausgespuckt.

Warnschüsse peitschten durch die Luft.

Eine metallische Megafonstimme schallte zur *Zephyros* herüber und forderte sie unter Androhung von direktem Beschuss unverzüglich zum Beidrehen auf.

»Den Teufel werden wir tun!«, schrie Captain Ike im Ruderhaus und stieß die Gashebel bis an den Anschlag vor. Sofort schlugen die Nadeln der Anzeigen auf der Konsole, die Temperatur und Umdrehungszahl der Motoren angaben, nach rechts aus und sprangen in den roten Bereich. In einem wilden, willkürlichen Zickzackkurs steuerte er auf das Ufer zu, das sich mit seinen Dünen vor ihnen schemenhaft aus der gräulichen Dunkelheit herausschälte.

Das schnittige Patrouillenboot versuchte, den Trawler einzuholen. Gleichzeitig eröffnete es gezielt das Feuer. Die Schüsse lagen jedoch tief, sie zielten auf das Heck mit den Motoren und dem Maschinenraum. Mehrere Kugeln schlugen achtern ein. Es klang, als würde jemand mit einem Hammer auf die Bordwand einschlagen. Die meisten Geschosse verfehlten beim Zickzackkurs jedoch ihr Ziel. Sie peitschen ins Wasser.

Das Schnellboot der Briten verkürzte den Abstand besorgniserregend schnell. Mit mächtig schäumender Bugwelle und blitzendem Mündungsfeuer des bugmontierten Maschinengewehrs kam es angeschossen. Wie ein Raubtier, das sich seiner überlegenen Kraft und Schnelligkeit gewiss ist und seiner Beute keine Chance lassen wird, zu entkommen.

»Sie kriegen uns!«, schrie Sophie entsetzt.

»Das werden wir ja sehen!«, rief Leah. Mit verzerrter Miene und geballten Fäusten starrte sie zum Schnellboot hinüber, das aussah, als würde es zum letzten, entscheidenden Sprung ansetzen, um sie zur Strecke zu bringen.

»Legt die Schwimmwesten an!«, befahl Captain Ike und schaltete nun nicht nur die Positionslichter ein, sondern auch das Suchlicht auf dem Dach des Ruderhauses. »Und sucht euch einen festen Halt! Ich werde den Kutter mit voller Kraft auf den Strand aufsetzen. Und das wird alles andere als ein Vergnügen, Leute! Aber das ist unsere einzige Chance, den Tommys zu entkommen. Die werden es nicht wagen, uns ins flache Wasser zu folgen und ihr teures Kriegsgerät dabei auf Grund zu setzen!«

»Und dann muss es verdammt schnell gehen, Kameraden! Wir werden an Land von einem *Palmach*-Kommando erwartet, das uns in Sicherheit bringt!«, teilte Ari ihnen mit. »Die Briten haben überall an der Küste Radarstationen und Garnisonen. Die Tommys werden deshalb nicht lange brauchen, um zur Stelle zu sein. Wir müssen also so schnell wie möglich vom Kutter und zu unseren Männern an Land!«

Captain Ike fuhr indessen weitere, kurze Zickzackmanöver, riss dann den Trawler brutal auf direkten Kurs zurück und hielt nun schnurstracks auf den Strand zu, als dort zwischen sich hoch auftürmenden Dünen Lichter aufblitzten.

Das *Palmach*-Kommando!

Das Schnellboot kam bis auf zwanzig, dreißig Meter an die *Zephyros* heran. Das Maschinengewehr hämmerte Geschoss um Geschoss in das Heck des Kutters. Dann drehte es plötzlich scharf bei und schnitt einen Bogen durch die See.

»Sie geben auf!«, triumphierte Ari. »Hier wird das Gewässer zu flach für sie! Wir haben es geschafft! Wir sind durchgekommen!«

Das Ufer flog nun förmlich auf sie zu.

Im nächsten Moment begannen die Motoren zu stottern. Qualm quoll aus den Ritzen der Luke zum Maschinenraum und aus den Einschusslöchern. Sekunden später gaben die Motoren ein letztes mechanisches Röcheln von sich und erstarben.

Möglicherweise rettete das einigen von ihnen das Leben oder bewahrte sie doch zumindest vor schweren Knochenbrüchen. Denn indem der Kutter in der Uferbrandung abrupt seinen Antrieb verlor, verringerte sich auch rapide die Geschwindigkeit, mit der das Schiff zehn, fünfzehn Sekunden später auf einige vorgelagerte Felsen auffuhr, die etwa hundert Meter vor dem Strand unter einer dünnen Schicht Sand verborgen lagen.

Mit einem ohrenbetäubenden Krachen und Kreischen lief die *Zephyros* auf den Felsen auf. Metall barst, verformte sich, platzte und riss wie gespanntes Papier auseinander. Der Kutter stieg mit dem Bug steil in die Höhe, und einen Herzschlag lang hatte es den Anschein, als wollte der Trawler fast senkrecht in den Himmel aufsteigen, um auf diese Weise das felsige Hindernis doch noch zu überwinden. Gleichzeitig legte er sich so stark nach Backbord auf die Seite, dass dort die schaumgekrönten Wellen über die Reling schlugen und das Deck überspülten.

Aber dann kam diese Bewegung zu einem abrupten Stillstand und die *Zephyros* saß mit einem brutalen, kurzen Ruck und unter Wasser liegender Backbordseite auf den Felsen fest. Es war, als wäre der Fischkutter gegen eine unsichtbare und unüberwindliche Mauer geprallt.

Leah hörte gellende Warnschreie, als der Bug des Kutters sich in den morgengrauen Himmel hob, und sah zu ihrem Entsetzen, wie sich ihr das Meer zuzuneigen schien. Fatalerweise hatte sie noch schnell von der Backbordreling wegtreten und sich mittschiffs einen Platz suchen wollen, wo sie sich besser festhalten konnte.

Es war der denkbar schlechteste Zeitpunkt und es hätte sie beinahe das Leben gekostet. Denn genau in dem Moment hielten die Felsen den Kutter fest.

Wie von einem Katapult geschossen wurde sie von Bord geschleudert, und noch bevor sie begriff, wie ihr geschah, und sie ihre Angst hinausschreien konnte, raubte ihr auch schon der harte Aufschlag auf dem Wasser das Bewusstsein. Sie bekam noch nicht einmal mit, wie die eisigen Fluten über ihr zusammenschlugen, geschweige denn dass sie das wütende Stakkato des britischen Maschinengewehrs hörte, dessen Kugeln rund um die *Zephyros* Wasserfontänen hochspritzen ließen. Später glaubte sie, sich daran erinnern zu können, dass sie nur eine Armlänge entfernt am Ruderhaus vorbeigeflogen war und es ihren sicheren Tod bedeutet hätte, wenn sie im Moment, als sie von Bord geschleudert worden war, nur einen Meter weiter mittschiffs gestanden hätte.

Sie bekam nicht mit, wer ihren Sturz sah und ihr in die eisigen Fluten nachsprang. Sie konnte sich später nur erinnern, kurzes wütendes Geschrei gehört zu haben. Aber nicht einmal dessen war sie sich sicher, rang sie doch mit der drohenden Bewusstlosigkeit. Dann griffen kräftige Hände nach ihr und rissen sie aus dem brusttiefen Wasser, bevor sie ertrinken konnte.

Es war Ari. Er schüttelte sie und schlug ihr mit der flachen Hand ins Gesicht, damit die Bewusstlosigkeit sie nicht überwältigte.

Leah blinzelte benommen, spuckte Wasser und rang hustend und keuchend nach Atem. Dass Ari sie auf seinen Armen durch das Wasser und an Land trug, drang nur wie durch einen Nebel in ihr Bewusstsein. Ihr Gesicht schien in Flammen zu stehen, so sehr brannte es vom harten Aufschlag. Stechende Kopfschmerzen hämmerten gegen ihre Schädeldecke und stachen von hinten gegen ihre Augen.

Benommen nahm sie die Männer wahr, die auf sie zu gerannt kamen und sie rasch in den Schutz der Dünen brachten. Noch immer fielen Schüsse. Es war das harte, unerbittliche Tackern eines Maschinengewehrs, das von den Dünen aus mit leichteren Waffen beantwortet wurde.

»Bist du okay?«, fragte Ari. Er stützte und führte sie zu einem taubengrauen Bus, der im Schutz einer hohen Düne wartete. Die Fenster waren vergittert und zusätzlich mit einem Drahtnetz verhängt. »Kannst du gehen?«

Leah blinzelte ihn an. Es fiel ihr schwer, einen klaren Gedanken zu fassen. Ihr Kopf dröhnte und schien gleich zerspringen zu wollen. Sie zitterte vor Kälte, merkte es aber nicht einmal. »Ja … doch … es geht«, stammelte sie und begriff plötzlich, dass sie in Palästina war. Es erschien ihr unwirklich.

»Beeilt euch!«, rief eine fremde Stimme. »Wir müssen verschwinden, bevor hier die Falle zuschnappt. Gleich werden hier Soldaten aus der nächsten Garnison auftauchen und den Strandabschnitt großräumig abriegeln! Dann hättet ihr auch gleich in Zypern bleiben können!«

»Sind alle von euch heil durchgekommen?«, rief eine andere fremde Stimme hinter Leah.

»Ja«, hörte sie Captain Ike zurückrufen, »bis auf ein paar Kratzer und Prellungen haben alle den Crash heil überstanden, dem Himmel sei Dank!«

Jannek tauchte auf einmal neben ihr auf, drängte Ari zur Seite. »Wag das nicht noch einmal, Bursche!«, hörte sie ihn zischen, was überhaupt keinen Sinn ergab. Aber vielleicht meinte er ja einen anderen. Jannek warf ihr eine Decke über die Schulter, die von irgendwoher kam, und legte schützend seinen Arm um sie. Er sagt etwas, aber es erreichte sie nicht. Ihr drohten wieder die Sinne zu schwinden. Sie kämpfte mit aller Willenskraft dagegen an, und es gelang ihr, klarer im Kopf zu werden und ihre Umgebung schärfer wahrzunehmen.

Der Motor des Busses vor ihr sprang an und spuckte eine dunkle, stinkende Abgaswolke aus.

»Warum sind die Fenster vom Bus vergittert und mit Maschendraht verhängt?«, hörte Leah sich selbst fragen.

»Um die Handgranaten und Molotow-Cocktails der Araber abzu-halten«, antwortete Ari in ihrem Rücken, und er sagte es so beiläufig, als teilte er ihr etwas mit, was in diesem Land zum Alltag gehörte und eigentlich keiner besonderen Erwähnung bedurfte.

Und dann sagte jemand lakonisch: »Willkommen im Gelobten Land!«

Dritter Teil

Genesis

Januar 1947 – Juni 1948

1

Haifa sah an diesem klaren Morgen wie frisch gewaschen aus. Die Häuser, die sich über die grünen und teilweise noch bewaldeten Hänge den Karmel hinaufzogen, leuchteten im Sonnenlicht. Sie waren fast ausnahmslos aus seinem gelbweißen Felsgestein errichtet und besaßen flache Dächer. Während Haifa rund um die weit geschwungene Bucht mit seinen alten, verwinkelten Vierteln und dem arabischen Bazar mit seinem unglaublichen Menschengetümmel noch sehr orientalisch geprägt war, gaben die modernen Wohnviertel wie die am Karmel-Berg Zeugnis ab von dem enormen wirtschaftlichen Wachstum und Bauboom der letzten Jahre.

Die *Pension Weinreb* lag auf der Herzl Street, am Fuß des Berges. Von dort war es nur einen Sprung bis zur Haltestelle der Buslinie 4, die hinauf auf den Karmel fuhr, wo sich die private Nervenklinik von Doktor Meshulam Mendelssohn befand. Sophie hatte mit ihrem Vater und ihrem Bruder schweigend am Frühstückstisch gesessen und kaum mehr als eine Tasse Kaffee hinuntergebracht. Ebenso schweigend verließen sie die Pension, gingen zur Haltestelle an der Straßenecke und bestiegen wenig später den alten, grau lackierten Bus der Karmel-Linie. Der Fahrer trug wie die meisten seiner Berufskollegen nach Art der Engländer Kakihemd, kurze Kakishorts und wadenlange Wollstrümpfe, in denen rechts eine Pfeife steckte.

Auch jetzt verspürte keiner von ihnen den Drang, ein Gespräch anzufangen. Jeder war in seinen eigenen Gedanken, Ängsten und bangen Hoffnungen gefangen. Zudem war dies der Tag, an dem sich ihre Wege trennen würden.

Kurz ging es Sophie durch den Kopf, wie seltsam das Leben in Palästina war. Zwar gab es gut zweimal so viele Araber wie Juden in diesem Land, aber ihrer beider Leben berührten sich kaum. Sie lebten unter einem gemeinsamen Himmel, ja teilweise sogar in derselben Stadt, aber dennoch in getrennten Welten. Araber und Juden setzten sich noch nicht einmal zusammen in einen Bus, jeder hatte eigene Buslinien!

Ein gutes Ende wird das nicht nehmen!

Über die trügerisch idyllische Welt der besseren Leute vom Karmel, die an den Busfenstern vorbeiruckelte, legte sich ein schmutzig graues Gitter. Sophie wunderte sich flüchtig, wie schnell sie sich in den vergangenen zwei Wochen an den Anblick vergitterter Busfenster gewöhnt hatte – und an das, was sie bedeuteten, nämlich bescheidenen Schutz vor Molotow-Cocktails und Handgranaten arabischer Terroristen. Auch die fast allgegenwärtige Präsenz britischer Soldaten, die schwer bewaffnet Patrouille fuhren und auf deren Kontrollposten man überall im Land stieß, war in dieser Zeit zu einem gewohnten Bild geworden. Selbst auf die Handzeichen junger Araber, mit denen sie ihnen, den verhassten Juden, im Vorbeifahren den Tod wünschten, reagierte sie nicht mehr mit Verstörung und Erschrecken.

Man brauchte wirklich nicht lange im Land zu sein, um zu begreifen, dass sich Palästina in dem eigenartigen Zustand eines unerklärten, aber schon längst ausgebrochenen, unterschwelligen Krieges befand. Es war ein Zermürbungs- und zugleich ein Mehrfrontenkrieg, der das Land befallen hatte und sich wie ein stark eiterndes Geschwür immer mehr ausbreitete und das Leben selbst der Friedfertigsten vergiftete.

Die Untergrundkämpfer der *Haganah* sprengten im Grenzgebiet zu Transjordanien, Syrien und dem Libanon Brücken und Eisenbahnlinien in die Luft, zerstörten an der Küste britische Radarstationen, um ihren rostzerfressenen Alija-Bet-Schiffen eine größere Chance bei der Durchbrechung der Küstenblockade zu verschaffen, und unternahmen Überfälle auf Waffendepots der Armee, versuchten dabei jedoch möglichst Blutvergießen zu vermeiden.

Diese Skrupel waren den Mitgliedern der rechtsnationalistischen Splittergruppe *Irgun* fremd, die sich vor Jahren von der *Haganah* abgespalten hatte, weil ihren die Haltung der Haganah gegenüber der Mandatsmacht zu nachsichtig war. Für sie war Großbritannien eine Besatzungsmacht, mit der sie im Krieg lagen und von der sie im Falle einer Gefangennahme den Kriegsgefangenenstatus gemäß der Genfer Konvention verlangten, der ihnen aber verweigert wurde. Angeführt von dem ebenso charismatischen wie gewaltbereiten Menachem Begin, führten seine Mitglieder einen blutigen und grausamen Guerillakrieg gegen die verhassten Briten. Sie töteten nicht selten auch gezielt britische Soldaten.

Ähnlich rücksichtslos agierten die Anhänger der *Lechi*, eine noch kleinere, aber nicht minder radikale Gruppe, deren Untergrundkämpfer sich wie die der *Irgun* den bewaffneten Krieg gegen die britischen Soldaten auf ihre Fahne geschrieben hatten.

Worauf das britische Militär, ganz in der Tradition einer sich noch allmächtig und unbesiegbar wähnenden Kolonialmacht, mit Massenverhaftungen, wachsenden Repressionen, gezielten tödlichen Schüssen in die Menge der Demonstranten, Hinrichtungen und Auspeitschungen sowie brutalen, überfallartigen Durchsuchungen von Siedlungen, ja ganzen Stadtvierteln reagierte.

Indessen warfen arabische Freischärler und Terroristen überall im Land aus dem Hinterhalt Granaten und Molotow-Cocktails auf jüdische Busse und Lastwagen, überfielen nachts Kibbuzim, fackelten Felder, Scheunen und Wohnhäuser ab, schossen aus dem Hinterhalt auf die Siedler, denen der Besitz und das Tragen von Waffen von den Briten unter strengster Strafe verboten war, legten Minen in die Zufahrtsstraßen der Siedlungen und vergruben Sprengsätze in Äckern und Feldern. Überall zogen sich Blutspuren durch das Land und es wuchs die Zahl der Gräber.

Sophie unterdrückte einen schweren Stoßseufzer und verdrängte den bedrückenden Gedanken, dass Gewalt in jeder Form zum traurigen Alltag hier im Heiligen Land gehörte – und dass gerade mal 600 000 Juden gegen fast anderthalb Millionen Araber standen, die zudem auf den politischen wie militärischen Beistand der Briten zählen konnten.

Ratternd quälte sich der alte Bus die gewundene Straße den Karmel hinauf, überholte ein Pferdefuhrwerk mit Möbeln und kurz darauf einen Mann mit einem Eselkarren, der Brote einer Bäckerei auslieferte. Ansehnliche Häuser mit gepflegten Gärten zogen hinter den vergitterten Fenster des Busses vorbei, fast jedes zweite ein Neubau. Überall sah man in den Vorgärten Jasminbüsche, üppig wachsenden Oleander und Bougainvilleasträucher und die stillen, schattigen Straßen waren von Platanen, Zypressen und Maulbeerbäumen gesäumt. Hier und da, wo der Blick zwischen den Bäumen hinunter auf die Stadt und die Bucht fiel, blitzte für einen Moment ein glitzerndes Stück Meer auf. Am Karmel hoch über der Stadt zu wohnen, war das Privileg der wohlhabenden Bevölkerung von Haifa.

»Hier müssen wir raus«, sagte Herschel zwei Haltestellen später und stieg mit einem schweren Stoßseufzer aus. Den Rest des Weges zur Klinik mussten sie zu Fuß zurücklegen. Es war jedoch nur ein kurzes Stück von der Haltestelle den Berg hinauf zu einer Seitenstraße, die sie hundert Meter weiter zur privaten Anstalt führte. Doch jetzt wünschte er, nachdem er die letzten Tage im Kibbuz voller Unruhe und Ungeduld dieser Stunde entgegengebangt hatte, es bliebe ihm noch viel mehr Zeit, bis er Dr. Meshulam Mendelssohn gegenüberstand und dieser seine Diagnose nach der vereinbarten zweiwöchigen Beobachtung stellte. Er fürchtete ein Urteil zu hören, das er auf keinen Fall hören wollte.

Ein Militärjeep kam die Straße hoch, bremste kurz vor ihnen scharf ab und rollte auffällig langsam an ihnen vorbei. Er war besetzt mit vier Soldaten, drei von ihnen hielten ihr Gewehr schussbereit über dem Schoß. Sie warfen ihnen argwöhnische Blicke zu. Es handelte sich um Fallschirmjäger der 6. Fallschirmjäger Division in typischer britischer Kakiuniform. Man nannte sie wegen ihrer roten Baretts spöttisch *Kalaniot*, »rote Anemonen« oder auch »der Klatschmohn mit dem schwarzen Herzen«. Ihre Verlegung nach Palästina hatte nach den blutigen arabischen Aufständen der vergangenen Jahre den brüchigen Frieden sichern sollen. Aber die britische Parteinahme für die arabische

Seite war zu offensichtlich, um die explosive Stimmung zu entschärfen, eher traf das Gegenteil zu.

Marius reckte das Kinn und erwiderte die unfreundlichen, stechenden Blicke der Fallschirmjäger mit grimmiger, herausfordernder Miene. Dabei nahm er die heruntergerauchte Zigarette aus dem Mund und hielt sie zwischen Daumen und Zeigefinger, als wollte er die Kippe jeden Moment gegen die Räder des offenen Jeeps schnippen.

»Lass das bloß, sonst halten sie uns an und filzen uns, nur um uns den Tag zu vermiesen!«, raunte Sophie, die ahnte, was er vorhatte, und hakte sich bei ihm ein, während sie in Gedanken hinzusetzte: Und der Tag wird auch so schon alles andere als erfreulich sein!

»Ja, uns Juden schikanieren sie bei jeder Gelegenheit, aber die Araber lassen sie in Ruhe, denen schauen sie nicht unter die Gewänder und nehmen ihnen die Waffen nicht ab!«, grollte Marius, wandte jedoch den Blick ab. Die Kippe ließ er zu Boden fallen und trat sie mit dem Schuh aus.

Einer der Soldaten riss den Arm zum Heil-Hitler-Gruß hoch, die anderen lachten wie über einen besonders gelungenen Scherz, dann gab der Fahrer plötzlich Gas und raste hinter dem Bus her, der gerade hinter einer scharfen Biegung verschwand.

Marius spuckte hinter ihnen auf die Straße.

Die private Nervenheilanstalt lag am Ende einer Sackgasse, hinter einer hohen immergrünen Hecke, die den umlaufenden Zaun vor den Blicken verbarg, und umgeben von einem großen, fast schon parkähnlichen Garten. Das zweistöckige Gebäude mit Flachdach sah nicht nach einer geschlossenen Anstalt, sondern mehr wie die etwas zu groß geratene Villa eines reichen Unternehmers mit allzu großzügig ausgefallenen Gästeflügeln aus.

»Gebe Gott, dass Dr. Mendelssohn Nachrichten für uns hat, die Hoffnung machen!«, sagte Herschel leise, als man ihnen öffnete und sie ins Haus führte.

Marius, der mit Sophie ein Stück hinter dem Vater blieb, schüttelte den Kopf. »Ich weiß nicht, was Pa sich erhofft«, flüsterte er bedrückt.

»Wenn sich Moms Zustand zum Besseren verändert hätte, wäre es doch nicht bei diesem Termin geblieben, sondern Dr. Mendelssohn hätte uns schon eher aus dem Kibbuz kommen lassen, oder?«

Sophie nickte, auch sie machte sich keine Hoffnung. Aber so bitter die geistige Verwirrung der Mutter auch war, so sehr waren sie alle doch dankbar, dass sie nach ihrer nächtlichen abenteuerlichen Flucht hier sofort Aufnahme und fachärztliche Betreuung erhalten hatte. Das verdankten sie Simon Lebrechts Fürsprache, auf die hin der Präsident der Hebräischen Universität sofort tätig geworden war. Er hatte sich mit Dr. Mendelssohn in Verbindung gesetzt und alles Nötige arrangiert.

Meshulam Mendelssohn, ein hochgewachsener und attraktiver Mann von Mitte fünfzig mit schmalem Gesicht, prägnanter Nase und einem makellos gestutzten eisgrauen Vollbart, ließ sie nicht lange warten. Er empfing sie in einem leicht verknitterten Dreiteiler aus sommerhellem Leinen und einer safranfarbenen Fliege mit weißen Pünktchen unter dem blütenweißen Hemdkragen.

»Der Zustand Ihrer Frau und Mutter ist bedauerlicherweise unverändert«, teilte er ihnen ohne große Umschweife und mit österreichischer Tonfärbung mit. »Ihr Gehirn befindet sich sozusagen außerhalb der Zeit, wie ich es einmal ausdrücken möchte. Der menschliche Geist, die Psyche, ist leider noch eine zu wenig erforschte Welt. Sie ist sozusagen für uns noch voller weißer Flecken, die erkundet, vermessen und begriffen werden wollen, bevor wir seelische Verletzungen zielsicher diagnostizieren und heilen können. Aber das heißt nicht, dass es keinen Grund zur Hoffnung gibt, verehrter Herr Buchheim.«

Herschel sah ihn mit verzweifelter Miene an. »Und das sind nicht nur trostvolle Worte?«

»Das sind sie gewiss nicht«, versicherte Mendelssohn ernst. »Der Geist Ihrer Frau hat zwar den Vorhang vorgezogen, und keiner kann sagen, was genau sich dahinter abspielt und wie lange das so bleibt. Aber sie befindet sich doch im Besitz all ihrer motorischen Fähigkeiten und führt sogar unter Anleitung viele eingespielte, alltägliche Handhabungen eigenständig aus wie die Einnahme der Mahlzeiten und das

An- und Ausziehen. Damit befindet sie sich in einem erheblich besseren Zustand als viele andere meiner Patienten.«

»Der Vorhang vor ihrem Geist kann sich also eines Tages wieder heben?« Wie ein Ertrinkender, der auch noch nach dem kleinsten Strohhalm greift, klammerte sich Herschel an diese vage Möglichkeit.

Dr. Mendelssohn nickte. »Er *kann*, muss es aber nicht«, sagte er einschränkend und führte sie dann zu ihr.

Margots Zimmer war geräumig, hell und ansprechend eingerichtet. Es ging zum Garten hinaus. Das Gelände neigte sich leicht zur hinteren Umfassung hin. Deshalb bot sich selbst von den unteren Zimmern aus ein fantastischer Ausblick auf die unter ihnen liegende Stadt und die im Sonnenlicht funkelnde, sichelförmige Bucht mit ihren Sanddünen. Der Blick zur Rechten ging hinüber nach Akko, das mit seinen Festungsruinen aus der Zeit der Kreuzfahrer am nördlichen Bogenende der Bucht lag, und reichte bis hin zu den Bergen Samariens am fernen Horizont. Palästina war ein winzig kleines Land, dabei schmal von Ost nach West und lang gezogen auf seiner Nord-Süd-Achse.

Margot saß in eine warme Decke gewickelt auf der überdachten Terrasse in einem bequemen Korbstuhl mit Armlehnen. Sie hatte die Augen aufgeschlagen, aber ihr Blick war leer und ging durch ihre Besucher hindurch.

Sie alle sprachen mit ihr, aber es war eine gespenstische, einseitige Konversation. Herschel bewunderte den prächtigen Judasbaum, der zur Linken emporragte. »Er wird wohl bald schon rosa Blüten tragen. Wird das ein Fest fürs Auge sein!«

Margot saß reglos da und auch in ihrem Gesicht rührte sich nichts. Sie führte noch nicht einmal eines ihrer kurzen Selbstgespräche, die um Felix kreisten, als wäre er noch am Leben.

Sophie verspürte Traurigkeit darüber, dass nichts, was sie sagten, ihre Mutter erreichte. Aber ihrem Kummer fehlte der bittere Schmerz, den sie anfangs gefühlt hatte. Dieses Fehlen bereitete ihr ein Schuldgefühl, und sie fragte sich, ob sie sich dessen schämen musste.

»Irgendwann wird sie zurückkommen, womöglich so schnell, wie sie gegangen ist«, sagte Herschel, als es Zeit war, aufzubrechen. »Wie kann ich sie hier zurücklassen? Jemand muss auf sie warten, mit ihr sprechen und da sein, wenn es so weit ist!«

»Mutter ist hier in bester Pflege, Pa«, sagte Marius geduldig und zog ihn sacht von der Tür weg. »Und die meisten Schwestern kommen aus Deutschland oder Österreich. Es wird gut für sie gesorgt.«

»Ja, aber das ist nicht dasselbe.«

Unerklärlicher Zorn flammte plötzlich in Sophie auf. »Willst du vielleicht Tag und Nacht hier bei ihr sitzen, ihre Hand halten und Selbstgespräche führen?«

Hilflos und mit gequältem Ausdruck sah der Vater sie und dann Marius an, als erhoffte er sich von ihm Beistand.

»Es bleibt dabei, wie wir es mit Lebrecht ausgemacht haben«, sagte Marius ruhig, aber entschlossen. »Pa und ich fahren heute nach Jerusalem. Dort wartet eine Anstellung im Archiv der Universität auf dich. Und mit etwas Glück kann Lebrecht auch mir Arbeit verschaffen. Dann verdienen wir endlich etwas Geld, können auf eigenen Beinen stehen und anfangen, etwas von dem abzustottern, was wir Dr. Mendelssohn schulden.«

Herschel seufzte schwer. »Ja, das müssen wir natürlich. Ach, was verdanken wir nicht schon alles dem lieben Lebrecht«, sagte er und sträubte sich nicht länger gegen das Notwendige und Unabwendbare. »Ich wünschte nur, du würdest mit uns nach Jerusalem kommen, Sophie. Mein Gott, Jerusalem, der Altar der Welt!« Seine Augen glänzten plötzlich, waren von neuem Leben und freudiger Erwartung erfüllt. »Ist das nicht der Lebenstraum eines jeden Juden? Und du gehörst doch zu uns, Kind.«

Sophie schenkte ihm ein warmes Lächeln und berührte zärtlich seine schlecht rasierte Wange. »Ich bin deine Tochter, Pa, aber ich *gehöre* nicht zu euch. Wenn ich überhaupt zu irgendjemandem gehöre, dann zu meinen Freunden im Kibbuz. Ich möchte hier in Palästina nicht in einer Stadt leben, auch nicht in Jerusalem, sondern zu den *Chaluzim* gehören, wie sie hier sagen, zu den Pionieren, und mit meinen eigenen Händen etwas aufbauen, so wie Leah, Jannek und die anderen es wollen.«

Der Vater nickte traurig und verständnisvoll zugleich.

Marius dagegen verzog das Gesicht. »Na, ich bin heilfroh, aus diesem marxistischen Wir-sind-alle-gleich-Kibbuz herauszukommen, in den die *Haganah* uns verfrachtet hat. Die zwei Wochen in dem Barackendorf haben mir vollauf gereicht, um vom Kibbuzleben für alle Zeiten geheilt zu sein!«

Sophie fühlte sich in der Defensive, denn sie konnte nicht verhehlen, dass auch sie sich das Leben in einer jüdischen Siedlungsgemeinschaft anders vorgestellt hatte als das, was sie im Kibbuz Bar Giora angetroffen hatte. »Es mag ja nicht alles so sein, wie wir es uns ausgemalt haben, aber ist das nicht ganz normal? Und dass diese Sabres im Kibbuz von einer reichlichen rauen und kratzbürstigen Art sind, das habe ich auch bemerkt. Aber mein Gott, wir sind erst zwei Wochen im Land! Wir müssen doch erst einmal abwarten, uns einleben, die Leute dort richtig kennenlernen und dem Kibbuzleben einfach in allem mehr Zeit geben«, erwiderte sie ausweichend.

»Kibbuz ist Mist, aber egal, das ist deine Sache. Eins ist jedoch sicher: Du wirst mir fehlen«, sagte Marius leise.

»Du mir auch, Bruderherz.«

»Soll ich Teddy was ausrichten, wenn ich ihn und die anderen von der *Palmach*-Gruppe in Jerusalem sehe?«, fragte er später schelmisch auf dem Weg zur Bushaltestelle und zog die Brauen hoch.

Sie errötete leicht unter seinem anzüglichen Blick. »Natürlich, du Blödmann! Dass er sich gefälligst so bald wie möglich bei mir sehen lassen soll!«

Gemeinsam fuhren sie hinunter in die Stadt und holten aus der Pension ihr bescheidenes Gepäck. Sophie hatte für die eine Nacht nur eine kleine Reisetasche mitgebracht. Dann begleitete sie die beiden zur Haltestelle, wo der Überlandbus nach Jerusalem abfuhr. Alle hatten sie Tränen in den Augen, als sie sich umarmten und Abschied voneinander nahmen. Dann stiegen Vater und Bruder in den staubigen Bus.

Sophie winkte ihnen noch nach, wischte sich die Tränen aus den Augen und wurde sich plötzlich schmerzhaft bewusst, dass sie zum ersten Mal in ihrem Leben ganz auf sich allein gestellt war, und das in einem fremden Land, von dem sie hoffte, es eines Tages aus vollem Herzen Heimat nennen zu können.

2

Die Stille hinter den schweren Türen war unerträglich. Sie dröhnte vom Widerhall dumpf polternder Blausäurekanister in den Schächten, wild trommelnder Fäuste und Tausender Schreie. Die grausame Stille schwoll immer mehr an, drohte seinen Schädel zu sprengen. Er wollte davonrennen, weil er wusste, was gleich geschehen würde. Doch eine teuflische Kraft hielt ihn auf dem kalten Beton der unterirdischen Rampe zurück, zwang ihn, vor den Pforten der Hölle zu warten. Und dann brachen auch schon die Türen auf und Berge von nackten Körperteilen schossen auf ihn zu. Hände fielen gegen seine nackten Beine, sie waren noch warm und schienen ihn festhalten zu wollen.

Er riss sich los und taumelte durch ein Meer aufgerissener Münder. Riesenhafte Zangen stießen wie Aasgeier herab und griffen nach dem Gold in ihnen, rissen es heraus. Eine der Zangen gehörte ihm. Angewidert wollte er sie von sich werfen. Doch da sah er zu seinem Entsetzen, dass ihm die Zange anstelle einer Hand in den Arm gewachsen war. Er würde sie nie mehr loswerden, es sei denn, er schlug sich den Arm ab.

Von maßlosem Grauen gepackt, taumelte er an Feuergruben und Öfen vorbei, aus deren offenem Schlund Flammen nach ihm leckten. Und aus dem prasselnden Flammeninferno streckten sich ihm Arme entgegen, versuchten ihn zu packen und ins Feuer zu ziehen. Wohin er auch rannte, die lodernden Gruben und Ofenschlünde rückten immer näher, ließen ihm kein Entkommen. Gleich hatten sie ihn und würden ihn in die Flammen zerren!

Mit einem gequälten Aufschrei, den das Kopfkissen aus Sackleinen erstickte, fuhr Jannek aus dem Albtraum auf. Er riss die Augen auf, warf sich in schläfrig schreckhafter Benommenheit herum und sah sich von tiefer Finsternis umgeben. Erlöst schloss er kurz die Augen.

Sein Herz raste, in seinen Ohren rauschte das Blut wie eine Sturzflut, und er zitterte wie von einem heftigen Schüttelfrost gepackt. Mit stoßhaftem Atem setzte er sich auf, warf die Decke zurück und schwang die Beine aus dem Bett. An Schlaf war nicht mehr zu denken, vorerst jedenfalls nicht. Er legte die Ellbogen auf die Knie und stützte seinen Kopf in die Hände. Kalter Schweiß bedeckte sein Gesicht.

Langsam ließ das Zittern nach und allmählich beruhigte sich auch sein wilder Herzschlag. Er hörte nun Mottes gleichmäßigen, leicht pfeifenden Atem aus dem Bett über sich und das verhaltene Schnarchen der beiden anderen Kibbuz-Junggesellen, mit denen sie sich den engen Schlafraum in einer der primitiven Baracken teilten. So richtig warm geworden waren sie in den fast drei Wochen, die sie nun schon im Kibbuz Bar Giora lebten, mit den beiden Zimmergenossen nicht. Genau genommen hatten sie eigentlich bisher mit keinem aus der Siedlung näheren Kontakt bekommen, geschweige denn so etwas wie eine Freundschaft geschlossen. Sie waren noch immer die Fremden, die Außenseiter, die »Übriggebliebenen«, die die Shoa verschont und aus den KZ wieder ausgespuckt hatte.

Aber was zählte das schon gegen die Dämonen, die ihn in seinem Schlaf verfolgten und ihn in letzter Zeit wieder fast jede Nacht heimsuchten!

Jannek hielt es nicht länger in dem engen Zimmer mit seiner verbrauchten, muffigen Luft. Leise zog er sich an, fuhr in seine Schuhe, griff sich seine Jacke und schlich sich aus der Kammer hinaus ins Freie.

Kühle Nachtluft und ein klarer Sternenhimmel empfingen ihn. Der Kibbuz Bar Giora, benannt nach einem jüdischen Freiheitskämpfer zur Zeit der römischen Besatzung im ersten Jahrhundert nach Christus, lag in der weiten Scharonebene, gute dreißig Kilometer im Inland und fast gleich weit von Haifa wie von Tel Aviv entfernt. Deutlich zeichnete sich in der Ferne jenseits der Felder, Äcker und Zitrusplantagen der Siedlung das raue Bergland Samariens ab.

Nächtliche Stille lag über dem Kibbuz, doch die war in diesem Land trügerisch. Überfälle arabischer Räuber und Heckenschützen im Schutz der Dunkelheit geschahen immer öfter. Selbst bei Tag musste man ständig damit rechnen, beschossen zu werden, vor allem, wenn man die relative Sicherheit einer Siedlung verließ, sich über Land begab und dabei arabische Dörfer passierte.

Jannek wusste, wo die nächtlichen Wachen des Kibbuz postiert waren und in welchen Intervallen sie an ihrem Abschnitt ihre Runde machten. Deshalb war es auch nicht schwer für Jannek, unbemerkt an ihnen vorbeizuschlüpfen und hinter einem *pardess*, einer Obstplantage, hinaus auf freies Land zu kommen. Ihn kümmerte nicht die Gefahr, in die er sich begab. Er wusste selbst nicht, warum es ihn dazu drängte. Es war einfach so. Außerdem, was ergab in seinem Leben überhaupt noch einen Sinn? Was machte er in diesem Land? Was um alles in der Welt erhoffte er sich denn hier? Glaubte er wirklich, die Vergangenheit wie ein zerschundenes Paar Schuhe abstreifen, hinter sich lassen und noch einmal neu anfangen zu können? Nur weil es das Heilige Land war, das Gelobte Land der Juden? Hatte er wirklich geglaubt, hier in Palästina so etwas wie Vergebung, ein neues Leben und vielleicht sogar so etwas wie Liebe zu finden?

Wie töricht von ihm, sich so etwas eingeredet zu haben! Er würde niemals Vergebung finden, nicht für das, was er getan hatte. Es gab keine Vergebung! Wie auch nirgendwo ein Himmel auf ihn wartete! Es gab überhaupt keinen Himmel. Nur die Hölle, und die existierte nicht irgendwo im Jenseits, sondern hier auf Erden!

Jannek wollte ein bitteres Lachen ausstoßen, doch es wurde zu einem verzweifelten Schluchzen. Er starrte hinauf in die sternenklare, unendliche Weite des Himmels und wurde von einem umfassenden Gefühl der Sinnlosigkeit und des Verlorenseins überwältigt.

Er sank auf den harten, steinigen Boden. Kniete mit gebeugtem Kopf wie ein zum Tode Verurteilter, der darauf wartete, dass das Schwert des Henkers auf seinen entblößten Nacken herunterfuhr. Und war er denn nicht auch längst verurteilt?

Also was machte er hier noch? Worauf wartete er? Warum machte er der Qual und den elenden Hoffnungen, die doch nur lächerliche Illusionen waren, nicht ein Ende? Dann hatte er es hinter sich und seinen Frieden.

Ja, warum nicht?

Tu es jetzt!

Jannek zog das Armeemesser aus der Scheide. Die breite, rasiermesserscharfe Klinge fing das Mondlicht auf, als er sie auf sein linkes, nach oben gedrehtes Handgelenk setzte. Zwei schnelle Schnitte durch die Pulsadern, und sein Leben würde hier langsam und ohne große Schmerzen im Boden versickern.

Einige lange Sekunden saß er so da, das Messer an der Pulsader. Dann begann seine Hand plötzlich zu zittern. Tränen schossen ihm in die Augen. Er ließ das Messer fallen und fiel nach vorn auf den Boden. Seine Hände krallten sich in den Sand, während er sein Gesicht in den Staub presste und die Erde sein verzweifeltes Schluchzen erstickte.

3

Es war ein kühler und windiger Wintertag auf der Scharonebene, aber Leah lief dennoch der Schweiß über das Gesicht, und sie wusste, dass es ihren Freunden hier auf dem Stück Brachland nicht anders erging. Sie sah, dass Sophie immer öfter innehielt, sich den Schweiß vom Gesicht wischte und sich den schmerzenden Rücken hielt. Gitta und Motte waren zäh und ausdauernd, aber auch sie hackten mit ihrer *Turia* nicht wie begeisterte Siedlungspioniere, sondern widerwillig und grimmig auf den steinigen Boden ein, als hätten sie dabei die Gesichter von einigen der besonders arroganten und rüden Kibbuzniks vor Augen. Selbst Jannek, der sonst mit geradezu stoischer Fügsamkeit und Ausdauer jede noch so schwere Arbeit verrichtete, als gelte es Wiedergutmachung zu leisten, legte immer öfter kurze Atempausen ein und starrte gedankenabwesend hinüber zu den kahlen Hügeln im Nordosten, von deren busch- und baumloser Anhöhe der Wind Staubwolken wehte. Einmal hörte sie ihn sogar unterdrückt fluchen.

Es lag nicht an der harten Knochenarbeit, die darin bestand, mit der schweren Hacke den steinharten Boden aufzubrechen und das Brachland für die Anlage scheinbar endlos langer Bewässerungsgräben vorzubereiten oder aber stinkende Senkgruben auszuheben. Jede dieser Arbeiten musste getan werden, und dass man sie, die Neuen, nicht mit Samthandschuhen anfassen, sondern ihre Entschlossenheit und ihren Arbeitswillen auf die Probe stellen würde, hatte keinen von ihnen überrascht. Sie hatten von Anfang an gewusst, dass sie die ersten Jahre in Palästina ein einfaches Leben mit viel Mühsam, harter Arbeit und nicht wenigen Gefahren erwartete.

Womit sie jedoch nicht gerechnet hatten, war die ausgesprochen kühle und reservierte Haltung, mit der man sie hier im Kibbuz Bar Giora aufgenommen hatte. Dass man sie gleich am ersten Tag hatte wissen lassen, dass sie für die anderen im Kibbuz *Chawerim semanim* waren, also nur zeitweilige Genossen, die sich zu bewähren hatten und der mehrheitlichen Zustimmung der Vollversammlung bedurften, um eines Tages als vollwertige Mitglieder aufgenommen zu werden, das war schon reichlich ernüchternd gewesen.

Dass die Unterkunft, die man ihnen zugewiesen hatte, primitiv war, Matratzen wie Kopfkissen aus mit Stroh gefüllten Jutesäcken bestanden und man nur am Abend für eine Stunde die Petroleumlampe brennen lassen durfte, hätte sie unter anderen Umständen nicht weiter gestört. Wie sie sich wohl auch mit dem kargen und eintönigen Essen leichter abgefunden hätten, das wie alles im Kibbuz unter einer rigiden Form von *Zena* stand, von spartanischer Selbstbescheidung.

Da waren die verdünnte Marmelade und der wässrige Kakao, die ständigen Gerichte aus faden, kaum gewürzten Auberginen, aus denen man bis auf Schuhsohlen offensichtlich alles machen konnte, wie Motte einmal sarkastisch bemerkte, als mal wieder tagelang schwer zu definierende Gerichte mit Auberginen in die Blechteller auf den langen Holztischen kamen, das winzige Stückchen Butter, das genau abgewogene zehn Gramm betrug und das es wie die eine Scheibe *Challah*, das Weißbrot, nur am Sabbat als Höhepunkt des Frühstücks gab. Und nicht zu vergessen die Eier, die nie auf den Tisch kamen!

»Esst sieben Oliven, die haben denselben Nährwert wie ein Ei«, hatte man sie barsch beschieden, als sie in den ersten Tagen nach Eiern zu fragen gewagt hatten. »Unsere Eier verkaufen wir. Das Geld ist wichtiger als der kurze Genuss! Ihr seid in Palästina und nicht im Schlaraffenland!«

Mit alldem hätten sie nach einigem Eingewöhnen wohl gut leben und sich arrangieren können, wenn man sie nur ein wenig freundlicher aufgenommen und ihnen auch nur ein wenig persönliches Interesse entgegengebracht hätte.

Doch das genaue Gegenteil war der Fall. Keiner interessierte sich für ihr Schicksal, ganz im Gegenteil. Dass sie aus den Lagern der UN-RRA kamen und zwei von ihnen KZ-Überlebende waren, betrachteten die meisten Männer und Frauen von Bar Giora unverhohlen als persönlichen Makel, ja manche werteten es sogar als schuldhaftes Versagen. Und sie gaben ihnen zu verstehen, dass sie sich als die »neuen Juden« verstanden und sich ihren Glaubensgenossen in Europa moralisch und ideologisch haushoch überlegen fühlten.

»Kommt uns bloß nicht mit diesen KZ-Geschichten! Die will hier keiner hören, einmal ganz abgesehen davon, dass es alles andere als ein Ruhmesblatt ist, dass ihr überlebt habt!«, bürstete sie eine der Vorsteherinnen schroff ab, als Gitta an einem der ersten Tage zufällig erwähnte, dass Leah Theresienstadt und Buchenwald und Jannek Sachsenhausen und Auschwitz überlebt hatten. »Ihr solltet euch vielmehr schämen! Warum habt ihr nicht gekämpft, wie wir es hier gegen die

Araber tun, die uns vernichten und ins Meer fegen wollen? Warum habt ihr euch stattdessen von den Nazis widerstandslos und einfältig wie die dummen Lämmer zur Schlachtbank führen lassen?«

Sie waren schockiert gewesen, und Leah hatte das Gefühl gehabt, als hätte man sie in aller Öffentlichkeit geohrfeigt. Zum Glück war Jannek nicht dabei gewesen, sonst wäre er der Vorsteherin vermutlich an den Hals gesprungen. Und bei dieser einen verletzenden Bemerkung war es nicht geblieben.

Leah hielt einen Moment im Hacken inne und stützte sich auf die Turia, als sie daran dachte, was ihr einer der älteren Männer erst vor zwei Tagen geraten hatte. Er hatte sie zu sich in den Kuhstall gezogen, damit die anderen nicht hörten, was er ihr ans Herz legen wollte.

»Du und dieser Jannek, ihr tut euch keinen Gefallen, wenn ihr nichts gegen eure KZ-Tätowierung macht. Es wird schon bald wieder wärmer und dann trägt keiner mehr langärmelige Hemden. Also seht zu, dass ihr die Nummern loswerdet!«, hatte er ihr nachdrücklich ans Herz gelegt. »Es wird sonst nicht leicht für euch!«

»Wie um Himmels willen sollen wir die denn loswerden?«, hatte sie schockiert gefragt.

»Brennt sie euch mit Zigaretten aus, so wie ich und zwei andere es hier gemacht haben!«, hatte er ihr leise anvertraut und dabei für einen kurzen Moment die lange Narbe auf seinem linken Unterarm entblößt. »Dann habt ihr Ruhe!«

Leah sann einmal mehr über die verstörende Tatsache nach, dass KZ-Überlebende in den Augen dieser Sabres und aller Juden, die vor der Shoa nach Palästina gekommen waren, in erster Linie nicht entsetzlich gequälte Opfer und Zeugen unvorstellbarer Grausamkeiten, sondern Feiglinge, Versager und »schlechtes Material« für die Schaffung eines jüdischen Staates waren. Diese Einstellung und so vieles andere, was das Leben in Bar Giora ausmachte, waren mehr als nur eine Ernüchterung. Nichts war auch nur annähernd so, wie sie es sich vorgestellt, erträumt und erhofft hatten – bis auf die Großartigkeit des weiten, herben Landes, das so steinig und unwirtlich aussah und doch wunderbare grüne Oasen hervorbrachte, wo Siedler mit langjähriger Zähigkeit und einer guten Portion Einfallsreichtum moskitoverseuchte Sümpfe trockenlegten und mit Bewässerungssystemen Wüstenboden in fruchtbare Äcker, Felder und Obstplantagen verwandelten.

»Verdammt, es reicht! Zigarettenpause!«, rief Gitta plötzlich, schleuderte ihre Hacke in den Dreck und holte Leah aus ihren deprimierenden Gedanken.

Müde und abgekämpft trotteten sie in den Schutz von einigen verkrüppelten Steineichen, sanken auf die Erde und steckten sich Zigaretten an.

»Nicht mal ordentliche Glimmstengel kann man sich für das armselige Taschengeld kaufen, das sie einem pro Woche zugestehen! Aber von uns Sklavenarbeit verlangen, damit haben sie kein Problem!«, platzte es plötzlich aus Gitta heraus, die wie die anderen auch nur flache, minderwertige *Latifs* in der Schachtel hatte. »Man kann es mit der *zena* auch übertreiben!«

»Könnte notfalls damit leben, wenn es das Einzige wäre, was mir hier langsam gegen den Strich geht!«, murmelte Sophie missgestimmt. »Ist es aber ganz und gar nicht.«

Leah horchte auf, waren das doch ganz neue Töne von ihren Freundinnen, dann nickte sie nachdrücklich. »Ehrlich gesagt ist in dem Kibbuz eine Menge nicht so, wie es sein müsste, damit ich mich hier wohlfühle ... und mich für ein Bleiben entscheiden könnte«, gestand sie nach leichtem Zögern und blickte in die Runde, gespannt, wie ihre Freunde wohl darauf reagierten. Bisher hatten sie auf unfreundliche Begebenheiten und Kommentare nur mit Kopfschütteln und verdrehten Augen reagiert. Es war, als wollte keiner der Erste sein, der seine maßlose Enttäuschung und seinen Zorn eingestand. Vor allem wollte wohl keiner die deprimierende Vermutung aussprechen, in einem Land gestrandet zu sein, das sie nicht wollte, und in dem sie nie Wurzeln schlagen würden, wie sehr sie es sich auch wünschten und wie hartnäckig sie sich auch darum bemühten.

»Warum sagst du nicht, was dir an Bar Giora *gefällt*?«, schlug Motte ironisch vor. »Das spart 'ne Menge Zeit beim Aufzählen, ist die Liste doch garantiert so kurz wie 'n Hasenschwanz – jedenfalls ist sie das bei mir!«

Leah blickte gespannt zu Jannek und wartete, ob auch er zu erkennen gab, wie er nach gut sechs Wochen über Bar Giora und ihre Aufnahme hier dachte. Er beschränkte sich jedoch auf ein knappes Nicken, ohne dabei den Kopf zu heben, und starrte weiterhin auf seine staubigen Schuhe.

»Mir gefällt schon das ganze … System nicht, nach dem der Kibbuz organisiert ist, diese überspannte Kibbuz-Demokratie!«, sagte Sophie nun gerade heraus und machte ihrem angestauten Ärger Luft. »Nicht, dass ich was gegen Demokratie hätte, versteht mich nicht falsch. Aber ich kann mit dem ständigen marxistischen Gerede und den kommunistischen Regeln, nach denen alles allen gehört, Privatbesitz nicht erlaubt ist und selbst sehr persönliche Entscheidungen nicht von den Menschen selbst, sondern von der Vollversammlung getroffen werden, also damit kann ich nichts anfangen. So stelle ich mir mein Leben nicht vor.«

»Du sprichst mir aus der Seele!«, sagte Leah, unendlich erleichtert, dass die anderen ähnlich dachten und fühlten wie sie. »Ein Leben nach diesen Regeln kann ich mir auch nicht vorstellen. Wenn ich einmal Kinder habe, werde ich sie jedenfalls nicht in ein Kibbuz-Kinderhaus geben, von fremden Erzieherinnen betreuen lassen und mich mit ein, zwei Stunden Besuchszeit am Nachmittag begnügen!«

Jannek hob den Kopf, zog die Brauen in die Höhe und fragte trocken: »Wie viele willst du denn?«

Unter seinem unvermittelten Blick, der etwas sehr Intimes an sich hatte, wallten in Leah Hitze und Verlegenheit auf. Zum Glück ging niemand darauf ein. Motte grinste bloß flüchtig, und Gitta und Sophie beschäftigte das Thema Kindererziehung ebenfalls viel zu sehr, um Zeit für eine Reaktion auf Janneks scheinbar spöttische Bemerkung zu verschwenden.

»Es ist für mich schon ganz schön bescheuert, zu glauben, dass

Kinder dem ganzen Kibbuz gehören, fern von den Erwachsenen in Kinderhäusern schlafen müssen und Eltern als Erzieher nicht recht taugen!«, erregte sich Gitta.

Sophie schnaubte abfällig. »Ihr habt doch gehört, die Leute streben hier große Ziele mit ihren Kindern und deren speziellen Erzieherinnen an, wollen sie doch einen ›neuen Typ von Mensch‹ heranziehen!«, erinnerte sie die anderen.

»Verrückt! Nicht mit mir und meinen Kindern, sofern ich sie einmal habe!«, erklärte Gitta entschlossen.

»Mit mir auch nicht!«, pflichteten Leah und Sophie ihr wie aus einem Munde bei.

»Da haben drei tapfere Löwinnen jetzt wirklich kräftig und wahrhaft Furcht einflößend gebrüllt«, bemerkte Jannek nun und schnippte seine Kippe in den Sand. »Und was jetzt? Trollt ihr euch wieder zurück aufs Feld zur Arbeit oder folgen dem Gebrüll auch Taten?«

»Himmelarsch, das ist eine verdammt gute Frage«, murmelte Motte.

Die weithin schallenden Töne der Glocke, die sie zum Abendessen in den *Chadar Ochel*, den Speisesaal des Kibbuz, rief, befreiten Sophia, Leah und Gitta aus dem Dilemma, Farbe zu bekennen und darauf eine Antwort zu geben.

4

Sie schulterten ihre Turia und machten sich auf den Weg zurück in das Zentrum des Kibbuz, dessen Wohnhäuser sich um die lange Holzbaracke mit dem gemeinschaftlichen Essraum gruppierten. In Bar Giora gab es kein individuelles Kochen, selbst für die nicht, die es gern getan hätten. Die Gemeinschaftsküche erlaubte ebenso wenig Ausnahmen wie die elternferne Aufzucht und Erziehung der Kinder. Ein weiterer Punkt, der ihnen auf Dauer gesehen nicht gefiel.

Als sie sich den Häusern näherten, führte sie der staubige Weg an einem Lastwagen vorbei, der am Wegrand abgestellt stand. Ihre Unterhaltung war längst verstummt. Müde, niedergeschlagen und gedankenversunken wollten sie schon am Laster vorbeigehen, als sie plötzlich eine ihnen unangenehm vertraute Stimme hörten. Sie gehörte Branka Machai, einer kräftig gebauten Frau um die vierzig mit kurzem dunkelbraunem Haar, hohen Wangenknochen und überaus ansprechenden Gesichtszügen. Was Leah und die anderen an dieser Frau, die zum dreiköpfigen Komitee der Siedlungsvorsteher gehörte, alles andere als anziehend fanden, war ihre schroffe, kratzbürstige Art, insbesondere aber ihre unverblümt verletzenden Kommentare. Sie war es gewesen, die Gitta angefahren und sich »diese KZ-Geschichten« harsch und kategorisch verbeten hatte.

Und nun hörten sie Branka Machai sagen: »...denn nicht eine Spur von zionistischem Bewusstsein steckt in diesen Leuten!«

Worauf eine harte Männerstimme, die sie nicht einzuordnen wussten, beipflichtend erwiderte: »Viel halte ich ja nicht von Ben Gurion[34], der Kerl ist mir zu alt und zu weich, um uns gegen den erbitterten Widerstand der Engländer in die nationale Selbstständigkeit zu führen. Aber in einem hat er recht, nämlich als er damals über die Überlebenden der Shoa sagte: ›Sie hätten nicht überlebt, wenn sie nicht das gewesen wären, was sie waren – harte, böse und eigennützige Menschen. Und was sie durchgemacht haben, hat die wenigen guten Eigenschaften zerstört, über die sie noch verfügt hatten.‹ Besser kann man es wohl kaum mit zwei, drei Sätzen zusammenfassen, oder?«

»Ja, was für eine Vergeudung von Geld und Organisationstalent, diese menschlichen Wracks aus den Lagern zu holen und zu versuchen, sie ins Land zu schmuggeln!«, sagte Branka Machai.

Abrupt waren die vier Freunde stehen geblieben. Nun sahen sie

---

34 David Ben Gurion (1886–1973), Führer der jüdischen Arbeiterbewegung in Palästina und beteiligt unter anderem am Aufbau der *Haganah*, war von 1948 bis 1953 Israels erster Premierminister.

sich schockiert an, glaubten, ihren Ohren nicht trauen zu dürfen. Leah wurde bleich und hatte das elende Gefühl, als hätte man ihr einen Tiefschlag verpasst, Gitta schoss die Zornesröte ins Gesicht, Motte klappte ungläubig der Unterkiefer herunter, und Jannek packte die Turia so fest mit beiden Händen, dass seine Knöchel weiß hervortraten.

Und dann sagte die stolze Sabra auf der anderen Seite des Lastwagens noch, während sie sich mit ihrem Gesprächspartner entfernte: »Sie sind wie gelähmt von ihren Erfahrungen in den Lagern, mit ihnen lässt sich kein jüdischer Staat aufbauen.«

Wenn es denn überhaupt noch eines Tropfens bedurft hätte, um das Fass ihrer aufgestauten Gefühle zum Überlaufen zu bringen, mit dieser Bemerkung, die sie zu minderwertigen Menschen stempelte, war der Punkt erreicht. Das Maß war voll.

Sie ließen das Essen ausfallen. Allein schon der Gedanke, mit Branka Machai und den vielen anderen, die ähnlich dachten, an einem Tisch sitzen zu müssen, weckte in ihnen heftigen Widerwillen. Außerdem war es wichtiger, zu bereden, was sie jetzt tun konnten – und welche Konsequenzen sich daraus für sie ergaben. Sie zogen sich in einen Werkzeugschuppen zurück, wo sie aus dem ungemütlichen Wind waren und sich ungestört beraten konnten.

»Ich bleibe hier nicht länger!«, verkündete Gitta aufgewühlt. »Nicht einen Tag!«

»Worauf du einen lassen kannst!«, stieß Motte hervor, und ein zorniges Feuer stand in seinen Augen.

»Dass wir hier nicht bleiben wollen, darüber sind wir uns wohl alle einig«, sagte Leah. »Nur wo sollen wir hin? Selbst wenn wir einen Kibbuz wüssten, wo es uns gefallen könnte, wäre damit doch noch längst nicht gesagt, ob sie uns da auch aufnehmen. Es ist ja nicht so, als ob wir einfach so von einem Kibbuz in einen anderen gehen oder sonst irgendwo im Land Arbeit finden könnten!«

Sophie verzog das Gesicht. »Das ist leider nur allzu wahr«, räumte sie ein und musste unwillkürlich an ihren Vater und Marius denken.

Der erste Brief ihres Bruders hatte sie letzte Woche erreicht. Darin hatte er ihr voller Stolz von seiner Anstellung als Bote bei der *Palestine Post*, der wichtigsten Tageszeitung des Landes, und seinem Zweitjob als Zeitungsausträger berichtet. Zusammen mit dem ähnlich bescheidenen Lohn, den der Vater als Hilfsarchivar an der Hebräischen Universität verdiente, konnten sie sich eine kleine, aber helle und anständig möblierte Anderthalb-Zimmer-Wohnung im jüdischen Viertel Rehavia leisten, das im Westen vor den Mauern der Altstadt lag. Und er hatte betont, wie glücklich sie sich schätzten, dass sie beide Arbeit in Jerusalem gefunden und ein ordentliches Dach über dem Kopf hatten.

»Und noch schwieriger dürfte es sein, Arbeit und Unterkunft zu finden, wenn wir alle zusammenbleiben wollen«, warf Gitta bedrückt ein.

Arbeit außerhalb der jüdischen landwirtschaftlichen Siedlungen war in der Tat schwer zu finden, jedenfalls einigermaßen gut bezahlte. Ganz besonders schwer taten sich Angehörige intellektueller und akademischer Berufe bei der Arbeitssuche. Nicht von ungefähr kursierte unter der jüdischen Bevölkerung der spöttische Spruch: »In Palästina ist jeder Schafhirte promovierter Jurist und jeder Busfahrer Arzt!« Wie gering die Chancen für einen Akademiker waren, in Palästina wieder in seinem angestammten Beruf zu arbeiten, verdeutlichte ein Witz, den jeder im Land kannte. Er handelte von einem Passagier, der im Bus plötzlich einen Herzanfall erleidet, worauf sich alle anderen Mitreisenden sofort als ehemalige Ärzte zu erkennen geben und sich nun darum streiten, wer sich um den Herzkranken kümmern darf, nur um von dem Busfahrer mit den entrüsteten Worten »In meinem Bus behandle ich Patienten immer noch selbst!« in die Schranken gewiesen zu werden.

»Tja, jetzt ist guter Rat wirklich teuer«, sagte Motte niedergeschlagen.

Jannek fuhr sich mit dem Finger über seine Narbe, als juckte sie ihn, und lachte plötzlich grimmig auf.

»Was ist?«, fragte Sophie irritiert.

Jannek blickte Leah an. »Dass wir jetzt hier festsitzen, verdanken wir nur deinem Ari! Der hat uns dieses reizende Idyll stacheliger Kaktusfeigen eingebrockt!«

Der gehässige Vorwurf traf Leah wie ein Stich. Ärgerlich funkelte sie ihn an. »Das stimmt doch gar nicht!«, widersprach sie heftig. »Ari hatte damit gar nichts zu tun und das weißt du ganz genau! Das hat ein ganz anderer bei der *Haganah* auf die Schnelle organisiert, als sie wussten, dass wir in der Silvesternacht mit dem Fischkutter kommen würden und schnell irgendwo unterkommen mussten!«

»Ja, so habe ich es auch von Teddy gehört! Also was soll der Unsinn, Jannek?« Sophie bedachte Jannek mit einem Blick, der so missbilligend war wie ihr Tonfall. »Das haben ihre Vorgesetzten in Tel Aviv so arrangiert, und zwar schon, als wir noch auf Zypern waren. Ari hat die Adresse doch erst bei unserer Landung am Strand von Haifa ausgehändigt bekommen. Er hat nur ausgeführt, was die *Haganah*-Zentrale vorher für uns festgelegt hatte!«

»Genau so war es! Also hör auf, ihm was in die Schuhe zu schieben! Und lass auch den Schwachsinn, immer von ›deinem Ari‹ zu reden!«, setzte Leah noch scharf hinzu. »Das ist allmählich nicht mehr witzig!«

Jannek bemühte sich, seine überhebliche Miene zu bewahren, doch sein Grinsen hatte plötzlich etwas Mühsames, Gequältes. »So, ist er das denn nicht?«

»Nein, ist er nicht!«, stieß Leah wütend hervor. »Wenn er es wäre, würde ich es dir schon sagen!«

»Na, dann bin ich ja beruhigt«, sagte Jannek trocken, senkte jedoch den Blick und machte sich mit dem Fingernagel am Ventil seines Feuerzeugs zu schaffen, als wäre das plötzlich von allergrößter Wichtigkeit.

»Na, wunderbar, dass wir das geklärt haben!«, sagte Gitta bissig. »Können wir denn jetzt vielleicht zu dem zurückkehren, was wirklich wichtig ist und uns auf den Nägeln brennt? Also, wie sieht es aus? Hat irgendjemand eine Idee, wie es jetzt weitergehen soll?«

Ratloses Schweigen und Achselzucken waren die Antwort. Zigaretten wurden aus ihren Packungen geschnippt, Feuerzeuge schnappten auf und Tabak begann unter leisem Knistern aufzuglühen. Jannek hatte unwillkürlich zwei Zigaretten aus seiner Schachtel gezogen, wie es so oft seine Art war, fing dann jedoch Leahs gekränkten, zornigen Blick auf, blickte schnell weg und schob die zweite Zigarette verstohlen wieder zurück.

Die bedrückende Stille zog sich hin.

Plötzlich räusperte sich Sophie und ihr Gesicht hellte sich auf. »Hört mal, mir ist da so ein Gedanke gekommen!«

»Ich hoffe, du hast 'nen richtigen Geistesblitz!«, rief Motte hoffnungsvoll. »Bei mir herrscht nämlich völlige geistige Verdunkelung.«

Die anderen lachten verhalten.

»Los, red schon, Sophie!«, drängte Gitta.

»Wir müssen mit Ari reden!«, schlug Sophie vor. »Er ist der Einzige, der uns aus dem Schlamassel heraushelfen kann. Jedenfalls ist er der Einzige, den ich kenne, der ein Sabre ist, offenbar Ansehen bei der *Haganah*-Führung besitzt und dessen Wort dort nicht so einfach vom Tisch gewischt wird.«

Jannek verzog das Gesicht, war jedoch so klug, sich jeden Kommentars zu enthalten.

»Okay, aber was genau erhoffst du dir davon, wenn Leah mit Ari spricht und ihm erzählt, dass wir es hier nicht länger aushalten können?«, fragte Gitta.

»Wieso soll ich mit Ari reden?«, fuhr Leah sofort auf. »Was soll das? Wollt ihr mich jetzt alle mit Ari verkuppeln oder was ist hier los?«

»Entschuldige, das war nicht so gemeint!«, versicherte Gitta hastig. »Ich dachte nur, weil du dich doch besonders gut mit ihm verstanden hast, würdest du nichts dagegen haben, das zu übernehmen.«

»Habe ich aber!«, erwiderte Leah. »Einmal ganz davon abgesehen, dass wir gar nicht wissen, wo Ari und die anderen stecken. Die haben beim Abschied ja alle ein Geheimnis daraus gemacht, wohin und zu welchen Aufgaben man sie beordert hat.«

»Stimmt, aber Ari hat uns doch die Kontaktadresse eines Mittelsmanns in Tel Aviv gegeben, über den wir ihm eine Nachricht geben können«, warf Sophie ein. »Das können wir doch mal versuchen.«

»Es sei denn, man hat ihm wieder das Kommando über ein Alija-Bet-Unternehmen übertragen«, gab Motte zu bedenken. »Aber dann können wir immer noch versuchen, einen von unseren anderen *Palmach*-Freunden zu erreichen und zu bitten, uns irgendwie zu helfen.«

Der Vorschlag, dem Mittelsmann in Tel Aviv eine Nachricht zu schicken, fand allgemeine Zustimmung wie auch Sophies Idee, auszulosen, wer möglicherweise mit Ari oder einem der anderen Palmachniks reden sollte.

Am nächsten Morgen schickten sie eine kurze dringliche Nachricht an die Adresse des Mittelsmanns in Tel Aviv und warteten den Rest der Woche mit wachsender Unruhe und Ungeduld auf eine Antwort. Vier Tage später traf sie endlich ein und sie fiel denkbar kurz aus. Der Zettel im Briefumschlag enthielt nur Zeit, Ort und Uhrzeit für ein Treffen am folgenden Tag sowie die beiden Buchstaben A.H. unter den Angaben.

Tags darauf machte sich Motte im Morgengrauen auf den nicht ungefährlichen Weg zur nächsten Haltestelle, wo er einen Bus nach Tel Aviv besteigen konnte.

5

Ari trat aus der Tür in den klaren, sonnigen Tag, zog sich die Strickmütze über den Kopf und atmete die frische Luft der salzigen Morgenbrise tief ein, die vom Meer herüberwehte. Mit ruhigem Gleichmaß rollten die Wellen der tiefblauen See zu seiner Linken gegen den breiten Strand von Tel Aviv und leckten über den feinen hellen Sand.

Er war früh dran, hatte noch viel Zeit, ging jedoch mit gewohnt zügigem Schritt die Strandpromenade hinauf. Er konnte gar nicht anders, es war ihm wie das häufige Wechseln der Unterkünfte, die falschen Ausweispapiere und die ständige angespannte Wachsamkeit längst in Fleisch und Blut übergegangen. Permanentes Leben auf dem Drahtseil in schwindelerregender Höhe. Und das seit seinem fünfzehnten, sechzehnten Lebensjahr.

An die Zeit davor, als diese immer wieder neue Gratwanderung zwischen Leben und Tod noch nicht zu seinem Alltag gehört hatte, konnte er sich kaum noch erinnern. Die Erinnerung an jene frühen Jahre bestand aus einer lückenhaften Folge von vagen Bildern – bis auf das arabische Massaker in Hebron, bei dem seine Eltern einen grauenvollen Tod gefunden hatten und er, unter ihren Leichen versteckt, nur knapp mit dem Leben davongekommen war, und den nicht weniger blutigen Überfall auf den Kibbuz von Onkel Ephraim. Beide Ereignisse hatten sich wie mit Säure in sein Gedächtnis gebrannt. Beim ersten Blutbad war er noch keine sieben gewesen, das zweite hatte ihm seine neue, zweite Familie kurz vor dem fünfzehnten Geburtstag genommen. Wenige Tage später war er nach Tel Aviv gekommen, war unter falschen Altersangaben der *Haganah* beigetreten und hatte schon Wochen später seine Laufbahn als aktiver Untergrundkämpfer begonnen, dem kein Unternehmen zu gefährlich war.

Manchmal fürchtete er, dass er sich mittlerweile schon derart an die gefährlichen Überfälle und Sprengkommandos, den erregenden Kick der Gefahr und den extrem wachen Zustand im Adrenalinrausch gewöhnt hatte, dass er sich ein Leben ohne dies alles gar nicht mehr vorstellen konnte. Jedenfalls bestand kein Zweifel daran, dass nach dem erfolgreichem Verlauf der beiden letzten Aktionen die Euphorie schnell verflogen war und nun wieder einer nervösen Unruhe, einem ungeduldigen Warten auf den nächsten Einsatz Platz gemacht hatte.

Konnte es sein, dass sein Leben im Untergrund zu einer Sucht geworden war und er sich nur noch dann wirklich lebendig fühlte, wenn es galt, waghalsige Einsätze auszuhecken, und er sich mit seinen Kameraden in Gefahr begab und sein Leben bei einem Feuergefecht mal wieder auf des Messers Schneide stand?

Ari verdrängte den beunruhigenden Gedanken schnell. So wie die Dinge im Land lagen, würden die Zeiten kaum ruhiger, sondern vielmehr noch gewalttätiger werden. Es würde also keinen Mangel an Einsätzen geben, und sie von der *Palmach* würden sie ausführen, weil es ihre Aufgabe war.

Und weil er es den Toten von Hebron und Kefar Ziona schuldig war! Zwar nicht nur ihnen allein, sondern auch seinen gefallenen Kameraden von der *Jewish Brigade* und den sechs Millionen, die den Nazis zum Opfer gefallen waren, aber seinen Eltern und der Familie seines Onkels ganz besonders!

Kurz hinter dem Hotel *Jam Hatcheleth* verließ er die Strandpromenade und wandte sich nach Osten, durchquerte das herrliche Viertel, dem Tel Aviv die zu recht bewundernde Bezeichnung »Die weiße Stadt am Meer« verdankte. Es war der Teil, in dem in den 30er-Jahren aus Deutschland ausgewanderte jüdische Architekten über viertausend weiße Häuser im überwiegend modernen Bauhausstil errichtet hatten.

Ari verehrte Jerusalem mit seiner jahrtausendealten bewegten Geschichte und der schweren Bürde, Heiligtum und blutiger Zankapfel dreier miteinander verfeindeter Religionen zu sein, wie wohl jeder Jude, der auch nur ein Quäntchen Geschichtsbewusstsein und jüdisches Selbstverständnis besaß, die Stadt des Messias auf dem Berg Zion verehrte. Aber Tel Aviv liebte er, es entsprach seinem Lebensgefühl und war für ihn beispielhaft für das Bild, das er von einem zukünftigen israelischen Staat hatte. Auch verband er es immer mit dem Duft von Orangen und der unbändigen Hoffnung, die jedem Neubeginn in diesem Land innewohnte.

Tel Aviv, erst 1909 aus den sandigen Dünen am Meer entstiegen, war mit seinen mittlerweile über hunderttausend Einwohnern in Palästina die erste wirklich jüdische Stadt in moderner Zeit. Von Juden für Juden erbaut und auch überwiegend von ihnen bewohnt. Ob Bürgermeister oder Straßenkehrer, ob Polizist oder Busfahrer, sie alle waren Juden.

Die Stadt war voller Autos, Busse und Taxis, zwischen denen sich immer seltener als anderswo in diesem Land Fahrradfahrer, Eselkarren und Pferdefuhrwerke drängten, und die Straßen waren gesäumt von zahllosen Bars, Restaurants, Cafés, Kinos, Geschäftshäusern und Banken. Wer elegante Frauen und Männer sehen wollte, traf sie in dieser Stadt überall, auf der langen Allenby Street, der Lebens- und Hauptverkehrsader der Stadt, auf der Nachlat Benjamin Street und dem Dizengoff Square, sah sie über den breiten Rothschild Boulevard mit seiner herrlichen Allee in der Mitte flanieren und begegnete ihnen auf der prachtvollen, noch immer ein wenig orientalisch anmutenden King George Street, der Straße der Sykomoren, die noch von den osmanischen Herrschern angelegt worden war und über die selbst jetzt noch gelegentlich Kamelkarawanen mit Waren aus dem Hinterland mit majestätisch gemächlichem Hufschritt gen Hafen zogen. Hier konnte man auch noch Häuser finden, deren Fassaden mit orientalischen Motiven aus farbenprächtigen Mosaikfliesen verziert waren und deren Balkone kunstvoll geschmiedete Geländer aufwiesen.

Aber Ari war nicht mit Blindheit geschlagen, was die Schattenseite dieser Stadt betraf. Er sah auch die Armen, die Verstoßenen und Umherirrenden in der fremden Landschaft des Exils, die Journalisten ohne Zeitung, die Schauspieler ohne Bühne, die Schriftsteller ohne Verlag und all die anderen, die nur schwer Fuß in der fremden Heimat fassten und die vor den Hotels Zigaretten verkauften, mit Bauchläden durch die Straßen zogen, an der Ecke Würstchen und Säfte mit stummem Stolz anboten oder sich als Portiers, Platzanweiser und Kofferträger durchschlugen. Palästina war das Land, in dem die unerschrockenen Busfahrer die neue aristokratische Schicht unter der *Jischuw*, der jüdischen Bevölkerung, bildeten, dicht gefolgt von Traktorfahrern und Maurern.

Dass Ari britischen Soldaten möglichst aus dem Weg ging, wo immer er sie sah, hatte er sich antrainiert und es war mittlerweile zu einer reflexhaften Handlung geworden. Zwar hatten sie noch kein Foto von ihm in ihren dicken Fahndungsalben, aber immerhin doch eine gute Skizze von ihm. Sie war nach den Angaben eines Zeugen angefertigt worden war, den er auf der Flucht vom Ort eines Sprengstoffanschlags auf eine Brücke nach Transjordanien niedergeschlagen hatte. Sie sollte seinem Aussehen recht nahe kommen, wie die *Haganah* von einem Informanten aus britischen Geheimdienstkreisen in Erfahrung gebracht hatte. Allein schon aus diesem Grund machte er um britische Uniformen sicherheitshalber einen großen Bogen.

Aber an diesem Morgen kam wie in den vergangenen Tagen das Wissen dazu, dass das »perfide Albion«[35] aufs Blut gereizt war, und das im wahrsten Sinne des Wortes. Und er brauchte sich nicht in die Nähe britischer Soldaten zu begeben, um zu wissen, dass Wut und Rachsucht in ihren Augen standen. Der blutige Angriff der *Irgun* auf das *Citrus House*, das militärische Hauptquartier der Briten in Tel Aviv, und der tollkühne Überfall der ähnlich radikalen *Lechi*-Untergrundkämpfer auf den Offiziersklub in der Stadt waren nur zwei der bitteren Pillen, die die Tommys in letzter Zeit hatten schlucken müssen.

Kein Wunder, dass die Lage nach den Anschlägen der letzten Woche äußerst angespannt, ja geradezu explosiv war. Aber andererseits: Wann war sie das in den letzten Jahren denn einmal nicht gewesen?

Ari nahm den Weg zum vereinbarten Treffpunkt durch den Karmel-Markt, wo schon jetzt ein lärmendes Gedränge herrschte und er sich in der Menge deshalb ganz besonders sicher fühlte. Die Stände, an denen Obst, Gemüse, Blumen und Gewürze verkauft wurden, sowie die zahllosen Imbissbuden, die mit einem breiten Angebot köstlich duftender Kleingerichte warteten, reihten sich in schier endlosen Verkaufsgassen aneinander.

Er gönnte sich eine kleine, zum Trichter gedrehte Papiertüte mit *Falafel*, scharf gewürzten und frittierten Bällchen von Walnussgröße, die aus durch den Fleischwolf gedrehten Kichererbsen bestanden, so–

---

35 Antiker und dichterischer Name für England.

wie eine mit Käse und Gemüse gefüllte *Boureka*, ein köstliches mit Fleisch und Schafskäse gefülltes Teilchen im Blätterteig, das frisch aus dem Ofen serviert wurde. Den Kaffee hob er sich für später im Montefiore-Viertel auf.

An einem der vielen Kioske, an denen er auf seinem Weg entlangkam, erstand er die neueste Ausgabe der englischsprachigen *Palestine Post* und der jüdischen Gewerkschaftszeitung *Dawar*. Mit ausreichendem Lesestoff für die nächsten Stunden traf er wenig später in der Montefiore Street ein.

Er ging die Straße auf der rechten Seite bis fast zur Ecke hoch und betrat den Frühstücksraum der deutschen Pension *Haus Dr. Meyer*, dessen großes und an den Seiten mit weißen Spitzenvorhängen geschmücktes Fenster zur Straße hinausging. Der korpulente Besitzer der Pension wie auch seine recht attraktive achtzehnjährige Tochter Esther, die mit makellos weißer Schürze und gestärkter weißer Haube auf dem Kopf im Essraum bediente, begrüßten ihn freundlich zurückhaltend wie einen ihrer gern gesehenen Stammgäste. Und in gewisser Weise war er das ja auch.

Ari nahm an dem schon für ihn reservierten Platz am Fenster hinter der seitlichen Spitzengardine Platz, von wo aus er einen ebenso gut geschützten Blick nach draußen und auf das Straßencafé *Kaiser* hatte, das auf der gegenüberliegenden Seite direkt an der Ecke der Kreuzung Montefiore und Allenby Street lag. Esther brachte ihm ungefragt einen Kaffee, und er vertiefte sich in die Zeitungslektüre, warf jedoch zwischendurch immer wieder einen wachsamen Blick hinaus auf die Straße und das gegenüberliegende Café.

Die verfahrene Situation der Palästina-Konferenz in London, die am 27. Januar nach monatelanger Unterbrechung wieder ihre Arbeit aufgenommen hatte, war natürlich in beiden Zeitungen das beherrschende Thema. England und Amerika rangen mit den Vertretern der arabischen Staaten und Abgesandten der *Jewish Agency* wieder einmal um die Zukunft Palästinas und das Schicksal des jüdischen Volkes. Die amerikanische Delegation befürwortete einen Teilungsplan, der einen jüdischen Staat in überlebensfähiger Größe und einen etwas größeren Teil für einen arabischen Staat vorsah – was die arabischen Vertreter wieder einmal kategorisch ablehnten. Egal wie groß oder wie klein der Teil war, der in Palästina für die Juden zu einer nationalen Heimstätte werden sollte, jeder Vorschlag wurde von der arabischen Seite als nicht annehmbar vom Verhandlungstisch gefegt.

Dass die britische Regierung Anfang der 20er-Jahre das Ostjordanland und damit drei Viertel ihres ursprünglichen Mandatsgebiets abgetrennt und den neu geschaffenen arabischen Staat Transjordanien in die Unabhängigkeit entlassen hatte, wollte kein arabischer Vertreter als Präzedenzfall für ein nun jüdisches Staatsgebiet gelten lassen. Ihr empörtes *Nein!* war so unverrückbar wie der Tempelberg in Jerusalem.

Was die britische Regierung in eine prekäre Zwickmühle brachte. Einerseits wollten sie sich das Wohlwollen der ölreichen arabischen Staaten auf keinen Fall verscherzen, indem sie ihrem Mandatsauftrag gerecht wurden und den Juden einen Teil des Landes für einen eigenen Staat zusprachen. Andererseits konnten sie es sich aber auch nicht mit Amerika verscherzen, indem sie sich der Forderung von Präsident Truman widersetzten, endlich einen Teilungsplan durchzusetzen, der jüdischen Ansprüchen gerecht wurde und einen lebensfähigen jüdischen Staat in einem angemessenen Teil Palästinas möglich machte. Großbritannien war nach den sechs Kriegsjahren erschöpft und verbraucht, genau genommen war es bankrott. Um den totalen wirtschaftlichen Zusammenbruch und eine Hungerskatastrophe im eigenen Land zu vermeiden, war die britische Regierung auf einen amerikanischen Kredit in Höhe von mehreren Milliarden angewiesen.

Ari verzog das Gesicht zu einer spöttischen Miene, als er den Kommentar des Journalisten der *Palestine Post* zu Englands groteskem Eiertanz am Abgrund des wirtschaftlichen Bankrotts las. Der Mann kam zu dem Schluss, dass England vermutlich keine andere Wahl blieb, als das Mandat wieder an die UN zurückzugeben, wenn es Amerika als dringend benötigten Kreditgeber gewogen halten und gleichzeitig seinen Einfluss in den arabischen Staaten nicht verlieren wollte. Es seien schon Pläne in Arbeit, wie aus gut informierten Regierungskreisen zu erfahren war, wonach Ernest Bevin, der britische Außenminister, diese Option mittlerweile ernstlich in Erwägung zog.

»Ja, erklärt euch endlich geschlagen und gebt das Mandat an die UN zurück, verdammte Pharisäer!«, murmelte Ari leise vor sich hin, nahm einen Schluck Kaffee und warf mal wieder einen kurzen Blick über die Straße, aber Motte war noch nicht eingetroffen. »Dann haben wir endlich eine reelle Chance!«

Er überflog all die Meldungen über arabische Überfälle auf jüdische Reisende und Kibbuzim sowie über die zunehmenden Anschläge radikaler jüdischer Untergrundkämpfer gegen die britische Mandatsmacht.

Mit Genugtuung las er, dass die amerikanische Presse nach den rassistischen und antisemitischen Äußerungen hoher britischer Offiziere in Palästina und London sowie nach den sich häufenden Ausschreitungen britischer Soldaten gegen jüdische Zivilisten immer mehr antibritisch eingestellt war. Die *New York Herald Tribune* nannte die palästinensische Verwaltung sogar »absolut tyrannisch und das perfekteste Beispiel eines absoluten Polizeistaates, das man irgendwo auf der Welt findet«. Als Beleg führte die Zeitung die Großaktion in Tel Aviv an, bei der vor einigen Monaten zwanzigtausend Soldaten und Polizisten im Morgengrauen einen Sicherheitsgürtel um die Stadt gelegt hatten. Keiner hatte sein Haus verlassen dürfen. Die Soldaten hatten die Stadt mithilfe von Stacheldrahtbarrieren und Wachposten in Sektoren aufgeteilt. Vier Tage lang galt die Ausgangssperre. Nur an zwei Abendstunden durfte man sein Haus verlassen, um notwendige Einkäufe in seinem Viertel zu erledigen. In diesen vier Tagen wurde jedes Haus vom Keller bis unter das Dach nach Waffen und Untergrundkämpfern durchsucht, und jede Person wurde gezwungen, sich bei einem provisorischen Identifizierungsbüro einzufinden. Dort wurde man von bewaffneten Polizisten befragt. Sie hatten dicke Fotoalben vor sich liegen, mit deren Hilfe sie nach Mitgliedern der verschiedenen Untergrundorganisationen suchten, die auf ihren Fahndungslisten standen.

Aber auch rein politische Aktivisten der *Jewish Agency* standen auf ihrer Fahndungsliste. Wer nach der Befragung und dem Abgleich mit den Fotos als »sauber« eingestuft wurde, erhielt mit Spezialfarbe eine Markierung auf der Stirn. Manche nannten das Zeichen den »britischen Judenstern«. Es wurden fast achthundert Verhaftungen durchgeführt, doch die wirklich dicken Fische wie Menachem Begin und andere führende Köpfe der radikalen Untergrundorganisationen *Irgun* und *Lechi* wie auch Anführer von *Haganah* und *Palmach* gingen ihnen durch die Lappen. Deren Verstecke fanden sie nicht, auch wenn sie oft direkt davor oder darüber standen. Die Festgenommenen brachte man in ein Camp in Rafah, eines der vielen Internierungslager, die es im Land gab.

Wut überkam Ari dagegen, als er von der Spezialschule auf Malta las, die die Briten für die Ausbildung von Mitgliedern ihrer sogenannten Haifa-Patrouille eingerichtet hatte. Die Marinesoldaten der Blockadeschiffe sollten dort lernen, wie man vor der Küste effektiver jüdische Auswandererschiffe enterte und wie man seine Hemmungen verlor, auch gegen Frauen und Mädchen vorzugehen, die Widerstand leisteten.

Als er kurz darauf die Seite umschlug und dabei wieder nach draußen blickte, sah er Motte aus der Allenby Street kommen. Er zögerte kurz an der Ecke, sah dann das Café mit dem Schriftzug *Kaiser* auf den Markisen und steuerte auf einen der freien Tische zu.

Ari lächelte, als er sah, dass Motte Hemd und Hose aus Kaki trug. In Tel Aviv gab es die Textilfabrik *Ata*, die fast die gesamte jüdische Bevölkerung in Palästina einkleidete, insbesondere die Siedler in den Kibbuzim. Von der *Ata* konnte man Kleider in allen Farben, Stilen und Stoffen bekommen, wie es spöttisch im Volksmund hieß, solange man nur Kaki und blauen Denim wollte.

Er wartete, ließ sich von Ester eine zweite Tasse Kaffee bringen, beobachtete aufmerksam die Straße, die Kreuzung und die Passanten und suchte angestrengt nach einem verräterischen Hinweis, dass jemand Motte gefolgt war und ihn so im Auge behielt, wie er es aus dem Frühstücksraum hinter der Fenstergardine tat. Zwar war die Wahrscheinlichkeit gering, dass es irgendwo in der Kette der Nachrichtenübermittlung eine undichte Stelle gab. Aber dennoch hielt er eisern an den gewohnten Vorsichtsmaßnahmen fest. Der Teufel steckte nicht nur im Detail, sondern auch in den verrücktesten Zufällen. Und warum sollte er jetzt auch überstürzt zu Motte über die Straße laufen, wo der kleine Krauskopf und Frischling unter den Kibbuzniks eine gute Viertelstunde vor der vereinbarten Uhrzeit am Treffpunkt eingetroffen war? Der Kaffee hier bei seinen verschwiegenen Freunden von der Haganah war frei, drüben im *Kaiser* musste er dafür bezahlen. Zudem: Ein Zuviel an Vorsicht gab es in diesen Zeiten nicht, wo regelrecht Jagd auf Männer wie ihn gemacht wurde!

6

Niemals hätte Marius es für möglich gehalten, dass er sich in Jerusalem so schnell einleben und wohlfühlen würde. Nun, das hatte weniger mit dem überraschend internationalen Flair der Garnisonsstadt und auch nichts mit seiner doch sehr bescheidenen Anstellung als Bote bei der *Palestine Post* zu tun, sondern einzig und allein mit Rebecca Grünbaum. Er hatte die ebenso hübsche wie mutige Siebzehnjährige mit dem schwarzen Haar im kecken Pagenschnitt, dem reizenden Grübchen in der Wange und einem einfach entwaffnend fröhlichen Blitzen in ihren nussbraunen Augen bei seinem Nebenjob als Zeitungsausträger kennengelernt. Sie hatten dieselbe Route im neuen jüdischen Viertel Rehavia, nur trug jeder eine andere Zeitung aus. Sie waren ins Reden gekommen, und es hatte schnell zwischen ihnen gefunkt, zumal als sie festgestellt hatten, dass sie beide der *Haganah* angehörten. Seitdem waren sie ein Liebespaar.

Nun ja, genau genommen *spielten* sie die Verliebten nur bei ihren verbotenen *Haganah*-Aktionen. Aber er hoffte … ach was, er war sich ganz sicher, dass sie bald auch wirklich ein Liebespaar sein würden! Er spürte doch an ihren Blicken und gelegentlichen Gesten, dass er ihr alles andere als gleichgültig war. Und vielleicht fand er ja heute den Mut, ihr zu gestehen, wie sehr er in sie verliebt war. Aber damit musste er bis nach ihrem Einsatz warten.

Am liebsten wäre er zu ihr gerannt, konnte er es doch nicht erwarten, wieder mit ihr zusammen zu sein. Aber er musste sich zusammenreißen, durfte mit seinem Trenchcoat keine Aufmerksamkeit erregen. Es war nicht die Tatsache, *dass* er einen Regenmantel an diesem herrlich sonnigen Tag trug. Immerhin lag Jerusalem gute achthundert Meter hoch, und da war es auch an sonnigen Wintertagen stets um einiges frischer als unten in der Ebene. Es war das, *was* in den innen eingenähten Seitentaschen seines Trenchcoats steckte, das ihm jegliche übertriebene Eile verbot. Denn wenn er zu schnell ging, konnte der Mantel unterhalb der Hüfte vom Gewicht der Taschen aufschwingen und sich ihr Inhalt unter dem Stoff abzeichnen. Was dazu führen konnte, dass ein aufmerksamer britischer Polizist argwöhnisch wurde, ihn anhielt und filzte. Und dann war er reif.

Den beschwingten Schritt, zu dem es ihn so sehr drängte, versagte sich Marius deshalb, nicht aber das leise Pfeifen einer Schlagermelodie mit Herz-Schmerz-Reimen, während er die geschäftige Ben Jehuda Street hinunterging. Hier reihten sich die Geschäfte, Bars, Cafés und Kinos zwischen den Bürohäusern und Banken wie Perlen an einer endlosen Kette aneinander. Zu allen Tages- und Nachtzeiten herrschte auf dieser Geschäfts- und Flaniermeile ein ebenso buntes wie lebhaftes Kommen und Gehen, und man traf Menschen aus aller Herren Länder, unter ihnen auch nicht wenige Araber, viele von ihnen in prächtig ausstaffierten Gewändern, sodass sie wie die Prinzen aus den Märchenbüchern aussahen, andere in eleganter westlicher Kleidung.

Wen man in der Stadt dagegen eher selten antraf, das waren zu seiner anfänglichen Verwunderung die orthodoxen Juden. Die Strenggläubigen lebten zurückgezogen im jüdischen Viertel der Altstadt mit seinem Labyrinth aus verwinkelten, düsteren Gassen und hinter dicken, abweisenden Mauern.

Der Anblick der bärtigen Männer in ihren schwarzen Mänteln, die große schwarze Hüte trugen und von deren Schläfen *pejes*, Korkenzieherlocken, herabbaumelten, sowie der nicht weniger streng und farblos gekleideten Frauen, die immer einige Schritte hinter den Männern blieben, fehlte ihm im Straßenbild auch nicht, ganz und gar nicht. Selbst sein zum Glauben und regelmäßigem Gebetsleben zurückgekehrter Vater konnte mit den Chassiden und ihrem kleinlichen Kleben an jahrtausendealten Vorschriften nichts anfangen.

Aber was hätten diese Orthodoxen auch hier suchen sollen, in diesem pulsierenden Zentrum äußerst weltlichen Lebens? Marius hatte noch nie in seinem Leben, auch nicht in England, so viele Bars, Cafés und vor allem so viele Kinos fast Tür an Tür gesehen wie hier auf der Ben Jehuda Street und im umliegenden Geschäftsviertel. Die Bewohner liebten ihre Kaffeehäuser, wo sie stundenlang bei einer Tasse Tee oder Kaffee sitzen und Zeitungen und Illustrierte lesen konnten. Diese lagen in großen und schön gebundenen Mappen aus, und kein Café wagte es, weniger als zehn verschiedene, oft auch internationale Zeitungen und Zeitschriften im kostenlosen Angebot zu haben. Es hieß, die *Jeckes* hätten das hier eingeführt, so wurden in Palästina die deutschstämmigen Juden genannt.

Ein anderes Rätsel war die große Leidenschaft der Leute für das Kino. Die Filmtheater waren immer gut besucht, nicht nur in Jerusalem, sondern überall im Land. Aber hier traf es sogar auf die Vorstellungen am Vormittag und Mittag zu. Abends bildeten sich oft sogar lange Schlangen vor den Lichtspielhäusern und nicht selten wurden die Karten auf dem Schwarzmarkt für den doppelten Preis verkauft.

Es war eine Leidenschaft, die die *Haganah* zu nutzen wusste.

Marius war ein wenig enttäuscht, dass Rebecca nicht vor dem *Odeon* auf ihn gewartet hatte. Aber natürlich saß sie, wie abgesprochen, schon längst im Theater und hielt für ihn in der letzten Reihe einen Platz am

Gang frei. Immerhin hatte sie mehr freie Zeit zur Verfügung, arbeitete sie doch im Geschäft ihres Vaters, der eine kleine Buchhandlung betrieb und ihr für ihre *Haganah*-Aktivitäten viel Freiheit ließ. Er dagegen hatte bei seinem Vorgesetzen einen längeren Zahnarzttermin vorgeschoben, um ausreichend Zeit für den mittäglichen Einsatz mit Rebecca zu haben.

Der Film begann gerade, als er im *Odeon* eintraf. Der Saal war wie üblich selbst zu dieser Tageszeit gut gefüllt. Rauchschwaden trieben durch den Lichtstrahl des Projektors, und auf den kleinen Tischen, die überall zwischen den Sitzen platziert waren, sprudelten Limonadenflaschen und klirrten beim Abstellen gegen die Aschenbecher. Abends überwogen Bierflaschen auf den Abstelltischchen.

Nur die letzten zwei, drei Reihen waren spärlicher besetzt, und zwar fast ausschließlich mit Liebespärchen, die sich kaum für den französischen Kriminalfilm, aber dafür umso mehr für sich selbst interessierten. Da wurde heftig geknutscht und gingen Hände unter Röcken und Blusen auf Wanderschaft.

Rebecca nickte ihm zu und schenkte ihm ein Lächeln, das ihm durch und durch ging, als er sich zu ihr an den Gang setzte. Sie trug wie er einen Trenchcoat. Sein Herz schlug schneller, als er so nahe bei ihr saß, Schulter an Schulter. Er roch die Seife, mit der sie sich gewaschen hatte. Sie roch nach frischen Äpfeln, und er wünschte, er wäre nicht hier, um einen Auftrag der *Haganah* auszuführen, sondern um mit Rebecca im Dunkeln zu knutschen und ihre erregenden Rundungen mit seinen Händen zu erkunden und zu liebkosen!

Marius war versucht, einen ersten Vorstoß zu wagen und nach ihrer Hand zu greifen, ließ es dann jedoch bleiben. Er wusste, wie sehr sie sich den Zielen der *Haganah* verschrieben hatte und wie ernst sie jeden Einsatz nahm. Da wollte er sich ihre Sympathien nicht verscherzen, indem er kurz vor solch einer Aktion einen Annäherungsversuch unternahm und sie womöglich auf den dummen Gedanken brachte, dass es ihm im Gegensatz zu ihr nicht ganz so ernst war und er eigentlich nur mitmachte, um sie herumzukriegen. Und das war ganz und gar nicht der Fall, er wollte eben nur beides und brannte nun mal darauf, sie endlich in seine Arme ziehen und küssen zu können.

Mit einem stummen Stoßseufzer machte er es sich in seinem Sitz so bequem, wie die schweren Seitentaschen es zuließen, und lenkte sich von Rebeccas quälend verführerischem Duft und ihrer körperlichen Nähe ab, indem er der Geschichte auf der Leinwand zu folgen versuchte. Was einige Aufmerksamkeit und ständiges Kopfdrehen erforderte.

Die ausländischen Filme waren nämlich weder synchronisiert noch trugen sie Untertitel. Die grobe Übersetzung der Dialoge lief über schmale Papierrollen links und rechts von der Leinwand. Sie waren aber nicht sehr breit und boten meist nur Platz für ein Wort. Auf der einen Seite stand der englische oder deutsche Text, auf der anderen der auf Hebräisch oder Arabisch. Man wusste nie genau, was einen erwartete, hatte aber zumindest zwischen zwei Sprachen die Wahl. Die Übersetzungen waren per Hand auf die Papierrollen geschrieben, und man musste ihr Wort für Wort von oben nach unten lesend folgen. Ob man dann auch dem Geschehen auf der Leinwand folgen konnte, hing jedoch stark von den Studenten ab, die vorn an den Kurbeln der Papierrollen saßen. Nicht immer stimmte der jeweilige Text mit der Filmhandlung überein. Besonders übel ging es häufig bei den Spätvorstellungen zu, wenn die Dreher nach der ersten Abendvorstellung schon müde waren, langsam wurden oder gar einnickten. Dann lief der Film oft weiter, während sich die Papierrollen nicht mehr bewegten. Worauf dann unvermeidlich der halbe Saal brüllte: »*Tirgum! Tirgum!* ... Übersetzung! Übersetzung!« Nicht selten erschraken die jungen Burschen derart, dass sie plötzlich wie wild an ihrer Kurbel drehten und die Streifen nun der Filmhandlung weit vorauseilten. Was dazu führte, dass der Film zurückgespult werden musste, weil das Publikum nichts versäumen wollte. Nur gegen Ende des Films gab es so gut wie nie die Notwendigkeit, dass Film- oder Papierrollen zurückgespult werden mussten. Da ließ man den Burschen an den Kurbeln keine Fehler durchgehen.

Was zusätzlich die Konzentration erschwerte, war das unablässige Knacken aufbrechender Sonnenblumenkerne, ohne die sich kaum ein Besucher in einen Kinosessel setzte. Wer zur zweiten Vorstellung ging, den erwartete dann bereits ein Teppich aus Schalen auf dem Boden.

Wie nicht anders erwartet, kippten auch in dieser Mittagsvorstellung wie üblich einige Flaschen von den Tischen und rollten auf dem leicht abwärtsgeneigten Boden nervtötend langsam zwischen den Sitzreihen nach unten, bis sie endlich unten vor der Bühnenkante liegen blieben.

Genau zwölf Minuten vor Ende des Films stieß Rebecca ihn an und riss ihn aus der Spannung der Kriminalhandlung, die über die Leinwand flimmerte.

Marius verzog das Gesicht, weil sie gerade jetzt, wo der Film auf seinen Höhepunkt zusteuerte, gehen mussten. Das war die andere, weniger angenehme Seite ihrer Kinoeinsätze. Zwar konnten sie sich auf Kosten der *Haganah* die neuesten Filme ansehen, bekamen aber nie das Ende zu sehen. Immer teilte man ihnen vorher mit, bei welcher Szene es Zeit wurde, den Saal zu verlassen. Zudem trug Rebecca eine Uhr, die über eine Stoppuhrfunktion verfügte. Und jetzt lief für sie die Zeit.

Niemand beachtete sie oder drehte sich gar nach ihnen um, als sie sich leise erhoben, im Dunkeln die drei, vier Schritte zum Ausgang huschten und im nächsten Moment auch schon durch den mit Lederstreifen gesäumten Vorhang aus schwerem dunkelrotem Samt schlüpften.

Niemand hielt sich im Gang auf, wie auch nicht anders erwartet. Dasselbe galt für die Tür, durch die es zum hinteren Treppenaufgang ging. Behutsam schlossen sie die Tür hinter sich, dann rannten sie so schnell sie konnten ganz nach oben und stürzten hinaus auf das Flachdach des Gebäudes. Die letzten zehn Meter bis zur Dachkante hielten sie sich tief geduckt, um nicht unten von der Ben Jehuda Street aus gesehen zu werden, insbesondere nicht von britischen Soldaten oder Polizisten.

Sie verloren keine Zeit mit Worten. Jeder wusste, was er zu tun hatte und dass es nun darauf ankam, schnell zu sein und dennoch keinen Patzer zu machen, der die Wirkung ihrer Aktion schmälern konnte.

Rebecca zerrte aus ihren beiden Innentaschen zwei Pakete mit je hundertzwanzig Flugblättern, die in schlichten Einkaufstüten steckten, und warf sie neben sich, während Marius dasselbe tat. Er holte zusätzlich noch vier Holzstücke hervor, schmal wie zwei Finger und gerade so lang wie seine Hand. Er hatte sie von einer Dachlatte abgebrochen.

Arabischer Jubel für Nazi-Großmufti – und England macht sich zum Komplizen eines gesuchten Kriegsverbrechers!

So lautete die fett gedruckte Schlagzeile des neuen Flugblatts der *Haganah*. Es richtete sich gegen die von arabischer Seite wild bejubelte Rückkehr des aus der Verbannung überraschend zurückgekehrten Hadschi Amin al-Husseini. Der muslimische Geistliche war einst Großmufti von Jerusalem und oberster islamischer Rat gewesen, hatte beim blutigen arabischen Aufstand von 1936 bis 1939 die Führerschaft übernommen und danach außer Landes fliehen müssen. Als Freund Hitlers und Eichmanns lebte er während des Krieges in Berlin in einer »arisierten« Residenz, trat dort der SS bei und befürwortete nicht nur die systematische Vernichtung der Juden, sondern machte für Nazi-Deutschland in arabischer Sprache Propaganda im Radio und in Zeitungen und warb auf dem Balkan unter der muslimischen Bevölkerung aktiv für die Waffen-SS. Nach Kriegsende floh er als gesuchter Kriegsverbrecher in die Schweiz, wurde von dort nach Frankreich abgeschoben, kam jedoch dank raffinierter juristischer Winkelzüge seines Anwalts nach kurzer Haft frei. Und nun hatte er überraschend Asyl in Kairo erhalten und wurde überall in den arabischen Ländern als der große Führer der arabischen Welt begrüßt und bejubelt – ohne dass England etwas dagegen unternahm. Die britische Regierung verweigerte auch jede Hilfe bei dem Versuch, seine Auslieferung nach

Jugoslawien zu erreichen, das ihn wie andere Länder als Kriegsverbrecher vor Gericht stellen wollte, und ließ ihn in Kairo gewähren und wie eh und je Hass gegen die Juden schüren. Sich das Wohlwollen der Araber nicht zu verscherzen, war London wieder mal wichtiger als der Prozess gegen einen gesuchten Kriegsverbrecher. Aber die Bewohner von Jerusalem sollten darüber informiert sein – vor allem auch über Englands schändliche Komplizenschaft!

Rebecca und Marius arbeiteten routiniert und schnell, jedoch ohne Hektik. Sie machten das jetzt zum siebten Mal und jeder Handgriff saß.

Rebecca platzierte vier Sprengkapseln in einem Abstand von jeweils drei Metern auf dem breiten, flachen Dachsims. Sie bestanden aus alten Schuhcremedosen der Firma *Kiwi* und waren mit Schießpulver gefüllt. Unter jede Blechdose schob sie einen kleinen Holzkeil, der die Sprengkapseln leicht nach vorn in Richtung Straße neigte. Dann entrollte sie vorsichtig die Zündschnüre, die unterschiedlich lang waren. Die kürzeste hatte eine Brenndauer von zweieinhalb Minuten, die längste brauchte fast drei Minuten, um das Schießpulver zu erreichen.

Indessen holte Marius die Flugblätter aus den Papiertüten, legte auf jede Sprengkapsel einen gut ausbalancierten 120-Blätter-Stoß und obenauf eines der leichten Hölzer, damit nicht frühzeitig die ersten Flugschriften von den Stapeln wehten, was sofort die Polizei auf den Plan rufen und sie in ernste Gefahr bringen würde. Was sie taten, wurde mit Gefängnis, mindestens jedoch mit sechs, sieben Monaten Haft in einem Internierungslager bestraft.

Diese Aktionen waren also nicht ohne Nervenkitzel und Gefahr. Aber das reichte Marius mittlerweile nicht mehr. Er hoffte, sich zusammen mit Rebecca bei diesen sieben Einsätzen so weit bewährt zu haben, dass man ihnen noch viel riskantere Aufträge übertrug. Etwa Waffen durch die Kontrollposten schmuggeln oder Polizisten und Soldaten in einem Moment der Unaufmerksamkeit auf offener Straße das Gewehr von der Schulter oder die Pistole aus dem Holster zu reißen und mit der Waffe zu flüchten.

Rebecca hatte immer wieder einen schnellen Blick auf ihre Uhr geworfen. Jetzt blieben ihnen von den ursprünglichen zwölf Minuten noch etwas mehr als drei.

Im nächsten Moment hielten sie beide Sturmfeuerzeuge mit offener Flamme in der Hand.

Rebecca nickte ihm zu, ein aufgeregtes freudiges Strahlen in den rehbraunen Augen. »Zeit fürs Feuerwerk!«, raunte sie.

Schnell setzte jeder von ihnen zwei Zündschnüre hintereinander in Brand. Funken sprühend fraß sich die Glut den Sprengkapseln entgegen.

»Abflug!«

Geduckt liefen sie zur Dachtür zurück und rannten die Treppe hinunter. Dabei fassten sie sich an der Hand, falls einer von ihnen stolpern sollte. Auch diesmal gelangten sie wieder rechtzeitig in den Flur, durch den es vom Kinosaal und vorbei an den Toilettenräumen hinaus auf die Straße ging. Sie mischten sich unter die erste Gruppe Besucher, die aus dem Kinosaal kam.

Hand in Hand wie Verliebte traten sie hinaus auf den Gehsteig und begaben sich sogleich hinüber auf die andere Straßenseite, von wo aus sie einen besseren Blick auf ihr Werk haben würden. Die Menschen strömten nun aus dem *Odeon* – und zuckten im ersten Moment erschrocken zusammen, als hoch über ihnen die erste Sprengkapsel explodierte. Es klang nicht viel lauter als die Fehlzündung eines Motorrads, doch nicht viel anders klangen oft auch die Schüsse der arabischen Heckenschützen.

Doch sofort gab es Entwarnung, als da auch schon der erste Stoß Flugblätter vom Dachsims schräg in die Luft stieg, auseinanderflog, sich in einen laut flatternden Schwarm einzelner Blätter auffächerte und sich als ein Regen von Flugblättern über die Ben Jehuda Street ergoss. Die anderen drei Stöße folgten in Abständen von wenigen Sekunden.

Augenblicklich kam der dichte Verkehr auf der Straße zum Stillstand. Denn nicht nur die Passanten griffen nach dem nächsten Flugblatt, das sie zu fassen kriegen konnten, sondern es sprangen auch die Leute aus den Wagen und Bussen, um noch schnell ein Flugblatt zu ergattern. Denn die Polizei ließ erfahrungsgemäß nicht lange auf sich warten und sie machte an diesem Tag keine Ausnahme.

Man hörte fast ebenso augenblicklich die Trillerpfeifen der alarmierten Streifenpolizisten, die hier in ihrem Revier zu Fuß unterwegs waren und nun im Laufschritt angerannt kamen. Und nur ein, zwei Minuten später rasten auch mit Soldaten besetzte Jeeps aus unterschiedlicher Richtung herbei, um so schnell wie möglich die überall herumfliegenden und -liegenden Flugblätter einzusammeln.

Fast euphorisch über ihre erfolgreiche Aktion besah Marius sich mit Rebecca von der anderen Straßenseite aus die wilde Jagd nach den Flugblättern. Hier und da kam es sogar zum Kampf zwischen Polizisten und Soldaten, die den Leuten die Blätter aus der Hand zu reißen versuchten, was zu manchem Handgemenge und viel wütendem Geschrei führte. Und natürlich suchte man nach den Tätern.

»He, schau nicht so fasziniert rüber!«, ermahnte Rebecca ihn plötzlich und zwinkerte ihm verschmitzt zu. »Hast du vergessen, welche Rolle wir spielen?« Und bevor er antworten konnte, legte sie ihm ihre Hand in den Nacken, zog seinen Kopf zu ihr hinunter und küsste ihn.

Marius konnte kaum glauben, was geschah. Und in seiner Fassungslosigkeit, dass Rebecca den ersten Schritt machte und ihn unbedrängt *von sich aus* küsste, wo sie sich doch bisher nur aufs Händchenhalten beschränkt hatten, fiel seine Reaktion nicht ganz so aus, wie sie es sich wünschte.

Sie löste sich kurz von ihm, sah ihm verliebt in die Augen und flüsterte mit einer Mischung aus Zärtlichkeit und Keckheit: »Na, das war für ein Liebespaar aber nicht sehr überzeugend, mein Schatz. Ich denke, das üben wir noch ein paarmal ... oder auch öfter, wenn es sein muss, und ich glaube, das muss es!« Damit legte sie nun beide Arme um ihn, schmiegte sich an ihn und küsste ihn mit einer Innigkeit, die er diesmal mit derselben Leidenschaft erwiderte.

Marius glaubte, seine Brust würde vor Glückseligkeit platzen. Das Leben war wunderbar!

7

»Und dann auch noch fast jeden Tag diese Pampe aus *chatzelim*, morgens, mittags und abends!«, sagte Motte mit vollem Mund und schob auf seinem Teller den Rest der großen Portion Rührei und Speck zusammen, während er nun langsam zum Ende seiner langen Litanei der Klagen über ihr unerträgliches Leben im Kibbuz Bar Giora kam. »Ist wirklich ein Wunder, dass uns die Auberginen noch nicht aus den Ohren herauswachsen. Weißt du, dass die aus dem Zeug sogar Gulasch, süßes Kompott und Marmelade machen? Mensch, ich hab mittlerweile schon Auberginen-Albträume!«

Ari lachte. »Ich weiß, wovon du redest. Hab das auch alles hinter mir. Aber so ganz wirst du den *chatzelim* in keinem Kibbuz entgehen, das sage ich dir schon jetzt!« Er hatte Motte ein üppiges Frühstück spendiert. Der arme Kerl hatte noch nicht mal genug Geld in der Tasche, um sich einen ordentlichen Kaffee zu bestellen. Und der gequält sehnsüchtige Blick, mit dem Motte auf die mit Eierspeisen vollgeladenen Teller der Leute an ihrem Nachbartisch gestarrt hatte, hatte Bände gesprochen.

»Heißt das, du kannst was machen?«, hakte Motte sofort nach. »Uns woandershin vermitteln, wo es nicht zugeht wie in einem kommunistischen Arbeitslager?«

»Ich denke schon«, sagte Ari, belustigt über Mottes krasse Übertreibung. »Aber ich gebe zu, das ist reichlich unglücklich gelaufen. Die Zentrale hätte euch nicht in ein Kibbuz wie Bar Giora schicken sollen. Aber in der Eile, euch schnell von der Straße zu bekommen und in einem Kibbuz verschwinden zu lassen, ist den Leuten wohl nicht bewusst geworden, zu welcher genossenschaftlichen Siedlungsform Bar Giora gehört.«

Motte runzelte die Stirn. »Wie, gibt es denn verschiedene Arten von Kibbuzim?«

»Und ob!«

»Dann sag mal, zu welcher du uns raten würdest!«

»Ihr gehört in einen *Moschaw*[36], und zwar in einen *Moschaw Schitufi*«, sagte Ari ohne langes Überlegen. »Denn es gibt da wie bei den Kibbuzim auch unterschiedliche Formen.«

»Und was ist so ein … Moschaw Schitufi?«

»Was ihn in der Hauptsache von einem Kibbuz unterscheidet, ist die individuelle Freiheit im persönlichen Leben der Einzelnen außerhalb der Arbeit«, erklärte Ari, während Motte das letzte Stück Speck aufspießte und genussvoll kaute. »Grund und Boden sowie Traktoren und andere teure landwirtschaftliche Geräte und Einrichtungen sind wie in einem Kibbuz genossenschaftliches Eigentum. Aber die Leute haben ihre privaten Wohnungen oder Häuser, unterhalten auch einen individuellen Haushalt und erziehen ihre Kinder selber.«

Motte machte ein zufriedenes Gesicht. »Das klingt schon ein paar Nummern besser als das Leben in so 'nem Gulag wie Bar Giora. Und du meinst, du könntest uns in so einem Moschaw unterbringen?«

»Ich bin sicher, dass ich was für euch finde. Ich habe da schon eine Idee, wo ich euch unterbringen könnte. Es gibt da unten im Süden eine Siedlung namens Kefar[37] Devora, wo meine Empfehlung vermutlich erheblich mehr Gewicht hat als anderswo.«

»Mensch, Ari, das wäre toll!« Motte war unendlich erleichtert, Bar Giora womöglich schon bald zu entkommen. »Leah wird dir bestimmt um den Hals fallen, wenn sie davon hört. Dann bist du bei ihr erst recht der große Held. Vielleicht fällt sogar ein satter Kuss für dich ab!«

---

36 Plural: Moschawim.

37 Die hebräische Bezeichnung für Dorf, Siedlung, die vielen Ortsnamen vorangestellt wird, oft auch ohne e, also Kfar geschrieben.

Er zwinkerte ihm zu, hatte er doch nicht vergessen, dass Ari sich bei ihrem Wiedersehen zuerst nach Leah erkundigt hatte.

»Gut möglich, dass ich sie gewähren lassen würde«, erwiderte Ari mit einem vielsagenden Grinsen.

»Das ist übrigens auch so eine Sache, die mir in Bar Giora tierisch auf den Senkel geht!«

Ari sah ihn fragend an und wartete.

»Na, das mit den Mädchen und dem Liebesleben ... Ich meine, es ist schon ganz schön gemein, dass die Lagerleitung selbst bei frisch Verheirateten einen Junggesellen einquartiert, der ...«

»... *Primus* heißt, so wie der Petroleumofen«, kam Ari ihm lachend zuvor.

Motte nickte. »Genau, das ist doch reine Schikane und hat nichts mehr mit der Aufzucht von angeblich ›neuen Menschen‹ mehr zu tun! Ebenso gemein ist es, dass die anderen Unverheirateten sich zu viert eine Bude teilen müssen. Da findet Liebe doch bloß noch im Freien statt!«, empörte er sich. »Nichts gegen körperliche Betätigung an frischer Luft, aber man will es doch nicht immer nur im Stehen tun!«

»Redest du da aus reicher Erfahrung?«, fragte Ari.

Motte verzog das Gesicht. »Ich wünschte, es wär so! Aber mit den Mädchen in Bar Giora stimmt was nicht.«

»So? Was denn?«, fragte Ari und amüsierte sich köstlich.

»Du kannst mit denen zwar im Heu wild knutschen, aber vom Nabel abwärts werden sie moralisch! Außerdem kriegst du ja noch nicht mal ihre Büstenhalter auf!«, beklagte sich Motte. »Die schneidern die Dinger da im Kibbuz selbst. Das sind wahre Panzereinheiten aus doppelt genähter Spitze, an der du dir die Augen ausstechen kannst. Aber auf kriegst du die nicht. Dafür brauchst du einen Mechaniker mit schwerem Werkzeug!«

Ari lachte schallend. »Da scheint ihr ja wirklich in einen reichlich verklemmten Kibbuz geraten zu sein, was so gar nicht in der Natur dieser Genossenschaften liegt. Denn gewöhnlich geht es dort sehr locker und zum Glück auch ohne jeden religiösen Klimbim zu, würde ja auch schlecht zu dem ganzen kommunistisch angehauchten System passen. Jedenfalls habe ich das mit den Mädchen und der Liebe ganz anders in Erinnerung.« Er zwinkerte ihm zu und spielte mit seiner Zigarettenschachtel.

»Wundert mich gar nicht, Ari.« Motte warf ihm einen neidischen Blick zu. »Aber jetzt erzähl mal, was *du* in letzter Zeit getrieben hast. Ist ja schon über einen Monat her, seit wir da krachend auf die Felsen aufgelaufen sind. Und du hast nichts von dir hören lassen. Teddy übrigens auch nicht, was Sophie ihm ganz schön übel nimmt.« Motte griff zu einem Stück Brot, um den Teller abzuwischen. »Wir dachten schon, die *Haganah* hätte euch zu einer neuen Alija Bet abkommandiert.«

»Hätte mir schon gefallen, zumal das nächste Kommando ein dickes Ding wird«, sagte Ari und beugte sich dabei über den Tisch vor. »Wir bringen ein Schiff mit fünftausend Leuten nach Palästina, irgendwann im Frühsommer.« Den Namen des einstigen Vergnügungsdampfers *President Warfield*, den Agenten der *Haganah* im November auf einem Schiffsfriedhof entdeckt und für 60 000 Dollar gekauft hatten, behielt er für sich. Ebenso sein Wissen, dass der Dampfer die britische Seeblockade unter dem neuen, bedeutungsvollen Namen *Exodus* zu durchbrechen versuchen sollte. »Aber das Kommando war schon vergeben. Was nicht heißt, dass Teddy und ich hier nur Däumchen gedreht hätten, ganz im Gegenteil. Man hatte uns einer neuen Kommandoeinheit zugeteilt und wir hatten mit der Vorbereitung und Ausführung unserer Aufträge alle Hände voll zu tun. Ich will ja nicht prahlen, aber das waren mehr als Nadelstiche, die wir den Tommys in den letzten Wochen verpasst haben.«

»Irgendwelche besonderen Einsätze, von denen wir vielleicht gehört haben?«, fragte Motte sofort aufgeregt nach, und nachdem die Leute am Nebentisch Augenblicke vorher bezahlt hatten und gegangen waren, gab es keinen Grund zum Flüstern mehr. Keiner der vier, fünf anderen Gäste saß nahe genug, um etwas von ihrer Unterhaltung aufschnappen zu können.

»Kommt drauf an, ob ihr in Bar Giora regelmäßig *Kol Israel* gehört habt«, sagte Ari dennoch mit weiterhin gesenkter Stimme. *Kol – Die Stimme Israels* war der illegale Radiosender der *Haganah*, dessen halbstündige Nachrichtensendung zu drei verschiedenen Tageszeiten ausgestrahlt wurde und die kaum ein Jude in Palästina versäumte.

»Klar doch!«

»Na, dann dürftest du doch eine Idee haben, womit wir beschäftigt waren. Die Aktionen haben ja für mächtigen Wirbel gesorgt«, sagte Ari und ließ ihn zappeln, indem er zu seinen Zigaretten griff und sich eine anzündete. Dabei ließ er sich sehr viel Zeit.

»Geht die britische Radarstation, die vor Kurzem auf dem Karmel in die Luft gejagt wurde, auf euer Konto?«

Ari grinste breit und nickte mit einem Anflug von Selbstgefälligkeit. »Einer musste es ja machen«, sagte er und zog genüsslich an seiner Zigarette. »Aber das meinte ich nicht. Es war das andere Unternehmen, mit dem wir mehr als nur einen Volltreffer gelandet haben. Wir haben den britischen Adler vom Himmel geholt, oder andersrum gesagt: Wir haben diese arrogante aristokratische Sippschaft von ihrem selbstgerechten Richterstuhl gehoben und ihnen eine Lektion erteilt, die sie so schnell nicht vergessen werden.«

Motte wusste im ersten Augenblick nicht, auf welches Ereignis Ari mit seinen rätselhaften Bemerkungen bloß anspielen mochte. Doch dann fiel bei ihm der Groschen. Ihm klappte fast der Unterkiefer herunter, und ungläubig stieß er im Flüsterton hervor: »Sag bloß, ihr wart das, die das Ding mit dem Richter gedreht haben!«

Ari sagte nichts. Er saß weit zurückgelehnt da, zog an seiner Zigarette und grinste über das ganze Gesicht.

»Mensch, Ari! Ich werd verrückt!«

Die Briten hatten im Dezember zwei sechzehnjährige Untergrundkämpfer der *Irgun*, die an einem Banküberfall teilgenommen hatten, zu achtzehn Jahren Gefängnis verurteilt – und sie zusätzlich bis aufs Blut auspeitschen lassen, ungeachtet der Proteste aus allen Kreisen der Gesellschaft und der Warnung von *Irgun*, *Lechi* und *Haganah*, dass dies Konsequenzen für die britischen Soldaten haben würde. Die Auspeitschung hatte im Land einen Aufschrei der Empörung ausgelöst. Ob man nun mit den Untergrundorganisationen sympathisierte oder nicht, eine solche Strafe wurde ungeachtet persönlicher politischer Zugehörigkeit als entehrend empfunden. Auspeitschungen gehörten zu den verhassten Symbolen und Praktiken einer Kolonialmacht zur Unterdrückung und Erniedrigung eines fremden Volkes.

Die Untergrundkämpfer machten ihre Drohung wahr und rächten die blutige Erniedrigung, indem sie zwei Tage nach der Auspeitschung einen Major der Zweiten Fallschirmbrigade sowie drei Unteroffiziere entführten, sie auf den Schlag genauso auspeitschten und sie danach wieder laufen ließen.

Nun kochte die britische Seele, sowohl in Palästina als auch im Mutterland, und die gedemütigte Mandatsmacht reagierte auf die öffentliche Schmach mit noch stärkeren Repressalien und härteren Strafen gegen festgenommene Untergrundkämpfer. So verurteilte das Gericht einen Mann, der bei einem Überfall auf ein Polizeigebäude verhaftet worden war, im Januar zum Tode. Ein halbes Jahr vorher waren ähnliche Straftäter noch mit einer langen Gefängnisstrafe davongekommen. Die Regierung in London lehnte jegliche Petitionen, auch die amerikanischer Politiker, auf Begnadigung ab. Man werde nun endlich die Samthandschuhe ausziehen, hieß es in den Offiziersklubs und Regierungszimmern.

Daraufhin wurden wenige Tage vor der Hinrichtung ein britischer Offizier und in einer ganz besonders spektakulären Aktion, die in der Weltpresse Schlagzeilen machte, ein Richter im Gerichtshof von Tel Aviv von vermummten Untergrundkämpfern entführt – und zwar mitten in einem Prozess von seinem Richterstuhl weg. Dank eines raffinierten und perfekt koordinierten Plans, zu dem gehörte, dass die Entführer vor ihrem Eindringen ins Gerichtsgebäude alle Telefonleitungen durchschnitten, wurde niemand verletzt, geschweige denn getötet. Nicht ein Schuss fiel. Der entführte Richter gehörte der britischen Aristokratie an, was der Demütigung Großbritanniens noch eine besonders bittere, zusätzliche Note verlieh. Beide Männer wurden freigelassen, nachdem London sich zähneknirschend der Forderung gebeugt hatte, den Verurteilen nicht hinzurichten. Und der Leitartikel des *Sunday Express* in London hatte die halb wütende, halb resignierende Schlagzeile getragen: *Regieren oder abziehen?*

All das schoss Motte in Bruchteilen von Sekunden durch den Kopf, während seine Gabel klirrend auf den Teller zurückfiel, er Ari fassungslos ansah und mit ungläubigem Kopfschütteln fragte: »Himmelarsch, wie ... wie habt ihr das bloß gedeichselt?«

Ari winkte etwas großspurig ab. »Ist alles eine Sache der Planung. Und natürlich muss man wissen, worauf man sich einlässt und was einem blüht, wenn da was falsch läuft. Aber es lief ja alles wie geschmiert. Übrigens hat sich der Gentleman mit der gepuderten Perücke die Wartezeit mit bester Lektüre vertrieben. Wir haben ihm nämlich Arthur Koestlers Buch in die Hand gedrückt.«

»Seinen Roman *Diebe in der Nacht*[38]?«

»Ja«, sagte Ari und lachte, während er seine Zigarette ausdrückte. »Und er hat das Buch sogar zur Hälfte durchbekommen! Wir haben es ihm mitgegeben, damit er es zu Hause in Ruhe zu Ende lesen kann. Und jetzt lass uns hier den Abflug machen. Ich habe später noch ein Treffen mit Teddy und den anderen von unserer Einheit. Und ich muss noch Kontakt mit dem Moschaw aufnehmen und ein gutes Wort für euch einlegen, damit ihr dort unterkommt. Ich mache das am besten vom *Red House* aus.«

»Und das ist was?«

»Das Hauptquartier der *Haganah* in Tel Aviv. Die Briten rätseln noch immer, wo unsere Kommandozentrale versteckt ist, dabei befindet sie sich direkt vor ihrer Nase auf der Yarkon Street in einem ganz gewöhnlichen fünfstöckigen Gebäude«, raunte Ari ihm mit hämischer Freude zu. Dann winkte er die Bedienung heran und beglich die Rechnung.

Gerade waren sie vom Tisch aufgestanden und einige Schritte in

---

38 Die Geschichte der Gründung eines Kibbuz in Palästina kurz vor Beginn des Zweiten Weltkriegs.

westlicher Richtung die Straße hinuntergegangen, als der normale Verkehrslärm plötzlich vom dröhnenden Motorenlärm britischer Militärlaster übertönt wurde. Zwei Transporter rasten auf der Allenby Street heran und blockierten hinter ihnen die Kreuzung, ein dritter Laster kam ihnen von unten auf der Montefiori entgegen, zwei weitere tauchten aus den beiden Seitenstraßen vor ihnen auf und riegelten diese Fluchtwege ab.

Noch bevor die Laster zum Stehen kamen, flogen hinten auch schon die Klappen auf und britische Soldaten sprangen mit Gewehren in den Händen von den Ladeflächen. Auf ihren Uniformen fehlten Rangabzeichen und jegliche Hinweise, zu welcher Militäreinheit sie gehörten. Sie hatten sich Staubtücher in Tarnfarbe vor die Gesichter gebunden, sodass nur noch ihre Augen zwischen Halstuch und Helm zu erkennen waren.

»Nichts wie weg!«, schrie Ari und rannte mit Motte auf den nächsten Hauseingang zu. Ihm hatte ein Blick auf die Soldaten gereicht, um zu wissen, dass es sich nicht um eine normale Straßensperrung mit Personenkontrolle und Suche nach versteckten Waffen handelte. Dies war ganz offensichtlich eine irreguläre Aktion der Soldaten, und das bedeutete höchste Gefahr für jeden männlichen Juden.

Ihre Hoffnung, sich ins nächste Haus zu flüchten und den Soldaten durch die Hinterhöfe oder über die Dächer zu entkommen, erfüllte sich nicht. Sie fanden die ersten beiden Haustüren verschlossen vor. Wären sie beim Eintreffen der Laster auf der Allenby Street wenigstens zwanzig, dreißig Meter weiter von der Kreuzung entfernt gewesen, hätten sie vielleicht noch eine Chance gehabt. So aber saßen ihnen die Soldaten schon zu Beginn ihrer Flucht so nahe im Nacken, dass sie ihnen nicht mehr entkommen konnten, nachdem sie auch an der zweiten Tür vergeblich gerüttelt hatten.

Kolbenhiebe trafen sie von hinten und holten sie von den Beinen. Sie stürzten auf den Bürgersteig, um schon im nächsten Moment von Stiefeltritten und Stößen mit der Gewehrmündung wieder auf die Füße geholt zu werden.

»Los, hoch mit euch!«, brüllten die Soldaten. Sie trieben alle, die älter als sechzehn und männlichen Geschlechts waren, auf der Montefiori Street und in den Seitenstraßen zusammen und zwangen sie auf die Laster, wo sie sich dicht gedrängt und mit in den Nacken gelegten Händen auf der Ladefläche hinknien mussten. Auf den Bänken rechts und links von ihnen saßen Soldaten und bewachten sie mit Gewehren im Anschlag.

Der Überfall, bei dem den Soldaten gut siebzig männliche Personen ins Netz gingen, dauerte nicht länger als drei, vier Minuten. Die Ladeklappen knallten wieder zu, die Planen fielen herunter und die Laster rasten mit den willkürlich zusammengetriebenen Männern und Jugendlichen davon.

Motte befand sich wahrlich nicht das erste Mal in Gefahr, aber diese Situation ließ ihn doch heftig schlucken. »Was hat das zu bedeuten?«, raunte er Ari zu. »Verschwinden wir jetzt auf unbestimmte Zeit in einem verdammten Internierungslager?«

»Sieht mir nicht danach aus«, murmelte Ari und hatte plötzlich eine böse Ahnung, was sie erwartete. »Das sieht mir mehr nach einer persönlichen Rechnung aus, die die Soldaten mit uns begleichen wollen.«

»Das heißt, wir stecken noch tiefer in der Scheiße, als wenn wir in ein Lager kämen?«

Ari zögerte kurz, dann sagte er düster: »Mach dich auf was gefasst, Motte. Die Sache hier wird böse, verdammt böse!«

Die Fahrt endete hinter der Umzäunung eines großen Polizeilagers außerhalb der Stadt. Und als sie dort von den Lastwagen gestoßen und gezerrt wurden, sahen sie mit einem Blick, was die Soldaten mit ihnen vorhatten.

Auf dem weiten Exerzierplatz wurden sie von einer großen Menge Polizisten und Soldaten erwartet, die sich mit Knüppeln und Gewehren bewaffnet hatten. Auf das Kommando eines Vermummten hin bildeten die Männer nun eine lange Gasse aus zwei sich gegenüberstehenden Reihen. Sie zog sich gute fünfzig, sechzig Meter weit diagonal über den staubigen Platz und der Abstand zwischen den beiden sich gegenüberstehenden Reihen prügelhungriger Tommys betrug etwa zwei, drei Schritte.

Motte wich das Blut aus dem Gesicht, als er begriff, was ihnen bevorstand. »Das wird ein Spießrutenlauf! Die schicken uns durch die Gasse und prügeln auf uns ein!«, keuchte er und fürchtete, sich im nächsten Moment erbrechen zu müssen. Wie sehr bereute er jetzt, so viel gegessen zu haben! »Himmelarsch, eigentlich ist es gar nicht so schlecht in Bar Giora!«

Vor ihnen begann jetzt die Prügelorgie. Die ersten Schmerzensschreie mischten sich in das gewaltlüsterne Gejohle der Soldaten und Polizisten und das erste Blut spritzte in den Dreck.

»Schütz deinen Kopf, lass nie die Deckung sinken, egal was du an Schlägen einstecken musst!«, beschwor Ari ihn, als sie in der Reihe weiter vorrückten und nun selbst gleich hinaus in den Mahlstrom aus brutal herabfallenden Knüppeln und Gewehrkolben hineinmussten. »Bleib von der Mitte weg, dort steckst du am meisten ein. Also bleib so nah wie möglich an den Männern dran, da haben die Schläge weniger Wucht, weil die Schweine nicht weit genug ausholen können! Und lauf so schnell du kannst! Du darfst auf keinen Fall zu Boden gehen, hörst du? Sonst bist du verloren! … *Massel tow!*«

»Ja, dir auch!«, keuchte Motte. »Heilige Scheiße!«

Mehr Zeit blieb nicht.

Jemand rammte Motte einen Gewehrkolben in den Rücken und brüllte wüste Beschimpfungen.

Motte presste die gebeugten Arme seitlich gegen seinen Kopf, verschränkte die Hände im Nacken und rannte los, hinein in den brüllenden gewalttätigen Wirbel der Gasse.

8

Der März war erst anderthalb Wochen alt, aber in den letzten Tagen war es merklich wärmer geworden. Der kurze palästinensische Winter befand sich auf einem eiligen Rückzug. Herschel hatte daran nichts auszusetzen. Nur für die Rückfahrt von Haifa nach Jerusalem hätte er sich gern noch einen kühleren Tag gewünscht. Aber es war, wie es war, und er schickte sich in das Unvermeidliche, das aus stundenlangem Gerüttel, stickiger Luft, enger körperlicher Nähe zu anderen schwitzenden Fahrgästen und viel Staub bestand, den der Fahrtwind durch schmale Fensteröffnungen ins voll besetzte Businnere wehte.

Karge, wüstenartige Landschaft zog vorbei, steinige Hügel mit braunem, struppigen Gras, gelegentlich ein paar Zypressen oder Tamarisken, die lange Schatten über einen Bergkamm warfen. Hier und da sprenkelten die Lehmhütten einer kleinen arabischen Siedlung die Hügel. Dann fiel der Blick auf karge Felder, kleine Herden von Ziegen und Schafen, vor den Hütten herumsitzende Männer, über den Waschtrog gebeugte Frauen und barfüßige, triefäugige Kinder.

Mit zwiespältigen Gefühlen dachte Herschel über seinen Besuch bei Margot nach. Er hatte gestern den ganzen Nachmittag und Abend und heute Morgen vor seiner Rückfahrt noch zwei Stunden mit ihr ... nein, *bei* ihr verbracht. Denn ihr Zustand war unverändert, sie war in ihre Welt entrückt, unerreichbar für ihn. Aber wenn es stimmte, was Dr. Mendelssohn sagte, gab es zum ersten Mal seit ihrer Erkrankung berechtigten Grund zur Hoffnung. Der Nervenarzt meinte nämlich Anzeichen einer leichten Verbesserung feststellen zu können. Er glaubte bei ihr gelegentlich ein Stutzen sowie eine schwache Reaktion auf etwas beobachtet zu haben, das er oder eine der Schwestern zu ihr sagte, so als wären die Worte zu ihr durchgedrungen und hätten ihr verschüttetes Bewusstsein erreicht oder es zumindest doch angestoßen.

Leider hatte Herschel bei seinem Besuch keine derartigen Reaktionen beobachten können, wollte Dr. Mendelssohn aber nur zu gerne glauben, dass Margot erste, kaum merklich tastende Schritte aus der Tiefe ihrer geistigen Umnachtung machte. Er wünschte, er könnte sie öfter als nur einmal im Monat in der Klinik besuchen, wie er sich auch wünschte, dass auch seine Kinder sie öfter besuchen kamen. Dass Sophie es diesmal nicht hatte einrichten können, dafür hatte er Verständnis. Sie war zusammen mit Leah und den anderen erst vor Kurzem in der Siedlung Kefar Devora aufgenommen worden, und von dort aus dem tiefen Süden Palästinas war es ein mühseliger und gefährlicher Weg hoch nach Haifa.

Entschieden weniger Verständnis hatte er jedoch dafür, dass Marius ihn nicht begleitet hatte. Aber mehr noch als der Widerwille seines Sohnes, die Unbequemlichkeiten der Reise auf sich zu nehmen, nur um dann stundenlang bei seiner geistig verwirrten Mutter zu sitzen, betrübte ihn dessen wilde Entschlossenheit, mit der er sich nicht nur den politischen Zielen, sondern auch den militärischen Aktionen der *Haganah* verschrieben hatte. Er sah ihn schon bald mit einer Waffe in der Hand als Untergrundkämpfer an einem Überfall oder einem Sprengkommando teilnehmen. Das machte ihm Angst, und dagegen war Marius' standhafte Weigerung, mit ihm zumindest dann und wann einmal in die Synagoge zu gehen, fast schon eine Nebensächlichkeit.

Herschel erhaschte einen flüchtigen Blick auf eine Kamelkarawane, die zur Linken der Landstraße auf einem lang gestreckten Hügelrücken auftauchte. Die Beduinen trugen schwarze Gewänder mit roten Stickereien. In der Sonne leuchteten die blauen Perlenketten und Muscheln, mit denen die Sättel der Kamelreiter geschmückt waren, und die farbig gewebten Säcke auf den Lasttieren. Mit bedächtiger Anmut zog die Karawane dahin und war schon im nächsten Moment wieder entschwunden, als der Bus einer weiten Biegung folgte.

Wenig später passierten sie eine britische Militärstation, die mit Stacheldrahtbarrieren gesichert war. Jetzt war es nicht mehr weit bis zum Wadi Bab el-Wad. Es wurde auch »Wächter des Tales« genannt, erstreckte sich dahinter doch eine zwanzig Meilen lange Schlucht. Eine steile und kurvenreiche Straße mit sieben scharfen Serpentinen, gefürchtet als die »Sieben Schwestern«, quälte sich in endlosen Windungen das enge Tal hinauf. Es war die einzige Straße, die aus der Ebene auf die Höhe von Jerusalem führte. Wer immer in der Vergangenheit diese Stadt hatte erobern wollen, ob es die Assyrer, die römischen Legionen oder die Kreuzfahrer gewesen waren, sie alle hatten diese Schlucht bezwingen müssen, um vor die hohen und zinnenbewehrten Mauern der Heiligen Stadt zu gelangen. Ein Trappistenkloster mit leuchtend rotem Ziegeldach und mutig aufragendem Glockenturm klebte hoch oben in der Schlucht an einem vergleichsweise ebenen Stück Hang, umgeben von Olivenhainen und Terrassengärten, die im Schutz alter Zypressen und Schirmpinien lagen.

Die meisten Gespräche im Bus verstummten, und eine fast mit Händen zu greifende Anspannung machte sich unter den Fahrgästen breit, als der Bus auf der unbefestigten und an Schlaglöchern reichen Straße durch das Araberdorf fuhr, eine Ansammlung von überwiegend ärmlichen, kastenförmigen Lehmhütten.

Und plötzlich flogen Steine.

Sie kamen von rechts und von links. Ein wilder Hagel aus Felsbrocken und Lehmscherben ging von beiden Seiten auf den Bus nieder. Einige halbwüchsige Dorfbewohner sprangen auch mitten auf die Straße und schleuderten ihre Steine dem Fahrer entgegen, der sich jedoch nicht aus der Ruhe bringen ließ und weder langsamer noch schneller fuhr. Die Geschosse prallten von den engen Metallgittern vor den Fenstern ab, und an den Seitenwänden vergrößerte das wütende Trommelfeuer der Steinewerfer das Meer aus Kratzern und Dellen im Blech, die von unzähligen vorherigen Steinwürfen herrührten. Das dumpfe metallische Hämmern der aufprallenden Geschosse ging Herschel durch Mark und Bein. Es war ein unheilvoller Klang, der das Versprechen zukünftiger Schrecken in sich zu tragen schien.

»So sind sie, die Araber!«, rief jemand im hinteren Teil des Busses, als das Dorf endlich hinter ihnen lag und es keine Steine mehr hagelte. »Alles, was ihnen fremd ist und ihnen nicht passt, wird mit Steinen beworfen, solange es sich bewegt!«

Ein anderer Fahrgast pflichtete ihm bei: »Mit dem Drang zum Steinewerfen werden die Kinder hier im Orient schon geboren!«

»Vielleicht, weil es hier in der Wüste so viele Steine gibt!«, warf ein Dritter ein.

So richtig herzhaft konnte keiner darüber lachen, war ihnen doch allen bewusst, dass der Hass die Steinewerfer von heute schon morgen zu Heckenschützen mit scharfer Munition machen konnte.

»Ist mir lieber, sie schmeißen mit Steinen als mit Handgranaten oder Molotow-Cocktails, wie mir das oben in Safed passiert ist«, bemerkte ein Mann trocken.

»Keine Sorge, das kommt schon noch!«, unkte eine Frauenstimme.

»Ja, und immer aus dem Hinterhalt und am liebsten noch mit Landminen, mit denen sie einen Bus oder Lastwagen hochjagen!«, mischte sich nun Herschels Nachbar ein, ein kräftiger Mann in den Dreißigern, der eine schwarze Augenklappe trug. »Das ist die arabische Art zu kämpfen! Auf jeden Araber, der sich im Krieg gegen die Nazis freiwillig gemeldet hat, sind drei Juden gekommen«, sagte er ruhig. »Juden sind im Krieg immer an vorderster Front gefallen. Wir von der *Jewish Brigade* haben im Krieg einen hohen Blutzoll gezahlt. Aber bei den Siegesparaden in London marschierten die Araber dann mit. Na ja, die sahen mit ihren Fantasieuniformen und ihren ausstaffierten Pferden und Kamelen natürlich auch viel malerischer aus, so ganz nach Tausendundeiner Nacht!«

Es gab grimmig beipflichtendes Gemurmel.

»Warum nur können wir nicht in Frieden mit den Arabern leben?«, entfuhr es Herschel.

Ihn trafen augenblicklich mitleidige Blicke, als hätte er eine große Dummheit von sich gegeben, die man vielleicht einem naiven Kind, nicht aber einem erwachsenen Mann nachsehen konnte.

»Sie sind wohl noch nicht lange hier im Land«, sagte eine Stimme hinter ihm.

»Ja, das bin ich in der Tat noch nicht, aber das heißt doch nicht, dass ...«

Der Mann mit der Augenklappe unterbrach Herschel. »Wir haben es weiß Gott lange genug versucht, seit Jahrzehnten«, sagte er mit mehr Bitterkeit als Wut. »Aber gegen blinden Hass kommt auch der Friedliebendste nicht an. Und die Araber hassen uns Juden unversöhnlich. Deshalb finden jetzt ja auch überall in den arabischen Ländern Freudenfeste und Jubelparaden für den zurückgekehrten Großmufti statt. Dass der Mann ein Freund Hitlers war und ein gesuchter Kriegsverbrecher ist, diskreditiert ihn in ihren Augen nicht, ganz im Gegenteil, für sie ist es eine Auszeichnung. Und natürlich hassen sie uns auch, weil wir das Land, dem sie nichts hatten abringen können oder wollen und auf dem sie ein elendes Leben als Lohnsklaven von arabischen Großgrundbesitzern fristen, fruchtbar gemacht haben. So einfach ist das.«

Es gab keinen im Bus, der dem nicht zustimmte, und so mancher fügte den Worten des einstigen Soldaten der *Jewish Brigade* noch eigene langjährige Erfahrungen hinzu. Und Herschel schwieg bedrückt, weil er spürte, dass er mit seinem Wunsch nach Frieden zwischen Juden und Arabern so ziemlich allein dastand.

9

Mehr als eine Stunde brauchte der Bus, um sich mit laut röhrendem Motor die zahllosen Serpentinen hinaufzukämpfen. Sie passierten die Siedlung Kiryat Anavim, folgten noch einer lang gezogenen Biegung und dann lag Jerusalem mit seinem trügerisch friedlichen Nebeneinander von christlichen Kirchen, Synagogen und Moscheen vor ihnen.

Im Westen erstreckte sich das moderne und überwiegend von Juden, Briten und Ausländern bewohnte Jerusalem mit seinen Wohnhäusern und Geschäftsvierteln. Im Osten lag die von Arabern dominierte Altstadt mit ihren christlichen, jüdischen und armenischen Vierteln, umschlossen von einem mehr als zehn Meter hohen und gut zwölf Kilometer langen, von Zinnen gekrönten Mauerring. Die mächtigen Steinquader gaben einen rötlichen Schimmer ab und schienen an manchen Tagen im Licht der untergehenden Sonne förmlich zu glühen. Hinter dem Jaffa-Tor erhob sich der David-Turm wie eine Lanze in den Himmel.

Aber kein anderes Bauwerk vermochte den heiligen Tempelberg zu übertrumpfen. Weithin sichtbar ragte er über die Umfassungsmauer in den Himmel empor. Der majestätische Felsendom mit seiner blei-schwarzen Kuppel[39], der heiligste Schrein des Islam, zog unverzüglich die Blicke eines jeden auf sich. Im Norden erhob sich der Mount Skopus mit der Hebräischen Universität über der Stadt, dahinter ging der Blick zu den Hügeln des Moab.

Die Jaffa Road, auf der es nun hinein in die Stadt ging, schnitt durch das Geschäftsviertel des modernen westlichen Jerusalem, kreuzte die Ben Jehuda Street am Zion Square und führte kurz dahinter am lang gestreckten Hauptquartier der Polizei und am Gerichtsgebäude vorbei, die beide mittlerweile zu Sicherheitszonen erklärt und zum Schutz vor Anschlägen von Stacheldrahtbarrikaden umgeben worden waren.

Herschel hätte den Bus schon an der Ecke zur King George V. Avenue verlassen und in den nach Rehavia umsteigen müssen. Aber er blieb sitzen und verließ den Bus erst an der Haltstelle vor dem Jaffa-Tor. Fast alle anderen Fahrgäste waren schon vorher ausgestiegen. Aber er wollte noch nicht nach Hause, sondern zu einem kurzen Besuch an die Klagemauer. Bis zum Einbruch der Dunkelheit blieben ihm noch fast zwei Stunden, und das war mehr als genug, um danach noch im Hellen zu ihrer Wohnung in Rehavia zu kommen. Es drängte ihn, an der Mauer ein Gebet für seine Frau zu sprechen und einen entsprechenden Gebetszettel in eine der Ritzen zu stecken, den er letzte Nacht schon in der *Pension Weinreh* geschrieben hatte, als der Schlaf einfach nicht hatte kommen wollen.

---

39 Die Kuppel des Felsendoms, bei dem es sich nicht um eine Moschee, sondern um einen Schrein handelt, wurde erst 1962 vergoldet.

Dass die Gegend um das Jaffa-Tor für Juden als unsicher galt, bisweilen sogar höchst gefährlich sein konnte, vermochte ihn nicht zu beirren. Was kümmerten ihn böse Blicke, hässliches Gezische und ein gelegentliches Vor-die-Füße-Spucken. Hier auf dem Berg hatte der Tempel des Solomon gestanden, hier war der zweite jüdische Tempel errichtet worden und hier hatten Juden den Gott der Bibel verehrt, und zwar Jahrtausende bevor ein kriegerischer Wüstensohn namens Mohammed die uralten heiligen Schriften der Juden und das Neue Testament der Christen geplündert, die Propheten und viele andere biblische Gestalten sowie Jesus und Maria kurzerhand für sich vereinnahmt und mit einigen arabischen Zutaten daraus den Koran zusammengesetzt hatte.

Nein, was den Tempelberg und die Klagemauer anging, durfte es keine Kompromisse mit den Arabern geben! Die Christen mochten seinetwegen Jesu Himmelfahrt für bare Münze nehmen, und dasselbe galt für die Muslime, die daran glaubten, dass Mohammed hier am Tempelberg sein Pferd angebunden habe und ebenfalls in den Himmel aufgefahren sei. Es interessierte ihn dabei auch nicht, wieso die Muslims fast siebenhundert Jahre nach Jesu Tod auch noch dessen Himmelfahrt für ihren Mohammed übernommen hatten. Es kümmerte ihn im Grunde so wenig wie die Reinkarnationslehre der Hindi oder wen die Eingeborenen auf Neu-Guinea anbeteten. Jeder sollte glauben, was er wollte, solange er dem anderen nicht das Recht streitig machte, etwas völlig anderes oder gar nichts zu glauben. Aber das Anrecht auf den Tempelberg würde sich kein aufrechter Jude von den Muslims absprechen lassen! Was das betraf, war er mit den Orthodoxen ausnahmsweise mal einer Meinung. Dies war die heilige Stadt der Juden, und er wollte es sich nicht nehmen lassen, an der Klagemauer zu beten!

Es war ein düsteres, verwinkeltes und unruhiges Jerusalem, in das er hinter dem Jaffa-Tor eindrang. Fast die gesamte Altstadt war überdacht, sei es durch steinerne Bögen und überkragende Stockwerke oder durch von Hauswand zu Hauswand gespannte Segeltuchplanen, Markisen oder Bastmatten. Es ging über gestufte Gassen abwärts, sodass man den Eindruck haben konnte, in einen gigantischen Keller hinabzusteigen. Nahe beim Tor und Mauerring kauerten Fellachinnen auf dem Boden, die in Körben ihre Waren anboten, Packesel trotteten unbeirrt von den Schreien ihrer Treiber über den Felsengrund der Straßen und Gassen, fensterlose Gewölbe, aus denen tausenderlei Waren in bunter greller Vielfalt quollen, reihten sich Gasse um Gasse aneinander. Der üble Geruch der Fleischerläden, wo die Hammel- und Ziegenköpfe am Eingang an Fleischerhaken hingen und das Blut der frisch geschlachteten Tiere auf die Steinfliesen tropfte, vermischte sich mit dem Rauch von Wasserpfeifen und dem ranzigen Dunst von Ölküchen, um eine Gasse weiter gottlob den intensiven Aromen der Gewürzläden zu weichen.

Und überall herrschte ein fürchterliches Gedränge, Geschiebe und Gelärme. Es wurde laut gefeilscht, wild gestikuliert, und die Kaffeestuben in den Gewölben waren voll mit Arabern, die ihre Wasserpfeifen blubbern ließen, Domino spielten und sich von dem ständig wechselnden Anblick unterhalten ließen, den ihnen der Strom der vorbeiziehenden Menschen darbot. Zwischen den Arabern fanden sich auch nicht wenige Juden, die Einkäufe tätigten oder wie er auf dem Weg zur Klagemauer waren. Gelegentlich begegnete ihm eine Zweier-Patrouille britischer Soldaten.

Die Gassen, in die nach Mittag kaum noch ein Lichtstrahl fiel, senkten sich immer tiefer. Doch dann hatte er endlich sein Ziel erreicht. Und dort, wo die Straße zur Klagemauer abbog, wurde der Strom der Menschen von jüdischen Ordnern und englischen Soldaten streng geregelt. Nur zu zweit und unter striktem Schweigen durfte man von hier aus zur Mauer vorrücken, deren mächtige Kalksteinquader gute achtzehn Meter in die Höhe ragten. Es war die Westmauer des Plateaus, auf dem sich einst der zweite Jerusalemer Tempel erhoben hatte.

Die Zeit, die Herschel an dem heiligen Ort verbringen durfte, war wie immer zu kurz und ging viel zu schnell vorbei. Es reichte gerade für ein inniges Gebet und das Hineinschieben seines Zettels mit dem Bittgebet für Margots Genesung in eine der Ritzen zwischen den Steinen. Dann drängten ihn die Ordner auch schon zum Weitergehen. Dennoch war er froh, dass er den Gang gemacht hatte. Wer weiß, wie lange das noch möglich war, wo sich doch die Sicherheitslage in Palästina beinahe täglich verschlechterte.

Die Dämmerung senkte sich allmählich über Jerusalem, als Herschel durch die von Bäumen reich gesäumten Straßen von Rehavia ging. Er liebte dieses Viertel mit seinem vielen Grün und dem lebendigen, modernen Leben seiner Geschäftsviertel. Es war so ganz anders als Alt-Jerusalem mit seiner verblichenen, dunklen steinernen Pracht, die manchmal bedrückend wirken konnte. Am liebsten hatte er die frühen Morgenstunden in Rehavia, wenn die Waschfrauen und Hausmädchen und all die Handwerker durch die Straßen zogen und ausriefen, welche Arbeit sie anzubieten hatten. Und dann rief man das Bügelmädchen oder die Waschfrau von der Straße weg ins Haus, wenn man Arbeit für sie hatte, und dasselbe galt für den Anstreicher oder den Klempner und all die anderen Handwerker, Bäcker und Lebensmittelverkäufer, die durch die Wohnstraßen zogen und einem vor die Haustür brachten, was man an dem Tag gerade brauchte.

Herschel war freudig überrascht, Marius in der Wohnung anzutreffen. Sein Sohn schmierte sich in der Küchenzeile gerade ein Butterbrot, als er zur Tür hereinkam. Er hatte das Gefühl, dass Marius seinem Blick schuldbewusst auswich, als er ihm von seinem Besuch und Dr. Mendelssohns hoffnungsvoller Beobachtung berichtete. Er sagte auch nicht viel dazu, sondern nickte nur mit vollem Mund und abgewandtem Kopf dazu und schmierte sich noch ein zweites Brot.

»Nun ja, vielleicht tust du mir ja den Gefallen und begleitest mich übermorgen wenigstens mal wieder in die Synagoge, wo du dir doch schon den Besuch bei deiner Mutter gespart hast«, konnte er sich schließlich nicht verkneifen zu sagen.

Nun drehte sich Marius zu ihm und sah ihn an. »Pa, lass uns doch nicht wieder davon anfangen. Ich kann mit diesem ständigen Gebete nichts anfangen. Wo war denn Gott, als die Menschen in den KZ ihn dringend brauchten? Hat er denn nicht den Rauch Tag und Nacht aus den Krematorien steigen gesehen? Nun, ich nehme an, er war wohl anderweitig beschäftigt!«

Herschel bedachte seinen Sohn mit einem tadelnden Blick. »Diese billigen Vorhaltungen sind deiner Intelligenz nicht würdig, mein Sohn. Gott ist kein Strippenzieher und der Mensch keine Marionette an göttlichen Fäden. Die völlige Freiheit, die uns geben wurde, lässt auch grenzenlos Böses zu. Wie oft habe ich dir das schon begreiflich zu machen versucht?« Er rang halb beschwörend und halb verzweifelt die Hände.

Marius winkte ab. »Lass, Papa! Die Welt kommt auch sehr gut ohne Beten aus.«

Ein schmerzlicher Ausdruck trat auf Herschels Gesicht. »Und das glaubst du wirklich?«

»Und ob ich das glaube!«

»*Nebbich*, Junge! Wir müssten den Himmel erfinden, wenn er uns nicht schon geoffenbart worden wäre! Denn ohne eine Orientierung an etwas Höherem folgen die Menschen nur ihren niederen Instinkten.«

»Ach, Pa, lass es gut sein!«, bat Marius, doch insgeheim war er bewegt von der Glaubensstärke seines Vaters.

Und Herschel dachte nicht daran, es gut sein zu lassen. »Man hält sich heute für fortschrittlich und aufgeklärt, weil man die Wiederholung des Gebets morgens, mittags und abends und das an allen Tagen des Jahre als altmodisch und sinnlos abtut. Aber seltsamerweise hält es keiner für altmodisch und unnütz, seinen Körper mit Essen zu versorgen. Dabei ist der Geist nicht weniger hungrig nach Nahrung. Doch ihr wollt ihn verkümmern lassen.«

Marius verzog das Gesicht. »Ein netter Vergleich, aber er überzeugt nicht wirklich.«

Betrübt schüttelte Herschel den Kopf. »Glaube nicht, dass die Welt besser und friedfertig wird, nur weil so viele meinen, ohne Gott besser klarzukommen, ihn kurzum für tot erklären und den Menschen nun zum Maßstab aller Dinge machen zu können. Einmal ganz abgesehen, dass dies ein recht jämmerlicher Maßstab ist, den sie an sich und das Leben legen, werden deshalb die Altäre der Anbetung nicht verschwinden, Marius, ganz und gar nicht!«, prophezeite er. »Nur werden auf diesen Altären, vor denen die Menschen dann in tiefer Anbetung niederknien und willig ihre Opfergaben darbieten, selbst geschaffene Götzen stehen. Die Menschen werden sich für die Herren der Naturkräfte halten, nicht mehr Hüter der Welt, sondern Ausbeuter der Welt sein und sich ihre Erlösung von der Technik, dem Geld, der Jagd nach der Jugend erhoffen, sich viel tiefer in das Irrationale stürzen und sich vorgeblich irdischen Heilsbringern und Scharlatanen eines selbst gestrickten Mystizismus unterwerfen, als ein Gottesgläubiger es jemals könnte! Vor allem wird keiner mehr dienen und bewahren wollen, weil ja jeder nur dieses eine Leben hat und so schnell wie möglich das Meiste für sich herausholen will. Der neue Mensch, der alles kann und weiß und alles zu beherrschen meint, wird reich an seelischer und moralischer Armut sein!«

Marius sagte einen Moment lang nichts, dann zuckte er die Achseln und erwiderte mit trockenem Spott: »Ich habe mich schon immer gewundert, warum sich Gott für seine Schöpfung nur lausige sechs Tage genommen hat. Ist kein Wunder, dass die Welt in so einem Zustand ist. Er hätte sich besser mehr Zeit nehmen sollen, dann wäre vielleicht was Anständiges dabei herausgekommen. Übrigens ist heute ein Brief von Sophie gekommen. Liegt da drüben im Wohnzimmer auf der Kommode. Sie scheinen es da unten in der Siedlung Devora richtig gut getroffen zu haben. Und wenn ich zwischen den Zeilen lese, ist das mit ihr und Teddy eine ernste Sache. Ari und Motte sind endlich auch wieder auf dem Damm. War ein bisschen leichtsinnig von ihnen gewesen, sich schon kurz nach ihrer Einlieferung ins Krankenhaus wieder hinauszustehlen, auch wenn Ari seine guten Gründe dafür hatte. Na, lies gleich selbst.« Er griff zu seinem zweiten zusammengeklappten Brot und nahm seine Hausschlüssel vom Haken neben der Tür. »So, und jetzt muss ich los, sonst komme ich zu spät! Warte nicht auf mich, es wird bestimmt spät! Vielleicht bleibe ich auch über Nacht weg. Aber mach dir keine Sorgen, ich pass schon auf!« Und noch bevor Herschel ihn fragen konnte, wohin er ging und weshalb er womöglich die ganze Nacht wegblieb, war er auch schon aus der Wohnung.

10

Mit dem geladenen Gewehr über der Schulter stand Leah auf der quadratischen, überdachten Plattform des Wasserturms von Devora und hielt, zusammen mit den Wachposten unten auf den Feldern, Nachtwache über die schlafende Siedlung. Die Konstruktion aus dicken, sich kreuzenden Kanthölzern, die unterhalb der Plattform einen runden Wassertank aus Beton trug, stand mitten im Dorf und überragte die Dächer der niedrigen Wohnhäuser, Gemeindebaracken, Werkstätten und Lagerschuppen um mehrere Meter. Von hier oben hatte man einen weiten Blick auf das karge, von Hügelketten durchzogene Umland. Bei Tag und besonders klarem Wetter konnte man sogar bis hinüber in den Negev sehen. Die Ausläufer der Wüstenlandschaft reichten nahe an die Kibbuzim und Siedlungen wie Devora heran, die eine lose Kette von Grenzdörfern im tiefen Süden Palästinas bildeten.

Mit ruhiger Hand lenkte Leah den hellen Lichtkegel des Scheinwerfers um das kleine Dorf mit seinen neun sandigen Straßen, die von der Mitte der Siedlung sternförmig an den schlichten Gebäuden vorbei und hinaus zu den Feldern, Äckern und Zitrusplantagen führten. Der Lichtfinger glitt über steiniges Gelände, auf dem sich nur hier und da mal ein verkrüppeltes Dornengestrüpp sowie Disteln, Kakteen und ähnlich genügsame Gewächse zu behaupten vermochten.

Sie ließ den Lichtschein jedoch nicht in gleichmäßigen Kreisen um das Außengelände gleiten, sondern wechselte immer wieder unvermittelt die Richtung, tastete noch einmal eine Hügelgruppe ab, über die der Lichtschein gerade erst hinweggeglitten war, schwenkte unvermittelt um hundertachtzig Grad auf die gegenüberliegende Dorfseite herum oder ließ ihn auf einmal zehn, zwanzig Meter tiefer in die Nacht vordringen. Falls dort draußen in der tiefen Schwärze jemand mit böser Absicht lauerte, sollte er sich nie sicher fühlen und sich vor allem nicht ausrechnen können, wann er aus seiner Deckung hervorspringen und sich unbemerkt näher anschleichen konnte. Er sollte wissen, dass ihn das Scheinwerferlicht jeden Augenblick erfassen, seinen Hinterhalt vereiteln und ihn zu einem leichten Ziel für eine der Feldwachen machen konnte.

Eine Turmwache musste aber auch die Scheinwerfer der benachbarten Siedlungen im Blick halten. Drei andere Siedlungen lagen nahe genug, um mit ihnen Lichtzeichen austauschen zu können. Es handelte sich um Efron im Nordosten sowie Zuk Eitan im Südwesten bei Negba und Haschomer im Südosten. Mit Lichtzeichen im Morsesystem tauschte man aber nicht nur Warnungen vor arabischen Terroristen oder britischen Razzien aus, sondern teilte den Bewohnern im Nachbardorf auch ganz alltägliche Nachrichten mit, etwa die Geburt eines Kindes oder die Anfrage nach einem Ersatzteil für einen Traktor. Und wenn die Turmwachen sich gut kannten und die Lage ruhig war, flog gelegentlich auch Klatsch in Form von Lichtzeichen durch die Nacht, das brachte ein wenig Ablenkung und Vergnügen in die langen Stunden auf Wache.

Dass Leah den Scheinwerfer in unregelmäßigen Abständen immer mal wieder ausschaltete, gehörte ebenso zu der Taktik der Unberechenbarkeit, die man ihr in den vergangenen Tagen beigebracht hatte. Und bei freiwilligen nächtlichen Besuchen hier oben hatte sie schnell festgestellt, wie sehr sie es genoss, in tiefer Nacht auf der Plattform zu sein und weit in die Dunkelheit zu schauen – trotz aller Gefahr, die jederzeit bestand. Deshalb hatte sie sich auch freiwillig für die unbeliebte »Hundewache«[40] gemeldet. Auf Schiffen lief diese gewöhnlich von

---

40 Die aus der Seefahrt stammende Bezeichnung bezieht sich darauf, dass bei einer Hundewache sowohl vorher wie auch nachher nicht genug Zeit für einen regulären Schlaf bleibt.

Mitternacht bis vier Uhr morgens. Doch hier in Devora waren es die vier Stunden bis zum Morgengrauen. Denn danach konnte man sich nicht für ein paar Stunden aufs Ohr legen, sondern musste wie die anderen nach einer kurzen Frühstückspause seiner regulären Arbeit nachgehen. Aber das machte ihr nichts aus. Sie liebte es, hier oben zu sein, Wache zu halten, auf den neuen Tag zu warten, ihre Gedanken wandern zu lassen und sich eins zu fühlen mit der samtweichen Nacht.

Die Nacht atmete, sie hob und senkte sich, was man nicht mit den Augen, sondern nur mit den inneren Sinnen wahrnehmen konnte, und sie war erfüllt von den lautlos gleitenden Schatten eines tausendfachen Lebens, das die Dunkelheit mit ihren Armen schützend umschloss.

Manchmal war ihr, als wäre die Nacht ein formloser Riese, ein gelähmter Gigant, der sie aus den finsteren Schatten heraus mit unendlicher Geduld beobachtete und all ihr Tun verfolgte, ja sogar ihre Gedanken aufnahm. Und dann spürte sie einen Ansturm von ebenso mysteriösem wie majestätischem Schweigen. Zu ihrer großen Verwunderung jagte ihr all das keine Angst ein, sondern erfüllte sie nur mit einem respektvollen, ja fast andächtigen Staunen. Selbst wenn sie in die Unendlichkeit des Alls mit seinen Milliarden funkelnder Sterne aufsah, stellte sich nicht länger dieses tiefe innere Erschauern ein, als träfe sie der eiskalte Atem einer mitleidlosen und gänzlich sinnlosen Natur. Und dann mochte ihr zwar der Gedanke kommen, dass sie womöglich gerade in den Abgrund Gottes schaute, aber es erfüllte sie nicht mit Furcht und Schrecken, sondern nährte in ihr vielmehr die Hoffnung, dass dem menschlichen Leben und damit auch ihrem vielleicht doch ein tiefer Sinn innewohnte, auch wenn sich ihr dieser nach all den Gräueln nicht erschloss.

Es lag wohl an dem für sie geradezu mystischen Land, dass sie neuerdings von diesen Empfindungen überrascht wurde. In Bar Giora hatte sie davon nur eine Ahnung in sich gespürt. Aber die von Enttäuschung schnell in Ablehnung und Zorn umgeschlagene Grundstimmung hatte den Durchbruch der in ihr aufblühenden Gefühle verhindert. Doch hier in Devora im südlichen Grenzland war genau das geschehen. Zum ersten Mal, seit die Nazis sie aus ihrem Zuhause gerissen und nach Theresienstadt verschleppt hatten, war die dumpfe Angst von ihr gewichen, sich nirgendwo mehr wirklich zugehörig zu fühlen und bis ans Ende ihrer Tage heimatlos zu sein. Ja, es war sogar mehr als das, nämlich die Gewissheit, den Ort gefunden zu haben, der ihr bestimmt war und wo ihr Leben neue und tiefe Wurzeln schlagen konnte.

Fast sieben Wochen lang hatte man ihnen in Bar Giora nicht nur die kalte Schulter gezeigt, sondern sie ausgesprochen schäbig behandelt und sie immer und bei jeder Gelegenheit spüren lassen, dass sie weder erwünscht waren, noch jemals dazugehören würden, ganz gleich wie sehr sie sich auch darum bemühen würden. Jeder Tag im Kibbuz war eine Demütigung gewesen und ihnen endlos erschienen. Dagegen erschienen ihr die zweieinhalb Wochen, die sie nun schon in Devora waren, wie im Flug vergangen zu sein.

Sie waren in großer Sorge gewesen, als Motte nicht wie abgesprochen noch am selben Tag von seinem Treffen mit Ari in Tel Aviv zurückkehrt war. Sie warteten auch den nächsten Tag vergebens auf seine Rückkehr und konnten sich sein Fernbleiben nicht anders erklären, als dass ihm etwas zugestoßen sein musste. Und wie sich drei Tage nach seinem Aufbruch zeigte, als er endlich wieder bei ihnen im Kibbuz auftauchte, hatten sie mit dieser Befürchtung leider richtiggelegen.

Am frühen Mittag traf Teddy Goodman am Steuer eines verbeulten Lieferwagens bei ihnen ein. Er brachte Motte und Ari. Beide lagen hinten auf der Ladefläche auf einem Bett aus Strohsäcken, das die Stöße der holprigen Sandpisten hatte mildern sollen. Sie trugen zum Teil blutige Verbände um Kopf, Oberkörper und Arme, und ihre schweißigen, schmerzverzerrten Gesichter verrieten, dass die lange Fahrt von Tel Aviv ein einziges Martyrium für sie gewesen war.

Auf den Schock folgten erst Fassungslosigkeit und dann ohnmächtiger Zorn auf die Briten, als Leah und ihre Freunde erfuhren, was Motte und Ari zugestoßen war. Sie konnten kaum glauben, dass die britischen Soldaten wie in einer Art von Pogrom über sie hergefallen waren, sie nach der Prügelorgie des Spießrutenlaufs einfach zu einem abgelegenen Bauplatz gekarrt und sie dort aus den Lastwagen gestoßen hatten, ungeachtet ihrer Verletzungen. Beide hatten sie Platzwunden am Kopf und Blutergüsse am ganzen Körper, dazu kamen bei Motte drei gebrochene Rippen und zwei ausgeschlagene Zähne mit der entsprechend dicken Schwellung der rechten Gesichtshälfte und einer erneut aufgeplatzten Unterlippe. Ari war mit zwei nur angebrochenen Rippen, einer ausgekugelten Schulter, einer schweren Gehirnerschütterung und einer blutigen linken Ohrmuschel davongekommen, die ihm ein seitlicher Hieb mit dem Gewehrkolben halb eingerissen hatte.

»Und dabei sind wir im Vergleich zu vielen anderen noch ganz glimpflich davongekommen«, versicherte Motte und hatte Schwierigkeiten mit dem Sprechen. »Wir waren immerhin noch fähig, uns nach der ersten ärztlichen Versorgung sofort wieder aus dem Krankenhaus abzusetzen. Viele andere sind so übel zugerichtet, dass sie ohne Hilfe nicht mal die paar Schritte bis zur Toilette schaffen.«

»Aber warum seid ihr denn nicht im Krankenhaus geblieben?«, fragte Sophie.

»Ich konnte nicht ausschließen, dass der britische Geheimdienst, der natürlich schnell Kenntnis von dem Zwischenfall und unserer Einlieferung bekommen hat, unverhofft einen Krankenbesuch macht und die Gesichter der Leute, die da in den Betten liegen, mit ihren Fahndungsfotos und -skizzen vergleicht«, erklärte Ari. »Keine Ahnung, wie gut das Konterfei gezeichnet ist, das sie von mir haben. Aber das Risiko war einfach zu groß. Deshalb mussten wir schnell wieder verschwinden.«

»Eine Schwester, die auch zur *Haganah* gehört, hat Teddy alarmiert«, warf Motte ein und klang immer mehr wie ein lallender Betrunkener. »Mit seiner Hilfe konnten wir uns aus dem Staub machen.«

»Mussten dann aber erst mal einen Tag in Tel Aviv durchatmen«, fuhr Ari fort, was alle als maßlose Untertreibung durchschauten. Denn natürlich war ihnen klar, dass die beiden starke Schmerzen gehabt hatten und schlichtweg nicht transportfähig gewesen waren. »Und dann hat Teddy uns in den Lieferwagen verfrachtet und zu euch gebracht. Um euch abzuholen ...«

»Ja, wir machen hier nämlich den Abflug, Freunde!«, rief Motte stolz, verzog dann aber vor Schmerz das Gesicht. »Diese verdammte *Mischpoke*[41] von Bar Giora kann uns alle mal kreuzweise! Ari hat für uns die Aufnahme in einem Moschaw unten im Süden organisiert, wo er gute Freunde hat und wir nicht wie der letzte Dreck behandelt werden!«

Ari erzählte ihnen vom Kefar Devora und Yoram Levi, der mit seinem ermordeten Onkel Ephraim aufgewachsen war, dessen bester Freund gewesen war und vor über vierzig Jahren zu den Gründern des Moschaw im südlichen Grenzland gehört hatte. »Und dorthin bringen wir euch morgen«, schloss Ari seine Ausführungen.

»Und bist du dir auch sicher, dass wir dort willkommen sein werden?«, fragte Leah skeptisch. Sie wollte sich nicht zu früh freuen, um sich vor einer weiteren bitteren Enttäuschung zu schützen.

»Du hast mein Wort, dass Yoram euch mit offenen Armen aufnehmen wird!«, versicherte Ari.

»Und wir, haben wir auch dein Wort?«, fragte Jannek hintersinnig.

»Ich denke, das ergibt sich aus meiner Antwort«, gab Ari spitzzüngig zurück. »Oder hast du mich vielleicht sagen hören, dass Yoram nur Leah mit offenen Armen aufnehmen wird?«

Nun rang auch Jannek sich dazu durch, Ari zu danken und interessierte Fragen zum Moschaw im Allgemeinen und zu Kefar Devora im Besonderen zu stellen.

Die Erinnerung an diese Szene und an ihre beharrliche Skepsis brachte ein Lächeln auf Leahs Gesicht, während sie den Scheinwerfer auf der Plattform des Wasserturms wieder einschaltete und den starken Lichtstrahl erneut über das Außengelände wandern ließ.

---

41 Jiddischer Ausdruck, der verschiedene Bedeutungen haben kann, hier jedoch im Sinne von ›Sippschaft, Gesindel‹ gemeint ist.

Ari hatte ihnen nicht zu viel versprochen. Man hatte ihnen in Devora zwar keinen besonderen Empfang bereitet, was auch keiner erwartet hatte, aber sie doch tatsächlich mit einer herzlichen Natürlichkeit, zu der anfänglich auch eine Spur abwartender Reserviertheit gehört hatte, in der Gemeinschaft von hundertsiebenundachtzig Dorfbewohnern begrüßt.

»Bleibt ein paar Monate bei uns, und seht, ob ihr für das Leben hier an der Grenze geschaffen seid und ihr bleiben wollt«, hatte Yoram Levi am Tag ihrer Ankunft gesagt. »Das Leben ist hier ein bisschen härter als in anderen Teilen Palästinas, aber es gibt einem auch viel, wenn man die Großartigkeit dieser herben Landschaft erst einmal im Blut hat. Aber das kann man sich nicht einfach so vornehmen, sondern dieser Faszination muss man schon verfallen, so wie es mir und den anderen ergangen ist. Ein gutes halbes Jahr solltet ihr euch schon geben, damit ihr auch die heißen Sommermonate mitbekommt, bevor ihr euer Urteil über Bleiben oder Weggehen fällt. Es würde uns freuen, wenn ihr euch fürs Bleiben entscheiden würdet. Junge Pioniere wie ihr sind das Lebensblut der kleinen Siedlungen, insbesondere hier an der Grenze zum Negev. Nun, warten wir es ab, wie es euch ergeht.«

Yoram Levi war ein mittelgroßer Mann von vierundsechzig Jahren, der sich trotz seines fortgeschrittenen Alters eine sehnig muskulöse Statur bewahrt hatte. Sein schütteres, sonnengebleichtes Haar besaß die Farbe von hellem Sand. Er trug es schulterlang, doch im Nacken mit einem Gummiband zum Zopf zusammengefasst. Ein Labyrinth aus Linien und tief eingegrabenen Furchen durchzog sein wettergegerbtes, ledrig wirkendes Gesicht, in dem eine kräftige Nase über einer energischen Kinnpartie saß. Seine hellen, klaren Augen blickten aufmerksam und lebensfroh und zeigten oft einen milden Ausdruck, doch sie konnten auch feurig blitzen und funkeln, wenn er über die britische Politik oder den zerstörerischen Hass und die zunehmenden Überfälle arabischer Freischärler in Rage geriet.

Als Yoram Levi sie am Tag nach ihrer Ankunft mit der Anlage von Devora mit seinen Feldern, Äckern und Zitrusplantagen vertraut gemacht und sie über die Ländereien geführt hatte, war bei ihnen allen das Erstaunen groß gewesen, welch fruchtbare grüne Oase das Dorf inmitten einer wüstenartigen Landschaft darstellte.

Er lachte, als er das hörte. »Vor zweiundvierzig Jahren war das Land hier genauso öde und von Kamelgras, Disteln, niedrigem Dornengestrüpp und einem Meer von Steinen bedeckt wie all das andere Land dort draußen«, sagte er und machte eine weitgreifende Geste, die das wüstenhafte Umland umschloss. »Wir haben tiefe Brunnen gebohrt, den Boden von den Steinen befreit, gepflügt, gedüngt und bewässert, immer mehr Bäume gepflanzt und so dem Land jedes Jahr ein bisschen mehr Fruchtbarkeit abgerungen. Es war eine scheinbar endlose Schinderei, vor allem in den Anfangsjahren. Aber wir haben nicht aufgegeben, sondern die Zähne zusammengebissen, weitergemacht und in harten Zeiten den Gürtel enger geschnallt. *Avodah Jehudi* nennen wir das nicht ohne Stolz: jüdische Arbeit.«

Er machte eine kurze Pause, und als er fortfuhr, hatte er scheinbar das Thema gewechselt. »Vor ein paar Wochen kam hier eine dieser amerikanisch-britischen Kommissionen durch, die wieder einmal die Lage in Palästina und die Frage zu ergründen versuchen, ob man uns Juden denn nach den sechs Millionen Toten der Shoa nun endlich einen eigenen Staat hier in Palästina zugestehen soll, wie es der erklärte Wille der Amerikaner und der UN ist, oder ob man uns diesen verweigern soll, wie es ja das Ziel der ehrlosen, wortbrechenden britischen Regierung zu sein scheint.«

Leah und ihre Freunde fragten sich, was ihn zu diesem abrupten Themenwechsel veranlasst hatte und worauf er bloß hinauswollte, warteten aber ab.

Die Antwort kam dann auch, als Yoram Levi weitersprach. »Im Tross der Kommission befanden sich auch mehrere Journalisten aus verschiedenen Ländern, einer kam aus Ägypten. Und der sagte doch nach einem langen Rundgang durch unser Dorf und die blühenden Felder und Obstplantagen: ›Interessant, dass sich die Juden an den schönsten und fruchtbarsten Plätzen angesiedelt haben.‹ Man stelle sich das vor! Als ob Suleiman der Prächtige und nicht wir Juden in Palästina all die vielen blühenden Oasen geschaffen hätten! Dabei war hier, als wir vor zweiundvierzig Jahren unser Land in Besitz nahmen, nur nackte, steinige Wüste! Und die meisten Araber sind doch erst nach Palästina gekommen, nachdem wir hier wirtschaftliche Aufbauarbeit geleistet und Arbeitsplätze geschaffen hatten. Um die sie sich dann durch ihren Generalstreik und die Aufstände von 1929 und 1936 wieder selbst gebracht haben.«

Sie teilten seine Empörung.

»Als ob wir je auch nur ein Stück fruchtbares Land hätten kaufen können! Die *effendis*, die arabischen Großgrundbesitzer, die gar nicht in Palästina, sondern in Beirut und Kairo, in Paris und London und in der Schweiz leben, haben uns immer nur das elendeste Stück Land und die malariaverseuchten Sümpfe verkauft, mit denen ihre arabischen Pächter nichts anzufangen wussten! Sie haben uns für *meschugge* gehalten, dass wir auf öden Steinfeldern oder im Sumpf siedeln wollten, und haben fest damit gerechnet, dass wir es nie schaffen und das Land bald wieder aufgeben würden!«, fuhr Yoram fort und geriet immer mehr in Rage. »Was diese Halsabschneider aber nicht davon abgehalten hat, uns finanziell kräftig bluten zu lassen und nicht selten das Zehnfache dessen von uns zu verlangen, was ein Araber gezahlt hätte, wenn er denn so verrückt gewesen wäre, solches Ödland zu kaufen. Aber wir haben es geschafft, wir haben uns gequält und das Beste daraus gemacht. Und plötzlich, wo in der Wüste nun nicht mehr nur Kakteen blühen, sondern Felder und Ackerflächen und Zitrusplantagen reiche Früchte tragen, da wollen uns die Araber das am liebsten wieder abnehmen – notfalls auch mit Gewalt. Aber das werden wir nicht zulassen! Das hier ist *unser* Land. Es ist nicht nur das Land unserer Ahnen und die Heimat der Juden, sondern zudem nun auch das Land, das wir mit Schweiß und Blut fruchtbar gemacht haben! Für diese unsere Heimat und unser Land werden wir bis zum letzten Atemzug kämpfen. Und dass es wohl genau dazu bald kommen mag, muss auch euch bewusst sein, wenn ihr euch womöglich zum Bleiben entscheidet. So, und jetzt genug davon, sonst rege ich mich zu sehr auf.« Er atmete tief durch, damit sich sein Blutdruck beruhigte, und wandte sich danach technischen und landwirtschaftlichen Erklärungen zu.

Danach wies er ihnen ihre vorläufige Unterkunft zu. Es war ein kleines, aber solides Häuschen. Ein benachbartes Ehepaar, die Meyerhofs, hatte es erst vor nicht ganz anderthalb Jahren für einen gleich nach dem Krieg aus Deutschland nach Palästina geschmuggelten Neffen und dessen Ehefrau gebaut. Aber das junge Ehepaar hatte sich hier auf Dauer nicht wohlgefühlt. Und als dem Mann vor zwei Monaten im Hafen von Haifa eine feste Anstellung in seinem Beruf als Schweißer angeboten worden war, hatte er Devora mit seiner Frau verlassen.

In dem bescheidenen Zweieinhalb-Zimmer-Häuschen mit der winzigen Kochnische ging es mit fünf Personen zwar reichlich beengt zu, aber sie wussten sich zu arrangieren, kamen im Großen und Ganzen auf dem engen Raum gut miteinander zurecht und waren dankbar, eine so unvoreingenommene Aufnahme in der Siedlung gefunden zu haben. Was vermutlich auch damit zu tun hatte, dass Devora in den letzten Jahren schon fast zwei Dutzend Überlebende der Shoa in ihrer Gemeinschaft aufgenommen und durchweg gute Erfahrung mit ihnen gemacht hatte.

Nicht auszudenken, wie bedrückend unser Leben gewesen wäre, wenn Ari uns nicht hier nach Devora gebracht hätte!, fuhr es Leah auf dem Wasserturm mit einem Schaudern durch den Kopf. Dann ließ sie den Lichtkegel des Scheinwerfers weit nach außen wandern, bis er das trockene Flussbett im Nordwesten erreicht hatte. Sie folgte kurz der breiten Rinne, bis der Lichtstrahl mit wachsender Entfernung kraftlos wurde, und merkte, dass die Nacht allmählich ihre tiefe Schwärze verlor. Im Osten verwässerte sich die Dunkelheit schon, wurde von einem rasch heller werden Grau verdrängt. Jetzt war der neue Tag nicht mehr fern.

Das Morgengrauen ging schnell in den Sonnenaufgang über. Über dem östlichen Horizont bildete sich ein schmaler Streifen Licht, der kurz grünliche und blaue Farbtöne aufwies, sich aber schnell in ein tiefes, loderndes Rot verwandelte. Und dann hob sich die Dunkelheit immer schneller über dem Horizont, während eine Flut goldenen Lichtes über die Bergkuppen im Osten floss, die steinigen Hänge überspülte und sich mit unaufhaltsamem Vorwärtsdrang in die tiefer gelegene Landschaft mit ihren gestaffelten Hügelketten ergoss.

Leah schaltete den Scheinwerfer aus, stellte das Gewehr in eine Ecke und zündete sich eine Zigarette an. Auf das brusthohe Geländer gelehnt, blickte sie hinaus in das raue Land, das unter der Sonne in weichen Brauntönen zu leuchten begann. Sie genoss die kurze Morgenstille im milden Licht des jungen Tages, bevor das Dorf zu neuem geschäftigen Leben erwachte, und wartete auf ihre Ablösung.

»Liebe träumt sich in jeder Wüste«, sagte plötzlich eine Stimme hinter ihr.

Leah schreckte aus ihren Gedanken auf, hätte im Schreckmoment beinahe die Zigarette fallen lassen und fuhr zu der Gestalt in ihrem Rücken herum.

Ari stand vor ihr auf der Plattform, mit vor der Brust lässig verschränkten Armen und gegen den Stützpfosten neben dem Durchlass zur Leiter gelehnt.

11

Ari lächelte sie an und nahm ihre natürliche Anmut in sich auf. Wie ein Kunstliebhaber ein faszinierendes Gemälde immer wieder ansehen kann, ohne es leid zu werden, so war auch er jedes Mal aufs Neue von ihrem Anblick hingerissen. Er wünschte, er hätte noch länger still und reglos hinter ihr verharrt und dadurch noch mehr Zeit gehabt, sie mit seinen Blicken zu umfangen. In ihrer Gegenwart fühlte er sich manchmal wie ein trockener, harter Schwamm, der gar nicht genug Wasser in sich aufsaugen kann und der dabei wunderbar weich und formbar wird.

Nun ja, vielleicht nicht wirklich *formbar*, aber doch so etwas in der Art, zumindest auf der Gefühlsebene.

»Himmel, hast du mich erschreckt!«, stieß Leah hervor, schlug die linke Hand vor die Brust. »Du hättest dich nicht so anschleichen dürfen, Ari!«

»Habe ich das? Kam mir gar nicht so vor«, gab er zurück. »Muss wohl am Training liegen, dass ich schon wieder schnell und geräuschlos einen Wachturm hochklettern kann.«

Sie warf ihm einen übertrieben erzürnten Blick zu. »Du kannst froh sein, dass ich dich nicht über den Haufen geschossen habe! Hast du vergessen, dass du dich einem Wachposten frühzeitig bemerkbar machen und dich mit einer Parole ausweisen musst?«

Er grinste. »Ja, hab schon mal davon gehört. Soll ganz nützlich sein, wenn man nicht von seinen eigenen Leuten erschossen werden will.« Er trat zu ihr ans Geländer und ließ seinen Blick über das Dorf mit seinen vielen Bäumen und dem urbar gemachten, landwirtschaftlichen Umland schweifen. Gewohnheitsmäßig suchte er das Gelände nach möglichen Gefahren ab. Dabei folgte sein Blick auch kurz einem Hirtenpfad, der sich über eine Hügelgruppe im Südosten schlängelte. Ein ungeübtes Auge vermochte die fadendünne Linie nicht zu bemerken. Doch wer mit den feinen Farbnuancen des Terrains vertraut war, für den hob sich der etwas hellere Boden des ausgetretenen Pfades merklich von den dunkleren Brauntönen des umliegenden Geländes ab. »Ist übrigens von Friedrich von Schiller.«

Leah furchte die Stirn, wusste sie doch nicht, wovon er sprach. »Was ist von Schiller?«

»Na, dieser Spruch *Liebe träumt sich in jeder Wüste*«, sagte er mit einem Lächeln und wandte sich dabei wieder ihr zu. »Schön, nicht?« Er sah, wie ihr das Blut unter seinem Blick ins Gesicht schoss, und ihr Erröten machte sie in seinen Augen noch begehrenswerter.

»Ich weiß nicht, von welcher Wüste du sprichst«, sagte sie verlegen und versuchte abzulenken. »So richtige Wüste ist hier doch gar nicht mehr. Du siehst ja, wie da unten alles blüht.«

»Mir ging es mehr um das, was Schiller damit sagen will. Denn dass die Liebe in jeder Wüste blüht, also auch in der von Palästina, ist doch ein schönes Bild, findest du nicht?«

Ihr Gesicht brannte jetzt, und sie wusste sich keinen anderen Ausweg, als keck zurückzufragen: »Und um mir das zu erzählen, hast du dich zu mir auf den Wasserturm geschlichen?«

Er hielt ihren Blick fest. »Wäre es dir denn lieber gewesen, ich hätte mich an meinem vorerst letzten Morgen hier bei euch einfach so verdrückt?«

Verblüfft sah Leah ihn an. »Was, du fährst heute schon weg?« Sie war selbst überrascht, wie enttäuscht sie klang. Ari hatte sich wie Motte inzwischen von seinen Verletzungen erholt, und sie war froh, dass alle Verletzungen gut verheilt waren. Aber sie hatte ganz verdrängt, dass er nicht ewig bei ihnen in Devora bleiben würde und darauf brannte, sich in den nächsten gefährlichen Einsatz zu stürzen.

Ari nickte. »Du hast es vielleicht nicht mitbekommen, aber Teddy ist gestern Abend mit dem Lieferwagen gekommen, um mich abzuholen. Ich wäre ja gern noch länger geblieben. Aber Teddy muss nach Tel Aviv zurück. Er hat da einen wichtigen Einsatz. Und ich muss hoch nach Haifa und eine Ladung Munition, die wir durch die britischen Hafenkontrollen geschmuggelt haben, nach Jerusalem bringen. Das ist zwar nur ein Tropfen auf den heißen Stein, wenn es zum Krieg mit den Arabern kommt, aber immerhin …« Er brach ab, als er hörte, wie jemand fröhlich pfeifend die Leiter heraufkletterte.

Augenblicke später tauchte im Einschnitt der Brüstung über der Leiter ein zerknautschter *Kova-Tembel* genannter Kakihut auf. Bei diesem »Idiotenhut« handelte es sich um eine formlose, oben wie ein Kegel abgerundete Kakimütze. Sie wurde von fast allen Juden in den Kibbuzim und Moschawim als Zeichen der zionistischen Pionierzeit getragen. Unter dem *Tembel* kam das breite und stets fröhliche Gesicht von Gideon Mishael zutage, gefolgt von dem gedrungenen, kräftigen Körper des dreiundzwanzigjährigen Siedlers.

»Toll, du hast die Stellung gehalten, Leah. Also dann, Ablösung!«, rief er auf seine überschwängliche Art und machte sich einen Spaß daraus, auf Parole und Gegenparole zu bestehen.

Ari und Leah tauschten ein paar freundliche Worte mit ihm, um dann aber schnell vom Turm zu klettern. Insgeheim wünschten sie beide, Gideon hätte verschlafen und sich ordentlich verspätet. Dann wären sie oben auf der Plattform noch eine Weile ungestört geblieben, während unten nun die Menschen überall aus den Häusern und Hütten kamen und das Dorf sich mit regem Leben füllte.

Gideon war ein patenter Kerl und gehörte zu den vier, fünf jungen Männern und Frauen, mit denen Leah und die anderen Neuen schnell Kontakt bekommen hatten und auf dem Weg zur Freundschaft waren. Doch Gideon redete gern und viel und hatte den Hang, kein Ende zu finden und vom Hölzchen aufs Stöckchen zu kommen. Das konnte unter Umständen sehr unterhaltsam sein. Aber solch ein Geplauder war nicht gerade das, wonach ihnen jetzt der Sinn stand, wo es Abschied nehmen hieß und sie nicht wussten, wann und wo sie sich wiedersehen würden.

Am Fuß des Wasserturms blieben sie stehen und sahen sich an. Ari, der sonst nicht auf den Mund gefallen war, wusste nicht, was er sagen sollte. Teddy hatte schon den dunkelgrünen Lieferwagen drüben vor dem Gemeindehaus vorgefahren und stieg gerade aus der Fahrerkabine. Sophie wartete schon auf ihn und fiel ihm um den Hals. Teddy hatte in den vergangenen Wochen dreimal die lange Fahrt zu ihnen nach Devora auf sich genommen. Auch um nach Ari zu sehen, aber in der Hauptsache doch, weil er mit Sophie zusammen sein wollte.

Leah war Aris Blick unwillkürlich gefolgt. Irgendwie versetzte es ihr einen Stich, als sie sah, wie die beiden sich umarmten und küssten. Die beiden waren sich ihrer Gefühle sicher, waren glücklich miteinander und konnten nicht voneinander lassen, wenn sie zusammen waren, was selten genug der Fall war. Sie sprachen sogar schon von Heirat.

Ja, Sophie hatte ihr Glück gefunden. Und was war mit ihr? Sie wusste noch nicht einmal, wo oder besser gesagt: bei wem sie ihr Glück suchen sollte. Was aber natürlich Unsinn war. Liebe konnte man ebenso wenig suchen wie in sein Leben zwingen, sie traf einen unerwartet, kam über einen wie eine Naturgewalt oder so ähnlich. Oder war auch das dummes Zeug? Konnte man seinem Glück vielleicht doch nachhelfen, indem man aktiv dazu beitrug, dass es einen auch finden und Wurzeln in einem schlagen konnte? Hatte nicht mal jemand zu ihr gesagt, man könne nichts in eine geschlossene Hand legen? Aber waren denn ihre Hände nicht weit geöffnet? Oder streckten sie sich in die falsche Richtung aus?

Warum nur befanden sich ihre Gefühle in solch einem elenden Wirrwarr und warum um alles in der Welt wusste sie sich nicht daraus zu befreien? Andere hatten damit doch auch kein Problem. Warum konnte sie nicht wie Sophie sein und Gewissheit über das haben, wonach sie sich tief in ihrem Innersten sehnte?

Von ihren Gedanken plötzlich peinlich berührt, wandte sie ihren Blick schnell von Sophie und Teddy ab. »Schade, dass du schon wegmusst«, rutschte es ihr heraus.

»Wäre es dir denn lieber, ich würde bleiben?«, fragte er und sah sie erwartungsvoll an.

»Natürlich kannst du nicht bleiben, das hast du doch gerade selbst gesagt«, wich Leah der Frage aus.

Teddy hatte sich aus Sophies Armen gelöst und hupte kurz zum Zeichen, dass es Zeit zum Aufbruch wurde.

Ari griff nach ihren Händen und hielt sie. »Ich wünschte, ich müsste jetzt nicht los, Leah.«

Leah lächelte verlegen. »Danke für alles, was du für uns getan hast. Das werden wir dir nie vergessen.«

»Mir ist nur wichtig, dass *du* mich nicht vergisst, Leah.«

»Wie könnte ich?« Sie schluckte, empfand sie doch seinen Blick wie eine zärtliche Berührung. »Bitte pass auf dich auf«, sagte sie mit belegter Stimme und musste sich zwingen, ihm ihre Hände zu entziehen. »Ich muss jetzt zur Arbeit.«

»Pass auch du auf dich auf, Leah.«

Aus seinem Mund klang ihr Name wie eine Liebkosung. Ihr Herz pochte immer heftiger. »Alles Gute, Ari! Und du hast recht, das mit der Liebe, die in jeder Wüste blüht, ist ein schöner Gedanke.« Schnell wandte sie sich um und hastete davon, als könnte sie vor der inneren Verwirrung flüchten, in die seine Worte und Blicke sie gestürzt hatten.

Als sie sich vom Wasserturm entfernte, kam sie an Jannek vorbei, ohne dass sie ihn jedoch bemerkte. Dabei trennten sie nicht mehr als sechs, sieben Meter. Aber selbst wenn sie nicht so geistesabwesend gewesen wäre und den Kopf gehoben hätte, wäre er ihr wohl verborgen geblieben. Er stand nämlich auf der Westseite des Traktorschuppens, und da die Sonne gerade erst über den Bergrücken aufstieg, warf das Gebäude linker Hand vom Weg einen dunklen Schatten über ihn.

Jannek machte sich nicht bemerkbar, als sie auf der sandigen Dorfstraße an ihm vorbeieilte. Er hielt einen Becher mit heißem Kaffee nach arabischer Art in der Hand. Er war extra etwas früher als sonst aufgestanden, um den Kaffee so zuzubereiten, wie Leah ihn hier in Devora lieben gelernt hatte, nämlich mit einem Löffel Zucker, zwei zerstoßenen Kapseln Kardamom und einer winzigen Prise Zimt. Es war auch Yoram Levis Lieblingsgetränk, und von ihm hatten sie die richtige Zubereitung gelernt, zu der ein mehrmaliges kurzes Aufkochen des Mokka und ein gutes Zeitgefühl gehörte. Er hatte sie mit dem Kaffee am Ende ihrer Turmwache überraschen wollen. Aber Ari war ihm um eine lumpige Minute zuvorgekommen.

Er verharrte noch einen langen Moment an der Schuppenwand, als Leah aus dem Blickfeld verschwunden war, den Mund fest zusammengepresst. Dann wich die Verspannung aus seinem Körper und er ließ die Schultern sinken. »Verdammter Narr!«, murmelte er wütend auf sich selbst und kippte den Kaffee mit einer heftigen Bewegung in den Sand.

12

»Wie schön kühl du es hier oben auf dem Karmel hast, Mom«, sagte Sophie, zog sich auf der schattigen Veranda einen freien Korbstuhl heran und setzte sich neben ihre Mutter. »Bei uns da unten im Süden herrscht schon jetzt ganz schlimme Hitze, dabei ist noch nicht einmal Hochsommer. Wir hatten schon einige Tage *Chamsin*. Das ist ein heißer und trockener Wüstenwind. Wenn der weht, hat man das Gefühl, als hätte jemand die Feuerluke eines riesigen Hochofens geöffnet. Und manchmal weht er so viel Sand auf, dass man seine eigene Hand nicht mehr vor Augen sieht.«

Die Mutter gab keine Antwort. Sie blickte mit einem irgendwie verträumt wirkenden Gesichtsausdruck hinaus in den blühenden Garten von Dr. Mendelssohns Klinik.

Sophie war erst vor zehn Minuten gekommen, verspürte aber schon jetzt den Drang, wieder zu gehen. Nicht allein wegen Teddy, der es wundersamerweise hatte einrichten können, an diesem Tag auch in Haifa zu sein, wenigstens für eine Nacht. Es war diese erschreckende Reaktionslosigkeit ihrer Mutter, die sich ihr schon nach so kurzer Zeit wie ein beklemmender Eisenreif um die Brust legte. Sie hatte Mom fast vier Monate nicht gesehen, und insgeheim schämte sie sich dafür, auch wenn es gute Gründe für ihr langes Fernbleiben gegeben hatte. Von jetzt an würde sie jeden zweiten Monat kommen, so hatte sie es mit Pa und Marius abgesprochen. Aber wo um Himmels willen waren die kleinen Fortschritte, die Dr. Mendelssohn beobachtet haben wollte und von denen der Vater in seinen Briefen gesprochen hatte? Sie konnte nichts dergleichen feststellen. Der Arzt war jedoch offenbar überzeugt, dass es diese winzigen Fortschritte gab, und er hatte vorhin noch einmal betont, wie wichtig es war, dass sie sich mit ihrer Mutter ganz normal unterhielt, als würde sie alles verstehen und als wäre ihr Schweigen nur ein Zeichen besonders intensiver Aufmerksamkeit.

Unterhalten! Wie sollte man sich mit jemandem *unterhalten*, der nicht antwortete und auch sonst keine Reaktionen zeigte? Ebenso gut konnte man sich mit einer Betonmauer oder einem Gartenstuhl unterhalten! Zu einer Unterhaltung gehörten immerhin noch mindestens zwei Personen, oder? Nein, was Dr. Mendelssohn wie auch ihr Vater tatsächlich von ihr erwarteten, waren vielmehr Monologe, und zwar über die ganze Dauer ihrer Besuchszeit. Und sie wusste nicht, wie sie das bewerkstelligen sollte, konnte sie doch nicht schon wieder davonrennen, sondern musste mindestens eine oder vielleicht sogar zwei Stunden bleiben!

Die Wortlosigkeit zwischen ihnen dehnte sich immer länger. Es mochten nur wenige Minuten sein, die verstrichen, aber die Stille auf der kleinen Terrasse erschreckte sie. Ihr war, als dröhnte sie wie ein mächtiger Gong in ihrem Schädel, und auf einmal erschien ihr das Schweigen wie ein Vakuum, das nach ihr griff und sie mit sich reißen wollte.

Sag was! Irgendwas!

Sophie schluckte und zwang sich zu reden, was ihr gerade einfiel. »Ich weiß ja nicht, ob dir die Schwestern viel davon erzählen, aber es sieht schlecht im Land aus. Großbritannien steht hier in Palästina mit dem Rücken zur Wand. Die Briten können hier einfach nicht gewinnen, all ihren Wortbrüchen und gemeinen politischen Spielchen zum Trotz. Teddy meint, sie geben Palästina auf, weil es ihnen außer hohen Kosten nichts mehr bringt, so wie sie es ja auch mit Indien gemacht haben. Jedenfalls geben sie das Mandat jetzt an die UN zurück. Sie wollen es sich mit den Arabern nicht verscherzen und deshalb ihre Hände in Unschuld waschen, falls es nun doch bald zur Teilung kommt. Und diese Chance, wie gering sie auch sein mag, besteht jetzt wirklich, Mom. Und zwar wegen der Sowjetunion, die plötzlich eine Kehrtwende gemacht hat. Ihr Delegierter Andrei Gromyko[42] hat im

---

42 Von 1957 bis 1985 Außenminister und von 1985 bis 1988 unter Michail Gorbatschow repräsentatives Staatsoberhaupt der Sowjetunion.

Mai vor der Vollversammlung der UN erklärt, dass es vielleicht unumgänglich sei, Palästina in zwei unabhängige, selbstständige Staaten aufzuteilen, nämlich in einen arabischen und einen jüdischen. Ich sag dir, das ist überall wie der Blitz aus heiterem Himmel eingeschlagen! Denn das könnte jetzt die Mehrheitsverhältnisse in den Vereinten Nationen zu unseren Gunsten verändern, wenn die Russen dabei bleiben und nun auch noch ein paar andere Staaten umdenken.«

Sie lachte grimmig in Erinnerung an die Reaktionen der arabischen Presse. »Die Araber, die die Sowjetunion bislang ja auf ihrer Seite geglaubt haben, sind vor Wut fast übergeschnappt ... Und für die Briten war das auch ein schwerer Schlag. Jetzt soll vielleicht noch in diesem Jahr in der UN über einen Teilungsplan abgestimmt werden.«

Die Mutter bewegte sich in ihrem breiten, mit Kissen weich gepolsterten Korbsessel, wandte Sophie ein wenig den Kopf zu, und Sophie glaubte schon, nun selbst Zeuge einer dieser schwachen Reaktionen zu sein, von denen ihr Vater und der Arzt gesprochen hatten. Aber dann sah sie, dass ihre Mutter nur einer lästigen Fliege auswich, die in der Nähe ihres Gesichtes schwirrte.

Sophie seufzte. »Aber glaub bloß nicht, die Tommys würden jetzt deshalb weniger gemein zu uns Juden sein. Ganz und gar nicht, sie hassen uns eher noch mehr, wohl weil sie trotz ihrer massiven militärischen Präsenz nichts haben ausrichten können. Sie tun alles, um uns das Leben schwer zu machen und dafür zu sorgen, dass die Araber uns vernichten können, wenn die Briten irgendwann ihre Truppen aus dem Land abziehen, und das kann schneller kommen, als es jetzt noch den Anschein hat, meint Teddy. Na, ich weiß nicht. Noch sieht es nicht nach einem baldigen Abzug aus. Drüben in Zypern ...«

Sophie brach ab, als sie hörte, wie hinter ihr die Tür geöffnet wurde. Sie drehte sich um und sah, dass eine der Schwestern den Kopf zum Zimmer hereinsteckte. Mit einem freundlichen Lächeln blickte die ältere Frau zu ihr herüber, fragend, ob alles in Ordnung sei. Sophie lächelte zurück und bedeutete ihr mit einem stummen Nicken, dass es keinen Anlass zur Beunruhigung gab und sie gern weiterhin mit ihrer

Mutter allein sein wollte. Worauf die Schwester sich wieder leise zurückzog und die Tür hinter sich schloss.

»Wo war ich, Mom? Ach so, ja … Zypern«, sagte sie dann. »Also die Lager auf Zypern werden immer voller. Siebzehntausend Flüchtlinge sollen sie dort schon eingesperrt haben! Bei der Hitze und dem wenigen Wasser, das da verteilt wird, muss das Leben in den Wellblechhütten die reinste Hölle sein! Und ein Ende dieser Internierungen ist nicht abzusehen. Denn noch immer schickt die *Haganah* einen Rostpott nach dem anderen mit illegalen Einwanderern nach Palästina, und noch immer halten die Briten die Blockade aufrecht und entern die Schiffe mit derselben Brutalität, wie sie das bei uns gemacht haben. Aber ein paar Schiffe kommen doch immer wieder durch. Und hier im Land halten sie ihre Tyrannei genauso stur aufrecht. Sie machen weiterhin ständig Kontrollen und führen sogar richtig groß angelegte Razzien in den Kibbuzim und anderen jüdischen Siedlungen durch. Da rücken sie dann in Bataillonsstärke und mit Wasserwerfern und Tränengas an, brüllen Nazi-Parolen, schmieren Hakenkreuze an die Hausmauern, wenden selbst gegen Zivilisten unnötige Gewalt an und verursachen bei den Durchsuchungen mutwillige Zerstörungen.«

Sie machte eine kurze Pause und dachte unwillkürlich an Meshek Yagur in der Nähe von Haifa, das in der britischen Presse als »trotzige Siedlung« denunziert worden war, weil sich die Bewohner mit einer Blockade aus Menschenleibern der Razzia widersetzt und lange erfolgreich Widerstand geleistet hatten, selbst nachdem Tränengas und Wasserwerfer zum Einsatz gekommen waren. Hundert Siedler, darunter auch Frauen und Kinder, waren bei der Razzia verhaftet worden.

»Dabei suchen sie natürlich nach Waffen, Mom. Und nehmen uns die wenigen, die wir haben, ab! Dagegen lassen sie die Araber nicht nur in Ruhe, sondern sorgen sogar hintenherum dafür, dass sie mit Waffen aus ihren militärischen Beständen versorgt werden. Sie versuchen das natürlich zu verbergen, aber die *Haganah* und die *Jewish Agency* haben überall ihre Augen und Ohren. Außerdem kommt es ja oft genug auch zu ganz offenen, gewalttätigen Ausschreitungen von britischen Soldaten gegen Juden. Auf der Allenby Street in Tel Aviv hat es schon wieder so eine Art von Pogrom gegeben, wie Ari und Motte es erlebt haben. Dort haben britische Soldaten vor Kurzem drei Juden erschossen sowie die Gäste von zwei Cafés verprügelt. Und in Jerusalem haben sie bei einer Kontrolle zwei Mitglieder der *Haganah* mit Pistolen erwischt, ihnen die Waffen abgenommen und sie vor dem Jaffa-Tor einem arabischen Mob ausgehändigt, der die beiden zu Tode geprügelt und die Leichen dann auch noch geschändet hat. Ungeheuerlich, nicht wahr? Die Zeitungen sind voll von diesen entsetzlichen Vorfällen. Das ist wirklich ein ganz dreckiges Spiel, das die Briten hier in Palästina spielen, sie haben moralisch vollkommen abgewirtschaftet.«

Voller Ingrimm griff sie zu ihren Zigaretten und zündete sich eine an. Eine Weile blickte sie so stumm wie die Mutter in den Garten hinaus, in dem die Schatten mit der sinkenden Sonne immer länger wurden. Das kurze Schweigen zwischen ihnen ließ sich nun schon leichter ertragen. Vielleicht würde es doch nicht so schwer sein, ihre Besuchszeit mit dieser Art von einseitiger Unterhaltung zu füllen. Es gab ja genug, worüber sie reden ... besser gesagt: laut nachdenken konnte.

»Allzu viel bekommen wir von diesen Auseinandersetzungen mit dem britischen Militär unten bei uns in Devora nicht mit«, fuhr sie schließlich fort, wollte sich jedoch nicht weiter über die Politik auslassen. Das Thema weckte zu viel ohnmächtigen Zorn in ihr. »Das heißt aber nicht, dass die Lage auf dem Land in den letzten Monaten nicht auch um einiges gefährlicher geworden wäre. Die Überfälle arabischer Banden und Heckenschützen nehmen zu. Und so eine Reise mit dem Bus ist auch nicht ohne Gefahren. Aber damit müssen wir nun mal leben. Dazu gehört auch, dass wir jetzt viel mehr Wache auf den Feldern und in den Plantagen schieben müssen, und zwar nicht mehr nur nachts, sondern auch tagsüber. Draußen auf den Feldern und Äckern sind wir neuerdings immer zu dritt. Allein auf Posten zu gehen, wie wir es noch im April gemacht haben, ist mittlerweile zu riskant geworden.«

Ehe Sophie sichs versah, erzählte sie von dem einfachen und harten, aber doch zutiefst befriedigenden Alltagsleben in Devora, der starken Gemeinschaft und dem festen Zusammenhalt, die das Fundament der erfolgreichen Siedlung bildeten und all diejenigen Dinge erträglich machten, die fern jeglicher verklärenden Pionierromantik einfach nur mühselig und zermürbend waren.

»Eine unserer größten Ängste ist, dass uns die Araber nachts die Felder anstecken«, berichtete sie. »Deshalb ziehen bei Einbruch der Dunkelheit Gruppen ausgesuchter und gut bewaffneter junger Leute hinaus und durchstreifen die Fluren, so bis gegen elf, zwölf Uhr, bis die Halme vom Nachttau so feucht sind, dass sie nicht mehr brennen können. Das sind natürlich zusätzliche Wachen. Dass so viele so lange auf Wache gehen müssen, kostet natürlich Arbeitszeit. Bei der Hitze kann man einfach nicht acht, zehn Stunden auf dem Feld oder in den Zitrusplantagen arbeiten, nachdem man die halbe Nacht auf Posten gestanden hat.«

Sophie kam vom Hölzchen aufs Stöckchen und fand es gar nicht mehr so schwer, die Stille mit Geschichten von ihrem Leben zu füllen. Und als das Licht immer weicher wurde und der Himmel über der Haifa-Bucht Feuer zu fangen schien, wagte sie auch, laut von Teddy zu reden und wie sehr sie ihn liebte – und sich von ihm wiedergeliebt fühlte.

»Ich wünschte, du hättest auf der *Francisco Ferrera* ... du hättest da noch Zeit gehabt, ihn richtig kennenzulernen. Ich bin sicher, dass auch du ihn in dein Herz schließen würdest. Und ebenso sicher weiß ich, dass wir füreinander geschaffen sind, Mom«, sagte sie leise. »Und wenn die Zeiten nicht so unsicher wären, würden wir bestimmt schon bald heiraten. Ich würde es ja trotzdem tun, aber Teddy möchte das nicht, obwohl auch er sich nichts sehnlicher wünscht.« Ein langer und schwerer Seufzer entfuhr ihr. »Er sagt, das wäre zu verantwortungslos mir gegenüber, wo es doch vielleicht Krieg gibt und er zur *Palmach*, zu den Stoßtruppen, gehört, die dann an vorderster Front kämpfen müssen. Ich darf gar nicht daran denken, Mom! Der Gedanke macht mir schreckliche Angst, und oft kann ich deshalb nachts nicht schlafen, selbst wenn ich müde bin.«

Noch eine ganze Weile schüttete sie ihrer Mutter ihr Herz aus, und zu ihrer großen Überraschung tat es ihr gut, sich das alles von der Seele zu reden, vor allem was Teddy ihr bedeutete und welche Ängste sie quälten. Und fast war sie dankbar dafür, dass sie keine Fragen oder Einwände ihrer Mutter zu fürchten brauchte.

»Das mit Igor und Gitta ist irgendwie auseinandergegangen«, sagte Sophie, als sie daran dachte, wie glücklich sie war, dass Teddy und sie sich gefunden hatten. »Er sitzt übrigens mit Ari in einem britischen Internierungslager in der Nähe von Latrun. Erinnerst du dich noch an Ari Halevi? Das war unser *Haganah*-Kommandant auf dem Schiff. Ich weiß, du kannst ihn nicht leiden, weil du wohl glaubst, dass er …«

Sie verbot es sich, den Satz so zu beenden, wie er ihr auf der Zunge lag, und den Namen ihres toten Halbbruders auszusprechen. Nicht heute, vielleicht bei einem ihrer nächsten Besuche! Es gab doch so vieles, was sie in diesem Zusammenhang von ihrer Mutter wissen, sie zumindest fragen wollte.

»Auch wenn du dir nicht viel aus ihm machst, so ist Ari Halevi doch ein patenter Bursche, Mom«, setzte sie ihren Monolog energisch, fast trotzig fort. »Zu dumm, dass Igor und er den Briten bei einer Straßen-kontrolle mit mehreren Kisten Munition, die sie unter einer Ladung Konservendosen mit koscheren Lebensmitteln versteckt hatten, in die Hände gefallen ist. Das ist jetzt schon eine Weile her, Ende März war das, sie waren mit dem Lebensmittellieferwagen auf dem Weg nach Jerusalem. Die Nachricht davon hat uns schwer getroffen. Leah ist ganz blass im Gesicht geworden und hat sogar mit den Tränen gekämpft, als wir in Devora davon erfuhren. Ich glaube, Ari bedeutet ihr eine ganze Menge, jedenfalls mehr, als sie mir gegenüber eingestehen will.«

Sophie dachte einige Augenblicke darüber nach und zuckte dann die Achseln. »Na ja, das kann sie ja auch halten, wie sie will. Und viel-leicht bilde ich mir das mit ihr und Ari auch nur ein. Weißt du, Mom, früher war ich mir ganz sicher, dass Jannek und sie zusammengehören und dass die beiden das auch wissen, sich aber noch zieren oder sich erst noch richtig zusammenraufen müssen, wegen ihrer Jahre in den Konzentrationslagern und so. Aber allmählich frage ich mich, ob ich mich da nicht getäuscht habe. Denn seit einigen Monaten benehmen sie sich eher wie Hund und Katze als wie zwei, die sich verdammt mögen und zusammen sein wollen.« Sie schüttelte den Kopf und winkte ab. »Aber wer weiß schon, was da wirklich zwischen ihnen läuft? Jannek ist ja ein so unberechenbarer und manchmal geradezu kauziger Bursche, der keinen richtig an sich ranlässt. Zwar nicht bei der Arbeit und so, da ist er ein toller Kamerad, auf den immer Verlass ist. Aber wenn es um Privates und um Leah geht, drehen sich bei ihm die Rädchen hier oben«, sie tippte sich an die Stirn, »manchmal nicht ganz richtig. Weiß der Teufel, warum der manchmal so komisch reagiert, wie er reagiert. Na ja, das müssen die beiden mit sich ausmachen, ich halte mich da besser raus, sonst bin ich's noch gewesen.«

Sie blieb noch eine halbe Stunde. Als sich die Dunkelheit wie ein warmes samtschwarzes Tuch über Haifa legte und die Schwester kam und das Bett aufschlug, gab sie ihrer Mutter zum Abschied einen Kuss auf die Wange. Sie versprach, morgen vor der Abfahrt noch auf eine Stunde zu kommen, so wie es ihr Pa stets gehalten hatte, und verließ die Klinik.

Teddy wartete schon draußen vor dem Gittertor auf sie.

Sie flog ihm um den Hals.

Diese Nacht gehörte ihnen!

13

In einem steinigen Feld, in dem sich nur einige Disteln behaupteten, lag das Skelett eines Kamels. Zwei Schakale mit staubig stumpfem Fell nagten die letzten Haut- und Fleischfetzen von den Knochen. Der

Boden unter ihren Pfoten war ausgedörrt und hart wie Stein. Die Luft flirrte in der brütenden Hitze und erweckte den Eindruck, als hätte sich klares, heiß waberndes Öl über die Landschaft ergossen. Von den Hügeln weit jenseits des Feldes stiegen braune Wolken von Staub träge auf, um schon nach kurzem Flug von der Hitze niedergedrückt zu werden und wieder kraftlos herabzusinken.

Plötzlich hoben die Schakale den Kopf, spitzten die Ohren und blickten sich um, als witterten sie etwas. Ihre mageren Körper spannten sich an, und ihre Lefzen hoben sich, entblößten ihr scharfes Gebiss.

Fast im selben Moment bemerkte Leah die Schakale. Sie war im weichen, warmen Sand am Fuß einer verkrüppelten Steineiche eingeschlafen. Erschrocken wollte sie aufspringen und weglaufen, doch ihre Glieder wollten ihrem Willen nicht folgen. Wie gelähmt blieb sie liegen, während die Tiere mit lautlosem, federnden Gang über das Feld liefen und auf sie zuhielten.

Augenblicke später standen sie über ihr, starrten mit kalten grauen Augen auf sie hinunter, sogen ihren Geruch ein. Und dann spürte sie die Schnauze von einem der Tiere auf ihrer Hand.

Sie wollte schreien, aber so wie ihre Glieder versagte ihr auch die Stimme den Dienst. Stocksteif lag sie da, während der heiße Atem der Schakale über ihre Haut hinwegglitt.

Ihr Herz raste.

Und während die beiden Schakale mit tief gebeugten Köpfen über ihr standen und nicht zu wissen schienen, was sie nun tun sollten, hörte sie die Tiere plötzlich sprechen. Es waren keine tierischen Laute, sondern eine merkwürdige Mischung aus Hebräisch, Jiddisch und Deutsch. Aber sosehr sie sich auch anstrengte, den Sinn zu begreifen, es gelang ihr nicht. Seltsamerweise hatte sie jedoch die Gewissheit, dass sie sich um sie stritten.

Dann senkten sich beide Schakalschnauzen auf ihr Gesicht herab. Ihre Rachen öffneten sich, doch statt nach ihr zu beißen, leckten sie ihr mit warmen Zungen mitten über das Gesicht …

Leah schreckte jäh aus ihrem Traum hoch und richtete sich mit einem Ruck auf. Gelächter umgab sie. Warmes Wasser lief ihr über das Gesicht. Sie wischte es sich reflexartig von Stirn und Wange, während sie benommen um sich blinzelte und einen Augenblick Mühe hatte, sich zurechtzufinden. Dann jedoch hatte sie wieder in die Wirklichkeit dieses heißen Septembertages zurückgefunden.

Sie hatte sich mit den Männern und Frauen ihrer Arbeitsgruppe zur langen Mittagspause in den Schatten einer der älteren Zitrusplantagen zurückgezogen, wo Bäume von kräftigem Wuchs und mit ausladenden Ästen in Reih und Glied standen. Selbst der kurze Weg zurück zum Kern ihrer Siedlung war bei der Hitze zu lang. Ganz abgesehen davon war es in den Häusern viel zu warm, um dort wirklich Ruhe zu finden. Da lagen sie doch lieber unter den Bäumen, deren dichtes Laubkleid dafür sorgte, dass nur wenige kleine Sonnenflecken den schattigen Boden sprenkelten. Zwar vermochten sie auch hier der brütenden Hitze nicht zu entfliehen, aber im Schutz der Bäume war es doch einige Grad kühler als in den kleinen Räumen, wo sich die Hitze staute und man erst nach Mitternacht Hoffnung auf erträgliche Temperaturen und einen Schlaf ohne Schweißausbrüche haben konnte.

Sie waren mal wieder zu siebt. Neben Motte, Jannek und Sophie gehörten zu ihrer Arbeitsgruppe wie tags zuvor noch die neunzehnjährige Alisha sowie Uriel Selik und Joab Naftal, beide siebzehn. Die drei waschechten Sabres waren in Devora aufgewachsen und für Leah und die vier anderen Neulinge in den vergangenen Monaten zu richtig guten Kameraden geworden. Und während Uriel und Joab, sehnig drahtige Burschen mit noch etwas jungenhaften Gesichtszügen und großen dunklen Augen, von ruhigem Wesen waren und eher zufrieden im Kielwasser schwammen, als dass sie mit schäumender Bugwelle vorwegzogen, machte Alisha, braun gebrannt wie ein Beduinenmädchen und mit dicken rabenschwarzen Zöpfen, ihrem Namen, der »die Fröhliche« bedeutete, alle Ehre. Es gab scheinbar nichts, was ihre gute Laune und das fröhliche, verschmitzte Blitzen ihrer Augen trüben konnte. Gitta fehlte in ihrer Runde, hatte sie doch Dienst in den

Stallungen, was bei den Temperaturen auch nicht gerade ein paradiesischer Ort war.

Sie alle hatten es sich für die Dauer der gut zweistündigen Mittagspause unter den Bäumen auf alten Decken bequem gemacht, sich mit Pitabrot, Hummus, Feigen, Oliven und anderen Kleinigkeiten gestärkt, die nicht zu schwer im Magen lagen, ihren Durst gestillt und sich dem trägen, nichtsdestotrotz schweißtreibenden Nichtstun hingegeben. Die lange Siesta war um diese Jahreszeit unumgänglich. Jetzt in der prallen Sonne auf dem schattenlosen Gelände zu arbeiten, wäre reinster Wahnsinn gewesen und hätte unweigerlich einen Hitzeschlag zur Folge gehabt. Es war ein Gebot der Vernunft, darauf zu warten, dass die ärgste Hitze nachließ und sie ihre Arbeit auf dem Gelände der neuen Zitrusplantage fortsetzen konnten. Der Pardess, den es zum Schutz vor wilden Tieren und durchziehenden Fellachenhirten mit ihren Herden zu umzäunen galt, stellte zugleich die nordwestliche Außengrenze der Siedlung dar. Die Bäume dort waren noch jung, reichten gerade bis auf Brusthöhe, und es würden noch viele heiße Sommer und kalte Winter vergehen, bevor man dort ernten konnte. Sechs Jahre Geduld, harter Arbeit und beständiger Bewässerung waren nötig, bevor eine neue Zitrusplantage Früchte trug, die man ernten konnte.

»Ich muss eingeschlafen sein«, murmelte Leah verlegen und fuhr sich über die Augen.

»Mensch, darauf wäre keiner gekommen!«, spottete Motte gutmütig. Er saß neben ihr am Baum und schraubte seine Feldflasche zu, aus der er ihr gerade einige Tropfen warmes Wasser auf den Kopf geträufelt hatte, um sie aufzuwecken.

»Ach, deshalb hast du auch so komische Geräusche von dir gegeben, die eine gewisse Ähnlichkeit mit Schnarchen haben«, hieb Gideon Mishael grinsend in dieselbe Kerbe.

»Lasst sie doch mit euren müden Witzen in Ruhe, ihr Dumpfbacken«, sagte Jannek, jedoch mehr träge als ungehalten, während er zwei Zigaretten aus seiner Packung schnippte. »Leah hat verdammt hart in der Bullenhitze geschuftet, und sie ist cleverer als ihr. Sie hat 'ne gute Stunde geschlafen und Kräfte gesammelt, während ihr die ganze Zeit nur dummes Zeug geschwätzt habt!« Er zündete beide Zigaretten gleichzeitig an, beugte sich zu Leah hinüber und reichte ihr eine.

Sie nahm sie und nickte ihm dankbar zu.

»Na, dass du deine Nase immer in dein zerfleddertes Buch steckst, ist auch nicht gerade ein Zeichen von besonderer Cleverness«, konterte Motte. »Wann hast es denn überhaupt endlich aus? Du bist doch schon eine Ewigkeit damit zugange. Oder hast du schon wieder von vorn angefangen?«

»Vielleicht ist es ja ein Buch ohne Ende«, frotzelte Joab, »und er merkt gar nicht, dass er dieselbe Geschichte schon zum wiederholten Male liest. Das wäre ein guter Witz!«

Jannek ließ den Spott an sich abperlen und winkte lässig ab.

»Apropos Witze«, sagte Gideon mit vollem Mund. »Kennt ihr den? Sagt eine Wand zur anderen: ›An der Ecke treffen wir uns!‹ Ist der nicht urkomisch?« Er klopfte sich auf den Oberschenkel und schüttete sich aus vor Lachen.

Die anderen reagierten mit müdem Grinsen oder verdrehten die Augen.

Jannek nickte gedankenvoll. »Ich kenn da auch noch einen«, sagte er und nahm einen Zug von seiner Zigarette. »Da ist dieser SS-Mann, dem man ein Glasauge eingesetzt hat. Und dieses Glasauge ist die perfekte Imitation eines richtigen Auges. Er ist ganz sicher, dass es von dem anderen nicht zu unterscheiden ist. Deshalb bietet er einem Häftling an der Rampe zu den Gaskammern an, ihn am Leben zu lassen, wenn er ihm sagen kann, welches das Glasauge ist. Da sieht der Mann ihm kurz ins Gesicht und sagt: ›Es ist das linke, Sturmbannführer!‹ Worauf dieser völlig von den Socken ist und wissen will, woran er das denn so schnell erkannt habe. Worauf der Mann antwortet: ›Weil es so menschlich guckt.‹ Na, der hat doch was, oder?« Er blickte mit hochgezogenen Brauen in die Runde, als wartete er auf Gelächter.

Doch niemand konnte darüber lachen. Selbst Gideon, der sonst an jedem Unsinn und jeder flachen Pointe Spaß fand, blieb das Lachen im Hals stecken.

»Na ja, vielleicht braucht man persönliche Erfahrung mit SS-Leuten und Gaskammern, um so einen Witz richtig würdigen zu können«, sagte Jannek in die beklommene Stille. »Meinst du nicht auch, Leah?«

Leah dachte nicht daran, seine Geschmacklosigkeit in irgendeiner Weise zu kommentieren. Sie schüttelte nur mit verständnisloser Miene den Kopf. Manchmal fragte sie sich, was bloß in ihn fuhr. Es war, als wollte er mit Absicht tiefe Wunden, die sowieso nur schwer verheilen wollten, immer wieder aufreißen, damit der Schmerz aufs Neue aufflammte und alles andere überwältigte.

Jannek zuckte die Achseln, streckte sich der Länge nach auf seiner Decke aus und rauchte mit geschlossenen Augen seine Zigarette zu Ende.

Die anderen nahmen ihr Gespräch wieder auf, aber die Unterhaltung versickerte bald wieder. Jeder döste vor sich hin und ging seinen eigenen, ganz privaten Gedanken nach.

Leah wunderte sich, wie schnell das letzte halbe Jahr vergangen war. Die Monate in Devora schienen im Nu verstrichen zu sein. All die viele harte Arbeit, die ihre Hingabe und ihre Ausdauer gründlich geprüft, ihren Körper gestählt und mit jedem Tag die Gewissheit in ihr genährt hatte, dass es gut so war und sie genau hierhin gehörte.

Sie dachte an die vielen Nächte, die sie schon oben auf dem Wasserturm, meist jedoch unten als Feldwache verbracht hatte, den Pfaden zwischen den Ackerflächen folgend oder die Grenzen des Getreidefelds abgehend, das im verhangenen Mondlicht einer hellen, sanft wogenden Wasseroberfläche glich. Und natürlich würde ihr die Zeit ihrer ersten Heuernte unvergesslich in Erinnerung bleiben. Wie schwer es ihr in diesen Tagen gefallen war, sich daran zu gewöhnen, dass der Großteil der Arbeit schon Stunden vor Sonnenaufgang erledigt sein musste. Schon um kurz vor vier Uhr morgens waren sie in großen Gruppen hinausgezogen, um das geschnittene Heu zu wenden und rechtzeitig auf Haufen zu schichten. Und das aus gutem Grund. Das

Heu durfte nicht spröde sein, sonst zerbrach es in tausend Staub-flocken, und nur wenige Stunden Sonne unter diesem sengenden Himmel saugten im Nu mit dem Nachttau das letzte bisschen Lebens-saft aus dem Heu. Zudem kam oft am späten Vormittag Wind auf, und der blies das Heu dann wie Konfetti von der hochgestemmten Gabel. Danach dann die schwere Arbeit, das Heu in Ballen zu pressen. Da juckte dann die Haut von den Disteln, der Spreu und den Grannen und in den Augen brannte es vor Staub und Schweiß. Doch ebenso unvergesslich war auch die große Befriedigung, die sie noch immer jedes Mal empfand, wenn eine harte Arbeit zu einem erfolgreichen Abschluss gekommen war. Und so würde es auch sein, wenn sie in ein, zwei Tagen mit dem Zaun um den neuen Pardess fertig waren.

Nicht mehr lange und dann wurden alle Hände bei der Ernte hier in den Zitrusplantagen gebraucht, und war das geschafft, war es nicht mehr lang hin, bis man wieder mit dem Pflügen und der Aussaat beginnen musste und mit banger Sorge auf den Regen wartete, damit die Körner keimten und stark genug wurden, um die jungen Pflanzen bis zum nächsten Schauer durchzubringen, denn mit dem Wasser der Brunnen allein war das bei all diesen Äckern, Feldern und Plantagen nicht zu schaffen, einen Gutteil musste auch Mutter Natur dazu bei-tragen. Ein ewiger Kreislauf, auf wunderbar beruhigende Weise be-rechenbar und doch immer wieder aufs Neue eine Rechnung mit Unbekannten, ganz besonders in einem so kargen, wüstenähnlichen Grenzland.

Plötzlich drängte sich Ari in ihre Gedanken.

Liebe träumt sich in jeder Wüste.

Die Nachricht von Aris Verhaftung und Internierung in der Nähe der Polizeifestung Latrun hatte sie stärker getroffen, als sie selbst ver-mutet hätte. Danach waren ihr die Minuten, die sie kurz vor seinem Aufbruch von Devora zusammen auf der Plattform des Wasserturms gestanden hatten, noch bedeutsamer erschienen. Wie oft sie in den vergangenen Monaten an ihn gedacht, sich um ihn gesorgt und sich gefragt hatte, was er vielleicht *noch* gesagt hatte oder was womöglich über Worte hinaus noch geschehen wäre, wenn Gideon nicht so überpünktlich zur Ablösung erschienen wäre.

Teddy ließ sich alle paar Wochen bei ihnen in Devora blicken. Sophie und er waren heillos ineinander verliebt, und er nahm jede Gelegenheit wahr, um mit ihr zusammen zu sein, auch wenn er nur ein paar Stunden bleiben konnte. Von ihm hatten sie im Sommer erfahren, dass Ari eine Nachricht aus dem Lager hatte schmuggeln können, wonach es ihm den Umständen entsprechend gut gehe.

Leah gönnte ihrer Cousine das Glück von Herzen. Was aber nichts daran änderte, dass das Geküsse und Geturtel der beiden ihr jedes Mal schmerzlich vor Augen führte, dass in ihrem Leben etwas ganz Entscheidendes fehlte. Etwas, das bei aller Zufriedenheit tiefer ging und weiter in Herz und Seele reichte als die Freude an der Pionierarbeit, die Verbundenheit mit ihren Freunden und den anderen Siedlern sowie die Gewissheit, dass Devora der Ort war, wo sie Wurzeln schlagen wollte. Da war eine Leere in ihr, die sich nach Erfüllung sehnte. Dabei glaubte sie manchmal ganz genau zu wissen, wie sich diese Erfüllung anfühlte und wer diese schmerzliche Sehnsucht in ihr stillen konnte.

Damals, als Jannek und ich ...

Leah versagte es sich, diesen Gedanken fortzuführen. Zusammen allein sein, darauf hatten sie sich geeinigt, und damit hatte sie sich gefälligst zu begnügen! Wann begriff sie das endlich? Und dass er manchmal über seine gewöhnliche und nicht selten sprunghafte Fürsorglichkeit hinaus Zeichen sendete, dass er nichts mehr von dieser Vereinbarung wissen wollte, bildete sie sich doch nur ein! Warum konnte sie es nicht sein lassen, nach solchen geheimen Zeichen zu suchen?

Geheime Zeichen von Jannek! So etwas Lächerliches!

Leah zwang sich, an etwas anderes zu denken, und fiel irgendwann wieder kurz in den Schlaf, blieb diesmal jedoch von Albträumen verschont.

Als Leah wieder aufwachte, unterhielten sich die anderen gerade über das Schicksal der Flüchtlinge von der *Exodus*. Jeder in Palästina war damit vertraut, vermutlich sogar jeder in der Welt, der regelmäßig Zeitung las oder Radio hörte.

Der abwrackreife amerikanische Ausflugsdampfer, den die *Haganah* nach bewährter Methode zu einem provisorischen Flüchtlingstransporter umgebaut und mit viereinhalbtausend Juden von Frankreich auf den Weg nach Palästina geschickt hatte, war wie so viele andere Alija-Bet-Schiffe vor der Küste von der britischen *Navy* aufgebracht und geentert worden.

Auch die Menschen an Bord der *Exodus*, überwiegend Überlebende aus den Vernichtungslagern, leisteten wie so viele vor ihnen erbitterten Widerstand gegen die britischen Enterkommandos. Neu war hingegen, dass der Funker an Bord des Schiffes per Funk ununterbrochen von den Enterversuchen und später von den Kämpfen an Deck an die Zentrale in Tel Aviv berichtete, die ihrerseits alle Ereignisse per Radio live ins Mandatsgebiet weitersendete. Fast die ganze jüdische Bevölkerung versammelte sich an diesem 18. Juli um die Radios und fieberte mit den Menschen auf der *Exodus* mit. Nach vier Stunden brachten die Briten, die nun von ihren Schusswaffen Gebrauch machten, das Schiff schließlich in ihre Gewalt. Dabei wurden drei Passagiere erschossen, unter ihnen ein fünfzehnjähriger Junge, sowie mehr als hundertfünfzig Menschen zum Teil schwer verletzt. Dieser skrupellose Einsatz von Gewalt wurde allein schon als ein Skandal empfunden und führte zu heftigen antibritischen Protesten.

Was das Schicksal der *Exodus* jedoch erst zu einem Skandal von weltweiter Bedeutung machte, der sich auf den Titelseiten der Zeitungen auch mit den entsprechenden Schlagzeilen niederschlug, war der Beschluss der britischen Regierung, die völlig erschöpften Flüchtlinge nicht auf Zypern zu internieren. Vielmehr sollten sie auf Gefangenenschiffen in das Land zurückgebracht werden, von dem aus sie ihre Fahrt angetreten hatten.

Doch im französischen Hafen angekommen, weigerten sich die Juden drei Wochen lang standhaft, freiwillig von Bord zu gehen, und die französische Regierung ihrerseits weigerte sich trotz massiven

Drucks aus London, die Menschen mit Gewalt von den Schiffen zu holen. Und dann beging die britische Regierung, zermürbt im politischen Nervenkrieg und von jeglichem gesunden Menschenverstand und Mitgefühl verlassen, den kapitalen und unverzeihlichen Fehler, die Gefängnisschiffe nach Hamburg zu befehlen und die Juden dorthin zu deportieren, zurück in das Land der Todesfabriken, das sie um jeden Preis hatten hinter sich lassen wollen. In Hamburg wurden die Juden dann unter den Augen der versammelten Weltpresse mit Gewalt von Bord geschleppt und interniert.

Die internationalen Reaktionen fielen für Großbritannien verheerend aus. England stand am Pranger. Ein Aufschrei der Empörung über diese ungeheuerliche Infamie, Holocaust-Überlebende zurück ins Land der Mörder ihrer Familienangehörigen, Verwandten und Freunde zu zwingen und hinter Stacheldraht einzusperren, ging um die Erde. Nur in den arabischen Ländern fand dieser Aufschrei keinen vernehmbaren Widerhall.

Was London getan hatte, wurde als Akt bewusster Unmenschlichkeit gegeißelt. Und in nicht wenigen Ländern wies man nun auf die grundsätzliche Mitleidlosigkeit der britischen Mandatsmacht in Palästina und auf deren gebrochene Versprechen hin. Es hagelte von allen Seiten scharfe Kritik an der britischen Doppelzüngigkeit und dem kaum verhohlenen Antisemitismus des in Palästina stationierten britischen Militärs. Ein Antisemitismus, der in diesen Sommermonaten auch bei mehreren pogromähnlichen Vorfällen in Englands Städten sein hässliches Gesicht zeigte.

»Die Tommys sind erledigt!«, stellte Uriel kurz und knapp fest, als sie in der Zitrusplantage nun darüber diskutierten, welche Konsequenzen die *Exodus*-Affäre haben würde.

»Ja, das war die totale propagandistische Niederlage, der absolute K.o. auf offener Weltbühne!«, sagte Sophie mit grimmiger Genugtuung. »Damit haben sie sich selbst den letzten Nagel in ihren Sarg als Mandatsmacht geschlagen!«

»Die sie ja nicht länger sein wollen«, warf Joab ein.

Motte nickte nachdrücklich. »Diese hochnäsigen Briten, die sich immer noch für die Herren eines weltumspannenden Empire halten, haben sich für unangreifbar gehalten und gar nicht gemerkt, dass sie die Büchse der Pandora geöffnet haben! Und jetzt fliegt ihnen die politische Scheiße nicht kübelweise, sondern gleich in ganzen Schiffsladungen um die Ohren!«

»Ich glaube nicht, dass sie sich von dem Tiefschlag erholen werden und hier noch lange was zu melden haben«, sagte Leah.

»Natürlich kommen die hier nicht mehr auf die Beine«, pflichtete Alisha ihr bei. »Und die wollen auch gar nicht mehr. Die Briten sind erledigt. Die haben Palästina doch schon abgeschrieben und können gar nicht schnell genug von hier weg. Darum haben sie ja auch das Mandat an die UN zurückgegeben.«

»Soll mir recht sein«, sagte Motte und spuckte einen Olivenkern aus. »Ich kann es jedenfalls nicht erwarten, dass die Tommys hier die Fliege machen und Palästina endlich räumen.«

Es gab zustimmendes Gemurmel.

Plötzlich meldete sich Jannek wieder zu Wort. »Und dann, meinst du, reichen uns die Araber die Hände«, sagte er mit beißendem Sarkasmus, ohne sich aufzurichten oder die Augen aufzuschlagen, »und setzen sich friedlich mit uns zusammen, um bei einer Wasserpfeife und einem Kännchen Mokka auszuwürfeln, wer von diesem Land welches Stück bekommt, ja?« Er lachte rau auf und gab selbst die Antwort. »Ich sag dir, was passiert, wenn Großbritanniens Soldaten abziehen: Dann beginnt hier das Blutvergießen erst richtig. Und dann ist alles, was die Judenhasser uns vorher angetan haben, dagegen so läppisch wie Fliegenschiss auf 'nem Misthaufen!«

»Warten wir doch erst mal ab, was geschieht, wenn die Tommys abgezogen und uns nicht mehr die Hände gebunden sind!«, erwiderte Joab zuversichtlich.

Doch da ahnte er nicht, dass er nie erfahren sollte, was in Palästina nach dem Abzug der britischen Truppen wohl geschehen mochte.

Joab Naftal starb vier Tage später einen grausamen Tod.

14

Sie fanden Joab Naftal erst nach mehreren Stunden Suche oberhalb vom Wadi Abdul, zusammen mit der gleichaltrigen Hadassa Cohen, einem bildhübschen Mädchen aus der Siedlung Efron. Ihre grauenhaft zugerichteten Leichen hingen vom Ast einer alten, knorrigen Akazie.

Joab hatte in der Nacht Feldwache gehabt. Am Ende seiner Hundewache war er nach Hause gegangen, um ein paar Stunden zu schlafen. Zumindest hatten seine Eltern das angenommen. Wie sich jedoch herausstellte, hatte er sich sogleich wieder aus dem Haus geschlichen, kaum dass seine Eltern zur Arbeit gegangen waren, und sich auf den mehrere Kilometer weiten Weg zu seinem Treffpunkt mit Hadassa gemacht. Dass die beiden ineinander verliebt waren und sich schon seit einiger Zeit heimlich auf halber Strecke zwischen den beiden Siedlungen trafen, hatte Joab nur seinem besten Freund Uriel anvertraut.

Eigentlich hatten Verliebte, sofern sie älter als sechzehn waren, keinen Anlass, ihre Beziehung zu verheimlichen. In der Mehrzahl der genossenschaftlich ausgerichteten Kibbuzim und Moschawim spielte nicht nur Religion im Alltagsleben so gut wie keine Rolle, sondern es herrschte dort auch eine sexuelle Freizügigkeit, die sich die Jugend anderer westlicher Länder erst Jahrzehnte später erkämpfen sollte. Devora und Efron machten davon keine Ausnahme. Dass Joab und Hadassa dennoch ihre Liebe verheimlicht hatten, hatte allein mit ihren Eltern zu tun, die miteinander verfeindet waren und in ihrer Unversöhnlichkeit vermutlich nichts unversucht gelassen hätten, um sie auseinanderzubringen.

Der erbitterten Feindschaft lagen ein tragischer Unfall mit tödlichem Ausgang und eine Messerattacke zugrunde. Hadassas Vater hatte vor Jahren mit seinem Traktor Joabs vierjährige Schwester überfahren. Worauf Joabs Vater in seinem Schmerz und blindem Zorn mit dem Messer auf ihn losgegangen war. Hadassas Mutter war dazwischengesprungen und hatte sich bei dem wilden Handgemenge mehrere tiefe Schnittwunden im Gesicht zugezogen. Die hässlichen, wulstigen Narben entstellten seitdem ihr einst makelloses Gesicht, dessen einstige Schönheit man jetzt nur noch erahnen konnte, wenn man ihre Tochter sah.

Es war Uriel gewesen, der die Eltern seines Freundes nach langem Zögern schließlich alarmiert hatte, als er Joab auch am Mittag noch nicht in der Siedlung finden konnte. Dabei hätte er da schon längst zurück sein müssen. Mittlerweile wurde auch Hadassa in Efron vermisst.

Jeweils vier Gruppen zu je fünf Mann machten sich von beiden Siedlungen unverzüglich auf die Suche nach den Vermissten, mit Gewehren, Pistolen und Feldstechern bewaffnet. Die Mörder hatten die beiden jedoch weit in das Hinterland verschleppt, weshalb ihre Leichen erst anderthalb Stunden vor Einbruch der Dunkelheit gefunden wurden.

Sie boten einen entsetzlichen Anblick, den keiner jemals vergessen sollte, der sie dort am Baum nackt und von Fliegen umsirrt hängen sah. Die Siedler hatten schon manches gesehen, aber die barbarische Grausamkeit, mit der die Mörder Joab und Hadassa verstümmelt und hingerichtet hatten, ließ ihnen das Blut in den Adern gefrieren.

Hadassa war vergewaltigt worden, was jeder verschleppten jüdischen Frau sicher war, gleich welchen Alters. Aber bei Vergewaltigung und Mord allein hatten die Schlächter es nicht belassen. Zu ihrem grauenvollen Massaker gehörten noch ausgestochene Augen, abgeschnittene Brüste und ein aufgeschlitzter Bauch.

Auch Joab hing mit ausgestochenen Augen und hervorquellenden Eingeweiden am Baum. Ihm hatte man dazu noch die Genitalien abgeschnitten und in den Mund gestopft. Zudem hatten man ihnen beiden ein Hakenkreuz mit dem Messer in die Stirn geritzt.

Zwei Männer aus der Gruppe, beides gestandene Sabres und gewöhnlich hart im Nehmen, sanken bei dem grässlichen Anblick erschüttert in die Knie. Die Tränen liefen ihnen über das Gesicht, während sie sich übergaben. Zwei andere versuchten das Würgen in ihrer Kehle zu unterdrücken, konnten letztlich jedoch nicht dagegen an.

Der fünfte Mann, Joabs Onkel Gilad, bezahlte mit seinem Leben dafür, dass er mit einem Schrei maßlosen Entsetzens sofort zum Baum stürzte, um die Leichen vom Seil zu schneiden. Die Mörder hatten eine Landmine unter den Aufgehängten in die Erde gelegt. Das viele Blut hatte auf dem hart gebackenen Boden große, hässliche Flecken hinterlassen, sodass die aufgekratzte Erde zu Füßen der Leichen auf den ersten Blick nicht zu erkennen gewesen war. Die Explosion tötete Gilad Naftal auf der Stelle und riss die Leichen in Stücke.

Die Erschütterung über die bestialischen Morde war so groß wie der ohnmächtige Zorn und Hass auf die arabischen Freischärler und Heckenschützen, die jetzt offenbar auch die Siedlungen im südlichen Grenzland ins Visier genommen hatten.

Uriel machte sich schreckliche Vorwürfe. »Ich werde es mir nie verzeihen, dass ich Joab das nicht ausgeredet habe!«, sagte er mit bleicher, gequälter Miene.

»Mein Gott, wie konnten die beiden denn auch bloß auf die irrwitzige Idee kommen, sich da draußen im Nirgendwo zu treffen?«, rätselte Sophie. »Die beiden waren doch Sabres, sind hier aufgewachsen und kannten im Umkreis von zig Kilometern jeden Stock und Stein?«

»Eben deshalb«, sagte Alisha bedrückt. »Sie haben sich einfach zu sicher gefühlt.«

»Jetzt geht es also auch hier bei uns mit den verfluchten Anschlägen los, die anderswo schon längst zum traurigen Alltag gehören«, stellte Jannek nüchtern fest.

Und die Ereignisse der folgenden Wochen sollten ihm recht geben.

Schon zwei Tage später brannten in Devora zwei Feldschuppen. Und als die Siedler hinaus auf die Felder eilten, um die Brände zu löschen, eröffneten Heckenschützen aus der Dunkelheit das Feuer. Nur dank der Tatsache, dass die arabischen Freischärler miserable

Schützen waren, entkamen die Männer und Frauen der Löschmannschaft dem Hinterhalt mit nur einem, vergleichsweise harmlosen Streifschuss. Die Feldschuppen brannten jedoch bis auf ihre Grundmauern nieder. In Efron und Negba gab es ähnliche nächtliche Anschläge. Was zur Folge hatte, dass die Feldwachen und die Posten auf dem Wasserturm verdoppelt werden mussten und deshalb tagsüber viele, eigentlich dringend benötigte Arbeitskräfte ausfielen. Zudem waren mindestens einer, meist sogar zwei in der Gruppe bewaffnet, wenn man für Arbeiten in den Außenbezirken der Siedlung eingeteilt wurde.

Bei einem dieser Einsätze rettete Alishas Wachsamkeit ihre Gruppe vor einem tödlichen Hinterhalt. Es war kurz nach Sonnenaufgang und sie befanden sich auf dem Weg zu einer der neueren Zitrusplantagen. Ein sandiger Pfad führte zwischen zwei abgeernteten Feldern zu dem Pardess. Es hatte sich herausgestellt, dass er für den zügigen Abtransport der Ernte zu schmal angelegt worden war und verbreitert werden musste. Und mit dieser Arbeit hatte man vor einigen Tagen begonnen.

Leah ging mit Sophie auf der linken Seite des Weges, die Turia über die eine Schulter gelegt und den Korb mit dem Mittagsimbiss in der anderen Hand. Uriel und Jannek auf der anderen Seite hatten zu ihrer schweren Hacke noch ein Gewehr zu tragen. Alisha ging mit Motte in der Mitte. Auf halber Strecke zur Plantage machte der Weg einen scharfen Linksbogen.

»Halt!«, rief Alisha plötzlich, als sie an die Wegbiegung kamen, und streckte ihre Turia wie einen Schlagbaum vor Leah und Sophie hin. »Stehen bleiben! Macht bloß keinen Schritt weiter!«

Uriel und Jannek ließen augenblicklich ihre Hacke fallen, griffen zum Gewehr und luden durch. Angespannt suchten sie das Gelände jenseits des Stoppelfeldes nach einem auf der Lauer liegenden Heckenschützen ab. Aber da war nichts. Zumindest nicht dort, wo *sie* hinblickten.

»Was ist, Alisha?«, fragte Motte aufgeregt. »Hast du irgendwas Verdächtiges gesehen?«

»Da vorne liegt eine Mine!«, sagte Alisha und deutete mit ihrer Hacke auf die Spuren einer Raupenkette, die sich zwei, drei Schritte vor Leah und Sophie im sandigen Boden abzeichneten und dabei der Krümmung des Weges folgten.

Jannek machte ein ungläubiges Gesicht. »Was? Woher willst du das denn wissen?«

»Die Raupenspuren sind neu!«, erwiderte Alisha. »Zumindest sollen sie wie Raupenspuren aussehen. Aber es ist eine Täuschung. Hier haben arabische Terroristen eine Landmine gelegt!«

Uriel runzelte die Stirn. »Klar sind die neu. Joakim ist doch gestern Abend noch mit der Raupe hier gewesen!«

»Ja, das habe ich auch gesehen«, pflichtete Leah ihm bei, konnte sich jedoch eines mulmigen Gefühls nicht erwehren.

Alisha lachte grimmig auf. »Ja, aber er ist nicht mehr um die Biegung gekommen, weil ihm das Benzin ausgegangen ist. Und zufällig war ich es, die ihm den Reservekanister gebracht hat. Der war ganz schön schwer. Da drüben ist noch der Abdruck, wo ich ihn neben der Raupe abgesetzt habe«, sagte sie und deutete schräg hinter sich auf den Feldrand, wo man noch deutlich die Umrisse des Kanisterbodens im Erdreich erkennen konnte.

»Heilige Scheiße!«, stieß Motte hervor und wich unwillkürlich einen Schritt zurück.

»Diese verfluchten Dreckschweine!«, fluchte Uriel. »Die beobachten uns. Die kennen jeden unserer Schritte. Sprengsätze zu legen und aus dem sicheren Hinterhalt zu schießen, darin sind sie Meister!«

Als die Mine wenig später kontrolliert zur Explosion gebracht wurde, riss sie einen flachen, aber mehrere Meter breiten Krater.

Auf diesen von Alisha vereitelten Hinterhalt folgten anderthalb Wochen trügerischer Ruhe. Der nächste Anschlag geschah in einer windigen, stark bewölkten Nacht.

15

In jener Nacht hielt Leah zusammen mit Henok Singer und Moshe Shertok im nordwestlichen Randbezirk der Siedlung Wache, in dem eine der neuen Pflanzungen lag. Henok war drei und Moshe vier Jahre älter. Und wenn sie mit ihnen auch nicht so dick befreundet war wie mit Motte, Uriel und Jannek, so kannten sie sich doch von gemeinsamen Arbeitseinsätzen und Patrouillengängen und kamen auch gut miteinander aus. Bei der Zusammenstellung der Wachen achteten die Vorsteher der Siedlung sehr darauf, dass es in den Zweier- und Dreiergruppen keine Animositäten gab, die zu Konflikten und damit zu geringerer Wachsamkeit führen konnten.

Die Schüsse peitschten durch die Nacht, als ihr Patrouillengang sie wieder einmal auf das recht offene Gelände des erst wenige Jahre alten Pardess führte. Die Bäume waren gerade erst mannshoch und noch so schmal im Stamm, dass sie nur geringen Schutz boten.

Schon einer der ersten Schüsse der arabischen Heckenschützen traf. Henok taumelte, fasste sich mit einem Schrei, der mehr von Erschrecken als von Schmerz erfüllt war, an die linke Schulter und ging zu Boden. Dabei entglitt ihm das Gewehr, das er in der rechten Armbeuge gehalten hatte.

Es mussten mehrere Heckenschützen sein, die sie von einer der Hügelkuppen in etwa hundertfünfzig, zweihundert Meter Entfernung unter Beschuss nahmen. Die Detonationen klangen nicht wie das gleichmäßige, stakkatohafte Tackern eines Maschinengewehrs, sondern kamen in zwar schneller, aber unregelmäßiger Folge und hatten zudem einen unterschiedlichen Klang. Was jedoch nichts daran änderte, dass ein Schwarm von Kugeln um sie herum in den Boden einschlug, Erde hochspritzen ließ und Blätter von den Bäumen fetzte.

Leah, die im Gegensatz zu ihren beiden Kameraden nur mit einer alten Pistole aus dem Ersten Weltkrieg bewaffnet war, reagierte instinktiv. Sie warf sich zu Boden, riss Henoks Gewehr an sich und feuerte in die Richtung, aus der die Schüsse kamen.

»Kümmere dich um Henok!«, schrie sie Moshe zu, während sie schon die nächste Patrone nachlud und auf die Stelle zielte, wo in der Dunkelheit eben Mündungsfeuer aufgeblitzt war. Das Gewehr war eine britische *Lee-Enfield* mit einem Repetiersystem. Nach jedem Schuss musste die leere Patrone manuell ausgeworfen und die neue Patrone aus dem 10er-Magazin in den Lauf eingezogen werden. Sie lud nach und feuerte auf die Stellung der Feinde, so schnell sie konnte. »Wo hat es ihn erwischt?«

»Rechte Schulter!«, stieß Henok selbst mit gepresster Stimme hervor. »Verfluchte Bande! ... Himmel, ist das alles Blut? ... Mann, jetzt ... jetzt wird mir ganz flau.«

»Das ist der Schock, Kumpel. Aber an so einer Verwundung stirbt man nicht! Und deshalb bleibst du jetzt schön wach, hast du verstanden?« Moshe zerrte eine Wundauflage aus seiner Gürteltasche und riss die Verpackung mit den Zähnen auf. »Hier, halt das fest und drück es auf die Wunde! Ich bring dich aus der Schusslinie!« Dann zerrte er ihn weiter nach hinten, wo der Boden sich zum Bewässerungsgraben hin absenkte und wo sie in Deckung gehen konnten.

Leah jagte eine Kugel nach der anderen durch den Lauf. Der Wind fegte ihr Sand und beißenden Pulverrauch in die Augen.

Indessen schnitt von der Plattform des Wasserturms das grelle Lichtschwert des Scheinwerfers durch die nächtliche Schwärze und stach nach den Heckenschützen auf der Hügelkuppe.

Schlagartig erstarb von dort das Feuer.

Für einen kurzen Moment erfasste das über die Hügelgruppe hinwegfliegende Licht zwei ... nein, drei schattenhafte, aufspringende Gestalten in schwarzen Gewändern. Sie entzogen sich dem Zugriff des Scheinwerfers jedoch, bevor die Wache oben auf dem Turm in der Suchbewegung innehalten und den Lichtstrahl auf sie zurücklenken konnte.

Später, bei Tageslicht, fand man dort oben Spuren von Blut auf einigen Steinen. Nicht genug, um sagen zu können, dass Leah einen der Heckenschützen ernstlich verwundet hatte. Aber eine ihrer Kugeln hatte getroffen.

Man klopfte ihr dafür anerkennend auf die Schulter, und von dem Tag an schickte man sie auch nicht mehr mit einer Pistole auf Wache, sondern vertraute ihr eines der besseren Gewehre an. Sie selbst jedoch empfand nicht einmal Genugtuung, geschweige denn Stolz über ihren Treffer. Das Wissen, Blut vergossen zu haben, selbst wenn sie jedes Recht dazu gehabt hatte, löste bei ihr nur Scham und Bedrückung aus. Wohl auch wegen der Vorahnung, dass es noch viel schlimmer kommen würde.

Henok war gottlob bald wieder auf den Beinen. Er blieb auch vor bleibenden Schäden verschont, weil die Kugel keine Knochen zertrümmert hatte.

Dass Jannek in den folgenden Wochen häufig einen müden und zerschlagenen Eindruck machte und manchmal Mühe hatte, bei der Arbeit nicht einzuschlafen, fiel zuerst Sophie auf. Sie war es auch, die plötzlich zu wissen glaubte, was es mit seiner zunehmenden Erschöpfung auf sich hatte.

»Du musst unbedingt zum Arzt, Jannek«, sagte Leah mit großer Sorge, als er wieder einmal schon am frühen Vormittag mit Müdigkeit zu kämpfen hatte.

Jannek winkte ab. »Ach was, mit mir ist alles in Ordnung. Mir gehen im Augenblick nur die vielen Wachdienste an die Nieren«, wiegelte er ab. »Das gibt sich schon wieder.«

»Ich glaube nicht, dass deine schwarzen Ringe unter den Augen und dein ständiges Gähnen viel mit *deinen* Wachen zu tun haben, Jannek«, sagte Sophie spöttisch. »So wie ich das sehe, sind vielmehr Leahs Wachen daran schuld.«

Verblüfft sah Leah sie an. »Wieso denn das?«, fragte sie und sah, dass Jannek plötzlich errötete und Sophie einen wütenden Blick zuwarf. »Was soll denn Janneks Müdigkeit mit meinen Wachen zu tun haben?«

»Warum fragst du nicht ihn?«, erwiderte Sophie. »Ich wäre jedenfalls auch todmüde, wenn ich nicht nur meine Wachen schieben, sondern aus Sorge um dein Wohl auch noch deine Wachen bewachen müsste.«

Einen Moment lang verstand Leah nicht, was Sophie meinte, dann jedoch begriff sie. »Ist das wahr?«, fragte sie Jannek, ungläubig und zugleich tief berührt.

»Und ob das stimmt!«, versicherte Sophie. »Und wenn ich ehrlich sein soll, finde ich das richtig süß von dir, Jannek. Aber ich glaube, dass Leah gut allein auf sich aufpassen kann.«

Jannek wich Leahs Blick aus und fuhr zu Sophie herum. »Hast du sie nicht mehr alle? Was verzapfst du für einen Blödsinn?«, bellte er, während seine verlegene Röte noch einen Farbton intensiver wurde. Er sah aus, als wäre er auf frischer Tat bei einem hochnotpeinlichen Fehltritt ertappt worden. »Und du komm jetzt nicht auf irgendwelche abwegigen Gedanken, Leah! Ich kann in letzter Zeit einfach nicht mehr gut schlafen, kapiert?«

»Ja, seit der Nacht, als Leah in den Kugelhagel der Heckenschützen geraten ist«, warf Sophie trocken ein.

»... und dann gehe ich nachts eben lieber eine Weile draußen umher, als mich im Bett hin und her zu wälzen!«, fauchte Jannek. »Alles reinster Schwachsinn, was sich Sophie da aus den Fingern saugt, damit das klar ist! Und du, Sophie, solltest es mal mit dem Schreiben von Heftromanen versuchen, wo die Handlung völlig irrwitzig und bar jeder Realität ist! Mit deiner blühenden Fantasie kannst du es da weit bringen!« Und damit stürmte er wütend davon.

Sophie war sich ihrer Sache sicher, aber Leah hielt es für ratsamer, kein Wort mehr darüber zu verlieren, schon gar nicht Jannek gegenüber. Aber im Stillen hing ihr das natürlich nach und beschäftigte sie.

Später bei der Arbeit rutschte ihr der Anhänger an der dünnen Lederschnur aus der Kakibluse, als sie sich vorbeugte, um die verrutschte Socke in ihrem Halbstiefel hochzuziehen. Sie griff nach dem Davidstern und spürte die meisterlich aus dem Holz herausgeschnitzten Rosenknospen und den aufgebrochenen Stacheldraht unter ihren Fingerkuppen.

Ach, Jannek!

Leah setzte sich auf einen Stapel Sandsäcke, die sie gerade gefüllt hatte, steckte sich eine Zigarette an und schaute dem Rauch nach, während ihre Gedanken eigene Wege gingen. Sie wurde in letzter Zeit nicht mehr schlau aus Jannek. Andererseits: Hatte sie je wirklich verstanden, was in ihm vorging? Wohl kaum.

Seinen Zynismus vermochte sie nach allem, was er in Sachsenhausen und Auschwitz durchgemacht hatte, ja noch nachzuvollziehen, auch wenn sie ihn nicht teilte. Sein Eigensinn war ihr dagegen jedoch immer ein Buch mit sieben Siegeln gewesen. Sie brauchte nur an seinen Vorschlag *Lass uns zusammen allein sein!* zu denken.

Aber seltsamerweise hatte sie in den vergangenen Wochen und Monaten mehr als einmal das Gefühl gehabt, dass er sich von ihr mehr als nur Freundschaft wünschte. Das meinte sie aus gewissen Gesten, Blicken und ähnlich wortlosen Zeichen herauslesen zu können. Zumindest schrieb sie ihnen diese versteckte Bedeutung zu. Sie spürte in diesen Momenten, dass sie beide tatsächlich mehr als nur die sorglosen Jahre ihrer Kindheit verband. Und dann wurde jedes Mal die Erinnerung an ihre Liebesnacht am Ufer der Isar in ihr wach. Sie spürte dann deutlich den Nachklang der wilden Leidenschaft, die sie damals empfunden hatte, und den schmerzlichen Wunsch, sich wieder darin zu verlieren.

Wann immer sie jedoch den Mut aufbrachte, ihr damaliges Versprechen, das sie sich gegenseitig gegeben hatten, zu ignorieren und ihm näherzukommen, reagierte er wie eine Schnecke, die von einer Berührung überrascht wird. Dann zog er sich geradezu panisch in sein Schneckenhaus zurück, ging ihr aus dem Weg und wurde gelegentlich sogar ausgesprochen ruppig. Dann hatte sie das Gefühl, als legte er es regelrecht darauf an, sie vor den Kopf zu stoßen.

Es war ihr ein Rätsel, was ihn dazu bewegte, sich so zwiespältig zu verhalten. Wovor hatte er Angst? Sie hatte sich schon oft diese Frage gestellt und sich den Kopf darüber zerbrochen. Mehr als einmal hatte sie versucht, mit ihm darüber zu reden, aber da war sie bei ihm nicht weit gekommen. Immer blockte er gleich ab, indem er behauptete, dass es nichts zu bereden gäbe und er gar nicht wisse, was sie von ihm wolle.

Und dann versteckte er sich nicht selten hinter seinem reichlich zerfledderten und mit zahllosen Randnotizen vollgekritzelten Buch, als stünden in dem amerikanischen Roman Wahrheiten von ewiger Gültigkeit, die er sich immer und immer wieder vor Augen halten müsse, um nicht vom rechten Pfad abzukommen. Das ärgerte sie, gleichzeitig juckte es ihr in den Fingern, heimlich durch den Roman zu blättern und herauszufinden, was er da anstrich und welche Bemerkungen er an den Rand schrieb.

Aber das versagte sie sich natürlich, wäre das doch ein unverzeihlicher Vertrauensbruch gewesen. Er wollte nun mal nicht, dass irgendjemand sein Buch auch nur in die Hand nahm, geschweige denn darin blätterte und las. Es gab keinen, der das nicht wusste und respektierte. Und sie würde nicht die Erste sein, die die rote Linie übertrat und sein Vertrauen verletzte – und es damit vermutlich für immer verlor.

Aber wenn es ihr womöglich half, ihn besser zu verstehen und herauszufinden, wie sie den stacheligen Panzer seiner Zurückweisung überwinden konnte, war es dann dieses Risiko nicht wert?

16

Lange bevor der erste Wagen über die Hügelkette im Nordwesten kam, verkündete schon eine mächtige Staubwolke den Bewohnern von Devora, dass sich eine große Wagenkolonne ihrer Siedlung näherte. Wie eine gigantische graubraune Fahne aus Sand stieg sie in den klaren Novemberhimmel und folgte dem Konvoi. Man hätte sie für den Vorboten eines Chamsin halten können. Aber was wie ein aufkommender Sandsturm aussah, entpuppte sich schnell als ein grauer Lindwurm aus Bussen und Lastwagen. Die Kolonne wand sich über die Hügelkette, donnerte mit ihrer Staubfahne im Rücken in die Ebene hinab und fraß sich durch den Staub und Dreck der unbefestigten Landstraße geradewegs nach Devora.

Drei alte, klapprige Busse fuhren vorweg, gefolgt von siebzehn Lastwagen, die ihre besten Jahre ebenfalls schon lange hinter sich hatten. Die Wagenkolonne traf am späten Nachmittag in der Siedlung ein, als Leah mit ihren Freunden müde von der Feldarbeit ins Dorf zurückkam. Jannek hatte sich mal wieder abgesondert und war ihnen ein gutes Dutzend Schritte voraus. Nun gingen auch sie unwillkürlich schneller, um zum zentralen Platz mit dem Wasserturm vor dem Gemeindehaus zu kommen und zu sehen, was es mit dem Konvoi auf sich hatte.

»Ob das wohl ein Truppentransport ist?«, fragte Sophie beunruhigt, als eine Reihe von Wohnhäusern und Gärten ihren Blick auf den Konvoi verstellte.

»Nach britischen Soldaten, die hier eine Razzia machen, sah mir das aber nicht aus«, sagte Uriel. »Die wären in ihren regulären Militärfahrzeugen gekommen und hätten sich nicht in so alten Kisten versteckt.«

»Vielleicht sind es ja unsere«, sagte Motte.

»*Palmach*-Truppen? Gott bewahre!«, rief Uriel erschrocken.

»Wieso?«, fragte Motte verständnislos und mit einem Anflug von Entrüstung.

Leah kam Uriel zuvor. »Weil wir dann viel Schlimmeres als eine niederträchtige britische Razzia zu befürchten haben, wenn unsere Führung meint, uns eine so große Truppe Elitesoldaten schicken zu müssen.«

Sie hatten allen Grund, beunruhigt zu sein und das Schlimmste zu befürchten. England hatte endgültig das Handtuch geworfen, hatte nach fast dreißig Jahren Herrschaft über das Mandatsgebiet zermürbt aufgegeben und das Schicksal Palästinas ganz offiziell zurück in die Hände der UN gelegt. Deren Vollversammlung sollte schon in wenigen

Tagen über die Teilung des Landes entscheiden. Doch einen jüdischen Staat, auch wenn seine vorgesehene Grundfläche kleiner als das Land Hessen war, wollten die arabischen Länder unter keinen Umständen dulden. Ihre Führer lehnten jeden Kompromiss kategorisch ab und schworen öffentlich, die Juden mit aller ihnen zur Verfügung stehenden Gewalt zu vernichten und die Überlebenden ins Meer zu treiben, sollten die UN die Gründung eines souveränen jüdischen Staates beschließen. Arabische Terrorbanden und Milizen, die vermehrt über die Grenzen ins Land eindrangen, ohne dass die britischen Besatzungstruppen sie daran zu hindern versuchten, verliehen der Drohung mit verstärkten Anschlägen Nachdruck. Die Ungewissheit, welchen Ausgang der blutige Konflikt nehmen würde – sie war in Devora und überall anderswo im Land der harte Grund, über den die Tage hinwegknirschten wie ein Bootskiel über einen Kiesstrand.

Als sie zu den Bussen und Lastwagen kamen, sahen sie zu ihrer Erleichterung, dass keine *Palmach*-Truppen eingetroffen waren und der Siedlung somit auch kein arabischer Angriff drohte. Es handelte sich bei dem Konvoi vielmehr um rund hundert freiwillige Pioniere aus Tel Aviv im Alter zwischen siebzehn und Mitte dreißig, die am nächsten Tag zusammen mit knapp drei Dutzend Siedlern deren neue Siedlung im Negev gründen wollten.

»Das wird eine Landnahme im ›Mauer-und-Turm‹-Verfahren«, hörten sie jemanden bewundernd sagen, als sie auf dem Platz eintrafen. »Da haben die Burschen morgen ja ein verdammt hartes Wettrennen gegen die Zeit vor sich! Hoffentlich schaffen sie es!«

Bevor Leah fragen konnte, was denn mit diesem Mauer-und-Turm-Verfahren gemeint war, schrie Motte aufgeregt: »Ari! ...Da ist Ari, Leute! Da drüben! ... Mensch, mich laust der Affe! ... Ari ist aus dem Lager!« Er wies auf einen der Lastwagen nahe beim Wasserturm und stürmte schon zu ihm hin.

Die Freude durchzuckte Leah wie ein Stromschlag und ließ ihr Herz schneller schlagen, als nun auch sie Ari erblickte. Er war auf der Fahrerseite aus einem der Lastwagen gestiegen, aber auf dem Trittbrett stehen geblieben, um einen besseren Rundblick über die zusammen-geströmte Menschenmenge zu haben. Groß, stattlich, braun gebrannt und in verblichenem, eingestaubtem Kaki stand er lässig vor der offenen Fahrerkabine, zog sich die schwarze Strickmütze vom Kopf und fuhr sich mit gespreizten Fingern durch die sonnengebleichte Flut seiner Löwenmähne, während sein Blick unruhig suchend über die Menge hinwegglitt.

Und dann entdeckte er sie. Sein Gesicht schien förmlich aufzuleuchten. Er hielt ihren Blick fest und lächelte sie über die Köpfe der anderen hinweg an, als würde er diese überhaupt nicht wahrnehmen und nur sie sehen.

Leah hatte das Gefühl, von seinem strahlenden Lächeln förmlich umfangen zu werden. Eine Art Schwindel ergriff sie kurz, doch sie fasste sich schnell wieder. Sie war überglücklich, ihn in Freiheit zu wissen und hier in Devora wiederzusehen. Aber sie stürzte nicht wie Motte auf ihn zu, sondern überließ es Sophie, Motte und den anderen, ihn zuerst zu begrüßen und mit Fragen einzudecken.

Der Einzige, den es überhaupt nicht danach drängte, Ari zu begrüßen, war Jannek. Er folgte den Freunden nur widerwillig und mit in den Hosentaschen vergrabenen Händen.

Es gab ein großes Hallo, in dem Leah ihre Freude über das unverhoffte Wiedersehen mit Ari mühelos verbergen konnte, selbst vor Jannek, der ihr verstohlen dann und wann scharfe Seitenblicke zuwarf, als suchte er in ihrem Gesicht zu lesen, was sie wirklich empfand. Aber das Leuchten in Aris Augen, als sie ihm zur Begrüßung kurz die Hand drückte und sein Blick mit fast brennender Intensität auf ihr ruhte, konnte ihm kaum entgangen sein. Sie war froh, dass die anderen das Reden übernahmen und Ari sie auch nicht ansprach, zumindest nicht mit Worten, denn ihre Stimme wäre wohl nur ein einziges Zittern gewesen.

»Es war längst überfällig, dass die Tommys dich entlassen, Ari«, sagte Motte und versetzte ihm zur Begrüßung einen freundschaftlichen Rippenstoß.

»Die Tommys waren da leider anderer Meinung, Motte«, korrigierte Ari ihn mit einem fröhlichen Lachen. »Deshalb habe ich mich selbst entlassen.«

»Du bist aus dem Camp in Latrun getürmt?«, stieß Uriel ungläubig hervor.

»Ja, zusammen mit neunzehn anderen, und zwar mal wieder durch einen Tunnel. Dieser war aber um einiges länger als der in Karaolos, nämlich fast hundert Meter. Eine verrückte Geschichte, wie wir den direkt unter den Augen der Wachen gegraben haben!«

Natürlich wollten alle die Geschichte hören, aber nicht in dem allgemeinen Gelärme und Gedränge, das auf dem Platz herrschte. Sie luden Ari zu sich in ihre Unterkunft ein. Motte organisierte zwei Flaschen Arak[43], Gitta steuerte kaltes Hühnerfleisch aus ihrer Quelle bei, Ari brachte Hartsalami und Uriel schleppte wenig später nicht nur Henok und Moshe mit an, sondern brachte auch einen Korb mit frischem Pitabrot von sich zu Hause sowie Feigen, Oliven und Hummus mit.

Es wurde ein feuchtfröhlicher Abend. Nur Jannek sagte kaum ein Wort. Er blickte mit verschlossener, finsterer Miene vor sich hin, rauchte nervös eine Zigarette nach der anderen, trank den hochprozentigen Arak im Gegensatz zu Ari, der viel Wasser beigemischt hatte und an seinem Glas nur nippte, unverdünnt und warf Leah manchmal einen grollenden Blick zu, wenn sie über etwas lachte, was Ari gerade gesagt hatte.

Leah ignorierte seinen stummen Groll. Sie wollte sich die wunderbare Stimmung nicht von seiner miesen Laune und seiner Antipathie gegen Ari verderben lassen.

Auch Ari ließ sich nichts anmerken, er nahm Jannek einfach nicht zur Kenntnis. Unterhaltsam erzählte er, wie seine inhaftierten Kameraden und er es in siebenmonatiger, oft lebensgefährlicher Arbeit ge-

---

43 Ungesüßter Anisschnaps, dessen klare Flüssigkeit oft auch mit Wasser verdünnt wird und der dann eine milchige Trübung bekommt.

schafft hatten, einen derart langen Gang zu bauen, die vielen Tonnen Erde unbemerkt im Lager zu verteilen, ihn sogar mit Ventilation und elektrischem Licht zu versorgen und ihn trotz regelmäßiger, wöchentlicher Barackeninspektion vor den argwöhnischen Augen der Wachen verborgen zu halten. Er stellte dabei jedoch nicht seine Beteiligung besonders heraus, sondern betonte vielmehr, dass die Arbeiten am Tunnel schon lange vor seiner Inhaftierung im Camp begonnen worden und die Ideen zur Täuschung der Wachen ebenso wenig sein Verdienst waren.

»Na, so wie wir dich kennen, wirst du schon einen gehörigen Teil dazu beigetragen haben, dass ihr so einen Monstertunnel habt graben können und in all den Monaten dabei nicht aufgeflogen seid!«, sagte Motte, hob sein Glas und brachte einen Toast auf Ari aus, in den alle bis auf Jannek mit fröhlicher Begeisterung einstimmten.

Leicht verlegen winkte Ari ab. »Macht mal nicht so viel Tamtam darum, Freunde!«, rief er und legte seine Hand schnell über sein Glas, als Motte ihm wieder Arak nachschenken wollte. »Und haltet euch auch mit dem Saufen ein bisschen zurück. Sonst brauche ich erst gar nicht zu fragen, ob von euch jemand Lust hat, heute Nacht mit uns in den Negev zu fahren. Wir könnten nämlich noch gut zwei, drei Dutzend Freiwillige für die Mauer-und-Turm-Landnahme gebrauchen. Deshalb habe ich dem Leiter der Aktion auch vorgeschlagen, über Devora zu fahren und hier noch ein paar Leute aufzusammeln.«

»Und was ist diese Mauer-und-Turm-Aktion?«, wollte Sophie wissen und sprach damit einen winzigen Moment eher aus, was den anderen ebenfalls schon auf der Zunge gelegen hatte.

»Wer innerhalb von vierundzwanzig Stunden eine bewehrte Barackensiedlung mit Mauer und einem Turm auf herrenlosem, sogenanntem Kronland errichtet, der darf das Land in einem Umkreis eines Tagesmarsches sein Eigen nennen«, teilte Ari ihnen zu ihrer Verblüffung mit.

»Soll das ein Witz sein?«, fragte Motte nach.

»Nein, das stimmt schon so«, meldete sich nun Uriel zu Wort. »Das ist ein Gesetz, das noch aus der Zeit des Osmanischen Reiches stammt. Nach dieser Mauer-und-Turm-Methode sind in Palästina schon Dutzende Siedlungen gegründet worden.«

Leah mochte es kaum glauben. »Und das hat noch immer Geltung, selbst unter britischer Mandatshoheit?«

Ari nickte. »Diese alten Gesetze haben die Briten nicht anzutasten gewagt. Aber so eine Landnahme gelingt nur, wenn man gründlich darauf vorbereitet ist und genug Leute hat, um das in vierundzwanzig Stunden zu stemmen. Denn wenn man es nicht schafft, ist alles vergeblich gewesen«, gab er zu bedenken.

»Aber wer kontrolliert denn, ob man Mauer, Turm und Baracken auch tatsächlich innerhalb von vierundzwanzig Stunden errichtet hat?«, fragte Sophie. »Ich meine, behaupten kann das ja jeder, zumal wenn man so weit draußen eine neue Siedlung gründet.«

Ari schüttelte den Kopf. »Nein, da ist kein Täuschen möglich. Denn bei so einer Aktion sind immer Vertreter der jüdischen Siedlungsbehörde und der britischen Mandatsverwaltung zugegen, die das überwachen. Den Briten mag das stinken, aber Gesetz ist nun mal Gesetz, auch wenn es noch aus der Zeit der Osmanen stammt, und sie wachen über seine strikte Einhaltung. Die Beamten sind nur später aufgebrochen. Auf jeden Fall werden sie dabei sein, wenn die Zeit zu laufen beginnt.«

»Verrückt, klingt aber spannend«, sagte Motte.

»Ja, das wird es«, versicherte Ari. »Die Lastwagen sind bis oben hin mit allen nötigen Baumaterialien, Gerätschaften und allem anderen beladen, was man für die Gründung einer neuen Siedlung braucht. Darunter befinden sich sogar schon einige vorgefertigte Bauteile für die Wohnbaracken. Aber es werden noch Arbeiter gebraucht, es können ja nie genug sein. Ich bin nach der Flucht übrigens zufällig dazugestoßen. Wie sieht es mit euch aus, Leute?« Auffordernd blickte er in die Runde. »Wer von euch will sich die Gelegenheit nicht entgehen lassen, bei einer Mauer-und-Turm-Landnahme mitzumachen?«

»Ich bin dabei, Alter!«, rief Motte begeistert und ohne auch nur einen Augenblick zu zögern.

Jannek nahm Motte die Arak-Flasche aus der Hand und füllte sein Glas randvoll.

Auch Sophie, Henok, Moshe und Uriel überlegten nicht lange und sagten gleich zu.

Gitta und Alisha waren sich offenbar unschlüssig.

Ari sah Leah an. »Und was ist mit dir?«, fragte er eindringlich. »Kommst du mit? Du wirst es bestimmt nicht bereuen. Das ist eine einmalige Sache, die du nie vergessen wirst. Außerdem … außerdem würde es mir viel bedeuten.«

Sie fühlte ein inneres Brennen unter seinem Blick und musste erst schlucken, bevor sie ihm antworten konnte. »Ja, ich komme gern mit, Ari.«

Wortlos stand Jannek auf, kippte den Arak auf einen Zug hinunter und stürzte hinaus in die Nacht.

17

Der Konvoi brach um kurz nach vier von Devora auf, mit der grauschwarzen *Morris*-Limousine der britischen und jüdischen Verwaltungsbeamten an der Spitze. Die Fahrt ging nach Südosten in den Negev. Nach nicht ganz zwei Stunden erreichten sie ihr Ziel. Die Lastwagen und Busse stellten sich unterhalb einer sanften Anhöhe weit gefächert zu einer Art von sternförmiger Wagenburg auf, wobei die Motorhauben den äußeren Ring und die Heckklappen der Lkw den inneren Ring bildeten.

Die freiwillige Pioniertruppe, die mit den Männern und Frauen aus Devora nun stolze hundertdreiunddreißig Personen zählte, und die achtundzwanzig Siedler sprangen aus den Wagen, streckten sich in der frischen Nachtluft und genossen die wenigen Minuten, die ihnen bis zum Wettlauf gegen die Zeit noch blieben. Thermoskannen mit heißem Kaffee und Körbe mit Butterbroten machten die Runde, während die Offiziellen im Licht von Petroleum- und Taschenlampen mitten auf der Anhöhe ein Quadrat mit fünfundzwanzig Meter Seitenlänge absteckten und mit ihren Papieren beschäftigt waren.

Es wurde wenig gesprochen. Die Männer und Frauen standen in kleinen Gruppen zusammen, schlürften Kaffee, rauchten und warteten, dass sich das erste Morgenlicht hinter den Bergrücken im Osten zeigte und das Kommando zum Beginn der Landnahme kam. Alle wussten, dass sie einen Kraftakt vollbringen mussten, um Erfolg zu haben. Dementsprechend ernst waren die Gesichter, aber in ihnen fanden sich auch Entschlossenheit und eine unbändige Freude.

Um 6 Uhr 22 ging über den nackten, geschundenen Bergen des Negev die Sonne auf – und das Kommando, mit der Arbeit zu beginnen, war wie eine Erlösung von der Anspannung. Endlich konnten sie zeigen, was in ihnen steckte und was sie zu leisten bereit waren, um eine weitere jüdische Siedlung auf ödem Brachland zu errichten, auf dem noch nicht einmal genug dürres Kamelgras wuchs, um eine Hand voll genügsamer Bergziegen am Leben halten zu können.

Was einem zufälligen Betrachter wie das wilde und scheinbar kopflose Durcheinander eines aufgestocherten Ameisenhaufens erscheinen musste, war in Wirklichkeit wie bei den Ameisen eine bis ins Detail durchdachte und miteinander abgesprochene Choreografie von mehr als einem Dutzend verschiedener Arbeitsgänge, die fast alle zur selben Zeit in Angriff genommen wurden und wie die Zahnräder einer Uhr ineinandergriffen.

Das Holz für die doppelten Palisadenwände schien förmlich von den Lastwagen zu fliegen. Und während diese Mannschaft, die gut ein Drittel der Pioniere ausmachte, das Material zu seinem vorbestimmten Abschnitt brachte und in den Boden rammte, begannen andere mit der Errichtung der *Zriffim*, der Baracken. Ihre Grundfläche betrug zwölf Quadratmeter, und in der Anfangszeit würden sich sechs bis sieben Personen diesen Raum teilen und in dreistöckigen, niedrigen Stockbetten schlafen müssen. Zur selben Zeit schleppten besonders kräftige

Männer die schweren Balken heran, aus denen die Konstruktion des Wach- und Wasserturms in der Mitte der ummauerten Kernsiedlung gezimmert werden musste. Ein Generator wurde angeschmissen, damit ein anderes Team mit dem Bohren eines Brunnens beginnen konnte.

Sobald mehrere Meter der doppelten Palisadenwand standen, füllte ein mit Schaufeln, Hacken und Körben bewehrtes Kommando den Zwischenraum mit Sand und Steinen. Ein gutes Stück vor der Mauer-und-Turm-Anlage hob man Unterstände aus für die *Emdoth*, die vorgeschobenen Wachposten rund um die Siedlung. Sie würde man später mit Laufgräben verbinden sowie mit Sandsäcken und Stacheldrahtverhau schützen.

Auf einer anderen Seite der Siedlung entstanden aus vorbereiteten Bauteilen ein Hühnerstall und Gehege für mehrere Dutzend mitgebrachte Hühner, daneben wurde die Erde für einen Gemüsegarten aufgebrochen, Zaunpfosten in den Boden gerammt, Drahtgeflecht ausgerollt und an die Pfosten genagelt.

Leah gehörte zu den Springern, die immer dort eingesetzt wurden, wo gerade mehrere kräftig zupackende Hände zusätzlich benötigt wurden. Sie füllte Sandsäcke, hob einen halben Unterstand aus, legte mit Hand an beim Zaunziehen um den Gemüsegarten, schleppte Körbe mit Sand und Steinen für die Füllung der doppelten Palisadenwände und schwang beim Zusammenzimmern des Latrinenhauses den Hammer.

Sie hatte in den vergangenen zehneinhalb Monaten hart zu arbeiten gelernt, und an ihrem Körper war nicht ein Gramm überflüssiges Fett. Aber was sie sich, so wie jeder andere Pionier und Siedler, an diesem Tag hier im Ödland des Negev abverlangte, damit Mauern, Turm und Baracken vor Ablauf der vierundzwanzig Stunden standen, überstieg alles, was sie je an körperlicher Arbeit hatte leisten müssen.

Und wenn ihr auch der Schweiß nur so über das Gesicht lief und ihr der Rücken sowie die Armmuskeln zu schmerzen begannen, so war sie doch mit Begeisterung bei der Sache. Und wann immer sie sich gezwungen sah, eine kurze Atempause einzulegen, schnell etwas zu trinken und einen Bissen zu essen, kam sie aus dem Staunen nicht heraus, wie schnell die Außenmauern wuchsen und die schwere Balkenkonstruktion des Turmes in die Höhe wuchs. Es war ein mit Stolz erfülltes Staunen, das ihr gleich wieder neue Kraft für die nächste Arbeit gab. Um nichts auf der Welt wollte sie hinter den anderen zurückstehen, die sich quälten und alles gaben, manche sogar noch um einiges mehr als sie.

Das Einzige, was Leahs Freude ein wenig trübte, war der Umstand, dass sie nicht ein einziges Mal mit Ari in einer Gruppe zusammenarbeitete. Er half bei der Errichtung der Turmkonstruktion. Und selbst in den wenigen Pausen, die jeder so kurz wie möglich hielt, ergab sich wie auf der Fahrt in den Negev, als er im Fahrerhaus und sie eingequetscht im Bus gesessen hatte, keine Gelegenheit, mit ihm zu reden.

Am Nachmittag übertönte der Freudenschrei der Brunnenbohrer »Wir haben Wasser!« den konstanten Lärm aus Motorrattern, Zurufen, kurzem Gelächter, gelegentlichem Fluchen, vor allem aber aus unablässigem und lautem Hämmern, Sägen und Hacken, in das sich das scharfe Kratzen von Schaufeln und das dumpfen Poltern und Rauschen von Schotter und Sand mischten.

Die Arbeit ging auch in der Dunkelheit noch mehrere Stunden weiter, im Licht der Lastwagen, die nun andersherum standen, und des generatorbetriebenen Scheinwerfers auf der Plattform des Turms. Und dann war es endlich geschafft, Stunden vor Ablauf der vierundzwanzig Stunden.

Um kurz vor Mitternacht bestätigten die britischen Beamten den Vertretern der jüdischen Siedlungsbehörde, dass die Mauer-und-Turm-Landnahme der neuen Siedlung *Schar Jeschuv*[44] in der gesetzlich vorgegebenen Zeitspanne erfolgt und damit rechtmäßig war. Nach der Besiegelung der Urkunde kamen die Pioniere und Siedler zu einer ausgelassenen Feier zusammen. In dieser Stunde dachte keiner an Schlaf. Müdigkeit und Schmerzen hatten keine Chance gegen den Stolz und

---

44 Tor des Volkes.

die unbändige Freude über den gelungenen Kraftakt und den Drang, dieses Ereignis zu feiern. Alle kamen sie im Innern der Palisadenumfassung zusammen und vereinigten sich um den Turm herum zur Hora, zum Kreistanz der verschworenen Gemeinschaft.

Gerade wollte sich Leah in das weite Rund der Tanzenden eingliedern und ihre Arme über die Schultern der Personen rechts und links von ihr legen, als sich Ari an ihrer linken Seite dazwischendrängte.

»Nimm es mir nicht übel, aber das muss jetzt einfach sein!«, rief er lachend und legte seinen rechten Arm fest um ihre Schulter.

Leah strahlte ihn an.

Jemand stimmte mit heller, klarer Stimme leise das *Hava Nagila – Lasst uns glücklich sein* an. Augenblicklich fielen alle anderen mit ein. Sie bildeten einen gewaltigen Chor und wurden zur Stimme ihres Volkes: junge Männer und Frauen, die hier stellvertretend für alle anderen ihre unerschütterliche Lebensfreude und ihr Sehnen nach Glück aus ihrem Kreis aufsteigen und in die Nacht des Negev hinausschallen ließen.

»*Hava nagila, hava nagila … hava nagila venismechah …*«

Eine Gänsehaut überlief Leah.

Die Arme über den Schultern ineinander verschlungen, sodass Körper an Körper geschmiegt war, begann das weite Kettenrund der Tanzenden zur Melodie langsam nach rechts und nach links zu schwingen, wie die Halme eines reifen Feldes im Wind. Im Takt des Gesangs neigten sich die Köpfe und lösten sich die Füße vom Boden, erst ganz gemächlich, fast zögernd, als prüfte die Kette die Kraft ihres Zusammenhalts, dann steigerte sich das Tempo, jedoch ganz allmählich. Es gab keine Eile, es gab überhaupt nichts anderes als den unverbrüchlichen Ring der Gemeinschaft und das *Hava nagila, hava nagila … hava nagila venismechah*, das ihre Herzen so miteinander verband wie ihre Arme ihre Körper.

Gesang und Tanz nahmen nun immer mehr Fahrt auf, und die fest ineinander verschlungenen Körper wiegten sich nun kräftiger hin und her, auch die Füße wurden schneller. Der Gesang schwoll mit dem schneller werdenden Rhythmus an. Vorwärts, rückwärts, vorwärts, rückwärts wiegte sich die Menschenkette. Und dann, wie auf ein unsichtbares Zeichen hin, begann der Ring zu kreisen, immer schneller flogen sie im Kreis herum, immer lauter erklang der Gesang.

»Hava nagila, hava nagila… hava nagila venismechah…«

Die suggestive Kraft der scheinbar endlos wiederholten Melodie und der wenigen Textzeilen riss Leah mit sich. Sie fühlte sich von allem Irdischen losgelöst, flog mit den anderen im Kreis um den Turm herum, wogte mit ihnen wie Wellen aus menschlichen Leibern vor und zurück, ließ die Füße im immer schneller werdenden Rhythmus über den Boden fliegen und sang und sang und sang und sang und tanzte und tanzte und tanzte und tanzte, als gäbe es kein Ende.

»Hava nagila, hava nagila… hava nagila venismechah…«

Ein einziger Taumel der Sinne.

Die Köpfe nach hinten gelegt wie in seliger Trunkenheit, die Haare flatternd, der heiße Atem ein vielstimmiges Lied, die Körper verschmolzen zu himmelstürmender Glückseligkeit.

Leah merkte nicht, dass sie zu weinen begann. Wie ihr auch nicht bewusst wurde, dass auch viele andere die Kontrolle über ihre innersten, mühsam unter Verschluss gehaltenen Gefühle verloren und sich ähnlich überwältigt den Tränen überließen, während sie sich, von allem befreit, dem Gesang und dem Tanz der Hora hingaben.

Immer nur weiter singen und tanzen und kreisen und wogen… weiter, weiter, weiter!

»Uru, uru achim… uru achim b'lev sameach…«

Bilder flogen vor ihrem inneren Auge vorbei. Ihre Mutter, die mit geschlossenen Augen und einem verträumten Lächeln über den Dachboden in Theresienstadt tanzte, ihre Schwester, die sich mit ihrem Lumpenkleid im Kreis drehte, ihr Vater, der sich zur Musik seiner Violine wiegte.

Das Meer der Erinnerung, das irgendwann alles wieder an den Strand spült!

Die Tränen liefen ihr in Strömen über das Gesicht.

»Hava nagila, hava nagila… hava nagila venismechah…«

Ari tupfte ihr später die Tränen ab, als die Ekstase ihr Ende gefunden hatte und man völlig außer Atem, aber mit strahlenden, lachenden Gesichtern auseinandertaumelte.

»Lass uns ein Stück in die Nacht gehen, wo wir ein bisschen Ruhe vor den anderen haben«, sagte er und nahm ihre Hand.

Sie ließ es geschehen, weil sie es so wollte und weil es richtig so war.

Ein gutes Stück abseits der frisch gegründeten Siedlung setzten sie sich auf einen Felsbrocken, der bis auf Kniehöhe aus dem Boden ragte. Vor ihnen fiel das Gelände einige hundert Meter weit sanft ab. Der Nachthimmel war sternenklar, und die Dunkelheit erschien Leah so samtweich wie die seidige Schnauze eines Fohlens. In der Ferne, auf der anderen Seite der weitläufigen Senke, wo ein lang gestreckter Bergzug im schwachen Licht der schmalen Mondsichel lag, brannte ein Lagerfeuer. Dahinter zeichneten sich die zackigen Umrisse von drei schwarzen Zelten wie Scherenschnitte ab, und Leah war es, als könnte sie auch eine Gruppe Kamele ausmachen, war sich dessen jedoch nicht sicher.

Ari hatte keinen Grund mehr, ihre Hand noch länger zu halten, gab sie jedoch nicht frei, und sie entzog sie ihm auch nicht. Keiner sprach, still saßen sie Hand in Hand auf dem Felsen und blickten hinaus in die Nacht.

»Warum nur können wir nicht in Frieden mit ihnen leben?«, fragte Leah, als sie spürte, dass er gleich etwas sagen wollte. »Ist denn nicht genug Land für uns alle da?«

»Das sind Nomaden, willkürlich gezogene Landesgrenzen bedeuten ihnen so wenig wie Führerscheine oder Reisepässe, und genauso wenig kümmern sie sich darum«, sagte er, und sehnsuchtsvolle Bewunderung schwang in seiner Stimme mit. »Sie sind frei wie der Wind. Diese Nomaden sind nicht das Problem.«

»Und warum müssen wir im Krieg mit den Arabern liegen, Ari? Warum muss die Welt immer voller Kampf und Blutvergießen sein?«

Er seufzte. »Wir hätten längst in zwei unabhängigen Staaten und in Frieden miteinander leben können. Unsere Führer haben oft genug

Kompromissvorschlägen der verschiedenen Kommissionen zugestimmt. Aber die Araber wollen uns hier einfach kein Lebensrecht zugestehen. Und es ist nun mal immer der Gegner, der die Waffen bestimmt – auch die des Friedliebendsten. Es ist sinnlos, nur mit dem Gewehr in der Hand zu kämpfen, wenn der Feind einem mit Panzern, Maschinengewehren und schwerer Artillerie entgegentritt.«

»Aber ist es nicht genau das, was uns erwartet?«

Erneut gab er einen Stoßseufzer von. »Ich fürchte, ja. In Blut und Feuer ist Judäa gefallen und wohl nur in Blut und Feuer wird es wiederauferstehen«, sagte er bedrückt. »Aber lassen wir das lieber, es führt zu nichts und ist schon gar kein passendes Thema für diese Nacht. Ich möchte lieber mit dir über etwas anderes reden, Leah.«

Plötzlich schlug Leah das Herz im Hals. »So? Worüber denn?«

Er wandte sich ganz zu ihr herum und ergriff nun auch noch ihre andere Hand. »Weißt du, in all den Monaten, die ich da im Camp bei Latrun festsaß und endlos Zeit zum Nachdenken hatte, da musste ich immer wieder an dich denken und …« Er brach ab, als Schritte hinter ihnen in der Dunkelheit laut wurden und sich ihnen schnell näherten.

»Ari? … Leah?« Es war Moshe. »Tut mir leid, aber die meisten wollen jetzt aufbrechen, auch unsere Truppe aus Devora, dann sind wir bei Morgengrauen zurück. Wie gesagt, es tut mir leid, dass ich euch stören muss, aber ich hab das nicht so entschieden. Die Kameraden warten.«

Ari verzog das Gesicht. »Schon gut, wir kommen«, brummte er missmutig und kickte einen Stein aus dem Weg.

Auch Leah erhob sich, irgendwie enttäuscht und schweren Herzens. Nur zu gern hätte sie erfahren, was er ihr unbedingt hatte sagen wollen.

»Warum kommst du nicht mit mir nach Jerusalem?«, schlug Ari auf dem Weg zur Mauer-und-Turm-Siedlung plötzlich vor. »Einer der Lastwagen ist von dort ausgeliehen und fährt jetzt dorthin zurück, und ich habe in Jerusalem die nächsten Wochen zu tun, hätte aber trotzdem massig Zeit, um dir alles zu zeigen und … und ungestört mit dir zusammen zu sein. Was hältst du davon? Komm, gib dir einen Ruck und sag Ja!«

Am liebsten hätte sie sofort zugesagt. Auch ohne dass er sie darum bat, wurde es allmählich Zeit, dass auch sie endlich einmal nach Jerusalem kam und all die historischen Stätten besichtigte, selbst wenn sie nie dort oder in einer anderen Stadt leben wollte. Marius hatte sie schon mehrmals eingeladen und ihr die Adresse einer kleinen Pension ganz in seiner Nähe mitgeteilt, wo sie für wenig Geld ein paar Tage übernachten konnte. Aber sie hatte in Devora Verantwortung. Man rechnete mit ihr, und deshalb musste sie es mit ihrem Gruppenleiter besprechen, ob sie ein paar Tage Urlaub nehmen konnte.

»Das würde ich ja gern tun, aber so leicht geht das nicht, Ari«, sagte sie. »Ich kann doch nicht einfach so verschwinden, weil es mir gerade in den Sinn gekommen ist, mal schnell für ein paar Tage nach Jerusalem zu fahren.«

»Aber versprichst du, dass du es versuchen wirst?«

Leah nickte. »Ja, aber das kann ich nicht bei einem kurzen Zwischenstopp regeln, Ari. Das käme bei Yoram und unserem Gruppenleiter nicht gut, wenn ich ihnen quasi im Vorbeifahren zurufe, dass ich beschlossen habe, ein paar Urlaubstage einzulegen. Wenn es klappt, werde ich mit dem Bus nachkommen müssen.«

Er schenkte ihr ein strahlendes Lächeln. »Hauptsache, du kommst, Leah! Und wenn du das wirklich willst, dann kriegst du das auch hin!«, sagte er zuversichtlich und voller Vorfreude. »Wäre doch toll, wenn wir zusammen in Jerusalem sind, wenn übermorgen die Vollversammlung der UN über den Teilungsplan entscheidet!«

»Wer weiß, was dabei herauskommt, Ari. Würde mich überhaupt nicht wundern, wenn die Russen es sich plötzlich anders überlegen, die Seiten wechseln und alles den Bach runtergeht«, sagte sie skeptisch. »Besser, man hegt keine allzu große Hoffnung, dann wird man hinterher auch nicht zu bitter enttäuscht. Außerdem: Nur um später sagen zu können, ich sei an diesem Tag in Jerusalem gewesen, nehme ich die lange Busfahrt bestimmt nicht auf mich! Da muss es schon einen besseren Grund geben.«

»Welcher könnte das sein?«, fragte er neckend.

»Mhm ... mal sehen, ob mir dazu was einfällt«, erwiderte sie mit einem verschmitzten Lächeln und warf ihm einen leicht koketten Blick zu.

Augenblicke später stieg sie zu ihren Kameraden in einen der Busse. Er war schon bis auf die beiden hinteren Reihen voll besetzt, mit vor Erschöpfung eingeschlafenen Pionieren, den Kopf gegen das Fenster gelehnt oder auf die Brust herabgesunken. Zu ihrer freudigen Überraschung kletterte Ari nicht in die Fahrerkabine von einem der Lastwagen, wie sie angenommen hatte, sondern blieb an ihrer Seite und setzte sich neben sie.

»Unter den Pionieren sind genug Burschen, die mit so einem Lastwagen umgehen können und lieber hinter dem Steuer als auf dem Beifahrersitz sitzen«, antwortete er auf ihre Frage, ob er denn nicht als Fahrer gebraucht wurde. Und als er sah, dass die Müdigkeit nun auch mit Macht nach ihr griff und sie kaum noch die Augen offen halten konnte, fügte er liebevoll hinzu: »Ich glaube, hier werde ich mehr gebraucht. Also komm, lehn dich an mich und schlaf!« Damit zog er sie sanft zu sich heran und sie ließ es nur zu gern geschehen und war im Nu eingeschlafen. Dass er ihr das Haar aus dem Gesicht strich und mit den Fingerkuppen zärtlich über ihre Wange glitt, nahm sie nur als vages Wohlgefühl mit hinüber in den Schlaf, den kein Albtraum störte.

18

Leah hatte das Gefühl, gerade erst eingeschlafen zu sein, als Ari sie zwei Stunden später in Devora sanft aufweckte. Benommen blinzelte sie zu ihm auf, während um sie herum lautes Gähnen, Gemurmel und Knarzen der Sitze zu hören war.

»Du bist wieder in Devora«, sagte Ari. »Und ich muss in den Laster nach Jerusalem umsteigen.«

Leah nahm nun das graue Licht jenseits der eingestaubten Fenster wahr. Der neue Tag brach sich am Horizont Bahn. »Himmel, was fühle ich mich zerschlagen!«, stöhnte sie, reckte sich und ergriff Aris Hand, der sie lachend aus dem Sitz hochzog.

»Willkommen im Klub!«, kam es mit trockenem Spott vorne von Motte.

Es gab träges Gelächter, aber das Gähnen überwog.

Schläfrig wankte Leah nach vorn zum Ausstieg, sich rechts und links an den Sitzlehnen abstützend. Erst jetzt spürte sie so richtig ihre schmerzenden Muskeln und die Verspannung in den Schultern. Tägliche harte Arbeit war eine Sache, ein solcher Kraftakt wie eine Mauer-und-Turm-Landnahme eine völlig andere. Das konnte sie jetzt aus eigener Erfahrung sagen!

In der Bustür rutschte Leah von der oberen Stufe. Sie wäre unweigerlich gestürzt, wenn Ari nicht unten neben der Tür gestanden und sie aufgefangen hätte. Einen Augenblick hing sie in seinen Armen in der Luft und er spürte ihren Körper so nah wie nie zuvor. Erregend deutlich pressten sich ihre Brüste gegen seine Brust, und ebenso deutlich spürte er ihren flachen Bauch und Unterleib, der auf seinem rechten Oberschenkel ruhte.

Ein kurzes Zögern, ein unterdrücktes Seufzen – und dann setzte er sie sanft auf dem Boden neben dem Bus ab. Seine Hände glitten ihren Rücken hinunter und blieben kurz auf ihrer Hüfte liegen, als wollte er den Moment des Loslassens noch ein, zwei Sekunden hinauszögern.

»Danke, Ari! Das wäre ein böser Sturz geworden!«, sagte sie und drückte ihm spontan einen Kuss auf die Wange.

Ari wollte etwas erwidern, kam jedoch nicht mehr dazu. Denn in dem Moment klatschte hinter ihnen jemand drei Mal betont langsam in die Hände und rief ihnen mit der schweren Zunge des Betrunkenen zu: »Was, nur 'n züchtiger Kuss zum Abschied? Wenn einem da mal nich vor Rührung die Tränen kommen!«

Genervt verdrehte Ari die Augen, als er sich zu Jannek umdrehte. Mit vor der Brust verschränkten Armen stand er zwei, drei Schritte hinter ihnen und musterte sie aus verquollenen, blutunterlaufenen Augen mit abschätzigem Blick. Er schien auf ihre Rückkehr gewartet und stark getrunken zu haben, wie seine unüberhörbaren Schwierigkeiten mit der Artikulation und sein leichtes Schwanken verrieten.

»Du hast wohl ein bisschen zu tief ins Glas geschaut, Jannek! Also sieh besser zu, dass du dich ins Bett verziehst!«, erwiderte Ari scharf. »Zur Arbeit, scheint mir, wirst du heute jedenfalls nicht taugen.«

Leah schüttelte missbilligend den Kopf. Dieser Jannek, der sie betrunken anstierte, als wäre sie ein Flittchen, war ihr fremd und stieß sie ab.

Jannek ignorierte Aris Aufforderung, stattdessen sagte er mit einem verkniffenen Grinsen: »Sie kann übrigens nicht nur gut küssen. Aber damit erzähl ich dir wohl nichts Neues, Strickmütze? Denke mal, ihr habt bei eurem gemeinsamen Ausflug in den Negev jetzt endlich gefickt.«

Leah blieb der Atem weg. Fassungslos starrte sie Jannek an. Sie konnte nicht glauben, dass er so etwas Vulgäres und Verletzendes tatsächlich gesagt hatte. Was war nur in ihn gefahren?

»Hast du sie noch alle?«, fauchte Ari. »Du bist ja völlig betrunken! Verschwinde bloß, bevor du dir echten Ärger einhandelst!«

Jannek lachte höhnisch auf. »Was is' denn, Leute? Warum auf einmal so prüde, Leah? Du bist doch sonst auch nich so. Und dass der Sabre schon lange auf dich scharf ist und wie 'n brünstiger Köter um 'ne läufige Hündin herumscharwenzelt, konnte doch 'n Blinder sehen.«

»Das reicht jetzt, selbst für einen Betrunkenen!«, zischte Ari drohend. »Halt endlich die Klappe und verschwinde! Oder ich sorge dafür, dass du dein Maul hältst!«

Wieder lachte Jannek, aber dieses Lachen hatte etwas Verzweifeltes an sich. Und dann fuhr er unbeirrt mit seiner vulgären Rede fort, als legte er es geradezu auf eine handgreifliche Auseinandersetzung mit Ari an. »Wirst ja gemerkt haben, dass du nich der Erste bei ihr gewesen bist. Aber ich kann dich trösten, Alter, ich war's auch nich! Da hatte schon 'n anderer vor uns die Ehre.«

Bevor Ari seine Drohung wahrmachen konnte, stürzte Leah schon auf Jannek zu und schlug ihm mit der flachen Hand links und rechts ins Gesicht. Es waren heftige, kraftvolle Schläge, die ihn zurücktaumeln ließen und fast zu Fall brachten.

Sie hatte nun Tränen in den Augen und die Hände zur Faust geballt. »Wage es nicht noch einmal, mich mit solchen Worten in den Dreck zu ziehen! Dann wirst du mich erleben, das schwöre ich dir! Und was du dir auch noch an den Hut stecken kannst«, ihre Stimme zitterte vor Zorn und tiefer Erschütterung, »ist dein bescheuertes ›Lass uns zusammen allein sein‹! Du kannst ab jetzt ganz allein mit dir allein sein, du Idiot!«

Jannek riss die verquollenen Augen schreckensweit auf, als hätten ihn die Schläge aus seinem Zustand betrunkener Niedertracht gerissen. Er schnappte mit halb offenem Mund nach Luft. Dabei starrte er sie entsetzt an, als würde er erst jetzt begreifen, was er getan hatte. Er gab ein gequältes, würgendes Geräusch von sich. Dann wandte er sich ab und wollte wegrennen. Aber es reichte nur für ein wildes Taumeln. Er fiel nach einigen Schritten in den Dreck, rappelte sich wieder auf und flüchtete sich hinter den nächsten Schuppen.

Am späten Vormittag saß Leah im Bus nach Jerusalem.

19

Der offene Jeep, den Ari über die holprige Wüstenpiste lenkte, gab jede Unebenheit des Geländes gnadenlos an seine beiden Passagiere weiter. Das lag nun mal in der Natur eines robusten Allzweckfahrzeugs von *Willys-Overland*. Aber selbst wenn er frisch aus der Fabrik gekommen wäre, was nun wahrlich nicht der Fall war, hätte er die Fahrt mit seiner harten Federung nicht wesentlich bequemer gemacht. Aber daran störten weder Ari noch Leah sich.

Der Jeep gehörte zum Fuhrpark der *Jewish Agency* in Jerusalem, zählte zu den ausgemusterten britischen Militärbeständen und sah nach den vielen Dienstjahren entsprechend ramponiert aus. Was Aris Stolz jedoch keinen Abbruch tat, den Wagen für ein paar Tage für private Zwecke organisiert zu haben. Das hatte ihn einiges gekostet, aber das war es ihm wert. Die Fahrt im engen, vollbesetzten Bus, der Jerusalem zudem erst um acht Uhr abends verließ, wäre noch um einiges länger und anstrengender gewesen. So jedoch waren sie völlig unabhängig und für sich allein und gerade Letzteres war nicht mit Gold aufzuwiegen!

Leah hielt sich mit einer Hand am Metallrahmen der Windschutzscheibe und mit der anderen am Gestänge ihres Sitzes fest, um bei den unverhofften Stößen nicht den Halt zu verlieren. So etwas wie eine zumindest hüfthohe Tür, die ihr seitlichen Schutz gegeben hätte, existierte nicht. Der offene Ausstieg befand sich auf derselben Höhe wie der Sitz. Der Fahrtwind ließ ihr Haar und ihr Halstuch flattern, fuhr ihr unter die blauen Denim Shorts und zupfte an ihrer verblichenen Bluse. Die Luft war trocken und herrlich warm, als wäre plötzlich der Frühsommer zurückgekehrt, und der Wind führte einen salzigen, erdigen Duft mit sich.

»Wie lange muss ich denn noch die Augen geschlossen halten?«, rief sie. »Willst du, dass ich bei dem Geschaukel seekrank werde?« In Wirklichkeit fühlte sie sich wunderbar, und was kümmerte es sie, wenn sie bei der Fahrt einige blaue Flecken davontrug.

»Meine tapfere Baldrianschwester wird nicht seekrank!«, rief er vergnügt zurück.

»Na, ich weiß nicht. Bei geschlossenen Augen kann so manch Unerwartetes passieren.«

»Stimmt! Du bringst mich da auf einen Gedanken! Ich sollte wirklich auf der Stelle anhalten und die Gelegenheit nutzen!«

Sie lachte. »Untersteh dich!«, warnte sie ihn in gespieltem Erschrecken, doch sie wusste, dass es unausweichlich war und geschehen würde.

Ja, und zwar heute noch!

»Gleich kannst du die Augen wieder aufmachen, noch einen Augenblick, Leah!«

Sie spürte, dass es durch eine weit gezogene Rechtskurve ging und der Jeep dahinter eine Steigung erklomm. Als sie den höchsten Punkt erreicht hatten, hielt Ari an und schaltete den Motor aus. »So, jetzt kannst du die Augen wieder öffnen«, sagte er aufgekratzt in die plötzliche Stille.

Leah hob die Lider und sog unwillkürlich laut hörbar die Luft ein, überwältigt von dem Anblick, der sich ihr bot. Es war ein Panorama von geradezu biblischer Wucht. Einige Hundert Meter unterhalb der Kehre der Piste erstreckte sich im weichen Licht der tief stehenden Sonne das Tote Meer, umschlossen von den nackten graubraunen Bergzügen des Jordangrabens und mehr als vierhundert Meter unterhalb des Meeresspiegels. Das Wasser des schmalen, lang gestreckten Salzsees schimmerte in Ufernähe smaragdgrün, um mit wachsender Entfernung immer mehr in einen tiefblauen Farbton überzugehen.

»Und?«, fragte Ari mit freudiger Erwartung und machte mit beiden Händen eine raumgreifende Bewegung, mit der er die vor ihnen liegende grandiose Landschaft umschloss. »Habe ich dir zu viel versprochen?«

»Mein Gott, Ari! … Es ist einfach …« Sie suchte nach Worten. »Ich weiß gar nicht, was ich sagen soll … Es ist wunderschön, einfach umwerfend!«

Er strahlte.

»Danke, dass du mit mir hierhin gefahren bist«, sagte sie und fasste spontan nach seiner Hand.

Er drückte sie an seine Lippen. »Und das ist erst der Anfang, Leah«, sagte er mit einer Mischung aus zärtlichem Versprechen und überschwänglicher Freude. »Siehst du da unten das Gebäude am Ufer, mit der Gartenanlage und der beleuchteten Plattform auf dem Wasser?«

Sie nickte. Diese mit Palmen umstandene grüne Oase inmitten der einsamen steinigen Landschaft war nicht zu übersehen.

»Das ist das *Kalija-Hotel*. Ein deutscher Jude namens Harry Lewy hat es vor Jahren gebaut und es ist ein erstklassig geführtes Haus mit einem mittlerweile legendären Ruf. Es war nicht leicht, noch zwei Zimmer für die Nacht zu bekommen, aber ich habe es dank einiger hilfreicher Verbindungen doch noch hingekriegt.« Er war stolz darauf, sie an diesen Ort ausführen zu können, der so außergewöhnlich war wie dieser 29. November des Jahres 1947 für die Zukunft des jüdischen Volkes in Palästina. »Da unten ist immer viel los, die Leute kommen selbst aus Jericho und Transjordanien. Aber heute Nacht veranstaltet Harry ein besonders großes Fest anlässlich der Abstimmung in der Vollversammlung der UN. Die wird im Radio übertragen, und wir werden unten auf der Terrasse vom *Kalija* dabei sein, wenn sich das Schicksal unseres Volkes entscheidet. Morgen lassen wir uns dann im Salzwasser treiben. Wenn du willst, kannst du dich auf den Rücken legen und dabei Zeitung lesen, denn untergehen geht ja nicht. Und später, am besten gegen Nachmittag, fahren wir natürlich auch noch zur Masada-Festung[45], die musst du einfach gesehen haben!« Er legte den Gang ein, ließ den Motor aufröhren und nahm die letzten Kilometer der Piste in Angriff.

Auf dem Weg hinunter zum Hotel überfiel Leah plötzlich das Gefühl, als wäre sie schon eine Ewigkeit weg von Devora. Dabei war sie erst gestern in Jerusalem angekommen. Es war gut gewesen, dass sie sich nach ihrem schweren Zerwürfnis mit Jannek nicht umgehend mit Ari getroffen hatte, sondern den restlichen Tag in Gesellschaft von

---

45 Eine römische Wüstenfestung auf einem frei stehenden Tafelberg am Westrand des Jordangrabens. Während des Jüdischen Krieges, der nach dem Tod des Herodes im Jahr 66 n. Chr. ausbrach, eroberten jüdische Rebellen die Festung. Im Jahr 73/74 n. Chr. belagerten römische Truppen Masada, scheiterten aber am erbitterten Widerstand der Rebellen. Erst nach dem mühsamen und zeitaufwendigen Bau einer Belagerungsrampe gelang es den Römern, den Widerstand der zahlenmäßig weit unterlegenen jüdischen Verteidiger zu brechen. Doch als sie die Festung stürmten, stellte sich ihnen niemand zum letzten Kampf entgegen. Die Rebellen, 960 Männer, Frauen und Kinder, hatten in ihrer aussichtslosen Lage beschlossen, lieber von eigener Hand zu sterben, als den Römern in die Hände zu fallen und ein Leben in Gefangenschaft und Elend zu führen. Seitdem gilt Masada als ein Symbol des jüdischen Widerstands und Freiheitswillens.

Marius und Onkel Herschel verbracht hatte. Das war sie ihnen einfach schuldig gewesen. Bei dem Wiedersehen hatte sie später auch das Vergnügen gehabt, Marius' Freundin Rebecca kennenzulernen. Sie hatte sich mit ihr auf Anhieb verstanden, und es war ein schöner und lustiger Abend geworden, zumal Onkel Herschel feinfühlig genug gewesen war, sich mit einen Buch zurückzuziehen und die Jugend unter sich zu lassen. Marius und Rebecca hatten ihr voller Begeisterung von ihren Flugblattaktionen, dem nächtlichen Plakatieren von *Haganah*-Plakaten und ihrer Hoffnung erzählt, schon bald für eine richtig große Untergrundaktion eingesetzt zu werden. Rebecca war dann auch so lieb gewesen, ihr ein hübsches Kleid zu leihen, als Ari ihr am Morgen eröffnet hatte, später am Tag mit ihr einen Ausflug mit anschließendem Abendessen und Übernachtung an einem einmaligen, sehenswerten Ort unternehmen zu wollen. Wohin es gehen sollte, hatte er nicht verraten wollen. Und dann hatte er ihr Jerusalem gezeigt.

Sie hatten keine Sehenswürdigkeit ausgelassen, waren über die Jaffa Road und die Ben Jehuda Street im neuen jüdischen Stadtteil geschlendert, hatten sich in der Altstadt dem Menschengewimmel, dem Lärm und der feindseligen Stimmung der Araber ausgesetzt, um zur Klagemauer zu gelangen, waren auf dem Mount Skopus gewesen und durch das Zion-Tor zum Mount Zion spaziert und hatten selbst einige der christlichen Heiligtümer bei ihrem Rundgang gestreift.

Aber sosehr ihr bei jedem Schritt die historische und weltpolitische Bedeutung der Stätten in dieser Jahrtausende alten Stadt um den Tempelberg bewusst gewesen war, so hatte Jerusalem in ihr doch kein andächtiges Staunen, geschweige schwärmerische Verzückung ausgelöst. Für sie ballte sich an diesem Ort einfach zu viel verstaubte museale Pracht und zu Stein erstarrte Vergangenheit, die auf sie mehr wie erdrückender Ballast denn als Vorbild für die Gestaltung der Zukunft wirkte. Sie hatte Jerusalem nun also gesehen, und dies eine Mal reichte ihr, gern auch für den Rest ihres Lebens. Dass die UN die Stadt im Falle einer Teilung Palästinas unter internationale Verwaltung stellen wollte, erschien ihr nur recht und billig. Für die Ultraorthodoxen, die Jerusalem allein für sich reklamierten und die Ansprüche der Christen und Muslims auf die auch für sie heilige Stadt nicht gelten lassen wollten, hegte sie nicht das geringste Verständnis.

Jannek und die hässliche Szene, die er Ari und ihr gemacht hatte, drängten sich plötzlich wieder in ihre Gedanken. Zusammen mit den Schlägen, die sie ihm rechts und links ins Gesicht verpasst hatte, und dem geradezu panisch verzweifelten Ausdruck auf seinem Gesicht. Die Bilder wollten sie einfach nicht loslassen. Immer wieder tauchten sie auf und sorgten dafür, dass sich alles in ihr verkrampfte und sie meinte, in ihrem Mund bittere Galle zu schmecken. Er hatte Verrat an ihrer Freundschaft begangen, und sie wusste nicht, ob sie ihm das jemals verzeihen konnte.

»So, da wären wir!«, rief Ari aufgekratzt, hielt vor dem Hotel und sprang mit einem Satz aus dem Jeep, um schnell auf ihre Seite zu kommen und ihr beim Aussteigen die Hand zu reichen.

Die Dunkelheit senkte sich schon über das Tote Meer, die Schatten glitten an den Berghängen hinunter und legten sich über den matt werdenden Spiegel des Salzsees. Der Eingang des im Kolonialstil errichteten Hotels badete im Licht von fackelförmigen Lampen mit milchigem Glaszylinder, in die Palmen eingeschliffen waren. Ein Portier in einer arabisch-türkisch angehauchten Fantasieuniform hieß sie willkommen, und ein ähnlich livrierter Diener eilte herbei, um ihr bescheidenes Gepäck in Form von zwei Reisetaschen an sich zu nehmen und sie in die weitläufige Hotellobby zu führen. Diese war mit indischen Teppichen, üppig gepolsterten Sitzgruppen aus Rattan, die um niedrige Messingtische mit Glasplatte standen, sowie schweren, blaugrün glasierten Keramiktöpfen mit fast deckenhohen Zimmerpalmen und Farngewächsen eingerichtet. Unter der Decke drehte sich träge ein Ventilator, dessen Blätter aus geflochtenen Palmwedeln bestanden. Aus der mahagonidunklen Bar und dem festlich eingedeckten Speisesaal drangen heiteres Stimmengewirr, Gelächter und beschwingte Tanzmusik einer Big Band.

Es kam Leah so unwirklich vor, dass sie mit Ari hier unten am Toten

Meer war und sie die Nacht in diesem herrlich gelegenen Hotel verbringen würden.

Sie trennten sich kurz. Auch wenn Jerusalem keine sechzig Kilometer entfernt lag, so waren sie nach der Fahrt über die Wüstenpiste doch reichlich eingestaubt und verschwitzt. Es gab einen kurzen Moment der Verlegenheit, als sie oben im Hotelflur mit ihren Zimmerschlüsseln vor gegenüberliegenden Türen standen. Die Luft zwischen ihnen schien elektrisch aufgeladen zu sein. Leah hatte den Eindruck, als wollte er sich von seinem Zimmer abwenden und zu ihr kommen, als sie sich in der offenen Tür zu ihm umblickte und fragte, wie lange er wohl brauchte, um sich frisch zu machen und umzuziehen. Doch er tat es nicht.

»Nimm dir so viel Zeit, wie du willst. Wir sind nicht in Eile, und wir haben eine lange Nacht vor uns, Leah«, sagte er und sah sie dabei mit einem zärtlichen Lächeln an, das ein Versprechen und Hoffen zugleich war.

Das Blut stieg ihr in die Wangen. Sie nickte ihm zu und machte, dass sie schnell in ihr Zimmer kam und die Tür schloss. Sie lehnte sich mit dem Rücken dagegen, schloss die Augen, presste die Hände vor die Brust und wartete, bis die Wogen der Erregung in ihr wieder abgeklungen waren. Dann wusch sie sich gründlich, frisierte sich und zog Rebeccas fliederfarbenes Kleid an, das ihr wie maßgeschneidert am Körper saß. Der dünne, seidige Stoff schien ihren Körper geradezu zu umschmeicheln.

»Himmel, du siehst einfach hinreißend aus!«, rief Ari bewundernd, als sie die Treppe herunterkam und er schon in der Lobby auf sie wartete. »Aber das tust du ja sogar in einem Kartoffelsack!« Auch er hatte sich umgezogen, dabei jedoch nur das verblichene kurzärmelige Kakihemd und die alten Kakishorts gegen eine saubere und offensichtlich brandneue Kakigarnitur ausgetauscht. Seine einzige Konzession an das vornehme Hotel und die abendliche Stunde bestand darin, dass er anstelle von Shorts nun eine lange Hose und ein langärmeliges Hemd trug. Und in dieser Aufmachung fiel er unter den vielen anderen

Gästen, die heute wie er im typischen Pionierstil gekleidet waren, nicht auf.

Erst tranken sie in der Bar einen Gin-Tonic, dann aßen sie bei Kerzenlicht ein köstliches Dinner mit mehreren Gängen, bedient von Kellnern in tadellosem Frack und mit perfekt gebundener Fliege. Ari unterhielt sie mit einer guten Portion Humor und machte ihr Komplimente. Später dann führte er sie hinaus auf die Plattform, die auf dem Wasser schwamm und beim Tanzen leicht schwankte. Schon nach dem zweiten Tanz, als die Musiker ein langsames Stück spielten, zog er sie sanft in seine Arme, und willig schmiegte sie sich an ihn. Sie glühte innerlich, weniger vom Wein, sondern vielmehr entflammt von seinen Blicken und Berührungen und der erregenden Vorahnung, was diese Nacht für sie noch bereithielt.

20

Selbst die Abstimmung in der UN, die im Radio weltweit übertragen wurde, vermochte den starken erotischen Bann nicht völlig zu brechen, der sie beide wie ein unsichtbarer Kokon in ihrer eigenen Welt umschlossen hielt. In Palästina war es schon weit nach Mitternacht, als in New York die Vollversammlung zum entscheidenden Tagungspunkt kam. Im *Kalija Hotel* strömten die Gäste in der Lobby zusammen und fieberten, wie so viele andere im Land und anderswo auf der Welt, dem ungewissen Ausgang entgegen. Hotelbedienstete verteilten Bleistifte und hektografierte Blätter mit der alphabetischen Liste der Länder, die der UN angehörten. Hinter den Ländernamen schlossen sich drei schmale Spalten an, in die man eintragen konnte, ob das Land mit Ja, Nein oder Enthaltung gestimmt hatte.

Alle Gespräche verstummten, selbst das Geflüster erstarb, als der amtierende Präsident der Vollversammlung, der Brasilianer Oswaldo

Aranha, die Abstimmung über die Resolution 181 II zur Teilung Palästinas eröffnete und die einzelnen Länder nacheinander zur öffentlichen Stimmabgabe aufrufen ließ.

»Afghanistan?«

»Nein!«

»Ägypten?«

»Nein!«

»Argentinien?«

»Stimmenthaltung.«

»Äthiopien?«

»Stimmenthaltung.«

Jemand fluchte leise.

»Australien?«

»Ja!«

»Belgien?«

»Ja.«

»Bolivien?«

»Ja.«

»Brasilien?«

»Ja.«

Ein erstes, verhaltenes Aufatmen ging durch die Menge. Man erinnerte sich wieder daran, dass man einen Drink in der Hand hielt, und nahm einen kräftigen Schluck. Andere winkten Kellner heran und gaben leise Bestellungen auf. Aber die Entscheidung hing noch lange in der Schwebe, blieb eine elend lange, nervenzehrende Zitterpartie.

Alle arabischen Staaten wiesen wie erwartet den Teilungsplan mit einem harschen und kategorischen »Nein!« zurück, aber auch Griechenland und die Türkei sowie Indien und Kuba stimmten dagegen. Großbritannien enthielt sich der Stimme – der britische Delegierte dünnlippig wie ein düpiertes, schmollendes Kind –, ebenso China sowie mehrere mittel- und südamerikanische Länder. Aber die Sowjetunion und die Vereinigten Staaten blieben ihrer bisherigen Haltung als Befürworter einer Teilung treu und gaben wie Frankreich, Dänemark,

Polen, Schweden, Norwegen, die Niederlande und andere dem Plan ihre Ja-Stimme.

Unbeschreiblicher Jubel brach aus, als gegen Ende des Alphabets Venezuela den Aufruf mit einem nachdrücklichen »Ja!« beantwortete und in der Hotellobby gleich mehrere, die auf ihren Blättern über die Zahl der Zustimmungen, Ablehnungen und Enthaltungen genau Buch geführt hatten, fast aus einem Mund riefen: »Wir haben gewonnen! Wir haben gewonnen! ... Wir haben die nötige Zweidrittelmehrheit! Der Teilungsplan ist angenommen! ... Wir kriegen unseren eigenen jüdischen Staat!«

»Die Würfel sind gefallen!«

»*Baruch Hashem!* ... Dank sei Gott!«

»Ein jahrtausendealter Traum wird wahr!«

»*L'chaim!* ... *L'chaim!* ... *L'chaim!*«

»Nie wieder werden Juden hinter Getto-Mauern leben müssen!«

Der Jubel legte nur eine kurze Atempause ein, als der Präsident der UN das amtliche Endergebnis der Abstimmung verkündete: »Es haben dreiunddreißig Länder für die Resolution 181 II gestimmt, dreizehn Länder haben sie abgelehnt, zehn Länder haben sich der Stimme enthalten, und Thailand hat an der Abstimmung nicht teilgenommen. Damit hat die Resolution 181 II zur Teilung Palästinas die erforderliche Zweidrittelmehrheit erreicht und ist hiermit angenommen!« Der donnernde Hammerschlag des UN-Präsidenten ging in der Hotellobby schon im Knallen der Champagnerkorken unter.

Leahs anfängliche Freude und Begeisterung war plötzlich wie weggewischt. Sie sah die Männer und Frauen, die meisten nur wenig älter als Ari und sie, ausgelassen durch die Lobby tanzen und fragte sich plötzlich, wie viele von ihnen im nächsten Jahr noch leben würden.

Sie schauderte.

Abrupt drehte sie sich zu Ari um, der gerade zwei Champagnergläser vom Tablett eines Kellners nehmen wollte, und zog ihn weg. »Komm!«, sagte sie nur.

Ari sah sie an und verstand, entflammt von ihrem Blick, der von unverhohlener Leidenschaft erfüllt war. Eine Leidenschaft, die nicht länger warten wollte.

Hand in Hand liefen sie nach oben. Sie rannten den Flur hinunter, als hätten sie nicht eine kostbare Sekunde zu verschenken. Ari stieß die Tür mit dem Fuß hinter sich zu, weil seine Hände schon den Reißverschluss in Leahs Rücken öffneten und ihr das Kleid von den Schultern streiften.

Leah nestelte an seiner Gürtelschnalle, zerrte ihm das Hemd aus der Hose.

In fieberhafter Eile zogen sie sich gegenseitig aus, nur kurz von stürmischen Küssen unterbrochen. Sie umklammerten sich wie Ertrinkende, sanken auf das Bett, ohne voneinander zu lassen. Überall wollten ihre Hände sein. Im schwachen Licht, das von der Terrassenbeleuchtung zu ihnen ins Zimmer drang, erkundeten sie einander. Lippen, Zunge und Hände glitten voller Begehren über die nackte Haut des anderen, forschten, liebkosten und entfachten die Glut in ihnen zu heiß lodernden Flammen.

Ihr Körper krümmte sich unter seiner leidenschaftlichen Zärtlichkeit. Schließlich ertrug sie es nicht länger und sie zog ihn auf sich. Ein Schauer durchlief sie und ein Laut der Erlösung entrang sich ihrer Kehle, als es endlich geschah, was schon so lange in ihrer Fantasie gelebt und seit Tagen ihre Träume beherrscht hatte. Schnell fanden ihre Körper zu ihrem ganz eigenen, intimen Rhythmus.

Leah erzitterte und bäumte sich unter ihm auf, als der schier unerträgliche, angestaute Sturm der Erregung sich in ihr erlösend Bahn brach. Zeit und Raum hörten für den Moment ekstatischer Weltentrückung auf zu existieren, wie auch jegliches bewusste Denken zum Stillstand kam.

Schweißnass, mit fliegendem Atem und ermattet lag sie hinterher in seinen Armen. Sie forschte in sich, schmeckte und lauschte ihrer verebbenden Lust nach und versuchte zu begreifen, was genau sie spürte, welche Saite in ihr nachklang und welche Saite nicht berührt und nicht zum Singen gebracht worden war.

»Das nächste Mal lassen wir es langsamer angehen«, flüsterte er und küsste ihren Hals, während seine Hand über ihre Brüste streichelte.

»Lass mich erst etwas schlafen, Ari«, antwortete sie leise, gab ihm einen Kuss auf die Stirn und drehte sich auf die Seite. Mit weit geöffneten Augen starrte sie gegen die dunkle Zimmerwand, als verbarg sich dort die Antwort, warum sie nicht das in sich fand, was sie dort zu finden erhofft hatte.

Er schmiegte sich von hinten an sie, legte einen Arm um ihre Hüfte, strich ihr Haar im Nacken zur Seite, drückte ihr einen Kuss auf den Hals und schlief noch vor ihr ein.

Als Ari erwachte, war es noch dunkel im Zimmer, doch draußen über dem Jordangraben graute es schon. Er lag allein im Bett, Leahs Seite war leer.

Sie stand nackt am Fenster, blickte hinaus auf das Tote Meer.

»Komm wieder ins Bett, wir haben noch viel Zeit, Leah!«, rief er ihr leise zu. Der Anblick ihrer Silhouette erregte ihn augenblicklich.

Stumm schüttelte sie den Kopf.

»Konntest du nicht mehr schlafen?«, fragte er verwundert, doch schon mit einem Anflug von Ahnung.

Sie zuckte nur mit den Achseln.

Er schlug die dünne Decke zurück, stand auf und ging zu ihr. Er wollte sie schon von hinten umfassen und sie spüren lassen, wie bereit er war. Doch etwas an ihrer Körperhaltung sagte ihm, dass er das besser bleiben lassen sollte. Schnell bückte er sich nach Unterhose und Hose und zog sie an. Dann holte er Zigaretten und Feuerzeug heraus.

Verstohlen wischte sich Leah die Tränen vom Gesicht, während er zwei Zigaretten anzündete.

Nicht schnell und verstohlen genug, und in dem Moment sah Ari seine Ahnung bestätigt. Es würde kein nächstes Mal für sie beide geben. Ihnen war nur diese eine Nacht vergönnt gewesen, keine Stunde mehr.

Sanft, fast zögerlich berührte er sie an der Schulter. »Es tut mir leid, wenn du es jetzt bereust. Ich dachte ...« Seine Stimme verlor sich. Er wartete, fand keine neuen Worte und ließ den Satz unbeendet. Die

Flamme des Feuerzeugs warf kurz einen roten, flackernden Schein auf sein Gesicht. Dann leuchtete die Glut auf und er reichte ihr eine Zigarette.

Sie schüttelte den Kopf und schenkte ihm ein warmherziges, zugleich aber auch wehmütiges, trauriges Lächeln. »Ich bereue nichts, Ari. Ich wollte es genauso wie du. Und es war … es war schön, wirklich. Deshalb gibt es auch nichts zu bereuen«, sagte sie freimütig und ohne inneren Vorbehalt. Sie meinte jedes Wort, auch wenn das nichts leichter machte.

»Die Nacht mit dir werde ich nie vergessen«, erwiderte er, und sie beide wussten, dass dies schon der Beginn des Abschieds voneinander war.

Leah fragte sich, was sie wohl getan hätte, wenn er gesagt hätte: *Ich liebe dich, Leah!* Aber das hatte er nicht, nicht einmal, als sie übereinander hergefallen waren und sich nicht schnell genug gegenseitig die Kleidung vom Leib hatten zerren können. Ja, nicht einmal im Moment größter Erregung, als sie eins geworden waren, war ihm solch ein Liebesbekenntnis über die Lippen gekommen. Jetzt war sie dankbar dafür, dass er es nicht gesagt hatte. Denn auch ihr war es nicht eingefallen, von Liebe zu sprechen, nicht einen Moment lang. Dabei hatte sie irgendwie darauf gewartet, *dass* es passieren würde, diese Wandlung von starker sexueller Anziehungskraft zu von Liebe erfüllter Verbundenheit.

Doch das war nicht eingetreten. Warum sie irgendwo in ihrem Unterbewusstsein darauf gehofft hatte, war ihr jetzt selbst ein Rätsel. Sie mochte Ari, sehr sogar, aber es verband sie keine Liebe mit ihm.

Eine Weile rauchten sie in einträchtigem, gedankenverlorenem Schweigen, jeder schon wieder in seiner Welt, in die der andere weder folgen konnte noch wollte.

Dann sagte Leah mehr als Feststellung zu sich selbst denn als Frage: »Das Land wird jetzt in einen Abgrund stürzen und es wird Krieg geben.«

Er nickte. »Wir haben die Abstimmung gewonnen, aber das Land werden wir uns erkämpfen müssen.«

»Und was wirst du nach dem Krieg machen?« Ihn zu fragen, was er machen würde, sollten sie den Krieg verlieren, erübrigte sich. In dem Fall würden sie wohl beide nicht mehr leben.

Er zuckte die Achseln. »Wenn es einen souveränen jüdischen Staat gibt, wird es irgendwann auch eine reguläre Armee geben. Kämpfen ist das Einzige, was ich gelernt habe und worin ich ganz gut bin. Für das Leben auf dem Land bin ich nicht geschaffen«, sagte er mit einem schiefen Grinsen. »Deshalb werde ich wohl in der Armee bleiben und versuchen, dort Karriere zu machen.«

Sie nickte und lächelte flüchtig. Anders als Teddy hätte sie sich ihn auch nie für den Rest seines Lebens als Pionier in einer Siedlung wie Devora vorstellen können, aber ebenso wenig auch als Arbeiter oder Angestellter in irgendeiner Stadt. »Ich hoffe es für dich, du hast es verdient. Ohne mutige Leute wie dich und Teddy hätten wir es nie zu einem eigenen Staat gebracht, noch nicht einmal auf UN-Papier.«

Er atmete tief durch und starrte mit ernster, sorgenvoller Miene hinaus in den anbrechenden Morgen. »Wir haben nur diese eine Chance, Leah. Wenn die Araber uns schlagen, wird es niemals und nirgendwo eine sichere Heimstätte für uns Juden geben!«

»Wir werden gewinnen, Ari. Wir müssen einfach!« Und wie aus einem Mund sagten sie: »*Ein breira!* ... Wir haben gar keine andere Wahl!«

Sie lachten leise auf, aber es lag wenig Freude in dem Lachen, weil sie um das Blutvergießen wussten, das über das Land kommen würde.

21

Marius wünschte, sein Vater würde wenigstens an diesem Morgen ein Einsehen haben und eine Ausnahme machen. Einmal nicht erwarten, dass der Sohn sich mit seinen Thesen und Weltansichten und seinem wiedererstarkten Glauben auseinandersetzte. Sie hatten sich das morgens auf ihrem gemeinsamen Weg zur Arbeit so angewöhnt, und mit seinem Pa verbal die Klingen zu kreuzen, hatte seinen Reiz. Aber nicht an diesem Vormittag! Er hatte den Abstimmungssieg mit Rebecca und der Freundesclique bis in die frühen Morgenstunden gefeiert, dabei natürlich zu viel billiges Kraut gequalmt und auch zu viel getrunken, und dementsprechend groggy fühlte er sich jetzt auch.

Sein Vater dagegen war geradezu unverschämt munter und aufgekratzt, obwohl auch er die halbe Nacht aufgeblieben war, und er dachte gar nicht daran, auf dem Weg zur Bushaltestelle schweigend neben ihm herzugehen. Wenn sein Vater nicht dozieren und diskutieren konnte, fühlte er sich einfach nicht wohl. Also zwang er einem eine Diskussion auf, ob man nun wollte oder nicht.

»Deine edlen Motive in Ehren, aber dein Gottvertrauen auf einen Frieden mit den Arabern ist bestenfalls naiv, Pa!«, sagte Marius leicht gereizt, während sie von der King George V. Avenue rechts in die Jaffa Road abbogen. Ihr Bus nach Haifa ging in wenigen Minuten. Dass der Vater auch ausgerechnet für den heutigen Tag einen Termin mit Meshulam Mendelssohn vereinbart und ihm sein Versprechen abgenommen hatte, ihn diesmal zu begleiten! Wenn der Bus doch heute einfach um einiges früher als sonst abfahren würde! »In diesem Land vertraue ich Gott nur mit einem Gewehr in der Hand!«

»Was ist schon ein Gewehr gegen Gottes Beistand? Wenn Gott will, schießt auch ein Besen, mein Sohn.«

»Sehr witzig!«, brummte Marius.

»Unter Gottes Sonne sind alle Menschen gleich, Marius!«, erwiderte Herschel nun ernst und mit dem belehrenden Unterton eines Dozenten. »Und es stünde dir als meinem Sohn, der reich mit Geistesgaben gesegnet ist, gut zu Gesicht, wenn du nicht alle Araber über einen Kamm scheren und mehr Verständnis für sie zeigen würdest. Sie sind genau wie wir und verteidigen nur ihre Heimat, deshalb müssen wir endlich …«

»Komm mir jetzt bloß nicht mit dem idealistischen Quatsch, den ihr bei *Brit Schalom* verzapft und der wirklich nichts mit der Wirklichkeit zu tun hat!«, fiel Marius ihm ins Wort. Sein Vater hatte sich vor einigen Wochen dem Kreis um die renommierten Religionsphilosophen Martin Buber und Gershom Sholem angeschlossen, die diesen »Friedensbund« vor über zwanzig Jahren gegründet hatten. Ziel des Verbandes war die Förderung eines friedlichen Zusammenlebens von Arabern und Juden. Angesichts der arabischen Gewalttaten gegen die Juden im Land, die immer häufiger geschahen und an Grausamkeit kaum noch zu überbieten waren, hielt er einen Verein wie *Brit Schalom* für die Traumtänzerei von einigen Intellektuellen, die ihre Augen vor der bitteren, blutigen Wirklichkeit verschlossen. »Und da Gott ja angeblich alle Menschen liebt, selbst Araber, brauche ich sie ja nicht auch noch zu lieben! Reicht doch, wenn er sie liebt!«

Herschel schüttelte resigniert den Kopf. »Mach du dich nur lustig! Aber eines Tages wirst du anders darüber denken, das wünsche ich dir zumindest, weil du mein Sohn bist und mir am Herzen liegst. Denn du wirst hier leben müssen, hoffentlich eines Tages mit einer Frau, die du liebst, und mit euren Kindern. Und dann werdet ihr in Frieden leben wollen, Marius! Aber Frieden kann es nur geben, wenn man sich miteinander aussöhnt und den anderen annimmt, ihm dieselben Rechte und dieselbe Menschenwürde zugesteht. Mit Waffen lässt sich das nicht erzwingen. Frieden beginnt mit dieser Einsicht.«

Marius wollte es nicht zeigen, aber die Worte seines Vaters berührten ihn. Er lenkte schnell ab. »Da ist ja der Bus! Und ich dachte schon, wir verpassen ihn«, sagte er und fühlte sich schäbig, weil er sich genau das gewünscht hatte und ihm der Besuch bei der Mutter ein unangenehmer Gang war, den er sich lieber erspart hätte, von der langen Fahrt im stickigen Bus ganz zu schweigen.

»Warum soll er denn auch nicht da sein?«, fragte Herschel verwundert und warf einen Blick auf die nächste öffentliche Uhr. »Wir sind doch bestens in der Zeit!«

Der Überlandbus nach Haifa war nicht einmal zu einem Drittel besetzt, was sicherlich mit der vergangenen Nacht zu tun hatte, in der kaum ein Jude in Palästina und vermutlich auch kein Araber viel Schlaf gehabt hatte. Marius war es recht, würde es auf der Fahrt doch wenigstens nicht so beengt zugehen wie sonst, und auch die Luft würde besser sein. Aber selbst das hob seine Stimmung nicht wirklich, denn auch im Bus gab der Vater keine Ruhe.

Sie hatten die lange, steile Schlucht mit den sieben Kehren und Bab el-Wad hinter sich gelassen, als Herschel den Lyriker und Dramatiker T.S. Eliot zitierte: »*Wir leben in einer Wildnis aus Spiegeln, in der Gesichter nur Spiegelungen von Spiegelungen sind und nichts ist, wie es scheint.* Das ist trefflich beobachtet, und ich denke, das beschreibt sehr gut ...«

In dem Moment explodierte die Landmine mit einem ohrenbetäubenden, scharfen Krachen unter dem Bus. Der Sprengsatz hob ihn wie ein Spielzeug vom Boden und drohte ihn in der Luft auf die Seite zu werfen. Doch dann knallte er mit zerborstener Frontscheibe und klaffendem Unterboden in einer Wolke aus Dreck und Glassplittern wieder zurück auf die aufgerissene Landstraße. Erdklumpen prasselten herab, und Staub, der scharf wie Pulverdampf in den Lungen und Augen brannte, waberte durch den Bus. Der Fahrer hing mit zerfetzten Beinen tot über dem verbogenen Lenkrad.

Noch bevor der Schock in Entsetzen und Todesangst überging, setzte schon das Gewehrfeuer ein. Die Schüsse kamen von rechts, wo das Gelände zu einer nahen, buschbestandenen Hügelgruppe hin anstieg. Weiter oberhalb zeichneten sich die kastenartigen weißen Häuser eines arabischen Dorfes ab. Die Heckenschützen beharkten das Buswrack mit einem wahren Kugelhagel. Die Geschosse schlugen in das Blech ein und zertrümmerten das Glas der Seitenfenster.

Dann flogen auch schon die ersten Molotow-Cocktails. Lichtbögen aus brennendem Benzin flogen von der Böschung herab. Sie verwandelten sich in feurige, aufplatzende Blüten, die den Tod ausspuckten. Andere Molotow-Cocktails zerbarsten mit einem bösartigen, lauten Fauchen im Gestänge des Gepäckträgers auf dem Dach und an den Gittern der zerschossenen Fenster. Flüssiges Feuer rann über das Blech und leckte gierig ins Innere.

Panik und gellendes Geschrei brach unter den wenigen Fahrgästen aus. Jeder warf sich zwischen den Sitzen und im Mittelgang zu Boden, um nicht von einer der Kugeln getroffen zu werden, die durch die Fenster sirrten.

Ein Baby begann laut zu weinen, eine zitternde Stimme betete laut, jemand übergab sich würgend. Ein schriller Schrei kam aus dem hinteren Teil, gefolgt von dem verzweifelten Röcheln des benachbarten Fahrgasts, dem ein Querschläger den Hals aufgerissen hatte. Das Polster einer Sitzreihe fing Feuer. Schwarzer, stinkender Rauch stieg im Bus auf.

»Wir müssen hier raus!«, schrie Marius seinem Vater zu, der ein Stück vor ihm flach im Mittelgang lag. Er hatte entsetzliche Angst, aber die Angst lähmte ihn nicht, sondern schärfte seine Sinne und ließ seine Gedanken förmlich rasen. »Hier sitzen wir in der Falle! Wenn die einen Molotow-Cocktail vorn beim Fahrer reinwerfen, gibt es kein Entkommen, dann verbrennen wir bei lebendigem Leib!«

»Aber wo sollen wir denn hin?«

»Die Schüsse kommen nur von rechts, wo die Schweine von der Böschung aus gutes Schussfeld haben und sich schnell in ihr Dorf davonmachen können, sowie es für sie brenzlig wird!«, stieß Marius mit keuchendem Atem hervor, während ein weiterer Molotow-Cocktail heranflog und an der Seitenwand zerschellte. Eine grelle Stichflamme schoss vor einem der Fenster empor und ein weiterer Hitzeschwall durch das Businnere. »Links von der Landstraße führt ein Wadi vorbei. In dem Flussbett können wir Deckung finden, bis Hilfe kommt.«

»Wer in Gottes Namen soll uns denn zu Hilfe kommen?«

»Die nächste Polizeistation kann nicht weit sein. Die werden die Explosion und die Schüsse gehört haben und eine Patrouille mit Panzerwagen losschicken!«

»Die Engländer werden keinen Finger für uns rühren!«, rief jemand hinter ihnen verzweifelt. »Die überlassen den Arabern nur zu gern die Drecksarbeit, Juden umzubringen! Wir sind verloren!«

»Wenn Sie jetzt schon aufgeben wollen, ist das Ihre Sache!«, brüllte Marius grimmig über das Peitschen der Gewehrschüsse und das Prasseln der Flammen hinweg. »Mein Vater und ich lassen uns jedenfalls nicht tatenlos abschlachten. Noch ist nichts verloren, noch leben wir! ... Bist du bereit, Pa?«

Herschel verzog das Gesicht zu einer Grimasse. »So bereit, wie es eben geht, Junge. Also dann in Gottes Namen: Nichts wie raus hier!«

Auf allen vieren kroch Marius durch den Mittelgang nach vorn, gefolgt nicht nur von seinem Vater, sondern auch von einem älteren, graubärtigen Mann sowie einer jungen, rothaarigen Frau mit einem nun durchdringend laut schreienden Baby im Arm.

»Wenn die Tür sich bei der Explosion verklemmt hat, müssen wir vorn durch die Front raus!«, rief Marius über die Schulter und vermied den Blick auf den Torso des toten Fahrers. Aber sein Blut und Fleischfetzen waren überall, nicht nur auf dem Boden und an den Seitenwänden, sondern der Geruch nach Blut hing auch ekelhaft dick und schwer in der Luft.

Marius nahm es als gutes Omen, dass die Tür schon nach dem zweiten heftigen Fußtritt nachgab und aufsprang. Geduckt stürzte er aus dem Bus, der halb schräg und mit gebrochener Vorderachse auf der Landstraße stand, und rannte auf das ausgetrocknete Flussbett zu. Zehn, zwölf Schritte und sie waren aus der Schusslinie der Heckenschützen, konnten vielleicht im Schutz des tiefen Wadi sogar in Richtung der Polizeistation fliehen.

Dass dies nicht geschehen würde und der Tod schon auf ihn wartete, wusste er in dem Moment, als er die Bewegung von zwei Gestalten am Rand des Wadi bemerkte. Und dann schossen auch schon die Feuerblitze aus den Gewehrläufen auf ihn zu.

Die erste Kugel traf ihn in die rechte Schulter und riss ihn herum, als sollte er noch sehen, wie sein Vater mitten in die Brust getroffen vor ihm zu Boden stürzte und wie auch die junge Mutter von den Kugeln niedergemäht wurde. Sie versuchte noch im Fallen ihr Baby schützend an ihre Brust zu pressen, aber es entglitt ihr, und das Baby rollte ein

Stück weg von ihr, wo es im Dreck der Straße schreiend und mit in die Luft gestreckten Fäustchen liegen blieb.

Wie in Zeitlupe sah Marius, wie die Hand der Frau sich nach ihrem schreienden Baby ausstreckte, ohne es jedoch erreichen zu können, obwohl es keine Armlänge von ihr entfernt lag. Er sah noch den grenzenlosen Schmerz in den Augen der Frau, bevor das Leben aus ihr wich und ihre Hand erschlaffte.

Dann traf ihn die zweite Kugel in den Rücken.

Ihm war, als bohrte sich ein glühendes Messer durch seine Lungen. Er knickte ein und stützte sich mit der linken Hand auf dem Boden ab, hielt sich halb kniend aufrecht, den nun verschwommenen Blick noch immer auf das Baby vor ihm gerichtet. Kugeln schlugen neben dem kleinen, zappelnden Körper ein und spritzten Dreckfontänen hoch. Es war nur ein einziger, lächerlicher Schritt bis zu dem Kind, aber es kostete ihn all seinen Willenskraft, seinen Körper dazu zu zwingen, sich vorwärtszuschleppen und ihn zu bewältigen.

Mit einem gequälten, erstickten Schrei brach er zusammen, spuckte Blut und konnte doch das Feuer nicht loswerden, das sich rasend schnell in seiner Brust ausbreitete und ihn mit glühendem Schmerz erfüllte. Er wollte einfach nur liegen bleiben und es endlich hinter sich haben, doch etwas in ihm brachte ihn dazu, weiterzukriechen. Vor seinen Augen löste sich schon die Welt auf. Es schien eine Ewigkeit an Zeit und Schmerz zu dauern, bis er das Baby endlich erreicht hatte. Er zog es an sich, krümmte sich über ihm und schützte es mit seinem sterbenden Körper.

Das Letzte, was Marius in dieser Welt wahrnahm, war die zittrige Hand seines Vaters, die nach ihm griff, und wie er mit erlöschender und seltsam verwundert klingender Stimme murmelte: »Gott liegt … in Ruinen.«

Dann wich auch aus ihm der letzte Rest Leben.

22

Sophie fand ihre Mutter in ihrem bequemen Korbsessel auf der kleinen Gartenterrasse vor, wo sie bei gutem Wetter den Großteil des Tages verbrachte. Sie sah gut aus, nicht mehr so ausgezehrt und blass im Gesicht wie bei ihrem letzten Besuch, aber der lag ja auch schon fast ein halbes Jahr zurück. Auch saß sie nicht reglos und mit starrem Blick wie eine Puppe im Sessel, sondern strickte emsig einen Schal aus blauer Wolle. Blau war Felix' Lieblingsfarbe gewesen.

»Gut siehst du aus, Mom, und das hübsch geblümte Kleid steht dir ausgezeichnet«, sagte Sophie mit erzwungener Fröhlichkeit und gab ihrer Mutter zur Begrüßung einen Kuss auf die Wange. Ein kurzer Moment der Beklemmung erfasste sie. Schnell rief sie sich zur Ordnung: Gütiger Himmel, ich darf nicht schon jetzt an die langen Stunden hier denken, auch wenn diese Selbstgespräche noch so eintönig und mühsam sind! Sie ist meine Mutter und den Besuch bin ich ihr schuldig! Teddy wird mich später mit seiner Liebe und Leidenschaft für alles entschädigen!

Das gleichmäßige Klappern der Stricknadeln brach für einen Moment ab, als Margot die Hände in den Schoß sinken ließ. Sie sah kurz zu ihrer Tochter auf, dann schaute sie wieder hinaus in den üppig blühenden Garten und fuhr mit ihrer Strickarbeit fort. Der Frühling hatte mit Macht Einzug gehalten, als wollte er die vielen frischen Gräber und das viele Blut vergessen machen, das seit dem 29. November Tag für Tag die Erde Palästinas tränkte.

Sophie hatte in den Augen ihrer Mutter kein Erkennen bemerken können, aber sie war sicher, dass sie ihr kaum merklich zugenickt hatte. Es schien also doch so zu sein, wie Dr. Mendelssohn ihr auch diesmal wieder versichert hatte, nämlich dass ihre Mutter kleine Fortschritte machte. Das war ermutigend, auch wenn es offenbar noch ein langer Weg für ihre Mutter war, aus dem tiefen Nebel ihrer Schwermut zu ihnen ins Leben zurückzukehren.

Aber vielleicht war ihre Mutter ja auch dort, wo sie war, besser aufgehoben? Denn zu wem und zu welch einem Leben sollte sie zurückkehren, nachdem der Vater und Marius bei dem heimtückischen Anschlag auf ihren Bus ermordet worden waren?

»Diese entsetzliche Nachricht ersparen Sie Ihrer Mutter besser, bis sie ihre volle geistige Gesundheit zurückerlangt hat«, hatte Doktor Mendelssohn ihr geraten, nachdem er ihr sein Beileid ausgesprochen hatte. »Wir wissen leider nicht, was von dem, das man ihr erzählt, sie wirklich erreicht, und diese Tragödie könnte einen schweren Rückfall bewirken ... ja, sie vielleicht sogar für immer in geistiger Umnachtung halten.«

Nicht lügen, Fräulein Sophie, einfach nur gnädiges Verschweigen, mehr nicht.

Wenn es doch nur so einfach wäre, Doktor Mendelssohn!

Sophie kämpfte mit den Tränen. Gute vier Monate waren seit der Ermordung ihres Vaters und ihres Bruders vergangen. Aber noch immer überfiel sie manchmal ein unerträglicher Schmerz, der wie ein Messer in ihr Herz schnitt. Dass sie nicht in Hass und Bitterkeit erstickte, verdankte sie allein Teddy. Er gab ihr den Halt und Lebensmut, den sie in dieser schrecklichen Zeit brauchte, um nicht zu verzweifeln.

Vier weitere Fahrgäste hatten damals auf der Landstraße unweit der Polizeifestung von Latrun den Tod gefunden, bevor britische Panzerwagen sich an den Ort des Überfalls bequemt und die arabischen Heckenschützen vertrieben hatten. Das Baby, das Marius mit seinem Körper hatte schützen wollen, hatte das Massaker nicht überlebt. Diese blutrünstigen Bestien hatten noch mehrere Feuerstöße auf die Leiche ihres Bruders abgegeben, wie die Überlebenden berichtet hatten, um auch das Baby unter ihm zu töten. Es war der Mörderbande gelungen. Die Soldaten hatten sich jedoch nicht die Mühe gemacht, die Heckenschützen zu stellen, geschweige denn sie zu verfolgen. Vielmehr hatten sie tatenlos zugesehen, wie die Araber sich ohne große Eile in das nahe gelegene Dorf zurückzogen.

Aber das hatte keinen verwundert. Seit das Datum feststand, an dem die britische Mandatsmacht endete und der Truppenabzug aus Palästina abgeschlossen sein würde, nämlich am 15. Mai 1948 und damit in knapp sechs Wochen, ergriffen die Soldaten und selbst viele Offiziere mit jedem Tag unverhohlener Partei für die Araber, und nicht selten halfen sie ihnen sogar, Juden zu töten, oder übernahmen es gleich selbst. Der Bombenanschlag britischer Soldaten in der Ben Jehuda Street, bei dem am 22. Februar in Jerusalem mehrere Dutzend Menschen ums Leben gekommen waren, hatte davon ein blutiges Zeugnis abgelegt. Und natürlich hielten sie noch immer ihre Seeblockade vor der Küste aufrecht, damit bloß keine Waffen die Juden erreichten. Dabei brauchten sie diese nötiger als alles andere. Sie hatten ja noch nicht einmal genug Gewehre für alle Kämpfer, ganz zu schweigen von schweren Waffen und gepanzerten Wagen!

»Es tut mir leid, dass du so lange keinen Besuch mehr von uns hattest. Aber Reisen sind im Land so gefährlich geworden, dass man es nur noch in einem bewaffneten Konvoi wagen kann, und selbst dann auch nur unter großem Risiko. Die arabischen Dörfer liegen ja meist so, dass sie alle wichtigen Transportwege kontrollieren«, sagte Sophie und stellte das schlicht gerahmte Foto, das sie der Mutter mitgebracht hatte, auf den Nachttisch. Es zeigte ihren Vater und ihren Bruder, wie sie Arm in Arm auf dem Mount Skopus standen und in die Kamera lachten, im Hintergrund der Campus der Hebräischen Universität. Das Foto hatte Rebecca gemacht, und Marius hatte es ihr keine zehn Tage vor seinem Tod nach Devora geschickt. »Ich weiß nicht, ob du davon gehört hast, aber gleich nach der Abstimmung in der UN ist hier bei uns der Krieg ausgebrochen, auch wenn die offizielle Kriegserklärung der arabischen Staaten noch aussteht. Überall im Land brennt es, werden unsere Siedlungen angegriffen, legen arabische Banden Minen und verüben Überfälle aus dem Hinterhalt. In Jaffa schießen sie sogar vom Minarett der Moschee auf die Juden in Tel Aviv! Aber es sind nicht länger nur kleine Banden, sondern aus den Nachbarländern strömen Freiwilligenmilizen ins Land, bringen große Mengen an Waffen mit und morden und ...«

Sie brach schnell ab. Dass die arabischen Freischärler Frauen vergewaltigten und ihre Opfer grausam folterten und zurichteten, bevor sie sie töteten, sollte sie wohl besser für sich behalten! Auch dass sie Männern und Frauen den Kopf abhackten, auf Spieße steckten und sie triumphierend durch die Straßen der Altstadt von Jerusalem trugen, wie vor Kurzem geschehen.

Ach, Jerusalem!

»Die Juden in Jerusalem hat es besonders schlimm getroffen«, fuhr sie fort. »Die Araber haben einen Belagerungsring um die Stadt gelegt. Das neue jüdische Viertel ist eingekesselt und von jeglichem Nachschub abgeschnitten, Mom. Und die über 100 000 Bewohner haben weder genug Wasser noch Essen. Da herrscht bittere Hungersnot.« Und wie man mit Schaudern hörte, liefen in dem Stadtteil längst keine Katzen und Hunde mehr frei herum, sogar Ratten sollte es kaum noch geben! Alle hatten gehofft, dass die UN eine internationale Truppe zum Schutz der Stadt schicken und so dafür sorgen würde, dass Jerusalem gemäß der verabschiedeten Resolution unter internationaler Verwaltung und Kontrolle stand. Aber nichts dergleichen war geschehen, und es deutete auch nichts darauf hin, dass die UN diese Absichtserklärung in Taten umzusetzen gedachte. »Nur selten schafft es mal ein schwer bewaffneter Konvoi von unseren Leuten, mit Lebensmitteln durchzukommen, und dann immer unter großen Verlusten. Und im jüdischen Teil der Altstadt sieht es noch katastrophaler aus. Der kleine Bezirk ist eine winzige Enklave inmitten von Arabern. Da harren anderthalbtausend Juden aus, verteidigt von gerade mal hundertzwanzig Männern mit Gewehren und abgezählter Munition. Und die Briten schauen zu und freuen sich vermutlich, dass es bitter für uns aussieht und den Juden in Jerusalem die Vernichtung droht. Es heißt, dass sie uns keine zwei Wochen geben, wenn ihre Truppen in sechs Wochen das Land verlassen haben, dann hätten uns die Araber überrannt.«

Die Tür ging auf, und Schwester Hannah, eine korpulente Frau österreichischer Herkunft mit einer geflochtenen Zopfkrone auf dem Kopf und einem fülligen Gesicht mit warmherzigen Augen, trat ins

Zimmer. Sie schob einen Rollwagen mit frisch aufgebrühtem Kaffee und einer Schale Sandgebäck zu ihnen auf die Terrasse. Sie lächelte ihnen zu und zog sich mit geübter Diskretion und Leichtfüßigkeit zurück.

Sophie setzte sich nun zu ihrer Mutter.

Margot legte die Stricknadeln aus der Hand und nahm die Tasse entgegen, die Sophie ihr reichte, nachdem sie zwei Stück Zucker und einen kleinen Schuss Milch in den Kaffee gegeben und umgerührt hatte. Sie sagte nichts und bedachte Sophie auch mit keinem Blick, doch ihr Gesicht nahm einen sichtbar genießerischen Ausdruck an, als sie ihren Kaffee trank.

Sophie zündete sich eine Zigarette an und begann dann zu erzählen, wie die Lage bei ihnen unten im Süden aussah. »Yoram meint, dass alles noch schlimmer wird, wenn die Tommys erst mal aus dem Land sind und die Araber völlig freie Hand haben. Deshalb haben wir damit angefangen, Bunker zu bauen und außen um die Siedlung herum Schützenlöcher und Splittergräben auszuheben. Daneben müssen natürlich die anderen Arbeiten auf den Feldern und Äckern und in den Plantagen weitergehen. Dabei fehlen uns jetzt die Männer, die letztes Jahr auch bei uns dem Aufruf zu den Waffen gefolgt sind«, sagte sie mit einem schweren Seufzer.

Als am 30. November eine Welle von noch nie gesehener blutiger Gewalt über die Juden Palästinas hereingebrochen war, hatten die *Jewish Agency* und andere nationale Institutionen die Mobilmachung für alle im Alter von siebzehn bis fünfundzwanzig ausgerufen. Und diesem Aufruf war die jüdische Jugend in großer Zahl und kampf-entschlossen gefolgt.

»Jannek ist einer der Ersten gewesen, der sich noch am selben Tag beim nächsten Rekrutierungsbüro gemeldet hat«, sagte Sophie und nahm ihrer Mutter die Tasse ab, um sie nachzufüllen. »Motte, Gitta und ein paar andere aus unserer Clique haben sich auch gemeldet. Ich wollte auch, aber Yoram hat an uns appelliert, Devora nicht völlig schutzlos zu lassen. Jedenfalls haben sich neunzehn von unseren jungen Leuten gemeldet. Sie wollen kämpfen, und das werden sie auch müssen, aber nicht nur sie, sondern uns anderen wird es auch nicht erspart bleiben. Yoram sagt, dass wir alle zusammen um unser Überleben kämpfen werden müssen und dass wir selbst dann nur eine kleine Chance haben, uns gegen die erdrückende arabische Übermacht zu behaupten.«

Margot nahm einen Keks und den Kaffee und Sophie fuhr in ihrem Selbstgespräch fort. »Leah hat Jannek übrigens nicht mehr angetroffen, als sie damals aus Jerusalem zurückgekommen ist. Sie war richtig schockiert, als sie davon erfuhr, dass Jannek nicht mehr bei uns in Devora, sondern irgendwo in einem Ausbildungslager im Norden war. Sie hat versucht, es sich nicht anmerken zu lassen, aber ich habe es doch gespürt. Sie hat schwer geschluckt und blass ist sie auch geworden. Was mich doch überrascht hat.« Sie hing einen Augenblick ihren eigenen Worten nach und nickte dann bekräftigend.

»Ich meine, wo Jannek ihr doch Tage zuvor erst so eine hässliche Szene gemacht und ziemlich gemeine Sachen zu ihr gesagt und Leah ihm darauf ordentlich ein paar gescheuert hat, und zwar richtig kräftig. Aber das hatte er auch verdient. Na ja, und weil sie sich wegen Ari so böse in die Haare geraten sind, hätte ich Stein und Bein darauf geschworen, dass Leah bei ihrer Rückkehr richtig froh sein würde, ihm erst mal für eine Weile nicht über den Weg laufen zu müssen. Aber das war wohl ein Irrtum. Sie hat übrigens auch nicht viel über ihre Tage in Jerusalem erzählt, nur dass Ari mit ihr zum Toten Meer gefahren ist. Aber als ich dann wissen wollte, ob das mit Ari und ihr was Ernsthaftes ist, hat sie nur gelacht und so getan, als wäre da nie was gewesen, was natürlich nicht stimmt. Aber mehr hat sie nicht sagen wollen, und ich bring es einfach nicht so wie Gitta oder Motte fertig, die dann nicht aufhören, nachzuhaken und zu bohren und so. Immerhin ist Leah nicht nur meine Cousine, sondern auch meine beste Freundin, und wenn sie nicht darüber reden möchte, dann muss ich das so hinnehmen. Sie wird schon von sich aus darüber reden, wenn sie etwas auf dem Herzen hat. Na ja, und außerdem kam dann tags darauf auch schon die schreckliche Nachricht vom …«

Sophie ertappte sich noch früh genug dabei, beinahe die Ermordung des Vaters und des Bruders erwähnt zu haben, und schnell wechselte sie das Thema.

Später, als ihre Mutter ihre zweite Tasse Kaffee getrunken und einen zweiten Keks gegessen hatte und sie wieder zu stricken begann, hing Sophie eine Weile schweigend ihren bedrückenden Gedanken nach. Sie kreisten um die eskalierende Gewalt im Land, das immer mehr in Chaos und Blut versank. Genau genommen befanden sie sich schon im Krieg. Nur dass die Blockade der Briten und das Waffenembargo der UN es ihnen unmöglich machte, Waffen ins Land zu bringen und halbwegs Waffengleichheit herzustellen. Und zum ersten Mal in ihrem Leben gestand sie sich ein, Angst zu haben, dass der Kampf nicht zu gewinnen, der seidene Faden, an dem ihr aller Überleben hing, einfach zu dünn war.

23

Die automatischen Waffen der Araber bellten ihr tödliches Stakkato. Sie nahmen den verlorenen Haufen Soldaten der Givati-Brigade, die sich auf der Höhe von al-Qastal eingegraben hatte, aus drei Richtungen unter heftigen Beschuss. Der Kugelhagel pflügte durch die Erde, fetzte Lehmstücke aus den Ruinen des zerstörten Dorfes, peitschte durch die wenigen Feigen- und Olivenbäume, die noch nicht von Granaten zersplittert und entwurzelt worden waren, riss Wunden und brachte Tod.

Jannek lugte über den Rand des Schützengrabens und gab einen kurzen Feuerstoß aus seiner *Bren*, einem leichten Maschinengewehr, auf eine der feindlichen Stellungen ab. So wirkungsvoll wie ein Wassertropfen auf den heißen Stein!

Es war heiß geworden und ging auf Mittag zu. Dreckiger Schweiß rann ihm über das stoppelbärtige Gesicht. Die geröteten, in tiefen, fast schwarzen Höhlen liegenden Augen brannten wie Feuer, seine angeschwollene Zunge fühlte sich in seinem ausgedörrten Mund wie eine dicke Klobürste an, und nicht viel besser war auch das, was er schmeckte und roch, und das war nicht nur beißender Pulverdampf. Shlomo, einer der vielen blutjungen Rekruten ihrer Einheit, hatte beim letzten Granatbeschuss die Kontrolle über seinen Schließmuskel verloren und seinen Darminhalt in die Hose entleert. Ihm war jedoch keine Zeit geblieben, sich dafür zu schämen, wenn seine Angst dieses Gefühl überhaupt zugelassen hätte. Ein Granatsplitter hatte ihn schon Augenblicke später getötet.

Was hätte Jannek darum gegeben, wenn er Dauerfeuer hätte schießen können, aber ihre letzten Munitionsreserven waren fast aufgebraucht. Er selbst hatte noch lausige dreiundzwanzig Patronen, und Motte, der links von ihm kauerte und sich tapfer hielt, hatte für seine *Sten*, eine einfach konstruierte Maschinenpistole, gerade mal vier Patronen mehr. Dazu hatte jeder noch eine Handgranate.

Aber die zählte nicht wirklich, war sie doch für einen selbst bestimmt, für einen schnellen gnädigen Tod. Denn die Araber machten keine Gefangenen. Wen sie lebend erwischten, den brachten sie so grausam wie möglich um. Selbst über die Leichen fielen sie her und richteten sie schrecklich zu. Seitdem das bekannt war, ergab sich kein Jude mehr dem Feind. Er nahm sich mit der letzten Kugel oder einer Handgranate selbst das Leben.

Und so aussichtslos, wie ihre Lage war, würde er wohl schon bald genau das tun müssen, wenn die Araber den nächsten Sturmangriff unternahmen, und der würde allen Anzeichen nach nicht mehr lange auf sich warten lassen. Und dann gab es nicht einmal eine winzige Chance, sie erneut zurückschlagen zu können. Dafür waren in den letzten Stunden auf arabischer Seite zu viele neue, frische Truppen eingetroffen, während ihre kleine Einheit von den tagelangen Gefechten schon so gut wie aufgerieben war.

Jannek kniff die schmerzenden Augen zusammen, leckte sich über die rissigen Lippen und stellte die *Bren* auf Einzelfeuer. Er wollte seine letzten Kugeln nicht wild über das Gelände verteilen, sondern wenigstens noch mit jeden Schuss einen Feind treffen. Das Letzte, was noch zu tun blieb – bis auf die Granate natürlich. Sie waren erledigt, das hier war das Ende der Fahnenstange. Tod in den Ruinen von al-Qastal. Nun, immerhin im Gelobten Land und nicht in der Gaskammer!

Nicht, dass er sich beklagen wollte. Sie alle waren dem Leben einen Tod schuldig, wie es über die Überlebenden der Shoa hieß, und mit dem Tod kannte er sich aus, sie waren beste Bekannte. Er schreckte ihn schon lange nicht mehr.

Außerdem hatte er schon jetzt viel länger gelebt, als er es jemals für möglich gehalten hätte. Die Nazis hatten es jedenfalls nicht geschafft, ihn umzubringen, und das war das Einzige, worauf er stolz war. Dass es nun Araber waren, die das fertigbrachten, hatte irgendwie eine perverse innere Logik. Der Judenhass der Deutschen und der der Araber kam ja vom selben Stamm, es waren Früchte desselben giftigen Baumes.

Schlimmer als der bevorstehende Tod war etwas anderes: Wenn er an Leah dachte, was er aber seit Monaten tunlichst zu vermeiden suchte, dann zog es ihm das Herz zusammen. Was sollte er sich jetzt noch selber vormachen? Ja, es ging ihm sogar verdammt schwer an die Nieren, dass sie so im Bösen auseinandergegangen waren. Und das nach allem, was sie zusammen durchgemacht hatten!

Aber es gab nur einen, dem er das zum Vorwurf machen konnte, und der war er selbst! Mochte der Teufel wissen, warum er so viel getrunken hatte und was bloß in ihn gefahren war, dass er sich an jenem Morgen so unmöglich aufgeführt und sich derart abscheulich gehen gelassen hatte. Das war unverzeihlich gewesen. Dabei hatte er überhaupt kein Recht gehabt, sie zur Rede zu stellen, geschweige denn sie, die ihm mehr als alles andere auf der Welt bedeutete, dermaßen zu beleidigen und zu verletzen. Nicht einmal dieser Ari, dieser Kotzbrocken von Selbstherrlichkeit, hatte solche Beleidigungen verdient. Dass er diesen unverschämt arroganten Sabre, der sich weiß Gott was auf seine Herkunft und seine Lorbeeren als Palmachnik einbildete, von Anfang an nicht hatte ausstehen können, war nun wirklich keine Entschuldigung für seinen vulgären Ausraster. Bei ihm war einfach die Sicherung durchgebrannt, und das machte ihn auch jetzt noch jedes Mal wieder tief betroffen. Denn das sagte ihm, dass es in ihm eine tiefe Wunde gab, die einfach nicht zu bluten aufhören wollte, und dass Leah und er …

Ein vielfaches, dumpfes Hämmern, gefolgt von einem ebenfalls vielfachen, blitzschnell lauter werdenden, scharfen Pfeifen kam von den umliegenden feindlichen Stellungen.

Mörsergranaten!

»Deckung!«, brüllte jemand mit schriller, sich vor Angst überschlagender Stimme.

Wieder deckten die Araber sie mit Wellen von Granaten ein, und ringsherum explodierte die Welt, wurde die Anhöhe von al-Qastal einmal mehr umgepflügt.

Jannek warf sich in den Dreck des Grabens, krümmte sich, machte sich so klein wie möglich. Seine Hände krallten sich in den Sand, als die Einschläge die Anhöhe erbeben ließen. Lehmmauern zerplatzten, Rauchwolken waberten über die Gräben und Schützenlöcher hinweg, und Erdfontänen, an einigen Stellen mit Blut und Fleischfetzen vermischt, schossen aus dem Boden.

Auf die Explosionen folgten die Schreie der Verwundeten, die Rufe nach dem Sanitäter, der aber selbst getroffen war, und das Röcheln und Wimmern der Sterbenden.

Jannek sprang auf, Motte mit ihm, wie er aus den Augenwinkeln erleichtert registrierte, und er war versucht, in wilder Wut seine letzten Patronen zu verschießen. Aber er widerstand diesem heißen, gallesauren Verlangen, presste den Kolben hart gegen seine Schulter und biss die Zähne zusammen.

»Yared, kriegst du Verbindung zum Stab?«, brüllte Uzi Narkiss, der Kommandeur ihrer verlorenen Truppe, dem Funker zu, der in einer der Ruinen kauerte. »Sag ihnen, wir gehen hier vor die Hunde, verdammt noch mal!«

»Was meinst du, was ich ihnen die ganze Zeit sage?«, schrie der Funker zurück.

Jannek brannte die Kehle vor Durst, aber seine Wasserflasche war leer. Motte hatte auch nichts mehr. Er würgte einen Rest Feuchtigkeit hervor und spuckte ihn gleich aus, weil sein eigener Geschmack ihn anekelte. Nein, eine weitere Nacht würden sie nicht überleben, geschweige denn al-Qastal halten können, wenn nicht bald Verstärkung und Nachschub eintrafen. Die Kameraden starben rechts und links wie die Fliegen. Von den über fünfzig Mann waren mittlerweile gerade mal ein knappes Dutzend noch am Leben, die Verletzten miteingerechnet. Und dabei hatte dieses Unternehmen, die erste jüdische Eroberung eines arabischen Dorfes, so gut angefangen!

Sie hatten al-Qastal, das Dorf auf der Anhöhe, das seinen Namen den Ruinen einer alten römischen Festung verdankte und eine strategisch wichtige Stellung einige Kilometer westlich von Jerusalem einnahm, in der Nacht vom 4. auf den 5. April gestürmt und innerhalb einer Stunde erobert.

Was hatten sie über den Sieg gejubelt! Es war das Ende der verfluchten *Havlagah* gewesen, der von der politischen Führung befohlenen militärischen Selbstbeherrschung und Zurückhaltung. Sie hatte vier zermürbend lange Monate gedauert! Seit dem Ausbruch des Krieges am 30. November hatten sich die hastig zusammengestellten Einheiten darauf beschränkt, jüdische Siedlungen und Stadtviertel gegen Angriffe zu verteidigen sowie der wachsenden Zahl der Konvois militärischen Begleitschutz zu geben. Nur ganz selten einmal war es ihnen erlaubt gewesen, nach arabischen Überfällen einen Vergeltungsschlag zu führen, was aber im Vergleich zu den landesweiten Angriffen der Araber nie mehr als ein Nadelstich gewesen war.

Es war der erschreckende Mangel an Waffen gewesen, der sie dazu verurteilt hatte, den Arabern monatelang die Initiative im Land zu überlassen und selbst nur defensiv reagieren zu können. Auf drei Soldaten war in jenen Monaten ein einziges Gewehr gekommen. Im Gefecht gingen die wenigen Gewehre von Hand zu Hand. Wer keines hatte, wartete, dass eines »frei« wurde. Ein Schwerverwundeter gab seine Waffe an einen Kameraden weiter, der nur mit einer Pistole oder gar keiner Waffe neben ihm lag, den Toten nahm man sie aus den Händen.

Doch dann, Anfang April, hatten zwei mit Waffen beladene Schiffe die Blockade der Briten durchbrochen, und nun endlich hatte man die Truppen mit ausreichend Gewehren, *Sten*-Maschinenpistolen, leichten britischen MG sowie Handgranaten und reichlich Munition versorgen können. Wirklich schwere Waffen fehlten jedoch noch immer, von Artillerie, Panzerwagen oder gar Panzern und Kampfflugzeugen ganz zu schweigen. Aber immerhin hatte man es jetzt wagen können, an einigen Stellen in die Offensive zu gehen. Und al-Qastal war der erste jüdische Angriff mit dem Ziel gewesen, eine strategisch wichtig gelegene Position der Araber zu erobern und besetzt zu halten, um möglichst bald den Belagerungsring um Jerusalem brechen zu können.

Nur waren seit vier Tagen Nachschub und die Truppen ausgeblieben, die sie hatten ablösen sollen. Es gab auch keine Erklärung dafür, warum noch nicht einmal Verstärkung eintraf. Jedenfalls teilte man ihnen keinen Grund dafür mit. Alles, was sie über ihre ständig zusammenbrechende Funkverbindung mit dem Stab erreichte, waren immer neue Vertröstungen auf baldigen Entsatz und beschwörende Durchhalteparolen.

Der befürchtete Sturmangriff der arabischen Truppen erfolgte am Mittag, und auf al-Qastal war allen klar, dass dies das Ende war. Denn so zahlreich wie ein gewaltiger, hungriger Heuschreckenschwarm stürzten die Feinde aus ihrer Deckung auf den umliegenden Hügeln hervor und erklommen wild um sich schießend die Hänge. Die gellenden Schreie von fast zweitausend Milizionären, die unablässig »*Itbach al-yahud!* – Schlachtet die Juden ab!« und »*Allahu akbar!* – Gott ist groß!« brüllten, brandete wie eine heiße Woge unverbrüchlichen Hasses über das Gelände.

»Verdammte Scheiße, das ist der letzte Akt, Alter!«, fluchte Motte und feuerte auf die heranstürmenden Wellen von Arabern. Auch er hatte seine Waffe auf Einzelfeuer gestellt. Todesangst verzerrte sein Gesicht, doch er blieb auf seinem Posten und kämpfte, während in anderen Stellungen Panik ausbrach und die ersten aus den Gräben stürzten und die Flucht ergriffen. »Mein erster richtiger Einsatz und schon voll am Arsch!«

»Aber wir haben ihn immerhin teuer verkauft!«, rief Jannek grimmig zurück und feuerte mit kaltblütiger Ruhe, setzte Kugel um Kugel ins Ziel.

Plötzlich kam von weiter unter auf der Nordseite der Anhöhe ein Schrei: »Verstärkung ist eingetroffen! ... Palmachniks! ... Sie haben uns eine Einheit von der *Palmach* geschickt!«

Die Männer schöpften Hoffnung, auch Jannek und Motte. Keiner von ihnen hatte noch mehr als eine Hand voll Patronen. Und die Araber waren schon so nah heran, dass man Gesichter erkennen und die Gewissheit des Sieges auf ihnen sehen konnte.

Es war jedoch keine zahlenmäßig starke Truppe, die da auf der Nordseite die Anhöhe hochgestürmt kam und aus allen Rohren feuerte, sondern nur dreiundzwanzig Angehörige der Eliteeinheit, ein jeder von ihnen ein erfahrener Kämpfer und Kommandeur.

Und dann schallte von dem einundzwanzigjährigen *Palmach*-Kommandeur Nahum Arieli der Ruf über die Kuppe von al-Qastal, der zu einer Legende werden und das Kampfethos jüdischer Soldaten für Generationen prägen sollte: »Alle Kommandeure nach vorn! Wir decken den Rückzug der Rekruten!«

Die dreiundzwanzig *Palmach*-Kämpfer übernahmen den Kampf gegen die anstürmenden Araber und bildeten dabei einen V-förmigen Korridor, in dessen Schutz die wenigen Überlebenden und Verwundeten der Givati-Truppe den Rückzug antreten konnten, ohne rücklings niedergemetzelt zu werden. Wie gut die Männer der *Palmach*-Einheit auch jede Deckung zu nutzen und zu schießen verstanden, der überwältigenden Flut ihrer Feinde waren sie nicht gewachsen, und das war auch einem jeden von ihnen bewusst. Aber ihr erbitterter Widerstand schenkte Jannek und seinen Kameraden, bei denen es sich überwiegend um Rekruten ohne große Kampferfahrung handelte, die kostbare Zeit, die sie brauchten, um sich zu retten.

Wie eine menschliche Mauer, die Feuer und tödliche Kugeln ausspuckte und das feindliche Feuer auf sich zog, standen Nahum Arieli und seine Männer beidseits des Pfades, der zwischen den zerstörten und brandgeschwärzten Häusern des Dorfes nach unten und in Sicherheit führte.

Die ersten Palmachniks fielen schon oben an der Ruine des Dorfvorstehers, als Jannek als einer der Letzten den Weg hinuntertaumelte. Motte sah ihn nicht, aber Jannek erkannte Ari sofort. Der Sabre hatte hinter einem hüfthohem Stück Restmauer Stellung bezogen und wechselte gerade das Magazin. Er blutete aus einer Wunde am rechten Oberschenkel und einem Streifschuss am Kopf, schien es aber nicht zu bemerken.

Jannek erstarrte, als sich ihre Blicke für einen Moment trafen. Ari nickte ihm mit einem schiefen Lächeln zu und deutete dann mit dem Daumen nach unten, als Zeichen, dass er sich beeilen solle, aus der Schusslinie zu kommen. Dann stieß er auch schon das volle Magazin in den Patronenschacht seiner *Sten Gun* und feuerte auf die anrückenden Araber.

Wie betäubt stolperte Jannek weiter den Pfand hinunter, beschützt vom menschlichen Schild der *Palmach*, der wie ein Fels in der Brandung dem Kugelhagel der Feinde widerstand.

Zumindest für eine kurze, aber unendlich kostbare Zeit.

Mann auf Mann fiel. Nur einer der Kommandeure kam an diesem Apriltag auf al-Qastal schwer verletzt mit dem Leben davon, aber sein Name war nicht Ari Halevi.

Als Jannek später am Tag davon erfuhr, lief er aus der Baracke und hinaus auf ein einsamen Feld, wo ihn niemand sehen und hören konnte. Dann presste er seinen dreckigen und verschwitzten *Kova-Tembel*, seinen unförmigen Kakihut vor den Mund, fiel auf die Knie und krümmte sich wie unter Schlägen. Er heulte wie ein Hund und meinte, nie mehr aufhören zu können.

24

Jerusalem war belagert, hungerte nach Brot und durstete nach Wasser und war von außen unerreichbar. Deshalb kam am Freitag, dem 14. Mai 1948, kurz vor sechzehn Uhr die politische Führung der Juden Palästinas unter David Ben-Gurion in einem Museum in Tel Aviv zusammen, um die Gründung des Staates Israel zu verkünden und ein entsprechendes Proklamationsdokument zu unterzeichnen. Die gerade mal halbstündige Zeremonie, immerhin sang man noch die *Hatikwa*, wurde im israelischen Radio übertragen. Man hatte den Termin nicht öffentlich gemacht, weil man fürchtete, von der britischen Mandatsmacht, deren Befehlsgewalt erst um Mitternacht desselben Tages endete, daran gehindert zu werden.

Noch in derselben Nacht, kaum dass die Unterschriften unter dem Gründungsdokument getrocknet waren, fielen schon die fünf Armeen der arabischen Allianz aus allen Himmelsrichtungen über Israel her.

Ägypten griff mit seinen Truppen aus dem Süden an und ließ Tel Aviv von seiner Luftwaffe bombardieren, Transjordanien und der Irak rückten aus dem Westen vor, während die Invasionsarmeen aus Syrien und dem Libanon über die nördlichen Grenzen ins Land einfielen. Aber auch die Saudis, der Jemen und Libyen, Marokko und der Sudan sowie die *Muslim Brotherhood*, die sogar mit einem ganzen Bataillon vertreten war, schickten Freiwilligenkontingente in den Krieg. Kein arabischer Führer wollte die Gelegenheit verpassen, bei der Vernichtung der Juden dabei zu sein und sich bei der Eroberung des Landes ein möglichst großes Stück einzuverleiben.

»Das wird eine Parade, ein Durchmarsch ohne jedes Risiko!«, verkündete ein ägyptischer Armeechef. »In zwei Wochen stehen wir in Tel Aviv!«

Das arabische Hochkomitee für Palästina war nicht weniger siegessicher: »Die Entscheidung der Vereinten Nationen hat die Araber zusammengeführt, wie es noch nie zuvor der Fall war, nicht einmal gegen die Kreuzritter. Ein jüdischer Staat hat keine Überlebenschance, jetzt, wo der Heilige Krieg ausgerufen wurde. Letztlich werden alle Juden massakriert werden.«

Und auch Azzam Pasha, der Generalsekretär der Arabischen Liga, ließ wie so viele andere arabische Führer keinen Zweifel, welches Ende der Krieg nehmen würde. »Es ist völlig gleichgültig, wie viele Juden in Palästina leben! Wir werden sie ins Meer fegen und den jüdischen Staat vernichten! ... Dies wird ein Ausrottungskrieg und Massaker sein, von dem man wie von dem mongolischen Massaker und den Kreuzzügen sprechen wird!«

Die Vereinten Nationen sahen der Invasion tatenlos zu. Statt dem jungen Staat zu helfen, das ihm von der Staatengemeinschaft erst vor wenigen Monaten zugesprochene Land zu verteidigen, verhängten sie ein weiteres Waffenembargo. Als hätte man sich in den Wandelgängen heimlich abgesprochen und die Devise ausgegeben: »Bloß nicht den Juden helfen!«

Die britische Mandatsmacht, moralisch bankrott und längst zynisch in ihrer Haltung gegenüber dem Schicksal der Juden, sorgte in den letzten Tagen ihres Abzugs noch auf ihre Art dafür, dass die junge Nation den Krieg gegen die arabische Übermacht eigentlich nicht gewinnen konnte. Nicht nur, dass die Briten das Land ohne jede Verwaltung und damit im Chaos zurückließen. Nein, sie übergaben bei ihrem Abzug auch alle Garnisonen, Polizeistationen und anderen militärischen Einrichtungen immer jener Bevölkerung, die in diesem Gebiet die Mehrheit bildetet. Da die Araber traditionell auf erhöhtem Gelände siedelten, die Juden aber überwiegend die malariaverseuchten Sümpfe und kargen Ebenen im Tiefland urbar gemacht hatten, fielen so gut wie alle strategisch wichtigen Befestigungen an die Araber, eingeschlossen das mächtige Fort Latrun, das die einzige Straße und damit die Lebensader nach Jerusalem kontrollierte. Die Briten hatten sogar noch die Unverfrorenheit, ihre Methode der Übergabe als unparteiisch und fair zu bezeichnen. In Wirklichkeit sollte sie den schnellen Sieg der Araber sichern. Und weil man das Schicksal der Juden schon besiegelt wähnte, hielt Großbritannien vor der Küste Schiffe bereit. Diese sollten jene Juden aus dem Meer fischen, die den kurzen Vernichtungskrieg überlebten, was ja nur eine Sache von ein, zwei Wochen sein konnte.

Im Land tobte an allen Fronten der Krieg. Die *Haganah* hatte zwar 35 000 Mitglieder, aber nur 2000 kampferfahrene Vollzeitsoldaten, die in der *Palmach* organisiert waren. Selbst nach der allgemeinen Mobilmachung war die verfügbare Truppenstärke im Mai 1948 erst auf rund 30 000 schlecht bewaffnete Soldaten angestiegen.

Israel stand mit dem Rücken zur Wand, zahlenmäßig in der Unterzahl sowie ohne ausreichend Waffen, ohne Artillerie, ohne Panzer und ohne Luftwaffe. Das Einzige, was diese erdrückende Übermacht an Material und Truppenstärke vielleicht aufwiegen konnte, waren Opferbereitschaft und der Mut der Verzweiflung.

25

Im Land wütete seit über drei Wochen der Krieg und tränkte die Erde mit Blut und Tränen. In Devora waren in die von der Sonnenglut mittlerweile hart gebackene Erde auch Leahs Blut und Tränen gesickert. Die Tränen hatten Ari gegolten, von dessen Tod bei al-Qastal sie erst zwei Wochen später erfahren hatte. Und das Blut war ihr aus einer Wunde geströmt, die ein Granatsplitter ihr vor drei Tagen in den linken Oberschenkel gerissen hatte. Es war nur eine harmlose Verwundung und eigentlich nicht mehr als ein Kratzer im Vergleich zu den vier Toten und elf zum Teil schwer Verletzten, die der Granatenbeschuss der ägyptischen Armee unter den Verteidigern der Siedlung gefordert hatte.

Die Fleischwunde unter dem Verband machte sich jetzt wieder mit Brennen und heißem Pochen bemerkbar, als Leah mit Sophie in der flirrenden Mittagshitze des 9. Juni Sandsäcke füllte. Jede Hand wurde gebraucht, um für den nächsten Angriff gerüstet zu sein. Splittergräben, in knochenbrechender Arbeit ausgehoben, führten nicht nur zu den vorgeschobenen Stellungen und entlang des äußeren Verteidigungsrings mit seinem Stacheldrahtverhau und dem vorgelagerten verminten Gelände, sondern durchzogen das kleine Dorf auch im Innern in Zickzacklinien. Dazu hatten sie mehrere Bunker angelegt.

Es hieß zwar, dass die Stoßrichtung der beiden vorrückenden ägyptischen Bataillone in erster Linie auf die strategisch viel bedeutsameren Siedlungen Negba und Zuk Eitan zielte. Aber der heftige Beschuss vor drei Tagen hatte gezeigt, dass auch sie in Devora im Visier der ägyptischen Armee lagen. Es gab schon Überlegungen, die Siedlung besser zu räumen, die kampffähigen Männer und Frauen zur Verstärkung nach Zuk Eitan zu schicken und alle anderen ins sichere Hinterland zu evakuieren, wobei es eigentlich nirgendwo wirklich Sicherheit im Land gab.

Der Vormarsch der feindlichen Armeen, der in den ersten Tagen der Invasion schon eine Katastrophe hatte befürchten lassen, war an fast allen Fronten zum Halten gebracht worden, aber unter enormen Verlusten. Und noch immer konnten die Invasionstruppen jederzeit die erschreckend dünnen Verteidigungslinien durchbrechen, was insbesondere auf die Bataillone der Ägypter im Süden zutraf, die mit Panzereinheiten und schwerer Artillerie ins Land eingefallen waren und bei ihrem Vormarsch zudem von ihren Kampffliegern und Bombern unterstützt wurden. Der Negev war schon vom Rest des Landes abgeschnitten und mit den dortigen Siedlungen auch die jüdische Negev-Brigade. Und nachdem die Ägypter Gaza erobert hatten, hieß das nächste Ziel der ägyptischen Truppen Tel Aviv!

Sophie ließ plötzlich die Sacköffnung zufallen, als Leah gerade eine weitere Schaufel Erde hineinrutschen lassen wollte, sodass die Erde auf und nicht in den Jutesack fiel.

»Was hast du, Sophie?«, fragte Leah verdutzt.

»Mir ist so verdammt … übel«, stieß Sophie gepresst hervor, plötzlich ganz blass im Gesicht. Schnell wankte sie zwei, drei Schritte zur Seite, beugte sich vor und erbrach sich.

Leah legte die Schaufel aus der Hand, bückte sich nach ihrer Wasserflasche und reichte sie ihrer Cousine. »Ich denke, damit wären jetzt wohl alle Zweifel ausgeräumt«, sagte sie mit gutmütigem Spott und strich ihr mit der anderen Hand liebevoll über den Rücken. »Oder bist du nach viermaligem morgendlichem Erbrechen noch immer der Meinung, das könne etwas anderes bedeuten als das, was ich dir gleich gesagt habe?« Sie wartete die Antwort erst gar nicht ab, sondern sagte im Tonfall einer Tatsachenfeststellung: »Mädel, du bist schwanger!«

»Ja, passt alles zusammen«, räumte Sophie mit einem schiefen Grinsen ein. Sie kippte sich einen Schwall Wasser in den Mund, gurgelte und spuckte ihn aus, bevor sie die Flasche an den Mund setzte und einen Schluck trank. Dann legte sie ihre rechte Hand auf ihren flachen Bauch, als gäbe es dort jetzt schon etwas zu fühlen, und sagte lächelnd: »Ich kann es noch nicht recht glauben, dass ich wirklich ein Kind von Teddy kriege!«

»Schätze mal, ihr habt in der Hitze des Gefechts nicht gut genug aufgepasst«, frotzelte Leah.

Sophie lachte leicht verlegen. »Wir wollten auch nicht aufpassen«, gestand sie. »Ich weiß, das war nicht gerade vernünftig, aber was ist letztlich schon vernünftig, wenn um einen herum …« Sie führte den Satz nicht zu Ende, aber Leah wusste, was sie sagen wollte. Was ergab in dem Grauen eines Krieges schon Sinn?

Leah nahm sie in den Arm und drückte sie. »Na, dann freue ich mich für euch und kann bloß noch ›Herzlichen Glückwunsch!‹ zu eurem baldigen Nachwuchs sagen!« Und wenn ihre Freude für Sophie und Teddy auch echt war, so verspürte sie zugleich doch auch einen schmerzhaft neidvollen Stich.

»Ich muss Teddy unbedingt …«

Auch dieser Satz blieb unbeendet, denn da kam von den mit Feldstechern ausgerüsteten Wachen auf der Plattform des Wasserturms ein gellender Alarmschrei, verstärkt von einem Megafon. »Kampfflieger!«

Fast im selben Augenblick heulte die Sirene auf, die den Fliegeralarm weit über das Dorf hinaustrug.

Alles suchte Deckung, flüchtete sich in einen der Bunker oder warf sich in den nächsten Splittergraben.

Leah und Sophie griffen sich spontan an den Händen und rannten mit den anderen Männern und Frauen, die wie sie Sandsäcke gefüllt und auf Schubkarren gewuchtet hatten, um ihr Leben.

Drei *Spitfires* tauchten Sekunden später am Himmel auf. Sie schienen förmlich aus dem blendend grellen Licht zu fallen. Das Dröhnen der Motoren schwoll zu einem bösartig klingenden, hohen Kreischen an, als sie aus großer Höhe herabstürzten und aus ihren Bordkanonen das Feuer eröffneten.

»Bomber! ... Bomber im Anflug!«, schallte die Megafonstimme erneut vom Wachtturm, kündigte die nächste tödliche Gefahr aus dem Himmel an.

Leah sah, dass sie es nicht rechtzeitig bis zum nächsten Splittergraben schaffen würden. »In Deckung! Hinter die Schubkarren!«, schrie sie Sophie zu, zerrte sie mit sich zu einer Gruppe von halb umgestürzten Schubkarren und warf sich mit ihr dahinter zu Boden.

Keine Sekunde zu früh.

Zwei Feuergarben fraßen sich parallel zueinander und mit tödlicher Schnelligkeit auf sie zu, zogen eine Furche aus heißem Blei durch das Erdreich. Eine Garbe schlug in die Schubkarren ein, durchlöcherte das Eisenblech und fetzte die mit Erdreich gefüllten Säcke auf. Sand flog ihnen in den Nacken, aber die Kugeln verfehlten sie. Dafür erwischten sie jedoch einen der Flüchtenden, mähten ihn in dem Moment nieder, als er schon den Splittergraben erreicht hatte und gerade hineinspringen wollte.

Völlig unbeeindruckt von dem wütenden Gewehrfeuer aus den Verteidigungsstellungen rund um Devora, das sich augenblicklich auf die Jagdflieger gerichtet hatte, donnerten die *Spitfires* über sie hinweg, stiegen in einer Steilkurve hoch in den Himmel und setzten zu einem zweiten Überflug mit laut hämmernden Bordgeschützen an. Indessen hatten auch die beiden ägyptischen Bomber, umgebaute *Dakota C-47 Transporter*, die Siedlung erreicht. Sie klinkten ihre tödliche Fracht aus, gewannen sofort wieder an Höhe und drehten mit den *Spitfires* nach Nordwesten ab.

Der Boden bebte, und Leah glaubte, die Erde würde sich unter ihr aufbäumen und sie von sich stoßen, als die Bomben in rasender Folge einschlugen und unter infernalischem Krachen und Bersten ihre mörderische Vernichtungskraft entfalteten. Zum Glück verfehlte der Großteil von ihnen das Zentrum des Dorfes. Zwei Brandbomben trafen das angrenzende Weizenfeld und steckten es in Brand, drei andere Sprengbomben rissen tiefe Krater in einen Acker und richteten Schaden in einem benachbarten Pardess an. Aber drei andere Bomben explodierten im inneren Bereich der Siedlung. Ein Sprengsatz brachte den Wasserturm zum Einsturz und verletzte einen der Wachposten schwer, die beiden anderen Bomben rissen eine Lücke in eine Reihe Wohnhäuser.

Zu den zerstörten Gebäuden gehörte auch das Haus, in dem kurz die Verwandten der Meyerhofs gelebt hatten und das seit über einem Jahr das Zuhause von Leah und ihren Freunden gewesen war. Tote hatte es nicht gegeben. Damit war der Luftangriff vergleichsweise glimpflich für die Bewohner von Devora verlaufen, zumal weder die Jagdflieger noch die Bomber zurückgekehrt waren, aber das konnte sich natürlich jederzeit ändern.

Die Ruine des Hauses schwelte noch, als Leah zusammen mit Sophie und Moshe am späten Nachmittag durch die Trümmer wühlte. Sie sammelten ein, was von ihren wenigen Habseligkeiten den Bombentreffer und das Feuer überstanden hatte und sich noch zu bergen lohnte. Viel war es nicht.

Moshe zog einen der Metallspinde aus dem Schutt, die ihnen als Kleiderschränke gedient hatten. Er fegte mit der Hand Mörtelstaub vom Blechschlitz, in dem bei jedem das Namensschild steckte, und brummte enttäuscht: »Na klar, der einzige Spind, der noch einigermaßen heil geblieben ist, ist der leere von Jannek!« Krachend ließ er ihn auf die Trümmer zurückfallen.

Leah hätte wohl kaum zu Moshe geblickt, wenn nicht Janneks Namen gefallen wäre. Doch so schaute sie unwillkürlich zu ihm hin – und sah gerade noch rechtzeitig das dicke, zerfledderte Buch ohne Deckel, das zwischen dem hüfthohen Stück Hauswand und der Rückseite des Spindes zum Vorschein gekommen war.

Es war ganz eindeutig der Roman *Schau heimwärts, Engel!*, in dem Jannek so oft gelesen und auf dessen Seiten er häufig etwas hingekritzelt hatte. Das Buch, das er wie seinen persönlichen heiligen Gral gehütet, nicht ein einziges Mal aus der Hand gegeben und wohl mitzunehmen vergessen hatte, als er nach ihrem Zerwürfnis nach der Mauer-und-Turm-Aktion so Hals über Kopf verschwunden und zu den Soldaten gegangen war. Vielleicht hatte er es aber auch gar nicht vergessen, sondern es war ihm hinter den Spind gerutscht, und er hatte es gesucht, aber nicht gefunden.

Wie auch immer, dort lag es!

Schnell stieg sie über die Trümmer, zerrte den Spind beiseite und nahm das fleckige, abgegriffene Buch an sich, klopfte den Zementstaub ab. Sophie und Moshe achteten nicht auf sie. Ihre Aufmerksamkeit galt schon dem Nebenraum, der weniger schwer beschädigt war.

»Ich muss mal kurz!«, rief sie ihren Freunden zu und hatte es eilig, aus der Ruine und an einen Ort zu kommen, wo sie ganz ungestört war. Sie konnte es nicht erwarten, endlich herauszufinden, was ihn an dem Roman so fasziniert hatte. Vor allem aber war sie gespannt zu erfahren, was er da so oft an den Rand geschrieben und warum er keinem auch nur einen Blick in den dicken Schinken erlaubt hatte, nicht einmal ihr!

Sie lief hinüber in den Olivenhain, setzte sich in den Schatten eines alten, knorrigen Baumes und blätterte die Seiten durch. Schon nach wenigen Sekunden überlief sie eine Gänsehaut. Sie schluckte, als sie die Kritzeleien und die primitiven Zeichnungen sah, die sich auf fast allen Seiten fanden. Da waren Swastika, nationalsozialistische Symbole wie Hakenkreuze, SS-Zeichen und Totenköpfe. Was aber überwog, waren die Zeichnungen von Flammenzungen und Feuergruben, in denen es von in die Luft gestreckten Armen und fratzenhaften Köpfen und Gesichtern nur so wimmelte. Es waren grässliche Fratzen mit riesigen, aus den Höhlen tretenden Augen und wie zu einem stummen und nicht enden wollenden Schrei weit aufgerissenen Mündern.

Und dann begann sie zu lesen, was Jannek auf den Seiten markiert und was er dazu meist schräg am Rand an eigenen Gedanken mit ungelenker Handschrift notiert hatte. Und schon nach den ersten Stellen begann ihr Herz zu rasen.

… fühlte er sich begraben in Finsternis und Verlorenheit, und seine Seele tauchte hinab in die schwärzeste Nacht, denn er erkannte, dass er dereinst als Fremder würde sterben müssen …

Nicht nur du, Oliver Grant! Und was weißt du schon von schwärzester Nacht! Du bist noch nie in einem KZ gewesen! Da lernst du erst richtig was über das Schwärzeste des Schwarzen deiner eigenen Seele, du Armleuchter! Aber mit dem Rest hast du schon recht! Sind wir nicht sowieso nur flackernde Kerzen im heulenden Wind?

Leah schluckte schwer und ihre Erschütterung wuchs mit jeder weiteren markierten Passage und jedem weiteren Kommentar.

Die gewaltige Tragödie des Zufalls hing wie eine dunkle Wolke über seinem Leben. Er begriff klarer denn je, dass er ein Fremder war in einem fremden Land, unter Leuten, die ihm stets rätselhaft bleiben würden.

Janneks Anmerkung zu dieser Textstelle bedeckte den Seitenrand von oben bis unten, durchzogen von rauchenden Schornsteinen, Fratzen und Hakenkreuzen.

Wie nett. Der Kerl, der das hier geschrieben hat, spricht ja von mir! Klar, ich werd immer fremd sein! Ist auch besser so, als wenn sie herausfinden, wer und was für ein Stück Dreck ich bin! Nur Leah nicht! Nie war sie mir fremd. Sie war immer das Einzige, was in meinem Leben richtig und nicht schmutzig war, und das wird sie auch immer sein. Aber es wäre einfacher, wenn es nicht so wäre. Es würde bestimmt weniger wehtun.

Leah schluchzte auf. Am liebsten hätte sie das Buch zugeschlagen, weil sie den Schmerz nicht ertrug, der aus den hervorgehobenen Zeilen und Janneks Kommentaren sprach. Aber sie wusste, dass sie diesen Schmerz ertragen mussten, um die Wahrheit zu erfahren, und so blätterte sie mit zitternder Hand weiter.

… abgrundtiefe Einsamkeit und Traurigkeit in ihm breitmachte. Er sah die düsteren Waldschneisen seines Lebens entlang und wusste, dass er immer ein Trauernder sein würde; eingesperrt in das kleine Schädelrund, gefangen in diesem unergründlichen pochenden Herzen, würde er ein Leben lang einsame Wege gehen. Er begriff, dass die Menschen einander auf ewig Fremde bleiben würden …
Warum bin ich nicht ins Gas gegangen? Die andern konnten es doch auch? Sind ohne aufzumucken die Rampe runter und in die Kammern. Es wäre doch schnell gegangen! Dann wäre alles vorbei gewesen. Und Leah … ihr hätte ich dann niemals wehtun müssen! Wär's das nicht wert gewesen? Und ob!

Wir müssen versuchen, einander zu lieben!
Du blöder Traumtänzer! Aber ich wette, Leah würde es versuchen, mit aller Kraft. Ach was, sie tut es ja schon, aber das darf ich nicht zulassen! Sie darf nicht wissen, wie sehr ich sie liebe. Dann bin ich erledigt. Denn es wird nicht funktionieren. Es kann gar nicht! Nicht bei einem wie mir, der sich für das Sonderkommando gemeldet hat, weil er um jeden, wirklich JEDEN Preis leben und dafür auch andere Menschen

zurück in die Flammen stoßen wollte! Erbärmlicher Feigling! Mörder! Dreckstück! Scheiße in Menschengestalt! Wie hast du je auch nur einen Augenblick hoffen können, Leah könnte einen wie dich lieben, wenn sie erst weiß, was du getan hast? Und es wird rauskommen. Irgendwann kommt alles raus! Und dann ist es zu spät. Dann wird sie mich verabscheuen und sie wird wegen mir leiden! Das darf nicht sein! Nie! Nie! Nie!

Leahs Augen füllten sich mit Tränen, während ihr Blick wie gehetzt über die Stellen flog. Und jede Randnotiz, die ebenso von seiner verzweifelten Liebe zu ihr sprach wie von seiner grenzenlosen Schuld, die es ihm verbot, ihr seine Liebe zu zeigen, war ein weiterer Stich ins Herz. Sie überflog immer mehr Stellen, weil der wütende Schmerz in ihr kaum noch zu ertragen war, und verharrte bald nicht mehr auf Seiten, die mit grauenvollen, albtraumhaften Zeichnungen vollgemalt waren. Überall fand sich ihr Name, und zwar in allen möglichen Variationen gezeichnet, als hätte er Stunden halb träumend damit verbracht, diese vier Buchstaben in immer neuer Art auf die Seiten zu malen. Schließlich kam sie zu den letzten Seiten.

Ich werde in keiner Stadt eine Tür finden. Aber in der Stadt meiner selbst, auf dem Kontinent meiner Seele, werde ich die vergessene Sprache finden, die verlorene Musik, eine Tür, durch die ich gehen kann.
Von wegen! Erzähl mir doch mal, wie man das anstellt? Was soll man tun, wenn man die Musik des Lebens aus den Ohren verloren hat, du Meisterschriftsteller? Ich sag dir was: Ich hatte sie mal, ganz früher, das weiß ich. Aber nun? Sie ist weg, für immer weg, verstanden? Bloß noch eine Ahnung!

Er wollte reden und in ein Wort, in einen Satz allen Schmerz, alles Schöne und alle Wunden ihres Lebens legen ... Aber es kam kein Wort.

> Auch bei mir kommt kein Wort. Es darf und wird deshalb auch nicht kommen. Ich kann es ihr nicht sagen. Sie muss mich vergessen, je eher, desto besser. Aber warum muss ich so grausam zu demjenigen Menschen sein, den ich am meisten liebe? Es wäre leichter, wenn ich gar keinen lieben würde, schon gar nicht sie! Aber ich liebe sie und es bringt mich fast um! Und wie kann ich das aus meinem Herzen reißen? Die Gaskammer wäre gnädiger gewesen, ja sogar die Feuergrube!

Das zerfledderte Buch entglitt Leahs Händen. Ein erstickter Aufschrei löste sich aus ihrer Kehle. Sie schlug die Hände vors Gesicht, als der Weinkrampf sie überwältigte, und wiegte sich zitternd und schluchzend vor und zurück. Als sie sich schließlich wieder einigermaßen unter Kontrolle hatte und einen klaren Gedanken fassen konnte, wusste sie sofort, was sie tun musste.

Sie musste Jannek finden – koste es, was es wolle!

26

Eine geschlossene Decke aus nassem Nebel hing über dem Gelände. Er raubte einem die Sicht und verschluckte Geräusche. Die Sonne würde die milchigen Schwaden schnell wegbrennen, kaum dass sie zwei Handbreit hoch über den Bergrücken im Osten stand. Aber jetzt im Morgengrauen war dieser geisterhaft wabernde Bodennebel, diese Waschküche des Todes, der beste Schutz, um sich anzupirschen und bei einem Angriff das Überraschungsmoment auf der eigenen Seite zu haben.

»Hörst du was?«, fragte Motte mit gedämpfter Stimme in die angespannte Stille, während er durch den Spalt zwischen den Sandsäcken hinaus in den Dunst spähte. Nervös leckte er sich über die Lippen.

»Nein«, sagte Jannek. Er lauschte mit geschlossenen Augen in den Morgen, das Kinn auf das kalte Metall seines Maschinengewehrs gestützt. Man hörte mehr, wenn man sich auf nur einen Sinn konzentrierte. Aber sie würden kommen, das wusste er so gut wie Motte.

Ja, die Ägypter und Sudanesen würden ganz sicher kommen! Sie würden versuchen, ihre vorgeschobenen Stellungen zu überrennen und Zuk Eitan und Negba zu erobern, bevor ihnen die Zeit davonlief. Wer hier siegte, kontrollierte zwei Verkehrswege von höchster strategischer Bedeutung, nämlich die Straße aus dem Süden an der Küste entlang nach Tel Aviv und die in Richtung Jerusalem. Und gegen die Truppen der ägyptischen Bataillone mit ihren motorisierten Kampfeinheiten, Panzern und Geschützen, die irgendwo hinter den Morgennebeln Stellung bezogen hatte, standen ganze zweiundachtzig mit leichten Waffen ausgestattete Verteidiger aus der Siedlung, darunter elf Frauen, und die beiden, jeweils zwanzig Mann starken Züge aus der Givati-Brigade, die das Hauptquartier zur Unterstützung nach Zuk Eitan geschickt hatte. Zwei weitere Züge hatte das militärische Oberkommando der ähnlich schwachen Verteidigungsgruppe von Negba zugewiesen. Aber mehr hatte man von anderen Fronten nicht abziehen können. An zu vielen Stellen im Land brannten die Feuer des Krieges und stand der Ausgang der Kämpfe gefährlich auf der Kippe.

»Mir war, als hätte ich da was gehört, es klang irgendwie nach Panzerketten oder so«, kam es mit gepresster Stimme von Aaron, einem der Frischlinge im Zug.

Leute wie Jonas, Kaleb und Aaron, keiner von ihnen älter als neunzehn, gehörten zu den vom Krieg noch völlig unbeleckten Rekruten, mit denen man Janneks ausgebluteten Zug nach dem Desaster von al-Qastal erst vor wenigen Tagen wieder auf Sollstärke gebracht hatte. Sie waren erst wenige Wochen im Land und in Haifa gleich vom Pier weg rekrutiert worden. Natürlich hatten sie Angst und wer hatte die denn auch nicht? Aber das war nichts Schlechtes, im Gegenteil. Angst schärfte die Sinne, nur durfte sie nicht in Panik umschlagen.

Seit letzter Nacht lagen sie nun hier hinter einer sanften Bodenwelle in Stellung. Position Nummer sieben von insgesamt dreizehn vorgezogenen Stellungen im äußeren Verteidigungsring, die durch Splittergräben miteinander verbunden waren und kurz hinter dem Stacheldrahtverhau lagen. Ein zweiter Ring mit versetzt angelegten Stellungen zog sich gute zweihundert Meter in ihrem Rücken um das eigentliche Gelände der Siedlung.

»Ich höre nichts!«, wisperte Kaleb, das lange Ende mit dem Milchgesicht.

»Weil da nichts ist!«, sagte Jannek. »Zumindest noch nicht.«

»Mir war aber auch so, dass da …«, meldete sich nun auch Jonas, der zusammen mit Aaron links von Jannek in Stellung lag. Die Angst in seiner Stimme war nicht zu überhören.

»Wenn unser Zugführer sagt, da ist nichts, dann ist da auch nichts, kapiert?«, schnitt Motte ihm unwirsch das Wort ab und wandte sich an Jannek. »Sag mal, hast du was zu qualmen? Ich bin völlig abgebrannt, hab meine Notreserve im Bunker liegen gelassen, ich Idiot.«

»Sie werden hier erst mal ordentlich pflügen, bevor sie ihre Truppen losschicken«, sagte Jannek, während er in seine Brusttasche griff, eine Zehnerschachtel *Craven A* hervorzog und eine Zigarette herausnahm. Dann warf er Motte die Schachtel zu, in der noch sieben Zigaretten steckten. »Kannst sie behalten. Ich hab mich reichlich eingedeckt.« Wenn auch nur mit den billigen, flachen *Latifs*, aber in der Not fraß der Teufel auch Fliegen – und rauchte ein jüdischer Soldat eben *Latif*-Rachenkratzer.

»Pflügen?«, fragte Kaleb begriffsstutzig.

»Mann, uns mit Artillerie und Granatwerfern stundenlang beharken natürlich, bis hier kein Stein mehr auf dem anderen liegt. Macht es übrigens hinterher einfacher, Gräber auszuheben«, sagte Motte grimmig und steckte sich im Schutz der Sandsäcke eine Zigarette an. Die Glut verbarg er in der Hand. Nichts liebte ein Scharfschütze mehr als eine aufleuchtende Zigarettenglut in einer feindlichen Stellung. Er schaute auf seine Uhr und sagte dann mit einem Stoßseufzer: »Noch siebzehn Stunden!«

Jannek lachte trocken auf. »Vorausgesetzt, die andere Seite hält sich auch an die Vereinbarung. Würde mich jedenfalls nicht wundern, wenn die Ägypter einen Scheiß auf den Waffenstillstand geben, den die UN ausgehandelt hat.«

»Ich wünschte, es wäre schon so weit«, gestand Aaron freimütig.

Motte warf ihm einen fast mitleidigen Blick zu. »Das nützt dir auch nichts. Oder hast du vergessen, dass du zur Givati-Brigade gehörst?«, fragte er spöttisch.

Verständnislos sah Aaron zu ihm hinüber. »Ja, und?«

»Unsere Brigade hat ein Motto, geboren aus reicher Erfahrung«, sagte Motte mit sarkastischen Lächeln. »Es heißt VGENDT, und diese Abkürzung steht für *Von Givati Erlöst Nur Der Tod!*«

»Sehr witzig!«, sagte Aaron, schluckte aber sichtlich.

»Nimm es dir nicht zu Herzen und halt es lieber mit dem guten alten Shakespeare«, frotzelte Motte weiter. »Man kann nur einmal sterben, hat der Bursche mit der schnellen Feder mal geschrieben, jedenfalls so ähnlich, und wer dieses Jahr stirbt, braucht es nächstes Jahr nicht mehr zu tun. Hat irgendwie was Überzeugendes, zumal wenn man zur Givati-Brigade gehört, findest du nicht?«

»Blödmann! Du kannst mich mal!«, zischte Aaron und schoss ihm einen wütenden Blick zu.

»So, und jetzt haltet die Klappe, dafür aber Augen und Ohren offen!«, zischte Jannek, und die augenblickliche Stille bezeugte den Respekt, den die Männer ihm als ihrem Zugführer zollten.

Um Mitternacht sollten für vier Wochen die Waffen ruhen. Aber selbst wenn sich die ägyptische Armee mit ihren sudanesischen Hilfstruppen an die Abmachung hielt, siebzehn Stunden waren im Krieg eine höllisch lange Zeit, in der viel passieren konnte. Und die ägyptische Armee musste einfach Zuk Eitan und Negba einnehmen, wenn sie ihren Vormarsch auf Tel Aviv fortsetzen wollte. Andernfalls lief sie Gefahr, im Rücken einen gefährlichen Dorn zu haben und von ihrem Nachschub abgeschnitten zu werden.

Aber so wichtig, wie die Eroberung der beiden Siedlungen für die

Ägypter war, so wichtig, möglicherweise sogar kriegsentscheidend war es für die Zukunft ihrer jungen israelischen Nation, dass sie diesen Durchbruch um jeden Preis verhinderten und die ägyptische Armee an diesem strategisch wichtigen Punkt aufhielten.

Vier Wochen Waffenstillstand!

Vier Wochen schlafen, vier Wochen keine Märsche, vier Wochen nicht tagelang unter Artillerie- und Granatbeschuss liegen, vier Wochen kein Blut, keine zerfetzten Leiber und keinen Kameraden sterben sehen!

Jede Faser in Jannek schrie nach dieser Waffenruhe, und er wusste, dass es seinen Kameraden hier an der ägyptischen Front wie auch überall anderswo im Land ebenso ging. Sie waren alle restlos fertig, waren am Ende ihrer Kräfte, standen kurz vor dem Zusammenbruch. In Jerusalem kämpften jetzt sogar schon vierzehn- und fünfzehnjährige Jungen und Mädchen! Bewaffnet mit Maschinenpistolen und Molotow-Cocktails verteidigten sie den Kirchenkomplex von Notre Dame gegen die jordanische Armee, die von britischen Offizieren befehligt wurde, vertrieben sie aus dem Gebäude und schlugen bislang jeden neuen Angriff zurück.

Dieser unbeugsame Willen, bis zum Letzten um jeden Quadratmeter Boden zu kämpfen, hatte zwar die fünf Invasionsarmeen aufgehalten und fast alle jüdischen Siedlungen vor der Eroberung bewahrt, aber den Preis dafür hatten sie mit Blut bezahlt, mit viel Blut. Dieser Dauereinsatz der Kampfeinheiten und der hohe Verlust an Menschenleben ließ sich nicht länger aufrechterhalten. Die Männer waren physisch ausgelaugt und hatten keine Reserven mehr, die sie mobilisieren konnten. Die Siedlungen im Süden standen kurz vor dem Kollaps. Hinzu kam, dass es an allem fehlte, nicht nur an schwerem Gerät wie Panzern, Artillerie und Kampfflugzeugen, sondern auch an den alltäglichsten Dingen. Weil es nicht genug Tragen gab, mussten die Männer ihre Hosen und Hemden ausziehen, sie verknoten und darauf die Verletzten abtransportieren. Manche liefen mit Sandalen und in Unterhose ins Gefecht, Stahlhelme waren eine Seltenheit, Panzerfäuste ebenso.

Und dann fehlte es immer wieder an Essen. Aber selbst die kargen Rationen verweigerten manche Soldaten, weil ihre Familien in Jerusalem oder anderswo belagert wurden und Hunger litten. Sie wollten, dass ihren Angehörigen diese Vorräte zugeteilt wurden.

Vier Wochen Waffenruhe, diese Zeit brauchte Israel dringend, damit die Männer und Frauen der Kampfeinheiten sich endlich ausruhen, neue Kraft schöpfen und ihre Familien wiedersehen konnten. Damit die Armeestärke auf mindestens das Doppelte gesteigert werden konnte und zudem dringend benötigte Waffen und Munition auf geheimen Wegen ins Land kamen. Denn nur dann waren Israels Truppen am Ende des Waffenstillstands stark und schlagkräftig genug, um sich an groß angelegte Offensiven wagen und die Invasionsarmee aus dem Land treiben zu können. Andernfalls drohte buchstäblich die Vernichtung.

Motte und Jannek hatten ihre Zigaretten noch nicht ganz zu Ende geraucht, als die Ägypter das Feuer eröffneten.

»Ah, sie sind aus ihren Zelten gekommen, die Herren der Wüste, und wärmen sich erst einmal an ihren Geschützen!«, rief Motte mit bissigem Galgenhumor, als die ersten Geschosse heranflogen und unter ohrenbetäubendem Krachen hinter ihnen in den Feldern explodierten.

Stunde um Stunde tauchten die ägyptischen Kanoniere Zuk Eitan und Negba in heißes Blei, legten Häuser, Scheunen und Schuppen in Schutt und Asche, setzten die Felder in Brand. Es war, als schrie die rauchende, aufgewühlte und rußgeschwärzte Erde vor brennendem Schmerz. Lawinen aus Steinen, Rauch und Erdreich wurden durch die Luft geschleudert und prasselten auf die Bunker, Unterstände und Splittergräben nieder. Es war ein nicht enden wollendes Hämmern der fernen Geschütze und ohrenbetäubendes Bersten explodierender Geschosse, die wie Höllenfeuer auf Zuk Eitan und Negba herabregneten. Längst hatte die bleiche, weiße Sonne die letzte Feuchtigkeit aus dem Morgen gebrannt und der beißende Qualm des Krieges waberte nun anstelle von Dunstschwaden über das Gelände.

Der erste Angriff der ägyptischen Infanterie erfolgte um kurz nach neun, unterstützt von *Spitfires* und *Dakota*-Bombern sowie einer Panzereinheit und drei leicht gepanzerten Wagen mit aufmontiertem Maschinengewehr. Unter lautem Rattern ihrer schweren Ketten und schwarze Rauchwolken ausstoßend, tauchten die Panzer auf den Hügelkuppen auf und walzten zielstrebig auf die jüdischen Stellungen zu, gefolgt von den drei gepanzerten Wagen. Gleichzeitig stürzten arabische Soldaten zu Hunderten hinter ihrer Deckung hervor, fächerten sich zwischen den Panzern und mobilen MGs auf, brüllten »Allahu Akbar!« und feuerten schon wild aus ihren Waffen, obwohl sie noch mindestens vier-, fünfhundert Meter offenes Gelände zu überwinden hatten.

»Haltet euer Feuer zurück!«, brüllte Jannek den Männern seines Zuges zu, die neben Posten sieben auch die äußeren Stellungen Nummer sechs, acht und neun besetzt hielten. »Lasst sie auf mindestens hundert Meter herankommen, erst dann wird geschossen! Alles andere ist sinnlose Verschwendung von Munition!« Sein Zuruf galt den Neuen, den Frischlingen, denn alle anderen wussten aus Erfahrung, dass niemand mit einer *Sten* oder einem Gewehr ein Ziel auf einen halben Kilometer Entfernung traf.

Die gesamte südliche Verteidigungsfront explodierte fast gleichzeitig von Mündungsfeuer, als die herabstürmenden arabischen Soldaten auf knappe hundert Meter herangekommen waren. Der Kugelhagel riss Lücken in die breite Phalanx aus mehr als sechs-, siebenhundert Angreifern. Was den Angriff jedoch ins Stocken brachte, waren die beiden Panzer, die mit donnernden Kanonen und scheinbar unaufhaltsam vor den Infanteristen auf die Stellungen zurollten – und im verminten Gelände von den Sprengsätzen jäh zum Halten gebracht wurden. Mit geborstenen Ketten blieben sie liegen. Auch einer der leicht gepanzerten MG-Wagen fuhr auf eine Mine, wurde in die Luft gehoben und stürzte als verbogener und brennender Klumpen Metall wieder zu Boden. Die Turmklappen der Panzer sprangen auf, und die Besatzungen versuchten, sich aus den brennenden Panzern zu retten.

Feuerstoß um Feuerstoß jagte Jannek durch den Lauf seines Maschinengewehrs. Neben ihm regnete es sengend heiße Patronenhülsen, während das MG sich durch den schweren Patronengurt fraß. Er amtete stoßhaft, fast im Rhythmus der schweren Waffe, die ihm den Kolben gegen die Schulter hämmerte. Ihm dröhnte der Schädel, beißender Pulverdampf umwogte die Stellung, er hörte Schreie, jemand hatte Ladehemmung und fluchte. Ein gellender Schmerzschrei, dann brüllte jemand nach einem Sanitäter. Kaleb? Es hatte Jonas getroffen. Motte schrie Kaleb zu, nicht mit dem Schießen aufzuhören.

Das Inferno des Krieges.

Jannek fühlte sich wie betäubt, zugleich aber waren seine Sinne extrem geschärft. Ihm war, als wäre er außerhalb seines Körpers und als wäre es ein anderes Ich, das dort hinter dem MG in der Mulde lag und Tod unter die Angreifer brachte. Selbst seine Gedanken schienen von diesem hageren, hohlwangigen Mann mit der Narbenlinie und dem krausen Haar voller Sand und Erdklumpen dort unten losgelöst zu sein.

Verdammt, sterben ist nur beim ersten Mal schwer!

Man kann nur einmal sterben!

Stirb dieses Mal, dann brauchst du es morgen nicht zu tun!

Von allen Seiten umgab ihn das bestialische Inferno des Gefechts, das Tackern der Gewehre und Maschinenpistolen und das trockene, hustenartige *tak-tak-tak* der *Brens,* der leichten Maschinengewehre. In den Gefechtslärm mischte sich plötzlich das Fauchen einer PIAT, einer Panzerfaust, die einen dritten Panzer stoppte, sowie das Kreischen einer *Davidtka*[46]. Dieser selbst gebastelte Granatwerfer richtete wegen seiner Zielungenauigkeit und geringen Sprengkraft nur geringfügigen Schaden an, erzeugte jedoch im Flug einen Höllenlärm. Nur verlor dieser Höllenlärm der *Davidtka*, der bei deren ersten Einsätzen für Angst und Schrecken unter den Angreifern sorgte, schnell seine demoralisierende Wirkung.

---

46 Davidchen, kleiner David.

Es gab weitere Explosionen im Minenfeld, und wie eine kräftig heranrollende Welle, die unvermittelt gegen eine Wand brandet und zurückgeworfen wird, weil ihr kein anderer Weg bleibt, so fiel der Angriff plötzlich in sich zusammen. Die noch fahrtüchtigen Panzer und Geländewagen mit aufmontiertem MG traten hastig den Rückzug an, und die Panzerbesatzungen störten sich in ihrer eiligen Flucht nicht daran, dass dabei ihre verwundeten Landsleute unter die Ketten kamen und zerquetscht wurden.

Und dann plötzlich, als wäre es nichts weiter als ein Spuk gewesen, war der Angriff vorbei. Auch der heftige Gefechtslärm aus Richtung Negba verklang wenig später.

Die Waffen erstarben.

Nicht aber das Wimmern und Stöhnen und die Schreie der Verwundeten.

»Sie werden wiederkommen«, sagte Motte mit keuchendem Atem in die Stille.

Jannek blinzelte, versuchte zu sich zu kommen, das Inferno und das Grauen von sich zu drücken, wenigstens ein winziges Stück Abstand zu gewinnen. Sein Herz raste, in den Ohren saß ein schmerzhaft hoher, pfeifender Ton, und er schmeckte Salz und Eisen in seinem Mund. Das Schlucken schmerzte in der Kehle. Er nickte. »Ja, immer und immer wieder«, krächzte er und blickte auf seine Uhr. Die Ägypter hatten noch gute dreizehn Stunden, um ihre Stellungen zu stürmen und zu durchbrechen.

27

Jannek kauerte in der Mulde hinter seinem MG. Ihm war, als würde er nie mehr die Kraft zum Aufstehen aufbringen, er fühlte sich wie ausgequetscht und ausgespuckt von einer gnadenlosen Presse. Selbst das

Atmen kostete ihn große Anstrengung. Auch brannten seine Lungen, als würde er bei jedem Atemzug nicht den schweren und süßlich ekelhaften Geruch des Todes einsaugen, der seit dem Morgen in der schwülen, warmen Luft hing und sich schon in seiner verdreckten, schweißnassen Kleidung festgesetzt hatte, sondern irgendein ätzendes Gemisch. Seinen Augen erging es nicht viel besser, sie brannten vom beißenden Pulverdampf und all dem aufgewirbelten Dreck und Staub. Die Lider fühlten sich an, als wären sie aus Blei und von innen mit Sandpapier überzogen. Motte und er hatten sich Streichhölzer zwischen Wangen und Lider stecken müssen, um auf Wache nicht vor Erschöpfung einzuschlafen.

Noch eine knappe halbe Stunde bis Mitternacht!

Kurz nach Einbruch der Dunkelheit hatte es noch einmal einen massiven Angriff gegeben, aber er hatte den ägyptischen Truppen nur wenige Meter Landgewinn gebracht. Sie hatten sich eingegraben, hinter den Wracks der ausgebrannten Panzer und MG-Geländewagen Stellung bezogen und beschränkten sich seitdem darauf, dann und wann einige Salven Leuchtspurgeschosse auf Zuk Eitan abzugeben. Manchmal machten sie sich auch die Mühe, zwischendurch ein paar Granaten abzufeuern. Als wollten die Araber sie daran erinnern, dass sie noch immer in großer Zahl im Gelände lagen, keine hundert Meter vom Stacheldrahtverhau entfernt, und jederzeit zu einem erneuten Angriff bereit.

Aber würden sie einen letzten Vorschuss wagen? Würden sie sich überhaupt an die Abmachung halten und Punkt Mitternacht das Gefecht um Zuk Eitan und Negba abbrechen?

Bei Tageslicht hatten sie nach dem Verlust der drei Panzer und MG-Geländewagen noch zwei Mal angegriffen, und jedes Mal hatten die jüdischen Kämpfer die Angreifer verlustreich zurückgeschlagen. Zwischen den Angriffen der Infanterietruppen hatten die Ägypter ihre Wut über den erbitterten Widerstand durch immer neuen, heftigen Artilleriebeschuss an ihnen ausgelassen, hatten sie mit einem Granatenhagel nach dem anderen eingedeckt. Tausende Granaten waren über Zuk Eitan niedergegangen und sicher auch über Negba, dem unablässigen Detonationslärm nach zu urteilen. Längst waren auch noch die letzten Gebäude zerstört. Aber dank der soliden Bunker sowie dem Netz aus sorgsam angelegten Unterständen und Splittergräben hielten sich ihre Verlust in Grenzen. Die letzten vierzehn, fünfzehn Stunden verbissenen Kampfes hatten auf jüdischer Seite neun Tote und vierzehn Verletzte gefordert, davon lagen sieben mit schweren Wunden im Lazarettbunker. Der lange Kaleb gehörte zu den Toten. Kopfschuss. Selbst wenn er einen Stahlhelm gehabt hätte, wäre er bei dem direkten Treffer in Augenhöhe nicht mit dem Leben davongekommen.

»Hätte nie geglaubt, dass ich mal dankbar dafür sein würde, klein zu sein«, hatte Motte gemurmelt. Aaron und Jonas waren beim letzten Angriff von Granatsplittern verletzt worden und glücklich gewesen, sich aus der vordersten Stellung zur Verarztung in den Bunker zurückziehen zu können.

Jannek konnte es ihnen nicht verdenken. Und jetzt wartete er, dass Motte mit ein, zwei Leuten Verstärkung zurückkam – und mit Zigaretten und aufgefüllten Wasserflaschen.

Er hörte Schritte hinter sich und dann Mottes Stimme: »Sie haben mir nur einen Schützen mitgegeben, weil mit einem neuen Angriff auf unseren Abschnitt angeblich nicht mehr zu rechnen ist.«

»Und was ist, wenn sie doch noch einen letzten Vorstoß wagen? Wer immer da drüben den Oberbefehl hat, dem ägyptischen Lamettaträger ist es doch sichtlich egal, dass er seine Truppen hier verheizt!«, knurrte Jannek, zu zerschlagen, um sich nach ihrer kläglichen Ein-Mann-Verstärkung umzusehen. »Bevor es nicht zu Ende ist, ist es nicht zu Ende!«

»Worauf du einen lassen kannst! Ist übrigens 'n scharfes *Haganah*-Mädel, das da unbedingt mit mir zur Stellung sieben kommen wollte«, fügte Motte hinzu, während er mit ihm zu Jannek in den Unterstand sprang.

»Ich wäre schon eher gekommen, wenn mich der Kommandeur gelassen hätte«, sagte Leah und lehnte ihre *Sten* gegen die Wand des Grabens.

Hätte Jannek ein Blitz getroffen, er hätte ihn nicht heftiger aus einer grenzenlosen Ermattung und Lethargie reißen können. Er fuhr zu ihr herum und starrte sie ungläubig an. Die Granaten und Leuchtspurgeschosse, die wieder einmal durch die Nacht jaulten und ganz in ihrer Nähe einschlugen, nahm er überhaupt nicht wahr.

»Leah? ... Was machst du hier?«, stieß er fassungslos hervor.

Motte steckte sich eine Zigarette an und sagte mit einem breiten Grinsen: »Ich peile mal die Lage, okay?« Er deutete vage den Splittergraben entlang, schulterte seine *Bren* und entfernte sich ein gutes Dutzend Schritte in Richtung der Stellung Nummer sechs.

»Was tust du hier?«, fragte Jannek erneut.

Leah hatte Mühe, sich ihr Erschrecken über sein Aussehen nicht anmerken zu lassen. Er sah wie ein elender Schatten seiner selbst aus, abgemagert, hohlwangig, das Gesicht so bleich, dass es wie blutleer wirkte, und die Kleidung abgerissen und verdreckt. »Es wird Zeit, dass wir miteinander reden und ein paar Dinge aus der Welt schaffen, Jannek.«

Sein Gesicht verschloss sich augenblicklich. »Doch wohl kaum hier und jetzt, wo uns die Bande da drüben noch immer beharkt! Außerdem wüsste ich nicht, was es zwischen uns aus der Welt zu schaffen geben soll. Da ist alles so, wie es sein soll!«, sagte er abweisend.

»Nein, es muss endlich wieder gut werden zwischen uns.«

»Es steht so gut zwischen uns, wie es gut sein kann!«, beharrte er, doch seine Hand, die nach den Zigaretten griff, zitterte. Er ließ die Hand sinken, als fürchtete er, Zigarette und Feuerzeug nicht ruhigl halten zu können. »Du weißt, was du von mir zu halten hast, und ich weiß es von dir. Und damit hat es sich.« Und wie um das zu unterstreichen, kehrte er sich von ihr ab, riss den Ladehebel des Maschinengewehrs abrupt zurück und jagte einen Feuerstoß in die Richtung jenes Panzerwracks, hinter dem die Granaten auf sie abgeschossen wurden.

Leah hatte geahnt, dass er so reagieren würde. Aber davon würde sie sich nicht beirren lassen. So wie sie sich auch gestern nicht darin hatte beirren lassen, über Yoram und dessen Verbindungen herauszufinden, wo Jannek stationiert war. Yoram hatte erst nichts davon wissen wollen, sich dann aber doch von ihr erweichen lassen. Dennoch hatte es bis zum Mittag gedauert, bis endlich die Nachricht aus Tel Aviv eingetroffen war, dass zwei Züge der Givati-Brigade zur Verteidigung von Zuk Eitan entsandt worden waren und Jannek Anführer von einem der Züge war.

»Die ägyptische Luftwaffe hat gestern auch Devora bombardiert. Dabei haben sie auch unser Haus in Schutt und Asche gelegt«, teilte sie ihm mit, entschlossen, schnell zum Punkt zu kommen. Sie holte nun ihre Zigaretten heraus und steckte zwei an, so wie er es immer getan hatte. Und eine davon hielt sie ihm hin.

Er zögerte, griff dann jedoch zu. »Und?«

»Beim Aufräumen habe ich dein Buch gefunden, das von diesem Amerikaner Thomas Wolfe. Es muss dir wohl hinter den Spind gerutscht sein. Ich habe gelesen, was du markiert und was du an den Rändern angemerkt hast. Aber es stimmt nicht, Jannek! Nichts von dem, was du dir über uns zurechtgelegt hast, stimmt!«

Er starrte sie erschrocken an, dann schleuderte er ihre Zigarette wütend in den Dreck zu seinen Füßen. »Wie konntest du es wagen ...«

»Halt den Mund! Da gab es nichts zu wagen!«, schnitt sie ihm energisch das Wort ab. »Du hast mir durch Yoram ausrichten lassen, dass du nicht wieder nach Devora zurückkehren würdest. Damit war dein zurückgelassenes Buch auch nicht mehr tabu. Außerdem hatte ich wohl das Recht, einen Blick hineinzuwerfen, nachdem du mich so gemein hintergangen und belogen hast!« Sie funkelte ihn an. »Und deshalb wirst du mir jetzt zuhören, verstanden?«

Jannek klappte der Mund auf, er sagte jedoch nichts.

»Du hast mir nicht erlaubt, dich zu lieben, obwohl ich mir all die Zeit nichts anderes gewünscht habe!« Ihre Stimme zitterte und Tränen schossen ihr in die Augen. »Du hast mir entsetzlich wehgetan! Aber damit ist jetzt Schluss!«

Er schluckte hart, sah beschämt zur Seite und schwieg.

»Du hast alles getan, um mich glauben zu lassen, dass du nicht dasselbe für mich empfindest wie ich für dich«, fuhr sie mit nun sanfter, schmerzerfüllter und zugleich doch auch zärtlicher Stimme fort. »Dabei hast du mich belogen, Jannek. Und lüg jetzt nicht wieder, ich flehe dich an! Vergiss nicht, ich habe gelesen, was du in das Buch geschrieben hast!«

Gequält sah er sie an. »Du hast *alles* gelesen? Auch dass ich mich in Auschwitz zum Sonderkommando gemeldet habe, und zwar nicht nur bei den Gaskammern, sondern auch später, als die Feuergruben …?« Er brach ab, weil er es nicht aussprechen konnte.

Sie nahm ihren zärtlichen Blick nicht von seinem Gesicht, dessen gequälter Ausdruck ihr ins Herz schnitt. »Ja, auch das, Jannek.«

Er schloss kurz die Augen, als könnte er ihren Blick auf seine völlig entblößte Seele nicht ertragen. »Ich war nicht nur Opfer, sondern auch Täter! Wie kann man so einen wie mich lieben?«, stieß er hervor.

»Viele von uns waren Opfer und Täter, auch ich«, erwiderte sie leise. »Einmal habe ich einen Jungen nicht in mein Versteck gelassen, der wegen irgendeiner Sache gesucht wurde. Er litt ständig unter einem nervösen Schluckauf, und ich hatte Angst, er würde mich verraten. Er ist wortlos gegangen und sie haben ihn kurz darauf gefasst und umgebracht. Und es gab anderes, was ich lieber vergessen würde. Aber haben wir denn nicht schon genug verloren, Jannek? Ich jedenfalls will dich nicht verlieren!« Sie machte eine Pause. »Sag mir, dass du mich nicht liebst! Ich weiß, dass es nicht stimmt. Aber versuch es! Du musst es mir schon hier und jetzt ins Gesicht sagen, wenn du willst, dass ich dich aufgebe. Kannst du das?« Sie berührte ihn, legte ihre Hand auf seinen Arm.

Ein kaum merkliches Zittern ging durch seinen Körper, und es arbeitete in seinem Gesicht, als ringe er schwer mit sich. »Wie kann ich das tun?«, sagte er heiser. Und dann sprudelte es aus ihm heraus. »Natürlich liebe ich dich! Mein Gott, ich habe dich doch schon geliebt, als wir noch Kinder waren und im Hinterhof zusammen gespielt haben! Du warst immer meine heimliche Prinzessin. Und als wir uns dann in München wiedertrafen, da war es keine Kleinkinderschwärmerei mehr, sondern ich brannte nach dir vor Liebe. Aber das ändert doch nichts daran, wer ich bin und dass ich nicht weiß, wie ich mit alldem, was ich getan habe, leben und dazu noch lieben soll! Ich habe Angst, du wirst eines Tages bereuen ...«

»Nichts werde ich bereuen!«, versicherte sie. »Es wird nicht einfach sein, aber wir müssen lernen, uns zu lieben, Jannek. Hast du gehört? Wir müssen lernen, uns zu lieben!«, wiederholte sie langsam und mit Nachdruck. »Nicht nur uns gegenseitig, sondern auch wieder uns selbst.«

Sein Blick sagte, dass er sich an die Zeile in jenem Buch von Thomas Wolfe erinnerte, die genau davon sprach, und ein schwaches, hoffnungsvolles Lächeln trat auf sein verschmutztes Gesicht. Er nickte. »Ja, wir müssten lernen, uns zu lieben ...«, wiederholte er mit erstickter Stimme.

Zwei Granaten heulten durch die Nacht und schlugen in unmittelbarer Nähe ein. Ein harter Schauer aus Steinen und Metallsplittern fegte über ihre Stellung hinweg. Leah stolperte und taumelte.

Sofort legte Jannek schützend seinen Arm um sie.

»Wir werden ... es lernen«, stieß sie kurzatmig hervor. »Ganz bestimmt werden wir das, Jannek!«

Ihr Kopf fiel gegen seinen Hals.

»Wein doch nicht, mein Schatz! Natürlich werden wir es lernen ... irgendwie, das verspreche ich dir«, sagte er, als er ihre Tränen spürte, die ihm warm den Hals hinunterrannen, und er strich den aufgewirbelten Sand von ihrem Haar. Dann fiel sein Blick auf das Schlachtfeld vor ihren Stellungen. Ein warmer Wind war aufgekommen, sicher der Vorbote von einem *Chamsin*, und hatte die Wolken vertrieben, sodass kein Zweifel an dem bestand, was dort unten gerade geschah.

»Leah! ... Motte! ... Der Waffenstillstand! Die Araber ziehen ab!« Jannek stieß ein raues, krächzendes Lachen aus und wurde von unsäglicher Erlösung erfasst, während er durch den Spalt zwischen den Sandsäcken hinaus in die Nacht deutete. »Schau es dir an, die Araber räumen das Feld, Leah! ... Wir haben Mitternacht! ... Verdammt, sie halten sich tatsächlich an die Vereinbarung! ... Wir haben es geschafft, Leah! ...« Er hätte laut jubeln können, so überwältigt war er von seinem, von *ihrem* Glück. Sie waren nicht nur mit dem Leben davongekommen, sondern es hatte nun endlich einen tiefen, wunderbaren Sinn bekommen. »Und sieh doch nur, Leah! ... Der Himmel, wie klar er ist! ... Und all die Sterne!«

Doch sie reagierte nicht, schlaff hing sie an seiner Seite.

Er packte sie mit beiden Händen an der Schulter und rüttelte sie. Dann sah er das Blut und unsägliches Entsetzen packte ihn. »Leah? ... Leah? ... *Leah!*«

Sein verzweifelter Schrei stieg in die Nacht.

Keine Antwort.

Kalt und gleichgültig blickten Myriaden Sterne auf sie herab.

Nachwort

Jeder Autor historischer Romane steht in der Pflicht, Geschichte zu erklären, sie lebendig werden zu lassen und Zusammenhänge zwischen scheinbar längst abgeschlossenen Kapiteln der Geschichte und unserem heutigen Denken, Fühlen und (Vor-)Urteilen herzustellen. Aber auch der kreativste Geist, sei er nun Wissenschaftler, Sachbuchautor oder Romanschriftsteller, ist keine intellektuelle Insel und schon gar kein allwissender Geistesriese, sondern er baut vielmehr auf dem gesammelten Wissen und der Forschungsarbeit seiner Zeitgenossen und dem zusammengetragenen Material von Generationen vor ihm auf. Was die vielfältigen Quellen betrifft, aus denen ich geschöpft habe, so sind sie im Quellenverzeichnis aufgelistet.

Eine Besonderheit dieses Romans ist, dass ich meiner Fantasie diesmal nicht – im Rahmen historischer Eckpunkte und sozialgeschichtlicher Recherchen – freien Lauf gelassen habe. Sosehr Leah, Jannek, Sophie und all die anderen Hauptpersonen und Nebenpersonen fiktive Figuren sind und in dem Roman selbstverständlich ein fiktives Leben führen, so spiegeln sie zugleich doch das tatsächliche Leben in jenen Jahren wider – und zwar oft bis in die kleinsten Einzelheiten. Meiner Schätzung nach beruht der Kern von gut 90 Prozent aller Szenen auf tatsächlichen, überlieferten Begebenheiten. Man könnte sagen, dass das nackte Szenen-Skelett der Handlung aus Hunderten von Erinnerungen, von Lebenssplittern, wie ich sie nenne, besteht, die ich in den Bücher von KZ-Überlebenden, Siedlern, Kriegsteilnehmern (und manche waren all das in einer Person) und anderen Zeitzeugen gefunden und die ich adaptiert habe. Ihre Namen und die Titel ihrer Bücher finden sich im Quellenverzeichnis. In ihren Autobiografien, aber auch in vielen anderen Abhandlungen fand ich Schilderungen, die Eingang in meinen Roman gefunden haben, ob es nun die Szene mit der Kindsbestattung auf See oder die mit der Feldhure bei der Ankunft auf Zypern ist, die Beschreibung des Busfahrers der Linie 4 den Karmel hinauf, die Sache mit der Landmine unter dem vorgetäuschten Abdruck von Raupenketten, die von Kinodächern abgeworfenen Flugblätter oder der Tanz am Toten Meer auf der schwimmenden Plattform des *Kalija Hotels*, um nur einige stellvertretend herauszupicken, all dies sind Lebenssplitter und Ereignisse, die einem dieser Zeitzeugen widerfahren sind. Diesen Überlebenden gebührt mein großer Dank für ihre Bewahrung erlebter Geschichte. Denn wenn die Arbeit an diesem Roman auch lang und anstrengend war, so haben in einem übertragenen Sinn doch diese Zeitzeugen den Roman geschrieben, und zwar buchstäblich mit ihrem Leben.

Die Geldfälscher vom KZ Sachsenhausen

Der Plan, Falschgeld als Waffe einzusetzen, wurde von führenden Nazis schon einen Monat nach Kriegsbeginn gefasst. Im Oktober 1939 erließ Reinhard Heydrich, Leiter der Sicherheitspolizei (zu der auch die Gestapo gehörte) und des Sicherheitsdienstes (Geheimdienst), die als streng geheim deklarierte Anweisung zur Herstellung von Falschgeld. Er verwies jedoch auf den speziellen Charakter dieser Aktion: »Es darf sich hier nicht um eine Fälschung oder Nachahmung im üblichen Sinne handeln, sondern um eine nachträgliche, unautorisierte Herstellung von englischen Pfundnoten. Die Scheine müssen derart originalgetreu hergestellt sein, dass selbst die erfahrensten britischen Pfund-Noten-Spezialisten keine Unterschiede herausfinden können.« Ziel war es, sowohl große Mengen über England abzuwerfen oder über neutrale Staaten ins Land zu leiten, um die englische Währung ins Wanken zu bringen, als auch mit diesen Devisen Rohstoffe und Rüstungsgüter im Ausland zu kaufen. Die Geldfälscheraktion erhielt zunächst den Namen »Unternehmen Andreas«.

Die originalgetreue Herstellung erwies sich jedoch als erheblich schwerer als gedacht. Die zahllosen Laboranalysen zur Feststellung der genauen Papierzusammensetzung sowie der eingearbeiteten Sicherheitsmerkmale der *Bank of England* dauerten über ein Jahr. Im Juli 1942 wurden in den Konzentrationslagern Auschwitz, Buchenwald, Ravensbrück und Sachsenhausen all jene jüdischen Häftlinge ermittelt, die über besondere Fähigkeiten auf dem Gebiet der industriellen Grafik, Gravur, Papierverarbeitung und Drucktechnik verfügten. Diese Experten wurden in Sachsenhausen am äußeren Rand des Lagers in den Blocks 18 und 19 zusammengefasst und von allen anderen Häftlingen streng isoliert. Im September 1942 wurde dort mit dem Aufbau und der Einrichtung der Druckerwerkstatt begonnen. Kupferstecher fertigten die Druckplatten mit ihren höchst komplizierten Gravuren an, wobei jede Linie und jeder Punkt mit absoluter Genauigkeit zu stechen war.

Im Januar 1943 begann die Massenherstellung von 5-, 10-, 20- und 50-Pfund-Noten. Die Nazis ließen das Falschgeld über Mittelsmänner sowohl bei Schweizer Banken als auch in England auf seine Echtheit überprüfen. Überall, wo die Blüten mit dem ausdrücklichen Hinweis vorgelegt wurden, man vermute, gefälschte Geldscheine erhalten zu haben, und bitte um genaue Prüfung, attestierten die Banker die Echtheit der Geldnoten.

Den Angaben eines überlebenden Häftlings nach, der für die Registrierung zuständig war und eine zweite geheime Liste führte, wurden im KZ Sachsenhausen über 8 Millionen Pfundnoten im Wert von 135 Millionen Pfund Sterling gedruckt. Der Vertrieb geschah über ein Netz aus Offizieren, Industriellen, Handelsattachés und Botschaftsangehörigen sowie Agenten des Geheimdienstes.

In der Fälscherwerkstatt, in der insgesamt 144 Häftlinge arbeiteten, wurden auch andere Währungen und ausländische Pässe, Identitätskarten und ähnliche Dokumente gefälscht. Die Arbeiten wurden erst am 13. März 1945 eingestellt, als die Alliierten näher rückten. Druckplatten und fertiggestellte Banknoten wurden in wasserdichte Kisten verladen und verschwanden mit unbekanntem Ziel.

Nach jahrelangen Recherchen gelang es dem Magazin *Stern* 1959, den verschollen geglaubten Schatz der SS im österreichischen Toplitzsee zu finden und zu bergen. Aus 90 Meter Tiefe hob das Bergungsteam 19 Kisten, gefüllt mit Dokumenten, Geheimakten, Einsatzbefehlen für SS-Agenten sowie sauber gebündelte englische Pfundnoten im Wert von 30 Millionen Pfund Sterling. Auch diesmal konnte die *Bank of England* die vorgelegten Fälschungen nicht von den eigenen, echten Scheinen unterscheiden.

Das Kriegsende

Der erste Arabisch-Israelische Krieg endete am 20. Juli 1949 mit einer umfassenden arabischen Niederlage. Den Israelis war es gelungen, in der ersten vierwöchigen Waffenruhe militärische Ausrüstung und Waffen aller Art ins Land zu bringen sowie ihre Truppenstärke zu verdoppeln. Wobei zu bedenken ist, dass ein Großteil dieser neuen »frischen Truppen« ohne umfassende militärische Grundausbildung in die Gefechte geschickt wurde. Zudem gab es häufig Kommunikationsprobleme, beherrschten die gerade erst ins Land Gekommenen doch noch nicht die hebräische Sprache. Ihren Sieg über die Übermacht der gegnerischen Armeen verdankten die Israelis deshalb in erster Linie ihrer hohen Motivation, überlegenen Kampfmoral und Opferbereitschaft. Beispiele für diese hohe Kampfmoral und Opferbereitschaft hat der Krieg viele geliefert, hier seien nur zwei stellvertretend erwähnt: In Nirim verteidigten 45 Kämpfer der Haganah, von denen 12 Frauen waren, die Siedlung gegen circa 1000 ägyptische Soldaten des 6. Bataillons, die mit Artillerie und Granatwerfern angriffen. Eine ähnlich große Zahl ägyptischer Soldaten des 1. Bataillons, unterstützt von Panzern sowie Kampfflugzeugen und Bombern, griff den Kibbuz Negba im tiefen Süden an (wie im Roman beschrieben), der von 70 Kibbuzniks und 70 Soldaten aus der Givati-Brigade erfolgreich verteidigt wurde. Dass Negba nicht fiel, trug entscheidend dazu bei, den Vormarsch der Ägypter auf das gerade mal noch 30 Kilometer entfernte Tel Aviv zu stoppen.

Die Zahl der israelischen Toten belief sich auf über 6000 und machte gut 1 Prozent der Gesamtbevölkerung aus, rund 12 000 wurden verwundet. Dazu kamen noch über 1000 Todesopfer des Terrors vom 30. November 1947 bis 15. Mai 1948. Was als Prozentzahl gering erscheinen mag, erhält erst im Vergleich mit den Verlusten in anderen Kriegen seine ernüchternde Bedeutung: Die amerikanischen Verluste während ihrer fast vierjährigen (!) Teilnahme am Zweiten Weltkrieg betrugen, gemessen an der US-Gesamtbevölkerung, nur ein Drittel der israelischen Todesopfer, nämlich 0,3 Prozent. Offizielle Zahlen über die Verluste der Araber sind von diesen Ländern nie veröffentlicht worden.

Von arabisch-parteiischer Seite wird die militärische Stärke und Ausrüstung der arabischen Armeen und Kontingente gern heruntergespielt, als hätten sich die Israelis bei Kriegsbeginn in derselben oder gar in einer besseren Ausgangsposition befunden, was schlichtweg falsch ist. Tatsache und unbestritten in allen seriösen Abhandlungen über dieses Thema ist vielmehr, dass Israel sich bis zum ersten Waffenstillstand an so gut wie allen Fronten in gefährlicher Bedrohung befand, ja sogar kurz vor dem Zusammenbruch stand. Nur 60 Prozent der *Haganah*-Truppen, die zu Kriegsbeginn 16 000 Mann umfassten, von denen 2000 Palmachniks waren, verfügten über Waffen und dann zumeist auch nur über leichte. Weitere etwa 16 000 Soldaten setzten sich aus den frisch Rekrutierten zusammen, und auch deren Bewaffnung war ähnlich katastrophal.

Großbritanniens unrühmliche Rolle

»Ja, wir haben Fehler gemacht, unser Hauptfehler ist, dass wir überhaupt existieren!« Diese sarkastische Antwort gab Chaim Weizmann, Präsident der *Jewish Agency* seit 1929 und später erster Staatspräsident von Israel von 1948 bis 1963, einem britischen Verhandlungspartner, als Großbritannien sich ausgerechnet zu Beginn des Zweiten Weltkriegs nicht mehr an seine Versprechen als Mandatsmacht und die Balfour-Deklaration zu halten gedachte. Die politische Doppelbödigkeit der britischen Regierungen und die zunehmende militärische Parteinahme der Mandatsmacht für die arabische Seite, die letztlich zur moralischen Bankrotterklärung geführt hat, ist mitverantwortlich für die Spirale der Gewalt und Gegengewalt in Palästina gewesen. Großbritannien war bereit, für das Öl der Araber alle moralischen Skrupel zu opfern. Die Briten hatten sich Jerusalem aus der Konkursmasse des Osmanischen Reichs geholt, weil sie das *künstlich geschaffene* Mandatsgebiet Palästina (eine gleichnamige Nation und ein gleichnamiges Volk hat nie existiert, mehr dazu weiter unten) als Bollwerk zur Kontrolle Ägyptens und des Suez-Kanals brauchten. Nun wurde ihnen das Engagement politisch wie ökonomisch zu kostspielig.

Gern und oft wies die britische Regierung die Vorstellung zurück, dass Palästina die einzige Überlebenshoffnung für die Reste der europäischen Juden darstelle. Es hieß blauäugig, man habe doch gerade Krieg gegen Nazi-Deutschland geführt, um Europa für die Juden sicher zu machen. Die Wirklichkeit sah jedoch ganz anders aus, wie nicht nur die Nachkriegspogrome in Polen und anderen europäischen Ländern zeigten – und selbst Großbritannien war davon nicht ausgenommen, auch wenn bei den dortigen Ausschreitungen gegen Juden keine Todesopfer zu beklagen waren, sondern »nur« Verletzung und Zerstörung von Eigentum. Und dass es nicht auch im Nachkriegsdeutschland zu anti-jüdischen Ausschreitungen kam, lag sicher nicht an der reinen Gesinnung eines plötzlich geläuterten Volkes, sondern an der starken Präsenz der Alliierten.

»Wenn die Armee der Vereinigten Staaten morgen abzöge, würde es in den nächsten Tagen zu Pogromen kommen!«, stellte der amerikanische Beobachter Philip S. Bernstein in seiner Rolle als *Advisor on Jewish Affairs to Commander of U.S. Forces in Europe* im Mai 1946 vor einem Komitee der UN fest. Und er war nicht der Einzige, der der deutschen Nachkriegsgesellschaft einen noch immer starken und nur oberflächlich bemäntelten Judenhass attestierte.

Neben diesem offensichtlichen Sachverhalt wollte Großbritannien nicht begreifen, dass die Überlebenden der Shoa alles andere als verzückt von der Vorstellung waren, in diesem Land der Todesfabriken zu bleiben und womöglich Tür an Tür mit jenen zu wohnen, die Hitler zugejubelt und Juden umgebracht hatten.

Sich arabisches Öl und politischen wie militärischen Einfluss zu sichern, wog im politischen Machtspiel des angeschlagenen britischen Empire mehr als das Leid der Juden und die Verpflichtung, die es mit der Annahme des Palästina-Mandates eingegangen war.

»Der Nahe Osten ist für Großbritannien und sein Empire eine Region von lebenswichtiger Bedeutung. Er stellt den Knotenpunkt des Verkehrssystems dar, das Großbritannien mit Indien, Australien und dem Fernen Osten verbindet. Dort befindet sich außerdem das wichtigste Erdöllager des Empire«, stellte ein Komitee fest, dem der britische Außenminister Ernest Bevin angehörte. Zudem stellte man fest, eine Teilung »würde die arabischen Staaten zum Widerstand veranlassen, sodass wir nicht mehr länger auf ihren guten Willen hoffen können, den wir bisher für so wichtig zur Aufrechterhaltung unserer Position im Nahen Osten gehalten haben.«

Sehr viel ungeschminkter brachte der General-Leutnant John Glubb, britischer Kommandeur der Arabischen Legion, in einem Brief an das Außenministerium die vorherrschende Gesinnung zum Ausdruck: »Die Leiden von ein paar Hunderttausend Juden wiegen gering gegenüber der Zukunft des Britischen Commonwealth mit seinen mehreren Hundert Millionen Menschen.« Der Stabschef der britischen Luftwaffe, Lord Tedder, brachte es auf seine Art auf den Punkt, indem er feststellte: »Unsere gesamte militärische Position im Nahen Osten hängt von der Zusammenarbeit mit den arabischen Staaten ab.« Und Ernest Bevin, der britische Außenminister, erklärte intern in einer Sitzung mit dem Premierminister und den Chefs der Streitkräfte: »Ohne den Nahen Osten, sein Öl und seine anderen möglichen Rohstoffquellen sehe ich keine Hoffnung, dass wir imstande sein würden, den Lebensstandard zu erreichen, den wir in Großbritannien anstreben.« Hinzu kam der kaum verhohlene Antisemitismus in der britischen Armee und Verwaltung, für die es zahllose und gut dokumentierte Beweise gibt.

Die Nakba – ein arabischer Mythos

In der arabischen Welt verbindet man mit dem Begriff *Nakba*, was übersetzt »Katastrophe« bedeutet, die Flucht und angebliche Massenvertreibung von vielen Hunderttausenden Arabern aus Palästina. Dies ist ein seit Jahrzehnten sorgfältig gepflegter Mythos, der längst zu einer Kampfvokabel im politischen und medialen Kampf um die Deutungshoheit im Nahostkonflikt geworden ist.

Gleich vorweg die Feststellung, dass es auf beiden Seiten Gräueltaten und im Kriegsverlauf auch auf beiden Seiten vereinzelt Vertreibungen gegeben hat – offensichtlich ein grausames Gesetzes eines jeden Kriegs. Auch die Frage, wer damit angefangen hat, scheint müßig, es war doch immer der andere. Was jedoch außer Zweifel steht, ist, dass die systematische Vertreibung der arabischen Bevölkerung nie das Ziel der Israelis war und es auch keine dementsprechenden »Heeresbefehle« gab, wie von der palästinensischen Propaganda gern behauptet wird.

Die Vorstellung, die Juden seien ins Land der Palästinenser eingedrungen, hätten sie vertrieben und ihnen die Heimat geraubt, ist weit verbreitet und hält sich hartnäckig bei vielen, unberührt von historischen Kenntnissen. Das Land war nicht leer, es war aber auch nicht voll, weit entfernt davon. Bis weit ins 19. Jahrhundert hinein war es ein ödes und kaum bevölkertes Land, das vorwiegend aus Sümpfen und Wüsten bestand. Und die angebliche »tiefe Verwurzelung des palästinensischen Volkes« ist ein Mythos.

Ein palästinensisches Volk hat nie existiert, auch nicht als politischer Ausdruck.

Mit der Bezeichnung Palästina umfasste der Völkerbund diesen Teil des untergegangenen Osmanischen Reichs mit seiner dünnen Bevölkerung von Muslimen, Christen, Juden und Heiden. Es umfasste übrigen gerade mal 0,5 Prozent des ganzen arabischen Raums. Vor allem aber gab es niemals einen unabhängigen arabischen oder gar »palästinensischen« Staat auf diesem Gebiet.

»So etwas wie ›Palästina‹ hat es in der Geschichte nie gegeben!«, stellte der arabisch-amerikanische Historiker von der Universität Princeton, Professor Philip Hitti, 1946 vor dem Anglo-Amerikanischen Untersuchungsskomitee fest. Als erklärter Gegner einer Teilung steht er kaum im Verdacht, der jüdischen Seite ein Gefälligkeitsgutachten ausgestellt zu haben. Dasselbe dürfte wohl für König Abdullah von Transjordanien gelten, der später als einziger arabischer Herrscher Flüchtlinge aus Palästina in seinem Land aufgenommen, die Bezeichnung Palästina jedoch auf allen offiziellen Dokumenten strikt untersagt hat, weil auch seiner Überzeugung nach weder ein palästinensisches Volk noch eine Nation gleichen Namens existiert hat.

Was zudem meist vergessen wird, ist die Tatsache, dass das Mandatsgebiet anfänglich erheblich größer gewesen ist. Erst 1922 teilten die Briten das Gebiet in zwei Verwaltungsbezirke ein. Juden war es von da an nur noch erlaubt, sich westlich des Jordan anzusiedeln. Dieses Gebiet betrug nur noch 22 Prozent (!) des einstigen Mandatsgebiets namens Palästina. Der andere Teil, also fast vier Fünftel des Gebiets, wurde den Arabern unter der Herrschaft eines haschemitischen Emirs namens Abdullah überlassen und Transjordanien genannt, später umbenannt in Jordanien. Somit befanden sich schon 1922 78 Prozent des ehemaligen britischen Verwaltungsgebietes Palästina in rein arabischer Hand.

Es wäre also genug Platz für beide Völker gewesen, um in Frieden in dem Land zu leben. Aber die Araber hatten jeden Kompromiss, egal wie nachteilig er für die jüdische Seite auch war, kategorisch zurückgewiesen. »Alles oder nichts!« hieß die arabische Devise.

Aber so wie feststeht, dass in Einzelfällen jüdische Truppen im Kriegsverlauf die Bewohner arabischer Dörfer vertrieben haben, so unbestreitbar ist auch, dass 160 000 Araber bei uneingeschränkten Bürgerrechten im Land geblieben sind (ihre Zahl ist mittlerweile auf 1,3 Millionen angewachsen).

Die Araber zu vertreiben war nie das Ziel der Israelis gewesen, wie es auch keinen angeblichen »Heeresbefehl« zur Räumung von arabischen Bezirken gab, wie von palästinensischer Seite stets behauptet wird. Das Gegenteil trifft zu.

Schon am 14. Mai 1948, als in Tel Aviv die jüdische Führung unter David Ben Gurion die Unabhängigkeit erklärte, appellierte man in ebenjener Erklärung an die arabische Bevölkerung: »*Wir wenden uns – selbst inmitten mörderischer Angriffe, denen wir seit Monaten ausgesetzt sind – an die in Israel lebenden Araber mit dem Aufruf, den Frieden zu wahren und sich aufgrund voller bürgerlicher Gleichberechtigung und entsprechender Vertretung in allen provisorischen und permanenten Organen des Staates an seinem Aufbau zu beteiligen. Wir bieten allen unseren Nachbarstaaten und ihren Völkern die Hand zum Frieden und guter Nachbarschaft und rufen zur Zusammenarbeit und gegenseitigen Hilfe mit dem selbstständigen jüdischen Volk in seiner Heimat auf.*«

Und was den angeblichen Heeresbefehl[47] zur Vertreibung angeht, so enthielt ein Heeresbefehl vom 6. Juli 1948 seitens der Israeli die klare

---

47 Tom Segev: *1949 – The First Israelis,* Free Press, New York 1986, S. 27 ff.

Anweisung an die Truppen, arabische Städte und Dörfer nicht zu zerstören oder niederzubrennen und die arabische Bevölkerung nicht aus ihren Häusern zu vertreiben.

Doch an friedlicher Koexistenz waren die arabischen Herrscher nicht interessiert. Die »heiligen Männer« der Al-Azhar-Universität in Kairo forderten die muslimische Welt schon seit Monaten auf, einen *Jihad*, einen heiligen Krieg gegen die Juden auszurufen. Als dann die arabische Welt Israel den Vernichtungskrieg erklärte und in ihren Ländern schreckliche Pogrome gegen Juden stattfanden[48], verließen im Laufe der Kämpfe circa 600 000 arabische Bewohner Palästina aus verschiedenen Gründen. Bei der ersten Flüchtlingswelle handelte es sich um die reiche Oberschicht, deren Angehörige sich schon Monate vor Kriegsbeginn in benachbarte Länder in Sicherheit brachten, um von dort aus den Ausgang des Krieges abzuwarten. Schon gegen Ende Januar 1948 war die arabische Flüchtlingswelle derart angeschwollen, dass das Oberste Arabische Komitee Palästinas die arabischen Nachbarländer aufforderte, die Grenzen zu schließen und keine Visa mehr auszustellen. Zur selben Zeit häuften sich in arabischen Zeitungen die Klagen darüber, dass arabische Einwohner ihre Dörfer und Häuser schon verließen, noch bevor eine Bedrohung für sie bestand. Versuche von Seiten der *Jewish Agency*, die Araber zum Bleiben zu veranlassen, wie etwa in Haifa geschehen, blieben erfolglos, weil die Menschen Angst hatten, als Verräter an der arabischen Sache gebrandmarkt zu werden.

Die arabische Invasion im Mai 1948 heizte das Fluchtfieber erst richtig an. Arabische Herrscher und Regierungen forderten ihre Landsleute in Palästina ausdrücklich auf, das Land zu räumen und den Truppen den Weg freizumachen. Sie schürten die Angst zudem mit erfundenen Geschichten über jüdische Massaker an Arabern. Und immer wieder

---

48 U. a. in Kairo, Aden und Aleppo.

war der siegessichere Aufruf zu hören: »Geht raus, damit wir hereinkommen und die Juden vernichten können, ohne dass ihr zwischen die Fronten kommt!« Um an dieser Stelle eine lange Auflistung derartiger belegter Aufrufe arabischer Führer zu vermeiden, hier stellvertretend ein Auszug aus den Memoiren des damaligen syrischen Ministerpräsidenten Haled al-Azm: »Seit 1948 haben wir die Rückkehr der Flüchtlinge gefordert, dabei hatten wir sie selbst zur Flucht veranlasst. Zwischen unserem Aufruf an die Palästinenser, das Land zu verlassen, und unserem Appell an die Vereinten Nationen, eine Resolution über ihre Rückkehr zu verabschieden, lagen nur wenige Monate.«[49] Auch der spätere PLO-Sprecher Mahmud Abbas beklagte: »Die arabischen Armeen marschierten in Palästina ein, um die Palästinenser vor der Tyrannei der Zionisten zu beschützen, doch dann ließen sie sie im Stich, zwangen sie, ihre Häuser zu verlassen, und steckten sie in Gefangenenlager, die den Gettos glichen, in denen einst die Juden lebten.«[50]

Die israelische Regierung bot schon während des Krieges eine Entschädigung und begrenzte Rückkehr arabischer Flüchtlinge an, knüpfte dies jedoch an einen Friedensvertrag und an die Entschädigung der jüdischen Vertriebenen aus arabischen Ländern. Trotz der Ablehnung aller israelischer Vorschläge durch die arabischen Staaten zahlte Israel nach dem Krieg einseitig Wiedergutmachung in zweistelliger Millionenhöhe und gab eingefrorene arabische Konten frei.

Was die arabischen Führer unter einer Rückkehr der arabischen Flüchtlinge verstanden, verdeutlicht die Resolution der Flüchtlingskonferenz im syrischen Homs 1957: »Jedes Gespräch mit dem Ziel der Lösung des Palästinenserproblems, das nicht von der Zusicherung des Rechtes der Flüchtlinge auf eine Vernichtung Israels ausgeht, wird als Beschimpfung des arabischen Volkes und als ein Akt des Verrats betrachtet.«[51]

---

49 »*The Memoirs of Haled al-Azm*«, London, Penguin Books 1955, Seite 183.

50 Märzausgabe 1976 des offiziellen Beiruter PLO-Journals *Falastin a-Thaura*.

51 *Al-Massa*, libanesische Tageszeitung, Beiruter Ausgabe vom 15. Juli 1957.

Was im Diskurs über den Nahostkonflikt bis heute in den Medien so gut wie nie erwähnt wird und auch von der UNO seit Jahrzehnten hartnäckig ignoriert wird, ist die fast zeitgleiche Vertreibung von 600 000 bis 700 000 Juden aus arabischen Ländern, manche Quellen sprechen sogar von bis zu einer Million. Die meisten mussten die Flucht mittellos antreten, weil ihr Besitz vom Staat konfisziert wurde. Sie wurden aus Ländern vertrieben, in denen seit Tausenden von Jahren Juden gelebt hatten, lange bevor die Religion des Islam sich in diesen Regionen ausbreitete und die Kultur prägte.

Yoram Kaniuk, ein der eigenen Geschichte gegenüber kritischer israelischer Schriftsteller, der mit siebzehn Jahren in den Ersten Arabisch-Israelischen Krieg zog, den er den Kinderkreuzzug von 1948 nennt, schreibt dazu: »Sie (die Araber) haben den Krieg begonnen. Wir haben nur auf ihre Angriffe reagiert. Jerusalem war belagert. Die Menschen hatten kein Wasser, nichts zu essen. In Kfar Etzion wurden die Juden niedergemetzelt. Jeden Abend, bevor wir auszogen, hoben wir Gräber aus für die acht oder neun von uns, die nicht aus der Schlacht zurückkehren würden.«

Gad Granach, ein weiterer jüdischer Kriegsteilnehmer, erinnert daran, dass das Argument vom angeblich »künstlichen« israelischen Staat angesichts der »Staatsgründungen« im Nahen Osten unhaltbar sei: »Syrien war nur eine türkische Provinz, die 1918/19 aufgeteilt wurde, und Transjordanien ist eine englische Erfindung, das hat es früher überhaupt nicht gegeben. Auch der Irak war eine Provinz. Und wenn die Araber heute behaupten, Israel sei ein ›künstliches Gebilde‹, dann sollten sie zurückhaltender sein, denn all ihre Länder sind künstliche Gebilde. Hier gehörte doch früher alles zum großen Osmanischen Reich. Und jeder hat sich genommen, so viel er nehmen konnte.«

In der Tat lässt sich fragen, ob es unter den zweiundzwanzig arabischen Staaten denn tatsächlich ethnisch und kulturell gewachsene Staaten gibt und ob diese in Wirklichkeit nicht alle mehr oder weniger politische Folgeerscheinungen des französischen und englischen Kolonialismus sind. Die zusätzliche Frage, in welchen dieser Staaten es denn eine echte arabische Demokratie mit einem unabhängigen, funktionierenden Rechtssystem gibt, ist schnell beantwortet, und das erst seit wenigen Jahren: nur in Tunesien, als Folge des Arabischen Frühlings von 2010, wobei aber diese junge Demokratie auf noch immer sehr wackligen Beinen steht.

Über die Forderung der Araber nach Rückgabe palästinensischen Landes und deren Bewertung im Rahmen der heutigen weltpolitischen Gegebenheiten gibt es sicherlich viele gelehrte Abhandlungen. Nicht gerade im Sinne von *political correctness* formuliert, hat Gad Granach die Realitäten auf den Punkt gebracht: »Wollen kann jeder. Ich will auch einen Rolls-Royce, aber ich krieg ihn nicht. Angenommen, die (die Araber) wollen Haifa und schließlich auch noch Tel Aviv: Dagegen kann man nichts machen, denn wollen können sie. In Deutschland wollen ja auch die Vertriebenen Schlesien zurückhaben. Und warum sollen sie es nicht wollen? Ich will, dass Pommern wieder deutsch wird, und ich will Kolberg wiederhaben – warum denn nicht? Wollen kann ich, nur kriegen tu ich's nicht. Deutschland hat auch den Krieg angefangen und am Ende ist aus Groß-Deutschland eben Klein-Deutschland geworden. So ist das. Kommt deshalb jemand ernstlich auf die Idee, die verlorenen Gebiete an die Deutschen zurückzugeben? (…) Wir sollen alles wieder zurückgeben, als hätten wir einen Angriffs- und nicht einen Verteidigungskrieg geführt. Das geht natürlich nicht. Das ist so, als ob einer seinem Nachbarn einen Stein durchs Fenster schmeißt, und am Ende verlangt er ihn zurück.«

Israel war so wenig gewillt, die arabischen Flüchtlinge zurückkehren zu lassen, wie Polen, die Tschechoslowakei oder Jugoslawien bereit waren, wieder deutsche Flüchtlinge ins Land zu lassen. Die westlichen Mächte wie auch die Sowjetunion haben sich nie gescheut, die bitteren Realitäten nach einem Krieg gegenüber den Unterlegenen für gerechtfertigt zu erklären. Während der Amerikanischen Revolution flohen zahlreiche Royalisten, die England die Treue hielten, in das benachbarte Kanada. Nach dem Krieg verlangte England von den USA die Rückkehr der Loyalisten und die Rückübereignung ihres zurückgelassenen

Besitzes. Was Benjamin Franklin in seinem Brief vom 26. November 1782 mit der folgenden Begründung ablehnte: »Ihre Minister fordern, dass wir diejenigen, die unsere erbittertsten Feinde waren, wieder aufnehmen und Menschen ihr Eigentum zurückgeben, die das unsere zerstört haben; und dies, während die Wunden, die sie uns geschlagen haben, noch bluten.«[52]

Die Haltung der arabischen Welt und der Vereinten Nationen zu den Flüchtlingen

Das Wort ›palästinensischer Flüchtling‹ hat seine ursprüngliche Bedeutung längst verloren und ist zu einer Kampfvokabel in der medialen Schlacht um die Deutungshoheit in diesem Konflikt geworden.

Israel nahm eine gute halbe Million von jenen meist mittellosen Juden, die aus arabischen Ländern vertrieben wurden, unter hohen Kosten in seinem Land auf, die anderen fanden in den USA und anderswo Aufnahme. Zudem gewährte es im Laufe der nächsten Jahre über 50 000 Arabern die Rückkehr bei vollen Bürgerrechten. (Heute leben in Israel doppelt so viele Araber wie 1948, während die Zahl der Juden in den arabischen Ländern, verglichen mit 1948, nur noch 0,9 Prozent beträgt.)

Die arabischen Bruderstaaten dagegen verschlossen ihre Grenzen vor ihren eigenen Landsleuten und internierten sie in Lagern. Syrien und der Irak lehnten es ausdrücklich ab, auch nur einen kleinen Teil der Flüchtlinge aufzunehmen und ihnen Bürgerrechte zu verleihen, obwohl internationale Organisationen für die Kosten aufkommen wollten. Auch Ägypten, das nach 1948 den Gazastreifen kontrollierte, und

---

52 »The Writings of Benjamin Franklin«, Macmillan, New York 1905, S. 626.

der Libanon lehnten die Einreise von Flüchtlingen und ihre Integration in ihre Gesellschaften kategorisch ab. Nur Jordanien nahm Flüchtlinge auf und gewährte ihnen volle Bürgerrechte. König Abdullah verbot jedoch 1950, als er die Westbank annektierte, die Verwendung von »Palästina« in allen offiziellen Dokumenten, weil ein palästinensisches Volk nicht existiere.

Auch mit der finanziellen Hilfe der arabischen Staaten für ihre Landsleute war es nicht weit her. In den ersten zwanzig Jahren kamen mehr als zwei Drittel aller Gelder in hoher dreistelliger Millionenhöhe von den USA, der Beitrag der arabischen Länder dagegen machte nur einen Bruchteil aus. Selbst Israel überwies mehr Gelder an die palästinensische Flüchtlingshilfe der UN als die meisten arabischen Staaten, in den allerersten Jahren sogar das Fünffache von dem, was die arabische Welt den Flüchtlingen als Finanzhilfe zur Verfügung stellte.

Ralph Garroway, ehemaliger Direktor des palästinensischen Hilfswerkes der Vereinten Nationen UNRWA, konstatierte im August 1958: »Die arabischen Staaten wollen das Flüchtlingsproblem nicht lösen. Sie wollen die Wunde offen halten, als Affront für die Vereinigten Nationen und als Waffe gegen Israel. Den arabischen Führern ist es dabei völlig egal, ob die Flüchtlinge leben oder sterben.« An dieser Situation und Haltung hat sich bis heute nichts geändert, nur dass die Zahl der in den Lagern lebenden »Flüchtlinge« mittlerweile auf über vier Millionen angestiegen ist – gut siebenmal so viel, wie Palästina 1948 verlassen haben.

Die Vereinten Nationen spielen im Nahostkonflikt eine reichlich zwielichtige, seit Jahrzehnten klar parteiische und unrühmliche Rolle. Am 19. November 1948 gründeten die Vereinten Nationen eine Hilfsorganisation für palästinensische Flüchtlinge, die erst den Namen *United Nations Relief For Palestinian Refugees* (UNRPR) und ein Jahr später in *United Nations Relief and Works Agency* (UNRWA) umbenannt wurde. Für alle anderen Flüchtlinge auf der Welt ist die UN-Organisation

United Nations High Commissioner for Refugees (UNHCR) zuständig, nur die palästinensischen Flüchtlinge haben seit Jahrzehnten ein eigenes von der UN finanziertes Hilfswerk, das eigentlich nur kurzfristig für drei Jahre geplant war, aber seit Jahrzehnten immer wieder für weitere drei Jahre verlängert wird – zurzeit bis 2017. Das jährliche Budget von rund einer Milliarde wird meist zu zwei Dritteln von den USA und den Ländern der EU finanziert. Das palästinensische Hilfswerk hat nach eigenen Angaben über 28 000 Bedienstete – für den Rest der Flüchtlinge in der Welt, deren Zahl in die Millionen geht, sorgen beim Flüchtlingskommissariat UNHCR gerade mal 7000 Bedienstete. Für seine vorzügliche weltweite Arbeit wurde das UNHCR zwei Mal mit dem Friedensnobelpreis ausgezeichnet, 1954 und 1981.

Was nun das UN-Hilfswerk für die einstigen Flüchtlinge aus Palästina angeht, so ist es dieser gigantischen und finanzstarken Organisation nicht gelungen, die Araber aus ihren Lagern zu holen, geschweige denn ihnen Staatsbürgerschaften zu verschaffen. Wobei sich die Frage stellt, ob dies denn überhaupt wirklich ihr Ziel ist und ob es im Interesse der arabischen Staaten liegt. Man möge sich an die Prophezeiung von Ralph Garroway, dem ehemaligen Direktor der UN-RWA von 1958 erinnern: »Die arabischen Staaten wollen das Flüchtlingsproblem nicht lösen. Sie wollen die Wunde offen halten, als Affront für die Vereinigten Nationen und als Waffe gegen Israel. Den arabischen Führern ist es dabei völlig egal, ob die Flüchtlinge leben oder sterben.«

Was dem UN-Hilfswerk jedoch gelungen ist, kann man als ein einzigartiges Kunststück in der traurigen Geschichte der zahllosen Vertreibungen im zwanzigsten und einundzwanzigsten Jahrhundert bezeichnen: Denn nicht nur, dass die UNRWA den palästinensischen Flüchtlingsstatus und damit die Zahl der Anspruchsberechtigten auf Enkel und Urenkel ausgedehnt hat, man kann jetzt auch durch Adoption zu einem palästinensischen Flüchtling werden und erwirbt damit einen Fürsorgeanspruch. In der Konsequenz bedeutet dies, dass der Flüchtlingsstatus von Generation zu Generation weitervererbt werden kann und es nun womöglich den »ewigen palästinensischen Flüchtling« geben wird.

Es darf wohl bezweifelt werden, dass im Gegensatz zu der erfolgreichen Arbeit des UNHCR die UNRWA trotz der vielen Milliarden, die schon geflossen sind und wohl noch fließen werden, jemals in der Lage sein wird, das palästinensische »Flüchtlingsproblem« zu lösen. Viel mehr ist anzunehmen, dass der politische Wille der Verantwortlichen und der arabischen Welt dazu gar nicht vorhanden ist, weil man diese Wunde ganz bewusst offen halten will. Ihre politische, klar antiisraelische Ausrichtung lässt sich schon daran erkennen, dass hohe Posten innerhalb der Organisation mit Mitgliedern oder Sympathisanten der Terrororganisation *Hamas* besetzt wurden, in der Vergangenheit Gelder der UNRWA an Terrororganisationen flossen und Einrichtungen der UNRWA als Raketenverstecke bei Angriffen auf Israel missbraucht wurden.

Diese Menschen in den elenden »Flüchtlingslagern«, bei denen es sich nach fast 70 Jahren nicht mehr um Flüchtlinge aus dem einstigen britischen Mandatsgebiet Palästina handelt, sondern fast ausschließlich um deren Enkel und Urenkel und nun auch deren Adoptierte, diese von den arabischen Bruderstaaten verratenen Menschen sind die einzige ethnische Gruppe von Heimatlosen, die von der UN zu Mündeln der internationalen Gemeinschaft gemacht worden sind.

Antisemitismus heute

In einer offenen, demokratischen Gesellschaft gehört es zu den Grundrechten, öffentlich seine Meinung sagen und auf der Grundlage der Verfassung in einem breiten politischen Spektrum auch um die richtige Politik streiten zu können. Es ist ebenso legitim, die Politik anderer

Staaten zu kritisieren. Israel ist davon nicht ausgeschlossen, auch nicht für Deutsche, wiewohl Deutschland dabei immer in einer besonderen historischen Verantwortung steht. Eine Verantwortung, zu der es unabdingbar gehört, eine deutliche Trennungslinie zu ziehen zwischen zulässiger politischer Kritik und Antisemitismus (der sich heute oft in der neuen Spielart des Antizionismus zeigt).

Keiner von uns ist eine Insel, wir alle sind geprägt von unserer Umwelt, unserer Herkunft und dem Stand unserer (politischen) Kenntnisse, und wer behauptet, weltpolitische Ereignisse objektiv betrachten und beurteilen zu können, ist entweder ein Lügner oder ein Dummkopf. Wir alle sind auf die eine oder andere Art parteiisch, bewusst oder unbewusst. Dagegen ist auch nichts einzuwenden, wenn es nicht mit der Diskriminierung und Dämonisierung der gegnerischen Position einhergeht. Deshalb steht es auch jedem frei, wie er persönlich zur Gründung des Staates Israels und der Haltung der arabischen Länder steht, die den Juden bis heute das Recht auf einen eigenen Staat streitig machen.

Wo jedoch zum Schutz unserer Demokratie und der Menschenrechte früh Einhalt geboten werden muss, das ist die zunehmende verbale wie tätliche Gewalt gegenüber Juden. Die hässliche Fratze des Antisemitismus zeigt sich seit einigen Jahren immer häufiger und dreister, nicht nur in Frankreich und anderen europäischen Ländern, sondern auch in Deutschland. Die Zahl der Übergriffe gegen Einzelpersonen sowie der Vorfälle wie Brandstiftung und Vandalismus gegenüber Synagogen, jüdischen Friedhöfen und anderen Einrichtungen steigt sprunghaft an, hat sich im letzten Jahr sogar verdoppelt, und bei öffentlichen Demonstrationen sind vermehrt Rufe zu hören wie »Hamas, Hamas, Juden ins Gas!« oder »Scheißjude, brenn!«, und zwar ohne dass es einen Aufschrei in der Gesellschaft gibt, geschweige denn Gegendemonstrationen aufrechter Demokraten, die links- wie rechtsextremer Gesinnung entgegentreten.

Weder die ewiggestrigen Neonazis noch die antizionistischen Linksextremen, vereint in ihrem Antisemitismus, scheint die Anwesenheit von Presse und Polizei bei Demonstrationen zu schrecken. Das eine wie das andere muss uns mit Scham und Bestürzung erfüllen, nur darf es dabei nicht bleiben. Denn der Judenhass ist zurückgekehrt ins heutige Europa und deutscher Judenhass ist traurige deutsche Gegenwart. Wehret den Anfängen!

Rainer M. Schröder, im März 2015

Quellenverzeichnis

David Arscott: *Rations – A Very Peculiar History*, Salariya Book Company, Brighton 2011

Sabine Aschauer-Smolik /Mario Steidl (Hrsg.): *Tamid Kadima – Immer vorwärts! – Der jüdische Exodus aus Europa 1945 – 1948*, Studien Verlag, Insbruck 2010

Moshe Aumann: *Wessen Land? Grundbesitz in Palästina 1880 – 1948*, Projekt-J, Bücher und Schriften zu Israel, Zürich 2004

Uri Avnery: *In den Feldern der Philister – Meine Erinnerungen aus dem israelischen Unabhängigkeitskrieg*, Diederichs Verlag, München 2005

Karl Baedeker: *Palästina und Syrien – Handbuch für Reisende*, Baedeker Verlag, Leipzig 1910

Marion Berghahn: *Continental Britons – German-Jewish Refugees from Nazi Germany*, Berghahn Books, New York 2007

Nicholas Bethell: *Das Palästina-Dreieck – Juden und Araber im Kampf um das britische Mandat 1935 – 1948*, Propyläen Verlag, Frankfurt am Main 1979

David Cesarani: *Major Farran's Hat – The Untold Story of the Struggle to Establish the Jewish State*, Da Capo Press, Cambridge, MA 2009

Gaby Coldewey u. a. (Hrsg.): *Zwischen Pruth und Jordan – Lebenserinnerungen Czernowitzer Juden*, Böhlau Verlag, Köln 2002

Ida Cook: *Safe Passage – The Remarkable Story of Two Sisters Who Rescued Jews from the Nazis*, Harlequin Books, Ontario 1950

Thurston Clarke: *By Blood & Fire – July 22, 1946: The Attack On Jerusalem's King David Hotel*, G.P. Putnam's Son, New York 1981

Seef Eisikovic: *Erinnerungen eines ehrbaren Fälschers*, Picus Verlag, Wien 2010

Ruth Elias: *Die Hoffnung erhielt mich am Leben – Mein Weg von Theresienstadt und Auschwitz nach Israel*, Piper Verlag, München 1990

Peter Fassl u. a. (Hrsg.): *Nach der Shoa – Jüdische Displaced Persons in Bayerisch-Schwaben 1945 – 1951*. UVK Verlagsgesellschaft, Konstanz 2012

Zipora Feiblowitsch: *Der Tag war kein Tag, das Leben war kein Leben – Aus deutschen Vernichtungslagern in die neue Heimat Israel*, Mitteldeutscher Verlag, Halle 2014

Simon Garfield: *We Are At War – The Remarkable Diaries of Five Ordinary People in Extraordinary Times*, Ebury Press, London 2005

Peter & Leni Gillman: *Collar the Lot! – How Britain Interned And Expelled Its Wartime Refugees*, Quartet Books, London 1980

Walter B. Godenschweger /Fritz Vilmar: *Die rettende Kraft der Utopie – Deutsche Juden gründen den Kibbuz Hasorea*, Luchterhand Verlag, Frankfurt am Main 1990

Zev Golan: *Stern: The Man and His Gang – The Story of the Fighters for the Freedom of Israel*, Yair Publishing, Tel Aviv 2011

Alexander Granach: *Du mein liebes Stück Heimat – Briefe an Lotte Lieven aus dem Exil*, Ölbaum Verlag, Augsburg 2008

Gad Granach: *Heimat los! – Aus dem Leben eines jüdischen Emigranten*, Ölbaum Verlag, Augsburg 1998

Murray S. Greenfield: *The Jews' Secret Fleet – The Untold Story of North American Volunteers who Smashed the British Blockade of Palestine*, Gefen Publishing House, Jerusalem 2010

Frank Grube & Gerhard Richter: *Die Schwarzmarktzeit – Deutschland zwischen 1945 und 1948*, Hoffmann und Campe, Hamburg 1979

Frank Grube & Gerhard Richter: *Flucht und Vertreibung – Deutschland zwischen 1944 und 1947*, Hoffmann und Campe, Hamburg 1980

Ruth Gruber: *Die Irrfahrt der Exodus – Eine Augenzeugin berichtet*, Pendo Verlag, München 1999

Milena Guthörl: *Die Jüdische Brigade – Ein Beispiel transkultureller Wirkungsprozesse im Zweiten Weltkrieg*, Magisterarbeit an der Universität Heidelberg, 2010

Aviva Halamish: *The Exodus Affair – Holocaust Survivors and the Struggle for Palestine*, Syracuse University Press, Syracuse 1998

Franz Joseph Heidecker: *Die Brunnenbauer – Jüdische Pionierarbeit in Palästina 1934 – 1939*, Hartung-Gorre Verlag, Konstanz 1998

Alfred Heller: *Dr. Seligmanns Auswanderung – Der schwierige Weg nach Israel*, C. H. Beck Verlag, München 1990

Hein Högerle u. a. (Hrsg.): *Ort der Zuflucht und Verheißung. Shavei Zion 1938 – 2008*, Theiss Verlag, Stuttgart 2008

Yoram Kaniuk: *1948*, Aufbau Verlag, Berlin 2013

Yoram Kaniuk: *Und das Meer teilte sich – Der Kommandant der Exodus*, List Verlag, München 1999

Alfred J. Kolatch: *Jüdische Welt verstehen – 600 Fragen und Antworten*, marixverlag, Wiesbaden 2011

Gudrun Krämer: *Geschichte Palästinas*, Verlag C. H. Beck, München 2002

Ruth Klüger & Peggy Mann: *The Last Escape – The Launching of the Largest Secret Rescue Movement of All Times*, Doubleday, New York 1973

Dan Kunzman: *Genesis 1948 – The First Arab-Israeli War*, The New American Library, New York 1970

David Kynaston: *Austerity Britain 1945 – 1951*, Bloomsbury, London 2007

Walter Laqueur: *Geboren in Deutschland – Der Exodus der jüdischen Jugend nach 1933*, Propyläen Verlag, München 2000

Patricia & Robert Malcolmson (Hrsg.): *Nella Last's Peace – The Post-war diaries of a Housewife, 49*, Profile Books, London 2008

Benny Morris: *1948 – The First Arab-Israeli War*, Yale University Press, New Haven 2008

Ilan Pappe: *The Ethnic Cleansing of Palestine*, OneWorld Publications, New York 2006

Benzion Patkin: *The Dunera Interness*, Casell Australia, Melbourne 1979

Victor Ostrovsky: *Im Dienste des Mossad*, Hoffmann und Campe, Hamburg 1993

Artur Patek: *Jews On Route To Palestine 1933 – 1944, Sketches from the History of Aliyah Bet – Clandestine Jewish Immigration*, Jagiellonian University Press, Krakau 2012

Ari Rath: *Ari heißt Löwe – Erinnerungen*, Fischer Verlag, Frankfurt am Main 2014

Dan Raviv/Yossi Melman: *Die Geschichte des Mossad – Aufstieg und Fall des israelischen Geheimdienstes*, Wilhelm Heyne Verlag, München 1990

Shlomo Sand: *Die Erfindung des Landes Israel – Mythos und Wahrheit*, List Verlag, Berlin 2014

Martin Schäuble & Noah Flug: *Die Geschichte der Israelis und Palästinenser*, Deutscher Taschenbuch Verlag, München 2013

Joachim Schlör: *Endlich im Gelobten Land? – Deutsche Juden unterwegs in eine neue Heimat*, Aufbau Verlag, Berlin 2003

Leonard Slater: *The Pledge*, Simon and Schuster, New York 1970

Sam Silberberg: *From Hell to the Promised Land – A Boy's Daring Escape from a Nazi Concentration Camp*, Lexington, KY 2014

Günther Schwarberg: *Die letzte Fahrt der Exodus – Das Schiff, das nicht ankommen sollte*, Steidl Verlag, Göttingen 1988

Ulrike Thomas: *Mut zu einem Neubeginn – Leben in Palästina von 1932 bis 1948*, Lit Verlag, Berlin 2010

George Tabori: *Autodafé und Exodus – Erinnerungen*, Wagenbach Verlag, Berlin 2002

Jim G. Tobias/Nicola Schlichting: *Heimat auf Zeit – Jüdische Kinder in Rosenheim 1946 – 1947*, Antogo Verlag, Nürnberg 2006

Jim G. Tobias: *Sie sind Bürger Israels – Die geheime Rekrutierung jüdischer Soldaten außerhalb von Palästina/Israel 1946 bis 1948*, Antogo Verlag, Nürnberg 2007

S. Ph. de Vries: *Jüdische Riten und Symbole*, Rowohlt Verlag, Hamburg 2014

Irene N. Watts: *Finding Sophie – A search for Belonging in Postwar Britain*, Tundra Books, New York 2002

Erika Weinzierl/Otto D. Kulka (Hrsg.): *Vertreibung und Neubeginn – Israelische Bürger österreichischer Herkunft*, Böhlau Verlag, Wien 1992

Resi Weglein: *Als Krankenschwester im KZ Theresienstadt – Erinnerungen einer Ulmer Jüdin*, Silberburg Verlag, Stuttgart 1990

Douglas Whitworth: *London – Life in the Post-War Years*, Tempus Publishing, London 2003

Gerald Ziedenberg: *Blockade – The Story of Jewish Immigration to Palestine 1933 – 1948*, AuthorHouse, Bloomington, IN 2011